刑事诉讼法学：理论与适用

叶青 主编

ECUPL 1952-2022

法律出版社
LAW PRESS·CHINA
北京

图书在版编目(CIP)数据

刑事诉讼法学 : 理论与适用 / 叶青主编. -- 北京 : 法律出版社, 2022
(华东政法大学70周年校庆文丛)
ISBN 978-7-5197-7106-5

Ⅰ. ①刑… Ⅱ. ①叶… Ⅲ. ①刑事诉讼法-法的理论-中国 Ⅳ. ①D925.201

中国版本图书馆CIP数据核字(2022)第169916号

刑事诉讼法学:理论与适用
XINGSHI SUSONG FAXUE : LILUN YU SHIYONG

叶 青 主编

策划编辑 沈小英
责任编辑 沈小英 刘雪莲
装帧设计 李 瞻

出版发行 法律出版社
编辑统筹 法治与经济出版分社
责任校对 王晓萍
责任印制 吕亚莉
经 销 新华书店

开本 710毫米×1000毫米 1/16
印张 28 **字数** 537千
版本 2022年10月第1版
印次 2022年10月第1次印刷
印刷 北京虎彩文化传播有限公司

地址:北京市丰台区莲花池西里7号(100073)
网址:www.lawpress.com.cn
投稿邮箱:info@lawpress.com.cn
举报盗版邮箱:jbwq@lawpress.com.cn
销售电话:010-83938349
客服电话:010-83938350
咨询电话:010-63939796

书号:ISBN 978-7-5197-7106-5
定价:156.00元
凡购买本社图书,如有印装错误,我社负责退换。电话:010-83938349

谨以此书献给华东政法大学70周年华诞!

《华东政法大学70周年校庆丛书》
编　委　会

以心血和智慧服务法治中国建设

——华东政法大学70周年校庆文丛总序

华东政法大学成立70周年了！70年来，我国社会主义法治建设取得一系列伟大成就；华政70年，缘法而行、尚法而为，秉承着“笃行致知，明德崇法”的校训精神，与共和国法治同频共振、与改革开放辉煌同行，用心血和智慧服务共和国法治建设。

执政兴国，离不开法治支撑；社会发展，离不开法治护航。习近平总书记强调，“没有正确的法治理论引领，就不可能有正确的法治实践。高校作为法治人才培养的第一阵地，要充分利用学科齐全、人才密集的优势，加强法治及其相关领域基础性问题的研究，对复杂现实进行深入分析、作出科学总结，提炼规律性认识，为完善中国特色社会主义法治体系、建设社会主义法治国家提供理论支撑”。

厚积薄发七十载，华政坚定承担起培养法治人才、创新学术价值、服务经济社会发展的重要职责，为构建具有中国特色的法学学科体系、学术体系、话语体系，推进国家治理体系和治理能力现代化提供学理支撑、智力支持和人才保障。砥砺前行新时代，华政坚定扎根中国大地，发挥学科专业独特优势，向世界讲好“中国之治”背后的法治故事，推进中国特色法治文明与世界优秀法治文明成果交流互鉴。

"宛如初升的太阳,闪耀着绮丽的光芒"——1952 年 11 月 15 日,华东政法学院成立之日,魏文伯院长深情赋诗,"在这美好的园地上,让我们做一个善良的园工,勤劳地耕作培养,用美满的收获来酬答人民的期望"。1956 年 6 月,以"创造性地提出我们的政治和法律科学上的成就"为创刊词,第一本法学专业理论性刊物——《华东政法学报》创刊,并以独到的思想观点和理论功力,成为当时中国法学研究领域最重要的刊物之一。1957 年 2 月,更名为"法学",坚持"解放思想、不断进步"的治学宗旨,紧贴时代发展脉搏、跟踪社会发展前沿、及时回应热点难点问题,不断提升法学研究在我国政治体制改革中的贡献度,发表了一大批高水平的作品。对我国立法、执法和司法实践形成了重要理论支持,在学术界乃至全社会产生了巨大影响。

1978 年 12 月,党的十一届三中全会确定了社会主义法制建设基本方针,法学教育、法学研究重新启航。1979 年 3 月,华东政法学院复校。华政人勇立改革开放的潮头,积极投身到社会主义法制建设的伟大实践中。围绕"八二宪法"制定修订、土地出租问题等积极建言献策;为确立社会主义市场经济体制、加入世界贸易组织等提供重要理论支撑;第一位走入中南海讲课的法学家,第一位世界贸易组织争端解决机构专家组中国成员,联合国预防犯罪和控制犯罪委员会委员等,都闪耀着华政人的身影。

进入新世纪,在老一辈华政学人奠定的深厚基础上,新一代华政人砥砺深耕,传承中华优秀传统法律文化,积极借鉴国外法治有益成果,为中国特色社会主义法治建设贡献智慧。16 卷本《法律文明史》陆续问世,推动了中华优秀传统法律文化在新时代的创造性转化和创新性发展,在中国人民代表大会制度、互联网法治理论、社会治理法治化、自贸区法治建设,以及公共管理、新闻传播学等领域持续发力,华政的学术影响力、社会影响力持续提升。

党的十八大以来,学校坚持以习近平新时代中国特色社会主义思想为指导,全面贯彻党的教育方针,落实立德树人根本任务,推进习近平法治思想的学习研究宣传阐释,抓住上海市高水平地方高校建设契机,强化"法科一流、多科融合"办学格局,提升对国家和上海发展战略的服务能级和贡献水平。在理论法学和实践法学等方面形成了一批"立足中国经验,构建中国理论,形成中国学派"的原创性、引领性成果,为全面推进依法治国,建设社会主义法治国家贡献华政智慧。

建校 70 周年,是华政在"十四五"时期全面推进一流政法大学建设,对接国家重大战略,助力经济社会高质量发展的历史新起点。今年,学校将以"勇担时代使命、繁荣法治文化"为主题举办"学术校庆"系列活动,出版"校庆文丛"即是其重要组成部分。学校将携手商务印书馆、法律出版社、上海人民出版社、北京大学出版社等,出版70余部著作。这些著作包括法学、政治学、经济学、新闻学、管理学、文学等多学科的高质量科研成果,有的深入发掘中国传统法治文化、当代法学基础理论,有的创新开拓国家安全法学、人工智能法学、教育法治等前沿交叉领域,有的全面关注"人类命运共同体",有的重点聚焦青少年、老年人、城市外来人口等特殊群体。

这些著作记录了几代华政人的心路历程,既是总结华政70年来的学术成就、展示华政"创新、务实、开放"的学术文化;也是激励更多后学以更高政治站位、更强政治自觉、更大实务作为,服务国家发展大局;更是展现华政这所大学应有的胸怀、气度、眼界和格局。我们串珠成链,把一颗颗学术成果,汇编成一部华政70年的学术鸿篇巨作,讲述华政自己的"一千零一夜学术故事",更富特色地打造社会主义法治文化引领、传承、发展的思想智库、育人平台和传播高地,更高水准地持续服务国家治理体系和治理能力现代化进程,更加鲜明地展现一流政法大学在服务国际一流大都市发展、服务长三角一体化、服务法治中国建设过程中的新作为、新担当、新气象,向学校70年筚路蓝缕的风雨征程献礼,向所有关心支持华政发展的广大师生、校友和关心学校发展的社会贤达致敬!

七秩薪传,续谱新篇。70年来,华政人矢志不渝地捍卫法治精神,无怨无悔地厚植家国情怀,在共和国法治历史长卷中留下了浓墨重彩。值此校庆之际,诚祝华政在建设一流政法大学的进程中,在建设法治中国、实现中华民族伟大复兴中国梦的征途中,乘风而上,再谱新章!

郭为禄

叶　青

2022年5月4日

目录

绪论：中国刑事诉讼法学研究40年*

1978年至2018年，改革开放已40年。在这40年中，我国刑事诉讼法学经历了由重建到发展再到繁荣的不同时期，并在此过程中收获了显著的成果，出版了大量的教材、专著、论文、译著和译文。这些学术成果既涉及对刑事诉讼法的研究，也含有对国外刑事诉讼法的介绍；既有对刑事诉讼价值理念的解析，也有对具体制度构建与完善的思考。

时值改革开放40年，总结、梳理刑事诉讼法学研究的成果不仅能够帮助我们了解学术研究的动态，同时还有助于我们发现学术研究的规律，从而能够更好地指导我国刑事诉讼法学未来的发展。

一、刑事诉讼法学教材的建设

改革开放之前，我们的刑事诉讼法教材屈指可数，大部分以资料汇编形式出版与发行。改革开放后，随着高等法学教育的快速发展，刑事诉讼法教材也如雨后春笋般出现，不仅为全国各大政法院校师生提供了教学和学习的范本，而且使刑事诉讼法学科走向了公众视野，对刑事诉讼法学的研究和发展具有重要意义。

在教材方面，首先要提及的是由吉林大学法律系刑法教研室于1979年编著的供教学、科研使用的《刑事诉讼法资料汇

---

* 作者：叶青、张栋。本文原发表于《法学》2018年第9期。

编》，该本资料汇编除了包括我国刑事诉讼法、人民法院组织法、人民检察院组织法、逮捕拘留条例等法规，还从“总则”，“立案”、“侦查”和“提起公诉”，“审判”，“执行”四编对刑事诉讼法进行了介绍。该书内容比较简单，大都是一些法律规定、批复、请示的汇总与分类，并不是严格意义上的法学教材。1979 年 7 月 1 日《中华人民共和国刑事诉讼法》（以下简称《刑事诉讼法》）的颁布，为出版我国自己的刑事诉讼法教材创造了条件。常怡教授于 1981 年主编的《刑事诉讼法教程》（重庆出版社）是第一本真正意义上的刑事诉讼法教材，原系西南政法学院本科学生学习教材，该书包括刑事诉讼法概述、基本原则、诉讼主体、管辖、证据、强制措施、立案、侦查、提起公诉、审判制度、第一审程序、第二审程序、死刑复核程序、审判监督程序、执行十五章，内容完整，对刑事诉讼法作了较为系统的阐述。北京政法学院（现中国政法大学）张子培教授 1983 年主编的司法部统编教材《刑事诉讼法教程》（群众出版社）是新中国第一部刑事诉讼法学统编教材，该教材以马列主义、毛泽东思想为指导，以刑事诉讼法为依据，对我国刑事诉讼法作了全面的阐述，对外国刑事诉讼制度也有所评介。此后，各院校陆续编写了自己的教材，但从体系上说都是大同小异，逐渐形成了我国的刑事诉讼法学体系。为了加强法学人才的培养，司法部于 1984 年通过了《刑事诉讼法教程教学大纲》，之后有关政法干部学校也开始了教材的编写。其中朱云等主编的《刑事诉讼法教程》于 1986 年由吉林人民出版社出版，此书知识面较宽，做到了理论与实际的结合，较此前的刑事诉讼法概论、教程等有了进一步发展。

1990 年，中国政法大学出版了陈光中主编的《刑事诉讼法学》，该教材按照刑事诉讼法学的结构，吸收和反映了刑事诉讼法学的研究成果。全书分为 29 章，内容丰富，体系庞大，学术性较强，知识面广，涉及了许多其他教材没有或着墨不多的内容。此后出版的《刑事诉讼法学》教材在宏观结构上进行了改变，对各章内容进行了归类，例如陈光中、徐静村主编的《刑事诉讼法学》（中国政法大学出版社 1999 年第 1 版、2001 年第 2 版）从绪论、总论、程序论、香港和澳门特别行政区刑事诉讼、刑事诉讼国际准则五编对教材结构进行了改变，这也奠定了此后部分刑事诉讼法学教材的基本体例模式。华东政法学院胡锡庆教授主编的《刑事诉讼法学》作为上海普通高校“九五”重点教材由法律出版社于 2000 年出版，该书在体例上将审前程序作为“刑事追诉程序”专编，具体包括立案程序、侦查程序和提起公诉程序，作了教材体例上的创新。

进入 21 世纪后，刑事诉讼法学教材种类繁多，出现了高等政法院校法学主干课程教材、普通高等教育国家级规划教材、21世纪法学系列教材、21世纪中国高校法学系列教材等，数量上表现出不断提升的发展趋势。其中，上海人民出版社于2004年出版了由叶青主编的《刑事诉讼法学》，该教材以问题为导向，在参考以往教材内容的基础上按照刑事诉讼法学总论、审前程序、审判程序、执行程序、刑事特殊程序的结构体例对全书内容进行了详细阐述，条理清楚，教材出版后受到了同行专家和学生的好评，现在已经进行了多次改版。

据初步统计，改革开放40年，我国共出版刑事诉讼法教材700余种（主要者见表0－1），不仅满足了每年数十万法科学生学习刑事诉讼法课程的需求，而且推动了刑事诉讼法学科的成长和发展。

表0－1　改革开放40年刑事诉讼法代表性教材

作者	书名	出版社	年份
北京政法学院诉讼法教研室编	刑事诉讼法参考资料	学校内部印刷	1980
邓崇范、任振锋、王牧著	刑事诉讼法概论	吉林人民出版社	1980
华东政法学院刑法教研室编	刑事诉讼法讲义	学校内部印刷	1982
任振铎主编	刑事诉讼法	吉林大学出版社	1984
中国人民大学法律系诉讼法教研室编	刑事诉讼法教学大纲	中国人民大学出版社	1985
严端主编	刑事诉讼法教程	中国政法大学出版社	1986
张子培主编	刑事诉讼法教程	群众出版社	1987
陶髦主编	刑事诉讼法学	高等教育出版社	1993
徐静村、樊崇义主编	刑事诉讼法学	中国政法大学出版社	1994
陈光中主编	刑事诉讼法学：新编	中国政法大学出版社	1996
樊崇义主编	刑事诉讼法学	中国政法大学出版社	1996
王国枢主编	刑事诉讼法学（新编本）	北京大学出版社	1998
程荣斌主编	刑事诉讼法	中国人民大学出版社	1999
樊崇义主编	刑事诉讼法学案例教程	知识产权出版社	2001
孙长永主编	刑事诉讼法学	中国检察出版社	2002
崔敏主编	刑事诉讼法教程	中国人民公安大学出版社	2002

续表

作者	书名	出版社	年份
谢佑平主编	刑事诉讼法学	复旦大学出版社	2002
龙宗智、杨建广主编	刑事诉讼法	高等教育出版社	2003
易延友著	刑事诉讼法(第2版)	法律出版社	2004
陈卫东主编	刑事诉讼法	中国人民大学出版社	2004
王敏远主编	刑事诉讼法	社会科学文献出版社	2005
陈光中主编	刑事诉讼法(第2版)	北京大学出版社	2005
郑旭著	刑事诉讼法学	中国人民大学出版社	2007
宋英辉主编	刑事诉讼法学	中国人民大学出版社	2007
张建伟著	刑事诉讼法通义	清华大学出版社	2007
卞建林主编	刑事诉讼法学	中国政法大学出版社	2008
谭世贵主编	刑事诉讼法学	法律出版社	2009
陈光中、徐静村主编	刑事诉讼法学(第4版)	中国政法大学出版社	2010
叶青主编	刑事诉讼法学(第2版)	上海人民出版社	2010
蔡枢衡著	刑事诉讼法教程	中国政法大学出版社	2012
张栋主编	刑事诉讼法学概论	上海人民出版社	2013
李建明主编	刑事诉讼法	高等教育出版社	2014
陈卫东主编	刑事诉讼法学	高等教育出版社	2017

为节省篇幅,文中已有专门介绍评述的教材,不再列入本表。

二、中国刑事诉讼法学理论研究与创新发展的缩影:专著与论文

论文与专著水平是衡量某一国家或地区的理论界对某一学科研究状况的最佳尺度。其中,对于基础理论和前沿问题的探讨直接决定了研究成果的广度与深度。改革开放以来,刑事诉讼法学的理论研究成果颇丰。由于40年来的精华论著不胜枚举,笔者在以下行文中择若干影响较大者介绍之。

(一)理念、原则研究:升华与多元

刑事诉讼的理念与原则是刑事诉讼制度的核心和灵魂,它既要反映司法的基本规律,还要统领刑事诉讼活动的整体程序架构。可以说,刑事诉讼的理念与原则构成了刑诉法学研究当中最为宏观且最为本质的理论问题。事实上,对待理论问题的学术态度,对那些与基本范畴紧密联系的基础理论的研究深度,是一门法学学

科成熟程度的体现,更是这门学科是否脱离了单纯“法注释学”的重要标志。改革开放 40 年间,刑诉法学者不仅重点研究了“诉讼目的”“诉讼构造”“诉讼价值”等基础理论问题,还进一步讨论了“诉讼主体”“诉讼客体”“诉讼职能”“诉讼行为”“诉讼文化”等理论热点问题,“这种对‘基本理论’问题的热衷和讨论,在一定程度上提升了刑事诉讼法学的理论品格”。① 如李心鉴博士所著《刑事诉讼构造论》(中国政法大学出版社 1992 年版)一书,作者通过界定构造概念、整合构造类型、评说域外主要观点、透视诉讼目的与构造的相互关系,继而回归对我国刑事诉讼构造运作的探讨,指出革新构造的出路,设计并论证各主要构造的改造方案与完善措施。而对于现代刑事诉讼基本理论的另一重要课题——刑事诉讼目的,宋英辉教授所著《刑事诉讼目的论》(中国人民公安大学出版社 1995 年版)一书进行了详尽的研究。

在论文方面,学者们对于刑事诉讼理念与原则的探讨呈现出百花齐放的态势。例如,在“国家尊重和保障人权”被写入《中华人民共和国宪法》(以下简称《宪法》)的当年(2004 年),陈光中教授在《刑事诉讼法再修改之基本理念——兼及若干基本原则之修改》(载《政法论坛》2004 年第 3 期)一文中倡议尽快启动《刑事诉讼法》的再修改,使之成为一部符合现代民主法治国家要求、与国际刑事司法准则相衔接、符合中国国情、形式完备的法典。徐静村、谢佑平教授所作《刑事诉讼中的诉权初探》(载《现代法学》1992 年第 1 期)一文借用了民事诉讼中的“诉权”概念,认为刑事诉讼同样存在诉权问题,诉权的行使贯穿于刑事诉讼的全过程并具体化为各种诉讼活动,以此来探讨刑事诉讼中的诉权问题。党的十八大以来,人民法院依法纠正了近 40 起刑事冤假错案。最高人民法院大法官所作《论疑罪从无》(载《中国法学》2013 年第 5 期)一文对冤错案件的深刻反思,在理论界与实务界均产生了较大影响。文章认为,保障疑罪从无原则的贯彻落实,应当首先在思想上牢固树立疑罪从无观念,在组织上强化公、检、法机关的相互制约,在业务上提升侦查办案机关的工作能力,人民法院更要勇于承担责任。

此外,对刑事诉讼法学研究方法的探索、更新,也是改革开放 40 年来刑诉法学者不懈努力的方向。一方面,实证研究蓬勃兴起,基于实证分析方法产生的研究成果不计其数,越来越多的研究者逐渐突破或调整现有的研究方法,实务界也愈加关

---

① 陈瑞华:《刑事诉讼法学研究的回顾与反思》,载《法学家》2009 年第 5 期。

注实践调查与数据分析,力求实务与理论并重。① 如左卫民教授的《范式转型与中国刑事诉讼制度改革——基于实证研究的讨论》(载《中国法学》2009 年第 2 期)。另一方面,法解释学方兴未艾。例如,万毅教授在《刑事诉讼法解释论》(载《中国法学》2007 年第 2 期)中反思了刑诉法学传统研究方法过于单一的现状以及价值法学研究倾向带来的"立法中心主义"弊端。

(二)侦查程序研究:比较与实证

在侦查程序方面,控权与效率是刑事诉讼法学界永恒不变的两大主题。侦查阶段居于整个刑事诉讼程序的基础性位置,侦查质量直接影响案件的结局走向与诉讼价值的最终实现。许多学者采用比较法研究的思路来展开对中国现行侦查模式的问题总结和对策思辨。例如,何家弘教授编著的《外国犯罪侦查制度》(中国人民大学出版社 1997 年版)是中国学者对西方诸国的犯罪侦查制度进行系统研究的早期成果之一。孙长永教授的《侦查程序与人权——比较法考察》(中国方正出版社 2000 年版)围绕着侦查程序的理论基础、侦查机关的内部关系、侦查行为、审判前的羁押与释放以及沉默权等命题展开论述。

在论文方面,以人权保障为核心的司法审查与程序控制机制是学者最关注的论题。陈卫东、李奋飞教授合著的《论侦查权的司法控制》(载《政法论坛》2000 年第 6 期)一文梳理了西方各国对侦查权进行司法控制的一般方式和侦查权司法控制的理论基础,认为我国对现行侦查权的司法控制机制是否具有内在正当性进行系统考察,从而对我国侦查权的司法控制机制进行宏观设计,以规制侦查权的行使,保护被追诉人的权利。对于 2012 年《刑事诉讼法》修改新增的羁押必要性审查制度,闵春雷教授在《论审查逮捕程序的诉讼化》(载《法制与社会发展》2016 年第 3 期)中指出,尽管 2012 年《刑事诉讼法》对逮捕制度进行了多方面的完善,但审查逮捕程序仍然具有较强的行政化色彩。审查逮捕作为审前的程序性裁判活动,应以审判中心主义理念对其进行诉讼化改造。

(三)检察理论研究:定位与转型

在起诉程序与检察权理论方面,刑诉法学者针对中国检察机关的法律监督权属性、宪法地位以及审查起诉阶段的具体流程设计等议题展开了激烈的思想碰撞和观点交锋。孙谦大检察官在其所著的《检察:理念、制度与改革》(法律出版社

---

① 叶青主编:《刑事诉讼法学教学研究资料汇编(第三辑:2011—2015 年)》,北京大学出版社 2017 年版,第 1 页。

2011年版)一书中回顾了新中国检察制度从无到有、从初创到完善的历史沿革,分析了当前我国检察制度改革的背景、合理性和必然性,并就检察制度改革提出若干建议。在书中,作者并没有简单地囿于检察制度及刑事法律制度本身,做基于现行法律规定的注释法学研究,而是把检察制度放在全面推进依法治国的进程中加以思考,放在"检审并立""一府两院"的政治体制中加以研究。

在论文方面,有关检察机关功能与职责定位的理论成果颇为丰富。事实上,检察权与检察机关的性质归属是刑诉法学界研究起诉程序与检察权理论问题所必须厘清的首要概念。龙宗智教授的《论检察权的性质与检察机关的改革》(载《法学》1999年第10期)一文辨析了检察权定性的三种争议。刘计划教授的《检警一体化模式再解读》(载《法学研究》2013年第6期)从域外经验角度立论,指出大陆法系国家和英美法系国家,其检警关系实质上都是一体化的。

2016年年底启动的国家监察体制改革极大地冲击了检察机关的法律监督职能。面对如此困境,魏晓娜教授在《依法治国语境下检察机关的性质与职权》(载《中国法学》2018年第1期)一文中提出了法律监督权行使的新切入点,即公民权利保障。她认为,检察机关作为宪法和法律的守护者,应当发挥应有的作用。

(四)审判程序研究:探索与重构

庭审方式改革是中国刑事诉讼模式与制度转型的核心要素,也是1996年、2012年两次刑事诉讼法修改的重要内容。党的十八届四中全会更是提出了"以审判为中心的诉讼制度改革"这一重大命题,将其视作"推进严格司法"的关键之举。以审判为中心的刑事诉讼制度"旨在充分发挥审判特别是庭审的作用"。① 事实上,审判中心论一直都是我国刑诉法学界对传统的职权式审判模式以及流水线式诉讼结构的基本改造思路。围绕着庭审方式改革和审判中心主义两大命题,刑诉法学者提出了各自的理论设想。卞建林教授在《直接言词原则与庭审方式改革》(载《中国法学》1995年第6期)一文中反思了"先定后审"现象。叶青的《以审判为中心的诉讼制度改革之若干思考》(载《法学》2015年第7期)一文认为,以审判为中心的诉讼制度改革,是对侦查中心主义的纠偏、对案卷中心主义的矫正、对诉讼阶段论的检讨,以审判为中心的诉讼制度还离不开一支职业化、专业化和精英化的司法官队伍。在集中探讨审判中心主义的宏观规划之余,论者们亦关注具体庭

① 吴宏耀:《大力推进以审判为中心的刑事诉讼制度改革》,载《人民法院报》2016年10月11日,第2版。

审制度的运行实效。例如，姚莉教授的《法治现代化进程中的审判组织重构》(载《法学研究》2004年第5期)一文主张优化我国审判组织架构。在论著方面，陈瑞华教授所著《刑事审判原理论》(北京大学出版社1997年版)一书着眼于刑事审判制度和刑事审判程序的基本理论问题，运用思辨、比较和实证等方法，对刑事审判的性质、刑事审判程序的价值、刑事审判中的职能区分以及刑事审判程序模式等问题进行了分析与论述。

(五)证据制度研究：本土与移植

证据制度是诉讼法治的基石。“审判是一种把一片片证据拼在一起的工作。”[①]改革开放后，证据法学随着整个法学研究的复苏重新焕发出勃勃生机，一大批证据法学的理论论著相继出版发表。裴苍龄撰写的《证据法学新论》(法律出版社1989年版)一书是我国最早使用“证据法学”作为名称的此类著作。[②] 该书尝试对“证据法学”与“证据学”进行区分，将证据法学的内容划分为“证据论”与“证明论”两大块，开创了我国证据法学领域全新的结构体例。这一学科体系被后来很多教材沿用。20世纪90年代以来，证据法学研究空前繁荣，除了证据法学专著、论文大量问世以外，《证据学论坛》《证据科学》杂志等连续出版物相继诞生，成为荟萃证据法学界前沿成果的平台高地。

在关注本土证据理论的同时，中国学者还以世界眼光译介了两大法系刑事证据法的取向及框架、外国证据规则的立法及发展、当代英美证据法的思潮及渊源等。[③] 代表性著作有易延友的《证据法的体系与精神——以英美法为特别参照》(北京大学出版社2010年版)、刘玫的《传闻证据规则及其在中国刑事诉讼中的运用》(中国人民公安大学出版社2007年版)等。

在论文方面，证据法学研究成果呈现出理念与规则并重的特点。对于诉讼认识活动中的“客观真实”与“法律真实”的问题，很多学者提出了自己的主张。樊崇义在《客观真实管见——兼论刑事诉讼证明标准》(载《中国法学》2000年第1期)一文中认为，“客观真实”只能成为刑事证明的一项客观要求，“法律真实”才是刑事诉讼证明的主要任务。而证明标准也应当由“案件事实清楚，证据确实充分”转

---

① [美]乔恩·华尔兹：《刑事证据大全》，何家弘等译，中国人民公安大学出版社1993年版，第28页。

② 陈一云教授主编、严端教授副主编的由中国人民大学出版社1991年出版的《证据学》是我国第一本正式出版的高等学校文科教材。该教材对证据学的研究对象、体系、研究方法以及与近邻部门法学的关系作了系统的阐述。

③ 叶青主编：《证据法学：问题与阐述》，北京大学出版社2013年版，第2、14～15页。

为排他性证明标准。张保生教授在《事实、证据与事实认定》（载《中国社会科学》2017年第8期）一文中认为，证明标准是一个概率标准，司法证明理论从精确概率走向模糊概率或似真性理论的发展趋势，对我国司法改革和证据法学研究具有借鉴意义。

40年来，最受学者热议的证据法论题莫过于非法证据排除规则的确立与实践。例如，汪建成教授在《中国需要什么样的非法证据排除规则》（载《环球法律评论》2006年第5期）一文中分析了非法取证的3种类型、"毒树之果"有限使用的几种情况，认为程序性裁判应当置于实体性裁判之前。王戬教授的《论同步录音录像扩大适用的证据困惑与障碍破除》（载《政治与法律》2013年第1期）一文对同步录音录像制度在司法适用中的争议和困惑进行了理论层面的厘清与阐释。

总而言之，历经40年的学术积累与刑诉学人的不断努力，人们开始有意识地从模式、结构等角度来认知中国刑事诉讼活动的运作常态。这种从整体上对中国刑事诉讼进行宏观把握的意识，可以为设计立法与解释司法实践提供体系化的价值选择。[①] 如张栋教授的《中国刑事证据制度体系的优化》（载《中国社会科学》2015年第7期）一文，以审判中心主义与证据裁判主义的价值内核为立论基点，总结分析了"排除合理怀疑"证明标准和非法证据排除这两个重要证据规则的适用情况，进而主张"实现证据制度体系优化运作"。王敏远教授的《论我国刑事证据法的转变》（载《法学家》2012年第3期）一文梳理了2012年《刑事诉讼法》关于刑事证据制度的诸多规定，着重反思了司法鉴定制度与证据种类规定的立法缺憾，指出我国刑事证据法真正需要实现的转变，应当是从关注证明标准的可操作性转向完善相关程序规则，以求更加利于实现刑事案件的严格证明。同时，我国刑诉法学研究40年的历程表明，"拿来主义式"的法律移植恐怕效果不佳，[②]中国需要的是筑基于中国问题的中国方案。当然，中国刑诉法学界的菁华理论成果不可胜数，限于篇幅，本文仅对上述著作进行简要介绍，代表性的研究成果，可参见表0－2、表0－3。

---

① 左卫民：《冲突与竞合：刑事诉讼的模式分析——读帕克教授的〈刑事制裁的界限〉》，载《政法论坛》2017年第5期。

② 艾佳慧：《刑事诉讼的制度变迁与理论发展——从〈刑事诉讼的中国模式〉切入》，载《法律科学》2011年第5期。

表0-2 代表性专著

主题	作者	书名	出版社	年份
刑事诉讼的理念与原则	李心鉴	刑事诉讼构造论	中国政法大学出版社	1992
	左卫民	价值与结构——刑事程序的双重分析	四川大学出版社	1994
	宋英辉	刑事诉讼目的论	中国人民公安大学出版社	1995
	左卫民、周长军	刑事诉讼的理念	法律出版社	1999
	谢佑平、万毅	刑事诉讼法原则:程序正义的基石	法律出版社	2002
	汪建成	冲突与平衡:刑事程序理论的新视角	北京大学出版社	2006
	万毅	底线正义论	中国人民公安大学出版社	2006
	杨立新	刑事诉讼平衡论	中国人民公安大学出版社	2006
	胡铭	刑事司法民主论	中国人民公安大学出版社	2007
	汪海燕	我国刑事诉讼模式的选择	北京大学出版社	2008
	陈卫东	刑事审前程序与人权保障	中国法制出版社	2008
	陈瑞华	刑事诉讼的中国模式	法律出版社	2008
	吴宏耀	诉讼认识论纲:以司法裁判中的事实认定为中心	北京大学出版社	2008
	樊崇义	刑事诉讼法哲学思维	中国人民公安大学出版社	2010
侦查程序	徐静村	侦查辩证法	四川人民出版社	1990
	陈光中、汉斯·约格阿尔布莱希特	中德不起诉制度比较研究	中国检察出版社	2002
	陈永生	侦查程序原理论	中国人民公安大学出版社	2003
	孙谦	检察:理念、制度与改革	法律出版社	2004
	樊崇义、陈卫东、种松志	现代公诉制度研究	中国人民公安大学出版社	2005
	樊崇义、顾永忠	侦查讯问程序改革实证研究——侦查讯问中律师在场、录音、录像制度试验	中国人民公安大学出版社	2007

续表

主题	作者	书名	出版社	年份
侦查程序	潘金贵	公诉制度改革研究：理念重塑与制度构建	中国检察出版社	2008
	孙长永	侦查程序与人权保障：中国侦查程序的改革和完善	中国法制出版社	2009
	王戬	不同权力结构模式下的检察权研究	法律出版社	2011
	卞建林	论检察	中国检察出版社	2013
	龙宗智	检察官客观义务论	法律出版社	2014
	叶青	刑事审前程序诉讼化问题研究	法律出版社	2017
审判程序	陈瑞华	刑事审判原理论	北京大学出版社	1997
	龙宗智	刑事庭审制度研究	中国政法大学出版社	2001
	李昌林	从制度上保证审判独立：以刑事裁判权的归属为视角	法律出版社	2006
	叶青、阮忠良	我国审判公开问题实证考察与对策研究	法律出版社	2011
	陈瑞华	量刑程序中的理论问题	北京大学出版社	2011
	李昌盛	刑事审判：理论与实证	中国民主法制出版社	2015
证据制度	周密	论犯罪与证据	法律出版社	1988
	裴苍龄	证据法学新论	法律出版社	1989
	汪建成	理想与现实：刑事证据理论的新探索	北京大学出版社	2006
	刘玫	传闻证据规则及其在中国刑事诉讼中的运用	中国公安大学出版社	2007
	龙宗智	证据法的理念、制度与方法	法律出版社	2008
	易延友	证据法的体系与精神：以英美法为特别参照	北京大学出版社	2010
	闵春雷	刑事诉讼证明基本范畴研究	法律出版社	2011
	陈瑞华	刑事证据法的理论问题	法律出版社	2015

表 0-3　代表性论文

主题	作者	作品	所刊杂志	刊期
刑事诉讼的理念与原则	徐静村、谢佑平	刑事诉讼中的诉权初探	现代法学	1992 年第 1 期
	樊崇义	论刑事诉讼法律观的转变	政法论坛	2001 年第 2 期
	陈光中	刑事诉讼法再修改之基本理念——兼及若干基本原则之修改	政法论坛	2004 年第 3 期
	陈瑞华	程序性制裁制度的法理学分析	中国法学	2005 年第 6 期
	万毅	刑事诉讼法解释论	中国法学	2007 年第 2 期
	左卫民	范式转型与中国刑事诉讼制度改革——基于实证研究的讨论	中国法学	2009 年第 2 期
	陈光中、龙宗智	关于深化司法改革若干问题的思考	中国法学	2013 年第 4 期
侦查程序	陈卫东、李奋飞	论侦查权的司法控制	政法论坛	2000 年第 6 期
	孙长久	比较法视野中的刑事强制措施	法学研究	2005 年第 1 期
	卞建林	论我国审前羁押制度的完善	法学家	2012 年第 3 期
	叶青	审查逮捕程序中律师介入权的保障	法学	2014 年第 2 期
	林喜芬	分段审查抑或归口审查:羁押必要性审查的改革逻辑	法学研究	2015 年第 5 期
起诉程序与检察理论	姚莉、卞建林	公诉审查制度研究	政法论坛	1998 年第 3 期
	龙宗智	论检察权的性质与检察机关的改革	法学	1999 年第 10 期
	邱学强	论检察体制改革	中国法学	2003 年第 5 期
	龙宗智	检察机关办案方式的适度司法化改革	法学研究	2013 年第 1 期
	刘计划	检警一体化模式再解读	法学研究	2013 年第 6 期
	魏晓娜	依法治国语境下检察机关的性质与职权	中国法学	2018 年第 1 期

续表

主题	作者	作品	所刊杂志	刊期
审判程序	卞建林	直接言词原则与庭审方式改革	中国法学	1995年第6期
	陈瑞华	程序正义论——从刑事审判角度的分析	中外法学	1997年第2期
	孙长永	审判中心主义及其对刑事程序的影响	现代法学	1999年第4期
	汪海燕	论刑事庭审实质化	中国社会科学	2015年第2期
	叶青	以审判为中心的诉讼制度改革之若干思考	法学	2015年第7期
	顾永忠	以审判为中心背景下的刑事辩护突出问题研究	中国法学	2016年第2期
证据制度	樊崇义	客观真实管见：兼论刑事诉讼证明标准	中国法学	2000年第1期
	龙宗智	印证与自由心证——我国刑事诉讼证明模式	法学研究	2004年第2期
	左卫民	刑事证人出庭作证程序：实证研究与理论阐析	中外法学	2005年第6期
	汪建成	中国需要什么样的非法证据排除规则	环球法律评论	2006年第5期
	王敏远	论我国刑事证据法的转变	法学家	2012年第3期
	张建伟	自白任意性规则的法律价值	法学研究	2012年第6期
	王戬	论同步录音录像扩大适用的证据困惑与障碍破除	政治与法律	2013年第1期
	张栋	中国刑事证据制度体系的优化	中国社会科学	2015年第7期
	张保生	事实、证据与事实认定	中国社会科学	2017年第8期

三、刑事诉讼法学研究的发展：原则和制度

刑事诉讼法学能够在这40年中得到长足的发展，既源于改革开放的不断深入和司法体制的深化改革，又与刑诉法学者和司法实务工作者们的研究贡献与创新探索密不可分。在这期间，法学界法律界的专家学者介绍了国外的刑诉原则与制度。笔者粗略统计，在这40年中，学者们翻译的关于刑事诉讼的译著有上百部，译

文也有近千篇（见表0－4、表0－5）。这些译著与译文不仅涉及两大法系国家刑事诉讼的原则与制度，而且还有比较研究，因此能够帮助我们全方位地了解国外的刑事诉讼理论发展动向与研究状况，从而为推动我国刑事诉讼法学的深化发展提供翔实的素材。

表0－4　代表性译著

作者	译者	书名	出版社	年份
[苏联]拉·别尔金著	李瑞勤	刑事侦查学随笔	群众出版社	1983
[苏联]H. C. 阿列克谢耶夫等著	徐静村、徐亚丽	法庭审判艺术	重庆出版社	1988
[美]琼·雅各比著	周叶谦等	美国检察官研究	中国检察出版社	1990
[法]皮埃尔·尚邦著	陈春龙、王海燕	法国诉讼制度的理论与实践	中国检察出版社	1991
[美]斯黛丽、[美]弗兰克	陈卫东、徐美君	美国刑事法院诉讼程序	中国人民大学出版社	2002
[意]莫诺·卡佩莱蒂	徐昕、王奕	比较视野中的司法程序	清华大学出版社	2005
[英]查理德·梅	王丽等	刑事证据	法律出版社	2007
[法]贝尔纳·布洛克	罗结珍	法国刑事诉讼法典	中国政法大学出版社	2009
[英]梅特兰	王云霞	普通法的诉讼形式	商务印书馆	2009
[美]戴维·J. 博登海默	杨明成、赖静	公正的审判：美国历史上刑事被告的权利	商务印书馆	2009
[美]兰博约	王志强	对抗制刑事审判的起源	复旦大学出版社	2010
[美]乔治·费希尔	郭志媛	辩诉交易的胜利——美国辩诉交易史	中国政法大学出版社	2012
[瑞士]萨拉·J. 萨默斯	朱奎彬、谢进杰	公正审判：欧洲刑事诉讼传统与欧洲人权法院	中国政法大学出版社	2012
[美]杰奎琳·霍奇森	张小玲、汪海燕	法国刑事司法——侦查与起诉的比较研究	中国政法大学出版社	2012
[美]罗杰·帕克、[美]迈克尔·萨克斯	吴洪淇	证据法学反思：跨学科视角的转型	中国政法大学出版社	2015

续表

作者	译者	书名	出版社	年份
[美]布莱登·L.加特勒	李奋飞等	误判:刑事证据错在哪儿	中国政法大学出版社	2015
[美]艾瑞克·卢拉、[英]玛利安·L.韦德	杨先德	跨国视角下的检察官	法律出版社	2016
[美]戴维·T.约翰逊	林喜芬等	日本刑事司法的语境与特色:以检察官起诉为例	上海交通大学出版社	2017
[美]格雷格·伯曼、[美]奥布里·福克斯	何挺	失败启示录:刑事司法改革的美国故事	北京大学出版社	2017

表0-5　代表性译文

作者	标题	译者	期刊名	年份
[美]杰拉尔德·L.科克	法国刑事诉讼程序概述	朱文英	法学译丛	1979
[英]托尼·布尼安	英国警察概况	时富鑫	法学译丛	1979
[美]耶尔·卡米萨韦恩·R.拉费弗	美国刑事诉讼程序概述	朱文英	法学译丛	1980
[美]乔治·F.科尔	美国刑事案件中被告人的权利	刘赓书	法学译丛	1980
[日]松本一郎	检察官的客观义务	郭布、罗润麒	法学译丛	1980
[英]菲茨杰拉德	公正审判的保证——证据	周密	国外法学	1981
日本最高法院	日本刑事审判概述	陈建国	法学译丛	1981
[美]约翰·H.兰平	德意志联邦共和国刑事诉讼中的强制起诉原则	王以真	国外法学	1983
[日]伊藤荣树	日本检察机关的职权	徐益初	法学译丛	1988
[苏]A.博依朴夫	论司法改革的前景	严容	法学译丛	1989
[法]皮埃卢·尚邦	法国的刑事预审起诉制度	陈春龙、王海燕	法学译丛	1989
[日]平野龙一	刑事程序对人权的保障	龚刃韧	中外法学	1990

续表

作者	标题	译者	期刊名	年份
[日]大谷实	犯罪被害人及其补偿	黎宏	中国刑事法杂志	2000
[英]杰瑞米·莱弗	为什么程序比实体法更重要	肖凤城	比较法研究	2003
[法]维诺德·杰坎德	法律援助——模式与机制	刘欣燕	环球法律评论	2003
[德]克劳斯·罗克辛	德国刑事诉讼法对被告人的保护	王世洲	中外法学	2007
[日]太田达也	刑事被害人救助与刑事被害人权利在亚洲地区的发展进程	武小凤	环球法律评论	2009
[日]松尾浩也	日本刑事程序的过去、现在与未来	肖振国	中国刑事法杂志	2010
[德]托马斯·魏根特	检察官作用之比较研究	张万顺	中国刑事法杂志	2014

(一)原则、规则的介绍

我国学者翻译的国外刑事诉讼原则和规则的文章大体可以分为两类:一是刑事诉讼的原则;二是有关证据的原则、规则。就前者而言,主要包括无罪推定原则,例如,上野达彦:《苏维埃刑事诉讼法中的"无罪推定"原则》,康树华译,载《国外法学》1980 年第 1 期;A. Ⅱ. 古利亚耶夫:《无罪推定的社会政治含义》,严容译,载《法学译丛》1988 年第 5 期;不受强迫自证原则,如卜思天·儒潘基奇:《国家与刑事被告:反对自证其罪——走向刑事诉讼的基本原则》,张采凤译,载《中国刑事法杂志》1998 年总第 2 期。就后者而言,主要有非法证据排除规则,例如,J. B. 道森:《英联邦成员国对非法取得的证据采证问题的若干法律规定》,刘赓书译,载《法学译丛》1983 年第 4 期;艾伦·E. 瓦格纳:《证据除外规则的发展》,周叶谦译,载《法学译丛》1987 年第 6 期;高桥省吾:《违法排除法则——从裁判的立场》,初开荣译,载《法学译丛》1992 年第 5 期;传闻证据规则,如路易斯·卡普农:《美国传闻证据规则的理论基础》,曹慧译,载《中国刑事法杂志》2012 年第 12 期。

(二)制度的完善

1. 侦查制度

我国传统的侦查模式偏重获取犯罪嫌疑人的口供。在改革开放这40年中,刑事侦查模式发生了很大变化,侦查重心由原来的以获得"口供"为主转变为重视客观证据的收集。这一变化与学者们对国外刑事侦查制度的研究与借鉴密不可分。在此过程中,学者们翻译了大量的文章和著作,例如,A. 菲利波夫、A. 采利谢夫:《犯罪侦查方法的中心问题》,狄紫译,载《国外法学》1983年第6期;A. 索洛维耶夫:《侦查中的过失及其原因》,塔青译,载《国外法学》1988年4期;拉·别尔金:《刑事侦查学随笔》,李瑞勤译,群众出版社1983年版;杰奎琳·霍奇森:《法国刑事司法——侦查与起诉的比较研究》,张小玲、汪海燕译,中国政法大学出版社2012年版;等等。

2. 检察制度

改革开放40年中,学者们对于国外检察制度的研究也在不断深化。翻译了以下具有代表性的译文与译著。例如,乌科·戈泽·古切迪奇等:《南斯拉夫检察制度》,潘汉典译,载《法学译丛》1979年第2期;松本一郎:《检察官的客观义务》,郭布、罗润麒译,载《法学译丛》1980年第2期;托马斯·魏根特:《检察官作用之比较》,张万顺译,载《中国刑事法杂志》2014年第12期;琼·雅各比:《美国检察官研究》,周叶谦等译,中国检察出版社1990年版;等等。

3. 审判制度

学者们在研究英美法系的审判制度时,通常将研究重点放在陪审团制度、对抗制以及法庭质证等上。具有代表性的著作如詹妮·麦克埃文:《现代证据法与对抗式程序》,蔡巍译,法律出版社2006年版;兰博约:《对抗制刑事审判的起源》,王志强译,复旦大学出版社2010年版;伦道夫·乔纳凯特:《美国陪审团制度》,屈文生、宋瑞峰、陆佳译,法律出版社2013年版;等等。

学者们在研究大陆法系的审判制度时,则将重心放在刑事审判所要实现的目标与价值、预审制度以及法官的作用等上。译文如野田嘉雄:《亚洲的刑事司法工作——关于审判前及审判阶段行使裁量权问题》,卜闻译,载《国外法学》1983年第2期;田中康郎:《审判在刑事司法中的任务和作用》,刘霓译,载《法学译丛》1986年第3期;皮埃卢·尚邦:《法国的刑事预审起诉制度》,陈春龙、王海燕译,载《法学译丛》1989年第6期;杰奎琳·霍奇森:《警察、检察官与预审法官:法国司法监督的理论与实践》,朱奎彬、耘平译,载《中国刑事法杂志》2010年第2期。译著如卡斯东·斯特法尼等：《法国刑事诉讼法精义》，罗结珍译，中国政法大学1999年版；《德国刑事诉讼程序》，岳礼玲、温小杰译，中国政法大学出版社2003年版；等等。

4. 证据制度

改革开放后，刑事诉讼法的颁布促进了证据制度的改革与发展。在这40年中，我国学者完成了大量的译文和译著。例如，米尔建·R. 达玛斯卡：《漂移的证据法》，李学军、刘晓丹、姚永吉、刘为军译，中国政法大学出版社2003年版。该书中作者对普通法各国所具有的独特的证据制度进行了分析。约翰·W. 斯特龙：《麦考密克论证据》，汤维建等译，中国政法大学出版社2004年版。这本书是典型的普通法证据法论著，围绕着“证人中心主义”来构建整个证据体系。该书以询问证人为切入点，论述了证人的能力与资格、证言的采纳与排除、证人的特权规则以及传闻证据规则，围绕“证人中心主义”，讨论了通过传闻证据规则及其例外来保证裁判结果的公正性。

四、刑事诉讼法学研究体系的深入：解读、拓展、实证、鉴别与国际化

作为成文法国家，我国刑事诉讼法学的研究离不开成文法典。改革开放40年，刑事诉讼法学研究围绕着刑事诉讼法及相关法律法规、司法解释的制定及修改展开，立足制定法具体规定进行解读式研究，发现、总结立法实施中的问题及经验，开展对策式实证分析。

（一）立足制定法的解读式研究

1979年新中国第一部《刑事诉讼法》颁布后，刑事诉讼法学界对法律条文开展解读式法学研究，虽然这种研究在理论深度方面略显不足，但对于凝练我国刑事诉讼法学研究的基础概念、指导司法实践等意义较大。

1996年3月17日第八届全国人大第四次会议通过《关于修改〈中华人民共和国刑事诉讼法〉的决定》，学界对修改后的《刑事诉讼法》涉及的重大问题展开探讨，相继出版了一批学术专著，如陈光中、严端教授主编的《中华人民共和国刑事诉讼法释义与应用》（吉林人民出版社）、崔敏教授的《中国刑事诉讼法学的新发展》（中国人民公安大学出版社）等。

2012年刑事诉讼法再次修改后，实务部分相继出台司法解释等规范性文件，学者对此次立法修改所涉条款开展新一轮解读，出版诸多著作，如陈光中教授主编的《〈中华人民共和国刑事诉讼法〉修改条文释义与点评》（人民法院出版社2012年版）等。

（二）理论领域的拓展性研究

刑事诉讼法学体系研究内容不应局限于对现行法律条文的解读，20世纪80年代后，我国刑事诉讼法学基础理论研究逐步恢复，20世纪90年代中后期以来，基础理论范畴不断拓展，学者们就刑事诉讼结构、刑事诉讼目的、刑事诉讼价值、刑事诉讼职能等重大理论问题进行深入探讨，初步构建了刑事诉讼法学理论的基本框架。这一时期代表性学者及著作除本文第二部分提及的还有：卞建林教授的《刑事起诉制度的理论与实践》（中国检察出版社1983年版）、熊秋红研究员的《刑事辩护论》（法律出版社1998年版）、龙宗智教授的《相对合理主义》（中国政法大学出版社1999年版）等。

进入21世纪后，学者们进一步拓宽研究领域，范畴涵盖刑事诉讼程序、检察理论、律师制度、被害人诉讼地位及权利、刑事证据及证明等，涌现出了一批有质量、有深度的学术佳作，近年来每年出版的刑事诉讼法学专著数量均达到上百部。

（三）聚焦问题的实证研究

刑事诉讼法学是一门实证性极强的学科，在贯彻落实刑事诉讼法及相关法律法规中，难免会出现诸多问题，学者们将研究重点及难点聚焦于总结司法经验、推动立法修改，尤其是在1996年和2012年《刑事诉讼法》两次修改前后，涌现了大量与修改热点相关的研究成果。如陈光中教授等主编的《中华人民共和国刑事诉讼法修改建议稿与论证》（中国方正出版社1995年版）、徐静村教授主编的《中国刑事诉讼法（第二修正案）学者拟制稿及立法理由》（法律出版社2005年版）、陈卫东教授主编的《刑事诉讼法模范法典》（第2版）（中国人民大学出版社2011年版）等。

在2012年《刑事诉讼法》修改前后，学者们多以实证分析的方法就我国刑事司法实践中的问题予以总结，展示亟待立法解决的实务难点，呈现修法后仍存在的漏洞或盲点。其中有代表性的学者及理论成果有：叶青、阮忠良教授主编的《我国审判公开问题实证考察与对策研究》（法律出版社2011年版）、杨宇冠教授等著的《非法证据排除规则在中国的实施问题研究》（中国检察出版社2015年版）等。

（四）比较法领域的研究

40年来，有关外国刑事诉讼制度的研究可谓硕果累累。20世纪80年代，刑事诉讼法学者开始对外国刑事诉讼制度和司法制度进行概括性介绍，并作初步的比较研究，重要的研究成果有陈光中教授主编的《外国刑事诉讼程序比较研究》（法律出版社1988年版），程味秋主编的《外国刑事诉讼法概论》（中国政法大学出版社 1994 年版),卞建林、刘玫教授主编的《外国刑事诉讼法》(人民法院出版社、中国社会科学出版社 2002 年版),宋英辉、孙长永、朴宗根教授等著的《外国刑事诉讼法》(北京大学出版社 2011 年版)。

40 年间,学者翻译诸多外国诉讼法典、法规,为了解和研究外国刑事诉讼法奠定了基础。如《意大利刑事诉讼法典》(黄风译,中国政法大学出版社 1994 年版)、《德国刑事诉讼法典》(李昌珂译,中国政法大学出版社 1995 年版)、《美国联邦刑事诉讼规则和证据规则》(卞建林译,中国政法大学出版社 1996 年版)、《法国刑事诉讼法典》(谢朝华译,中国政法大学出版社 1997 年版)、《日本刑事诉讼法》(宋英辉译,中国政法大学出版社 2000 年版)、《英国刑事诉讼法(选编)》(中国政法大学刑事法律研究中心组织编,中国政法大学出版社 2001 年版)、《韩国刑事诉讼法》(马相哲译,中国政法大学出版社 2004 年版)。尤其要指出的是,由时任最高人民检察院检察长曹建明任编辑委员会主任,最高人民检察院副检察长孙谦大检察官、中国刑事诉讼法学研究会会长卞建林教授、中国刑事诉讼法学研究会常务副会长陈卫东教授任主编的《世界各国刑事诉讼法》于 2016 年由中国检察出版社出版。该书共分欧洲卷(上、中、下)、美洲卷、亚洲卷、大洋洲卷和非洲卷七卷,进一步全面、系统地呈现了外国刑事诉讼法典的全貌,收集了世界五大洲 61 个国家的刑事诉讼法,规模庞大,内容丰富。

改革开放 40 年来,学者们翻译了一批有代表性的外国刑事诉讼法学教材,这些教材对外国刑事诉讼制度进行了较系统的介绍。除本文第三部分提及的教材外,还有克劳斯·罗科信的《德国刑事诉讼法》(吴丽琪译,法律出版社 2003 年版),伟恩·R. 拉费弗、杰罗德·H. 伊斯雷尔、西南·J. 金合著的《美国刑事诉讼法》(上、下)(卞建林、沙丽金等译,中国政法大学出版社 2003 年版),田口守一的《刑事诉讼法》(刘迪、张凌、穆津译,法律出版社 2000 年版),麦高伟、杰弗里·威尔逊主编的《英国刑事司法程序》(姚永吉译,法律出版社 2003 年版),松尾浩也的《日本刑事诉讼法》(上、下)(张凌译,中国人民大学出版社 2005 年版),K. 古岑科主编的《俄罗斯刑事诉讼教程》(黄道秀译,中国人民公安大学出版社 2007 年版),史蒂芬·沙曼《比较刑事诉讼:案例教科书》(施鹏鹏译,中国政法大学出版社 2018 年版)等。

在外国刑事诉讼法学基本理论译介方面,40 年来,其中代表性的作品有:赫伯特·L. 帕克的《刑事诉讼的两种模式》,[①]该文首次提出了模式理论,将刑事诉讼模式归结为以社会控制与防卫为核心的犯罪控制模式与以个人权利为核心的正当程序模式,这种模式学说不仅激起了美国刑事司法学界对诉讼模式的思考,也推动着我国刑事诉讼法学基本理论研究的深入,甚至影响着我国刑事诉讼法的改革。除本文第三部分提及的译著外,还有谷口安平的《程序的正义与诉讼》(王亚新、刘荣军译,中国政法大学出版社1996年版)、本杰明·卡多佐的《司法过程的性质》(苏力译,商务印书馆2000年版)、田口守一的《刑事诉讼目的》(张凌、于秀峰译,中国政法大学出版社2011年4月增补版)、米尔伊安·R. 达玛什卡的《司法和国家权力的多重面孔:比较视野中的法律程序》(郑戈译,中国政法大学出版社2015年版)等。

随着"以审判为中心"的刑事诉讼改革推进,证据裁判主义再度成为理论研究重点。在英美法系国家,证据法学是与实体法学、程序法学呈三足鼎立之势的独立学科,40年来,学者们翻译了诸多英美法系的证据法经典著作,除本文第四部分提及的译著外还有米尔吉安·R. 达马斯卡的《比较法视野中的证据制度》(吴宏耀、魏晓娜等译,中国人民公安大学出版社2006年版)、理查德·A. 波斯纳的《证据法的经济分析》(徐昕、徐昀译,中国法制出版社2004年版)、乔恩·R. 华尔兹的《刑事证据大全》(第2版)(何家弘译,中国人民公安大学出版社2004年版)、罗纳德·J. 艾伦的《证据法:文本、问题和案例》(张保生等译,高等教育出版社2006年版)、《理性 认知 证据》(栗峥、王佳译,法律出版社2013年版)、《艾伦教授论证据法(上)》(张保生等译,中国人民大学出版社2014年版)、詹姆士·Q. 惠特曼的《合理怀疑的起源——刑事审判的神学根基》(佀化强、李伟译,中国政法大学出版社2012年版)、威廉·特文宁的《证据理论:边沁与威格摩尔》(吴洪淇、杜国栋译,中国人民大学出版社2015年版)、威廉·特文宁的《反思证据:开拓性论著》(第2版)(吴洪淇等译,中国人民大学出版社2015年版)等。相较之下,大陆法系学者的证据法学著作相对较少,代表性作品有密特麦尔的《刑事证据论:德国、法国及其他国家的比较研究》[②]等。

(五)全球视域下的国际化研究

我国在20世纪90年代相继签署了《儿童权利公约》《经济、社会、文化权利国

---

① See Herbert L. Packer, *Two Models of the Criminal Process*, University of Pennsylvania Law Review, 1964. 中文译文见[美]虞平:《争鸣与思辨:刑事诉讼模式经典论文选译》,郭志媛编译,北京大学出版社2013年版,第3~50页。

② 施鹏鹏:《跨时代的智者——密特麦尔证据法学思想述评》,载《政法论坛》2015年第5期。

际公约》《公民权利和政治权利国际公约》《联合国反腐败公约》等一系列国际性公约。学界对我国应如何参考这些公约所确立的刑事司法国际准则,推进我国刑事司法制度的改革及完善开展了深入研究,并形成较多成果。如樊崇义教授的《论联合国公正审判标准与我国刑事审判程序改革》(《中国法学》1998 年第 2 期),陈光中教授主编的《联合国刑事司法准则与中国刑事法制》(法律出版社 1998 年版),谢佑平教授主编的《刑事诉讼国际准则研究》(法律出版社 2002 年版),杨宇冠、吴高庆教授主编的《联合国反腐败公约解读》(中国人民公安大学出版社 2003 年版),陈光中教授主编的《〈联合国反腐败公约〉与我国刑事诉讼法再修改》(中国人民公安大学出版社 2006 年版),岳礼玲教授的《公民权利和政治权利国际公约与中国刑事司法》(法律出版社 2007 年版)等。

五、诉讼理念的传播与普及

先进诉讼理念的传播与普及,从根本上促进了我国刑事诉讼制度的发展与完善。其不仅是立法完善的依据,也指引着各专门机关与诉讼参与人的诉讼活动。这些理念主要包括:

(一)惩罚犯罪与人权保障相结合

惩治犯罪是国家的重要职责,也是社会平稳运行的关键。《刑事诉讼法》第 1 条即开宗明义地表明了其惩罚犯罪、保护人民的基本任务。但是,仅以惩罚犯罪为指导理念,往往会造成侵犯人权的负面效果,冤错案件也多源于偏执的治罪目标。随着时代的发展,人权保障的诉讼理念深入人心。《刑事诉讼法》第 2 条将“尊重和保障人权”列为刑事诉讼的一项重要任务。在刑事诉讼领域,人权保障包括两个层面:第一,保障犯罪嫌疑人、被告人的各项诉讼权利;第二,保障各诉讼参与人,特别是被害人诉讼权利。前者则是人权保障理念的重心所在。惩罚犯罪与保障人权,构成了刑事诉讼双重目标的对立统一。二者相辅相成、不可偏废,共同保证了刑事诉讼程序的有效运转。①

(二)实体公正与程序公正并重

公正是人类社会追求的首要目标。② 刑事诉讼领域中的公正,包括实体公正和程序公正。实体公正以诉讼结果为判断依据:定罪、量刑准确无误,判决结果不枉不纵。程序公正则着眼于诉讼过程,要求各专门机关在行使职权时,严格依照法

---

① 参见易延友:《刑事诉讼人权保障的基本立场》,载《政法论坛》2015 年第 4 期。
② 参见陈光中主编:《刑事诉讼法》,北京大学出版社、高等教育出版社 2013 年版,第 12 页。

定程序,不得损害各诉讼参与人的权利。[①] 然而在司法实践中,重实体、轻程序的观念依然存在。为了纠正重实体、轻程序的观念与行为,程序性制裁理论得到学界关注,并在立法中得以体现。"程序性制裁是通过对那些违反法律程序的侦查、公诉和审判行为宣告无效,使其不再产生所预期的法律后果的方式,来惩罚和遏制程序性违法的行为。"[②]近年来,在立法层面不断完善的非法证据排除规则,即以程序性制裁为理论基础。程序公正既是目的亦是路径,有着独立的诉讼价值,也是实现实体公正不可或缺的前提。只有以公正的诉讼程序作为保障,实体公正才能真正得以实现。实体与程序的相关代表性作品如表0-6所示。

表0-6　实体与程序的相关代表性作品

作者	作品	刊物	时间
陈瑞华	程序正义论——从刑事审判角度分析	中外法学	1997年3月
何家弘	司法公正论	中国法学	1999年4月
肖建国	程序公正的理念及其实现	法学研究	1999年5月
汪建成、谢安平	论程序公正与刑罚效果	政法论坛	2002年2月
姚莉	司法公正要素分析	法学研究	2003年9月
万毅	程序法与实体法关系考辨——兼论程序优先理论	政法论坛	2003年12月
陈学权	论刑事诉讼中的实体公正与程序公正并重	法学评论	2013年7月

(三)公正与效率的平衡

公正是法治建设的首要目标,但公正的实现并非毫无代价。越是完善的诉讼程序就越复杂,而诉讼资源消耗也就越大。面对有限的诉讼资源,在公正与效率之间寻求适度的平衡,将是司法改革成败的关键。从简易程序到普通程序简化审、刑事速裁程序以及"认罪认罚从宽"制度,[③]改革者们试图摸索出一条在公正与效率之间寻求平衡的道路,即以具体案情为标准对案件进行繁简分流,将有限的诉讼资源投入到真正需要的复杂案件当中,实现资源的优化配置。[④] 当下"认罪认罚从

---

① 参见陈学权:《论刑事诉讼中程序公正与实体公正的并重》,载《法学评论》2013年第4期。

② 陈瑞华:《程序性制裁理论》,中国法制出版社2017年版,第371页。

③ 参见谭世贵:《诉讼效率视角下〈刑事诉讼法〉的修改与进一步完善》,载《浙江社会科学》2012年第11期。

④ 参见万毅、何永军:《司法中公正和效率之关系辨正——兼评刑事普通程序简易审》,载《法律科学》2004年第6期。

宽”的制度改革即是以此为指导。对于被告人认罪、认罚的案件,庭审环节体现简略的新变化,表现为法庭调查、法庭辩论的简化或者省略等。[①] 在刑事诉讼中,公正与效率的关系,应当始终是公正优先。但是,个案中的公正不能以统一标准衡量,应当考虑个案差异。特别是在诉讼程序方面,实现案件的繁简分流并配以完整或简化的诉讼程序,实为区别化的实质性公正,在有限的诉讼资源下,扩展公正的广度。

(四)以审判为中心

阶段式运行是我国刑事诉讼的重要特点之一。侦查、检察机关和法院分别负责,侦查、审查起诉和审判三个诉讼阶段。分工负责、相互配合、相互制约的诉讼关系,一方面,帮助各专门机关高效履行职责;另一方面,却可能导致主次不清,违背诉讼规律。[②] 审判中心主义从本质上体现了以下三方面的内容:首先,强调审判阶段的核心作用;其次,要求审判活动趋于实质化;最后,充分保障当事人及社会公众的参与。以审判为中心是符合诉讼规律的,法庭以中立的立场发现诉讼真实,避免侦查机关的治罪目的影响诉讼公正。相关改革对于平衡控辩关系、保障当事人诉讼权利、提高司法公信力等都有着重要价值。[③] 审判中心主义的代表性作品见表0-7。

表0-7　审判中心主义的代表性作品

作者	作品	刊物	时间
朱孝清	略论“以审判为中心”	人民检察	2015年1月
闵春雷	以审判为中心:内涵解读及实现路径	法律科学	2015年5月
王敏远	以审判为中心的诉讼制度改革问题初步研究	法律适用	2015年6月
魏晓娜	以审判为中心的刑事诉讼制度改革	法学研究	2015年7月
叶青	以审判为中心的诉讼制度改革之若干思考	法学	2015年7月
张建伟	审判中心主义的实质内涵与实现途径	中外法学	2015年8月
龙宗智	“以审判为中心”的改革及其限度	中外法学	2015年8月
樊崇义	“以审判为中心”与“分工负责、相互配合、相互制约”关系论	法学杂志	2015年11月

① 参见陈卫东:《认罪认罚从宽制度研究》,载《中国法学》2016年第2期。
② 参见张栋:《我国刑事诉讼中“以审判为中心”的基本理念》,载《法律科学》2016年第2期。
③ 参见叶青:《以审判为中心的诉讼制度改革之若干思考》,载《法学》2015年第7期。

续表

作者	作品	刊物	时间
谢佑平	论以审判为中心的诉讼制度改革——以诉讼职能为视角	政法论丛	2016 年 1 月
张栋	我国刑事诉讼中“以审判为中心”的基本理念	法律科学	2016 年 3 月
顾永忠	以审判为中心背景下的刑事辩护突出问题研究	中国法学	2016 年 4 月
左卫民	审判如何成为中心：误区与正道	法学	2016 年 6 月
李奋飞	从“顺承模式”到“层控模式”“以审判为中心”的诉讼制度改革评析	中外法学	2016 年 6 月
陈卫东	以审判为中心：当代中国刑事司法改革的基点	法学家	2016 年 8 月
张泽涛	“以审判为中心”的内涵及其制度完善	法学	2016 年 11 月
刘计划	刑事诉讼法总则检讨——基于以审判为中心的分析	政法论坛	2016 年 11 月
杨波	审判中心下印证证明模式之反思	法律科学	2017 年 3 月

（五）证据裁判理念

刑事审判是对过去已发生事实的认定，而法官并非亲历者。准确还原案件事实避免冤错案件的发生，则需要切实贯彻证据裁判理念。① 田口守一教授对证据裁判的定义包括两个方面：第一，认定案件事实仅能依靠证据，其他任何东西都不能成为依据；第二，据以定案的证据应当具备证据能力，并且经过法庭的审查。② 就我国而言，2012 年《刑事诉讼法》的修改广泛涉及证据领域，而其中的主线即证据裁判原则。③ 具体包括证据的定义和种类的完善；确立了非法证据排除规则；细化了证明标准；增加了证人、鉴定人出庭以及保护制度等。上述规定标志着我国刑事法律制度在证据裁判理念上有了长足的发展。④

六、结语：刑事诉讼法学研究的反思与展望

40 年来，我国刑事诉讼法学研究从复苏、发展走向日益繁荣，取得了令人瞩目的丰硕成果——不仅形成了完备的学科体系、壮大了刑事诉讼法学研究的力量，还

① 参见闵春雷：《证据裁判原则的新展开》，载《法学论坛》2010 年第 4 期。

② 参见［日］田口守一：《刑事诉讼法》，张凌、于秀峰译，中国政法大学出版社 2010 年版，第 267 页。

③ 参见张保生：《司法改革应遵循证据裁判规律》，载《法制与社会发展》2014 年第 6 期。

④ 参见陈光中、郑曦：《论刑事诉讼中的证据裁判原则——兼谈〈刑事诉讼法〉修改中的若干问题》，载《法学》2011 年第 5 期。

以理性的学界呼声推动诉讼制度的立法变革,促进法治文明的现代化改革。当然,改革开放以来的刑事诉讼法学研究也存在薄弱环节,如某种程度上存在诉讼理论与司法实践步调不一致的问题。改革开放后,尤其是20世纪90年代以来,刑事诉讼法学的研究方法走向多元,基于司法实际的经验分析、实证分析悄然兴起,法学理论更应与时俱进,密切关注司法活动的具体样态及运行环境。只有强化诉讼理论对司法实践的指导、引领作用,才能有效解决理论与实践脱节的问题,从而使刑事诉讼法学理论研究的成果能够顺利地转化到实践中去,能够真正地引导国家刑事司法制度的变革与发展。再如,规范分析与实证分析尚待整合的问题。根据笔者的统计归纳,当前理论界的实证研究成果大多表现为调研报告和个案分析,数据来源和分析缺乏规范的实证基础。规范研究是实证研究建立假设的前提条件,也是实证研究的结论上升到理论高度的必经途径;而实证研究则是规范研究能够立足实践、不断地随实践发展深化的基础,是规范研究具有经验的可检验性和科学性的保证。① 在这一方面,我国的实证研究还有很长的路要走。

① 参见陈爱贞:《注重实证分析与规范分析的结合》,载《中国经济问题》2004年第4期。

第一章　刑事诉讼法研究

第一节　英美陪审制兴衰考*

英美陪审制经历了从萌芽、发展到衰落的曲折过程。基于这一历程，对英美陪审制历史发展的梳理分析成为本节的主要目的。

一、神旨还是王制：对陪审制起源的探讨

（一）迷雾般的起源

事实上，关于陪审制的起源至今为止未有定论。历史学家弗西斯（W. Forsyth）曾指出，“很少有主题比陪审制的起源更能激发历史学者们的想象却又令其研究不断受挫”①。陪审制的源头似乎萌于传说时代：公元前15世纪，摩西从以色列的12个部落里选取了一支由12人组成的侦察队，派往迦南刺探其土地和居民的情报。他们意欲了解迦南人强壮还是虚弱，人数多寡；土地富饶还是贫瘠，可有草木覆盖；他们生活在怎样的城市，是否有堡垒防御。40天后，12人回来了。面对摩西和以色列的民众，其中10人认为迦南人十分强大，因此不应对其发动

---

* 作者：王涛。本节原发表于《中国刑事法杂志》2016年第1期。本节是国家社科基金2011年度重大项目“法律文明史”（课题编号：11&ZD081）子课题“法的国际化与本土化”的阶段性成果。

① W. Forsyth, *History of Trial by Jury*, J. Cockcroft, 1875, p. 2.

战争;2 人则认为应遵循上帝的旨意征服迦南。[①] 这 12 人与后世陪审团的功能相差甚远,但能从中看出西方陪审制的端倪初露。1000 多年以后,苏格拉底被一个 501 人组成的希腊陪审团认定犯有不敬神和毒害青年的罪行,他最终饮下毒酒而死。[②] 雅典的陪审团由于规模庞大终无法辨识司法与立法的区别,也无法对法律与事实进行区分。不过,这一机制仍对后世陪审制的发展影响深远。到了罗马帝国时代,陪审制的理念虽然少有进展,但司法已从普通的政治活动中分离,也与原始的由投票决定的民众司法区别开来。[③]

罗马帝国分崩离析后的"黑暗时代"将陪审制发展的轨迹湮没在历史的尘埃之中,令人难解。正如弗西斯所言,"陪审制缓缓而行,从某种业已逝去的社会形态的习惯中悄然升起"[④]。拨开中世纪的迷雾,加洛林王朝的查理大帝(Charles the Great)统治了西欧的大部分地区。由于统治地区广袤,查理曼与他的继承者发现有必要对涉及王室的事件进行调查。[⑤] 公元 829 年,法兰克国王采取了一项措施,即从他们所要了解信息的地区召集重要人物,国王在这些人宣誓后指示他们进行调查,并将他们了解到的有关骚乱、争议等情况汇报给国王;而后,国王要求所有与王室财政税收有关的争议必须依据这些发过誓的当地人给出的答案进行裁断。[⑥]

跨越英吉利海峡,公元 997 年,不列颠岛上的英格兰国王埃塞尔雷德二世(Æthelred Ⅱ)在宛提治(Wantage)通过法令规定,12 名领主应由 1 名国王的代表伴随,依凭手中的圣物宣誓,"他们不会起诉无辜之人,也不会隐藏任何有罪之人"。[⑦] 虽说这是英国本土的法令,但并不能由此断定陪审制源自英伦。普拉克内特(T. Plucknett)认为,埃塞尔雷德二世的法令参考了曾经统治宛提治地区的丹麦人的制度,这代表了这一法令所具有的斯堪的纳维亚法特征。[⑧] 然而,陪审制源自盎格鲁-撒克逊民族本身或丹麦占领者的推测都不具有绝对的说服力。

---

① See Holy Bible, *New International Version*, Numbers 13 - 14.

② 参见[美]威格摩尔:《世界法系概览》(上),何勤华等译,上海人民出版社 2004 版,第 224 ~ 226 页。

③ 同上书,第 340 页。

④ W. Forsyth, *History of Trial by Jury*, J. Cockcroft, 1875, p. 1 - 2.

⑤ See T. F. T. Plucknett, *A Concise History of the Common Law*, 5th edition, Liberty Fund, 2010, p. 109.

⑥ See J. B. Thayer, *The Jury and Its Development*, 5 Harvard Law Review 249 (1892), p. 250.

⑦ See T. F. T. Plucknett, *A Concise History of the Common Law*, 5th edition, Liberty Fund, 2010, p. 108.

⑧ Ibid.

（二）征服者的贡献

较流行的观点将英国陪审制的起源归功于诺曼底公爵——征服者威廉一世（William Ⅰ），认为威廉一世于1066年将法兰克的信息调查制度（Inquisitio）带过英吉利海峡，使陪审制最终在英国扎根发芽。信息调查的成果被收入著名的“英格兰土地志”（Domesday-Book，也叫末日审判书）。英格兰土地志由受威廉一世指派的一个调查委员会所撰。该委员会对整个英格兰进行了调查，其获取信息的渠道是每一地区宣誓陈述的当地人。该书对王国内的各种地方习俗、不动产权、永租权、土地所有者的纳税能力等情况进行了详细的记载。一些有关土地权利的疑问、个人地位的争议也出现在委员会面前，其解决结果也都简要记载于该书之中。[①]后来，这种调查模式逐渐从行政管理向司法审判的领域发展。威廉一世在位期间发生了一起罗切斯特主教甘达夫与剑桥子爵之间的纠纷。其中涉及一个重大争议，即部分土地是属于国王，还是教会？威廉一世下令将这个问题交由土地所在郡的所有男性自由民裁决，后该土地被裁定属于国王。然而，主审官巴约主教奥多（Odo）对此裁决持有疑问，他指令该郡选出12位居民对此裁决宣誓确认。一年之后，一个曾是该地区土地管理者的修道士出现，指出该裁决是错误的。最终，12人中的领誓人与另一人承认作了伪证，所有宣誓的12人都被定罪惩罚。[②] 该案显示了日耳曼民众法庭的特点，同时也反映了以当地12名住民宣誓陈述为裁决依据的陪审制雏形。

到了公元1122年亨利一世（Henry Ⅰ）统治时期，国王将一起土地争议交由当地居民裁决。700人被召集起来，由多塞特与萨默塞特子爵主持审判，16人被选出进行宣誓陈述，裁决遂依据他们的陈述作出。[③] 亨利二世（Henry Ⅱ）即位后意识到，领主法庭与王室法庭存在竞争，而后者是王室财政收入的重要来源。于是，他决心直面竞争，改革则是他的策略，他希望王室法庭对于诉讼者更具吸引力。亨利二世果断扩张了“国王安宁”（King’s Peace）的概念，将王室利益引入了许多种类的诉讼。[④] 他扩大了信息调查制度的范围，将其引入私人诉讼的领域，并创立巡回法院。1164年，亨利二世在同教会的博弈与妥协中制定了《克拉灵顿宪章》（Constitutions of Clarendon）。该宪章规定，当世俗采邑与教会就土地所有权发生

① See J. B. Thayer, *The Jury and Its Development*, 5 Harvard Law Review 249 (1892).

② Ibid.

③ Ibid.

④ See J. Pope, *The Jury*, 39 Texas Law Review 426 (1961).

争议时,应由王国的首席法官根据12名合法人士的裁断作出判决。① 亨利二世于1166年制定《克拉灵顿诏令》(Assize of Clarendon),进一步改革刑事诉讼程序,将起诉调查团(Presenting Jury)(大陪审团的雏形)系统化;于1176年制定《北安普顿诏令》(Assize of Northampton),强化了土地继承者对封建领主的诉权。② 调查团在当时也被称为"认可者"(Recognitors),③反映出与"调查制"的某种对应意味。④ 亨利二世通过对调查制审判进行收费,增加了王室的收入。法官们也开始乐见其成,面对难缠的讼争,他们鼓励当事人选择调查制审判。⑤

二、治理需求:陪审制的推开

(一)从《大宪章》到《克拉灵顿诏令》

随着神明裁判等审判方式的消减,11世纪的英国亟须找到一条可供替代的裁判路径。法官们开始自发地在审判中更多采用"调查制"。不过,至约翰(John)统治时期,国王要对调查制的采用收取十分高昂而不确定的费用。⑥ 为此,1215年,封建贵族们迫使约翰签署的《大宪章》(Magna Carta)第40条明确规定,"余等不得向任何人出售,拒绝或延搁其应享之权利与公正裁判",禁止对调查制收取高额费用。第39条明确规定,"任何自由人,未经其同等级人之依法裁判,或未经国法审判,皆不得被逮捕,监禁,没收财产,剥夺法律保护权或身份地位,流放,或加以任何其他损害"。第36条则规定,"自此以后发给调查令状时不得索取或给予任何陋规,请求发给时,亦不得拒绝"。由此,调查制审判方式得到英国最重要宪法文件的确认。随后,在民事案件中,以权利为基础的新令状和诉讼方式不断出现,使调查制的使用大大增加。

需要指出的是,公元1166年《克拉灵顿诏令》建立的一套宣誓调查制度明确了起诉调查团,但非用以审判犯罪之人:来自同一市镇的4名合法之人与来自上一百户区的12名合法之人在宣誓之后,接受法官和郡督的询问,就是否有人在该地区犯罪陈述事实,若有人被认为犯罪,则将其逮捕加以冷水裁判。⑦ 然而,在誓证裁

---

① See W. Forsyth, *History of Trial by Jury*, J. Cockcroft, 1875, p. 112.

② See T. F. T. Plucknett, *A Concise History of the Common Law*, 5th edition, Liberty Fund, 2010, p. 19.

③ See J. Pope, *The Jury*, 39 Texas Law Review 426 (1961).

④ See J. B. Thayer, *The Jury and Its Development*, 5 Harvard Law Review 249 (1892).

⑤ See J. Pope, *The Jury*, 39 Texas Law Review 426 (1961).

⑥ See J. B. Thayer, *The Jury and Its Development*, 5 Harvard Law Review 249 (1892).

⑦ See *Assize of Clarendon*, 1166, Ch. 1 - 2.

判和神明裁判被基本废止的 13 世纪,如何对被起诉的罪犯加以审判成了当时的问题。于是,法官们开始了一种司法试验:罪犯被要求接受另一个调查团的审判(审判陪审团的雏形),该调查团有时就由先前的起诉调查团成员担任,有时法官会召集更多的调查员组成更大的调查团。① 不过,中世纪早期的英国与诺曼底都有这样一个传统,即若无本人同意,被控犯罪的被告不能被国家审判,因为当时法律的"正当程序"是经受历史久远的神明裁判而非审判调查团这么一个新生制度。② 于是,法官们通过各种强迫手段让被告同意接受上述新的审判方式。③ 1275 年制定的《第一威斯敏斯特法典》(the Statute of Westminster Ⅰ)规定,不同意接受调查制审判的重罪犯,应同那些不遵守王国法律的人一样被监禁起来。④ 随后,对调查制的拒绝逐渐从被视为对犯罪的承认演变成施加酷刑的理由。不过,仍有一些罪犯选择接受酷刑而不接受调查团审判,因为在事实清楚的情况下接受调查团审判,必然会被定罪处死,其个人财产将被国王没收;而不接受审判,则其永不会被定罪,其虽死却能为家人保留财产。⑤ 至 13 世纪中期,审判调查团从先前不确定的众多人数精简至 12 人,其成员通常有一部分是从起诉调查团里选取的,若审判调查团作出无罪判决,则这些成员自身将会遭受牢狱之灾。当时,对这种起诉与审判人员重叠的抗议显示出,至少罪犯已开始将审判调查团视为某种与案件无利害关系的司法机构而不再是了解案情的地区代表了。⑥ 不过,直至 1352 年,该抗议理由才得到立法的支持,⑦大、小陪审团(下文中不再使用"起诉调查团"和"审判调查团"的表述)开始分离。

(二)陪审团的人数

那么,小陪审团的人数为何是 12？如同陪审制的起源一样,12 人的原因很难有一个绝对的定论。有的研究认为,小陪审团由 12 人组成的原因是每一百户区的大陪审团都由 12 人组成。⑧ 大陪审团的 12 人代表着同一百户区进行起诉,而小陪

---

① See T. F. T. Plucknett, *A Concise History of the Common Law*, 5th edition, Liberty Fund, 2010, p. 120.

② Ibid., p. 125.

③ See J. B. Thayer, *The Jury and Its Development*, 5 Harvard Law Review 249 (1892).

④ See Statute of Westminster, 1275, c. 12.

⑤ See T. F. T. Plucknett, *A Concise History of the Common Law*, 5th edition, Liberty Fund, 2010, p. 126.

⑥ Ibid., p. 127.

⑦ See 25 *Edward* Ⅲ, stat. 5, c. 3.

⑧ See C. L. Wells, *The Origin of the Petty Jury*, 27 Law Quarterly Review 347 (1911).

审团则以同样的人数代表整个郡区进行裁断。① 有的学者则认为,12 人陪审制源于斯堪的纳维亚的司法传统,这一传统被诺曼底征服者带至英国。② 弗西斯回溯了英国更早的历史,指出公元 725 年,威尔士的一位国王摩尔根(Morgan of Gla-Morgan)被认为曾发明并采用了 12 人陪审团的审判模式,该国王称其为“十二门徒法”(Apostolic Law),③此外,成为陪审员需要一定的条件:他首先必须是自由民,必须拥有一定价值的不动产,且必须来自案件发生地的邻近地区,并作宣誓。④

(三)裁决一致性

裁决一致性(Unanimity in the Jury)是陪审制一个重要特征。在亨利二世时期,12 名陪审员在裁定中需要达成一致。不过,当时这种一致性并非由任何强制程序所保证。当时所采取的促成裁定一致性的方式被称为“陪审团扩容”(Afforcement of the Jury),即当原陪审团存在不一致时,继续加入新的陪审员,直到有 12 名陪审员达成一致。⑤ 13 世纪,多数性裁决被广泛采用。⑥ 然而,到了 14 世纪下半叶,陪审团裁决一致性原则得到确立。在爱德华三世(Edward Ⅲ)统治时期,少于 12 人达成一致的裁决被视为无效,法官会将 12 人载在马车上到处巡游,直至他们达成一致意见。⑦ 英格兰法律年书(Year Books)中记载了一个案例可以反映当时的情况。⑧ 一名律师在庭上提出,在过去的侵权诉讼中由 11 人作出的裁决得到了首肯,并提出先例予以证明。王座法庭首席法官索普(Thorpe)则说:“每一起调查须由不少于 12 人作出,此乃根本。尽管你带来一打先例,也不会对你起到任何帮助,而基于这些裁决作出判决的法官应受到谴责。”法官莫布里(Moubrey)说:“因裁决由 11 人作出,我无法进行判决,应重新组织一个调查团,并将被监禁的那个不同意见者解职。”对一致性原则的解释有多种。早期陪审制取代了神判、誓证等宗教性裁判模式,为强化其正当性,必然继承了浓重的宗教特征,而圣经中规定的“众人定罪”对一致性原则具有深刻的影响。⑨ 较世俗的解释则认

① See C. L. Wells, *The Origin of the Petty Jury*, 27 Law Quarterly Review 347 (1911).
② W. Forsyth, *History of Trial by Jury*, J. Cockcroft, 1875, p.4.
③ Ibid., p.45, n. 2.
④ See W. Forsyth, *History of Trial by Jury*, J. Cockcroft, 1875, p.133.
⑤ Ibid., p.197.
⑥ See J. B. Thayer, *The Jury and Its Development*, 5 Harvard Law Review 249 (1892).
⑦ See W. Forsyth, *History of Trial by Jury*, J. Cockcroft, 1875, p.200.
⑧ See *Y. B. 41 Edward* Ⅲ, 31, 36.
⑨ See *Holy Bible*, New International Version, Numbers 35:30.

为,如果任何一名陪审员与其他人产生分歧,则他的观点和理由基于一致性原则的要求得以被其他人聆听和考虑,因而其他多数人不会嘲笑或无视他的意见,而需努力说服他或改变自身的观点,从而鼓励陪审团内部的充分讨论。① 此外,从陪审制的历史发展来看,早期的调查团成员本身都是案件事实的知情者,如果多数人对一项事实的认定是一致的,那么剩余的小部分人了解的事实理应与此相同,若他们拒绝同意多数人的意见,则会被视为顽固不化,甚至作伪证,这一逻辑为一致性原则提供了相对合理的解释。

三、角色蜕变:从地方见证人到证人聆听者

(一)作为见证人的原始属性

从前文可以发现,陪审团最初的实质是封建社会里的地方见证人。他们之所以被甄选为陪审团,是因为他们全部或部分地了解案件的事实。在书面凭据相对稀少的封建时代早期,许多活动和交易是借由公开的典礼、仪式等完成。这种形式的目的之一便是确保有足够的乡邻见证婚姻、生死、获取土地、买卖、赠与等各类法律和事实行为。从争议或犯罪发生的市镇、百户区来的人大多记得相关事实的真相,故而陪审团参与审判时不需要别的证人,他们自身就是案件的证人。有学者指出,陪审团的"自信息"(self-informing)性质与当时人口的静态分布、集体农业的组织体系相关。②

(二)聆听的开始

然而,在早期的陪审制中并非没有其他证人的身影。可以理解的是总有一些人比乡邻更了解案件的情况。最早的证人是了解契约执行情况的原告一方的"捍卫者",代表原告与被告方进行决斗,而随着决斗裁判逐渐消弭于司法历史,证人被认为逐渐融入了陪审团。③ 不过,弗西斯指出,证人最初虽与陪审团联合在一起,并履行相同的职能,但随着时间的推移二者又逐渐分离开来。④ 这种分离的过程意味着陪审团逐步从"自信息"的地方见证者转变成以证据为依凭的裁断者。证人的出现可能与13世纪审判陪审团(小陪审团)的组成有关。当时,许多起诉陪审团(大陪审团)的成员在起诉后即成为小陪审团的成员。尽管有助于陪审团的"自信息"功能的发挥,但这种情形开始被认为会对被告产生不公。在陪审制出

① See W. Forsyth, *History of Trial by Jury*, J. Cockcroft, 1875, p.204.

② See J. H. Langbein, *The Origin of Adversary Criminal Trial*, Oxford University Press, 2003, p.64.

③ See W. Forsyth, *History of Trial by Jury*, J. Cockcroft, 1875, p.124 - 125.

④ Ibid., p.127 - 128.

现的早期,基于住所、所有财产价值或与争议一方的特殊关系而对陪审团成员提出排除(又称反对)的情况就已出现。[①] 随后,逐渐发展为成熟的司法程序:通过"无因反对"(Peremptory Challenge),无须反对方给出任何理由,得以直接将某位陪审团成员排除在陪审团之外;利用"有因反对"(Challenge for Cause),某位陪审团成员会因其自身存有的偏见、个人品行问题或资质不符等而被排除出陪审团。[②] 至1352年,一部立法明确规定被告有权对曾为起诉陪审团成员的审判陪审团成员提出反对,[③]大、小陪审团的分离使陪审团成员"自信息"功能的延续逐渐受到抑制。由于陪审团成员排除制度的发展,从原、被告的亲朋近邻、起诉陪审团成员等案情了解者中选取审判陪审团成员的做法被逐渐废止,取而代之的则是那些对案情了解甚少的陪审团成员。这一转变意味着审判必须依赖更多了解案情的证人才能进行,而陪审团则从"自信息"的证人逐渐转变为证人的聆听者。

此外,到了15世纪,一个单一的审判陪审团通常被要求对同一期庭审的多起案件作出裁决,而这些案件通常发生于不同的地区。陪审团不可能通过现场调查来了解案件实情,因此他们越来越依赖证人的证言。在19世纪之前,英国没有独立的调查犯罪的侦查机关,也没有负责起诉犯罪的公诉机关。15世纪,起诉陪审团的角色有所转变,他们不再外出调查违法犯罪行为,而是待由原告或受害人携己方证人向他们提出证据和证言。基于证据,起诉陪审团作出是否对被告提起诉讼的裁决。若起诉陪审团决定提起诉讼,原告还需安排己方证人出庭作证。1555年通过的《玛丽女王收监法》(Marian Committal Statute),授权治安官(Justice of Peace)在庭审前不仅可以讯问原告、被告,还得以搜集涉案证据,并强制控方证人到庭作证。[④] 由于该法对怠于继续控诉的原告及其证人设置了惩罚手段,使原告携证人出庭作证数量大幅上升,陪审团的地方见证人功能基本被证人取代,陪审团从而演变为证人证言的聆听者,彻底摆脱了案件知情者的古老特征。

---

① See R. B. Brown, *Challenges for Cause, Stand-Asides, and Peremptory Challenges in the Nineteenth Century*, 38 Osgoode Hall Law Journal 453 (2000).

② Ibid.

③ See 25 *Edward* Ⅲ, stat. 5, c. 3.

④ See J. H. Langbein, *The Origins of Public Prosecution at Common Law*, 17 American Journal of Legal History 313 (1973).

四、司法枷锁:对陪审团的早期控制

(一)禁绝饮食

自被召集起来直至给出裁决期间,1870 年以前的英国陪审团被禁止饮食和用炉火取暖,只被允许点烛照明。弗西斯认为,这一规则源于早期人们对于饮食的过分沉溺,目的是防止陪审团成员因饮食而懈怠履行自身的职责。[①]也有学者认为,禁止陪审团成员在作出裁决前饮食,是防止陪审团受到腐化的缘故。[②] 此外,禁止饮食规则不仅是为了防止当事人通过为陪审团成员提供吃喝而贿赂他们,也不仅是为了让陪审团成员保持清醒,还是为了确保陪审团成员达成真实的一致。因为,若一名陪审团成员获得了饮食,他将比别人更耐饥渴,从而迫使其他成员们屈从于他的意见,一个明知真理在一方的陪审团成员可能会因饥渴难耐而昧着良心给出相反的裁决。[③]

(二)剥夺令与重审

剥夺令(Writ of Attaint)是对早期陪审团又一重要的控制措施。剥夺令的作用是弥补陪审团的错误裁决,当陪审团被认为作出了错误裁决,法官可发出剥夺令,建立一个 24 人组成的再审陪审团(the Jury of Attaint),再审陪审团的作用不是审判原审陪审团,而是对被认为裁决错误的案件进行复审。[④] 再审陪审团只能就原审时已向原审陪审团提交的证据进行审查,不被允许接收新的证据。[⑤] 如果再审陪审团得出的结论与原审陪审团相左,则原 12 名陪审团成员将立刻遭逮捕和监禁,他们的土地和财产将被国王剥夺,本人将变为声名狼藉之人,妻儿被赶出房子,家园被拆毁,所栽树木被连根拔起,牧场被碾烂。[⑥] 弗西斯引用布拉克顿(H. Bracton)的观点认为,对犯错陪审团的处罚之所以那么严厉是因为早期陪审团被召集的目的便是就某一土地权益的争议在庭审前亲自开展调查,因此它们不应以

---

① See W. Forsyth, *History of Trial by Jury*, J. Cockcroft, 1875, p. 201 – 202.

② See S. Anand, *The Origins, Early History and Evolution of the English Criminal Trial Jury*, 43 Alberta Law Review 407 (2005).

③ See S. Anand, *The Origins, Early History and Evolution of the English Criminal Trial Jury*, 43 Alberta Law Review 407 (2005), citing D. J. Seipp, *Jurors, Evidences and the Tempest of 1499*, in J. W. Cairns & G. McLeod eds., The Dearest Birth Right of the People of England: The Jury in the History of the Common Law, Hart Publishing, 2002, p. 88 – 89.

④ See W. Forsyth, *History of Trial by Jury*, J. Cockcroft, 1875, p. 150.

⑤ See J. B. Thayer, *The Jury and Its Development*, 5 Harvard Law Review 249 (1892).

⑥ See W. Forsyth, *History of Trial by Jury*, J. Cockcroft, 1875, p. 151 – 152.

无知或过失作为他们错误裁决的借口。[①] 这一传统从侧面印证了早期陪审团成员的证人属性,他们是基于自己了解的事实而非在平衡原、被告控辩,对争议事实进行推理的过程中作出裁决,这种裁决是不应发生错误的。不过,实践中再审陪审团不太愿意推翻原审陪审团的裁决。塞耶(J. Thayer)援引史密斯(Sir T. Smith)的观点认为,再审陪审团很少被使用,多因为乡绅们不太愿意诋毁他们乡邻的声誉或破坏其颜面,他们多数会肯定前一次的裁决。[②] 至1757年,大法官曼斯菲尔德(Lord Mansfield)发现16世纪以来剥夺令已很少被使用了。[③] 1825年《陪审团法》正式废除了剥夺令和再审陪审团。[④]

剥夺令废止并不意味着法庭失去了对陪审团裁决的规制手段,法庭仍有权通过重新审判(New Trial)推翻陪审团的错误裁决。理论上,是否对案件进行重审完全由法庭决定,但法庭决定重审一般出于以下一些理由:(1)对于被告的通知程序缺失,被告无从知晓诉讼从而未出庭抗辩;(2)案件证据与原审记录存在实质差异;(3)陪审团未妥善履职,如有人中途离开;(4)胜诉方对陪审团或证人采取了可能影响公正裁决的不端行为,如庭审中向陪审团散发有关其个人品行的传单;(5)原审后发现新的重要证据;(6)原审存在出乎意料的事件,如一方当事人通过欺诈手段获取了对己有利的陪审团裁决;(7)在某些特定条件下当事人的律师和证人未到场;(8)原审证人被判伪证罪;(9)法官向陪审团作出错误指示;(10)法官不恰当地采纳或驳回证据;(11)陪审团所作的裁决明显与证据相反或没有任何依据;(12)陪审团成员被证明存有不当行为,如通过抓阄进行裁决;(13)裁决给予超额的损害赔偿。[⑤]

(三)罚款与监禁

值得一提的是,英国法院[特别是那些曾经存在的特权法院,如星宫法院(Star Chamber)]对违背法庭指示进行裁决的陪审团采取过罚款和监禁等惩罚措施。至16世纪,政治审判在英国非常盛行,法院经常因陪审团未根据庭审证据作出裁决而惩罚其成员。[⑥] 1554年,在对外交官斯洛克莫顿(Sir N. Throckmorton)的叛国罪

---

① See W. Forsyth, *History of Trial by Jury*, J. Cockcroft, 1875, p. 152.

② See J. B. Thayer, *The Jury and Its Development*, 5 Harvard Law Review 249 (1892).

③ Ibid.

④ See Juries Act, 1825, s. 60.

⑤ See W. Forsyth, *History of Trial by Jury*, J. Cockcroft, 1875, p. 156 – 158.

⑥ See T. F. T. Plucknett, *A Concise History of the Common Law*, 5th edition, Liberty Fund, 2010, p. 133 – 134.

审判中，陪审团由于拥护其政治行为，背离证据所指，裁决斯洛克莫顿无罪，星宫法院因此对部分陪审团成员苛以巨额罚款，并将他们关进监狱。① 法院对于陪审团的上述强制措施于1670年因布谢尔(Bushell)一案而被终结。② 1670年8月，两名贵格会教徒威廉·佩恩(William Penn)和威廉·米德(William Mead)因未获许可在公众场合组织集会演讲，被控非法集会被送上法庭。陪审团首次裁决认定2人"在公众场合进行了演讲"，但拒绝按照法官指示认定"非法集会"。对此，法官表示"陪审团不得解散，除非他们作出一项法庭接受的裁决"。嗣后，该陪审团作出第二次裁决，仅认定2人"在公众场合进行了集会演讲"。法官因此将整个陪审团禁闭两天，并禁绝其食物、水和供暖，但陪审团仍没有屈服。最终，法官对陪审团成员苛以罚款，对拒绝缴纳罚款的陪审团成员加以监禁。布谢尔便是陪审团中的1名成员，他向民事上诉法院(Court of Common pleas)提出人身保护令(Habeas Corpus)诉讼。该院首席大法官沃根(Sir J. Vaughan C. J.)裁定，法官不能因为陪审团作出与其意见相反的裁决而对陪审团进行处罚。尽管当时在理论上法庭可通过剥夺令对陪审团进行制裁，但实际中该程序已被废止，因此，大法官沃根的裁定被视为对陪审团独立精神的保护，进而强化了陪审制在英国法中对个人权利的保护。③

五、法律与事实:职能的划分

(一)传统的观念

英国普通法中有一句传统格言："法官回答法律问题，陪审团回答事实问题"。④ 这一原则是英国司法得以高效运作的重要因素，被视为普通法制度的传统特色。⑤ 然而，仔细探察陪审团的职能，可以发现这一界限并非那么明确，因为事实问题在许多时候是与法律问题缠绕在一起的。例如，当陪审团被要求判断A是否立下一个遗嘱的事实时，首先，他们需要查明A是否书写下了自己的遗愿；其次，陪审团要查明A是否有立遗嘱的行为能力；最后，陪审团要判定A签署的这一

---

① See T. F. T. Plucknett, *A Concise History of the Common Law*, 5th edition, Liberty Fund, 2010, p 133.

② See Bushell's Case, 124 Eng. Rep. 1006 (C. P. 1670). A. J. Parmenter, *Nullifying the Jury: "The Judicial Oligarchy" Declares War on Jury Nullification*, 46 Washburn Law Journal 379 (2007).

③ See R. S. Arnold, *Trial by Jury: The Constitutional Right to a Jury of Twelve in Civil Trials*, 22 Hofstra Law Review 1 (1993).

④ ad quæstionem juris respondent judices, ad quæstionem facti respondent juratores.

⑤ 参见张彩凤:《英国法治研究》，中国人民公安大学出版社2001年版，第274页。

文书的法律效力。当陪审团被要求从整体上思考上述问题时,他们不得不超越自身的职能,同时考虑事实和法律问题。1285 年的《初审法官法》规定,[①]法官不能强迫陪审团裁定一个剥夺财产的行为是否为侵占,从而确保他们愿意声明事实的真相,并就法律效力的问题寻求法官的帮助。

弗西斯反对陪审团可以回答法律问题的观点。他认为,虽然陪审团可以将法律问题抓在手中,改变司法的目的,甚至无视法律去实现"实质正义",但这种做法是与陪审团的良心和责任相悖的,也会给人民的权利和自由带来不确定性。[②] 事实上,英国法院一直对陪审团具备裁决事实和法律问题的双重可能保持警惕。早期的剥夺令和再审陪审团即可针对陪审团基于错误法律观点作出的裁决而启动,而后期取代剥夺令的重审程序也说明了英国法律从无将法律问题交由陪审团处置的意欲。

(二)模糊的分界

不过,就刑事审判而言,英国陪审团在一般裁决(General Verdict)中的确拥有决定事实和法律问题的权力,前述布谢尔案就是一例。此外,如英国法律规定决斗致他人死亡应构成谋杀罪,而 19 世纪以前的英国民众通常不认为公平决斗之下的致人死亡构成犯罪,所以在该类案件中,陪审团的情感常会与依法官指示所应履行的职责相冲突,从而不可避免地包揽事实与法律问题,裁决被告无罪。[③] 即便在民事诉讼中,陪审团实际上也经常回答法律问题。如损害赔偿数额的确定虽由陪审团作出,但这一问题显然不只涉及事实认定。

英国法在传统上严格区分陪审团与法官的裁决领域。陪审团必须决定提交给他们的各项证据的价值和效力,他们需要决定在多大程度上相信一名证人的证言,在那些相互矛盾的可能性中作出权衡。法官的职责则是决定应将哪些证据提交陪审团,以及该证据蕴含什么法律责任;而一旦任何法律问题出现,法官将独自决定,陪审团则应遵守法官就法律问题所作的指示,否则案件会被重审。[④] 当事实得到陪审团的确认,基于该事实进行法律推导的权限属于法官而非陪审团。1770 年,王座法庭首席大法官曼斯菲尔德在伍德福尔(Woodfall)一案中指出,陪审团所要考虑的仅是被告是否出版了相关信件以及其中的字母 K 是否影射了国王乔治三

---

① See Stat. 13 Edward Ⅰ, C. 30.

② See W. Forsyth, *History of Trial by Jury*, J. Cockcroft, 1875, p. 218.

③ Ibid., p. 220.

④ Ibid., p. 235 – 236.

世(George Ⅲ),但他们不应考虑相关出版内容是否虚假和具有恶意,相关信件是否具有诽谤性质是一个纯粹的法律问题,应由法官进行裁断。[①]

六、法制继受:“新大陆”上的陪审团

(一)美洲殖民地的陪审制

英国陪审制作为普通法的重要制度跟随最早的定居者来到美洲大陆。1624年,弗吉尼亚所有刑事和民事案件都可获得陪审团裁决;1628年,马萨诸塞引进了陪审制;1677年,新泽西跟进使用陪审团;1682年,宾夕法尼亚实行了陪审制;最后,所有的北美殖民地都采用了陪审制。[②] 虽然各殖民地对陪审制的使用有所差异,但陪审制是当时美利坚人民限制殖民政府以维护自身利益的重要武器。1734年,记者约翰·彼得·曾格(John Peter Zenger),因在报刊上发表了一篇批评纽约总督威廉·科斯比(William Cosby)腐败的文章而被控“煽动性诽谤罪”(Seditious Libel)。[③] 该案中,法庭指示陪审团,只要证据明确表明被告发表了有关言论,就应裁决其有罪。Zenger的辩护律师安德鲁·汉密尔顿(Andrew Hamilton)在庭上提出,如果陪审团发现被告批评总督的内容是真实的,他们有权不采纳法官的指示。陪审团之后裁决Zenger无罪,这一裁决开启了如下原则:(1)媒体应被允许自由批评政府;(2)真实性可以成为对诽谤罪指控的抗辩;(3)法官不对法律问题拥有绝对的管辖权;(4)殖民地陪审团与英国陪审团一样坚定地捍卫人民的基本权利。

到了18世纪中期,殖民地民众开始要求曾经由简易程序审理的债务案件交由陪审团审理。陪审团在此类案件的审理中不太愿意执行僵硬的债法,逐渐将新的价值理念引入了殖民地社会。[④] 随着英国与殖民地民众之间的紧张气氛愈演愈烈,英国政府决心压制美洲殖民地陪审团的权力和独立性。1765年5月,英国议会通过了《印花税法》(the Stamp Act),明确规定对于殖民地印花税征收的争议由当时的海事法院(Admiralty Courts)管辖。海事法院作为审理走私、关税、船舶扣押等殖民地商贸案件的司法机构,一贯排除陪审团审判。这一法案可以看作是英国政府压制殖民地陪审团权力的明显图谋。对此,约翰·亚当斯(J. Adams)撰文指出:“最令人不安的变化是海事法院管辖权的可怕延伸。在这些法院里,只有法官

---

① See Rex v. Woodfall, 20 How. St. Tr. 895, 1770.

② See S. Landsman, *The Civil Jury in America: Scenes from an Unappreciated History*, 44 Hastings Law Journal 579 (1993).

③ 17 How. St. Tr. 675, 1735.

④ See S. Landsman, *The Civil Jury in America: Scenes from an Unappreciated History*, 44 Hastings Law Journal 579 (1993).

进行裁决,陪审团在那里没有发言权……我们断言这一法案将改变陪审制,是对大宪章的直接违背……"[①]对此,1765 年美利坚殖民地第一次会议(the First Congress of American Colonies)特别宣告:"获得陪审团审判是殖民地每一位英国臣民固有而宝贵的权利。"[②]1774 年,第一次大陆会议(the First Continental Congress)决议第 5 条明确规定:"各殖民地有权获得英格兰普通法的保护,包括依照英国普通法接受来自本地区的同等地位之人的审判,这是他们享有的伟大而宝贵的权利。"[③]针对英国议会通过的进一步扩大海事法院管辖权的法案,进而侵蚀殖民地人民在涉人身、财产案件中获得陪审团审判权利的做法,1775 年的第二次大陆会议宣言对陪审制进行了重申。[④] 1776 年出台的独立宣言(Declaration of Independence)所罗列的对英国压迫的种种不满中,就包括剥夺殖民地人民获得陪审团审判的权利。[⑤]当年,弗吉尼亚就将民事陪审团和刑事陪审团专门规定在其权利法案中,其他各州紧随其后。1789 年生效的美国宪法第 3 条第 2 款第 3 项规定"除了弹劾案件之外的所有犯罪应由陪审团加以审判……"1791 年,美国宪法增加了 10 条修正案(称为"美国权利法案")。其中,第 5 ~ 7 条修正案,分别明确了大陪审团起诉犯罪的权利,刑事被告享有快速、公开地接受陪审团审判的权利,以及联邦法院审理争议标的超过 20 美元的民事案件应使用陪审团。

(二)美国的陪审制争议

值得注意的是,民事陪审团最初并未被写入美国宪法。这当然不是起草者们意欲排除民事陪审团,而是反映了独立战争后美国社会的深刻变化,即联邦主义者意欲建立一个强力的中央政府。[⑥] 对于未将民事陪审团写入最初的宪法,至少有 3 种解释:(1)由于英国政府已不再控制司法机构,美国无须再利用陪审团对曾经偏向英国的法院进行制衡;(2)美国的独立产生了民主选举的立法机构,陪审团对法律的审查或废止权能对于民主制定的法律而言已不再重要;(3)陪审团的裁决具有个案性,通常不利于市场中的债权人,若美国要建立稳定的金融秩序,需要抑制

---

① *Papers of John Adams*, Volume 1, Instructions Adopted by the Braintree Town Meeting, Sep. 24, 1765.

② Resolutions of the Stamp Act Congress, 1765, para. 7.

③ Declaration and Resolves of the First Continental Congress, Res. 5, 1774.

④ See Declaration of the Causes and Necessity of Taking Up Arms, 1775.

⑤ See Declaration of Independence, para. 19, 1776.

⑥ See S. Landsman, *The Civil Jury in America: Scenes from an Unappreciated History*, 44 Hastings Law Journal 579 (1993).

陪审团的作用，从而使判决更具可预见性和连续性，以确保投资者的权益。[①] 民事陪审团的缺失在当时引起了激烈的抗议。为了减轻这样的担忧，汉密尔顿（Alexander Hamilton）在《联邦党人文集》[②]中指出："无论是宪法草案的支持者还是反对者，若在其他方面存在分歧，至少对陪审制的价值认识是一致的；若要说他们对陪审制的价值认识也有差异的话，那么前者将其视为自由的捍卫者，而后者视其为自由政府的支柱。"然而，他继续说道："我必须承认，我并未发现自由的维系与在民事案件中使用陪审团之间存在不可分割的联系。"他认为，在涉及国际关系的案件和运用衡平法处理的案件中使用陪审团是不适宜的，因为前者事实与法律问题混杂，且可能引起国际争端，后者多是突破常规解决特殊问题，太过错综复杂。

然而，反联邦党人将民事陪审团的缺失作为反对整部宪法的理由。他们强调：(1)陪审制是制止中央立法机构的不良法律实施的最佳机制；(2)陪审制能保护债务人免受僵化的商业规则的损害；(3)陪审制是遏制腐败或过激法官的方式之一。[③] 反联邦党人的目的是利用陪审团将民众的价值观注入司法程序，从而确保民主的实现。托马斯·杰弗逊(Thomas Jefferson)甚至认为，陪审团对司法体系的影响对于民主自由而言比选民对议会的影响更重要。[④] 由于反联邦党人的坚持，许多州呼吁制定修正案以确保民事陪审团被纳入宪法。这就是美国宪法第七修正案的由来。

七、为宪法权利而斗争

(一)有色人种的陪审权

在美国宪法的重构期，即第十三、十四和十五修正案（Reconstruction Amendments）的制定期间，美国民众的公民权和政治权得到进一步的扩张。[⑤] 南北战争结束后，参加陪审团的权利成为美国社会进入宪法重构期的讨论焦点。作为宪法平等保护的重要部分，黑人参与陪审团的权利被提出。[⑥] 重构修正案尽管没有明文提到陪审团，但其强调的公民权利被认为包括选举、参加陪审团和被选为公

---

① See S. Landsman, *The Civil Jury in America: Scenes from an Unappreciated History*, 44 Hastings Law Journal 579 (1993).

② See A. Hamilton, *The Judiciary Continued in Relation to Trial by Jury*, The Federalist No. 83.

③ See C. W. Wolfram, *The Constitutional History of the Seventh Amendment*, 57 Minnesota Law Review 639 (1973).

④ See Letter from Thomas Jefferson to the Abbé Arnoux, Jul. 19, 1789.

⑤ See S. G. Calabresi & J. T. Rickert, *Originalism and Sex Discrimination*, 90 Texas Law Review 1 (2011).

⑥ See J. Forman Jr., *Juries and Race in the Nineteenth Century*, 113 Yale Law Journal 895 (2004).

职人员等权利。[1] 1875 年,美国制定了《民权法》,明文禁止挑选陪审团成员上的种族歧视,[2]将参加陪审团的权利与宪法的平等保护完整地联系起来。[3] 1880 年,美国联邦最高法院在斯图德尔诉西弗吉尼亚(Strauder v. West Virginia)一案中以普通法的形式宣布,在挑选陪审团成员方面的种族歧视违宪。联邦最高法院指出:"有色人士作为美国公民,在其他方面都符合资格,却因其肤色被一部立法筛出,被剥夺一切作为陪审团成员参与法律实施的权利,这一事实本身即反映了该法对他们强加的烙印,宣扬他们为劣等,这加剧了对那个种族的偏见,阻碍了该种族公民同其他公民一样享受法律平等保护的权利。"[4]

由此,成为陪审团成员在美国变成一种广泛承认的公民权象征,[5]代表拥有美国宪法地位的身份。[6] 然而,平等陪审的理念很快就衰落了。美国许多南部、中西部州的陪审团全是白人。到 20 世纪初期,许多州在消除陪审制的种族歧视上仍无所进展。在一些案件中,陪审团甚至成为压迫与不公正对待少数族裔的工具。[7] 由此,平等参加陪审团运动开启了美国民权运动的重要方面。全美有色人士联合会下属的法律维权基金会(the National Association of Colored People, Legal Defense Fund)对南方各州的歧视性陪审团成员挑选机制发起了诉讼挑战。1935 年,在著名黑人民权律师休斯顿(Charles H. Houston)代理的霍林斯诉奥克拉荷马(Hollins v. State of Oklahoma)一案中,联邦最高法院认定,在初审法院所在县(Okmulgee County),黑人因种族和肤色长期被排除在陪审团之外,这一情形违反了美国宪法,使被告人不能获得法律的平等保护。因此,美国联邦最高法院撤销了初审的定罪判决,将案件发回重审。这一案件推动了通过司法途径挑战种族隔离措施的尝试,将美国民权运动引向深入。[8]

---

① See S. G. Calabresi & J. T. Rickert, *Originalism and Sex Discrimination*, 90 Texas Law Review 1 (2011).

② See The Civil Rights Act, 1875, S. 4.

③ See J. Bressler, *Reconstruction and the Transformation of Jury Nullification*, 78 the University of Chicago Law Review 1133 (2011).

④ 100 U. S. 303, 308, 1880.

⑤ See N. S. Marder, *Introduction to the Jury at a Crossroad*: *The American Experience*, 78 Chicago-Kent Law Review 909 (2003).

⑥ See A. Gross, *of Portuguese Origin*: *Litigating Identity and Citizenship among the "Little Races" in Nineteenth-Century America*, 25 Law & History Review 467 (2007).

⑦ J. Forman Jr. , *Juries and Race in the Nineteenth Century*, 113 Yale Law Journal 895 (2004), p. 898.

⑧ 295 U. S. 394, 1935.

1968 年,美国通过了《联邦陪审团挑选法》(the Federal Jury Selection Act),再次重申了所有公民都有参加陪审团的权利和义务。由上可见,在争取种族平等的过程中,参加陪审团成为美国公民宪法身份的核心议题,凸显为美国公民政治权利的重要组成部分。

(二)妇女的陪审权

在美国,妇女一直以来被排除在陪审团之外。① 在争取选举权的过程中,妇女政权论者将妇女参加陪审团的权利与公民的宪法身份联系起来。② 在制定宪法第十九修正案期间,让妇女获得与男人同等法律权利的议题在美国国会得到了激烈的辩论,并最终受到支持。③ 事实上,为种族平等所作的斗争不会必然导致性别平等。有学者分析道:"妇女选举权运动源自这样一个认识,即政治家与政客们若不被强迫,是绝不会在给予黑人选举权后更进一步的。妇女们整整花了 52 年的时间,发动了约 50 次全国运动,近 1000 次州运动,许多执着的女性耗费了一生的精力,方才赢得了选举权。自始至终,这一斗争包含着争取妇女参加陪审团的权利,这一权利在妇女政权论者的心里和美国社会的态度中与选举权构成整个公民身份的孪生象征。"④女权支持者们刻意地将参加陪审团的权利与选举权联系在一起。他们认为,这二者并不只是公民活动,更是公民地位的象征,它们不仅能够用以区分公民与非公民,也能用以区分拥有政治权利的公民和没有政治权利的公民。⑤ 尽管宪法第十九修正案赋予妇女选举权,但妇女主张权利平等的努力仍只取得了有限的成效。第二次世界大战开始后,美国许多州法院在选取陪审团成员时都抑制妇女的作用,只有 13 个州对妇女设置了与男性一样的参加陪审团的要求,15 个州允许妇女放弃参加陪审团,20 个州不授予妇女参加陪审团的资格。⑥ 许多州法

---

① 在 1931 年前的英国普通法中存在一种特殊的妇女陪审团(jury of matrons),其主要职能是检验犯罪女性是否怀孕。See J. C. Oldham, *On Pleading the Belly: A History of the Jury of Matrons*, 6 Criminal Justice History 1 (1985).

② See G. Ritter, *Jury Service and Women's Citizenship before and after the Nineteenth Amendment*, 20 Law & History Review 479 (2002).

③ See S. G. Calabresi & J. T. Rickert, *Originalism and Sex Discrimination*, 90 Texas Law Review 1 (2011).

④ B. A. Babcock, *A Place in the Palladium: Women's Rights and Jury Service*, 61 the University of Cincinnati Law Review 1139 (1993).

⑤ See G. Ritter, *Jury Service and Women's Citizenship before and after the Nineteenth Amendment*, 20 Law & History Review 479 (2002).

⑥ See W. N. Eskridge, Jr., *Some Effects of Identity-Based Social Movements on Constitutional Law in the Twentieth Century*, 100 Michigan Law Review 2062 (2002).

院将选举权与参加陪审团的权利区分对待,他们认为宪法第十九修正案与本州的宪法只是授予妇女选举权,而没有给予她们成为陪审团成员的权利,前者是明示的公民权,后者则是一种特权或义务。[①] 女权支持者并没有放弃,他们开展了全国范围的运动,通过给予妇女政治建议、向国会提出有关妇女参加陪审团的提案和提起诉讼挑战不合理的陪审团运作模式。

1975 年,在泰勒诉路易斯安那(Taylor v. State of Louisiana)一案中,[②]美国联邦最高法院指出,宪法第六修正案所蕴含的陪审团构成的正当交叉要求(Fair Cross-section Requirement)没有得到满足,原审系统性地从陪审团中排斥妇女的做法令人难以接受,排除任何一个性别而组成的陪审团会如同减少某一经济阶层或种族团体般降低陪审团的社会代表性。1994 年,在 J. E. B 诉阿拉巴马(J. E. B. v. Alabama ex rel. T. B.)一案中,[③]美国联邦最高法院认为,基于性别提出的无因反对在某些案件中能够成为一种获取真相的手段,但这一事实本身不足以成为在陪审团成员挑选中进行性别歧视的理由。

八、坠落云端:从民权守护神到事实审查人

(一)激进的权力

约翰·亚当斯曾说过:"若在一起案件中,法官给予陪审团的指示违背了宪法的基本原则,陪审团成员是否应屈从于这样的指示,作出一般性裁决,或仅就事实作出裁决,而将法律问题交于法庭处置?每一个有情感和良知的人都会回答——不。在这起案件中根据他自己的最佳理解、判断和良知作出裁决不仅是一名陪审团成员的权利,还是他的义务,即使该裁决与法庭的指示截然相悖。"[④]

在美国建国之初,陪审团拥有现今看来十分激进的权力。在美国建国者的心中,陪审团不仅能决定事实问题还可裁决法律问题,甚至在一定程度上具有不予执行违宪法律的违宪审查权(Jury Review of the Constitutionality of Laws)。陪审团被视为防止人民受政府压迫的保护者,是民主进程的参与者以及司法实施的中心角色,同时决定事实与法律问题的权力确保了上述目标得以实现。事实上,从美国宪法通过之日起直到 19 世纪中期,陪审团在刑事案件中决定法律问题是为整

---

① See J. L. Grossman, *Note*, *Women's Jury Service*: *Right of Citizenship or Privilege of Difference*, 46 Stanford Law Review 1115 (1994).

② 419 U. S. 522, 531 - 532, 1975.

③ 511 U. S. 127, 140, 1994.

④ C. F. Adams, *The Works of John Adams*, *Second President of the United States*: *With a Life of the Author*, *Notes and Illustrations*, Vol. 2, Little & Brown, 1850, p. 254 - 255.

个国家广泛接受的。[1] 1794 年,美国联邦最高法院在佐治亚诉布雷斯福德(State of Georgia v. Brailsford)一案中,直接承认陪审团对法律问题拥有决定权。首席大法官杰伊(Jay C. J.)对陪审团说:“先生们,在此提醒你们一条老规矩我觉得并无不当,即事实问题是陪审团裁决的领域,法律问题为法庭裁决的领域。但是,法律同样承认,你们既有权利对争议中的事实问题,也有权利也对法律问题作出决断。虽然在任何场合我们都毫不怀疑地相信,你们会尊重法庭的意见,正如前述所言陪审团裁决事实,法庭裁决法律,但是你们仍合法地对二者具有决定权。”[2]

相对于陪审团的法律问题裁决权,陪审团的违宪审查权未被美国联邦法院明示接受。[3] 不过,一些法院允许辩护律师向陪审团发表某部法律违宪的意见。学者认为,陪审团在事实上有权拒绝尊崇某部其认定违宪的法律。[4]

(二)衰落的开始

然而,随着时间的推移,反对陪审团裁决法律问题的声势日隆,美国许多州开始削弱陪审团的法律问题裁决权。[5] 19 世纪 30 年代,美国联邦法院系统开始质疑陪审团拥有法律问题裁决权的传统。起初,法院通过在对陪审团的指示中加入一些限制来抑制陪审团的这种权力。在 1836 年的美国诉芬威克(United States v. Fenwick)一案中,法院仅将决定法律问题视为陪审团进行一般裁决(General Verdict)的一个必要条件。[6] 在同一年的 United States v. Stockwell 一案中,法院强调:“陪审团决定法律的权利仅是作出一般裁决的权利,这一过程包含了法律和事实的两个方面。从一个事实中能否推导出另一个事实则属于法律问题,应交由法庭来解决……”[7]

1895 年,美国联邦最高法院终于在斯帕尔夫诉美国(Sparf v. United States)一案中将陪审团的法律问题裁决权彻底涤除,其指出:“如果在刑事案件中陪审团有

---

① See R. D. Rucker, *The Right to Ignore the Law: Constitutional Entitlement versus Judicial Interpretation*, 33 Valparaiso University Law Review 449 (1999).

② 3 U. S. 1, 4, 1794.

③ See D. A. Pepper, *Nullifying History: Modern-Day Misuse of the Right to Decide the Law*, 50 Case Western Reserve Law Review 599 (2000).

④ See G. N. Magliocca, *The Philosopher's Stone: Dualist Democracy and the Jury*, 69 the University of Colorado Law Review 175 (1998).

⑤ See M. D. Howe, *Juries as judges of Criminal Law*, 52 Harvard Law Review 582 (1939).

⑥ 25 F. Cas. 1062, C. C. D. C. 1836, 1064.

⑦ 27 F. Cas. 1347, C. C. D. C. 1836, 1348.

权无视法庭向他们阐述的法律而将自己的意见视为法律,公共与私人的安全将受到损害……我们必须坚定地执行这一原则,即在联邦法院,陪审团有义务在刑事案件中接受法院给予的法律,并将该法律运用到其从证据中得来的事实之上。宣扬法律的责任在于法院,而陪审团的责任则是根据自己的良知将法院宣扬的法律运用到案件的事实上去。"①

19 世纪,随着美国联邦法院不断限制陪审团的法律问题裁决权,各州的法院和立法机构也开始逐渐对陪审团的这一权利进行限制或废除。② 迄今为止,尽管仍有一些州在形式上保留了陪审团的法律问题裁决权,在司法实践中这一权利早已偃旗息鼓,成为历史。③

对于排除陪审团法律问题裁决权的做法,美国联邦法院给出了 3 个主要理由:(1)为使法官能够保护公民不受过激陪审团不稳定情绪的损害;④(2)为确保解释法律的一致性;⑤(3)为契合美国联邦政府的架构而不使陪审团凌驾于立法机构之上。⑥ 此外,学界也就陪审团法律问题裁决权被剥夺的原因给出一些解释:(1)法官法与陪审团法的分化、实证法的增加与自然法原则的衰退减少了陪审团裁决法律问题的权威;⑦(2)法官与律师的专业水平不断提升,实体法变得愈加复杂,民众对法官的信任程度不断增加;⑧(3)陪审团成员的组成日趋多元化,使陪审团运用同一种信仰标准的可能日益减小。⑨

渐渐地,陪审团从一个拥有准司法与准立法权能的独立机构演变为法庭解决

---

① 156 U. S. 51, 102, 1895.

② See M. P. Harrington, *The Law-Finding Function of the American Jury*, 1999 Wisconsin Law Review 377 (1999).

③ See R. Wilson, *Free Speech v. Trial by Jury: The Role of the Jury in the Application of the Pikering Test*, 18 George Mason University Civil Rights Law Journal 389 (2008).

④ See Sparf v. United States, 156 U. S. 51, 102 - 103, 1895; United States v. Battiste, 24 F. Cas. 1042, 1043, C. C. D. Mass. 1835.

⑤ See United States v. Battiste, 24 F. Cas. 1042, 1043, C. C. D. Mass. 1835; United States v. Callender, 25 F. Cas. 239, 256 - 257, C. C. D. Va. 1800.

⑥ See United States v. Callender, 25 F. Cas. 239, 256 - 257, C. C. D. Va. 1800; United States v. Morris, 26 F. Cas. 1323, 1331 - 1333, C. C. D. Mass. 1851.

⑦ See A. W. Alschuler & A. G. Deiss, *A Brief History of Criminal Jury in the United States*, 61 the University of Chicago Law Review 867 (1994).

⑧ See D. A. Pepper, *Nullifying History: Modern-Day Misuse of the Right to Decide the Law*, 50 Case Western Reserve Law Review 599 (2000).

⑨ See M. P. Harrington, *The Law-Finding Function of the American Jury*, 3 Wisconsin Law Review 377 (1999).

事实问题的附庸。陪审制不再被视为对法官和司法系统的一种制约，而成为司法系统的一部分，其宪法地位和权威进而被不断压缩。在最近的几十年间，美国开展了陪审制改革运动，以期进一步提升陪审团服务的效率。[①] 许多民众抱怨，美国的陪审团服务耗时过长、庭审效率太低。而改革的主要目的是要减少陪审团的等待时间，降低陪审团召集的频率。然而，这种以效率优先为导向的改革，必然会以牺牲陪审团的自我价值认知为代价。为了向民众宣传参与陪审的负担不重，司法管理机构倾向于向民众强调，参与陪审是一项短期的、单独的义务。一些州的陪审制优化项目甚至提出了"一天或一审"的陪审政策（One Day or One Trial Jury Service），从本质上强化了陪审制的单一任务导向。例如，在加利福尼亚州，所谓的"一天或一审"政策，主要是指一位加利福尼亚州的居民到达法院后，若在一天之内没有被选中参与陪审或未被分配至法庭接受挑选，那么他的陪审义务就被视为履行完毕；被选中加入陪审团的公民一旦就该场审判作出裁决或被法官解职，其陪审义务也被视为履行完毕。[②] 由于确定自己所花费的时间会受到控制，民众开始更乐意到庭参与陪审了。从实用主义的角度看，美国的陪审制改革得到了法院和社会的认可。

然而，这类改革的成功带来了某种预料之外的后果，即降低了美国陪审团的社会影响和宪法地位。诸如"一天或一审"的陪审政策使陪审团的司法角色变得碎片化，其在法庭之外的政治价值被消解殆尽。美国民众普遍的感受是，参与陪审是公民对于法院的某种义务，而非对于自身和宪法的重要责任。这种认识上的转变直接影响陪审团的权利，最终陪审团只能沦为法院的附庸，而非政治结构中的独立机制。这一现状减少了对于陪审团责任的讨论，陪审团原有的政治意义也难以在更大的社会范围内进行传播。除此之外，证据规则的发展和诉讼流程的简化也使陪审团的权能受到削弱，陪审团完全变为被动的信息接收者。在当今社会，公民专门抽出时间参与陪审要承受巨大的时间和经济压力，参与陪审所增加的社会成本无疑也成为陪审制不断式微的重要因素。

九、余论

可以说，英美陪审制的理念在法治文明早期随着宗教、习俗、文化等影响进入其司法领域。然而，随着法治历史车轮的前行，陪审制所具有的一些传统价值、历

---

① See G. T. Munsterman, *A Brief History of State Jury Reform Efforts*, 79 Judicature 216 (1996).

② Http://www.courts.ca.gov/documents/onedayonetrial.pdf，最后访问日期：2015 年 12 月 2 日。

史功能和政治定位在不同程度上受到削弱。英国从1854年开始逐步限制了民事陪审团的使用,除去诽谤等一些特殊类型的侵权案件尚允许当事人选择(非强制)陪审团审判之外,至20世纪40年代,英国的民事陪审团已基本销声匿迹。① 随着各式改革的开启、司法职业的专化,美国的陪审制同样出现势不可当的衰退。在1973年的科尔格罗夫诉巴廷(Colgrove v. Battin)案中,②美国联邦最高法院以几近撕裂的5∶4裁定,在民事案件中使用6人陪审团并不违宪,从而宣告了12人陪审团在美国民事司法中黯然离场的命运,进一步缩减了陪审制民众司法的历史意义。此外,陪审团裁决一致性原则也被打破,陪审团作为事实裁断者的权威因不同意见产生的内部分化而有所消减,英国1974年《陪审团法》允许刑事诉讼采用多数裁决制(Majority Verdict),只要不同意见者不多于2人,该多数裁决即为有效;③美国联邦最高法院则在1972年阿波达卡诉俄勒冈(Apodaca v. Oregon)一案中裁定,州法院在刑事审判中采用陪审团多数裁决制并不违反宪法第十四修正案所规定的正当程序条款。④

法治文明历史潮流浩荡,陪审制却始终附着在司法体系之中,它的身影随着社会的变迁时而宏大,时而微缩,对陪审制发展变化的回顾与分析所描绘出的这种历史张力正是陪审制的魅力所在,亦是其值得学界不断关注的重要原因。

第二节 英国普通法中的司法公开制度*

2010年12月,当英国威斯敏斯特治安法院举行"维基解密"创始人阿桑奇(J. Assange)的保释听证会时,记者向法官申请使用推特(Twitter)进行实时报道,首席治安法官里德尔(H. Riddle)表示不反对,只要直播行为"安静",并且"不干扰法庭"。⑤

---

① See P. B. Devlin, *Trial by Jury*, Stevens & Sons, 1956, p. 130 – 133.

② See 413 U. S. 149, 1973.

③ See Juries Act, 1974, s. 17.

④ 406 U. S. 404, 1972.

* 作者:王涛。本节原发表于《法律适用》2015年第1期,有部分删减。

⑤ Wiki Leaks: *Julian Assange bail hearing makes legal history with Twitter ruling*, http://www.telegraph.co.uk/news/worldnews/wikileaks/8202262/WikiLeaks-Julian-Assange-bail-hearing-makes-legal-history-with-Twitter-ruling.html,最后访问日期:2014年8月31日。

在英国,许多司法案件总能占据报刊媒体的头版头条。要了解英国司法公开的历史渊源和制度设计,要从普通法的角度对这一制度进行梳理。本节的目的便是通过对英国普通法的简要评述,展示该国司法公开制度的大致脉络。

一、历史渊源和理念览析

盎格鲁－撒克逊统治末期,英国已出现百户区法庭、郡区法庭和贤人会议等不同层级的法院体系。其中,百户区法庭(court of the hundred)一个月集会一次,郡区法庭(county court)一年集会两次,这种集会法庭对自由民完全公开,主动出席也是自由民应当履行的义务,裁判由出席法庭的自由民集体作出。① 英国这些法庭是实质的民众代表机构,它们的司法裁判具有自下而上的属性。② 贤人会议(Witenagemot)由盎格鲁－撒克逊民众大会演变而来。作为英国国王的顾问机构,其成员主要为高级教士和世俗大贵族,一般100人左右。③ 贤人会议拥有十分广泛的权力,肩负行政、立法、司法多种职能,受理各种诉讼案件,享有最高司法权,也实行公开的集会式司法。

诺曼底公爵威廉一世(William Ⅰ)征服英国后,除了为僧侣阶层建立独立的宗教法庭,整体上并未干扰英国本土的法律。④ 司法公开的习惯得以延续和发展。不过,在英国历史上那些重要的宪法性文件(如《大宪章》、《权利请愿书》和《权利法案》)里,并未出现关于司法公开的阐述。直至17世纪,柯克(Sir E. Coke)宣称,在1267年的《马尔堡法》(Statute of Marlborough)的"国王的法庭"(Curia Domini Regis)一章里,找到了司法公开原则的法定基础,他认为《马尔堡法》中的表述非常重要,即"所有诉讼都应在国王法庭的法官面前被听审和裁判,一切都应当公开地在所有人都可以进入的国王法庭里进行,而非内庭或其他私密的地方"⑤。

事实上,公众出席(public attendance)的理念受到当时英国法院的普遍承认。一份出自英国肯特巡回法院(the Eyre of Kent)的报告指出,"国王的意愿是所有作

---

① See F. Pollock, *English Law Before the Norman Conquest*, in Committee of the Association of American Law Schools ed., Select Essays in Anglo-American Legal History, Vol. 1, 1907, p. 89－90.

② See A. H. F. Lefroy, *The Anglo-Saxon Period of English Law*, 26 Yale Law Journal 291 (1917).

③ 参见何勤华:《英国法律发达史》,法律出版社1999年版,第6页;See W. Stubbs, *Lectures on Early English History*, Arthur Hassall ed., Longmans, Green, & Co., 1906, p. 243－245.

④ See F. Pollock, *The King's Justice in the Early Middle Ages*, 12 Harvard Law Review 227 (1898), p. 228.

⑤ E. Coke, *The Second Part of the Institutes of the Laws of England*, 6th edition, Printed by W. Rawlins, for Thomas Basset, 1681, p. 103.

恶者都受到应有的惩罚,无论对富人或穷人,司法皆应平等实施,而为了更好地实现这一目标,国王祈望本郡的民众出席法庭,为了王国的荣耀和他们自身的福利,给予国王援助,共同维护社会的安定祥和"①。

尽管此后,英国法院机构和司法程序历经巨大变革,司法的公开属性却一如既往。史密斯(Sir T. Smith)在1565年写道,"所有一切都在法官、陪审团、罪犯以及所有愿意或能够前来听审的人面前公开地进行,所有的供述和证词都须大声诵读,确保公众能听清从供述人和证人的嘴里所说的一切"②。波洛克(Sir F. Pollock)就英国司法的公开原则说道:"我们所拥有的这一传统,顽强地历经各种变革而不消逝。"③甄克斯(E. Jenks)在其著作《英格兰法律书》(the Book of English Law)中认为,"英格兰司法惹人注目的特征之一便是所有的司法审判都在公众可以自由进入的公开的法庭里进行……自远古时代起这就是英格兰的原则"④。

17世纪的黑尔(Sir M. Hale)与18世纪的布莱克斯通(Sir W. Blackstone)都记录了公开于司法运作的重要性。他们表述了类似的观点:公开确保了诉讼程序对所有相关方公正地进行,它限制了伪证和诉讼参与者的不端行为以及基于隐秘的偏见或偏袒所作出的裁决。⑤ 对此,边沁(J. Bentham)也持有相同的见解。⑥ 边沁进一步认为,如果没有公开,其他所有的制约机制都是不够的,"与公开相比,其他的制约机制都无足轻重,无论是记录,还是上诉,或其他任何以制约形式出现的机制都不过是一种掩饰而非真正的制约"⑦。边沁相信,公开的司法程序提升了所有诉讼参与者的表现,保护法官不受不诚实的诋毁,并起到教育民众的作用。⑧ 他强调,"公开是公正的灵魂,它能最大限度地激发人的努力,也是防止邪恶的最佳手段。它使法官本人,在审判的同时接受审判(while trying, under trial)……透过

---

① W. Holdsworth, *A History of English Law*, Methuen, 1927, p. 268, quoting from the S. S. edition of the Eyre of Kent, Vol. i, 2.

② T. Smith, *De Republic Anglorum*, L. Alston ed., Irish University Press, 1972, p. 101.

③ F. Pollock, *The Expansion of the Common Law*, Stevens and Sons, 1904, p. 31 – 32.

④ E. Jenks, *The Book of English Law*, 6th edition, John Murray, 1967, p. 73 – 74.

⑤ See M. Hale, *The History of the Common Law of England*, 6th edition, H. Butterworth, 1820, p. 343 – 345; W. Blackstone, *Commentaries on the Laws of England*, Vol. 3, Clarendon Press, 1768, ch. 23, p. 372 – 373.

⑥ See J. Bentham, *Rationale of Judicial Evidence: Specially Applied to English Practice*, Hunt & Clarke, 1827, p. 67 – 68.

⑦ Ibid., p. 524.

⑧ Ibid., p. 522 – 525.

公开,司法成为平安之母"①。

在哈勒姆(H. Hallam)看来,英国司法程序的公开具有政治上的意义,"在这个王国里,两个条件保证了公民的自由:一是依据对已知法律的正确解释和对证据的合理分析公开实施的司法;二是议会毫无阻碍地对公众不满的原因进行调查和补救的权利。在这二者中,前者是最不可或缺的"②。

除英国人自己对本国司法公开制度称道外,许多外国人也对英国司法公开制度留有深刻印象。比如,他们可以自由地进入英国法院,这在当时许多别的国家是不被允许的。③ 他们特别感叹,整个司法程序全部公开地进行。④ 德国法学家哥伊德(C. Goede)对此评论道,"英国司法的卓越之处在于公开性、陪审团的自由裁决以及审理的高效。他们司法程序的公开程度令人震惊。人们普遍拥有自由进入法院的权利⑤……法官、律师和陪审团持续地接受公众的评判,这极大地提升了英国人对司法实施的非凡信心"⑥。

二、普通法中的庭审程序公开

虽然透过日耳曼习惯法,公众的集体审判就存在于英国当时的司法实践之中;⑦上述各家学者的阐释也一再强调了公开原则之于英国司法的本质属性。但是,公开审理真正成为英国司法制度的根本性原则,则是 19 世纪以来英国普通法判例对其进行诠释和发展之后的事。

英国在这方面较早的判例是 1829 年多布尼(Daubney)案,⑧该案为庭审公开奠定了较早的普通法基础。在一起简易刑事诉讼程序中,被告人没有出庭,而由其事务律师代为出庭。法官表示事务律师不能代理出庭,要求其离开法庭。该律师因拒绝离开而被强制带离,后该律师提起了殴打和侵犯人身罪的诉讼。王座法庭(King's Bench)就此案件提出了一个更深远的问题,即任何人,无论律师与否,是否有权到庭旁听?对此,法官柏利(Bayley J.)如此裁定:"诉讼程序的公开是法院的

---

① J. Bentham, *The Works of Jeremy Bentham*, J. Bowring ed., Vol. 4, W. Tait, 1838, p. 305, 316 – 317.

② H. Hallam, *Constitutional History of England*, Vol. 1, 8th edition, John Murray, 1867, p. 230 – 231.

③ See L. Radzinowicz, *A History of English Criminal Law*, Macmillan, 1948, p. 715.

④ Ibid., p. 717.

⑤ See C. Goede, *A Foreigner's Opinion of England*, T. Horne trans., Wells & Lilly, 1822, p. 214.

⑥ C. Goede, *A Foreigner's Opinion of England*, T. Horne trans., Wells & Lilly, 1822, p. 215.

⑦ 参见沈汉、刘新成:《英国议会政治史》,南京大学出版社 1991 年版,第 3 页。

⑧ See *Daubney v. Cooper*, 1829, 10 B & C 237, 109 ER 438.

一项根本属性。只要法庭的空间能够容纳,并且没有其他特殊的排除理由,所有渴望了解案情的人都有权到庭旁听。”①

1888 年凯尼恩(Kenyon)案②对英国庭审的公开形式作了进一步强化。依据 1869 年英国《债务人法》(Debtor's Act),押解债务人至监狱的命令应在公开的法庭上作出。原审法官未在公开法庭上而是在毗邻法庭的内室里听审了相关案件。他开着房门,并全程允许公众和记者进入。王座法庭认为,尽管对原审法官这一做法的反对基于程序,但这一戒律应约束相关命令的实体执行。英国首席大法官科尔里奇(Lord Coleridge C. J.)说:“我毫不怀疑法官可以在他的图书室里完成许多职责,我们对此并不应进行干预。但这是一项议会法案赋予法官的职责,法官的行为必须与法案的要求保持一致,即在公开的法庭里发出命令。我不认为本案中的这一命令是在公开的法庭里发出的。”③

该案隐含了一个观点,即当没有成文法规定时,法官对是否公开庭审拥有较大的自由决定权。

对于庭审公开及其例外具有开创性意义的讨论出现于 1913 年英国上议院审理的斯科特(Scott)一案中。④ 一名妇女以其丈夫性无能为由向法院提起了婚姻无效诉讼。按照惯例,此案在法院进行了不公开审理,经医学检查该妇女仍系处女,男方也未作抗辩,法院作出了婚姻无效的判决。而后,该妇女指示其律师,将一份从法院获得的庭审记录寄给了男方的父亲、姐姐和另一个人,以维护自己的名声。男方遂向法庭提出动议,认为女方的行为构成藐视法庭罪,⑤因为其公开庭审笔录的行为违背了法庭不公开审理此案的指令。原审法院据此认定,该妇女及其律师的行为构成藐视法庭,二人遂向英国上诉法院(Court of Appeal)提出上诉。上诉法院认为,对该案审理的不公开指令应当延及对庭审内容公布的限制。其中,大法官巴克利(Buckley L. J.)认为,不公开审理离婚诉讼、婚姻无效诉讼等根本

---

① *Daubney v. Cooper*, 1829, 10 B &C 237,109 ER 438, p. 240. 原审法官被判支付一个先令的损害赔偿。

② See *Kenyon v. Eastwood*, 1888, 57L. J. Rep. (N. S.) QB 455.

③ Ibid. , p. 456 – 457.

④ See *Scott v. Scott*, 1913, AC 417.

⑤ 藐视法庭罪源于英国普通法维护法庭权威的历史实践,并在 1981 年《藐视法庭法》和其他一些制订法中得到确认,本文不作展开。参见宋素红、罗斌:《英国传媒与司法关系的另一面——谈谈英国〈藐视法庭法〉的修订》,载《新闻记者》2006 年第 7 期;刘风景、卢军:《英国藐视法庭法的启示》,载《山东审判》2006 年第 5 期;马长山:《藐视法庭罪的历史嬗变与当代司法的民主化走向》,载《社会科学研究》2013 年第 1 期。

原因是道德和社会礼仪;[1]大法官法维儿(Farwell L. J.)认为,为了实现必须的正义,法庭自身拥有不公开审理案件的决定权;[2]英国上诉法院民事审判庭首席大法官柯曾 - 哈迪(Cozens-Hardy M. R.)也强调法庭有自主决定不公开审理的权力。[3]

因此,上诉人进一步向英国终审法院上议院(House of Lords)[4]提出上诉。上议院最终推翻了上诉法院的决定,他们认为,法庭虽然作出不公开审理的指令,但该指令不能限制结案后对有关庭审内容的公开。御前大臣霍丹(Viscount Haldane L. C.)指出:

"不能仅因为法官个人对公共礼仪和道德需要的考虑,就进行不公开审理,如果庭审公开存在任何例外的话,这一例外必须基于某个十分重要的原则,且这一原则能够确定例外的范围,而不能将例外的边界交由法官个人进行自由裁量。"[5]

"的确存在如此情形,即如果审理公开进行,正义将完全无法实现。由于实现正义是最为重要的目标,司法公开等原则作为其实现的手段,在此时必须退让。但对上述情形的举证责任须由具体个案中申请不公开审理的一方承担。"[6]

英国大法官罗本(Earl Loreburn)认为,违背司法公开原则的唯一理由是,公众出席法庭使案件无法有效审理或使有权诉诸司法的当事人不敢寻求法院的帮助。[7]

英国大法官箫(Lord Shaw)则指出,司法公开原则是人民自由重要的保障之一,该案是对这一原则的侵犯,也是对公共安全和私人权利的侵犯:[8]

"本案中发生的是一种侵夺,这种侵夺即使作为皇室特权也不应被准许,更应受到王国法官的抵制。将对宪法权利的维系移至司法裁量的领域,就好比将自由的根基从岩石移至沙子之上一样。"[9]

"没有一种侵夺比一点一滴发展起来的侵夺更危险。它披着程序规则的外衣,

---

① See 1912 P. 241, p. 293.

② Ibid., p. 287.

③ Ibid., p. 246 - 247.

④ 英国已将上议院的司法终审权转移至新成立的最高法院,参见王涛:《架构的独立与传统的变革——英国通向最高法院之路》,载《上海政法学院学报(法治论丛)》2013 年第 1 期。

⑤ *Scott v. Scott*, 1913, AC 417, p. 435.

⑥ Ibid., p. 437 - 438.

⑦ Ibid., p. 446.

⑧ Ibid., p. 476.

⑨ Ibid., p. 477.

借由法官本人进行。这种侵蚀通过司法程序以一种起初难以感知的方式慢慢发生,直到累积至本案中如此明显的地步,足以损害公民的权利、安全和自由,以及法律的公开实施……司法权力侵犯了上诉人行使宪法权利的自由,压制了宪法通过公开的司法予以保障的安全。我认为,不公开审理该案的指令不仅是错误的,而且超出了法官的权限。此外,将不公开审理的限制延伸至当事人、证人、律师在案件审结后的行为,在我看来完全与司法的实施无关……延展法官的权力去禁止或限制通过言辞或文字对庭审程序进行阐述,对我而言是司法权不正当的扩张。"①

"经验告诉我们,许多当事人不愿自己的私事引起公众的注意,从而放弃了他们应有的诉讼主张。若法院闭门审理,会有许多类似的案子诉至法院。但是,若因为当事人的个人感受而作出让步,则会给公民的自由和整个社会带来危险,而只有公开才能令我们真正安全。"②

该案确认了司法公开原则是推进司法公正的一种手段,只有当司法公正的实现与公开原则存在矛盾时,公开原则方可退让。该案似乎穷尽了对有关公开审理必要性的法律探讨,但其判决仍对由法院决定是否公开审理保持了开放的态度,只要能够证明不公开审理是实现正义之所必需。

1924 年苏塞克斯案(Sussex Justices)则是另一起十分经典的案件,它因一句世人传诵的名言被载入英国普通法的史册。③ 上诉人驾驶一辆摩托车与受害方驾驶的一辆摩托车相撞,致受害方 2 人受伤。警方认定,上诉人驾驶摩托车的行为危及公共安全,对其提出控诉。在开庭当日,负责为原审法官提供法律意见的书记官(Law Clerk)恰是为受害方代理诉讼的律师事务所的一名成员。审理结束后,该书记官与法官们一同退庭,在法官们作决定时与他们共处一室,后法官们判决上诉人有罪,并课以罚金。上诉人上诉至英国王座法庭,提出该案书记官是对方聘用的律师事务所的成员,在协助法官裁决时存在利益冲突。原审法官们则抗辩,上诉人在原审时并未对此提出反对,且法官们在形成判决时并未征求该书记官的意见,他本人也审慎地避免对此案发表评论。对此,王座法庭首席法官休厄特(Lord Hewart C. J.)认为原审判决无效,他的旷世名言是这样说的:

"正义不仅要被实现,而且要以显而易见和不容置疑的看得见的方式实现……

---

① *Scott v. Scott*, 1913, AC 417, p. 478 - 484.

② Ibid., p. 485.

③ See *R v. Sussex Justices*, 1924, 1KB 256.

问题的答案不在于实际发生了什么而在于可能发生什么。”①

至20世纪下半叶，随着大众媒体的不断发展，新闻及言论自由所要求的司法公开不断与法院为确保司法公正而对案件审理方式进行控制的司法权发生冲突。1979年平均主义杂志案（Leveller Magazine）②是一起值得铭记的案件。3名嫌疑人被控违反英国《国家秘密法》（Official Secrets Acts）。起诉期间，控方提出1名出庭证人，并以国家安全为由向法院申请在公开审理时，仅称呼该证人为“B上校”，他的名字只能通过书面方式让法院、被告人以及他们的辩护律师知晓。被告人律师和法院对此都没有提出反对，法院依据上述申请作出相关指令。庭审中，该证人从头至尾被称为“B上校”，其真名从未被提及。然而，在交叉盘问阶段，B上校给出了其所在军事单位的官方名称和编号，并透露其派驻情况已被一份公众可以自由获取的军事杂志记载。由此，在事实上，B上校的真实身份已可被准确推知。几天后，3家杂志直接刊登了B上校的真实姓名。为此，检察总长以藐视法庭罪对3家杂志社提出控诉，原审法院认定藐视法庭罪名成立。3家杂志社不服，最终上诉至英国上议院。

首先，英国大法官狄普洛克（Lord Diplock）指出，尽管藐视法庭的行为多种多样，但它们有一个共同的特征，即对司法的有效实施产生干扰。藐视法庭行为藐视的是司法本身，而非致力于实施司法的法庭或法官个人。③ 他认为，如果法院的行为无法避开公众耳目，能为防止司法武断和不公提供保障，并使公众对司法的实施保持信心。④

其次，狄普洛克描述了司法公开原则适用的两个具体层面：一是诉讼程序本身必须在公开法庭内进行，公众和媒体可以进入旁听，所有过堂的证据都须公开展示；二是应当允许媒体就法庭内发生的一切向更为广泛的社会公众进行恰当准确的公开报道。⑤

再次，狄普洛克认为，司法公开原则的目的是实现正义，如果某些特别的诉讼一旦公开，司法的实施将受到妨碍或无法进行，或者会对其他公共利益造成损害，

---

① See *R v. Sussex Justices*, 1924, 1KB 256, p. 259. 丹宁勋爵（Lord Denning）将此句引入了Metropolitan Properties v. Lannon, 1969, 1QB 577 一案的判决，还在其著作《法律的训诫》中予以引用，参见丹宁勋爵：《法律的训诫》，杨百揆、刘庸安、丁健译，法律出版社2011年版，第102页。

② 1979, AC 440, p. 449.

③ Ibid.

④ Ibid., p. 450.

⑤ Ibid.

则可依据成文法的规定对司法公开原则予以排除。此外,当法院运用其自身固有的控制诉讼程序的权力而决定背离司法公开原则时,这种背离只能以实现正义之必需为限。①

最后,对于作为非诉讼参与人的社会公众在庭外就相关诉讼所作的某种行为是否构成藐视法庭,狄普洛克认为,判定标准在于其人是否明知其在法庭外的某一行为将妨碍法院指令目的的实现,其构成藐视法庭的原因不是其打破了法院指令,而是其干扰了司法的正当实施。②

英国大法官埃德蒙德－戴维斯(Lord Edmund-Davies)更是直接指出,法院无权禁止不特定公众的公开发表行为,这类行为并不构成藐视法庭,法院所能做的仅是运用自身固有的司法权控制诉讼的程序。③

可以说,该案进一步丰富了斯科特案(Scott)的观点和说理,有效地平衡了司法实施与言论自由之间的冲突,在普通法上对英国大众传媒的发展和公民知情权的扩张起到了促进作用。

三、普通法中的司法文书公开

非当事人(Non-party),即社会公众获知法院司法文书④内容的行为在英国被称为"access to court records"。传统上,英国普通法并不承认社会公众整体上拥有对法院文书的取得权(right of access),除非有成文法的明文规定。⑤ 在14世纪的英格兰,为维护国王的利益,若某项司法文书或证据不利于以国王之名提起的诉讼,或者被用以在诉讼中对抗国王,则法院不会允许国王的对手查看或复制该份材料。⑥ 直至1372年,英国议会出台了一项法令,⑦规定了普通法上的司法文书公开制度,即规定无论该文书或证据是否有利于国王,公众都有权知悉其内容。⑧ 对

① 1979, AC 440, p. 450.

② Ibid., p. 451－452.

③ Ibid., p. 464.

④ 本节描述的司法文书为诉讼涉及的各类申请、命令、宣誓陈述、证据材料、庭审记录等,不涵盖各级法院所作的判决,一般英国法院公开作出的可资先例的判决都由法院专业部门或专业法律报告机构、律师事务所等进行专业记录和整理,并定期出版以供法律界了解掌握。See *Harman v. Home Department*, 1983, 1AC 280, p. 306.

⑤ See *Dobson v. Hastings*, 1992, Ch. 394.

⑥ See W. O. Key, Jr., *The Common Law Right to Inspect and Copy Judicial Records: In Camera or on Camera*, 16 Georgia Law Review 659 (1982).

⑦ See The Knights of the Shire Act, 1372, 46 Edward Ⅲ.

⑧ See W. O. Key, Jr., *The Common Law Right to Inspect and Copy Judicial Records: In Camera or on Camera*, 16 Georgia Law Review 659 (1982).

此，柯克作了如下解释："国王法院的记录包含了伟大而隐蔽的珍宝，它们被妥善地保存在国王的宝库里。任何一个臣民都可以为了其自身的需要和福利而获知它们的内容，这是古代英格兰法律的规定，并在此法令中得以宣扬。"[①]而福斯特（Sir M. Foster）则对此法令给出了较狭义的解释。他认为，只有未决私权诉讼的参与人，为了该诉讼寻求证据时，才有权查看、复制法院的司法记录。[②] 凯伊（W. O. Key）认为，英国法院对司法文书公开的态度介于柯克和福斯特之间。他指出，为明确英国法院的态度，必须区分权利与救济的概念。凯伊相信，在英国普通法中存在公众获取法院司法文书的权利，但他强调，只有对司法文书拥有证据利益或专属利益的人才能行使这项权利。[③] 换言之，虽然公众对司法文书的取得权本身不受限制，但这项权利的行使却受到救济上的限制。

1829 年布朗（Browne）案[④]在一定程度上反映了王座法庭对此问题的态度。当时，要对恶意检控人提起诉讼，原告需要提交一份恶意检控的起诉书副本。由于当时有大量被以重罪起诉后被判无罪的人提起该类诉讼，为防止王室检控者的积极性因此受挫，英国中央刑事法院通过了一项决议，要求下级法院必须制发一项特别指令方能允许原告获取恶意检控的起诉书副本。[⑤] 在该案中，一名原告错误地理解了法官的意思，并向总检察长传递了错误的信息，从而在未获得法院指令的情况下，获取了对其重罪指控的起诉书副本，并以此提起了诉讼。后总检察长提出该副本系通过不正当途径取得，其诉请不应得到支持。原告认为，一名被告人有权获取指控其犯罪的起诉书副本，从而可以用作提起恶意检控诉讼的证据。尽管原告对法庭与总检察长之间的意思误解负有责任，但英国王座法庭支持了他的观点，认为原告并无失实陈述，起诉书副本不应被撤回，从而绕开了英国中央刑事法院的决议。对此，凯伊评论道，"该案展示了法院在普通法上保护司法文书取得权之生命力的意愿"[⑥]。

---

① See Preface to E. Coke, *Reports of Edward Coke*, Vol. 2, R. Gosling, 1738, pt. 3, vi – vii.

② See M. Foster, *A Report of Some Proceedings on the Commission of Oyer*, Clarendon Press, 1762, p. 229.

③ See W. O. Key, Jr., *The Common Law Right to Inspect and Copy Judicial Records: In Camera or on Camera*, 16 Georgia Law Review 659 (1982).

④ *Browne v. Cumming*, 1829, 10 B & C 70; 109 ER 377.

⑤ *Directions for Justices of the Peace*, No. 7, 84 Eng. Rep. (KB1708), p. 1056.

⑥ See W. O. Key, Jr., *The Common Law Right to Inspect and Copy Judicial Records: In Camera or on Camera*, 16 Georgia Law Review 659 (1982).

在1982年的哈曼(Harman)案中,[①]一名服刑犯人以监狱对其采取试验性管控措施为由对英国内务部提起诉讼。庭审过程中,英国内务部披露了6份涉及国家机密的文件作为证据,但要求这些文件仅被用以该案诉讼,原告律师哈曼也书面承诺不会将这些文件用于该案诉讼之外。然而,庭审后哈曼将上述材料透露给一名报社记者以作报道,后引发舆论对内务部的广泛批评。对此,原审和上诉法院判定哈曼的行为构成藐视法庭。英国上议院明确,即便在法庭上被公开宣读,受保密承诺保护的文书材料也并不因进入公共领域而失密,但违反该保密承诺的行为构成藐视法庭。英国大法官罗斯基尔(Lord Roskill)支持了藐视法庭的判决,他指出,如果要将庭审开示的文件材料用作案件诉讼之外的其他目的,必须获得文件所有者的同意或者法院的许可,而他又认为法院在多数情况下不会不顾所有者的反对而给予这样的许可。[②]

原则上,对于非诉讼当事人(non-parties),英国法院坚持他们不享有对司法文书的取得权,除非立法明文规定。1991年的多布森(Dobson)案就此作了进一步的明确。英国大法官法庭(Chancery Division)的大法官尼克尔斯(Sir D. Nicholls V.-C.)认为,司法文书并非属于可以公开获取的登记资料,而是法院保存用以维系诉讼程序有效运作的文件。社会公众在一定程度上拥有对司法文书的取得权,但这一程度仅限于法律的明文规定或法院在个案中给予的许可。[③]

1999年,英国在其全新的民事诉讼规则(Civil Procedure Rules,CPR)中对非诉讼当事人的司法文书取得权作了规定。分析其内容可以发现,CPR并未规定公众享有全面而无条件的司法文书取得权,而是就不同的文书作了不同的规定。一些文书(如案件陈述、判决等)是公众基于司法公开原则可以自由获取的,另一些文件(如调解协议、法庭与当事人的通信等)则必须经法院许可方能获得。[④]

第三节　英国《大宪章》成因考*

诞生于1215年的英国《大宪章》,800年来饱受关注和争议。本节从1215年

---

① See *Harman v. Home Department*, 1983, 1AC 280.

② Ibid., p.326 - 327.

③ *Dobson v. Hastings*, 1992, Ch. 394, p.401 - 402.

④ *Civil Procedure Rules*, r. 5. 4C.

* 作者:何勤华、王涛。本节原发表于《法学家》2017年第1期,有部分删减。

的危机与《大宪章》的签订，催生《大宪章》的政治、宗教、财税与司法等因素之角度，详尽地考证、论述了《大宪章》是中世纪英国各种偶然的事件与必然的社会发展多种复杂因素交互作用的产物，并以俄罗斯、法国中世纪为参照，进一步阐述了英国《大宪章》的民族特色、时代特征、社会基础与不可复制性。

801 年前的 6 月，在泰晤士河畔介于斯泰恩斯镇（Staines）与温莎城堡（Windsor Castle）之间一块叫作兰尼米德（Runnymede）的草地上，英国国王约翰（King John）面对一场难以平复的风暴，无奈地在一个有关自由的宪章上盖上了王国的御玺。这一事件对英格兰乃至世界历史的影响极其深远，它使君主的反复无常屈服于法治，使法律和习俗所确定的人民权利不受君主个人私欲的侵犯，它开启了英国宪法历史的第一步，使英国社会朝着责任制政府等制度徐徐迈进。

在对英国《大宪章》的条款进行评论时，柯克爵士（Sir E. Coke）写道，"是金子总会发光，正如淘金者在沙土中不会遗漏哪怕最为琐碎的金子，有识的读者鉴于其优点自然不会忽视这部法律的每一个字"①。布莱克斯通爵士（Sir W. Blackstone）指出，在英格兰古代史中没有比《大宪章》的出现、演变和最终确立更为重要和引人入胜的进程了。② 英国历史学家、圣公会牛津区主教斯塔布斯博士（Dr. W. Stubbs）认为，整部英格兰政治史不过是对《大宪章》的评注。③ 英国历史学家、政治家布莱斯子爵（Viscount Bryce）则说，《大宪章》是英格兰民族政治史的起点，它将自由政府的理念与英格兰、英格兰民族所到之处和世界上说英语的地方联结起来。④

不过，格拉斯哥大学历史学教授麦克契尼（W. McKechnie）认为，金雀花王朝⑤时期的社会矛盾在英国人民与斯图亚特王朝专制统治者开始斗争的几个世纪前就已消失，英国《大宪章》的文本随着柯克等法学家的阐释和引申早已改变了原初的

---

① Edward Coke, *The Second Part of the Institutes of the Laws of England*, W. Clarke and Sons, 1809, p. 56.

② See William Blackstone, Tracts, *Chiefly Relating to the Antiquities and Laws of England*, 3rd edition, Clarendon Press, 1771, p. 283.

③ See William Stubbs, *The Constitutional History of England in Its Origin and Development*, Vol. 1, 6th edition, Clarendon Press, 1903 – 1906, p. 572.

④ See Viscount Bryce, Preface in Henry E. Malden ed., *Magna Carta Commemoration Essays*, Royal Historical society, 1917, p. xiii.

⑤ 金雀花王朝（House of Plantagenet），又名安茹王朝（House of Anjou），首任国王是亨利二世（Henry Ⅱ）。金雀花是其父亲安茹伯爵若弗鲁瓦五世（Geoffroy Vof Anjou）的绰号。

含义,迎合了后世发展的需要。[①] 英国法律史学家甄克斯教授(E. Jenks)认为,后世对《大宪章》价值的夸耀植根于柯克爵士"精巧却不可靠"的历史教条,后世确立《大宪章》的神圣地位始于17世纪英国议会与王权的斗争,在此之前的《大宪章》不过是人们心中一部古老的法律。[②]

基于上述观点,对催生《大宪章》的各种因素进行梳理与分析,成为本文写作的主要目的,作者希望以此探寻《大宪章》形成背后所蕴含的历史规律和社会原因。

一、1215年的危机:英国《大宪章》的签订

1199年4月6日,英国狮心王理查一世(Richard Ⅰ)驾崩。英格兰不再由一个缺席者来进行统治。[③] 英国约翰王即位后,破除了由王室大臣管理国家的局面,用自己缺乏耐心且并不胜任的方式开始了糟糕的统治。封建领主们在理查一世离世后,希望这位战争狂人留下的苛税能有所减轻。然而这只是他们的一厢情愿,约翰的索取相比理查有增无减,领主们不断增长的税负、兵役、援助义务成为满足他一己私欲的途径。自登基后,约翰不断提升免服兵役税(Scutage);1203年,他开始对每一领主的动产征收"七一税",1207年对全国的动产征收"十三一税"。[④]

1204年,法兰西国王腓力二世(Philippe Ⅱ)攻占了约翰在欧洲大陆上的领地诺曼底、安茹和普瓦图。诺曼底的领主们将英格兰国王视为外国君主,不愿给予其军事支持,而英格兰的贵族们不情愿跟随约翰征战海外。于是,征服者威廉(William the Conqueror)的后裔在其先祖征服英格兰两个世纪后,失去了他们出发时的故土。1213年,约翰蓄谋消除腓力二世的威胁,向法国发起进攻。然而,征兵提议被领主们以其受教廷绝罚为由拒绝,当坎特伯雷大主教斯蒂芬·朗顿(Stephen Langton)赦免约翰之后,领主们又宣称他们的土地租佃权(tenure)并不以

① See William. S. McKechnie, Magna Carta, *1215 - 1915: an Adress Delivered on Its Seventh Centenary, to the Royal Historical Society and the Magna Carta Celebration Committee*, in Henry E. Malden ed., Magna Carta Commemoration Essays, Royal Historical Society, 1917, p.11.

② See Edward Jenks, *The Myth of Magna Carta*, Independent Review, Vol.4, Issue 14, 1904, p.260 - 273.

③ 理查一世统治英格兰十年期间,仅先后踏入这片土地两次,分别停留了几个月,其余时间除参加十字军东征外,主要住在法国。

④ William Stubbs, *The Constitutional History of England in Its Origin and Development*, Vol.1, 6th edition, Clarendon Press, 1903 - 1906, p.562.

为国王在海外服役为条件。① 为此,英王约翰征召了雇佣武装,准备惩罚拒绝跟随其外出打仗的封建贵族,幸而被朗顿制止。

1214 年,约翰联合神圣罗马帝国皇帝奥托四世(Otto Ⅳ)企图从腓力二世手中收复诺曼底和安茹。然而这并没有什么作用。7 月 27 日,约翰在布汶战役中彻底败北。10 月,回到英格兰的约翰没有任何反省,而是立即宣布对刚结束的这场战争征收免服兵役税。② 领主们觉得是时候采取行动了。11 月 4 日,约翰在圣埃德蒙顿教堂面见了不满的领主,双方未能在争议上达成妥协。

1215 年 1 月 6 日,联合起来的领主们以耀武扬威的军事方阵前往伦敦,直白地要求约翰王以《亨利一世宪章》(Charter of King Henry Ⅰ)的形式确认忏悔者爱德华(Edward the Confessor)时代颁布的法律和授予领主、教会与王国的自由;领主们宣称约翰王在被大主教赦免时,已经承诺遵守这些古代法律、授予这些自由。③ 对此,约翰以事关重大为由,要求休战至复活节再作答复,以思考如何在满足领主们要求的同时维护王室的尊严。1 月 15 日,约翰重新向教会颁布了《亨利一世宪章》,同时要求全国臣民发誓效忠。此外,为了获得罗马教廷的庇护,约翰于 2 月 2 日向教皇英诺森三世(Innocent Ⅲ)承诺加入十字军。领主们对此并不买账,当停战协定于 4 月到期后,他们集结兵力至英国北安普顿郡,与约翰的特使——坎特伯雷大主教斯蒂芬·朗顿与彭布罗克伯爵威廉·马歇尔(William Marshal)会面,让两位特使给约翰带去了一份罗列了王国传统法律和习惯的清单,④并威胁若约翰拒绝,反叛者们将攻占他的城堡和土地,没收他的财产。当约翰听完清单上的条款后,面露嘲讽地说:“这些领主何不一次拿走我的国家?他们简直是痴人说梦,蛮不讲理。”随后,他更是出于愤怒,发誓绝不授予领主们奴役自己的自由。⑤ 5 月 5 日,领主们宣布不再效忠约翰王。⑥ 他们推选罗伯特·菲茨沃尔特(Robert Fitz-Walter)为“上帝和神圣教会之军队大元帅”(Marshal of the Army of God and Holy Church)。当反叛部队于 5 月 17 日兵临伦敦城时,伦敦市民选择与领主们站在一

---

① See William Stubbs, *The Constitutional History of England in Its Origin and Development*, Vol. 1, 6th edition, Clarendon Press, 1903 - 1906, p. 563 - 564.

② See George B. Adams, *Constitutional History of England*, H. Holt, 1921, p. 127.

③ See Kate Norgate, *John Lackland*, MacMillan, 1902, p. 221 - 222.

④ 学界普遍认为该清单即是《领主法案》(Articles of the Barons)的前身,该法案的主要精神终将体现在《大宪章》中。

⑤ See Kate Norgate, *John Lackland*, Macmillan, 1902, p. 227 - 228.

⑥ See William Blackstone, Tracts, *Chiefly Relating to the Antiquities and Laws of England*, 3rd edition, Clarendon Press, 1771, p. 295.

起，打开了城门。[①] 此时的约翰丧失了抵抗能力，或许是出于拖延时间的目的，他同意与反叛者会面。领主们将双方会面的日期地点定在6月15日（星期一）的兰尼米德。当双方见面的那一天来临，约翰发现反叛部队的规模是如此庞大，而自己身边留存的支持者则少得可怜，于是便上演了本文开头的一幕。[②]

二、催生英国《大宪章》的政治因素：从征服者到无地王

剑桥大学历史学教授霍尔特爵士（Sir J. C. Holt）认为，《大宪章》不是突然间照亮了阻止自由的黑暗，而是经历了英格兰王国历史的长途跋涉。由于寻求自由和被授予自由的人们信心日涨，自由曾在12世纪闪烁光芒。[③] 事实上，《大宪章》源起于约翰王罪恶统治的结论并不可靠。历史自有演进的规律，历史的前行并不以某个具体人物行动的任意性为条件。英格兰的政治发展绝非刹那间凭空而起，约翰的暴政为英格兰政治制度奠基提供了契机，但对约翰统治不满的根源必须追溯至更早的年代。

诺曼征服者威廉为英格兰的治理和法律带来了精确而有序的实施方法。[④] 1085～1086年，对整个王国的土地和税收资源进行测量和调查后，威廉一世组织撰写了留名青史的《末日审判书》（Domesday Book）。《末日审判书》强化了当时基于土地所有制的封建关系，维护了封建系统中最高领主——国王的终极地位和诺曼王朝的专制统治。无怪乎英国法律史学家梅特兰教授（F. W. Maitland）说："若想理解英格兰的历史，必要掌握《末日审判书》中的法律。"[⑤]通过深入基层彻查财税的方式，威廉一世防止了在大领主中间出现封建割据和无政府主义的倾向。诺曼底公爵出身的威廉充分了解遏制大领主政治权力的必要性，他不允许领主在一个地方拥有过大的土地，在封赏他的支持者时会将封地分撒在王国四处。不过，一个完整的社会组织形式通过土地所有制建立起来，这一制度将国王和领主通过保

---

① See William S. McKechnie, *Magna Carta: A Commentary on the Great Charter of King John, with an Historical Introduction*, J. Maclehose and Sons, 1905, p.42.

② 主流观点以现存的4份1215年抄本上的标注日期为依据，确认《大宪章》的签订日期为6月15日。麦克契尼以约翰6月21日发出的一项指令为证据认为，《领主法案》的签订日为6月15日，而《大宪章》最终签订于6月19日（星期五），参见William S. McKechnie, *MagnaCarta: A Commentary on the Great Charter of King John, with an Historical Introduction*, J. Maclehose and Sons, 1905, p.48。

③ ［英］詹姆斯·C.霍尔特：《大宪章》（第2版），毕竟悦、李红海、苗文龙译，北京大学出版社2010年版，第48页。

④ See Theodore F. T. Plucknett, *A Concise History of the Common Law*, 5th edition, Liberty Fund, 2010, p.11.

⑤ Frederic W. Maitland, *Domesday Book and Beyond: Three Essays in the Early History of England*, Cambridge University Press, 1897, p.3.

护与服务的义务联合起来。国王保护封臣,封臣为国王提供服务,这种互负义务与英国的土地双重所有制度互为补充。①

与此同时,自称忏悔者爱德华(Edward the Confessor)合法继承人的威廉一世注重保留盎格鲁-撒克逊王朝的旧法与习惯,力图在诺曼底王朝的统治中找寻旧制与新制的平衡。不过,当时的盎格鲁-撒克逊习俗与法律存在巨大的地区差异和阶级差异,碎片化而不成体系。② 对于这些法律的确认和体系化一直到亨利一世(Henry Ⅰ)时期才实现。然而,封建体系与中央集权的不匹配在诺曼统治之初就已注定,只是威廉一世强大的个人手腕让这一问题在其统治期内并未显现。

英国威廉二世(William Ⅱ, William Rufus)的统治乏善可陈,他对娱乐和打猎的兴趣远多于政治。他不仅引发了教会与王权的矛盾,还通过其首席财政官弗兰巴德(R. Flambard)的苛刻施政将封建地租制逐步转变为王室进行财政剥削的手段。亨利一世登基后无法复制威廉一世对于封建领主的个人控制。他通过改造"王庭"(Curia Regis),③压制领主进而间接开启一种新的政府组织形式。亨利一世在原本全由大领主组成的国王咨议会中,引入了他自己提拔上来的原本出身卑微的职业官僚,这些人完全服从于亨利一世的意志。这一职业官僚阶层的出现对英国后世司法政治体制的发展有很大影响。接着,亨利一世通过国王咨议会创立了王室财政部(Exchequer),用于王室税收的征收,很快财政部就成为其个人为实现金钱欲望而伸向全国的触角。在这一机构的控制下,英国每一郡的郡督(Sheriff)被要求一年两次,向王室递交经其手处理的每一笔款项,郡督的账目要经受财政部官员的严格审查。郡督账目反映了其所在市镇所有社会阶层的经济活动,从而使国王的官员得以审查每一个地方重要人物的生活和行动。此外,亨利一世还仿效威廉一世,派出代表前往各郡进行巡回调查审计(Eyre),这便是后世巡回法院的前身,显然其最初建立的目的并非司法而是财政。可以想见,财税调查必会涉及金钱争议,对于当地领主压迫的控诉也常被当场提出,久而久之,巡回调查制

---

① See William Stubbs, *The Constitutional History of England in Its Origin and Development*, Vol. 1, 6th edition, Clarendon Press, 1903 – 1906, p. 275.

② See Edward Jenks, *A Short History of English Law: From the Earliest Times to the end of the Year 1919*, 2nd edition, Methuen, 1920, p. 17.

③ "王庭"也被称为"国王咨议会"(King's Council),源自诺曼底王朝统治之初,其结合了诺曼底"公爵庭"(Curia Ducis)与撒克逊王朝"贤人会议"(Witenagemot)的特征,被认为是英国所有中央国家机关共同的起源。See James F. Baldwin, *The King's Council in England during the Middle Ages*, Clarendon Press, 1913.

的司法属性愈加明显,最终超越了其财政功能。然而,亨利一世没有男性后嗣,当王位被史蒂芬(King Stephen)夺取后,王朝的情形就急转直下了。史蒂芬的软弱使其对王国的控制近乎失败,各地封建领主纷纷割据,英格兰陷入封建无政府主义的混乱之中。

1154年12月19日亨利二世加冕为王。亨利二世精力旺盛、心思缜密,一挽英格兰社会混乱的颓势。亨利二世扩张了国王安宁(King's Peace)的理念,将涉及王室的所有争议都纳入经其强化的巡回审判,进一步定义了王室法院的职能,建立王室法院令状体系,从领主法庭那里夺取案源,以司法服务增加财政收入。1166年,亨利二世通过制定《克拉灵顿诏令》(the Assize of Clarendon)改革了刑事诉讼程序,将陪审团审判的模式系统化。1176年出台的《北安普顿诏令》(the Assize of Northampton),通过巡回审判强化了佃农对土地的继承权,遏制了封建领主的强权。1181年的《武器诏令》(the Assize of Arms)重组了地方防御制度,鼓励所有自由民拿起武器为国王提供骑士服务。1178年,亨利二世发现巡回审判仍有其专横武断之处,选择5名亲信官员组成一个法庭审判民众提出的上诉,成为后世王座法庭(King's Bench)的滥觞,也为日后衡平法与上诉制度的发展打下了基石。不过,他的行为仍为王朝后期的统治埋下了不安的因素:一年一度的巡回审判消耗了民众的耐心;他任意封赏身边人炮制新贵;他废止传统法律,不顾前朝宪章,用免服兵役税和调查审计等方式压榨整个社会。①

格兰威尔(R. Glanville)是亨利二世最宠信的官员,1180年成为英格兰最高司法官(Chief Justiciar),并担任了许多其他重要的职位。② 他通过审理案件,将亨利二世的司法改革落到实处,以此固定了亨利二世多变的司法试验。③ 此外,格兰威尔作为最高司法官,也致力于恢复和确认许多对王国有益的古老法律。④ 1187年出版的《中世纪英格兰王国的法和习惯》(Treatise on the Laws and Customs of the

---

① See William Stubbs, *The Constitutional History of England in Its Origin and Development*, Vol. 1, 6th edition, Clarendon Press, 1903 – 1906, p. 530 – 531.

② See Ranulf de Glanville, John Beames, *A Translation of Glanville to Which are Added Notes*, J. Byrne, 1900, p. iv.

③ See William Stubbs, *The Constitutional History of England in Its Origin and Development*, Vol. 1, 6th edition, Clarendon Press, 1903 – 1906, p. 526.

④ See Ranulf de Glanville, JohnBeames, *A Translation of Glanville to Which are Added Notes*, J. Byrne, 1900, p. xi.

Kingdom of England),被认为是格兰威尔的著作。[①] 此书是英国最早论述法律的专著,成为后世法律评论的模板。此书详细论述了王室法院令状的各种形式以及诉讼程序,进一步阐明了王室法院的管辖权。该书序文首句就模仿查士丁尼《法学阶梯》(Justinian's Institutes)的做法,宣称:"王权,不仅在于装备镇压反抗国王的反乱者和各个民族的武力,也在于装备为和平统治臣属与人民所需要的法律。"[②]这为英格兰后世普通法的发展夯下基石,也为《大宪章》"王在法下"理念的诞生埋下伏笔。

好战的理查一世上位后,不断扩大征税的范围,将属于个人财产的商品与动产纳入了王室征税的范围。他在登基之初就决心东征,因此他所有政策的导向都是为其战争提供资金。虽身在域外疆场,理查的税收机器却片刻不停,他通过操控王室官员盘剥每一社会阶层的血汗。然而,长期身处战场的狮心王理查一世总有失手的时候。1192 年,理查一世在回撤英格兰时遭神圣罗马帝国皇帝海因里希六世(Heinrich Ⅵ)囚禁,并以此向英格兰勒索赎金,数额高达 70,000 马克。[③] 于是,王室发布敕令要求全国臣民缴纳"援助金"(Aid)赎回君主。最终,赎金数额被确定在 150,000 马克,是当时整个王室财政收入的两倍。[④] 领主、市民、商人、佃户等所有社会阶层被免服兵役税、市镇捐税、土地税、犁头税等各种形式的税收网罗;教会财产也无法幸免,最终全国每一个人被要求支付其所有财产的 1/4,以救赎国王。[⑤]最终得以回国的理查一世并未对英格兰表达任何感谢,他的末期统治仍是以不断增加的税收为最大特征,他还通过卖官鬻爵,换取所能得到的金钱。对国王任性的持续不满开始累积,终将在未来喷薄爆发。

在理查一世被囚期间就曾谋求篡位的弟弟约翰终于在 1199 年 5 月 27 日加冕为王。作为亨利二世的第五个儿子,因父亲将在法国的领地全部授予了几位兄长,被嘲讽为"无地者"的约翰(John the Lackland)或许是自幼缺乏对财产的安全感,在统治之初并未给予臣民们所期望的仁政,而是继续搜刮全国的财富以满足其个人

---

① 该书本身并未写明作者姓名,只是文本中写道"本书创作于亨利二世时期,当时格兰威尔是最高司法官"。对于作者是否为格兰威尔,学术界是存有争议的,参见何勤华:《西方法学史》,中国政法大学出版社 1996 年版,第 286 页。

② Ranulf de Glanville, John Beames, *A Translation of Glanville to Which are Added Notes*, J. Byrne, 1900, p. xxxv.

③ 当时在英格兰流通的货币单位,1 马克约等于 13 先令 4 便士。

④ See William Stubbs, *The Constitutional History of England in Its Origin and Development*, Vol. 1, 6th edition, Clarendon Press, 1903 – 1906, p. 540.

⑤ Ibid.

私欲。1200年,为同法国国王腓力二世换取暂时的停火协议,约翰在之前2马克免服兵役税的基础上,征收每一海德(Hide)土地3先令的犁头税。① 1201年,约翰又对王国所有动产征收1/40的税。与腓力二世的和平协议没多久就因诺曼底边界争议以及约翰曾经的王位争夺者亚瑟(Arthur)的失踪而失效。丢失诺曼底的约翰企图反扑,进一步增收"盾牌钱"(免服兵役税)以及之后的"七一税""十三一税"等。诺曼王朝和金雀花王朝在政治上的任性导致了领主们对王室统治的不满,而亨利二世及其子嗣对英格兰教会的侵害更是压垮王朝"专制骆驼"的一根重要稻草。

三、催生英国《大宪章》的宗教因素:教皇、大主教与教会法

英国《大宪章》诞生最重要的表现就是教会与领主为了共同利益联合起来反抗约翰。在盎格鲁-撒克逊时代,英格兰教会与王室一直保持着友善的联盟关系,两者关系之近以至当时的英格兰可谓政教合一。当威廉一世征服英格兰之后,情形开始改变,英格兰教会开始向罗马教廷靠拢。虽然威廉一世感谢教皇亚历山大二世(Alexander Ⅱ)对其征服行动的支持,但他从未打算任由教廷对其新的疆域施加过多影响。不过,威廉一世十分信任他从诺曼底带来的教士朗弗兰克(Lanfranc),授予他英格兰最高教职坎特伯雷大主教职位(the Archbishop of Canterbury)。威廉二世与坎特伯雷大主教安瑟尔姆(Anselm)的关系也相当不错。

英国亨利一世时期,王室与教会的关系因为主教任命等事宜开始紧张起来。就当时而言,每一个主教既是国王的封臣也是教区的教长。对于主教的任命以及教会是否要向国王表示效忠,安瑟尔姆与亨利一世显然意见相左。不过,亨利一世还是没有与教会撕破脸面,而是采取了一种令双方都感到愉快的妥协方式。象征宗教权威的主教戒指与权杖由教会专门授予,不过在接受这些圣物前主教候选人必须向国王表示效忠,在正式"傅油"之前他还须向国王献敬辞。虽然国王形式上让渡出主教推选权,但教会成员必须在国王咨议会或王室教堂内进行推选,从而使君主有机会全程参与并施加影响,令其心仪之人当选。史蒂芬王时期,教会的权力大幅扩张,因为它是当时唯一稳定的政治机构。

亨利二世时期,王室与教会间的实质冲突开始显现。时任坎特伯雷大主教的

---

① See William Stubbs, *The Constitutional History of England in Its Origin and Development*, Vol. 1, 6th edition, Clarendon Press, 1903-1906, p. 555.

贝克特(Becket)在获得圣职前是一名资深的法律家和政治家,曾任亨利一世的御前大臣(the Chancellor)。1163 年,贝克特就一项针对教会的税收与亨利二世发生争执,不同意向王室支付土地税;亨利二世又提议,犯罪教士应由世俗法庭审判,若他自称无罪则由教会法庭审理,一旦被定罪,他将被教会法庭解职,并交由世俗法庭以非神职人员惩处,这也遭到贝克特的强烈反对。① 1164 年,一个由大主教、主教、贵族领主们组成的委员会在对亨利一世时期的习惯进行调查后,在克拉灵顿制订了被称为"克拉灵顿宪章"(Constitutions of Clarendon)的文件。作为亨利二世司法改革的重要组成部分,该文件专门对教会法庭与王室法庭的司法管辖权进行了划分,成为王室与教会间达成妥协的基础。② 贝克特在情势所迫之下,不情愿地接受了宪章。在 1164 年的北安普顿会议上,国王要求贝克特提交担任御前大臣时的账目,因害怕遭受迫害,贝克特逃亡法国。1170 年,在法国的贝克特仍对有关王室的宗教事务指手画脚,亨利二世在诱其回国后派人将贝克特刺杀。

理查一世的缺席统治离不开时任坎特伯雷大主教的休伯特·沃尔特(Hubert Walter)。当理查被囚禁后,沃尔特率领部队撤回英格兰,回程途中他面见了被囚禁的国王,并被派回国内筹集赎金。1194 年 2 月,面对约翰的篡位谋反,沃尔特果断出兵镇压,并以教会名义将其绝罚。③ 约翰登基后,沃尔特与威廉·马歇尔一起帮助其巩固了在英格兰的统治地位。1199 年 5 月 27 日,在约翰王的加冕典礼上,沃尔特发表了一篇具有历史意义的演讲。演讲强调,国王的统治源自国家的选举(实质上是教会、贵族领主、王室成员的推选),一个国王的当选并非出于其王室血统,而是出于其能力或谦逊圣洁的美德;理查一世没有子嗣,在约翰身上,沃尔特似乎看到王室的血缘与智慧、才干结合了起来,圣灵的荣耀得以体现,因此他们选举约翰为王。为此,约翰被要求对良好的治理发誓,于是他发誓会信守承诺,施行良政。④ 这一环节给予约翰加冕更大的合法性,进而使约翰的王位竞争者亚瑟(Arthur)的主张受到限制;另一种可能是,当时的沃尔特就已对约翰的暴虐性格与任意妄为的倾向有所察觉,这一不同寻常的加冕环节或许是他身为坎特伯雷大主

① See William Stubbs, *The Constitutional History of England in Its Origin and Development*, Vol. 1, 6th edition, Clarendon Press, 1903 – 1906, p. 500 – 501.

② See Theodore F. T. Plucknett, *A Concise History of the Common Law*, 5th edition, Liberty Fund, 2010, p. 17 – 18.

③ 1194 年 5 月,理查一世宽容地赦免了他的弟弟。

④ See William Stubbs, *The Constitutional History of England in Its Origin and Development*, Vol. 1, 6th edition, Clarendon Press, 1903 – 1906, p. 553 – 554.

教所能做的仅有的防范。

1205年7月,沃尔特的离世加上约翰的横征暴敛,为王国带来了新的危机。约翰试图将自己的亲信德·格雷(J. De Gray)送上坎特伯雷大主教的位置。这一做法引起英格兰教会的反对,主教们决定将选举大主教的权利由名义变为现实,推选副大主教雷吉纳(Reginald)。双方都派员前往罗马寻求教皇的支持,英诺森三世此时得到了进一步扩大教廷影响力的机会。不过,这位了不起的宗教改革家终因在约翰狡诈善变的政治手腕前缺乏判断而被英国历史所铭记。1206年,英诺森决定指派他的老朋友、巴黎大学神学家——英格兰人史蒂芬·朗顿担任大主教。1207年,英格兰教会接受了朗顿,约翰却没有。由此约翰与教皇、朗顿展开了长达6年的对峙。1208年,英格兰被教皇罚以禁教令(Interdict);1209年,约翰本人被教皇施以绝罚(Excommunication)。在宗教上受到巨大打击的约翰,对教会进行了严苛的报复,大量没收教会的财产,用以武装自己的军队,讨伐威尔士和爱尔兰。这一时期,约翰的主要目标是教会财产,虽然暂时减轻了对贵族领主的压迫,但其对于教会的盘剥却传导至最穷苦的民众。他继续酝酿着1215年所要饮下的苦酒。1211年,教皇威胁约翰若不向其臣服,将发表一个训谕,解除英格兰臣民对约翰的效忠,从而将其赶下王位。听到这个消息,约翰的敌人纷纷开始活动,约翰这次害怕了。1213年,他终于向教皇投降,并接受朗顿为坎特伯雷大主教。1213年5月15日,在和解仪式上,约翰先将其王国完全交付于罗马教廷,再以教皇封臣的身份取回英格兰,并承诺向教皇效忠。①

臣服于教皇的约翰,此时最大的敌人便是国内那些反抗其暴政的领主们。1213年8月25日,当约翰率领他的雇佣军讨伐北方领主时,朗顿与南方的主教、领主等重要人物在伦敦圣保罗大教堂召开了一次会议。朗顿指出对约翰绝罚的赦免是以其实施良政为前提的,朗顿向与会者提交了一份《亨利一世自由宪章》作为建立良好政府的参考,与会者发誓"要为这些自由而战,若有必要将献出生命",朗顿则承诺会给予帮助,从而与他们达成联盟。② 在此后的斗争中,朗顿一直给予领主们指导,并统一联盟的目标,与此同时他仍努力维护王室的利益。朗顿被认为实际参与起草了英国《大宪章》,其第1条写的"英格兰教会是自由的"即是朗顿功绩的

---

① See William Stubbs, *The Constitutional History of England in Its Origin and Development*, Vol. 1, 6th edition, Clarendon Press, 1903 - 1906, p. 561.

② See William S. McKechnie, *Magna Carta: A Commentary on the Great Charter of King John, with an Historical Introduction*, J. Maclehose and Sons, 1905, p. 35.

重要反映。①

然而,约翰并无真正执行《大宪章》的诚意,在签署《大宪章》之后,他马上写信给教皇,以要进行十字军东征为名,请求教皇驳斥《大宪章》。英诺森三世因约翰表态东征十分激动,他立即发表训谕,禁止约翰遵守《大宪章》,不许领主与他们的同谋逼迫约翰执行《大宪章》,并把那些"迫害英格兰国王、十字军战士、罗马教廷封臣——约翰王"的领主们全部绝罚。② 教皇宣称英格兰的宗主权属于罗马,未得教皇许可无人可以损害国王。于是内战爆发,领主们邀请法国王子路易(Louis)前来助战,并承诺奉他为英格兰国王。1215 年 12 月底,7000 法国士兵攻占伦敦。教皇此时仍为约翰站台,他呼吁法国国王腓力二世制止其子的军事行动,并保护约翰不受领主侵犯。法国人以约翰在理查一世统治期间图谋篡位,对王位没有合法继承权为由,拒绝了英诺森的要求。1216 年 5 月 20 日,路易的舰队穿越英吉利海峡,直逼英格兰。此时的教皇还在为约翰助阵,其特使瓜拉(Gualo)于 5 月 28 日对伦敦施以禁教令。然而,宗教惩罚一旦频繁使用,便会丧失其效力。10 月 19 日,作恶多端的约翰终于在惊恐中病逝,而在他之前,英诺森三世也于 7 月 16 日归天。二者的死亡使英格兰的局势彻底翻转,各方达成了无声的妥协,纷纷对约翰之子亨利三世(Henry Ⅲ)表示效忠,只要他以英国《大宪章》为治国理政的基础。法国王子染指英格兰王位的努力也随之化为泡影。

在英国《大宪章》形成过程中,教皇、教士们起了决定性的作用,它是领主自由的保障,更是教会自由的宣言。可以说,英国《大宪章》的孕育和制定反映了教会势力在当时英格兰政治舞台上所处的中心地位,教会的支持、不满,强硬、软弱,智慧、愚钝等各种历史表现都是《大宪章》形成机制中不可剥离的组成要素。即便是作为普通法的雏形,《大宪章》的文本也深受教会法的影响。英国《大宪章》第 1、22、52、53、57 条和第 63 条就深刻反映了教会法的规则,运用教会法的术语和原则,维护教会的自由和权利。③ 虽然就《大宪章》整个文本来看,④直接使用教会法

---

① See William S. McKechnie, Magna Carta, *1215 - 1915: An Address Delivered on Its Seventh Centenary, to the Royal Historical Society and the Magna Carta Celebration Committee*, in Henry E. Malden ed., *Magna Carta Commemoration Essays*, Royal Historical Society, 1917, p. 6.

② Ibid., p. 7.

③ See Richard H. Helmholz, *Magna Carta and the Ius Commune*, 66 the University of Chicago Law Review 297 (1999).

④ 本节使用 1215 年《大宪章》英译本为参考,参见英詹姆斯·C. 霍尔特:《大宪章》(第 2 版),毕竟悦、李红海、苗文龙译,北京大学出版社 2010 年版,第 403 ~ 411 页。

术语的条款只有上述6条,但教会法仍对其他条款存在间接影响。如第9条规定,只要债务人有能力偿付其债务,债权人不得从其担保物中求偿。这一原则是当时罗马法与教会法中十分普遍的原则。① 第20条规定的对犯罪人罚没财产的罪刑成比例原则,也被认为是深受教会法的影响。② 然而,教会法对《大宪章》的影响与其说是立法技术上的,不如说是政治上的。在《大宪章》中加入教会法元素,显然是出于领主与教士们希望取得罗马教廷支持的考虑。他们希望获得教皇对其反叛行为的背书,从宗教合法性上打击约翰。罗伯特·菲茨沃尔特自称"上帝和神圣教会之军队大元帅"的做法就是很好的例证。这种政治策略一旦成功,约翰与领主、英格兰教会间的冲突就可能升级为世俗君权与宗教神权之间的较量,这在1215年宗教改革(特别是1213~1215年召集举行的第四次拉特兰会议)的大背景下是具有战略意义的。

四、催生英国《大宪章》的财税与司法因素:领主的义务与国王的欲壑

许多历史学者一直在追问哪一事件导致《大宪章》的诞生,为什么在1215年之前危机没有爆发?其实,企图用某一起历史事件解释一场宏大的社会运动是不可行的。现状的成型必要从过往中找寻答案。政治的运行存在巨大的惯性,只要压垮"骆驼"的"最后一根稻草"尚未落下,长久形成的苛政与腐败的治理系统仍可持续存在。约翰更为肆意的苛政催化了1215年事件的发生,讽刺地成为其对于后世最大的"功绩"。在某种程度上,他的成就就是他拙劣的统治。约翰以其统治得罪了所有的社会阶层,而被逼造反的领主们并非一群具有献身精神的利他主义者,他们对自身利益的诉求最终反映在英国《大宪章》的条款之中。那么,金雀花王朝在治理中对领主们采取了哪些封建措施,这些措施对贵族领主们产生了哪些影响?

中世纪英格兰的封建关系建立在土地租佃之上。以君主向领主提供保护,领主向君主提供服务互为义务。随着时间的推移,君主的保护义务逐渐褪去,而领主基于土地的义务却越来越重。其中,最主要的即是基于土地永久业权(Freehold)的义务。最初,这些义务包括:骑士服务(Knight's Service)、农役租佃(Socage)、服

① See Richard H. Helmholz, *Magna Carta and the Ius Commune*, 66 the University of Chicago Law Review 297 (1999). 罗马法与教会法具有很近的亲缘关系,它们彼此影响和吸收,一同被称为共同法(ius commune)。

② See Richard H. Helmholz, *Magna Carta and the Ius Commune*, 66 the University of Chicago Law Review 297 (1999).

役租地权(Serjeanty)、市镇租地权(Burgage)等。① 经过几个世纪的演变,这些义务全都融合为自由农役租佃制。不过,在《大宪章》诞生之前,骑士服务一直是十分重要的封建义务。

在当时的英格兰,领主向国王提供的骑士服务可以分为五类:特别事件(Feudal Incidents)、封建援助(Feudal Aids)、出席法庭(Suit)、兵役(Service)和免服兵役税(Scutage)。这些义务纷繁复杂,本身就是对封建领主的重大压迫,这种压迫世代传承,当君主索取的数量最终突破社会可承受的极限时,封建关系的质变就会产生。

(一)特别事件

当一些特殊事件发生,国王可以从领主的资产中取得租税之外的非正常收入。

1. 继承土地许可费(Relief)。当原领主死亡后,其继承人若要继承该封地,必须得向国王支付一笔费用以换取君主对其土地继承权的承认。

2. 土地重归(Escheat)。当原领主死亡而无后嗣或该领主触犯重罪时,国王可以收回其封地。

3. 财产监护(Wardship)。当死亡领主的继承人尚未成年,国王可以暂时收回该封地,在维护继承人基本生活的前提下,国王在监护期间,享有源于该封地的所有税收、劳役和孳息。教会也面临同样的问题,一旦教长死亡,在继任者被任命之前,该教区的地产也是由国王监护。由于约翰通过财产监护,随意滥用领主和教会的土地,英国《大宪章》第5条规定,被监护的土地必须得到妥善耕作和维护,一旦继承人成年,土地及其一切产出都应及时归还于他。

4. 指定婚姻(Marriage)。当女继承人到达婚配年龄时,国王有权禁止她与某人成婚,防止其封地落入敌手或不适合人之手。久而久之,这一否决权演变为国王对女继承人人身和土地的控制权。国王常因受贿而指定女继承人的婚配对象,或出卖其婚配权,价高者得。女继承人沦为了自己土地的附庸,她们为了获得婚姻的自主权,往往得向国王支付更高的价格以保持单身或与心仪的人结合。无论是14岁的少女还是上年纪的寡妇,约翰对于出卖她们的婚配权都可谓“得心应手”。最终婚配权的出卖从女性继承人扩展至男性继承人,使领主阶层忍无可忍。英国《大宪章》第6、7、8条直接回应了这一制度,保护了继承人的合法继承权以及婚姻

① See Theodore F. T. Plucknett, *A Concise History of the Common Law*, 5th edition, Liberty Fund, 2010, p. 531 – 544.

自由的权利。

（二）封建援助

当国王发生紧急情况或特别危机时，领主有义务勤王救援。这种救援逐渐演变为当王室遇有婚丧嫁娶、特别活动时，领主要向国王支付一笔额外的金钱，约翰在索要援助时毫不掩饰自己的贪婪，使领主们的悲惨境遇雪上加霜。对此，《大宪章》第12条将封建援助严格限定在3类情形，即国王长子封爵、长女结婚和赎救国王，并规定援助金额必须合理。

（三）出席法庭

封建关系中很重要的一项义务就是领主在和平时期出席国王法庭进行司法审判和参与行政管理。不过出席法庭的义务对领主们来说负担不重，他们甚至将其看作是一种特权，这种被称为"共同会议"（Commune Concilium）的机构即是后世英格兰议会（Parliament）的前身。基于这一特权，领主们在《大宪章》第39条中提出，贵族领主仅在一个完全由领主组成的法庭上依据国家法律接受同侪审判（Judgment of Peers）后，方可被剥夺财产、地位或被放逐。第39条被后世认为是陪审制、正当程序、公民人身财产不受非法侵犯的理念先导。应该说，它在这一方面的价值被夸大了。第39条的提出在当时是为了专门限制国王司法权的滥用。同侪审判同时也表明领主们不接受比他们地位低下之人的审判，这意味着比他们地位低下的非贵族职业法官无权审理他们的案件。事实上，这种主张实质是对亨利二世司法改革以来王室法庭和王室司法发展的反动。当然，历史的潮流难以阻挡，领主们原本用来恢复领主法庭权能的条款，最终披上了时代的新衣，为后世普通法系陪审制度的发展奠定了基础，从而成为英格兰人民权益的保护伞。

（四）兵役

封建领主被要求向国王提供军事服务。在威廉一世时期，国王与领主在对外军事扩张上的利益较一致，与诺曼底公爵一同攻城略地，最终取得黑斯廷斯战役的胜利，给那些跟随其作战的诺曼底贵族带来了同样丰厚的回报。久而久之，兵役服务成为一种惯例。原则上，每一骑士领得向国王提供一名全副武装的骑士40天的兵役，但兵役不超出王国的范围。威廉一世征服英格兰后，对骑士服务的要求越来越高，他渴求高度受训的专业骑士以适应当时军事科学的发展。至威廉二世时期，盎格鲁－撒克逊式的"领主战士"受到排斥，国王甚至威胁要对不能提供合格骑士的领主加以审判。[①] 由此开始，领主们的兵役义务变得更加繁重，并与其所获分封的土地规模不成比例。到约翰统治时期，领主们在国王自私自利的对外扩张与防御中看不到一丝好处，更不愿意为了国王在海外的个人利益而参与对外战争。1213 年前后，领主们宣布，他们对在英格兰之外的战争不负有义务。对此，英国《大宪章》第 16 条规定，“每一骑士领或其他封邑的兵役不应在其相应的份额上有所增加”。不过，“相应”一词的模糊性导致后世君主与领主仍在这一问题上纠缠不休。

（五）免服兵役税（Scutage）

随着领主骑士的作用不断减弱，职业化军人的作用愈加显现。领主们开始被允许向君主支付一笔金钱以代替向君主提供骑士。亨利二世时期，经国王认可，每一骑士的免服兵役税为 20 先令。亨利二世仅在实际发生战争时收取该税，在其统治的 35 年里，总共征收了 7 次，其中有 1 次超过 20 先令。[②]约翰则明显欲壑难填，他索性改变了免服兵役税［又称“盾牌钱”（Shield-Money）］的性质。免服兵役税不再是兵役的替代，而成为兵役之外频繁征收的税款。首先，他将原本应急响应的临时性免服兵役税变为按年度征收；其次，他大幅提高了免服兵役税的金额，从 20 先令变为 2 马克；最后，在支付 2 马克免服兵役税之外，未向约翰提供兵役的领主还要另交罚款。

约翰没有停歇，各种封建义务在其统治期间不断叠加，领主们这时发现金雀花王朝的横征暴敛积聚到这个时代，他们已到了要么一无所有，要么揭竿而起的境地了。从布汶战役败北而归的约翰不知收敛，立即发出一道敕令征收前所未闻的高达 3 马克的免服兵役税。正所谓“不见棺材不掉泪”，这道敕令为反抗约翰统治的叛军们吹响了最后的集结号。英国《大宪章》第 14、15 条对援助和免服兵役税的征收程序作了详细规定，极大程度上限制了国王肆意索取兵役和税收的能力。

司法是国王与领主博弈争利的另一个领域。亨利二世开启的司法改革，扩大了国王法庭的管辖权，改革了诉讼程序，建立了令状体系，进而压缩了领主法庭的生存空间。王室法庭的扩张使多数百户区的佃户得以摆脱某一领主对其人身和财产的侵害，获得相对公正又权威的王室司法。亨利二世是第一个将王室法庭的大

---

① See Theodore F. T. Plucknett, *A Concise History of the Common Law*, 5th edition, Liberty Fund, 2010, p. 532.

② See William S. McKechnie, *Magna Carta: A Commentary on the Great Charter of King John, with an Historical Introduction*, J. Maclehose and Sons, 1905, p. 88.

门向所有自由民开放的君主,这令领主们感到不安。在亨利生前身后的几十年里,领主们一直试图抵抗王室法院的扩张,意欲恢复领主法庭的权能。除了前文提及的《大宪章》第39条所要求的同侪审判,还在《大宪章》第34条中有所体现。亨利二世建立的令状体系中有一种"传召出庭令"(Praecipe),可以撤除当事人在领主法庭的诉讼,并使之接受王室法庭的审理。《大宪章》第34条要求,"在涉及土地租佃时,这一令状不得制发给任何人,而使自由民失去他自己的法庭"。显然,这一条反映了领主们对恢复过去封建司法的渴望和对没有司法竞争的年代的怀念。当然,1215年的领主们知道,要废除令状制度和王室法院已经不可能了,也对他们无益。事实上领主们也希望王室法院对一些新领域的诉讼进行裁断,只是谋求对于约翰司法的随意性和高价出售令状行为的限制。于是,《大宪章》第40条规定,"对于任何人,国王不得出售、拒绝或迟延司法裁判"。第18条则明确,"王室法庭的巡回审判必须指定人员、固定地点,在每一个郡一年举行四次"。英国《大宪章》对王室司法的这种既有扬弃,又有发扬的态度,反映出英格兰民族典型的实用主义精神。

五、《大宪章》:难以复制的英国特色?

(一)为何俄国未产生《大宪章》

从古罗斯国(9~12世纪)开始,俄罗斯地域就已显现出封建关系的基本特征。公爵是最大的封建主,靠剥削农民和掠夺性战争积聚土地与财产的贵族成为公爵之下的封建主。教会、僧侣也成了集体性质的封建主,不过与其英国同行不同的是,东正教教会之首是都主教,起初由拜占庭帝国的君士坦丁堡教会任命,后由大公任命。在东罗马帝国,都主教与君主之间并无如罗马教皇与西欧君主间的相争。东正教会与治理君士坦丁堡的官僚保持密切合作,这种合作被称为"皇帝兼牧首制度",教会事务完全接受皇帝的管理,强调"君权神授"。这种教会与君主的关系在古罗斯国得到复制。即便蒙古-鞑靼入侵后,东正教会也受到了蒙古大汗的保护。[①] 到17世纪甚至出现了俄罗斯宗主教将自己的儿子推上沙皇宝座的事情,[②] 这种紧密的政教关系是同时期的英国教士们无法想象的。

13世纪,当英国领主在与国王进行不懈抗争的时候,罗斯及其各公国被成吉

① 参见奇斯佳科夫主编:《俄罗斯国家与法的历史》(第5版)(上卷),徐晓晴译,法律出版社2014年版,第62页。

② 沙皇米哈伊尔·费多罗维奇·罗曼诺夫的父亲菲拉列特是俄罗斯宗主教,自1619年起是国家实际的执政者。

思汗的继任者——拔都和别儿哥攻占。俄罗斯地域出现了3个处于成吉思汗的儿子及其后裔统治下的军事封建国家:金帐汗国、察合台汗国和伊尔汗国。他们对被征服的民族和部落实施由国家组织的残酷无情的恐怖统治,保持常备武装力量镇压不屈服者,同时推行相对多元的法律和宗教政策。① 罗斯的公爵们要在汗国中保持封号就必须获得汗王的封诰,各公国作为附庸国,得向大汗进献巨额贡品。蒙古-鞑靼的入侵导致罗斯的经济、政治和文化的发展停滞甚至倒退了很多年。客观上看,在当时的环境下针对汗王、公爵的封建抗争运动成功的可能性是很低的。

13世纪末至16世纪初,一个中央集权的俄罗斯国家逐步成型。对内,为了剥削控制农民,将他们彻底农奴化;对外,为了应付来自蒙古-鞑靼人、德国人、瑞典人、立陶宛人的威胁,中央集权不断加速。莫斯科大公国开始逐步走向强盛,大公作为整个国家领土的统治者,将各个采邑政权铲除,并毫不手软地将那些企图对抗自身意志的近亲属——采邑公爵们投入大牢。② 对比约翰及其之后的英格兰王,大公对于整个国家的控制力远超其上。为了进一步巩固威望,伊凡三世(Иван Ⅲ)娶了拜占庭帝国最后一个皇帝的侄女,赋予自己罗马皇帝后裔的身份。莫斯科大公国时期之初,东正教会作为一支强大的力量,对国家既支持又抗衡,但面对中央集权,教会最终承认了世俗政权的最高地位。1448年,俄罗斯教会宣布自己为独立教会,脱离远在拜占庭的总主教教会。15世纪起,都主教由俄罗斯主教大会按照大公的命令进行选举。1547年,伊凡四世(Иван Ⅳ)宣布自己为沙皇,他将自己置于至尊地位。1570年,在给英国女王伊丽莎白一世(Elizabeth Ⅰ)的一封信中,伊凡四世针对双方间一部条约的某项内容粗鲁地写道:

"我们以为你是你王国的统治者,会为你自身和王国寻求荣耀和益处。因此,我们才会与你商谈这些重要事宜。然而,现在我们发现你的王国由别人统治,他们不是体面之人,只是一些农夫和商人,他们不会考虑两国君主的富足和荣耀,只会考虑他们自己的营生。"③

伊凡四世口中的"农夫和商人",正是他对英国议会成员以及枢密院顾问的蔑称。16世纪英国都铎王朝的议会尚遭俄国君主如此轻蔑,作为其前身的英国《大

---

① 参见[俄]奇斯佳科夫主编:《俄罗斯国家与法的历史》(第5版)(上卷),徐晓晴译,法律出版社2014年版,第82页。

② 同上书,第125页。

③ Inna Lubimenko, *The Correspondence of Queen Elizabeth with the Russian Czars*, 19 the American Historical Review 525 (1914).

宪章》的始作俑者——英格兰反叛领主如何能在大汗、大公们恐怖集权统治下的罗斯找到"同道"?

(二)为何法国未产生《大宪章》

英国司法政治的起源可以通过《大宪章》、同侪审判、《末日审判书》一直追溯至诺曼底公爵带至英格兰的"调查制"(Inquisition)。显然,作为一种源自法兰西王国封地的制度,英国司法政治的起源带有明显的法国特色。① 在诺曼底公爵征服英格兰后的一个多世纪里,调查制在英吉利海峡两岸被广泛使用。然而,从约翰王丢失其南方领地开始,调查制逐渐在法国消亡。② 历史的轨迹如此诡谲,一项源自法兰西的制度在催生英国司法政治体制的同时,却在其本土湮没进历史的尘埃,两国司法政治体制发展的轨道朝着截然不同的方向延伸而去。

10 世纪末的法兰西王国内确立了 55 个小国(包含诺曼底公国),这 55 个封建国家的政治生命都相当长,主权都是世袭地继承下去。③ 虽然,于格·卡佩(Hugues Capet)在 987 年被封建贵族选举为法兰克人的国王,建立了卡佩王朝,但面对众多独立的公国、伯国,王权仍然式微。这一时期,充斥法国历史的主要是战争,封建主们之间常常为了某部分领土发生争执,在法兰西的土地上既没有一个幅员广大的国家,也没有一个固定的中央行政机构。这些大封建主形式上承认法国国王为宗主,实际上完全独立。这一无政府主义的状态正是约翰时代的英国领主们所渴望回复的。显然,当时的法兰西没有催生《大宪章》的必要。

到了路易六世(Louis Ⅵ)时期,他致力于巩固法兰西的王权,积极与有独立倾向的贵族斗争,他给城市居民自治权,使他们能够在他与贵族的斗争中给予支持。他致力于教会的实际需求和一种长期被忽视的关怀,密切关注劳动人民、手艺人和无助的穷人的安全。④ 到了腓力二世时期,卡佩王朝与英国金雀花王朝的斗争不断加剧,腓力对亨利二世、理查一世、约翰的挑拨与打击加大了法国王室领地和权力的扩张。腓力二世在布汶战役中取得的决定性胜利昭示了英法两国历史发展的不同命运。正是这场战役削弱了英国王权的势力,从而开启了王室妥协进而催生

---

① 911 年,法国国王查理三世(Charles Ⅲ)与北欧人首领罗洛(Rollo)签订条约,将北部沿海地区封予罗洛,建立诺曼底公国。

② See James B. Thayer, *The Jury and Its Development*, 5 Harvard Law Review 249 (1892).

③ 参见[法]F. P. G. 基佐:《法国文明史》(第 2 卷),沅芷、伊信译,商务印书馆 2009 年版,第 280 ~ 282 页。

④ 参见[法]F. P. G. 基佐:《法国文明史》(第 3 卷),沅芷、伊信译,商务印书馆 2009 年版,第 211 页。

英国司法政治体制的道路；也是这场战役加强了法国王室的威权，开启了之后法兰西几个世纪的集权统治。

此外，腓力二世尽管与罗马教廷一直保持良好的关系，但也从未受制于教皇。基佐（F. P. G. Guizot）认为，"菲利普·奥古斯都（腓力二世）是卡佩王朝中第一个国王，使法兰西王族具有这种聪明而积极的向往改善社会状况和国家文明进步的诚意的性质，这种性质在很长一个时期里是它的力量和得人心的构成因素"①。

路易九世（Louis Ⅸ）则以两次率领十字军东征的行为宣誓了其对罗马教廷的虔诚，身后被教皇封授为"圣徒"的路易以基督教义宣扬和解精神，与许多法兰西封建主，乃至英国国王达成和解协议。其在位期间，法国经济繁荣，商品经济发达，巴黎不仅是全国的手工业和商业中心，还是西欧教育文化的中心。1285年，腓力四世（Philippe Ⅳ）继位。他对教会奉行强硬政策，他取缔圣殿骑士团，将其财产占为己有，还向法国教士开征俗世什一税，并将教皇玩弄于股掌之间。到14世纪初，一个中央集权的法兰西逐渐浮现。1461年，路易十一世（Louis Ⅺ）登基，经过多年努力，他大体上完成了法兰西的统一，通过中央集权统治，极大地削弱了封建贵族的势力。此后的法兰西逐渐沦为绝对主义王权的领地。

如果说，英国的《大宪章》源自教会、领主、平民联合起来的民族的集体行动，②法国的历史则缺乏这样一种"联合的情怀"。当王权不足以进行集权统治时，法国便是封建贵族的天下，当王权膨胀到一定程度时，则会吞噬贵族、教会等其他势力。即便是圣徒路易九世，其对教会的亲和也是建立在其个人对天主教的狂热和所拥有的巨大军事权力之上。某种程度上，这一历史特征可以为后世法国革命的那种非黑即白、有你没我的极端倾向提供答案。英国的《大宪章》产生于不同阶级之间斗争力量和利益归属的平衡，法治也出于此。然而，博弈双方都缺乏彻底摧毁对方的能力，妥协平衡的气质总贯穿其中，这也预示了后世英国法的实用主义。

六、结语

1215年至2016年的801年光阴，在宇宙的时间轴上只是一个可以忽略不计的刹那，然而这801年对于人类历史却有着其自身的价值。因为这801年是人类对于英国《大宪章》的文本进行阐释，并不断赋予其时代含义的历程。以甄克斯教授为代表的学者对于英国《大宪章》价值的批判，对柯克爵士的"历史的普通法解释"

---

① 参见[法]F. P. G. 基佐：《法国文明史》（第3卷），沅芷、伊信译，商务印书馆2009年版，第238页。

② See William Stubbs, *The Constitutional History of England in Its Origin and Development*, Vol. 1, 6ᵗᵃ edition, Clarendon Press, 1903 – 1906, p. 583.

和后世辉格党历史观的批判,就开展共时性(Synchronic)的历史分析而言,具有一定的正确性。正如实证主义认为,制定法构成"永恒的现时"(Eternal Present),一旦实施,将纹丝不变直至明文废止;时间存在于一系列互不关联的空间容器之中,使法律作为一种静态的、共时的、可被同步理解和应用的规范体系,可以在任意一个时刻被观察,而可以与广泛的社会环境相脱离。①然而,《大宪章》的价值就在于被后世赋予新的含义而与时俱进。由此,普通法被认为具有演进的习惯性秩序的特性。② 的确,就静止的历史片段来看,后世的解读可能出现谬误。但我们必须铭记,在历史的很大构成部分中,"古老的错误"(若被认为是错误)要比"新发现的真相"(若被认为是真相)具有更重要的意义,因为正是这些"古老的错误"塑造了人们的思想,引导了人们的行动。③

本书所梳理的英国《大宪章》诞生史即是基于对1215年的约翰统治及其前朝的内部因素的分析。约翰的统治早在其登基之前就埋下了失败的种子。从后世来看,威廉一世的《末日审判书》、亨利二世的司法改革、理查一世大败穆斯林统帅萨拉丁(Salah al-Din)等历史事件,都是推动英国历史前进的伟大功绩。然而,无论是威廉一世的文治武功、亨利二世的创新意识,还是理查一世的骁勇善战,其背后所付出的代价都是横征暴敛与民不聊生。封建领主和英格兰教会在政治、财税、司法、宗教自由等方面感受到的是,其源自盎格鲁-撒克逊时代、曾经被亨利一世确认的古老习惯和法律以及自身权益的不断丧失。地位和权利的不断被侵蚀,最终催生了1215年的反叛和《大宪章》。正如英国历史学家格林(J. R. Green)所言,"深入研究约翰的经历,可以排除任何对其懒散、不胜任的指控,虽然这些指控常被人们用以解释他的失败。约翰的人生给予我们的深刻教训基于如此一个事实——这位丢失诺曼底,成为教皇封臣,在反对英格兰人民自由的绝望抗争中毁灭自己的国王并非一位懦弱懒散的骄奢淫逸之徒,而是金雀花王朝中最为能干和最为无情的君主"④。

---

① See Peter Fitzpatrick, *Modernism and the Grounds of Law*, Cambridge University Press, 2001, p.88-93.

② See A. W. Brian Simpson, *The Common Law and Legal Theory*, in A. W. B. Simpson ed., *Oxford Essays in Jurisprudence (Second Series)*, Oxford University Press, 1973, p.77-99.

③ See Nicholas M. Butler, Magna Carta, *1215-1915: An Address Delivered before the Constitutional Convention of the State of New York in the Assembly Chamber*, Albany, N. Y., June 15, 1915, D. C. McMurtrie, 1915, p.10-11.

④ See John R. Green, *A Short History of the English People*, Harper & Brothers, 1879, p.148.

英国《大宪章》在13世纪历经3次修订,5次重大重申,1225年的修订版本成为最终定型的版本。[①] 1215年《大宪章》的意义在于,它是整个英格兰民族身份觉醒后的第一次伟大的公共行动,为一个世纪以来国王、教士、法律人在无意识中所达成的功绩画上了一个圆满的句号。[②] 英国《大宪章》的本质或者核心是国家治理中各种权力的相互制约与平衡,这是英国《大宪章》在近代资产阶级革命中大受欢迎的原因,也是其永恒的价值所在。

---

① See Faith Thompson, *The First Century of Magna Carta: Why It Persisted as a Document*, University of Minnesota, 1925, p. vii.

② See William Stubbs, *The Constitutional History of England in Its Origin and Development*, Vol. 1, 6th edition, Clarendon Press, 1903 – 1906, p. 571.

第二章　刑事证据与证明研究

第一节　中国刑事证据制度体系的优化*

当前,我国诉讼制度的改革定位于以审判为中心,贯彻证据裁判规则,提高证据质量,确保案件的事实认定的可靠性,① 这反映了司法实践的迫切要求。刑事司法的运作,不外乎事实认定和法律适用两端。近年发生的引起重大社会反响的冤错案件,很少有法律适用错误的,基本上是事实认定错误,即证据审查判断出了问题。近十几年来,我国刑事司法人员的专业素养有了很大提高,但这种专业素养的提高在一定程度上仍存在片面性,即法律适用水平大有进步,事实认定能力提高不是很明显,检察院、法院办案人员对证据的审查与运用能力某种程度上存在不足,对证据收集、移转、保全、运用的细节问题比较陌生。

---

* 作者:张栋。本节原发表于《中国社会科学》2015 年第 7 期。本文系国家社科基金重大课题“依法独立行使审判权、检察权保障机制研究”(14ZDA017)阶段成果;部分内容为司法部国家法治与法学理论研究课题“排除合理怀疑,证明标准的实践适用研究”(13SFB3019)中期成果。

① 《中共中央关于全面推进依法治国若干重大问题的决定》指出,“推进以审判为中心的诉讼制度改革,确保侦查、审查起诉的案件事实证据经得起法律的检验。全面贯彻证据裁判规则,严格依法收集、固定、保存、审查、运用证据,完善证人、鉴定人出庭制度,保证庭审在查明事实、认定证据、保护诉权、公正裁判中发挥决定性作用”。

与实践需求形成反差的是，近年来证据制度方面的立法对司法实践的影响，往往低于预期。比如，2012年《刑事诉讼法》修改在证据方面着力最多、规范最完备的非法证据排除规则，尽管自2010年7月就已实施，但实践中的案例极少，因“非法证据排除”而改变案件最终结果的则少之又少。又如，2012年《刑事诉讼法》修改间接引入了“排除合理怀疑”的证明标准，实施两年多以来，据笔者走访，一些实务部门的办案人员认为，“没觉得办案和以前有什么不同”。

导致我国证据立法实践效果不明显的原因是多方面的。本节选择证据制度作为研究对象，在分析现有证据制度体系的基础上，揭示证据制度体系优化的规律，提出刑事证据制度体系化的方案，进而实施证据制度，发挥其保障事实认定、避免冤案错案的功能。

一、我国刑事证据制度体系现状分析

证据制度，是指以证据规则为主要内容以及与之相关的一系列诉讼原则和规范的总和。大陆法系传统上“为发挥职权主义之精神，对于证据能力殊少加以限制。凡得为证据之资料，均具有论理的证据能力”①。近年来在证据能力方面的规则也明显增多。我国学界通常在更宽泛的意义上使用证据规则这一概念，如认为“证据规则是指以规范证据能力和证明力为主的，调整和约束证明行为的法律规范的总和，是证据法的集中体现”②。为便于理解和保持论述上的一致性，本节沿用我国通常语境下证据规则概念的外延，即证据规则包含证据能力和证明力两个方面，主要指静态的规范和原则；论述的范围涉及取证、举证、质证、认证等动态的各个层面的法律活动。故以证据制度进行概括。

纵观我国的证据制度，虽在法治的完备方面已有明显进步，但也存在体系化不足的问题。③ 证据制度从来就不是某一个或某些单独的原则、规则独立发挥作用的，程序法是一张“网”，几乎所有的程序规则均对具体案件的处理发生作用，需要同时考量。尤其是证据问题，同一份“材料”可能具有不同属性或涉及一系列证据规则，而对一个案件中的所有“材料”必须综合审查和运用，方能作出证据的排除

---

① 樊崇义：《刑事证据规则体系的完善》，载《国家检察官学院学报》2014年第1期。

② 同上。

③ 参见陈瑞华：《从认识论走向价值论　证据法理论基础的反思与重构》，载《法学》2001年第1期；张建伟：《证据法学的理论基础》，载《现代法学》2002年第2期；何家弘：《中国刑事证据规则体系之构想》，载《法学家》2001年第6期；张保生：《证据规则的价值基础和理论体系》，载《法学研究》2008年第2期。

或采信以实现对事实的认定。

我国刑事证据立法一直是刑事诉讼法制领域的一块"短板"。1979 年《刑事诉讼法》关于证据的规定仅有 8 个条文,1996 年《刑事诉讼法》基本维持原状。2012 年《刑事诉讼法》修改,"证据"一章从 8 个条文增至 16 个,在侦查、起诉、审判各章中,涉及证据审查判断的内容有 20 多条。[①] 这些条文与 2010 年《关于办理死刑案件审查判断证据若干问题的规定》(以下简称《死刑案件证据规定》)、《关于办理刑事案件排除非法证据若干问题的规定》(以下简称《排除非法证据规定》)、《最高人民法院关于适用〈中华人民共和国刑事诉讼法〉的解释》(以下简称《最高法解释》)以及《人民检察院刑事诉讼规则》(以下简称《高检规则》)中有关证据的内容,共同构成了我国刑事证据规则的主体。

我国证据制度在体系方面的不足主要表现在以下几方面:

一是证据立法数量不足,结构不完整。有学者将现行立法归纳为"九大证据规则"[②],从而形成了"三项原则、六项规则"的格局。"三项原则"包括证据裁判原则[③]、程序法定原则[④]和证据质证原则[⑤];"六项规则"分别是非法证据排除规则[⑥]、关联性规则[⑦]、意见证据规则[⑧]、原始证据优先规则[⑨]、补强证据规则[⑩]和有限的直接言词原则[⑪]。一些重要的证据规则如传闻、品格等未予纳入,且取证规则比较欠缺,证据提取、保全、移转、勘验、检查、辨认、实验等规则不完善。

二是已有的立法规定还有逐步发展、提升的空间。比如:"未经人民法院依法判决,对任何人不得确定为有罪"与无罪推定是有区别的。前者吸收了无罪推定的合理内核,体现了无罪推定的精神。人民法院认为证人、鉴定人有必要出庭的,

---

① 参见廖勇、吴卫军:《新刑事诉讼法证据规则评析——基于证据裁判原则的视角》,载《北方法学》2013 年第 5 期。

② 樊崇义:《刑事证据规则体系的完善》,载《国家检察官学院学报》2014 年第 1 期。

③ 《最高法解释》第 61 条、《死刑案件证据规定》第 2 条。

④ 《最高法解释》第 62 条、《死刑案件证据规定》第 3 条。

⑤ 《最高法解释》第 63 条、《死刑案件证据规定》第 4 条。

⑥ 包括 2012 年《刑事诉讼法》第 55、58 条,《最高法解释》第四章"非法证据排除"一节和《高检规则》第 65 ~ 74 条。非法证据排除规则是我国现行证据规则中条文最多、规定最完备的一个证据规则。

⑦ 《死刑案件证据规定》第 6 条第 4 项和第 5 项、第 27 条、第 30 条第 4 项,《最高法解释》第 69 条第 4 项和第 5 项、第 84 条第 8 项、第 85 条第 8 项、第 92 条第 6 项。

⑧ 《死刑案件证据规定》第 12 条第 3 款、《最高法解释》第 75 条。

⑨ 《最高法解释》第 70、71 条。

⑩ 2012 年《刑事诉讼法》第 53 条、《最高法解释》第 83 条、《死刑案件证据规定》第 22 条。

⑪ 2012 年《刑事诉讼法》第 187 条、《最高法解释》第 205 条、《死刑案件证据规定》第 15 条。

证人、鉴定人应当出庭,与直接言词原则是有区别的。前者体现了后者的精神,在具备一定的法治条件时,前者应该发展、提升为后者。

三是立法各条文之间缺乏内在的逻辑联系,导致证据规定在实践中的效用有限。作为一个完整的体系,刑事证据的具体规定之间应当互相协调、衔接、配套,具有内在的统一性。证据规则的意义,只有在它们的相互关系中才能充分展开和自洽。否则,就会使很多具体规定失去实际意义。

在证据裁判主义之下,证据规则在实践中的适用往往表现为"除权",即否定相关材料的证据资格,久而久之,人们容易倾向于认为证据规则重在"排除",甚至把"排除"当作了规则本身。事实上,证据规则的本来意义是"形塑",其主流方向是更加有利于证据的搜集和证据质量的提高,是更加"便利"。

在证据制度从神示、法定到自由心证的漫长发展历程中,权利保障水平不断提高,其前提是取证能力的突飞猛进。权利保障与真实发现的这种平衡关系,在我国证据立法中未能得到充分体现。

那么,证据规则体系化不足是如何导致了我国证据立法的效果不彰的呢?本节从证明标准和非法证据排除两个例证加以具体剖析。

二、证明标准规则体系的不足

在刑事诉讼中,证明标准一直是理论和实务中的热点。[①] 厘清证明标准在证据制度中的地位及其与证据规则的关系,有助于把握证据制度体系化的特点,研究证据制度体系优化的规律。

从立法规定看,2012 年《刑事诉讼法》通过对"确实、充分"进行解释的方式间接引入了"排除合理怀疑"的证明标准,以一种补充式、辅助性和解释化的形式共存于现有的证明标准之中。"排除合理怀疑"标准的入法,对我国刑事案件的处理产生了重大影响。

本节选取自 2013 年 1 月 1 日起实施的 2012 年《刑事诉讼法》,至本节截稿时 2015 年 5 月 24 日为止的期间,考查"排除合理怀疑"证明标准的实施情况。2013 年,全国各级法院审结一审刑事案件 95.4 万件;2014 年,全国各级法院审结一审

---

① 代表性论文参见李训虎:《排除合理怀疑的中国叙事》,载《法学家》2012 年第 5 期;杨宇冠、孙军:《排除合理怀疑与我国刑事诉讼证明标准的完善》,载《证据科学》2011 年第 6 期;龙宗智:《中国法语境中的"排除合理怀疑"》,载《中外法学》2012 年第 6 期。这些文章肯定了排除合理怀疑对我国刑事诉讼证明标准的促进作用,也表达了排除合理怀疑在我国证据体系中的不适应性,包括主客观相适应和可操作性差等问题。

刑事案件 102.3 万件,[①]预计 2015 年刑事案件将达 110 万件。在这两年半期间,我国大约发生刑事案件 250 万件。笔者以北大法宝数据库[②]为样本检索库,以同样的时间跨度在北大法宝的刑事司法判例库中进行搜索,有效案件数量为 587,060 件。以"排除合理怀疑"为关键词在刑事司法判例库中进行搜索,案件数量为 325 件,仅占数据库案件总数的 0.038%,占同期案件总数的 0.013%。以"证明标准"为关键词进行搜索,有效案件只有 127 件,占数据库案件的 0.011%,占所有案件总数的 0.005%。可见,在一定范围内考察,新证明标准在实践中适用率低到可以忽略不计的程度,相关判决书显示,法官在刑事判决书的说理部分几乎不采用"排除合理怀疑"的分析方法。

分析以"排除合理怀疑"为关键词搜索到的 325 件案件。从地域分布上看,[③]东部地区有 170 件,中部地区 82 件,西部地区 73 件。东、西部案件数量分布不均,显示出法律共同体的专业背景对排除合理怀疑证明标准的适用有明显影响。从业人员的个人素养与这一标准适用的正相关关系,显示出证明标准理论尚未成为法律的硬性要求。

在上述 325 件案件中,作者随机抽取 57 件案件作为样本,其中 38 件中的辩护人明确提出案件证据无法排除合理怀疑要求判决无罪的辩护意见,18 件判决书对此未作任何回应,20 件作出回应后仍判决被告人有罪,且回应缺乏真正的论述;在法官主动提及"排除合理怀疑"的 19 起案件中,基本上也是简单提及,有些案件对证明标准的适用还值得推敲。

作者分析了以"证明标准"为关键词的 127 件案件。从案件类型的分布情况看,侵犯财产类犯罪最多,为总数的近一半(46 件),其中盗窃罪 19 件;妨害社会管

① 参见 2014、2015 年全国两会最高人民法院年度工作报告。

② 北大法宝(www.pkulaw.cn)收录的案例数量庞大,约占全国同期实际判决案件总数的 23.2%,作为实证研究的第一手资料,由于样本充足而代表性较强,具有较高参考价值。

③ 本节所指东部地区包括:北京市、天津市、上海市、河北省、山东省、江苏省、浙江省、福建省、广东省、海南省;中部地区包括:山西省、河南省、湖北省、安徽省、湖南省、江西省;西部地区包括:内蒙古自治区、新疆维吾尔自治区、宁夏回族自治区、陕西省、甘肃省、青海省、重庆市、四川省、西藏自治区、广西壮族自治区、贵州省、云南省。上述地区的案件不含东北三省以及铁路运输法院所辖案件。

理秩序罪则次之,共36件,其中贩卖毒品罪18件。① 研读案例,可以发现这种数据分布的主要原因在于盗窃案件常常伴随多次盗窃行为,某几次盗窃的行为往往难以证明,并且在数额认定方面存在困难;在贩卖毒品案件中,毒品的用途往往难以证明,无法简单证明毒品是用于自己吸食还是用于贩卖;在侵犯公民人身权利、民主权利类犯罪中,证明标准运用较少,仅有28件。由此可以看出,证明标准对司法实践有着较强的现实意义,在证明难度较大的案件中,法官会更多地考虑证明标准问题。

在上述127件案件中,以随机抽取的42件案件为样本,13件只是提及"公诉机关的证明达到了证明标准";剩下的29件中,有7件辩护人明确提出证明标准方面的辩护意见,而法官未予理会,其他22件案件中法官的论述较简单。22件中只进行证据罗列,而没有相应的分析的有6件,其中4件属于二审案件。这4起案件均以"事实部分原审已阐释清楚,不再赘述"作为结尾。

从上述实证分析可见,我国证明标准的立法修改对司法实践的影响有限。"排除合理怀疑"作为刑事司法证明的重要一环,应实实在在地作用于具体案件的处理中,并在一定程度上影响案件的走向,对案件的处理结果起着现实的作用,否则就可能是一句空谈。

证明标准是诉讼中承担证明责任的一方对待证事实进行证明所要达到的程度。裁判思维是法官解决案件问题的具体思考过程,因为法律最终都是一个"如何解决问题"的事项。② 而问题解决是一个在现有手段和目标之间进行分析,根据相关策略达到目标的过程。③ 查明案件事实是法官在特定场域进行的认知活动。法官的认知活动是在原有"知识库"的基础上进行的,④原有"知识库"潜移默化地影响着法官的认知。事实的新信息只有被法官原有知识库同化或与之顺应才能被

---

① 通过北大法宝搜索2013年1月1日至2015年5月24日的刑事案件,共得案例587,060件。其中涉及盗窃罪案件的侵犯财产罪案件共计192,118件,占全部案件总数的32.72%,盗窃罪案件共计139,129件,占全部案件总数的23.69%。在以"证明标准"为关键词的127个样本中,侵犯财产罪案件共计46件,占样本案件总数的36.22%,盗窃罪案件共计19件,占样本案件总数的14.96%。其中涉及走私、贩卖、运输、制造毒品罪案件的妨害社会管理秩序罪共计143,714件,占全部案件总数的24.48%,走私、贩卖、运输、制造毒品罪案件共计46,872件,占全部案件总数的7.98%。在以"证明标准"为关键词的127个样本中,妨害社会管理秩序罪案件共计36件,占样本案件总数的28.34%,走私、贩卖、运输、制造毒品罪案件共计18件,占样本案件总数的14.17%。

② 参见[美]理查德·波斯纳:《法理学问题》,苏力译,中国政法大学出版社2002年版,第198页。

③ 参见梁宁建:《当代认知心理学》,上海教育出版社2014年版,第283页。

④ [加]玛里琳·迈克瑞蒙:《事实认定:常识、司法认知与社会科学证据》,徐卉译,载王敏远主编:《公法》(第4卷),法律出版社2003年版,第276页。

理解和运用,因此,法官对于事实的认知会加入自己的理解也就不可避免。在“排除合理怀疑”的适用中,哪些是合理的,哪些是不合理的,哪些是妄想,哪些是推测,可能是一个常态的组合问题。而“排除合理怀疑”更多是提供一个思维方法,无论怎样与“证据确实、充分”实现关联,其本质仍是审查判断证据的一种思维方法,这其中心证的形成方法和公开路径就尤为重要。

心证的形成以及结论展示要完成一种自向证明和他向证明的过程,必须借助于证据制度体系的支持。在证据与案件的关联中,任何一种司法证明,其结论的生成都要串联起系列的证据,按照符合逻辑和经验的方法被演绎归纳和分析总结,其中任何一种证据的采纳和与其他证据的组合都离不开证据制度体系。法律规范可以完备和改变一个证据的能力和资格,但依据证据的证明过程和据此而生的结论是通过裁判者的心证来实现的。在具体案件的处理中,通过一定的证明方法,将裁判者辨别真伪的过程,“疑”与“不疑”的产生和排除过程,心证的判断和取舍的过程路径化,就成为司法证明的重要一环,这也是证明标准适用的具体化。其选取的路径,即心证的公开方式,实际上就是援引证据规则的过程,如果规则本身不清晰或者存在争议,就会使心证缺乏充分的合法性,法官公开心证的过程就会变成一件非常冒险的事情,漫无边界的“心证”很难区别于恣意,缺乏规则屏障的主观性容易赋予判决太多的个人色彩,而使社会对判决结果的评价与法官个人产生更多的关联,这也正是我国法官在实践中不愿意适用证明标准分析证据的一个根本原因。

这一实践中存在的问题深刻地影响着我国刑事案件的走向,因为公开心证的过程是判决书说理不可或缺的方面,对于提高裁判文书的质量、促进对判决的遵从乃至增强司法的权威都有着重要的意义。

除法官的主观意愿外,证据制度体系同时也在潜移默化地影响着法官适用证明标准的过程。正如有学者所言,尽管从技术上可以将“排除合理怀疑”的内容融入“事实清楚,证据确实、充分”中进行解释,但是,由于“排除合理怀疑”本身难以解释以及“证据确实、充分”与其存在体系性差异,使这种努力难以获得预期效果。[①] 笔者认为,排除合理怀疑的证明标准对于举证责任而言只是提供了一个逻辑的终点,它代表了一套多元性的、内涵丰富的法理念、法制度、法经验和法方法。如果不把它放到刑事诉讼和证据制度体系中整体考量和系统化构建,就只是文字游戏。试图通过在文字上对“怀疑”或“合理”进行解释并用于指导司法实践,缺乏

---

① 参见李训虎:《悖论状态中的死刑案件证明标准》,载《政法论坛》2011 年第 4 期。

现实可操作性。

三、非法证据排除规则体系的不足

伴随《死刑案件证据规定》和《排除非法证据规定》出台的非法证据排除规则，是我国第一个具有完整意义和统一适用规范的证据规则。自2010年7月实施以来，实践中的案例较少。有学者在J省S市调研后发现："自2010年'两个《证据规定》'颁布至2013年11月，S市检察院辖区刑事案件总数43,211件，涉案60,291人。非法证据排除案件19件，其中7件是在审查起诉期间提出，12件在审判阶段提出。"①另有学者对西部地区5个中级法院调研后发现，2013年1～8月，"调研法院共计审理刑事案件17,213件，其中提起申请排除非法证据的案件为124件，占全部案件的0.72%，法院决定启动证据合法性调查程序的案件为54件，占全部案件的0.31%，最终决定排除非法证据的案件为14件，占全部案件的0.08%"②。

笔者同样以2013年1月1日至2015年5月24日为区间、以北大法宝刑事司法判例库587,060件有效案件为案件数据，以"非法证据"为关键词进行搜索，得到526条记录，有效案件数438件。其中一审案件194件，在这些案件中，非法证据最终得以排除的有14件，占全部案件的0.002%。③ 在这14个案件中，真正由于刑讯逼供所得非法口供的排除而得以无罪或者刑期明显降低的仅3件。其他11个案件，即使排除了非法口供，亦未对案件结果产生实质性影响。

一些观点认为，上述现象是"非法证据排除"规则执行不到位所致，④并就如何落实这一规则进行研究。笔者认为，造成这一现象，是运行层面的司法、执法中的问题，但更主要是这个证据规则本身的局限性所致。考察我国非法证据排除规则的出台背景，其与近些年来广受关注的冤假错案紧密相关。⑤ 因此，"非法证据排除"规则被赋予解决刑讯问题的重大使命，成为修法的重中之重，而排除的"非法"证据理所当然地落在了口供上。以防范刑讯逼供为主要目标的非法证据排除规则以及2012年《刑事诉讼法》证明标准的变化，是防范冤假错案和力图遏制刑讯逼

---

① 杨宇冠、郭旭：《非法证据排除规则实施考察报告——以J省检察机关为视角》，载《证据科学》2014年第1期。

② 孙长永、王彪：《审判阶段非法证据排除问题实证考察》，载《现代法学》2014年第1期。

③ 以上文2013年1月1日至2015年5月的案件总数为250万件的推算得出。

④ 参见《最高法：死刑复核案存在非法证据将直接裁定不核准》，载央广网，http://china.cnr.cn/news/201101/t20110108－507562097.html。

⑤ "不断披露的严重刑事错案，一直是我们总结制定两个《规定》的促进剂、催化剂。"参见最高人民法院刑事审判第三庭编著：《刑事证据规则理解与适用》，法律出版社2010年版，第4页。

供的一套“组合拳”,对刑讯逼供获得的证据以“疑点”的形式进行排除,实现对冤假错案的司法阻断。

刑讯逼供其实是其他一系列证据法中的制度性不足的结果,如果对这些制度性、体系化的原因不加以消除,其实施绩效不可能优化。

首先,刑讯真正的根源在于司法实践对口供的高度依赖,而这种依赖是由于整个证据制度体系的不健全,如证人证言的审查判断、取证手段等,解决这些问题不可能通过一个非法证据排除规则就能完成。犯罪无法自外于人群,总是发生在特定的时空之中,总会被人目击或者留下痕迹,合理的证据规则可以确保这些证人和痕迹能够为之后的定罪量刑所利用。司法实践中大量无人作证的案件是不正常的,这实际上是证人证言系列证据制度不完善导致的结果。例如,一些贪腐分子在单位横行不法尽人皆知,侦查中却无人作证,这种现象非常值得反思。

其次,现代刑事诉讼文明的一个重要标志是从法定证据制度过渡到自由心证证据制度,相对应的司法实践则从以人证为中心过渡到以物证为中心。侦查的重心也发生了从“人”到“物”的转移。我国的口供中心主义对应的现实是物证取证能力的不足,这些不足诚然与客观局限性的因素有关,但根源则在于取证规则供应的缺乏。最简单的例子,在金融网络和社会管理高度发达的今天,侦查机关想要查清犯罪嫌疑人的真实财产状况却并不容易。洗钱罪名在我国很少适用,究其原因并不是我国洗钱犯罪罕发,而是金融、资信、消费、税收控制与刑事诉讼的制度性互动关系在我国尚未有效确立。

最后,从世界范围看,非法证据排除规则已经逐渐走向没落,其适用范围有限缩的趋势。一方面,表明由裁判者判断证据是否合法并且影响案件的事实认定,已越来越力不从心和饱受争议;另一方面,对于警察行为的制约,到底是依靠外部证据能力的排除还是依靠其内部惩罚机制的完善更为有效,也引起广泛争议。可以肯定的是,靠证据排除的程序性制裁规范警察的侦查行为,其效果显然是难以达到制度预期的。

我国的非法证据排除规则,其主要功能就是排除非法口供,这个功能具有较大的现实合理性,在确保自白的任意性方面被寄予厚望。在非法证据排除规则的适用上,更侧重对警察行为的规制,以至于非法证据排除规则在设立之初就背负上遏制刑讯逼供的使命,承受制度无法承受之重。体系支撑的排除规则不充分,在实践中最直接的表现就是口供的“非法”举证困难,无论是全程录音录像、侦查人员出庭对质还是拘留后24小时送交看守所,都无法为司法认定提供充分的支持,这些都成为证据规则适用的实践难题。

四、证据制度体系优化的本质、目的与背景

我国的证据立法有着明显的“问题导向”的特征。在立法过程中，部门立法的特点很鲜明，强调总体平衡。各部门在解释和修法过程中，往往是针对现实中的突出问题，从本部门的视角出发着力加以解决。这种立法模式（尤其是司法解释）的优点是对实践中的问题比较敏感，规则针对性强，易于操作，但缺点是容易导致法律规范体系“碎片化”，甚至互为抵牾。在证据制度领域，由于证据规则是通过整体来发挥作用的，这一问题就尤为明显。非法证据排除规则和“排除合理怀疑”证明标准存在的体系化缺陷，其他证据规则也不同程度地存在。厘清制度层面存在的问题，并优先解决这些问题，可以为法律的制定和良好实施奠定基础。

证据制度体系的优化，在理论上有三个基本问题：第一，证据制度体系的本质属性是什么？对这一问题的回答，可以揭示优化的证据制度体系的应然特征，以此为参照，可以实现实然证据制度体系的优化。第二，证据制度体系优化的目的是什么？对这一问题的回答，可以揭示证据制度优化所要达到的结果，以结果为导向、标准，可以对优化的证据制度体系进行制度设计。第三，证据制度体系优化的制度背景是什么？对这一问题的回答，可以明确证据制度体系优化与其他诉讼制度、诉讼原则、诉讼理念的关系，保证证据制度体系优化的制度设计符合整个刑事诉讼体系的要求。明确这三个基本理论问题，有利于证据制度体系优化的制度设计。

（一）证据制度体系的本质属性

就一国的证据制度而言，单独的某个证据规则和标准很难评价其优劣。与实体规则在适用上的排他性不同，证据规则的作用是交互性的，它就像是一张网，通过整体发挥作用的，这是证据制度体系的本质特征。证据制度的这个本质特征表明，证据规则只有在体系化的相互关系中才能充分展开和自洽；证据制度体系的优化，应当遵循单个证据规则的内容完备性、不同证据规则组合起来发挥效用的协同性、所有证据规则的顺序性原理。

实现我国证据制度体系的优化，需要从证据制度体系优化的本质出发，遵循由此衍生出来的证明规律。

首先，证据制度体系优化应当遵循单个证据规则的内容完备性原理。证据制度体系中的每一个证据规则，都必须达到科学、完善的程度，证据制度体系的运作才能实现优化。如果有一个规则存在缺失，整个证据制度体系就会存在漏洞。依据“短板理论”，整个证据制度体系的质量不由其最强的那个规则，而是由最弱的

证据规则决定。证据立法模式如果仅满足于“体现证据法的某种精神”,就会对证据制度的整体质量带来不利影响。

其次,证据制度体系优化应当遵循不同证据规则组合起来发挥效用的协同性原理。证据制度体系中的某个证据规则特别完备,并不意味着整个证据制度体系的优化适用。在证明标准的适用中,“合理怀疑”的排除与容忍、证据是否“确实、充分”的判断,与诉讼和证据规则的设置关联最大。不同证据规则对同一证据放行或过滤的差异选择,直接决定着一个案件的证据架构,或者因证据排除而摇摆,或者因证据采纳而完整,进而决定案件的结局走向。由此,一国证据规则的设立对案件结果的影响有时可以绕开证明标准。即不同的证据规则所包含的不同证据内容可以独立甚至先于证明标准隐性地预决案件结果,从而使证明标准仅具有某种形式化的判断价值。证据规则体系不同,证明标准相同,同一证据材料经过不同证据规则体系的筛选会生成不同的案件处理结果;而同一证据规则体系下,证明标准不同,案件却很可能并没有因为标准的不同而产生有差异的判决结果。

证据制度体系与证明标准的这种相互关系是如此直接,以至于一些学者混淆二者的界限。以死刑案件为例,很多学者痛感死刑错案后果的严重而主张其证明标准应高于普通刑事案件,一些人曾用比例强调死刑案件证明标准,一般案件的确定性如果是90%,死刑案件要到95%甚至更高。实际上,这仅具宣示意义,因为5%的证明程度差距在实践中没有可操作性。死刑案件与普通刑事案件相比,证明标准并无不同,通过不同的规则设置即可体现死刑案件的特殊性。

最后,证据制度体系优化应当遵循所有证据规则的顺序性原理。证据规则具有顺序性,是一条非常重要的证明规律。我国的非法证据排除规则较全面,但由于缺乏其他规则的支持和配合,很难实现预期目的。对于排除非法口供,后置式的证据规则不可能真正解决问题,因为其违背证明的基本原理。① 一方面,后置式的非法证据排除规则必然要求举证责任倒置,那么控方必须证明其没有实施刑讯。在证据法原理上,要证明没有发生什么事情是反自然的一种证明,是一种极高的证明要求。为了满足这一畸高的证明要求,只能通过高成本的“简单”办法实现,如全

---

① 所谓前置式与后置式,主要是在证据的搜集过程中,根据适用规则的主张提出时间对规则进行分类。前置式是指在证据形成的同时,就可依据该证据规则提出主张。比如沉默权之于口供,在讯问开始时,犯罪嫌疑人、被告人就可以援引该规则。此类规则包括证人作证规则、对质规则以及大量的取证规则等。后置式证据规则,通常是在证据形成之后,依据该规则否定其证据效力,典型的如非法证据排除规则、传闻证据规则等。前置式具有更强的“形塑”色彩,后置式体现出“排除”的特点。

程同步录音录像，这种同步的做法虽然借助技术的进步和成本的降低成为可能，但实际效果值得怀疑——没有哪个警察会在摄像头之下公然刑讯。另一方面，后置式的规则下犯罪嫌疑人在讯问中处于绝对劣势，其事后的举证几乎成为不可能。2012年《刑事诉讼法》规定的侦查人员出庭制度设置了对质环节，立法者希望通过双方对质指证侦查人员的不当行为，但实施刑讯的警察不会因为出庭就承认其违法行为，在伪证责任相对薄弱的情况下，这一倾向尤为明显。真正解决刑讯问题的规则必须是前置式的，如沉默权和律师在场等制度。

（二）证据制度体系优化的目的

一个良性运转的证据制度体系，意味着建立在证据裁判主义基础上的诉讼过程能够真正解决问题，而不是在观念演绎和权利话语中徒有其表。诉讼的直接目的是真实发现，证据制度必须对服务于这一目的具有足够的进取心，证据规则的“形塑”价值应当被充分发掘。证据是诉讼中事实认定的要素，离开了证据就没有事实，事实需要借助于证据呈现出来，这是证据制度的基本立足点，也是证据裁判主义的基本要义。证据制度体系优化的基本目的应当是遵循认识规律，保障发现真实的认识过程。

现代刑事诉讼法的理念是人权保障，在此理念之下，刑事诉讼的多元目的之间具有了先后之别，程序正当性都具有优先地位。“真实发现”这个古老的刑事诉讼目的，随着法治及人权思想的发展，逐渐受到规范。特别是证据制度的完善，使真实发现必须建立在合法正当的证据证明之上。因此，现代刑事诉讼的目的是以人权保障为基础，通过正当的程序运作，从而实现“真实发现”。

笔者完全赞同当二者冲突时，人权保障应优位于发现真实这一价值判断，但与此同时，证据必须服务于审判这一基本立场决定了必须承认真实发现在刑事诉讼中不可动摇的地位。真实发现关乎能否追诉并惩罚犯罪，如果刑事诉讼不能达到这一目的，其存在的价值就会受到质疑。刑事实体法规范了国家刑罚权的各个要件，但却是一个不能自我实现的法律，它必须借助刑事诉讼法确定并实现在具体刑事个案中对被告定罪量刑。《刑事诉讼法》被称为“被告人权利的大宪章”，“权利话语”已成为刑事诉讼理论的主流，但正如有学者所指出的，“虽然用权利来表达公正确有好处，但不可避免的结果是：此种将关注点放到权利上的做法是以无视刑事程序制度背景为代价来进行的……单靠权利本身不足以提供程序法上的限制来保障程序公正，其他价值即便不是为了被告人的利益，可能对于整体上的程序公正观念也很重要”①。

刑事诉讼制度的优劣并非完全以被告权利保护的程度为判断标准,而须兼具发现真实、追求正义的需要。就证据制度的完善而言,应结合本国的实际情况和历史传统,因地制宜。设立证据规则,引导、规范、制约裁判者的心证形成,无论是在英美法系国家还是大陆法系国家,都应被视为证据规则设立的基础要义,而此中涵括的任何一种证据规则,其运行的目的指针都应指向如何更加有利于事实认定。我国证据制度体系应建立在人权保障优先的基础之上,同时,要确保证据制度具有足够的发现真实的能力,某种程度上讲,真实发现就是要确保证据之网的强度,不能以辞害意,把发现真实等同于罔顾人权的极端的有罪必罚,而忽略其开释无辜的功能。过度的权利话语,过于超前的“引进”和“改革”,会令证据制度体系运转不良,而有罪不罚、罚不当罪对更广泛意义上的人权保障也是不利的。

(三)证据制度体系优化的制度背景

所谓以审判为中心,“意味着整个诉讼制度和活动围绕审判建构和展开,审判阶段对案件的调查具有实质化的特征,侦查是为审判进行准备的活动,起诉是开启审判程序的活动,执行是落实审判结果的活动,审判中控诉、辩护、审判三方结构成为诉讼的中心结构”②。然而,在司法实践中,“我国是少数以诉讼阶段论布设刑事诉讼格局的国家”③。诉讼阶段论将刑事诉讼区分为立案、侦查、审查起诉、审判和执行几个阶段。④ 各个阶段事实上具有相对的独立性,我国的侦查终结标准、起诉标准和定罪标准基本上是一致的,也就是说,对案件的实质性调查活动是在侦查阶段完成的,导致犯罪嫌疑人、被告人有罪与否在审前基本已成定局,无罪判决率极低,庭审不过是对侦查阶段所确定有罪的再次确认而已。⑤ 我国刑事诉讼的基本结构属线性构造,具有“司法一体化”特征。由于该构造中的主体是国家刑事司法机关,配合、制约均在3机关之间发生,这就使犯罪嫌疑人、被告人的地位相对客体化。而且,由于3机关地位平行而不承认司法至上,侦查阶段的地位逐渐受到过分

① [瑞]萨拉萨默斯:《公正审判:欧洲刑事诉讼传统与欧洲人权法院》,朱奎彬、谢进杰译,中国政法大学出版社2012年版,第214~215页。

② 张建伟:《审判中心主义的实质与表象》,载《人民法院报》2014年6月20日,第5版。

③ 同上。

④ 参见陈瑞华:《二十世纪中国之刑事诉讼法学》,载《中外法学》1997年第6期;樊崇义:《刑事诉讼法学》,中国政法大学出版社1996年版。

⑤ 参见张建伟:《审判中心主义的实质与表象》,载《人民法院报》2014年6月20日,第5版。

强调,成为事实上刑事诉讼的中心。①

当前的共识是改变以侦查为中心的现实状况,但这种改变不能把"以审判为中心"理解成以"审判阶段"为中心。所谓以审判阶段为中心,实质上就是"重心论",认为刑事诉讼是有重心的,当前我国的刑事诉讼的重心偏侦查,以审判为中心就是把重心放在审判阶段。② 笔者认为,这种理解存在偏差。事实上,以审判为中心的立足点是反对"诉讼阶段论","重心论"以反对"诉讼阶段论"为立论基础,但实质上还是建立在"刑事诉讼是分阶段的"之上,之所以有"重心",是因为其实强调的还是"诉讼阶段"。"以审判为中心"最有力量的部分就在于强调刑事诉讼的整个过程都要体现权力的制衡,体现司法权对刑事程序的充分控制,与"阶段"无关,与侦查和审判孰轻孰重无关。对证据制度体系而言,它意味着在刑事诉讼的全过程中,每一个证据的搜集和采纳都必须满足正当程序的需要,证据制度的运作必须在这个大的背景之下进行调整,重要的诉讼行为如何进行以及公检法机关的相互关系,都应充分考虑"以审判为中心"的要求。

五、证据制度体系优化的基本构想

证据制度体系的优化,是在现有证据制度体系的基础上,遵循证据适用规律,在立法论层面上优化证据规则设置,消除妨碍证据制度优化适用的不合理因素,从而实现证据制度体系的优化运作,实现刑事诉讼的目的。依照证据制度体系优化的理论,现提出优化我国证据制度的构想。

(一)立法应在通常意义上界定证据规则

证据规则是经过漫长的诉讼实践和历史进程沉淀下来的证据制度的精华,之所以能够形成一定的共识,达成对其在通常意义上的理解,其必然有着现实合理性,证据立法应当表现出对这种合理性应有的重视。

在法学研究中,分类是对制度进行分析的一种研究方法,而分类本身并不具有先验的立场选择性。法律制度的建立不是一种预设立场的表决,如果我们对目前的制度不够满意,"转向"另一种已被证明行之有效的制度就能够毕其功于一役,

---

① 参见龙宗智:《论建立以一审庭审为中心的事实认定机制》,载《中国法学》2010年第2期。

② 实务界的代表性观点参见陕西省高级人民法院:《推进以审判为中心的刑讼制度改革》,载《西部法制报》2014年12月16日,第8版;鲁桂华等:《筑牢庭审中心地位提升公正审判水平——北京市二中院关于构建以庭审为中心的公正审判机制的调研报告》,载《人民法院报》2014年11月27日,第8版。理论界的代表性观点参见陈卫东:《以审判为中心推动诉讼制度改革》,载《中国社会科学报》2014年10月31日,A05版;陈瑞华:《案卷笔录中心主义 对中国刑事审判方式的重新考察》,载《法学研究》2006年第4期;顾永忠:《试论庭审中心主义》,载《法律适用》2014年第12期。

是一种过于简单化的理想主义思维方式。因为真正富有生命力的制度的演进过程往往表现为日积月累的"建构",而不是天翻地覆的"重构"。

各国在推动诉讼进行的细节和方式上,可能有着各自不同的考量,但在欲达成的目标上并无二致,即保障人权与程序公正。面对日益敏感、复杂的案件和冲突,对证据规则进行多元化的理解,容易使法律共同体产生分裂并导致司法的事实认定和价值判断受到质疑,解决纠纷的权威性被弱化。规则模糊的社会,纠纷的解决变得越来越复杂。越想解决纠纷,反而越难以解决,甚至法律适用的过程也容易成为新的矛盾增长点。民众对诉讼本身的信赖不足会导致他们求助于诉讼之外的解决途径,加重全社会的纠纷解决成本。因此,如无特别理由,在通常意义上界定证据规则和构建证据制度体系,有助于统一法律适用和提高法律体系的执行力,这对于证据制度整体的优化非常重要。

(二)体系优化的证据规则应当是有次序的

证据规则之间的相互关系自有其确定的意义和规律,无视和违背这种规律就会在实践中产生问题。证据规则之间的这种规律性,主要表现为证据规则的次序性。纵观证据制度的演进史,在所有的证据规则中,非法证据排除规则是出现最晚的,这绝非偶然。

证据规则的次序性并不是要把所有的证据规则一一排座次,这不可能也没有必要。一方面,没有一个国家的立法用列举的方式将所有证据规则进行升序或者降序排列;另一方面,证据规则在不同历史时期和社会条件下的相互关系也在发生变化。要实现对证据制度体系的优化,在证据规则的次序性上主要应注意以下几个方面。

1."形塑"先于"排除"。从理论上讲,证据在诉讼中永远是稀缺的,必须通过证据制度的安排将尽可能多的有效事实材料纳入诉讼的范围。证据规则总是顺应人类社会认识能力的提高,为查明事实真相服务的,"形塑"与"排除"有着明显的先后之别,梳理刑事证据规则的历史可以发现这一逻辑线索。据英国学者特文宁考证,书证是最早出现的证据形式。[①] 英国早在16世纪以前就出现了关于盖有当事人印章之文书的证明效力的证据规则。"这是第一个且最为出色的有关证据的规则,即一个人必须拥有事实本身所能具有的最好的证据……今天,'最佳证据'

① 参见[美]约翰·W.斯特龙主编:《麦考密克论证据》(第5版),汤维建等译,中国政法大学出版社2004年版,第7页。

这一用语仅能表明的事实上的规则是：需要出示原始的文书。”①英国法官丹宁勋爵在加顿诉亨特案中也指出：“我所知道的这一规则依然保持的内涵是，如果一方当事人手中持有书证的原件，那么他就必须提交给法庭。”②以文书为中心，实际上就是将纠纷预防作为首选目标，也说明审判者判断证据的能力尚不够强大，将纠纷处理的错误后果转嫁给当事人自己负担，满足于形式上解决纠纷。这极大地推动了纠纷前法律规范体系的完善，其优点在于不仅可以有效地预防纠纷的发生，也提高了解决纠纷的诉讼效率，降低了解决纠纷的成本。③ 最佳证据规则充分体现了证据规则的“形塑”功能。其基本逻辑是：如果你想避免纠纷，最好“白纸黑字”将事实固定下来。这深刻地影响了人们的社会行为、商业交往和诉讼文化，它要求人们在行为开始时就要为之后可能发生的纠纷准备证据。“白纸黑字”使诉讼中具有了真正意义上可作为事实认定依据的证据，审判开始逐渐摆脱对个人权威和神灵启示的依赖。但同时，文书中心主义的缺点也是显而易见的，它使诉讼程序长期陷于书面审理和秘密审理之中，诉讼机能必然萎缩。尤其是在一些无法用文书证明的领域中，诉讼显得无能为力。为了克服书面审理所带来的弊端，人们必须通过证据规则让更多有效事实材料进入诉讼。证据形式开始突破书证的垄断地位，并由此带动了口头证据形式的快速发展。传闻证据规则在这一阶段发挥了重要作用，它以面对面作证的形式使大量看不懂书面材料的文盲陪审员也能实质性地进行审判，使证人证言这种对事实认定非常重要的证据形式真正进入了诉讼。而为了保证证言的质量，一系列为了迎合证人作证或配合交叉询问制度需要的规则应运而生，如意见证据规则、品格证据规则、诱导性规则、证人弹劾规则和支持规则、强制作证规则、证言特免权规则等。

近现代以来，刑事科学技术突飞猛进，刑事诉讼程序逐渐由人证为中心向物证为中心过渡，以各类取证规则、专家证人规则、鉴定规则为代表的证据规则发展起来。由于人们对于证言和口供不再那么依赖，刑讯逼供（在高度依赖口供的法定证据制度时期，刑讯是合法的取证手段）、非法取证越来越令人难以容忍，非法证据排除规则开始在实践中确立下来。

---

① ［美］约翰·W. 斯特龙主编：《麦考密克论证据》（第5版），汤维建等译，中国政法大学出版社2004年版，第463～464页。

② ［美］乔恩·R. 华尔兹：《刑事证据大全》，何家弘等译，中国人民公安大学出版社2004年版，第420～421页。

③ 参见戴泽军：《证据规则》，中国人民公安大学出版社2007年版，第480～484页。

2. 权利保障先于义务施加,尤其在鉴定人和证人作证规则的设计上须遵循这一顺序。我国刑事诉讼饱受证人出庭作证率低的困扰,2012年《刑事诉讼法》对该问题予以规制,包括明确作证义务、增设司法拘留、加强证人保护等,但是实践中收效不大。究其原因,固然和我国传统诉讼文化与现实诉讼环境有关,更重要的是,对证人保护规则的设置必须优先于证人的作证义务规则。在保护不充分的情况下,要强制证人作证必然缺乏基础。

3. 证据规则的次序并不是固定不变的。证据规则的次序实际上是与一国所处的历史时期、诉讼模式及真实发现的能力相关的。甚至同一证据规则往往也有形塑和排除两种不同的面向。最佳证据规则在早期文书中心主义时期的功能主要体现在形塑上,对于形成诉讼证据、塑造行为模式起了重要作用,因此成为最先发育起来的证据规则。随着商业文化和市民社会的成熟,立字为据已成为交易惯例,最佳证据规则的功能日益体现在排除上。由于现代科技手段的进步,拍照、录像等技术所形成的物证复制材料与原始物证之间往往不存在最佳与次佳的区分;随着电子技术的发展,电子数据大量进入诉讼。对于许多电子数据、电子记录,"原始"这一概念不是很容易适用。现代电子数据储存设备以其可用系统的可靠性代替了记录的可靠性,这就使最佳证据规则在电子数据方面的适用呈现逐渐缩减的态势。①20世纪以后,最佳证据规则发展出相当多的例外情形,如原件灭失、第三方控制等,这实际上都是在实践中其让位给具体的取证规则的体现。

(三)关键性的证据规则应当健全

体系的特点是环环相扣,每一个具体的证据规则的适用离不开其所在的证据制度体系的支撑。如果缺少某些关键性的证据规则,体系的链条无法衔接,就会导致证据适用碎片化,与之相关的一系列证据规则无法发挥作用。以沉默权为例,沉默权规则之所以关键是因为它是由人证为中心到物证为中心的决定性证据规则。配合律师在场制度的沉默权的确立,使侦查机关将不得不把目光更多地投向搜集物证。沉默权规则发展至今,明确了什么情况下构成非自愿的供述,为这个问题设定了形式上的标准。沉默权规则还从制度上将辩护机制引入侦查阶段,对犯罪嫌疑人、被告人的权利保护起到了重要作用。沉默权规则在理论上支撑和充实了不得强迫自证其罪等刑事诉讼中的其他原则。②

---

① 参见杨宇冠:《非法证据排除规则研究》,中国人民公安大学出版社2002年版,第28~33页。

② 这是一种结果意义上的表述方式,某种程度上可以理解为不得强迫到证实的程度,本来意义上的不得强迫自证其罪应当是行为上的,即不得有任何违反任意性的强迫自证行为。

法律规范的引入和实践中的具体运行显然不是同一个问题。这种适用中的差异和差异所显现的问题,容易被同一“标签”遮掩而为其他继受者误读。各国立法基本都宣称不自证己罪原则。我国2012年《刑事诉讼法》第50条规定“不得强迫任何人证实自己有罪”,而犯罪嫌疑人对侦查人员的提问,仍要“如实回答”(第118条第1款)。一种观点认为,在现有条件下赋予犯罪嫌疑人、被告人保持沉默的权利,会导致大量案件因缺乏口供而追诉失败,社会要为此承担沉重的犯罪代价。但事实上,这是对沉默权的误解。

沉默权可以分成多个层次。我国在现有条件下,可以在告知和不利推论方面对权利作一定的克减,时机成熟以后再逐步推进。这样既可以收到防止刑讯逼供的实际效果,又能够避免对现行侦查体制产生过大冲击。

由此,实现证据制度的体系化,就必须充分研究和完善每一个具体证据规则,以此为基础,补充健全关键性证据规则,对于沉默权、对质规则等必不可少的规则加快立法步伐,通过合理和完整的证据制度体系提高证据质量。同时,不能教条地理解证据规则,要将源于证据法规律而衍生于各国的不同表现形态当成应然的规则本身。

(四)前置式证据规则优先

体系化的证据制度在构成上应给予前置式证据规则以优位,这更为契合审判中心主义与证据裁判主义的价值内核。

真正解决刑讯问题的措施必须是前置的,包括沉默权和律师在场制度。一方面,这些制度的确立,又有赖于其他一些制度,是个系统工程,比如在不禁止夜间讯问的情况下,律师在场几乎是不可能的。另一方面,在对口供过度依赖的情况下,赋予犯罪嫌疑人、被告人沉默权事实上就会产生侦查机关能否有效打击犯罪的连锁问题。非法证据排除规则的未来前景,主要体现在对非法获取物证的约束上,这是由这一证据规则本身的特性所决定的。

证据规则的前置与后置并不是固定不变的,不同历史时期往往呈现不同的特点。如早期的传闻证据规则,其价值主要体现在直接言词上,以保障证人出庭作证为中心,是一个典型的前置式证据规则;但随着诉讼程序的发展,尤其是独立的强制作证规则建立完善之后,传闻证据规则逐渐成为一个后置式的证据规则,其价值主要表现在对书面证言是否排除上。而对于书面证言的排除,现代刑事诉讼的发展更多聚焦于该书面证言是否妨害了相对方的对质权,倾向于在对质权得到保障的情况下认可书面证言。由此分离出的前置式的对质规则不断完善,而传闻证据规则的例外情形越来越多,适用范围也越来越小。

我国很多学者都强调传闻证据规则在审判中心主义中的重要地位,认为以审判为中心首当推进法庭上的直接言词原则。其实,在相关证据规则的设计上不必纠结于法庭上的直接言词,而应以保障犯罪嫌疑人、被告人的对质权为中心,优先制定对质规则,实现对传闻证据的实质排除。证据裁判主义是前置式证据制度的最坚实基础,它把证据问题优先于实体评价,体现了以审判为中心的核心要求,是体系化的证据制度不可或缺的组成部分。

在死因裁判的问题上,应建构死因裁判制度,采用司法的模式查明死因,在第一时间解决死因问题,决定案件是否需要进入刑事诉讼程序,使整个刑事诉讼进程都在以审判为中心的逻辑之下进行。该制度在很大程度上契合了真实发现的基本规律与以审判为中心的核心内涵。建议在我国法律框架内设置死因裁判作为立案阶段之前的程序,将案件在进入刑事诉讼之前通过司法权予以控制,而不是将许多有关死因的未决疑问都混杂到后续的诉讼中去解决。

前置式证据规则优先,并不是要否定后置式规则的存在价值。后置式规则对于证据制度体系,在"兜底"上有着不可取代的重要地位,它是程序性救济的重要途径,也是人权保障的坚强堡垒。后置式规则虽然成本高、举证难,但在具体案件中往往成为基本权利保障的最后一道防线,本节不主张缺乏相关规则支撑的后置式规则,而不是对其根本否定。

(五)确保重要的诉讼行为尽早进行

所谓重要的诉讼行为,是指对案件定罪量刑能够发生重要影响的关键证据进行发现、形成和固定的行为。证据规则"形塑"作用的发挥,体现在对证明规律的充分尊重上。强化对侦查阶段程序的探究和正当程序的建构,不能理解为与以审判为中心的方向相悖,而是以审判为中心的题中应有之义。因为从证据法角度讲,决定性的诉讼行为越早进行,越有利于证据的搜集和固定,从而越有利于真实发现;不能将以审判为中心理解为侦查只是为庭审尽可能地做好准备,所有的证据问题都应当留待庭审解决。

重要的诉讼行为尽早进行,已成为证据制度发展的一个重要趋势。如德国的"参与式侦查程序"模式,①将本来只有在审判程序中才全面享有的辩方参与权,广

---

① 参见刘计划:《法国、德国参与式侦查模式改革及其借鉴》,载《法商研究》2006年第3期;魏武:《德国的"参与式侦查程序"》,载《法学》2007年第8期。

泛地前置到侦查程序,并以此为前提省略一部分繁复的审判程序。一方面,该侦查程序模式将本来仅在审判阶段始能享有的辩方权利,全面提前到侦查程序,让辩方不至于错过有效辩护的关键时间点;另一方面,将上述程序保障的践行,作为审判阶段援引侦查结果的前提。从这些变化可以看出,顺应证明规律,在审判的架构之下,将重要的诉讼行为尽可能早地进行才更加合理,这是真正体现了以审判为中心的本质要求。

就证据的可靠性而言,侦查阶段在不影响取证的前提下,与控方已有证据尽早进行对抗,更有利于揭示真相。一旦辩方输了侦查阶段,在审判程序中设置再多的程序保障也无济于事。首先,从时间上考虑,案件刚发生之时,证人的记忆最为清晰,此时对其询问并制成的书面证言相对于间隔较长时间、证人记忆模糊后出庭提供的口头证言,更能反映案件事实真相。其次,从提供证言的空间上考虑,当前我国刑事诉讼之所以不断强调证人出庭作证,是因为通常认为证人在法庭这一空间更容易吐露实情,但问题并非那么简单。

六、结语

近年来,我国刑事证据立法的节奏明显加快,但立法效果与预期存在一定差距。以证明标准和非法证据排除规则为代表的证据立法成效不彰的重要原因在于体系化的立法思路不足。证据立法缺乏统一规划与理论支撑不足有关,证据法理论研究往往侧重于某一具体的规则或制度,呈现碎片化特点,而缺乏对体系本身的探究,优化证据制度体系应是我国当前证据立法的首要目标。

证据制度体系的优化应当在以审判为中心的架构下进行。以审判为中心的基本要求是刑事诉讼的所有环节都必须满足权力制衡的正当程序的要求,这是证据裁判的前提,也是证据制度良性运作的基础性条件。它是超越诉讼阶段,通过证据规则的整体来发挥作用的。证据制度体系的优化,应充分尊重真实发现能力提高与权利保障进步之间明显的时间上的相关性,这种能力提高一方面是来自刑事科学技术的进步;另一方面,制度的供给举足轻重,要保证有利于事实认定的信息充分进入诉讼,证据规则在其中占据重要的地位。主要从“不便利”和“排除”角度设计规则,容易导致规则因缺乏支撑而难以充分发挥作用。应充分发掘证据规则的“形塑”价值,在通盘考虑和整体规划下有次序地逐步推进。为便于统一法律见解和提高执行力,应尽量在通常意义上界定证据规则,同时,某些关键性的规则不应缺位,应提高证据制度整体的质量和强度。

以审判为中心还意味着诉讼过程必须能够真正解决问题,证据制度必须服务于这一目的,在保障基本权利的前提下,以有利于真实发现为基本立足点。应尊重和顺应证明规律,优先确立前置式的证据规则,通过制度性的安排保证重要的诉讼行为尽早进行,在体系化的证据制度网络中降低取证成本和提高证据质量。

第二节　“排除合理怀疑”证明标准的中国意义*

从立法规定看,我国2012年《刑事诉讼法》通过对“确实、充分”加以解释间接地引入了“排除合理怀疑”的证明标准,使我国刑事案件的证明标准具有了主客观相结合的特征,这对一线办案人员在实践中适用这一标准会产生一定程度的影响和冲击。由此,对“排除合理怀疑”的中国式适用及其面临的结构性障碍进行分析,就显得尤为重要。

一、我国刑事证明标准中的“排除合理怀疑”

21世纪初,随着自由心证的内涵及隐喻被重新认知,对其体系下的重要组成部分——证明标准的讨论,形成了一轮学术热潮,关于英美法系的“排除合理怀疑”与大陆法系的“内心确信”的研究更加深入,形成了“事实清楚,证据确实、充分”“内心确信”“排除合理怀疑”三者并存的局面。① 而“排除合理怀疑”在我国由完全否认、排斥到现今并行到融合的这一程度的确认,一方面,缘于理论界对“排除合理怀疑”理解的加深;另一方面,则是“事实清楚,证据确实、充分”这一标准在实践办案中所遭遇的瓶颈和困境使然,其中后者更为重要,根植于一线办案的实践需求和多地的实务探索更加现实地推进“排除合理怀疑”走入我国的刑事诉讼证明当中。

---

* 作者:王戬。本节原发表于《华东政法大学学报》2015年第6期。本节系国家社会科学基金重大项目“依法独立行使审判权检察权保障机制研究”(项目号14ZDA017)、司法部中青年课题“排除合理怀疑证明标准的实践适用研究”(项目号13SFB3019)的中期研究成果。

① 与此相对应,有关证明标准研究的第一轮学术热潮出现。此间,从证明标准的概念之争到是否需要和真正存在所谓的“标准”,从证明标准的哲学基础到运用中的阶段可分性等,学界从不同层面和维度进行了热烈的讨论。其中代表性论文如樊崇义教授发表于《中国法学》2000年第1期的《客观真实管见》,将有关证明标准的确立同客观真实与法律真实的理念追求和价值选择紧密相连。所以,综观这个阶段对于“排除合理怀疑”的研究,大都从客观真实与法律真实之争逐渐拓展开来。而后期的研究,对于二者之间的价值取舍,亦有论者发出了不同的声音,指出:值得注意的是,法律真实论者起初并没有提出明确的证明标准,随着学术讨论的展开,现在有的人提出以“排除合理怀疑”来取代“犯罪事实清楚,证据确实、充分”的标准,但“排除合理怀疑”怎么成为法律真实的证明标准,却令人感到牵强。参见张建伟:《证明标准研究中的模糊视阈》,载《政法论坛》2005年第6期。

综观我国1979年《刑事诉讼法》和1996年《刑事诉讼法》,案件“事实清楚,证据确实、充分”一直是刑事案件认定无可争议的证明标准。学界普遍认为,这一标准在理论上要求穷尽一切办法查明案件真实,侧重于对证据本身量与质的要求,并不对控诉者和裁判者的主观认识活动进行严格要求。但刑事诉讼活动的推进离不开公安、司法人员对案件事实的主观认知。就审判而言,尽管有罪证据确实、充分时法官应当作出有罪判决,但证据确实、充分并不会公式化地自动与有罪判决产生关联,客观上的“证据确实、充分”只有转化为裁判者主观上的有罪确信,有罪判决才能最终生成。换言之,法官作出有罪判决是依据证据所形成的对于事实的内心判断而作出的,实际上是一个主观的过程。很明显,我国法律规范中所规定的“证据确实、充分”的证明标准与司法实践存在一定程度的不一致。实践办案的现实需求表明“司法证明的目的可以带有一定的理想性,但司法证明的标准必须具有现实性”,①即证明标准于案件应强调可操作性和具体适用性。应该说原来的“证据确实、充分”的证明标准是一个很好的司法证明的目的,但不是一个很好的司法证明的标准。它本身不具有判断及操作功能,更多的是具有目的或目标功用。而定罪的证明标准的主要功能是指导审判人员对于尚未定罪的案件就控方提供的证据作出是否达到对被告人定罪程度的判断。

正是因为现有的证明标准不能较完整地为刑事证明提供最终判断的指南,2012年《刑事诉讼法》第53条第2款规定证据确实、充分应当符合以下条件:(1)定罪量刑的事实都有证据证明;(2)据以定案的证据均经法定程序查证属实;(3)综合全案证据,对所认定事实已排除合理怀疑。上述3项具体要求中,第一项要求定罪量刑的事实都有证据证明,是一项体现证据裁判原则的基础性要求;第二项要求定案证据经法定程序查证属实,是对程序合法性与证据客观性的要求;第三项综合全案证据,对所认定事实已排除合理怀疑,是衡量案件事实清楚及证据确实充分的重要标准。至此,“排除合理怀疑”正式在我国立法中得以确认,其要求刑事诉讼的证明不仅要注意证立,而且要排伪,作为证明标准的解释方法之一,“排除合理怀疑”已经与“证据确实、充分”的证明标准相融并生,不可分割。

对于这样一种“解释型”抑或“概念中的概念”的立法体例,必然关乎二者的既存关系问题,对此,官方的解释是:“证据确实、充分”具有较强的客观性,但司法实

① 何家弘:《论司法证明的目的和标准——兼论司法证明的基本概念和范畴》,载《法学研究》2001年第6期。

践中,这一标准是否达到,还是要通过侦查人员、检察人员、审判人员的主观判断,以达到主客观相统一。只有对案件已经不存在合理的怀疑,形成内心确信,才能认定案件"证据确实、充分"。这里使用"排除合理怀疑"这一提法,并不是修改了我国刑事诉讼的证明标准,而是从主观方面的角度进一步明确了"证据确实、充分"的含义,便于办案人员把握。① 对于上述二者的关系,学界给予了基本相同的理论回应,如学界认为:证明标准是承担证明责任的诉讼一方对待证事实进行证明所要达到的真实程度,它有客观层面和主观层面之分。我国法律确立了"事实清楚,证据确实、充分"的证明标准。我国《刑事诉讼法》近年来对这一证明标准作出了较精细的解释。② "2012 年《刑事诉讼法》对原有的证明标准做了一些修补。"③"从法解释的角度看,2012 年《刑事诉讼法》中的证明标准,仍然是案件事实清楚,证据确实、充分。而该法第 53 条(现为第 55 条)中规定的排除合理怀疑,只是证据确实充分的判断依据,亦即对证据确实充分的一种解释……是刑事诉讼中认定案件事实的一项辅助性标准。"④

无论如何界定"排除合理怀疑"与"证据确实、充分"的关系,"排除合理怀疑"都现实地步入了我国的司法实践中。对于其适用的效果及是否可以完成其负有的实现证明标准"可操作性""主客观相结合"的使命,有论者对此表示担忧,并提出了该标准具体适用的实践把握问题。如有论者指出:"排除合理怀疑"的规定体现的立法意图是将刑事证明标准予以细化,使之更具有可操作性。当然,由于出现了"排除合理怀疑"这样的表述,也有理由认为这是一种转变——从"客观真实的证明标准"向"法律真实的证明标准"的转变,至少,人们可以理解为这是对"法律真实的证明标准"的吸收。将"证据确实、充分"细化为三个方面的具体内容,有助于促进人们对刑事证明标准的理解,因而可以视为为解决证明标准的"可操作性"问题而作的一种努力。然而,对此虽然应予肯定,但如果说证明标准的细化是为了使证明标准更为具体从而有助于解决其"可操作性"问题,以解决人们对"证据确实、

① 参见全国人大常委会法制工作委员会刑法室:《关于修改中华人民共和国刑事诉讼法的决定:条文说明、立法理由及相关规定》,北京大学出版社 2012 年版,第 53 页;郎胜:《中华人民共和国刑事诉讼法修改与适用》,新华出版社 2012 年版,第 123 页。

② 参见陈瑞华:《刑事诉讼中的证明标准》,载《苏州大学学报》2013 年第 3 期。

③ 杨宇冠:《论死刑案件证明标准之完善——新〈刑事诉讼法〉实施问题思考》,载《清华法学》2012 年第 3 期。

④ 龙宗智:《中国法语境中的"排除合理怀疑"》,载《中外法学》2012 年第 6 期。

充分”这种过于抽象的概念可能产生的分歧，那么，其效果将是十分有限的。① “证据确实、充分”标准在我国当前存在两种具有法律效力的解释：不存在合理的怀疑并形成内心确信的“排除合理怀疑”版本和由证据得出的结论为唯一结论的“唯一性”版本，两者之间显然存在差异。前者强调裁判者的最终心理状态，而后者强调案件事实实际上得到证明的客观状态。立法者期望把“证据确实、充分”解释为“排除合理怀疑”后实现证明标准的“主客观相统一”，遗憾的是他们对“排除合理怀疑”的解释却有意无意间落在了“主观”心理状态方面，那么它的“客观”方面是什么呢？能否以“唯一性”作为它的“客观”标准呢？如果不能以“唯一性”作为它的“客观”标准，那么是否存在其他的客观标准？总之，我们该如何解释“排除合理怀疑”才能使之成为一个“主客观相统一”的标准？②

从实践适用上看，虽然2012年《刑事诉讼法》将“排除合理怀疑”纳入我国证明标准的框架中，但其适用情况并不理想。有学者考察了2013年1月1日起2012年《刑事诉讼法》实施至2015年5月底，“排除合理怀疑”证明标准的实施情况，得出的统计数据显示：2013年全国各级法院审结一审刑事案件95.4万件，2014年全国各级法院审结一审刑事案件102.3万件，预计2015年刑事案件将达110万件。在这两年半期间，我国大约共发生刑事案件250万件。以北大法宝数据库为检索样本，以同样的时间跨度在北大法宝的刑事司法判例库中进行搜索，有效案件数量为587,060件。以“排除合理怀疑”为关键词在刑事司法判例库中进行搜索，案件数量为325件，仅占数据库案件总数的0.038%，占同期案件总数的0.013%。以“证明标准”为关键词进行搜索，有效案件只有127件，占数据库案件的0.011%，占所有案件总数的0.005%。③ 可见，新证明标准在实践中适用率低到可以忽略不计的程度，相关判决书显示，法官在刑事判决书的说理部分几乎不采用“排除合理怀疑”的分析方法。分析以“排除合理怀疑”为关键词搜索到的325件案件。从地域分布上看，东部地区有170件，中部地区82件，西部地区73件。东、西部案件分布不均，显示出法律共同体的专业背景对排除合理怀疑证明标准的适用有明显影响。从业人员的个人素养与这一标准适用的正相关关系，显示出证明标准理论尚

① 参见王敏远：《论我国刑事证据法的转变》，载《法学家》2012年第3期。

② 参见李昌盛：《反思排除合理怀疑标准》，载《南京大学法律评论》2013年第1期。

③ 北大法宝（www.pkulaw.cn）收录的案例数量庞大，约占全国同期实际判决案件总数的23.2%，作为实证研究的第一手资料，由于样本充足而代表性较强，具有较高的参考价值。参见张栋：《中国刑事证据制度体系的优化》，载《中国社会科学》2015年第7期。

未成为法律的硬性要求。①

综上,我们可以做出这样的理解,即我国刑事案件的证明标准仍为"证据确实、充分","排除合理怀疑"是以一种补充式、辅助性和解释化的形式共存于现有的证明标准"之中"或"之下",其立法设置的根本目的是用以解决旧有刑事证明中的操作性问题,是为主观意识伸出手来把握客观存在提供现实的方法和路径。然而,在这种"主客观相统一"的证明标准的具体适用中,案件的证明生成则是先要解决合理怀疑是否排除的问题,然后才是案件事实是否清楚,证据是否确实、充分的定案结论。由此,尽管在立法体例上"排除合理怀疑"只是以进一步说明"证据确实、充分"的方式被引入,其服务或受制于这一目的或要求,但于具体案件的适用而言,"排除合理怀疑"是"证据确实、充分"的前道关口。进一步讲,无论"排除合理怀疑"怎样存在于现行的证明标准中,其都必将对我国刑事案件的处理产生重大影响,从长远来看有助于推动我国刑事证据制度的系统变革。而"排除合理怀疑"无论是走入还是撞开我国刑事证明标准的大门,目前的适用情况并不理想,当下应当充分关注的问题是如何实现合理怀疑的排除适用以及如何理解这一标准的中国意义。

二、何为"怀疑"及如何"合理"的传统思路解构

确立排除合理怀疑的证明标准,是建立在人们对案件事实的认识最大可能地接近于客观真实的基础之上。在案件结论生成过程中,有罪的可靠性得到有力的证明,从证据事实中得出被告无罪的结论则没有合理理由支持,法官相信或者说服法官相信被告有罪是唯一的结论。在这种相信或说服的过程中,案件或者证据是否存有疑点,心证或判断是否还存有怀疑以及这种怀疑是否在合理限度之内,是"排除合理怀疑"具体适用必须要面对和解决的问题。因此,即便人们普遍认为这些内容难以或根本无法界定,但却从来没有放弃或停止对这一问题的讨论。

如以适用"排除合理怀疑"为刑事证明标准的国家,通常认为"排除合理怀疑"是一个最严肃的法律术语,但是,在现实中,将其解释清楚并真正适用于具体案件则让人感觉是一件极其困难并令人沮丧的事情。在任何案件中,都可能存在某种

① 东部地区包括:北京市、天津市、上海市、河北省、山东省、江苏省、浙江省、福建省、广东省、海南省等。中部地区包括:山西省、河南省、湖北省、安徽省、湖南省、江西省。西部地区包括:内蒙古自治区、新疆维吾尔自治区、宁夏回族自治区、陕西省、甘肃省、青海省、重庆市、四川省、西藏自治区、广西壮族自治区、贵州省、云南省。上述地区的案件不含东北三省,即黑龙江省、吉林省和辽宁省,以及铁路法院所辖之案件。参见张栋:《中国刑事证据制度体系的优化》,载《中国社会科学》2015年第7期。

不确定性。何种不确定性可以精确地被视为一个法律上的“怀疑”？有关被告有罪的法律上的“怀疑”在什么样情况下，到什么程度才能属于“合理”的？很多时候，在理解上陪审团被搞得一头雾水。① 对此，即便是某些法律界最精于此道的业内人士也难以明确回答这一问题。② 其实在许多判例法中，法官们在界定“合理怀疑”时经常不得已地闪烁其词。威格摩尔曾言：“试图对这一难以捉摸、无法界定的大脑状态给出详细的定义是不明智的。”③

虽然“怀疑”难以解释和无法界定，但是由于其适用的不可回避性和常态存在特征，对其进行某种类化分析，以使其核心内容最大限度精确化和适用边界最大可能清晰化的理论探讨却从没有停止过。如由于“怀疑”通常意指一种心理状态。在这种状态中，大脑徘徊于两种相反的命题之间而不能定夺，无法完全认同其中的任何一个。根据不同的状态，有论者指出，“怀疑有积极性与消极性之分，在前者中，支持与反对的证据旗鼓相当，无法定夺；在后者中，怀疑起因于任何一方均无充分的证据……另外，怀疑可以分为理论上的与实际上的。前者是关于抽象的真实与错误，后者是关于义务的问题，或者行为合法性的问题，或者仅仅是权宜性的问题。还可以做出进一步的区分：关于一个特定事实存在（dubium）的怀疑；关于法律戒律（dubium juris）的怀疑。根据对怀疑存在之基础考量的合理与否，可以分为谨慎的怀疑与轻率的怀疑”。④ 此外，怀疑还可以分为“积极的怀疑”和“沉睡的怀疑”，“积极的怀疑源自证据、一般性知识、常识等，它既可以是对单个构成要件事实（如主观要件）的前提、推论和结论的质疑，也可以是对全部构成要件（如主张不在犯罪现场）的质疑。沉睡的怀疑既可以是现有证据无法说明的怀疑，也可以指被告人单纯的辩解。这两种怀疑在任何案件中都是无法完全消除的，因为诉讼反演推理的本质决定了它们的数量是无限多的。因此，即使存在沉睡的怀疑，也不应当成为阻却定罪的理由”。⑤

相较于“怀疑”的产生，“怀疑”生成后的“合理”判断则更加复杂，也更加难以

---

① See Peter Tiersma, *The Rockey Road to Legal Reform: Improving the Language of Jury Instruction*, 66 Brooklyn Law Review 1081 (1999).

② See Jon O. Newman, *Beyond Reasonable Doubt*, 68 New York University Law Review 979 (1993).

③ See J. Wigmore, *A Treatise on the System of Evidence in Trials at Common Law*, 3rd ed., repr. Holmes Beach: Gaunt, 2003, p. 2497.

④ ［美］詹姆士·Q. 惠特曼：《合理怀疑的起源——刑事审判的神学根基》，佀化强、李伟译，中国政法大学出版社2012年版，第170页。

⑤ 李昌盛：《反思排除合理怀疑标准》，载《南京大学法律评论》2013年第1期。

把握和定义。对此,论述者大都从如何为“合理”的正面证成和怎样为“不合理”的反面认知层面进行传统的解构和评析。如前者认为:“什么是合理怀疑?通常会要求:不带偏见的人,经过审慎的思考,在一定的根据(证据)基础上所提出的‘充分的怀疑’或‘现实的怀疑’。”①“‘合理怀疑’是指‘基于原因和常识的怀疑——那种将使一个理智正常的人犹豫不决的怀疑’,所以排除合理怀疑的证明必须是如此令人信服以至于‘一个理智正常的人在处理他自己的十分重要的事务时将毫不犹豫地依靠它并据此来行事’。”②后者认为:“所谓合理之怀疑,必非以下怀疑:①非任意妄想怀疑;②非过于敏感机巧的怀疑;③非仅凭臆测的怀疑;④非吹毛求疵,强词夺理的怀疑;⑤非于证言无徵的怀疑;⑥非故为被告解脱以逃避刑事责任的怀疑;⑦如果属于以上各种的怀疑,即非通常有理性的人,所为合理的、公正诚实的怀疑。”③“什么不是合理怀疑?如妄加推测的怀疑、过于敏感的怀疑、一时兴起未认真思考的怀疑,乃至有意解脱被告罪责的怀疑等。即欠缺理性、公正与诚实的怀疑,以及面临重大决定时,止步不前、徘徊犹豫、对可靠性没有把握的心理状态。”④“‘合理怀疑’从来源上讲,并非纯粹的心理怀疑,而是与特定诉讼案件事实相关的怀疑;从程度上讲,并非排除一切可能性的绝对正确的怀疑,也不是明显没有可能性的根本不可能正确的怀疑,而是确有合理空间但并不排除极小的错误可能性的怀疑;从主观上讲,它是一个具有正常心理状态和智力水平的司法人员在充分了解案情并进行分析的基础上所产生的对案件关键环节的怀疑;从客观上讲,它区别于‘想象的怀疑’‘推测的怀疑’,是一种实实在在的,有现实可能性的怀疑。”⑤

在对“合理怀疑”的排除上,研究者大都侧重从排除的方法和路径上对这一抽象和主观的证明标准进行现实解构。如有论者指出,一般来说,刑事诉讼中的司法证明存在两种不同的方式:一是通过对直接证据所包含的证据事实进行印证和补强,从而达到证明待证事实的效果;二是通过将若干个间接证据所包含的证据事实进行逻辑推理,使其形成较为完整的证据锁链,从而排他性地认定待证事实的存

---

① [日]中川孝博『合理的疑いを超えた证明:刑事裁判における証明基準の機能』(現代の人文社,2003年)246~249頁。

② 卞建林:《刑事证明理论》,中国人民公安大学出版社2004年版,第238页。

③ 李学灯:《比较法研究》,台北,五南图书出版股份有限公司1992年版,第667页。

④ [日]中川孝博『合理的疑いを超えた证明:刑事裁判における証明基準の機能』(現代の人文社,2003年)209~211頁。

⑤ 刘金友:《证明标准研究》,中国政法大学出版社2009年版,第153页。

在。其中,在案件存在直接证据的案件中,对待证事实的证明就等于对直接证据所包含的证据信息的验证和补强。在案件只有间接证据的情况下……实现排除合理怀疑的司法证明主要采用构建证据锁链或证明体系的方法。[①] “排除合理怀疑在证据操作中,体现为疑点排除法或矛盾排除法。有矛盾就有可疑之处,矛盾解决的过程就是合理怀疑消除的过程,也是心证形成的过程。疑点排除方法的要点:一是发现疑点,即对证据和事实作合理怀疑检验,注意发现矛盾与可疑之处;二是进行疑点验证,即用经验和逻辑法则验证怀疑是否合理。如果存在矛盾,属何种性质,是根本性矛盾冲突还是非根本性的,能否合理解释,是否可能解决;三是进行疑点排除。通过证据综合分析,以及进一步搜集运用证据,看疑点和矛盾能否消除,最终确定事实可否认定。”[②]

“证明标准是那种容易识别、难以解释、更难以适用的法律概念的一个典型的例子。”[③]对此,理论点段式的传统解析,即通过界定“怀疑”、释明“合理”以及总结排除的逻辑和方法等是为主观适用寻找现实路径。尽管在排除合理怀疑的个案应用中,“怀疑”“合理”“排除”这些问题并没有简单或自然的答案,并不能真正和彻底解决人们心中的概念困惑和适用明确性问题,但综观域内外对于“排除合理怀疑”的传统解构研究,其不同面向的点断式解读对于中国式“排除合理怀疑”的适用,至少有以下启发:

首先,虽然不能对“怀疑”“合理”“排除合理怀疑”进行概念式的定义,但可以对“怀疑”的产生原因和表现方式进行一定的类化分析。“怀疑”生成具有一定的分散性,但也具有某种规律性,对“怀疑”生成所指向的证据问题进行规律性分析和总结,进而对“怀疑”的合理性内容进行某种去抽象化适用,这样,一方面,有利于追诉方在办案中事先防控可能产生的怀疑,并做预防式的证据补强;另一方面,有助于审判机关事先把脉“怀疑”合理与否的显性和隐性争点,从而正确适用排除合理怀疑,正确定罪量刑。如在相当多的毒品犯罪案件中,是否“明知是毒品”的主观心理成为一个类化的证明难点,大量案件在通过客观行为来判断主观明知中遭遇障碍,并常态似的成为控辩焦点和法庭审查的难点。

其次,任何案件的处理都与一定程度的“怀疑”相伴而行,实践认定的关键点

---

① 陈瑞华:《刑事诉讼中的证明标准》,载《苏州大学学报》2013 年第 3 期。

② 龙宗智:《中国法语境中的“排除合理怀疑”》,载《中外法学》2012 年第 6 期。

③ [加]阿兰·曼森:《加拿大刑事诉讼中的证明标准》,刑事证据法国际研讨会论文,2002 年于北京。

在于“合理性”与“合理限度”之间的界域。针对“合理性”面临的证明困惑,对如幽灵抗辩、间接证据定案、孤证问题、推定适用等实践办案难点,从合理性的来源、合理性的逻辑、合理性的证成等不同面向,进一步勾勒“怀疑”在个案和类案中呈现的“合理”“非合理”“合理掩盖中的非合理”样态,有助于去伪存真。一方面,可以一定程度上防止出现借“疑”生“疑”,使真正的犯罪分子逍遥法外;另一方面,可以使各种显性和隐形的疑案浮出水面,在案件办理的最初环节即引起足够的重视,并得到有针对性的区别化处理,从而集中优势办案力量解决疑难复杂案件,有效避免冤假错案的产生,实现疑罪从无的司法适用。而这种对案件掌控能力的提高,还有助于防止司法办案人员受新闻媒体和“社情民意”的过度影响,恢复二者之间的逻辑,实现司法对社会价值的正向引导功能。①

再次,无论“排除合理怀疑”与“证据确实、充分”二者怎样并存于现行的证明标准体系中,它们都有其特定的精神和运用要求,不是立法上将“排除合理怀疑”的表述安排进“证据确实、充分”中,二者就会形成天然的对接。“排除合理怀疑”的入法,应带来系列的案件证明的转变,如要改变传统办案人员对案件的证成方式等。由此,对于我国当下的司法适用而言,应注意防止立法上的规定与实践中的处理产生断裂,即证据要求和事实的认定依然采用过往的惯性思维,将排除合理怀疑的适用仅限于法律规范当中,仅形式化地存在于各种文书的表述中,而不是作为一种法律适用存在于具体案件的办理中,应注意法律规范新内容的正确理解,避免各种可能存在的异化执行。

最后,“排除合理怀疑”既应用于证据的综合判断,也在证据个别判断中使用,针对“怀疑”的不同样态、“合理”的不同程度以及不同的案件要求,其“合理”的判断不同,亦应采用不同的方法进行具体的排除适用。提起公诉同样适用“排除合理怀疑”这一标准是我国特有的司法现状,但其与审判阶段的具体适用应进行差异化区分,如对怀疑的合理化认定程度、排除的关键点以及排除的底线与立场等方面均存有不同。通过对合理怀疑可能产生的环节,如证据生成、证据取得、证据审

---

① 在办案过程中,可能会经常遇到严格的法律适用与普通的社情民意产生碰撞的情形。法律适用的过程在一定意义上讲,就是要满足群众对正义感的合理期待。法律适用与民众的感受发生冲突的时候,问题可能不在于法律规则本身的不周延和滞后,而在于我们对于规则的理解可能出现了偏差。但是吸纳民意不是对民意中判断性和情绪性因素的简单妥协和接纳,更重要的是对民意中包含的价值观和正当需求的正确判断。以不同利益诉求呈现的纠纷,可能隐藏的是不同法治理念的博弈,这个时候我们可能更加需要的是足够的智慧和勇气对各种利益诉求进行甄别。这个时候,我们更加需要法律适用机关通过自身的法律行为,实现对社会价值的牵引和导向功能。

查、证据质证、证据认定等阶段的细化分析，探讨其不同的成因和表现方式，并进行证明类化的概括和总结，从而确立具体的应对策略和排除方法，有利于为一线办案人员提供更加直接、实用的指导，使“排除合理怀疑”更加现实地运作在法律实践者的逻辑分析和案件证成中，或者于无形中内化为一种精神或原则，指引一线办案人员处理具体案件。

三、“排除合理怀疑”与“无罪推定”结合的现实意义

就近期而言，要实现“排除合理怀疑”的中国意义，就必须充分认识到，作为对“证据确实充分”证明标准的解释和补充，“排除合理怀疑”意味着我国的刑事诉讼证明不仅仅是关注证立，而且要排伪。这是我国证据制度在证明方法上的重大理论突破。排伪的做法可能在之前的司法实践中也在使用，但被明确写入法典，意味着这成为法律的具体要求。我国使“排除合理怀疑”成为“确实”“充分”证明标准的解释和补充，其更大的理论意义是提供了一个证明方法的起点。

证明标准是承担证明责任的诉讼一方对待证事实进行证明所要达到的真实程度。“任何一种决策标准，有 3 个命题是公理性的。第一，在需要证据考量的法律语境中，存在着旨在为几乎每一个决定提供指导的公认标准。第二，几乎所有那些决定，不仅需要通过证据分析使潜在逻辑关系得到鉴别，而且还需要通过证据评价来判定推论的相对程度，因而可以合乎逻辑地宣称为其提供了某种支持。第三，无论如何表述，决策标准通常都是为评价和分析提供指导而构建的。”①在刑事证明标准的适用中，上述三个公理性命题同样成立。如果说定义证明标准，永远会存有争议，甚至于其边界设定都难以实现某种统一，因为毕竟证明标准太抽象也太具体；如果说对吸入式并入“排除合理怀疑”是否能真正解决我国刑事证明的任意性问题，我们还存有担忧，对其与“事实清楚，证据确实、充分”实现完美结合而进行主客观相统一的案件认定，我们还存有质疑，因为毕竟二者都只是关于主观信念的一种要求；如果说就我国现状而言，二者的结合适用还存有如配套制度、诉讼规则和体系化建设的诸多缺陷和问题，且短时间内难以克服和消弭，那么当下我们可以着力解决和亟须面对的，则是“排除合理怀疑”作为一种证明方法应当如何适应和改变。

在“排除合理怀疑”与证据规则的关联适用中，有一个问题需要引起关注，就

---

① ［美］特伦斯·安德森、［美］戴维·舒姆、［英］威廉·特文宁：《证据分析》，张保生、朱婷等译，中国人民大学出版社 2012 年版，第 307～308 页。

是如何通过“排除合理怀疑”的吸收式运用，提高无罪推定原则的可适用性。无罪推定的理论来源，可以上溯到古代罗马法的“有疑，为被告人的利益”的原则和“一切主张在未证明前推定其不成立”这一法律公式。[①] 一般认为，无罪推定可以派生出许多刑事诉讼规则，如证明被告人有罪的责任由控诉一方承担，被追诉人不负证明自己有罪或无罪的义务；对被追诉人采取强制性措施有严格的程序限制，不允许任意进行；被追诉人享有沉默权，不得强迫其作出供述；禁止采用刑讯逼供及其他非法方法获取证据，否则，获得的证据不能作为定罪的依据；被追诉人享有以辩护权为中心的各项诉讼权利；最终认定被告人有罪的主体只能是法院，法院对被告人作出有罪判决必须建立在“无疑”的证明基础之上，“有疑问”时作有利于被告人的解释等。

在我国，有关无罪推定的适用一直都存有争议。“排除合理怀疑”要求，控方承担证明被告人有罪的责任，以消除裁判者对指控事实的“合理怀疑”；而被告方则既不承担证明有罪的责任，更加不承担证明无罪的责任，但可以反驳指控，进行辩解或辩护，以增加裁判者对指控事实的“合理怀疑”，最终达到维护自己权益的目的。从这个意义来说，“排除合理怀疑”标准的主要目的不仅在于查明案件事实，而且为控辩双方设定权利义务，防止追诉权的滥用，以证明标准的要求保证公民权利得到切实保障。我国 2012 年《刑事诉讼法》第 53 条引入了“排除合理怀疑”，同时在第 49 条中规定：公诉案件中被告人有罪的举证责任由人民检察院承担。这既对控方的证明程度作出要求，同时也为刑事诉讼中证明责任的分配提供了重要的指导准则。据此，构成指控犯罪所必须的事实必须由控方“排除合理怀疑”地予以证明，证明责任不允许通过任何程序性工具转移至被告人身上。由此，作为卸除证明责任标志的“排除合理怀疑”使无罪推定原则的可适用性有所提高。反之，无论“排除合理怀疑”是以怎样的一种形式存在于我国的证明标准体系中，其具体适用都应以无罪推定为基础理念，任何有悖这一原则的立法和司法样态，都会成为适用“排除合理怀疑”的实践障碍。

四、“排除合理怀疑”的远期前景和作为一种证明方法的跟进与突破

裁判思维是法官解决案件问题的具体思考过程，因为法律最终都是一个“如何解决问题”的问题。[②] 从心理学而言，问题解决，是指一个在现有手段和目标之间

---

① 陈光中：《应当批判地继承无罪推定原则》，载《法学研究》1980 年第 4 期。

② ［美］波斯纳：《法理学问题》，苏力译，中国政法大学出版社 2002 年版，第 198 页。

进行分析，根据相关策略，从而达到目标的过程。[①] 从认知心理学而言，查明案件事实是法官在特定场域进行的认知活动。法官的认知是在原有“知识库”的基础上进行，[②]原有“知识库”潜移默化地影响着法官的认知。事实的新信息只有被法官原有知识库同化或与之顺应才能被理解和运用，因此，对于事实的认知加入法官自己的理解也就不可避免。在“排除合理怀疑”的适用中，哪些是合理的，哪些是不合理的？哪些是妄想，哪些是推测？可能是一个常态式的组合问题。而“排除合理怀疑”更多的是提供一个思维方法，无论怎样与证据确实、充分实现关联，其实还是自由心证。这其中心证的形成方法和公开路径就显得尤为重要。

那么心证是怎样形成，又是怎样展示其结论以达到自向证明和他向证明过程的呢？在证据与案件的关联中，任何一种司法证明，结论的生成都要串联起系列的证据，按照符合逻辑和经验的方法被演绎归纳和分析总结，其中任何一种证据的采纳和与其他证据的组合都离不开裁判者的判断行为。如果说法律规范可以完备和改变一个证据的能力和资格，那么依据证据的证明过程和据此而生的结论则要依赖裁判者的“心证”去串联和拼图。“证据心证主义在于建构证据、证据资格、证据调查程序、证据评价之前置过程，并就形成事实心证之过程中，对于如何之证据得证明至如何之事实加以适用。”[③]但是，在具体案件的处理中，司法证明并不是或黑或白，绝对二分化地存在于真伪之间，其常态化的状态是处于证明的某种中间位置，也就是说，承担证明责任的一方对待证事项的证明，达到了一定程度的真实，而不是没有任何可信性，但这种可信性又达不到百分之百的真实程度，尤其是在对方提出了相反的主张和相应的证据时，裁判者对待证事实是否存在既形成了一定程度的相信，又存在不同程度的怀疑。由此，通过一定的证明方法，将裁判者辨别真伪的过程，将“疑”与“不疑”的产生和排除过程，将心证的判断和取舍的过程路径化，就成为司法证明的重要一环。而在不同的证明标准体系中，其选取的路径，即心证的公开方式，亦即其适用的证明方法是存有较大差异的。

“证据是法律程序的逻辑形态。具体言之，所谓构成要件该当性的包括或涵括，其实就是逻辑法则的适用，而现在只不过是增加‘证据这个事项而为证明之数

---

① 梁宁建：《当代认知心理学》，上海教育出版社2009年版，第277页。

② ［加］玛里琳·T.迈克瑞蒙：《事实认定：常识、司法任职与社会科学证据》，徐卉译，载王敏远主编：《公法》（第4卷），法律出版社2003年版，第276页。

③ 黄翰义：《论证据心证主义》，载《军法专刊》2009年第1期。

据’。”①在运用证据这个数据进行说明和说服的时候,“……从我国的情况看,我们长期实行‘确实’‘充分’的证据标准,强调其‘建构性’”。② 下面我们以一个案例来看一下建构的通常过程。

在某工厂单身宿舍里,职工叶某被杀,死前曾与人搏斗,后被人扼颈窒息死亡。侦查过程中,通过勘验现场发现有模压底小波浪花纹鞋印,还发现一个棕色纽扣和一只打火机,上有指印一枚,室内抽屉被撬开。死者家属证明,丢失现金30,000元。经侦查,嫌疑人赵某有重大作案嫌疑。赵某为某饭店职工,曾被劳教。案发当天,他休息,不值班,当年准备结婚,急需钱用。现场打火机上所取指纹同赵某劳教档案中指纹进行比对鉴定,认定属同一人指纹。对赵家进行搜查,发现一件灰色上衣上少了一粒纽扣,其他纽扣同现场遗留的棕色纽扣完全相同。又发现模压底布鞋一双,经鉴定此鞋印与现场小波浪鞋印为同一鞋印。拘留赵某以后,从其手表的表链夹缝中发现有血迹,经鉴定血型同被害人为同一血型,与赵某血型不一致。据赵某外甥女说,案发当天早上8点多钟,赵某到过她家,她看见他的上衣、裤子、帽子上沾有红油漆似的东西。赵某要了她父亲的衣服换上,连同换下的衣服一起拿着就走了。在讯问过程中,赵某拒不承认犯罪事实。

本案的证据主要有:死者叶某的尸体;现场的鞋印;现场的纽扣;打火机上的指纹;死者家属的证言;对指纹、血型、鞋印的鉴定;赵某外甥女的证言;手表上表链里残存的血迹等。

对于本案的证据分析通常会沿循这样一种建构模式:作案人具有作案动机、作案人具有作案时间、作案人到过作案现场、作案人行为异常、作案人具有某些特征等,从而来认定证据是否确实充分。这种强调外部印证的建构式思维模式,在很多案件中,尤其是犯罪嫌疑人、被告人认罪的案件中,有着看似不留缝隙的完整性。但是如果在一些仅有间接证据的案件中,在主观上要求明知或应该知道的犯罪以及一些为“幽灵抗辩”天然留白的案件中,③建构式的证明则经常会遇到阻碍。因为在这样一些案件中,只要犯罪嫌疑人、被告人不认罪,一定程度的“怀疑”就几乎与诉讼同步生成,案件本身特性决定其很难实现无缝隙的证据拼接。而在建构式的证明中,由于不是以除“疑”为证据思维的逻辑路径,因此裁判者对证据的分析

---

① 陈志龙:《超越合理怀疑与证据证明》,载《台北大学法学论丛》2009年第69期。

② 龙宗智:《中国法语境中的“排除合理怀疑”》,载《中外法学》2012年第6期。

③ 如在盗窃和掩饰、隐瞒犯罪所得犯罪中,是否为民法上的善意取得;在贪污、受贿案件中,犯罪所得是否用于公务支出,等等。

过程往往是只立不破，而忽略了不破不立的说服功能。上述案件中，2 人是否有共处一室的可能，是本案的重大疑问，如果不能以解构的方式排除疑问，看似完整的建构过程其实危机重重。证据之间的相互印证，有时也许只是一个表象，很多时候这种印证不仅很难实现，而且并不能解决人们心中的疑惑。

法里纳奇在《刑事法律的实践与理论》（*Practice and Theory of Criminal Law*）中曾提到，证据问题不是别的而恰恰就是"rei dubiae"的问题，即"存有怀疑的事项"。一项证据就是一种可能性的猜测，面对提交到其面前的证据，法官有时会感到怀疑，一会儿倾向于一方当事人，而一会儿又倾向于另一方当事人，他的大脑无法反对另一方，因为证据旗鼓相当或者证据含糊不清。在这个怀疑的期间之后，法官便开始更倾向于其中的一方当事人。这一瞬间，怀疑中止而猜测开始。接下来，如果这种猜测是重要证据的结果，那么，猜测中止而意见出现了。①

这种心证的摇摆和形成，几乎存在于每一个案件中，法官裁决的过程，其实就是对所有证据、假设、已知、未知进行判断、分析、加工和取舍的过程。"司法论证是法官在作出裁决之后对裁决结论的论证，事实上如果不能清楚说明案件事实是怎么查明的，也就无法从根本上将司法证明结论的正当化落到实处"。②"定理不是普遍有效的，因此其证明必然要依赖一些附加的隐含假设，那么，主题的证明则有赖于更详细的分析。"③这就要求，裁判者在对案件事实作出认定时，不仅要对单个证据的证据能力做出评断，更要对一组证据和全案证据拼接的逻辑过程进行分析和论证，将证据思维的脉络和结果生成的路径选择展现出来，案件的疑点和人们心中的疑虑才会真正消除。这样展现的证据呼应，也许没有达到十分的环环相扣，甚至是略有瑕疵，但远比一句"本案证据已相互印证"的简单表述来得实在得多，也有用得多。而这种强调以"除疑"为证据思维，强化心证形成应进行外化论证的证明方法恰好是我国"证据确实、充分"这种建构式证明容易忽略和回避的。

在以"证据确实、充分"为要求的建构式证明中，由于强调客观存在，强调彼此的真实印证，在具体的司法适用中，一线办案人员经常会着力回避一些确定性因素不高的证明方法，如推论、经验法则等。以推论、经验进行的逻辑分析通常难以避

① [美]詹姆士·Q. 惠特曼：《合理怀疑的起源——刑事审判的神学根基》，佀化强、李伟译，中国政法大学出版社 2012 年版，第 176～177 页。

② 李树真：《精细化司法证明中逻辑与经验基本问题研究》，中国社会科学出版社 2012 年版，第 47 页。

③ [英]伊姆雷·拉卡托斯：《证明与反驳——数学发现的逻辑》，方刚、兰钊译，复旦大学出版社 2012 年版，第 148 页。

免存在缝隙,会面临较大的风险。“一根熔断的保险将要影响的,可不仅是造成其熔断的插座。”①为了规避这种风险,事实认定者们都会有意无意地排斥一些不确定方法的适用,加上证据与事实、证据与证据之间逻辑链接的“确定性”本身就是非周延存在的,存有一定的弹性空间,这会对结论的生成提出挑战。② 为了规避和遮掩这种事实认定的无力感,裁判者们对心证脉络的形成少有显性化论证,相关的逻辑链接也尽可能简化,这在我国判决文书缺少“说理”中得到了印证,这些都与建构式证明方式存在一定的因果联系。

“排除合理怀疑”无论怎样与“确实、充分”进行主客观结合,也无论我们对其进行怎样的界定和理解,它都发挥着防范错案的重要功能。但由于“排除合理怀疑”并不能天然阻断错案,其运行中的某些因素甚至极易生成错案。“导致错误有罪判决的真正原因是在适用‘排除合理怀疑’的证明标准过程中的偏见或者过度热情,以至从有问题的证据或者夸大了的证据中得出的没有根据的结论。”③所以将“排除合理怀疑”进行点段式的分割,即将何为怀疑,如何合理的心证路径进行公开和释明,还可以提高控辩双方对判决的检验能力,具有对错案进行防范和纠正的隐形价值。

根据现代证据法的基本假设,证据法所要规范的主要是证据的法律资格和司法证明的基本方式。“排除合理怀疑”是一种法的理念与标准,只有将其物化为具体的证明方法,才可能成为最具有实效性的法制度。无论其是否能完成立法预期,都应当带来证明方式的改变,这是现代刑事证明的必然要求,也是解决当下中国刑事证明困惑的关键所在,应当引起足够的重视,也应该能够带来巨大的转变。

五、结语

2012 年《刑事诉讼法》通过对“确实、充分”加以解释的方式间接地借鉴了“排除合理怀疑”的证明标准,但二者的结合在实践运用中除了需要面对传统的适用困惑,还面临中国式的实践挑战。在改革者看来,“排除合理怀疑”具有原有证明

---

① [美]特伦斯·安德森、[美]戴维·舒姆、[英]威廉·特文宁:《证据分析》,张保生、朱婷等译,中国人民大学出版社 2012 年版,第 321 页。

② 论据和论题之间要有确定的逻辑联系,这里的“确定的逻辑联系”不能理解为“必然的逻辑联系”和“能成为充分条件的理由”,因为必然的逻辑联系和能成为充分条件的理由意味着论据真则论题必然为真,实际上只有演绎论证能够满足这一要求,而一般非演绎论证不具有这种必然性……一句话,确定性存在一定的弹性空间。参见李树真:《精细化司法证明中逻辑与经验基本问题研究》,中国社会科学出版社 2012 年版,第 94 ~95 页。

③ 邱福军:《刑事证明标准研究》,中国人民公安大学出版社 2012 年版,第 94、95 页。

标准所不具备的优势，能够弥补原有证明标准的缺陷。而对此持保留意见者则认为，从"排除合理怀疑"出发，其本身存在诸多问题，过于抽象、模糊，充满争议，缺乏可操作性，在其发源地都存在不容忽视的诸多问题，相较于"事实清楚，证据确实、充分"并不具有更大的优越性。① 甚至对于相关制度能否称其为"标准"，都存有不同的声音，如否定者认为现代的刑事诉讼中并不存在具有可操作性的证明标准。犯罪事实清楚，证据确实充分、超越合理怀疑以及内心确信等，只是对特定主体的主观相信程度所作的要求，因而不是证明标准。② 而持不同观点的人则认为，"好人是一个'标准'，这个标准也具有某种具体性和确定性，其具体性和确定性表现为：虽然在这一层次上我们没有非常具体地刻画好人的基本特征，但这一标准仍为我们区分好人坏人提供了一个基本的排除性的标准：杀人越货的肯定不是好人，言而无信的人肯定不是好人，对家庭无任何责任感的人不是好人……抽象意义层次证明标准的这种排除功能正是其具有某种具体性、确定性的体现。证明标准同时具有确定性和不确定性。对证明标准的确定性，我们不能作过分狭窄的理解，认为只有被物化的具体的标准才是标准，不能被物化、在适用过程中不可避免掺有主观因素的标准不是标准的观点是偏狭的。"③

"评价一项法律制度的标准，不是其名称为何，而是该制度在法秩序里所发挥的功能。"④"排除合理怀疑"作为刑事司法证明的重要一环，无论其以怎样的方式进入我国，都应实实在在地作用于具体案件的处理中，并在一定程度上影响案件的走向，对案件的处理结果起到现实的作用，否则就可能是一句空谈，成为一种口号，或者只是一个标签。⑤ 法律规范的引入和实践中的具体运行往往不是同一个问题。而这种适用中的差异和差异中显现的问题，却容易受同一"标签"遮掩而被其他继受者误读。

法学研究，可以抽象地从核心到外延，逐步确立一个命题的内涵，然而，实务案

---

① 陈永生：《排除合理怀疑及其在西方面临的挑战》，载《中国法学》2003 年第 2 期。

② 王敏远：《一个谬误、两句废话、三种学说——对案件事实及证据的哲学、历史学分析》，载《公法》第 4 卷，法律出版社 2003 年版。

③ 李树真：《精细化司法证明中逻辑与经验基本问题研究》，中国社会科学出版社 2012 年版，第 96～97 页。

④ [德]萨宾·格登斯：《不自证己罪原则——在德国、法国及欧洲法的拿破仑遗产》，王士帆译，载《法学丛刊》2011 年第 4 期。

⑤ 在比较研究一项法律制度时，我们经常发现同一名称下的同一个制度，虽然有着相同的名称，但实际上在各国的意义却有着很大的不同，这种标签化式的归类方式容易掩盖具体制度在不同国家所具有的不同内涵，从而造成理解和适用上的障碍。

例的发生常常基于偶然因素。对于标准到底应该具体还是抽象,到底应该普遍适用还是个别衡量,甚至于到底应不应该和是否真正存在标准,我们不去进行简单的孰是孰非的判断。任何一个具体案件的处理,都要有一个指针的取舍,以决定这个案件的走向。综观世界上任何一个国家的任何一个历史时期,每一个案件的终局性判断,人们所期望的都是不枉不纵。然而不论期许和现实有多大的差距,我们所能努力的就是构建一个体系,寻找一种方法,能够更好地完成证明任务。“排除合理怀疑”在我国的建立,意味着提出了一个要求,也提供了一个契机,那就是要完备对应的体系化建设,并进行证明方法的全新变革。待二者真正跟进之后,围绕“证明标准”和“排除合理怀疑”的是非争论可能还不会散去,但那时的争议和现在的困惑将不会是同一个层面和同一个领域的问题了。

第三节　同步录音录像扩大适用的证据困惑与障碍破除*

一、问题的提出:刑事诉讼法修改的背景展开

通常而言,相较于其他诉讼阶段,侦查阶段犯罪嫌疑人权利被侵犯的潜在风险更大,由此,各国都较重视对侦查讯问过程和结果的控制和固定。在我国,在涉嫌职务犯罪案件的侦查过程中,通过讯问犯罪嫌疑人以获取口供是非常重要的一种取证方法,2005 年最高人民检察院发布了《人民检察院讯问职务犯罪嫌疑人实行全程同步录音录像的规定(试行)》,明确提出了在全国推行讯问职务犯罪嫌疑人同步录音录像的“三步走”计划。2006 年 12 月 4 日,最高人民检察院办公厅印发了《人民检察院讯问职务犯罪嫌疑人实行全程同步录音录像技术工作流程(试行)》和《人民检察院讯问职务犯罪嫌疑人实行全程同步录音录像系统建设规范(试行)》,对讯问犯罪嫌疑人进行同步录音录像进行具体的流程规范,至 2007 年 10 月 1 日,全国检察机关办理职务犯罪案件,已基本实现讯问犯罪嫌疑人的全程同步录音录像。

2012 年 3 月 14 日第十一届全国人民代表大会第五次会议对《刑事诉讼法》进

---

* 作者:王戬。本节原发表于《政治与法律》2013 年第 1 期。本节系 2011 年度国家社科基金课题“刑事诉讼两个证据规定的实证考察与研究”(项目号 11BFX127)、中国法学会 2012 年度部级法学研究课题“检察院侦查监督权改革研究”[项目号 CLS(2012)C66]和 2012 年度上海市哲学社会科学规划课题“论刑事审判监督的证据考量与立场底线”(项目号 2012BFX009)的阶段性研究成果。

行修正，修正后的《刑事诉讼法》自2013年1月1日起施行，其中第121条规定："侦查人员在讯问犯罪嫌疑人的时候，可以对讯问过程进行录音或者录像；对于可能判处无期徒刑、死刑的案件或者其他重大犯罪案件，应当对讯问过程进行录音或者录像。录音或者录像应当全程进行，保持完整性。"由此，同步录音录像的案件适用范围获得一定范围的扩大。而综观检察机关在职务犯罪案件中适用全程同步录音录像的情况，在肯定成绩的同时，也应看到其在实践推进中逐渐暴露的一些问题，其中有些问题，如怎样界定和保障"全程""同步"，如何实现录音录像的规范化、科学化等已经在逐步推行过程中，随着技术手段和规范化流程的完善，得到了有效的解决。但值得注意的是，其中仍有一些问题，由于缺少更细化的法律规范，加之理论界对这些问题也没有形成较统一的认知，同步录音录像的适用还存有许多实践困惑，同时也有许多争议急需理论层面的厘清和阐述，具体如同步录音录像的证据资格问题、证明力问题、其与口供的关系问题、庭审播放问题、采信规则问题、嫌疑人在其中的权利选择问题等。这样的困惑和争议导致一些案件检法两家对"具体"案件"具体"处理，从而一定意义上案过事了，为犯罪嫌疑人权利保障设置了隐形障碍，或者由于检法两家不必要的分歧，浪费有限的司法资源，不利于案件的最终处理。① 而在一些省市，由于检察机关与辩护律师之间对上述问题的不同看法，也产生了诸如是否可以对同步录音录像材料进行复制、摘抄，是否要当庭播放进行质证等争议。在这些案件的处理中，检察机关和人民法院或拒绝、或推诿、或模棱两可的实践做法在一定程度上会让辩护律师、犯罪嫌疑人的亲属甚至普通民众对案件的处理产生不必要的误解，从而引发新的矛盾。

由此，回顾和总结2012年《刑事诉讼法》适用于职务犯罪案件侦查中存有的诸多困惑和争议，有利于其对其他案件的适用，以真正发挥其应有的价值和功用。

二、同步录音录像适用的证据困惑：现实中的障碍

（一）同步录音录像材料的证据资格问题

讯问职务犯罪嫌疑人的全程同步录音录像是否具有独立的证据资格？如果其

---

① 如2007年发生的某市检察机关侦查终结并移送起诉的被告人李某涉嫌受贿一案。李某系某区拆迁办副主任，利用其职务便利，为被拆迁单位多报拆迁面积，从而收受多家单位贿赂款逾70万元。该案提起公诉后，李某当庭部分翻供，对其收受某个体老板黄某贿赂20万元的事实予以了否认，辩称系"为了争取好的态度"而在检察机关讯问时作了违心的供述。在法庭辩论中，公诉人出示并播放了侦查部门移送的李某在侦查阶段相关供述的全程同步录音录像资料。但是，主审此案的法官最终仍以无其他书证等证据佐证为由，没有采信检察机关提交的全程同步录音录像资料及其相对应的侦查笔录，致使该犯罪事实因被告人翻供后只剩行贿人证言这一孤证而最终未获判决认定。参见崔洁、肖水金、张目：《同步录音录像也会"笔录不实"？》，载《检察日报》2007年10月24日，第5版。

具有独立的“证据”资格,根据刑事诉讼法和律师法的相关规定,在随后的程序里,可能会涉及律师的查阅、摘抄、复制问题,庭审中当庭示证、质证、认证等一系列问题,相应的检察机关就有义务(也是一种职责)进行相关资料的提供。如果把它认定为是监督讯问的一种手段,只对内,不对外,可能检察机关相应的选择空间或活动空间会大一些。如果作为证据使用,全程同步录音录像在归类方式上是视听资料还是属于犯罪嫌疑人的供述和辩解?其仅仅是固定言词证据的一种方法,是讯问的辅助手段还是证据的一种附属资料?对这些问题的不同理解直接影响实践,决定这一制度对其预设目标是真实的践行还是隐性的背离。

对此,有论者认为,同步录音录像不能作为证据使用,它只是一种监督讯问的手段。最高人民检察院在推行之初曾经作出4个“有利于”的概括:(1)有利于固定关键证据;(2)有利于防止嫌疑人翻供和诬告办案干警;(3)有利于通过再现审讯过程,从中研究寻找新的案件突破口;(4)有利于总结经验教训,通过实战案例加强对干警的培训。从这四个“有利于”的内容可以看出,同步录音录像是用来固定关键证据的,它是防止嫌疑人翻供或诬告干警的,但它本身不是用来证明案件真实情况的,它本身不是证据,案件真实情况有笔录来证明。① 所以从这个意义上理解就可以得出,同步录音录像就是一种监督讯问的手段,通过全程同步录音录像的一种方式,监督讯问的全过程,防止刑讯逼供,实现执法规范化,它本身不能成为证据。与此观点不同,有相当多的论者认为,同步录音录像材料是“证据”,但应为何种证据则存有不同看法。如有观点认为:同步录音录像是一种新的特殊证据,兼有言词证据和物证的特征,是视听资料的一种表现形式,属视听资料证据。② 也有观点认为:视听证据作为独立的证据种类应与某些以录音录像为载体的其他证据有所区别。同步录音录像属于保全证据的方式,不能把它当作诉讼法上的视听资料。③ 还有观点认为:从实体意义上看,讯问全程同步录音录像是一种固定保全证据的手段,从程序意义上看则属于视听资料证据。④ 此外,有论者认为:全程录音录像资料属于犯罪嫌疑人、被告人的供述和辩解。⑤ 还有一种观点认为:同步录音录像没有独立的证据地位,附属于言词证据。从本质上说,是一种固定言词证据的

---

① 参见郑高健:《被告人翻供案件证据认定的基本思路》,载《甘肃社会科学》2009年第1期。

② 参见杜世相:《出庭公诉研究》,中国检察出版社2001年版,第126页。

③ 参见公安部政治部主编:《刑事证据法学》,中国人民公安大学出版社2003年版,第187页。

④ 参见肖志勇、翟伟:《讯问全程同步录音录像若干问题探讨》,载《中国刑事法杂志》2007年第3期。

⑤ 参见王加睿:《讯问影像资料相关问题浅析》,载《天府新论》2005年第11期。

辅助手段,①等等。

(二)同步录音录像材料的调阅、使用的主体、程序问题

最高人民检察院最初贯彻职务犯罪全程同步录音录像工作时,强调要遵守四个原则:全程同步、程序规范、客观真实、严格保密,强调必须切实加强各个环节的保密工作,严防录音录像资料泄露和遗失。为指导、规范全国检察机关的讯问同步录音录像工作,最高人民检察院先后颁布了相关的规范性文件指导具体的工作。虽然同步录音录像材料是否为证据以及应为何种证据还存有诸多争议,但综观全国检察机关适用同步录音录像材料的整体情况可以看出,检察机关在多数情况下将其作为证据使用,但对于怎么使用,如关于同步录音录像材料的调阅、使用主体是否应有必要的限制,相关材料是否必须随案移送,是否允许辩护律师复制、摘抄,在法庭上如何质证,庭审播放规则和采信规则等具体操作问题,还存有很多分歧意见,整体适用情况也较随意。

2005 年 9 月 5 日,最高人民检察院公诉厅下发了《关于检察机关公诉部门逐步实行讯问犯罪嫌疑人录音、录像制度的通知》,其中第 6 条规定:提起公诉时,录音录像资料(含侦查机关或部门制作的)应当在证据目录中注明,在法庭审理中,由公诉人根据具体情况决定是否出示。对于这样的规定,各地的理解和做法存有较大的差异。上海市检察机关在《视听技术工作暂行规定(征求意见稿)》中就曾规定:讯问(询问)录像是收集证据、固定犯罪嫌疑人有罪供述和无罪辩解、证人证言及其他证据的重要手段,是法定的证据。但对于应属何种法定证据类型和应以何种方式作为证据使用,各区县院的做法不尽相同,有些区、县院也因对这一问题的理解不同,而同辩护律师产生争议。根据我国 2007 年《律师法》第 34 条(现已修改)的规定:受委托的律师自案件审查起诉之日起,有权查阅、摘抄、复制案卷材料。自人民法院受理之日起,有权查阅、复印、摘抄所有材料。1996 年《刑事诉讼法》第 158 条(现为第 196 条)规定,法庭审理过程中,合议庭对证据有疑问的,可以宣布休庭和对证据进行调查核实。如果同步录音录像是证据,那么按照相关法律规定,在不同的诉讼阶段辩护律师应有权进行常规意义的证据查阅、复制、摘录等行为,检察机关如果不进行积极的配合,就势必同辩护方产生矛盾。综观同步录音录像的适用过程,有观点提出,如其适用的方式可以进行多样化选择,既可以作

① 参见肖志勇、瞿伟:《讯问全程同步录音录像若干问题探讨》,载《中国刑事法杂志》2007 年第 3 期;重庆市人民检察院第一分院课题组:《讯问犯罪嫌疑人同步录音录像制度刍议》,载《刑事诉讼前沿研究》(第 5 卷),中国检察出版社 2006 年版,第 261 页。

为笔录的辅助以记录犯罪嫌疑人的陈述内容和证明笔录的真实性,又可以完全独立于现有的"笔录"载体,即对犯罪嫌疑人陈述的记录完全通过录音录像资料固定和呈现,由此提出对于我国犯罪嫌疑人和被告人陈述内容的证明可以用同步录音录像资料替代笔录,或者二者可以选择适用,或者二者共同适用。

(三)同步录音录像材料与笔录内容冲突后的证明力问题

讯问职务犯罪嫌疑人全程同步录音录像作为固定讯问结果的一种方式,与传统的笔录固定方式存在极大的差异。这种记录方式的差异性容易产生两份内容不一致的"犯罪嫌疑人供述和辩解",对于这样基于同一次讯问的不同记录应该进行怎样的司法认定,目前实践部门还存有较大的争议。以下论及某检察院办理的一起贪污、受贿案件,其全程录音录像材料与笔录内容不符,二者存有的差异及关涉的问题就较有代表性。

犯罪嫌疑人苗某,男,44 岁,原系某市经济与信息化委员会办公室副主任。一审判决认定,苗某以虚增会务用车费用的方法,伙同他人贪污 12 万余元;在工程发包过程中,单独或共同受贿人民币 51 万余元、美元 3 万元。一审法院以贪污罪、受贿罪判处苗某有期徒刑 14 年。本案中,一审判决引述了 2009 年 7 月 4 日的讯问笔录作为认定苗某贪污罪的关键证据之一,而辩方律师辩称此份讯问笔录与全程同步录音录像内容不一致,并以此质疑该份笔录的真实性,该案也因此被发回重审。经过仔细比对 2009 年 7 月 24 日全程同步录音录像与讯问笔录之后发现,7 月 24 日讯问笔录记录的环节是:车费结算审批前,苗某与下属瞿某合谋冒高车费,瞿某操作车费冒高,苗某审批同意;而 7 月 24 日讯问录像反映的环节是车费结算审批时,苗某得知费用被冒高却仍然审批同意。通过比对全程同步录音录像与讯问笔录发现两者之间确实存在差异:全程同步录音录像反映的是事中共同故意,而讯问笔录记录的却是事前共同故意。之后原一审法院在重新审理此案后对于苗某贪污部分没有认定。[①]

上述案例中,讯问犯罪嫌疑人同步录音录像材料记录的内容与笔录记录的内容不完全一致,本案在处理过程中由于一些其他因素的干扰,最终法院对笔录内容没有予以认定。一方面,这个案件反映出来的问题给检察机关敲响了警钟,即要在讯问过程中避免行为与用语不规范等情况出现,要大力提高侦查人员素质等;另一

① 参见韩东成:《论讯问职务犯罪嫌疑人全程同步录音录像与讯问笔录不一致》,载《中国检察官》2010 年第 24 期。

方面,也反映出令实践人员困惑,在理论上也存有争议的一系列问题,即一旦同步录音录像材料记录的内容与笔录的内容相冲突,二者应如何认定,谁的证明力更强,是否同步录音录像材料的证明效力一定强于笔录,是否应当进行非法证据的排除以及怎样进行排除,等等。

三、同步录音录像适用的障碍破除

有关同步录音录像的这些实践和理论争点,有些在最高人民检察院推行之初就已显露出来,有些则是随着时间的推移,伴随新的法律法规出台后逐渐显现和累积的。要解决这些困惑,扫清扩大适用后可能存有的障碍,笔者认为应明确以下几方面内容。

首先,同步录音录像在证明侦查机关是否具有讯问中违反法律甚至具有犯罪的事实的过程中,具有独立的证据资格,并且此时其证明力具有直接的证明效力。回顾最高人民检察院最初推行同步录音录像的初衷,有利于固定关键证据,有利于防止嫌疑人翻供和诬告干警确实是其适用此项制度的两个主要目的。但固定的目的是为随后的证明服务的。要证明什么?就是当笔录内容因为犯罪嫌疑人的某种抗辩理由而引发质疑和争议,甚至因为涉嫌取证违法可能要被排除掉了,这个时候拿出来证明取证是合法的,如讯问的过程没有刑讯逼供、没有违背他的真实意愿、嫌疑人可能是在诬告等,借此来保证笔录的合法有效性。从这个意义上来说,同步录音录像材料不仅是证据,而且具有直接的证明力,可以直接用其证明侦查机关讯问过程的事实情况从而得出该讯问过程合法与否的结论。

其次,同步录音录像在证明犯罪事实过程中,同样具有独立的证据资格,但其证明力在直接效力性方面有所欠缺,必须与口供、讯问笔录以及其他可以证明犯罪事实的证据相结合使用。如果通过同步录音录像想要证明的内容,只是讯问过程究竟是怎样的,并不涉及嫌疑人对案件的实体供述,如是否实施了犯罪行为,怎么实施犯罪的等,通过回看一下录像来证明是否存有刑讯逼供,此时它就具有直接的证明效力。如果同步录音录像不是用作证明讯问过程的,而是要以录音录像中记录的嫌疑人的供述内容来证明具体犯罪行为,则其证明力就要结合笔录来考量,即它不具有对案件事实的直接证明效力。因为在我国,同步录音录像资料虽然同步对口供进行记录,但它并不是记录供述的主要方式,虽然它在记录的过程中不可避免地要包含供述的内容,但它更注重的还是对讯问过程的记录,是对讯问笔录的实况采集记载,是辅助记录嫌疑人的陈述的。只有当嫌疑人对笔录的内容提出合理抗辩的时候,如说刑讯逼供、记录的内容不实,当这些大前提出现的时候,它才能作为辅助,认定笔录记录的内容是不是真实合法的证据,也只有在这个时候它才具备间接的证明力。所以,同步录音录像不是一个常规意义上的证据,而具有双重证明对象及其不同的证明效力。

这里需要注意的是,不能以其他国家和地区同步录音录像不具有直接证明效力的情况与我国进行简单比较。原因在于,考察同步录音录像材料的证据特质,首先要考虑"口供"这种证据在我国与在其他国家和地区是否具有一样的证明力,然后才能明确这种记录口供的方法在我国的适用规则。笔录在我国一直有着重要的价值,对口供的讯问某种意义上还承担突破案件,打开办案缺口的一个功能。相应地,对讯问过程的同步录音录像也承担了一些特殊功能,不仅是防止刑讯逼供,还有固化口供,防止翻供的作用。从这个意义上理解,至少在现阶段,我国同步录音录像在证明案件事实时虽然不具有直接的证明力,它对笔录有辅助证明、间接证明作用,但是其证明案件事实的独立证据地位是无疑的。

最后,同步录音录像作为证据使用具有一定的限制性或底线性特质,其调阅使用的主体、程序和范围应进行特殊的限定和规范。在我国,讯问犯罪嫌疑人实行同步录音录像,就其本源目的而言,是为了保障犯罪嫌疑人的人权,用来防止刑讯逼供的发生,这一点无论是理论界还是实务部门都没有大的争议。但具体到适用过程中,这样的一种措施是侦查部门的一种侦查行为还是应为犯罪嫌疑人享有的一种诉讼权利,则有不同的看法。如果定位于诉讼权利,侦查机关就负有保障权利行使的义务,侦查机关违反了这个义务,应该承担相应的法律责任;同时权利可以放弃,如果犯罪嫌疑人要求对其讯问过程不进行录音录像,侦查机关也应当予以尊重,即犯罪嫌疑人对是否同步录音录像有选择权。如果将其定位于一种侦查行为,其就可以具有一定程度的不公开性,相应地其作为证据使用的特殊性也将凸显,嫌疑人也无权选择进行或拒绝接受。对此,笔者认为,针对讯问犯罪嫌疑人设置的同步录音录像,虽说是为了防止刑讯逼供,保障人权,但不能因此得出被录音录像就只是犯罪嫌疑人的诉讼权利的结论。它不是权利的一种赋予,而是对权力的一种约束行为,录音录像的同步进行就是侦查机关对犯罪嫌疑人讯问过程的同步展开,是侦查机关的一种侦查手段,是为了保障对犯罪嫌疑人的讯问能够合法、规范,同时叠加一种固化证据的证据形式,防止翻供等。那样作为记录其陈述内容的录音录像材料,就只是在载体上不同于讯问笔录的对案件事实予以证明的证据;又因其载体的特殊性,在个案的采信上有核对原件、审查是否有过剪辑、篡改等的特殊要求,以及在证明效力上必须与其他证据综合判断、相互印证才能形成。所以在证明力方面，直接性不强。由此，作为侦查行为的一种，同步录音录像的适用不存在常规诉讼意义上的隐私权期待，其作为证据使用会具有一定程度的限制性或底线性特质。

为使证据被采纳而对该证据进行验真或者辨认，证据提出者必须提出足以支持该证据是证据提出者所主张证据之认定的证据。[①] 通常，根据证据分类的不同，物证和人证的证据审查会对应不同的结果。同步录音录像资料作为一种具有特殊属性的证据使用，其调阅使用的主体、程序和范围必须进行特殊的限定和规范。对此笔者认为，调阅的主体对外只能是法院，且在案件开庭审理期间。使用的情形仅限于两种理由：一种是辩护方提出侦查人员采用刑讯逼供等方法取得口供；另一种是辩护方提出笔录记载内容与实际供述不一致，有违背本人真实意愿的情形，即违背了任意自白规则。其中，对于前者可以采用只有影像没有声音的方法进行核实，对于后者仅限于其不符合的部分，具体内容以及是否出示由检方根据需要决定，不能任意扩大出示的范围。当符合条件需要对录像内容与笔录内容进行比对时，也不宜在法庭上通过公开形式进行，不能像其他笔录一样公开质证等，因为其包含的信息，除了供述内容本身外，还包含了很多侦查技巧，也具有一定的不宜公开性。这种不宜公开性，也决定对同步录音录像材料仅允许观看核实，而不允许复制等。出示的对象可以根据案件的需要仅向合议庭公开，或者限定一定的条件由控辩裁三方主体共同参与核实，地点可以统一在检察院或法院进行。2012 年《高检规则》第 75 条规定：需要播放的讯问录音、录像中涉及国家秘密、商业秘密、个人隐私或者含有其他不宜公开的内容的，公诉人应当建议在法庭组成人员、公诉人、侦查人员、被告人及其辩护人范围内播放。因涉及国家秘密、商业秘密、个人隐私或者其他犯罪线索等内容，人民检察院对讯问录音、录像的相关内容作技术处理的，公诉人应当向法庭作出说明。对此，笔者认为对于播放的方式等还需要进行更加明确的规定，例如，对于仅针对涉嫌刑讯逼供而引起的同步录音录像材料的播放，可以仅采用画面播放而不进行声音播放，以屏蔽具体讯问内容的方式，等等。

---

① 参见美国《联邦证据规则》第 901 条“总则”部分。

第四节　非法证据排除程序中侦查人员的程序性被告身份*

完善非法证据排除规则是近些年来我国司法改革的最主要内容之一。但是侦查人员作为取证行为的实施者、案情信息的掌握者,在非法证据排除程序中的法庭身份一直没有定论。《刑事诉讼法》第59条仅规定了侦查人员可以出庭就证据收集的合法性说明情况,而出庭身份、权利义务均未涉及。① 2017年6月27日"两高三部"联合出台了《关于办理刑事案件严格排除非法证据若干问题的规定》(以下简称《严格排非规定》),同年12月27日最高人民法院出台了《人民法院办理刑事案件排除非法证据规程(试行)》(以下简称《排除非法证据规程》),二者明确了侦查人员的出庭职责,即作证和说明情况。仅就法律文本而言,笔者认为侦查人员的出庭身份经历了由侦查机关代表向"程序性被告"的转变。但是在司法实践中,由于各种条件的限制,侦查人员在非法证据排除程序中仍实际扮演了侦查机关代表的角色。上述诉讼角色的偏差,在很大程度上阻碍了非法证据排除程序的有效运行。本节拟对侦查人员在非法证据排除程序中的身份定位进行探讨,并对其中存在的问题以及应对策略表达观点。

一、问题的提出

我国《刑事诉讼法》将证据分为8个种类,每个证据种类都有着特殊的形式要求。如果不符合法定的外在形式,相应材料也就不具备证据资格。② 法律给所有证据贴上了分类细致的标签。虽然为取证和质证带来了便利,但也丧失了灵活性。实践中证据材料多种多样,严格的形式主义很可能导致有证明价值的材料,由于不具备法定形式而被排除于法庭之外。③

依据举证主体划分不同的证据种类是我国证据立法的最主要特征之一:证人证言、鉴定意见、被告人供述和辩解、被害人陈述各不相同。然而在法定证据种类中并没有一种能够涵盖侦查人员出庭作证的情形,这就为侦查人员的出庭制造了

---

* 作者:程衍。本节原发表于《当代法学》2019年第3期。

① 2012年《刑事诉讼法》修改后为第57条;2018年《刑事诉讼法》再修改后为第59条。

② 参见程衍:《中国特色独立监察程序下非法证据排除规则的制度建构》,载《南京大学学报(哲学、人文科学、社会科学版)》2019年第2期。

③ 参见龙宗智:《证据分类制度及其改革》,载《法学研究》2005年第5期。

障碍。司法实践中侦查人员所了解的案件信息种类繁多，对于解决控辩双方的法庭争议有着不可忽视的价值。但是由于缺乏明确的法律规定，很多情况下，侦查人员的出庭身份，以及其所提供相关信息的证据属性并没有官方定论，甚至侦查人员是否需要出庭作证也存在争议。2012 年《刑事诉讼法》修改，在侦查人员出庭作证方面实现了突破，法律和相关司法解释就侦查人员作证的不同情形作出了不同规定。目前在司法实践中，侦查人员出庭作证的情形大致分为以下三种：

第一，作为目击犯罪发生的证人。警察作为一线执法者，在日常巡逻中或者接到报警后，有机会第一时间亲临现场了解案发经过，其对于案件事实的感知也最直接和及时。但在 2012 年《刑事诉讼法》修改之前，相关法律并没有就此情况作出明确的规定，侦查人员是否具备证人资格在理论和实务界莫衷一是。在当时，侦查人员以证人身份出庭作证受到了极大的阻力。[①] 2012 年《刑事诉讼法》修改，其中第 187 条第 2 款规定："人民警察就其执行职务时目击的犯罪情况作为证人出庭作证，适用前款规定。"[②]自此，目击犯罪情况的侦查人员被赋予证人身份，有权利也有义务就相关案情事实出庭作证。同时其所提供的材料信息也被当然归入了证人证言这一法定证据种类中。

第二，关于量刑事实的作证。目击犯罪情况的发生并不是侦查人员获取案件信息的唯一渠道。司法实践中，很多量刑情节，例如被告人的立功、自首、坦白，都是在其到案后被侦查人员所知悉。[③] 2012 年《刑事诉讼法》第 192 条的规定并不能在量刑环节赋予侦查人员证人身份。而如此重要的信息应以何种形式呈现于法庭，法律并未明确。《最高法解释》对这一空白进行了填补，其中第 110 条第 2 款规定："对被告人及其辩护人提出有自首、坦白、立功的事实和理由，有关机关未予认定，或者有关机关提出被告人有自首、坦白、立功表现，但证据材料不全的，人民法院应当要求有关机关提供证明材料，或者要求相关人员作证，并结合其他证据作出认定。"如此，对于量刑事实，侦查人员拥有了出庭作证的权利和义务，其在量刑程序中的证人身份也得到了明确。

第三，作为非法证据排除程序中的情况说明人。为保障非法证据排除规则的顺利实施，《刑事诉讼法》第 59 条第 2 款规定："现有证据材料不能证明证据收集

---

① 参见陈瑞华：《刑事证据法学》，北京大学出版社 2014 年版，第 186 页。
② 现为 2018 年《刑事诉讼法》第 192 条。
③ 参见陈瑞华：《论刑事诉讼中的过程证据》，载《法商研究》2015 年第 1 期。

的合法性的,人民检察院可以提请人民法院通知有关侦查人员或者其他人员出庭说明情况;人民法院可以通知有关侦查人员或者其他人员出庭说明情况。"就侦查行为的合法性进行说明,是侦查人员的第三种作证模式。但是对于"情况说明"的证据属性,法律并没有给予明确的定位。

形式化和封闭性的证据立法模式,否定了法定形式以外任何证明材料的证据能力。立法者对于侦查人员作证依然持保守态度,并没有将"侦查人员证言"列为新的法定证据种类。而是采取了一种分类划归的方法,通过区分不同的情况,将侦查人员提供的证明材料归入现有的证据种类中。侦查人员就目击的犯罪事实和量刑裁量事实所提供的信息,被法律和相关司法解释赋予了证人证言的证据属性。但是对于非法证据排除程序中的"情况说明",立法者并没有采用证据种类归入的方法将该种证明材料纳入现有的证据体系,而是以"出庭说明情况"这种模糊的字眼回避了证据种类问题。如此模糊的规定给司法实践造成了困扰,侦查人员究竟是以何种身份出庭,享有哪些权利义务?情况说明属于何种证据种类?这些问题都没有明确的结论,也最终导致了相关制度的运行不畅。笔者认为,2012 年《刑事诉讼法》修改后,非法证据排除程序中侦查人员的法庭身份实为侦查机关代表,此后《严格排非规定》和《排除非法证据规程》的出台推动了侦查人员身份定位的转向:转为程序性被告。

二、侦查人员身份定位的应然转变与实然偏差

《严格排非规定》和《排除非法证据规程》的出台推动了侦查人员出庭身份的转变,但是囿于相关规定难以实践落地。

(一)应然转变:由侦查机关代表到程序性被告

对于侦查人员提供的情况说明,是否同样应当采取法定证据归类的方法,确认其证人证言的属性,笔者持否定观点。首先,这与立法者的意图相违。2012 年《刑事诉讼法》第 192 条采用了"作为证人出庭作证"的字眼,明确了侦查人员就目击犯罪情况出庭作证时的证人身份。相比之下,如果立法者希望侦查人员在非法证据排除程序中以证人身份出庭,那么 2012 年《刑事诉讼法》第 57 条就不会采用"出庭说明情况"这一表述。其次,侦查人员是取证行为的实施者,因此在直接利害关系的影响下很难保持客观。最后,如果要求侦查人员以证人身份客观真实地说明情况,那么与强迫自证其罪并无二致。除证人证言外,侦查人员的"情况说明"与其他 7 种法定证据种类也都有着较大的差异,很难实现类比式划归。笔者认为,基于《刑事诉讼法》的规定,它是一种特殊的证明材料,与侦查机关"书面情况

说明”有着类似的属性。

司法实践中,侦查机关就侦查行为的合法性向法庭提供书面“情况说明”的做法,已是非常普遍。侦查机关凭借其国家机关的权威,并以侦查人员管理单位的身份,向法庭出示加盖公章的“情况说明”。早在2003年,最高人民法院在刘某案件的再审程序中,就曾援引公安机关的书面“情况说明”认定取证行为合法。可见侦查机关向法庭提供“情况说明”的证明方式由来已久。但事实上,这种特殊的证明材料对于发现案件真实并没有太多帮助。“情况说明”没有包含取证行为细节的描述,而被告人一方也无法对其进行有效质证。提供“情况说明”更像是侦查机关凭借公权力的权威向法庭作出的担保,保证不存在非法取证行为。其中除了彰显侦查机关的权威以及各专门机关的配合关系之外,并不能帮助法庭发现事实真相。2012年《刑事诉讼法》修改,增加了关于侦查人员出庭说明情况的规定。这一规定在很大程度上传承了司法实践中由侦查机关提供书面“情况说明”的做法,只不过书面的“情况说明”具有了言词证据的性质。在这里,侦查人员以“侦查机关代表”的身份出庭并向法庭表明立场:取证行为完全合法。《刑事诉讼法》的具体规定充分说明了这一观点:

第一,非法证据排除程序中侦查人员具有特殊职责。关于侦查人员的出庭职责,《刑事诉讼法》和相关司法解释仅规定了“说明情况”这一项。具体说明哪些情况,控辩双方能否就此提出质证意见,法律均未涉及。相较之下,证人和鉴定人则被法律和相关司法解释赋予了如实陈述和接受质证的法庭义务。仅从法律条文字面上分析,侦查人员在作出了合法性声明之后即可申请退庭,并不需要接受法庭的质证。在法庭质证难以实现的前提下,侦查人员的出庭与“书面情况说明”并没有本质上的区别,仅是代表侦查机关向法庭表明了立场作出了保证,其中彰显了侦查机关的权威却不包含任何取证事实与细节。

第二,侦查人员的出庭依据体现了专门机关间的配合与制约。《刑事诉讼法》第59条规定,侦查人员出庭的前提有3种:人民检察院提请;人民法院通知;侦查人员主动要求。被告人一方作为非法取证行为的直接受害者,却没有被赋予申请侦查人员出庭的权利。可见,在非法证据排除程序中侦查人员的出庭是各权力机关相互协作的结果,其中包含了权力行使的意味,而被告人作为非权力主体无权申请出庭。

第三,侦查人员的法庭地位明显高于一般诉讼参与人,这源于其背后的侦查机关。首先,在法律选词方面。2018年《刑事诉讼法》第59条采用了“出庭说明情况”的表述。“说明情况”有着以同级别的身份向对方表明立场的意味。相较之下,2018年《刑事诉讼法》第192条对于证人、鉴定人的出庭,采用的是“出庭作证”的字眼。“出庭作证”意味着服务于法庭遵从法庭的意志,身份的高下显而易见。其次,法律仅规定法庭可以通知侦查人员出庭,但没有规定不出庭的后果。对于不出庭的证人,法庭可以强制其出庭。鉴定人不出庭,鉴定意见不得作为定案的根据。而如果侦查人员拒绝甚至无视出庭通知,法庭却没有相应的制裁手段,这表明侦查人员身份的特殊性。侦查人员的法庭地位明显高于一般诉讼参与人,这源于其所代表的侦查机关,也在一定程度上证明了其侦查机关代表的出庭身份。

除了侦查机关代表,侦查人员还是取证行为的实施者、案情信息的掌握者。为了诉讼真实的发现,侦查人员有义务出庭就个人取证行为的相关信息向法庭作出陈述,并接受质证。陈述和质证要比作为侦查机关代表出庭说明情况更具诉讼价值,因为交叉询问是法庭发现案件真实的有效途径之一。针对司法实践中的需求,《严格排非规定》和《排除非法证据规程》就非法证据排除规则进行了完善。《严格排非规定》第27条规定:被告人及其辩护人有权申请人民法院通知侦查人员出庭,并且侦查人员出庭的职责是作证或者说明情况。第31条第3款规定:侦查人员或者其他人员出庭,应当向法庭说明证据收集过程,并就相关情况接受发问。《排除非法证据规程》第23条第1款规定:侦查人员或其他人员出庭的,应当向法庭说明证据收集过程,并就相关情况接受发问。上述条文填补了法律的空白,侦查人员的出庭职责得到了明确,而被告人一方也获得了相应的申请侦查人员出庭权。由此,侦查人员的出庭身份更加符合诉讼规律,而“侦查机关代表”的特权性身份随即被打破。

关于改革后侦查人员身份的具体定位,笔者将其定义为“程序性被告”——因涉嫌非法取证而遭受被告人一方的指控。[①] 之所以称为“程序性被告”是因为:首先,随着《严格排非规定》和《排除非法证据规程》的出台,非法证据排除规则愈加完善,其运行程序已经相对独立,初步具有了“审判中的审判”这一属性。[②] 在相对独立的诉讼程序中控、辩、审三方主体必不可少,这也是其诉讼化构造的基础。非

---

① 虽然《严格排非规定》将侦查人员的职责定义为“作证”,但是基于文中已陈述的原因,笔者仍然认为不应将其出庭身份定位为证人。

② 例如,《严格排非规定》第32条:“法庭对控辩双方提供的证据有疑问的,可以宣布休庭,对证据进行调查核实。”第33条第2款:“在法庭作出是否排除有关证据的决定前,不得对有关证据宣读、质证。”上述规定均显示了非法证据排除程序的相对独立性。《排除非法证据规程》第15条和第24条有着同样的规定。

法证据排除程序的启动旨在确认是否存在非法取证行为，而侦查人员即是涉嫌非法取证的主体。因此，赋予侦查人员类似于被告人的身份符合诉讼原理。其次，非法证据排除程序的独立性是相对的，其依附于刑事审判程序，主要解决取证行为是否合法的程序性问题，类似于附带民事诉讼解决相关民事问题。将侦查人员确定为"程序性被告"，既与被告人相区分又与非法证据排除程序的性质和目的相符合。最后，"程序性被告"的身份能够压低侦查人员的姿态，更有利于各方调查和法庭质证的实现，也解决了侦查人员是否需要承担伪证责任的难题。

（二）实然偏差：代表性身份依旧

《严格排非规定》和《排除非法证据规程》明确了侦查人员的出庭职责，希望通过如实陈述以及控辩双方有效质证，最终实现取证行为合法性的认定。但实践中，上述立法目标却是很难实现。

首先，如果存在非法取证行为，很难期望侦查人员如实陈述。在非法证据排除程序中侦查人员首当其冲，很可能因此遭受内部处分，甚至面临刑罚。因此从法律原则上讲，要求侦查人员说明非法取证细节等于强迫自证其罪。就实践操作而言，侦查机关以追诉犯罪作为诉讼目标，其完全有动力就取证行为的合法性向法庭作出虚假陈述，而很多已纠正的冤、错案件也证明了这一点。此外，如果侦查机关认为取证行为的违法情节相当严重以至难以弥补，则可以要求检察机关撤回相关证据，①这也就避免了承担相应的出庭职责。在拥有更好选择的情况下，侦查机关完全没有必要向法庭作出不利于己方的陈述。这也在某种程度上解释了，为什么司法实践中的情况说明基本都是证明取证行为合法。

其次，有效质证难以实现。《严格排非规定》第 31 条要求出庭的侦查人员，应当就证据收集过程接受控辩双方的发问。这既弥补了法律在这一方面的不足，同时又为非法证据排除程序构建了法庭质证的初步模型。然而相关制度改革并不彻底，很多限制条件阻碍了其诉讼价值的发挥。《排除非法证据规程》第 21 条第 3 款规定，对于被告人一方的申请，仅当法庭认为确有必要时才会通知侦查人员出庭。"确有必要"赋予了法庭更大的裁量权，被告人申请权也受到了限制。《严格排非规定》第 27 条则进一步明确了被告人申请侦查人员出庭得到批准的条件：现有证据材料不足以证明证据收集合法性。上述限制条件，使侦查人员的出庭保留了原有为追诉机关服务的性质。

---

① 《严格排非规定》第 25 条。

《严格排非规定》在2012年《刑事诉讼法》的基础上改变了侦查人员代表性的出庭身份,并确立了其陈述事实和接受质证的职责。但是由于相关条件的限制,侦查人员所实际履行的职责仍是代表侦查机关,或者提供合法性说明,或者不出庭避免被告人一方的质证。

三、身份偏差的原因分析与实践

非法证据排除程序中侦查人员身份定位的偏差有着深层次原因,也导致了司法实践中的问题。

(一)侦查人员身份偏差的原因分析

1. 观念层面

在我国,诉讼活动以发现真实为首要目标。非法证据排除规则的应然价值是维护程序正义,避免刑讯逼供等侵犯人权行为的发生。但是排除规则的适用却存在这样一个问题:这种制裁方式可能会导致那些有证明力但取证手段不合法的证据被法庭排除,进而可能放纵了犯罪。这与我国诉讼理念中的"实事求是"和"有错必纠"相违背。① 对于真实的过分追求导致了公、检、法机关更加注重案件的判决结果而忽略了诉讼程序。在司法责任制下,法庭会因为取证手段不合法而排除一项虚假的证据。但是如果某项证据的真实性得到了法官的内心确信,就算系非法手段取得,也并不会轻易被排除。毕竟法官也很难回答这样的问题:是否可以为了维护程序正义而置发现真实于不顾,任凭犯罪者逃脱法律制裁。

保证实体真实,避免冤、错案件发生一直是公、检、法机关的首要追求,而程序正义则居于次位。我国的非法证据排除规则也是以预防冤、假、错案为价值导向。因此,在司法实践中关于非法证据的认定存在"显"与"隐"的双重标准,显性标准是法律中规定的"刑讯逼供、暴力、威胁等非法取证手段",隐性标准则是存于法官内心而不展现于法律之上的——相关证据是否真实、可信。但是,上述两项标准并非始终一致,当取证手段与证据真实性发生冲突时,法官也不得不作出抉择。因此,为了追求真实又不至于公然违反程序正义,公、检、法机关之间奉行着一套存在于法律制度之外的潜规则,这些潜规则有着极强的生命力并且在长时间内稳定地存在——证据"转化"规则即是其中之一。"在我国司法实践中普遍存在警察不愿出庭作证而转化为提供'情况说明'等书面证据的现象。"②拥有这套潜规则,法庭

① 参见陈瑞华:《程序性制裁理论》,中国法制出版社2017年版,第55页。
② 万毅:《证据"转化"规则批判》,载《政治与法律》2011年第1期。

则可以简单地凭借书面“情况说明”来认定取证行为的合法性,并将有证明价值但在获取手段上有瑕疵的证据保留于法庭。书面“情况说明”的价值在于免除了侦查人员的出庭任务,而被告人一方却因此无法展开有效的质证,取证行为的合法性借此被简单地以形式化的方式证明。2012年《刑事诉讼法》要求侦查人员出庭说明情况,却没有就质证问题进行规定。《严格排非规定》和《排除非法证据规程》虽然要求侦查人员接受法庭各方的发问,但是为被告人申请侦查人员出庭设置了条件,导致了侦查人员的法庭身份始终停留在侦查机关代表。虽然《排除非法证据规程》第20条规定,不得以书面情况说明替代侦查人员出庭,但是,在强烈需求的推动下,法庭仍然可以凭借其他证明材料确保相关证据不被排除,现实是,我们很难为法官的心证设立具体的标准。实践中侦查机关“自证其清”的合法性证明方式,再加上法官对于证据真实性的执着,就会导致“非法证据洗白”的潜规则难以遏制。最终的结果是,刑讯逼供等非法取证行为不能用来“炮制”冤、假、错案,但是可以用来发现案件真实。综上而言,在我国的非法证据排除程序中,隐性标准始终起主导作用,而显性标准可能成为被规避的对象。

2. 利益考量

依据相关法律的规定,侦查人员在三种情况下需要出席法庭:定罪事实作证、量刑事实作证以及非法证据排除程序说明情况。当其就定罪、量刑事实出庭作证时,侦、诉、审3机关各受其益:侦查和检察机关的追诉职能得到了巩固和加强,而法庭也能够借此更有效地发现案件真实避免错判。因此,相应的立法进程并未遇到太多的障碍。但是在非法证据排除程序中,却另当别论。

首先,对于侦查人员来说,需要在繁忙的公务中抽出时间出席法庭,本身就是一种负担。特别是一线的执法人员,日常工作量更是异常繁重。除此之外,侦查人员出庭所要面对的是辩方对其取证行为的非难,证据最终可能被排除而侦查人员可能受到处分。因此,除非为本部门利益证明取证行为合法,侦查人员并不愿出席法庭。其次,对于检察院来说,证据的排除可能会导致败诉,而相应的公诉人则将面临不利的内部评价。最后,对于法庭来说,繁重的审判任务注定了其对于诉讼效率的重视。侦查人员的出庭往往意味着庭审内容的增加,特别是如果控辩双方依次进行交叉询问更是增加了审判的负担。另外,在重实体轻程序的司法环境下,法庭很难做到因为取证手段不合法而排除有证明价值的关键证据。

(二)身份偏差下的实践现状

1.非法证据排除程序价值层面

学者的调研结果显示,2013年在我国某省辖区内一半以上的非法证据排除申请都最终导致了相关程序的启动。然而,在所有启动非法证据排除程序的案件中,最终实现证据排除的只有不到10%。并且在这不到10%的案件当中,绝大多数被告人仍然被定罪判刑。① 对于被告人而言,非法证据排除规则的吸引力在于通过排除相关证据,获得更有利的定罪量刑结果;对于控诉方,其约束性作用的发挥也是通过排除非法证据,致使相关指控不能成立。实现非法证据排除程序的实质化,令非法证据既在法庭上也在法官的自由心证中得到排除,才是非法证据排除规则的核心价值。虽然目前非法证据排除程序得到了更加广泛的运用,但是并没有发挥应有的作用。影响非法证据排除程序发挥效用的因素有很多,而侦查人员缺乏合理的出庭身份是其中之一。

非法证据排除程序中侦查人员的应然身份是"程序性被告",在法庭上接受交叉询问,协助发现案件真实。但实践中,侦查人员出庭身份的偏差成为检、法机关合作的桥梁。依据现有的法律法规,如果法庭希望保留某项证据,②可以凭借书面情况说明、录音录像等一些"死"的证据确认取证行为合法,这些证据完全在控诉方的掌控之下,客观性和真实性难以得到保障,而被告人一方又难以通过交叉询问的方式质证。进而非法证据排除程序也就演变成一套官方自证机制并且排除了被告人的参与。③

2.国家改革层面

首先,侦查人员出庭身份的偏差不符合以审判为中心的司法改革目标。党的十八届四中全会通过了《中共中央关于全面推进依法治国若干重大问题的决定》,其中明确提出:"要推进以审判为中心的诉讼制度改革,确保侦查、起诉的案件事实、证据经得起法律的检验。"可以说,"以审判为中心"的诉讼制度改革是本轮司法改革中,最具影响力、意义最为深远的改革举措之一。以审判为中心的内涵和要求是控、辩、审三种职能都要围绕审判中事实认定、法律适用的标准和要求而展开,

---

① 参见左卫民:《"热"与"冷":非法证据排除规则适用的实证研究》,载《法商研究》2015年第3期。

② 为了避免放纵真凶,如果某项证据具有真实的属性,即使其是通过非法手段获得法庭通常也不会排除。

③ 参见左卫民:《"热"与"冷":非法证据排除规则适用的实证研究》,载《法商研究》2015年第3期。

其核心在于实现庭审的实质化。[①] 就非法证据排除程序来说，涉嫌非法取证的侦查人员应当出庭并接受质证，也只有如此控辩双方才能够充分发掘取证细节，实质性的庭审才得以实现。[②] 显然，法律以及其他相关规定，对于侦查人员在非法证据排除程序中的身份定位，不符合庭审实质化的要求，与“审判中心主义”的改革目标亦相违背。

其次，侦查人员出庭身份的偏差不利于“刑行衔接”的进一步发展。近几年刑事与行政领域的交叉、衔接问题成为学术界研究的热点。《刑事诉讼法》及相关司法解释就如何运用和采纳行政机关在执法、办案过程中收集的证据作出了明确规定。随之，各行政机关与司法机关在刑事诉讼领域的协作越发频繁，而其中存在的问题也逐步显现。[③] 司法实践中，行政机关执法办案收集证据的行为，同样会面临合法性的争议。从诉讼原理上讲，如果控辩双方就相关问题发生分歧，行政执法人员应当出席法庭并接受质证。但是实践中，相关法律、法规并没有就行政执法人员的法庭职责作出明确规定。《刑事诉讼法》在非法证据排除程序中为侦查人员设定的特殊出庭身份，不利于“刑行衔接”的进一步发展。同样隶属于行政机关，行政执法人员有理由效仿侦查人员并以相应机关代表的身份出庭说明情况。倘若成为现实，法庭质证难以实现，庭审终将沦为行政执法行为的再确认程序。

最后，侦查人员出庭身份的偏差不利于法庭对监察证据的审查。为提升腐败治理能力，国家作出了监察体制改革的重大决策，形成了一体化、独立化、集权化的监察体系。[④] 转隶之后，原由检察机关行使的职务犯罪侦查权现由监察机关独立行使，且排除了《刑事诉讼法》的适用。监察机关地位高、权力重，因此对其实现有效监督至关重要。当下对于监察调查的外部监督，仅有法院、检察院在程序衔接中的司法审查可能发挥作用。如果侦查人员以代表性身份出庭作证，会对监察程序与刑事诉讼程序的证据衔接造成影响，导致对监察调查的司法审查难以实现。

3. 司法理念层面

被告人作为诉讼两造之一，享有与公诉方平等的诉讼地位。同时，作为非法取证行为的最直接受害者，理应有权申请相关人员出庭对质。被告人的质证权在世

---

① 参见程凡卿：《以审判为中心视角下的侦诉与审判关系研究》，载《法学杂志》2018年第1期。

② 参见陈卫东：《以审判为中心：解读、实现与展望》，载《当代法学》2016年第4期。

③ 参见练育强：《行刑衔接视野下的一事不再罚原则反思》，载《政治与法律》2017年第3期。

④ 参见叶青、程衍：《关于独立监察程序的若干问题思考》，载《法学论坛》2019年第1期。

界范围内早已被广泛认可,联合国《公民权利和政治权利国际公约》第14条第3款第戊项就明确规定:“凡受刑事控告者,在判定对他提出的任何刑事指控时,人人完全平等地有资格享受以下的最低限度保证:讯问或业已讯问对他不利的证人,并使对他有利的证人在与对他不利的证人相同条件下出庭接受讯问。”但是依据法律以及其他相关规定,被告人申请侦查人员出庭的权利受到了极大的限制,质证权在非法证据排除程序中更是大打折扣。除此之外,非法证据排除规则作为遏制刑讯逼供的有效手段之一,是保护被追诉人基本人权的关键。然而,侦查人员的特殊出庭身份使非法证据排除程序运行效果不彰,进而刑讯逼供难以遏制,被追诉人人身权利会因此受到更多侵犯。法律赋予侦查人员特殊的出庭身份,直接损害了被告人的质证权,同时也影响了非法证据排除程序的有效运行,间接助长了刑讯逼供行为,损害了被告人的人身权利。

四、非法证据排除程序的诉讼化和独立化发展方向

落实侦查人员的程序性被告身份是非法证据得以有效排除的关键,这就要求非法证据排除程序的诉讼化与独立化变革。

(一)诉讼化发展

在正义的诉讼程序中,控辩双方应当有同等的机会提出证据、表达观点,法院对案件事实的认识是以庭审中控辩双方对证据、法律意见的充分讨论和辩驳为基础的。只有这样的程序才能够真正揭示案件事实真相。[①] 针对上述问题,应当以诉讼化的模式构建非法证据排除程序,保证被告人一方能够有效地参与到非法证据排除程序当中,扭转侦查人员出庭身份的偏差。

具体说来,首先,应当取消《严格排非规定》和《排除非法证据规程》中对于被告人申请侦查人员出庭的条件限制,打破官方垄断的取证合法性自证模式。使被告人一方能够在需要时获得法庭质证的机会,凭借直接言词的方式揭露非法取证的事实。其次,应当增加侦查人员强制出庭制度,消除侦查机关在决定是否出庭上的恣意,进而保障侦查人员的出庭率,实现非法证据排除程序的诉讼化构造。《排除非法证据规程》第23条第2款规定:“经人民法院通知,侦查人员不出庭说明情况,不能排除以非法方法收集证据情形的,对有关证据应当予以排除。”此条款与《刑事诉讼法》第192条相类似,都规定了相关人员不出庭的法律后果。不同的是,“经通知不出庭”是排除鉴定意见的唯一条件,而排除非法证据还需同时具备

---

① 参见魏晓娜:《审判中心视角下的有效辩护问题》,载《当代法学》2017年第3期。

“不能排除以非法方法收集证据的情形”。因此,在双重条件之下,侦查人员缺席庭审并不能直接导致相关证据的排除,能否通过其他手段证明取证非法才是关键。在进一步的改革中,应当将“经通知不出庭”规定为排除相关证据的唯一条件,使不出席法庭真正具有不利的程序性后果。

(二)独立化发展

陈瑞华教授将我国的刑事审判划分为三大裁判模式:定罪裁判、量刑裁判、程序性裁判。[①] 最早在我国并没有定罪和量刑裁判的区分,定罪与量刑事实被法庭糅杂在一起。自2010年开始,最高人民法院推动了一系列的量刑程序改革,其中最主要的成果即是实现了定罪和量刑相对独立的审判模式。[②] 然而相比之下,程序性审判没有独立的地位。自2010年“两高三部”出台相关规定[③]确立了非法证据排除规则以来,非法证据的排除也仅被当作普通的证据能力认定问题,与其他事实问题混同审理。

程序性裁判的缺失使实践中多数程序性违法行为得不到制裁,例如,侦查机关任意剥夺律师会见权的行为;超期羁押现象频繁发生;对于被告人一方提出的传唤证人、调取证据、重新鉴定等申请,法庭无理驳回等。诉讼程序实则变成了带有技术性和手续性的操作规程,难以对公、检、法机关形成强制性约束。因此,构建总括性的、独立的程序性裁判程序非常必要,它能够更有效地集中解决程序性争端,起到震慑各专门机关的作用。[④] 此外,程序性裁判与定罪、量刑的事实性裁判,在证明责任划分、证明标准认定以及各方主体的诉讼角色分配等方面都有着明显的差异,应当建立彼此独立的程序以区别对待。当然,任何重大的制度改革都不可能一蹴而就,程序性裁判程序的建立也要循序渐进。具体说来,先以构建独立和诉讼化的非法证据排除程序为试点,逐步建立适用于所有程序性问题的审判模式。

就非法证据排除程序而言,目前法庭对于事实和程序问题的混合审理,导致了证据能力和证明力的混同。如果法官事先知晓了证据的证明力,就很难从心证中排除非法证据。只有实现事实与程序的分离审理,构建独立且前置

---

① 参见陈瑞华:《刑事司法裁判的三种形态》,载《中外法学》2012年第6期。

② 参见李玉萍:《中国法院的量刑程序改革》,载《法学家》2010年第2期。

③ 系《关于办理死刑案件审查判断证据若干问题的规定》和《严格排非规定》。

④ 参见陈瑞华:《刑事证据法学》(第2版),北京大学出版社2014年版,第21~30页。

的非法证据排除程序，才能够真正实现非法证据的排除。[1] 具体说来，可以充分利用庭前会议的功能，将非法证据的认定问题提前到庭前会议来解决，而主持庭前会议的法官则不能作为审判程序的主审法官。如此，既有利于贯彻集中审理原则，也有利于实现非法证据排除程序的前置性和相对独立性。但是实践中，庭前会议并不具备认定证据合法性的功能，[2]所以这也将是今后改革的方向。

五、结语

关于非法证据排除程序的运行规则，本节提出了一些完善建议，希望有所裨益。但是规则的完善仅能治标，司法理念的变革才是根本。在我国，非法证据排除程序的建立以预防冤错案件为价值导向。这也就意味着非法证据排除的关键不在于"非法"，而在于证据是否真实。一项真实的证据不仅不会导致冤、错案件发生，反而能够增加判决的准确率。因此，即使相关证据是通过非法手段取得，实践中也很难将其排除。事实上，非法证据排除程序更重要的价值在于保障人权，维护程序正义。而只有以此为价值导向来构建非法证据排除程序，才能真正实现非法证据的排除，消除刑讯逼供等非法取证行为。

第五节 共犯陈述的信用基础及规则构建*

一、问题的提出

我国《刑事诉讼法》及相关司法解释并没有系统性的关于共犯陈述的具体规则。《最高法解释》第 199 条和《人民法院办理刑事案件第一审普通程序法庭调查规程》(以下简称《庭审规程》)第 8 条规定了同案审理的共同被告人存在供述差异的处理方式，但两部解释都只规定了程序性规则，对于共同被告人供述的可采性条件、补强要求等证明规则均未涉及，更没有涉及通过认罪认罚、不起诉等方式处理的共犯陈述问题。

与一般言词证据相比，共犯陈述最大的特点是外在表现形式的多样性与证据

---

① 参见杨波：《由证明力到证据能力——我国非法证据排除规则的实践困境与出路》，载《政法论坛》2015 年第 5 期。

② 参见《人民法院办理刑事案件排除非法证据规程(试行)》第 15、16 条。

* 作者：王晓华。本节原发表于《中外法学》2021 年第 3 期。

价值不变性之间的统一。以被告人作为参照系,共犯在诉讼程序中会以不同的身份面貌出现:他们可能是同案被告人,也可能是已经被先行判决的他案被告人,还可能是被赦免的"污点证人",但从实体法上讲,共犯陈述的证据价值并不因其程序身份的不同而有所变化。但共犯陈述的可靠性较低也是一个普遍的认识,共犯之间密切的利害关系决定了其具有强烈的作伪证动机,有时候几个共犯可能仅仅为了拖人下水而在案发前建立攻守同盟,诬陷他人。①

共犯陈述的不可信根源在哪里?处理程序的不同会对共犯陈述的信用产生什么影响?尤其是在认罪认罚从宽制度深入推进的当下,认罪和不认罪的被告人有可能被分案处理,②使用分案处理的共犯陈述应当有什么特别的程序性规制?实践中出现了为避免认罪和不认罪的被告人听到彼此的质证意见而分开进行法庭调查的情况,这种做法是否正确?有无侵害到被告人的质证权?《刑事诉讼法》第55条规定的被告人补强规则是否应当包括共犯陈述?回答这些问题,需要我们为共犯陈述寻找一个信用保障机制。

二、利害关系:共犯不被信任的原因

(一)利害关系对共犯信用的基础影响

在普通法早期,罪犯的作证资格是有限制的。在19世纪以前的英国,一个曾经因为叛国罪(treason)、重罪(felony)或伪证罪(perjury)等"无耻的犯罪"(infamous crime)被定罪的人,终身没有作为证人作证的资格,③同时,与诉讼结果有利害关系的人也不具有作证资格。此时的共犯无论是否已经被定罪,都会失去在法庭上作证的资格。

此种状况最早在澳大利亚新南威尔士受到挑战。作为英国本土流放罪犯的殖民地,新南威尔士有大量来自英国的重刑犯,英国本土禁止罪犯作证的法律会导致新南威尔士的法官在很多案件中无法进行审判。为此,时任新南威尔士大法官的詹姆士·道林勋爵(Sir James Dowling)执意要改变这一做法。虽然他的主张受到了一些保守派法官的反对,也没能引起英国本土的重视,但在道林勋爵主政期间,

① 参见吴丹红:《论共犯口供的证明力》,载《中国刑事法杂志》2001年第5期。

② 参见何涛:《共同犯罪案件如何适用认罪认罚从宽制度》,载《检察日报》2019年11月24日,第3版。

③ See J. D. Heydon, *Cross on Evidence*, 8th Australian edition, Chatswood: LexisNexis Butterworths, 2010, p 418.

他还是坚持肯定了罪犯陈述的可采性。[①] 英国之后颁布了《1843 年证据法》(Evidence Act 1843)。该法规定在任何诉讼程序中,所有人都不因其以前的犯罪记录而丧失作证的资格。[②] 英国现行法律规定,证人先前的犯罪记录或利害关系仅仅影响其证词的证明力而不影响其作证资格。[③]

亦即,在普通法早期,品格和利害关系是阻止共犯作证的主要因素,品格因素体现了当时社会对于犯罪者的固有偏见,具有特定的时代性特征。澳大利亚突破这一偏见更多是出于打击犯罪的需要。而利害关系这个因素自始至终都没有脱离立法者的视野,只是随着对于诉讼价值认识的变化以及诉讼能力的提高,立法者逐步放松了对共犯陈述的使用限制,但限制仍然存在,这体现了人们对于共犯陈述可靠性的警惕。

共犯陈述在证明他人的犯罪事实时具有两面性:在确保共犯陈述真实的前提下,这种证据往往具有证明的直接性,对于证明案件事实具有很高的价值;但共犯陈述恰恰在真实性上存在很大风险。共谋是一种相对秘密的过程,真相往往只有共犯才知晓,共犯之间相互推诿罪责往往会形成一对一证据,难免真相不彰。这种矛盾性使审判者对共犯的陈述又爱又恨,消除利害关系带来的影响对于发现真实尤其重要。

(二)政府“赎买”对共犯利害关系的放大

然而,除了内容上的利害关系外,共犯还常常因为与政府的合作,加深其在诉讼中的利害关系。美国曾经出现过一种极端的态度:被政府“赎买”的共犯陈述不应具有可采性。[④] 各国普遍禁止当事人收买证人,那么政府与共犯的交易、豁免是否也是一种收买?这种“利上加利”的陈述为何能够被使用呢?

乍看之下这个观点似乎没有讨论的价值:在国家打击犯罪的过程中必然存在轻重取舍,尤其是在有组织犯罪、恐怖主义犯罪等涉案人数众多、侦查难度较大的案件中,将小部分地位较低、罪行较轻的涉案人员转化为污点证人是各国司法机关的通行做法。联合国《反腐败公约》中也明确要求缔约国“采取适当措施,鼓励参

---

① John Michael Bennett, *Sir James Dowling*: *Second Chief Justice of New South Wales*, *1837 - 1844*, Federation Press, 2001, p. 45 - 48.

② 英国《1843 年证据法》(Evidence Act 1843), http://www.irishstatutebook.ie/eli/1843/act/85/enacted/en/print.html, 最后访问日期:2020 年 3 月 12 日。

③ See J. D. Heydon, *Cross on Evidence*, 8th Australian edition, Chatswood: LexisNexis Butterworths, 2010, p. 421.

④ United States v. Singleton, 144 F. 3d 1343 (10th Cir. 1998).

与或者曾经参与实施根据本公约确立的犯罪的人提供有助于主管机关侦查和取证的信息”并为其提供证人保护,①那么认罪及豁免所产生的利害关系对共犯陈述的使用会有怎样的影响?

以豁免换取共犯的证言显然是一种赎买。法律禁止当事人收买证人,证人被收买也就意味着其失去了客观中立的立场,与案件的一方形成了利害关系。但为什么政府就可以?就此问题,普通法历史上曾经出现过一些争议。

在美国,政府通过辩诉交易获取的共犯陈述的可采性争议主要围绕两个问题展开:其一,政府利用宽宥换取共犯的证词是否违反正当程序原则?其二,政府的行为是否构成对共犯的“贿赂”?

第一个问题在20世纪60年代美国“正当程序革命”期间被多次提及。1972年美国联邦最高法院在一个案件中指出,检察官在审判中没有告知陪审团其与证人已经达成了以不起诉换证言协议的做法违背检察官的开示义务,违反了宪法修正案第5条的正当程序条款。② 在这个案件中,一位证人与一位检察官助理达成了一个协议,协议约定只要该证人在大陪审团面前指证原告,他就可以获得不起诉的“奖赏”。庭审中,另一位检察官助理称并没有给予证人免于起诉的承诺,而一位地区检察官则表示,他在庭前以个人的名义对证人强调,如果不作证就肯定会被起诉,如果作证,检察官会根据本案的结果考虑对他的处分决定。美国联邦最高法院认为,检察官对外以一个整体代表政府指控犯罪,即使检察官助理没有权限与证人达成协议或未能及时向上级汇报该情况,也不影响检察官的开示责任。

需要注意的是,在本案中美国联邦最高法院并非因为检察官与共犯达成交易而排除其证言,美国联邦最高法院的核心理由是该证人的可靠性与其达成的辩诉协议有很大的关联,陪审团只有知晓该协议的存在才能更好地判断证人证言的真伪。③

美国联邦最高法院的这一观点在1984年受到了一次挑战。美国第八巡回法院在另一案中指出,溢价收买不利于被告人的证词会导致极大的伪证风险,即使陪审团充分了解辩诉协议也不足以保障正当程序条款所蕴含的基本公正性。这一结论很快在之后的全席审判(Court en banc)中以4∶5的结果被推翻。④ 但全席审判中的多数意见并未提供具体理由,有学者认为这是判决的多数派对这个结论不够

---

① 参见联合国《反腐败公约》第37条。

② Giglio v. United States, 405 U.S. 150, 150(1972).

③ Ibid , p.155.

④ United States v. Waterman, 732, F.2d, 1527, 1530-1531 (8th Cir. 1984).

自信的表现。[①] 自此以后,辩诉交易取得的证言与正当程序之间关系的问题就鲜有人提,美国联邦法院基本上以上述 1972 年案的意见为标准,强调被告人的质证权与陪审团的知情权。

在美国联邦最高法院拒绝违背正当程序条款的理由之后,有人试图从制定法的角度来否定通过辩诉交易获取的共犯陈述。美国第十巡回法院的 3 名法官在美国诉辛格尔顿(United States v. Singleton)一案(下称 Singleton Ⅰ案)中提出,"如果刑事被告人试图收买证人会导致司法被玷污,那么当政府这么做时,结果是一样的"[②]。该案被告人辛格尔顿(Singleton)涉嫌洗钱罪,在众多不利于其的证据中有一份是名为道格拉斯(Douglas)的共犯陈述。道格拉斯在作证前与控方达成了辩诉协议,答应在辛格尔顿案件中指证被告人。辩护方在初审中以控方违反美国《反贿赂证人法》为由提出动议要求排除道格拉斯的证词,初审法院拒绝了辩方动议,并最终判决被告人有罪。美国第十巡回上诉法院接到上诉后,3 名法官裁定控方使用道格拉斯的证言违反美国《反贿赂证人法》,该证言不能使用。法庭认为,在美国的司法实践中,承诺给予证人减轻刑罚以换取对他人的不利证言的做法是根深蒂固的顽疾。排除这一类证据以消除控方"购买"共犯陈述的动机非常必要。[③]

Singleton Ⅰ判决作出 9 天后,美国第十巡回上诉法院对该案进行全席审判。经过近 6 个月的审理后,法庭作出最终裁决(Singleton Ⅱ),撤销 Singleton Ⅰ的判决,维持初审有罪裁定,Singleton Ⅰ案的 3 名法官出具了反对意见。Singleton Ⅱ判决认为,在普通法历史上,国王在法律之外(King is not bound by laws),政府及其代理人并不受美国《反贿赂证人法》的约束,否则将剥夺政府通过赦免交换共犯指控其同伙的特权。[④]

该案反映出了美国司法实践对于与控方达成辩诉交易的共犯陈述的不信任与维护辩诉交易制度之间的冲突。支持 Singleton Ⅰ判决的观点普遍从发现真实的角度来论证:"使用购买、交易来的证言是无法实现美国司法体系的首要目标——发现真实的。"[⑤]他们试图从可采性规则上限制这一类共犯证言的使用,以防止错判的发生。

---

① See A. Jack Finklea, *Leniency in Exchange for Testimony: Bribery or Effective Prosecution?*, 33 Indiana Law Review, 960 (2000).

② Supra note 10, p. 1346.

③ Ibid., p. 1360.

④ U. S. v. Singleton, 165 F. 3d 1297, 1301 (10th Cir. 1999).

⑤ United States v. Cervantes-Pacheco, 800 F. 2d 452, 460 (5th Cir. 1986).

但 Singleton Ⅰ判决被推翻也在情理之中，支持 Singleton Ⅱ判决的观点认为："公正且有效率的刑事司法程序既要给予控方足够的追诉犯罪的权力，又要赋予被告人充分的权利以保障其受到公正的审判……考虑到辩诉交易在我们的刑事司法体系中根深蒂固，过于严格限制辩诉交易将严重影响控方对共同犯罪的追究。"[①]在普通法历史上，与共犯进行辩诉交易的实践有着悠久的历史，[②]近年来，辩诉交易更是在美国的司法体系中扮演着极为重要的角色。根据美国司法统计局（Bureau of Justics Statistics）2010 年发布的《2006 年各州重罪判决》的数据，重罪案件的有罪判决中有 94% 是通过认罪答辩形成的。[③] 综合分析美国司法统计局 20 年（1986～2006 年）的数据可以发现，美国认罪答辩的平均适用率为 93%，最低适用率为 89%（1986 年和 1996 年），整体趋势在逐步上升。在这样的环境下，限制甚至禁止检察官与共犯进行交易几乎不可能。从价值平衡的角度讲，否定共犯陈述的可采性并不是一条可行的路径，充分发挥正当程序对于发现真实的功能才是真正的解决之道。美国联邦最高法院在前文 1972 年案中的处理或许是一个更加科学的做法。

三、质证权：重建共犯信用的基石

质证权"毫无疑问是人类迄今为止所发明的最伟大的发现真实的法律工具"。[④] 威格莫尔的这个论断常常被人们用来论证质证权对于发现真实的重要性，至少在普通法系国家，这个结论受到广泛的认可。在有共犯的案件中，质证权对于重建共犯陈述的信用尤为重要。

在英美法系中，并案审理案件中的共犯同时也是被告人，控方可以将被告人的庭外供述作为证据使用，但该供述原则上只能作为对其自身的不利证据，不能用作针对其他被告人的不利证据。当一份包含不利于其他被告人的内容的供述被提出时，必然会给陪审团留下不利于其他被告人的印象。如果共犯在庭审中行使沉默权，其他被告人就无法针对这份庭外供述进行交叉询问，会损害其他被告人的质证

---

① Korin K. Ewing, *Establishing an Equal Playing Field for Criminal Defendants in the Aftermath of United States v. Singleton*, 49 Duke Law Journal 1371 (2000).

② Yvette A. Beeman, *Accomplice Testimony under Contingent Plea Agreements*, 72 Cornell Law Review 800 (1987).

③ Bureau of Justice Statistics, *Felony Sentences in State Courts, 2006 – Statistical Tables*, https://www.bjs.gov/content/pub/pdf/fssc06st.pdf，最后访问日期：2020 年 9 月 1 日。

④ See J. Wigmore, *Evidence in Trials at Common Law*, Vol. 5, § 1367, Aspen Publishers, 1974, p. 32.

权,也会影响案件事实的认定。在司法实践中,控方经常采用终止指控、分离诉讼程序或者与共犯进行辩诉交易等各种方法,将他们需要的共犯转化为证人,使其可以针对其他被告人作证。在这种情况下,控方使用共犯的庭外供述等于出示了一份传闻证据,需要受到质证权条款和传闻证据规则的制约。

质证权条款侧重于被告人基本权利保障的问题;传闻证据规则强调的是传闻证据的真实性问题,如何平衡真实发现和权利保障两大价值,一直是普通法系国家研究传闻证据的重点内容。

(一)美国宪法条款下质证权的制约

对并案审理中共犯庭外供述的可采性问题,美国联邦最高法院的观点一直在摇摆。1957 年,美国联邦最高法院在德尔利·保利诉美国案(Delli Paoli v. United States)中指出,在合并审理的案件中,含有不利于其他被告人内容的庭外陈述可以作为证据使用,前提是法官必须向陪审团作出指示,该证据不能作为不利于其他被告人的证据。① 而代表 4 名持反对意见法官的弗兰克福特大法官则认为,法官对陪审团的指示是根本没有效果的,共犯庭外供述的影响“不可能从陪审员印象中被抹去”。② 到了 1968 年,在德尔利案中持多数意见的里德(Stanley F. Reed)、伯顿(Harold H. Burton)和克拉克(Tom C. Clark)3 位大法官已经退休,加上沃伦大法官的“临阵倒戈”,美国联邦最高法院在布鲁顿诉美国案(Bruton v. United States)中推翻了德尔利案的多数意见。布鲁顿案的多数意见认为,陪审员不可能严格区分共犯陈述中哪些是可用的内容,即便法官向陪审团作出指示,提交该证据也侵犯了宪法保障的质证权。③

1978 年,帕克诉兰道夫案(Parker v. Randolph)给美国联邦最高法院提出了新问题:共犯在庭前所作的与其他被告人一致的(interlock)认罪供述,能否适用布鲁顿规则?该案中的几名被告人被指控谋杀罪。由于没有证人,初审法院在认定被告人的庭前供述是“任意且自愿”的情况下认可了其可采性,并对陪审团作出了 Delli 案的警示。美国田纳西州刑事上诉法院以违反布鲁顿规则为由撤销了初审判决,而该州高等法院则认为,布鲁顿案中不出庭作证的共犯,其陈述涉及一个从未供述过的被告人,但本案的其他被告人作出过与不出庭共犯相互印证的口供,只要同案

---

① Delli Paoli v. United States, 352 U. S. 232, 239 (1957).

② Ibid., 247 (1957).

③ Bruton v. United States, 391 U. S. 123, 137 (1968).

被告人有过和共犯供述实质内容相似的供述就排除了适用布鲁顿规则的可能。[①]

美国联邦最高法院经过审理后以 5∶3 的结果认同了美国田纳西州高等法院的观点,伦奎斯特大法官在多数意见中写到,质证权是用来保障刑事审判的公正性和准确性的,它不能与同为美国联邦宪法确定的陪审团制度相分离。美国刑事司法的基本假设是陪审团会遵照法官的指示进行裁决。质证权条款从来没有仅仅因为不出庭证人的证言涉及其他被告人而否定证言的可采性。[②] 伦奎斯特大法官认为在布鲁顿案中,对陪审团的指示不足以保障被告人的质证权,而在帕克案中,陪审团不遵守法官指示所造成的偏见并不是“毁灭性”(devastating)和“重要”(vital)的。[③]

虽然帕克案判决仍然围绕着被告人的质证权来论证共犯陈述的可采性,但多数意见已经指出了陈述内容的真实性对质证权的影响,具有高度真实性的陈述可以降低被告人质证权受损对公正性的伤害,这是马托克斯案[④]确立的真实性理论在共犯陈述中的体现。之后,美国联邦最高法院在李诉伊利诺伊案(Lee v. Illinois)[⑤]和克鲁兹诉纽约案(Cruz v. New York)[⑥]中进一步强调了共犯陈述的“真实性标记”对适用布鲁顿规则的影响。

值得注意的是,上述判决都是在争议中形成的。除了布鲁顿案是以 6∶3 的较大优势通过外,其他判决的多数意见都只拿到了 5 票,这体现出美国联邦最高法院在平衡真实发现和保障被告人质证权上的犹豫不决。直到 2004 年美国联邦最高法院终于意识到“真实性标记”这个标准过于模糊,于是在克劳福德诉华盛顿案(Crawford v. Washington)[⑦]中转向以是否赋予被告人质证机会作为判断共犯庭外陈述可采性的标准。该案是美国联邦最高法院进入 21 世纪后对质证权态度的颠覆性转变,9 名大法官一致推翻了俄亥俄诉罗伯特案(Ohio v. Roberts)[⑧]中将质证权视为发现真实手段的工具主义观点,将质证权的意义放在了防止政府滥权上,强调了质证权权利属性的回归。[⑨] 这个转变有效地改变了布鲁顿案后美国联邦最高法院对待共犯陈述可采性的摇摆态度,将保障质证权置于判断共犯“证言性陈述”

---

① See State v. Elliott, 524 S. W. 2d 473, 477 – 478 (Tenn. 1975).
② Parker v. Randolph, 442 U. S. 62, 73 (1979).
③ Ibid., 74 (1979).
④ Mattox v. United States, 156 U. S. 237 (1895).
⑤ Lee v. Illinois, 476 U. S. 530, 539 (1986).
⑥ Cruz v. New York, 481 U. S. 186, 186 (1987).
⑦ Crawford v. Washington, 541 U. S. 36, 53 (2004).
⑧ Ohio v. Roberts, 448 U. S. 56 (1980).
⑨ 参见郭烁:《对抗秘密取证:对质权属性及范围重述》,载《现代法学》2020 年第 1 期。

(testimonial statements)可采性的首位。

(二)传闻规则中质证权与真实性的平衡

美国《联邦证据规则》对待传闻证据的态度沿袭了美国联邦最高法院寻求真实性标记和质证权保障平衡点的基本精神。但是美国《联邦证据规则》属于成文法,是事前规范,因此在寻找这个平衡点上要比最高法院的判例法简单得多。

美国《联邦证据规则》中有3种传闻证据例外与共犯庭外陈述有关:先前的陈述(Prior statement by witness)[规则801(d)(1)]、共谋者陈述(a Statement by a Coconspirator)[规则801(d)(2)(E)]以及先前的证词(Former Testimony)[规则804(b)(1)]。这3条都脱胎于普通法传统的传闻证据规则,在英国2003年《刑事审判法》中也有所体现。①

1. 先前的陈述与先前的证词

先前陈述和先前证词是普遍性的传闻证据排除条款。先前证词例外适用于证人客观上无法出庭的情形。② 先前证词必须符合"先前已交叉询问"理论,才具有可采性。"先前已交叉询问"理论是指,证人在先前的诉讼程序中宣誓作证,且被告有完全及恰当的机会对其进行交叉询问,在审判过程中,证人因客观原因不能出庭作证,那么使用该证人"先前的证词"没有侵害被告人的质证权。③ 美国判例认为,在预审时辩护律师对证人进行询问符合"先前已交叉询问"理论,因此该证言得为证据。

先前陈述只适用于证人当庭作证的情况。在普通法历史上,证人在庭外作出和在庭上不一致的陈述时,先前陈述仅作为弹劾证据使用,美国《联邦证据规则》改变了普通法的这一规定,在特定情况下,先前的陈述可以作为实质证据。④ 但能作为实质证据的先前不一致的陈述只限在审判、听证或证言固定(deposition)程序中的宣誓证言,因此,共犯在警察面前所作的陈述就只能作为弹劾证据。

在质证权方面,先前不一致的陈述符合"延缓的交叉询问"理论。"延缓的交叉询问"理论是指,"证人审判外的陈述,被告当时未能诘问,使用该证据,侵害被

① 参见《英国2003年〈刑事审判法〉及其释义》,孙长永等译,法律出版社2005年版,第110页。

② 美国《联邦证据规则》804(a)规定了5种不能出庭的情形:(1)合法行使拒绝作证权;(2)经法庭命令仍拒绝作证;(3)对所涉事实丧失记忆;(4)因死亡、生理或心理疾患而不能出庭或作证;(5)经合法的传唤拒不到庭的。控方只有在尽一切努力之后仍然无法使证人出庭时才能使用先前的证词。

③ 参见王兆鹏:《美国刑事诉讼法》,北京大学出版社2014年版,第458页。

④ See Michael H. Graham, *Federal Rules of Evidence in a nutshell*, St. Paul, MINN: West Group, 2001, p. 403.

告之交叉诘问权,惟若该审判外陈述之人,于审判中出庭宣誓作证,且被告得以交叉诘问,则使用审判外之陈述为证据,未侵害交叉诘问权”。所以使用先前不一致的陈述不侵犯被告人的质证权。

在真实性标记方面,“证人的先前陈述,离案发的时间较近,证人的记忆比较清晰,当时的陈述较审判中的陈述更具有证明力”。[①] 当然,对于共犯而言,这一论述未必合理,共犯陈述的特点决定了对其先前陈述应该更加警惕。

英国《刑事审判法》的相关规定和美国《联邦证据规则》的内容大同小异。有一点不同,英国《刑事审判法》并不要求先前不一致的陈述必须是宣誓证言,只要证人承认以前作出过不一致的陈述或者其以前作出的不一致陈述已经根据英国1865年《刑事程序法》第3、4条或者第5条[②]得到证实,便可将该证据采纳为可采证据。美国的规定更侧重保障共犯陈述的真实性。美国众议院司法委员会就认为,相比非宣誓或非口头的陈述,在正式程序和宣誓的环境下作出的陈述不会产生争议,也更能确保其可靠性。[③] 而英国的规定更注重扩大证据来源,尤其当共犯翻供时,允许使用共犯先前的陈述可以使法官、陪审团获取更多的证据信息,有利于发现真实目标的实现。

2. 共谋者陈述

与共犯陈述关联更密切的是共谋者陈述的例外。美国《联邦证据规则》801(d)(2)(E)规定了共谋者陈述不属于传闻证据。该陈述不仅能够成为陈述者有罪的证据,还能成为证明共同参与犯罪的其他被告人有罪的证据。共谋者陈述是指某一共谋者在共谋的过程中,为达到共谋的目的所作之陈述。构成共谋者陈述须具备以下3个要件:(1)陈述人与被告人必须有共谋关系(a coconspirator of a party)。(2)陈述必须在共谋的过程中形成(during the course)。美国判例认为,共谋犯一旦被捕,共谋关系即结束,其后所作之陈述便不属于共谋者陈述。[④] 共谋关系已完成或无法完成被视为共谋关系结束。共谋成员中止或撤出共谋关系,亦认为共谋关系结束。(3)必须是为共谋之目的所作陈述(in furtherance of the conspiracy)。

共谋者陈述一般是被告人及共犯之间为实施犯罪所作的交流,这种交流具有

---

① See John W. Strong, *McCormick on Evidence*, 4th edition, St. Paul: West Publishing 1992, p. 438.

② See Criminal Procedure Act 1865.

③ Michael H. Graham, supra note 44, p. 403 – 404.

④ Krulewith v. United States, 336 U. S. 440, 442(1949).

即时性,陈述内容就是共谋者们犯罪意愿的表达,这种表达具有极大的可信性,这也是共谋者陈述可以作为证据使用的重要原因。

四、补强规则:撑起共犯信用的栋梁

交叉询问的方法也有弱点,控辩双方的询问技巧、庭审经验以及作证人的心理素质都会影响交叉询问的效果。因此,除了交叉询问,普通法国家还通过其他的手段来保障共犯陈述的真实性:补强规则。英美法系补强规则的内容和特点如下:

(一)入罪证据是补强规则规范的重点

在1994年以前,英国的法官在使用没有补强的不利于被告人的共犯陈述时必须对陪审团作出指示,这一警示要求被英国《1994年刑事司法与公共秩序法》(Criminal Justice and Public Order Act 1994)第32条所废除,①但这并不影响法官根据常识提醒陪审团注意共犯陈述的可疑性,并要求陪审团寻找独立的证据来支撑共犯陈述。

当共犯陈述完全有利于被告时,则不要求有这样的指示。当然,为了平衡各个被告之间的利益,法官可以指示陪审团:由于该被告人与其他被告人存在一定程度的利害关系,其证言可能对其他被告不利。②

在美国,各州对于补强规则的要求也有所不同,比如马里兰州推定共犯陈述不可信,在没有补强证据的情况下,共犯陈述不能作为被告人定罪的依据。美国纽约州的规则更加严格,除了未经补强的共犯陈述不能作为被告人定罪依据,不同共犯的证言也不能相互补强。换言之,即使多个共犯一致的证言也不能作为确定被告人有罪的证据。③ 上述内容,法官都必须在给予陪审团的指示中告知。

对于有利于被告人的共犯陈述是否需要补强的问题,美国各司法辖区的做法也有所不同。1971年联邦第五巡回上诉法院在美国诉诺尔德(United States v. Nolte)案中首次认可了法官对有利于被告人的共犯陈述作出补强警示的做法。④在其他司法辖区,对于辩方证人的共犯陈述,原则上法官不需要对陪审团作警示,

---

① See Richard Glover, *Murphy On Evidence*, 15th edition, Oxford University Press, 2017, p. 279 - 280.

② Ibid., p. 284.

③ New York Criminal Procedure Law 60.22 (McKinney 1989), See John C. Jeffries, Honorable John Gleeson, *The Federalization of Organized Crime: Advantages of Federal Prosecution*, 46 Hastings Law Journal 1095 (1995).

④ United States v. Nolte, 440 F.2d 1124, 1128(5th Cir. 1971)

但有时也存在例外：当有证据证明共犯可能扛罪或作伪证为被告人开脱时，控方可以说服法官向陪审团作出警示，要求陪审团谨慎地对待该共犯的证言。① 美国加利福尼亚州的判例则明确表示，对单纯出罪或中立的证言不需要提出补强警示，否则将构成偏见性错误（prejudicial error）。②

英美两国以定罪证据为重点补强的对象，主要与沉默权和证明责任分配有关。控方提出共犯的陈述以证明被告人的罪行，仅是完成举证责任的第一步，共犯陈述的天然不可靠性决定了控方在举出这类证据时还应当承担更多的举证责任。仅依据一个和被告人存在利害关系的人的证言就要求陪审团认定被告人有罪，显然并不合理，因此控方对于共犯陈述的真实性同样负有证明义务，提供补强证据是控方举证责任的应有之义。相反，有利于被告人的陈述并不是被告人证明自己无罪的一部分，辩护方并没有义务为这种无罪陈述提供额外支撑。

（二）补强范围包括信用增强与实体事实

对于补强证据的证明范围，英国理论上存在两种观点：一种观点认为，独立的证据应当能够证实共犯陈述的各个部分都是充分的；而另一种观点认为，除了证实共犯陈述的真实性以外，补强证据还要能够证明犯罪行为与被告人存在关系。③ 英国刑事上诉法院采纳了第二种观点。在R.诉巴斯克维尔案（R. v. Baskerville）中，法官指出："补强证据必须是独立的能够证明被告人与犯罪行为有联系的证据。换言之，该证据必须牵涉被告人，必须不仅能够确认犯罪事实发生，而且能够证实被告人实施了该犯罪行为。"④美国很多州采用了相似立场：补强证据本身并不要求具有很高的证明力，也不需要涵盖所有事实，但补强证据必须能够体现犯罪行为与被告人之间的关联性，否则是不充分的。⑤

（三）陪审团的职权限制了补强规则的强制性

从上文可以看出，普通法系中补强规则最早是非强制性的，美国联邦层面甚至至今仍没有对共犯陈述有强制的补强要求。究其原因，英美法庭普通程序采用的是定罪权和量刑权分离的二元审判模式，与定罪有关的事实认定权属于陪审团，法官只能对那些证据具有可采性作出决定。一旦一个证据被认定为可采，其证明力

---

① Clifford S. Fishman, *Defense Witness as "accomplice": Should the Trial Judge Give a "Care and Caution" Instruction?*, 96 the Journal of Criminal Law & Criminology 1 (2005).

② People v. Smith, 218 Cal. Rptr. 3d 892 (Cal. Ct. App. 5th 2017).

③ J. D. Heydon, supra note 6, p. 474.

④ R. v. Baskerville, [1916] 2KB 658, 667.

⑤ See CALCRIM No. 335, Judicial Council of California Criminal Jury Instructions (2020 edition).

大小则完全取决于陪审团的自由心证。而补强规则是一个证明力强化规则,法官只能要求陪审团在采信共犯陈述时尽量寻找补强证据,如果陪审团坚持以共犯陈述作为唯一证据定罪,法官也无能为力。

第三章　认罪认罚从宽程序研究

第一节　认罪认罚从宽制度中的检察机关沟通之维*

作为一项仍然行走在本土化道路上的制度创新,我国的认罪认罚从宽制度存在诸多理论争议的同时,也面临许多实践层面的具体问题。为此,最高人民检察院专门印发《关于认真学习贯彻十三届全国人大常委会第二十二次会议对〈最高人民检察院关于人民检察院适用认罪认罚从宽制度情况的报告〉的审议意见的通知》(以下简称《贯彻审议意见通知》),针对实践中反映比较强烈、亟须进一步明晰的诸多方面,明确提出"十个下功夫"的具体工作要求。① 其中,控、辩、审的"沟通"具有特别的地位。

一方面,我国的认罪认罚从宽制度回避了"交易"的表述,被视为是一种认罪"协商"②或量刑"协商"。③ 然而,我国《刑

---

* 作者:叶青。本节原发表于《政治与法律》2021 年第 12 期。

① 参见最高人民检察院:《关于认真学习贯彻十三届全国人大常委会第二十二次会议对〈最高人民检察院关于人民检察院适用认罪认罚从宽制度情况的报告〉的审议意见的通知》,载《检察日报》2020 年 12 月 11 日,第 3 版。

② 参见胡铭:《认罪协商程序:模式、问题与底线》,载《法学》2017 年第 1 期。

③ 参见陈瑞华:《刑事诉讼的公力合作模式——量刑协商制度在中国的兴起》,载《法学论坛》2019 年第 4 期。

事诉讼法》并没有关于“协商”的规定,仅有关于“听取意见”的表述。倒是2019年10月“两高三部”印发的《关于适用认罪认罚从宽制度的指导意见》(以下简称《指导意见》)多次提到“沟通”,如在适用《指导意见》的通知中明确要求公、检、法、司、安等五部门要“在分工负责、各司其职的基础上,加强沟通、协调和配合,建立绿色通道、专人联络、定期通报、联席会议等制度,及时研究解决实践中出现的问题,形成贯彻实施合力。”《指导意见》本身更是规定“值班律师或者辩护人是否与人民检察院进行沟通”是审判阶段法院对认罪认罚自愿性、具结书内容真实性和合法性审查核实的重点内容之一。

另一方面,有专家指出,传统的程序正义理论所要求的诸如法官中立、诉讼参与、平等武装、程序理性等价值要求,在认罪认罚从宽制度这样一种协商性司法程序中变得不再重要,那种建立在控辩双方平等对抗基础上的程序正义理念,在该程序中似乎也没有了用武之地。[①] 笔者认为,在认罪认罚从宽制度中,以无罪推定为预设的一些原则与程序难有适用的空间,但在以审判为中心的教义体系下,控辩平等、控审分离、审判中立、程序参与等基本原则不能突破,而这正体现在“沟通”的制度规范中,也需要通过对“沟通”制度的完善来实现这些基本原则。

基于上述考虑,笔者拟立足于“沟通”这一基点,从程序正义的底线要求出发,检视认罪认罚从宽制度适用过程中,检察机关与辩审两方沟通存在的现实问题,为制度的科学发展提供助益。

一、沟通:认罪认罚从宽制度中程序正义的底线要求

“沟通”主要是指“人际沟通”,即人与人之间、人与群体之间思想与感情传递和反馈的过程,以求思想达成一致和感情的畅通。[②] “沟通”一词在规范性文件中并不少见,如《高检规则》第17条、《监察法实施条例》第8条等。有专家将“沟通”理解为一种工作方式。[③] 其实,刑事司法上的沟通不仅是工作方式,而且是一种必须达到的工作要求。

(一)控审沟通是互相配合、互相制约原则的必然要求

配合制约原则是调整我国公、检、法3机关关系的指导性准则,也是我国配置侦、控、审3项刑事权力的基本方案。具体到检法机关,互相配合是指检法机关在

---

① 参见陈瑞华:《论协商性的程序正义》,载《比较法研究》2021年第1期。

② 参见夏征农主编:《辞海》,上海辞书出版社2009年版,第734页。

③ 参见王玄玮:《监检衔接中检察职责的尺度——刑事诉讼中“制约”与“监督”辨析》,载《云南师范大学学报(哲学社会科学版)》2021年第1期。

进行刑事诉讼时,应当在分工负责的基础上,相互支持、协调一致、通力合作,共同完成追究和惩罚犯罪、保障涉讼公民的合法权益、保障无罪的人不受刑事追究的任务,而不能各行其是、画地为牢,甚至互相抵消力量。互相制约是指检法机关进行刑事诉讼应当按照职责分工,相互制约、相互平衡,从而及时发现工作中存在的问题或错误,并加以纠正,以保证法律的准确实施。① 因此,无论是基于减少无谓的消耗考量,还是从及时发现问题、有效解决问题的目的出发,均离不开检法间的沟通。《贯彻审议意见通知》也要求,检察机关要加强与法院沟通协调,进一步明确"从宽"的具体标准和不同阶段认罪认罚从宽的差异,统一司法尺度,减少量刑分歧。

(二)控辩沟通是认罪认罚案件中形成合意的必然要求

认罪认罚从宽制度的确立,使我国刑事诉讼中除"以庭审为重心"以外,还出现了一种"以审查起诉为重心"的程序格局。② 在"以审查起诉为重心"的程序格局下,法院要做的是"确认式庭审",③即对于认罪认罚案件,检察机关提出量刑建议,法院一般应当予以采纳。"伴随着认罪认罚从宽制度从试点工作过渡到正式确立,量刑建议也正经历着一个由幅度化迈向精准化、由单方封闭式迈向多方协商式、由意见参考型迈向结果审核型的转型过程。"④量刑建议已成为凝聚控辩合意的重要载体。⑤ 有专家认为,当前认罪认罚从宽制度采取的是一种单方面"听取意见式"的职权从宽模式,⑥值班律师也无法积极有效参与认罪认罚协商,而是异化为"见证者""背书者",⑦在此情形下,量刑建议体现控辩合意的程度十分有限。笔者认为这是事实,《贯彻审议意见通知》的"十条意见"中"沟通"一词出现多达16次,显然是对沟通现状的不满和对加强沟通的期许。

---

① 参见谢佑平、万毅:《刑事诉讼法原则:程序正义的基石》,法律出版社2002年版,第409~413页。

② 参见李奋飞:《以审查起诉为重心:认罪认罚从宽案件的程序格局》,载《环球法律评论》2020年第4期。

③ 参见李奋飞:《论"确认式庭审"——以认罪认罚从宽制度的入法为契机》,载《国家检察官学院学报》2020年第3期。

④ 郭烁《控辩主导下的"一般应当":量刑建议的效力转型》,载《国家检察官学院学报》2020年第3期。

⑤ 参见陈国庆:《量刑建议的若干问题》,载《中国刑事法杂志》2019年第5期。

⑥ 参见闫召华:《听取意见式司法的理性建构——以认罪认罚从宽制度为中心》,载《法制与社会发展》2019年第4期。

⑦ 参见李奋飞:《论"交涉性辩护"——以认罪认罚从宽作为切入镜像》,载《法学论坛》2019年第4期。

(三)控辩平等、控审分离原则设定了沟通的框架

随着时代的发展,实践层面对程序正义的理解发生变化实属正常。毕竟,正义也“有着一张普罗修斯似的脸,变幻无常,随时可呈不同形状并具有极不相同的面貌”。① 但无论如何,程序正义仍然蕴含一些不变的价值理念,如控辩平等、控审分离等。认罪认罚从宽制度与刑事正当程序的“疏离”,实为两者正常的动态调整,系对程序正义内核的“坚守”。②

一方面,控辩平等是确保检察机关与被追诉方有效沟通的结构性要件。德国哲学家哈贝马斯认为,一个理想的商谈式沟通需要同时满足至少四个效力要求与四个附加程序常数,前者包括理解性、真实性、真诚性和适当性,后者则要求“在水平位置上的机会平等;交流参与者有权对事实发表意见和有权对其他人表达的事实所具有的效力提出疑问;所有人有权表达观点;对前面所称三个条件的限制有提出疑问的权利”。③ 可见,只有控辩双方真正“平等”相待,展开“平等”的对话与沟通,才能达成公正的主体间合意,并最终获得真正的程序正义。④

另一方面,控审分离使检察机关与被追诉人的沟通具有了必要性,也为检察机关与法院的沟通设定了限度。如果是在纠问式程序下,法官集控审两种职能于一身,主导和决定程序进程,被告人的诉讼主体地位完全丧失,那么也就缺少了沟通的必要性。“在现代刑事诉讼中,作为公共权力机构的检察机关与审判机关具有一定的亲密性,这是实现司法公正的障碍。”控审分离原则的确立是诉讼文明进步的标志,符合心理学规律,有利于形成、维持诉讼应有的结构形态,实现外观正义、程序公正,也为检察机关与法院的沟通设置了不容逾越的界限。

二、程序正义标准检视下认罪认罚从宽制度中检察机关的沟通问题

正义是法律制度所要实现的最高目标,也是人们用来评价和判断一种法律制度具有正当性的价值依据。相对于实体正义而言,程序正义是指法律程序在具体运作过程中所要实现的价值目标。程序正义为自己确立了三个基本目标:一是增加收集所有为作出明智而正义决定所必需信息的机会;二是确保在作出决定时信

---

① 参见[美]博登海默:《法理学:法律哲学与法律方法》,邓正来译,中国政法大学出版社 1999 年版,第 252 页。

② 参见朱孝清:《刑事正当程序视野下的认罪认罚从宽制度》,载《法学》2020 年第 8 期。

③ [德]马蒂亚斯·雅恩:《回到未来——新共识刑事诉讼程序的范式:法的商谈理论》,宗玉琨译,载赵秉志等主编:《当代德国刑事法研究》(第 3 卷),法律出版社 2019 年版,第 223 页。

④ 参见曾亚:《认罪认罚从宽制度中的控辩平衡问题研究》,载《中国刑事法杂志》2018 年第 3 期。

息的使用是明智的和公正的；三是保护隐私权、人格尊严、自由，并促进效率。① 从程序正义中蕴含的控辩平等、控审分离、审判中立、程序参与等不变价值看，认罪认罚从宽制度中，检察机关在与法院、被追诉方的沟通过程中主要存在两方面的问题。

（一）检察机关与被追诉方“沟通不足”

1. 控辩“沟通不足”的表现

在我国司法实践中，大多数认罪认罚案件中的被追诉人是由法律援助值班律师提供帮助的。从理论上而言，值班律师可以为犯罪嫌疑人提供法律咨询、程序选择建议、申请变更强制措施、对案件的处理提出意见等法律帮助，职能部门也应当为值班律师阅卷、会见提供便利。检察官提出量刑建议后，也应当给予被追诉方一定的答辩机会和考虑时间，以便对量刑种类和幅度进行权衡、考虑并反馈意见，检察机关在收到被追诉方的反馈意见后进行审查，这个过程可进行多次。② 然而，检察机关为主导的控辩合意程序既是认罪认罚从宽制度的一大亮点，也存在检察机关滥用司法权力挤压辩方权利的巨大风险。③ 司法实践中法律援助律师与控方的“沟通不足”就是典型表现。

一是沟通有限。值班律师多在看守所、检察机关、法院轮流值班，法律援助工作具有很大的临时性和流动性，在审前阶段无法与被追诉人形成较为稳定的法律关系，因此提供的法律帮助也极为有限，如检察机关有时会在与被追诉人单方面“量刑协商”并达成共识后，才会邀请一名值班律师参加认罪认罚具结书的签署过程。此时，值班律师既无法提供有意义的法律建议，也难以提出有分量的协商筹码，更无法与检察机关进行实质性的交涉，而只是起到了辅助和见证的作用。④

二是沟通“绕开”。《贯彻审议意见通知》第 7 条明确提出，“认罪认罚案件签署具结书时，犯罪嫌疑人有辩护人，应当由辩护人在场见证具结，严禁绕开辩护人，安排值班律师代为具结见证”。可见，这种绕开辩护人签署具结书的情况在实践中并不少见。此外，还有一种需要关注的“绕开”情况，即针对我国《刑事诉讼法》第 201 条关于调整量刑建议前二次征询意见时与被追诉方的沟通过程。原本，检

① 参见杨一平：《司法正义论》，法律出版社 1999 年版，第 120 页。

② 参见刘辰、周健：《认罪认罚量刑建议的几个理论问题》，载《法治现代化研究》2020 年第 1 期。

③ 参见刘泊宁：《认罪认罚从宽制度中司法承诺之考察》，载《法学》2020 年第 12 期。

④ 参见陈瑞华：《论量刑协商的性质和效力》，载《中外法学》2020 年第 5 期；陈瑞华：《论协商性的程序正义》，载《比较法研究》2021 年第 1 期。

察机关在对量刑建议进行调整时应再次就拟调整的量刑情况和理由听取被追诉方的意见,不应“任性”地直接做出决定。然而,相关规范性文件并未对此作出明确规定,实践中更多表现为控审机关之间的协商和调整,①绕开了被追诉方。

三是沟通“失格”。检察机关与被追诉方沟通的结果应表现为司法承诺,即对被追诉人为某种行为或不为某种行为的法律后果给出许诺和保证;②现实中控辩沟通“失格”却屡见不鲜,主要表现为承诺不能、虚假承诺、承诺溢出等。以虚假承诺为例,比较常见的情况是检察机关以改变罪名或减少起诉罪名数量为诱饵,哄骗被追诉人接受某一无法兑现的量刑方案;或者检察机关利用信息优势地位,故意向被追诉人传递虚假信息,对其施加心理压力,强迫或引诱其认罪认罚。虚假信息或表现为轻罪却以重刑相威胁,以促成被追诉人同意量刑建议;或表现为检察机关故意隐瞒有利于被追诉人的量刑情节,而造成“量刑优惠不足”的问题。③

2. 控辩“沟通不足”的原因

首先,将认罪认罚从宽视为一种“权力”而非“权利”。最高人民法院的一个课题组认为,从制度定位上看,认罪认罚从宽的根本目的是确保司法机关依法、及时、公正履行追诉、惩罚犯罪职责,被追诉人只是通过认罪认罚来争取从宽,而不是就定罪量刑进行讨价还价。④ 理论界也有专家指出,由于缺乏对认罪认罚从宽制度法律性质的明晰认识,适用认罪认罚成为办案机关对被追诉人的“恩赐”,显露出这一制度的权力面孔。⑤ 对于认罪认罚从宽制度蕴含的职权性逻辑,有专家将其概括为七个方面,职权启动、单方承诺、认罪认罚利益不确定、官方定价、认罪认罚利益范围有限、不降低证明标准以及程序的非独立性;⑥有专家将其归纳为三个方面,即程序启动的职权性、单方听取意见和格式化的具结书。⑦ 检察机关主导下的认罪认罚从宽程序模式,有认罚意愿的被追诉人,检察机关会单方面给出固定的认

---

① 参见陈磊、蔡佳桐:《认罪认罚量刑建议异议问题探究》,载《中国检察官》2020 年第 22 期。

② 参见刘泊宁:《认罪认罚从宽制度中司法承诺之考察》,载《法学》2020 年第 12 期。

③ 同上。

④ 参见最高人民法院刑一庭课题组:《刑事诉讼中认罪认罚从宽制度的适用》,载《人民司法》2018 年第 34 期。

⑤ 参见闵春雷:《回归权利:认罪认罚从宽制度的适用困境及理论反思》,载《法学杂志》2019 年第 12 期。

⑥ 参见闫召华:《听取意见式司法的理性建构——以认罪认罚从宽制度为中心》,载《法制与社会发展》2019 年第 4 期。

⑦ 参见马静华、李科:《新刑事诉讼法背景下认罪认罚从宽的程序模式》,载《四川大学学报(哲学社会科学版)》2019 年第 2 期。

罪认罚利益，虽然也会听取被追诉方对定罪量刑问题的意见，但结果只有"要么接受要么放弃"。

检察机关主导下的认罪认罚从宽事实上是一种听取意见模式，[①]或者说是一种"职权宽恕"模式。[②] 被追诉人表达认罪意愿签署认罪认罚具结书。更有专家对"具结"二字的词源进行考察，认为其本意是被告人向政府签署悔过自新文书，隐含了上对下的意思。立法者采用此词，权力意蕴至为明显。[③]

其次，一定程度上是基于对值班律师制度本身及其运行现状的客观判断。最高人民检察院《贯彻审议意见通知》在"着力在加强与律师沟通协商上下功夫，提升制度适用效果"的要求中指出，实践中存在"认罪认罚案件中听取意见不到位和控辩量刑协商不足、质量不高"问题，"不同程度存在个别办案人员不尊重辩护人和犯罪嫌疑人意见"的问题。之所以出现这种情况，一则因为相关制度规定本身不甚完备，缺乏具体明确的操作程序，使协商过程相对随意，甚至虚化，[④]如对于证据开示等的规定，前述调整量刑建议前二次征询意见程序的缺失；二则因为值班律师不具有辩护人身份，只能提供临时性的法律帮助，无法与被追诉人形成诉讼代理关系，职责与收益、风险等严重背离。[⑤] 因此，即便被赋予会见权、阅卷权，值班律师往往也不敢、不能、不愿对案件证据进行详细阅览，[⑥]不具有积极参与量刑协商的能力、动力和效力。[⑦]

最后，基于现实的考核压力而无视辩护人的意见。当前，"认罪认罚从宽制度适用率"和"确定刑量刑建议提出、采纳率"已经成为悬在检察机关办案人员头上的"两把利剑"。2020 年最高人民检察院的《关于人民检察院适用认罪认罚从宽制度情况的报告》中也提及，"经过持续有力督导，2019 年 12 月检察机关办理刑事案件适用认罪认罚从宽制度的比例已达 83.1%。2022 年以来，尽管疫情期间受看守

---

① 参见闫召华：《听取意见式司法的理性建构——以认罪认罚从宽制度为中心》，载《法制与社会发展》2019 年第 4 期；闫召华：《检察主导：认罪认罚从宽程序模式的构建》，载《现代法学》2020 年第 4 期。

② 参见陈卫东：《认罪认罚从宽制度的理论问题再探讨》，载《环球法律评论》2020 年第 2 期。

③ 参见刘少军：《性质、内容及效力：完善认罪认罚从宽具结书的三个维度》，载《政法论坛》2020 年第 5 期。

④ 参见山东省青岛市中级人民法院课题组：《认罪认罚从宽制度实践问题调研报告——以青岛市法院认罪认罚案件适用情况为基础》，载《山东法官培训学院学报》2020 年第 1 期。

⑤ 参见汪海燕：《三重悖离：认罪认罚从宽程序中值班律师制度的困境》，载《法学杂志》2019 年第 12 期。

⑥ 参见郭烁：《认罪认罚背景下屈从型自愿的防范——以确立供述失权规则为例》，载《法商研究》2020 年第 6 期。

⑦ 参见陈瑞华：《论量刑协商的性质和效力》，载《中外法学》2020 年第 5 期。

所封闭、值班律师难以到位等因素影响,适用率一度有所下降,但1月至8月整体适用率仍达到83.5%"。当认罪认罚从宽制度的适用率被列为检察机关的重要考核指标时,检察官在与被追诉人达成量刑协议方面,就存在一定的职业压力。[①] 出现《贯彻审议意见通知》所指出的"绕开辩护人,安排值班律师代为具结见证"以及"个别办案人员不尊重辩护人和犯罪嫌疑人意见",乃至前述沟通"失格"中"承诺不能"等情形,也就不难理解了。

(二)检察机关与法院"沟通过剩"

1.控审"沟通过剩"的表现

程序的本质是控权。法律程序具有规范权力行使、促进权力分工、防范权力滥用的功能,而分化和独立则是程序的灵魂。[②] 程序分离原则是指,为了促进不同程序目的、功能的有效实现,不同主体或者同一主体享有、行使多种不同性质的权力时应当遵循的,不同法律程序之间相互独立,不得出现程序混淆、程序借用、程序规避等行为的法律程序运行原则。[③] 控审分离正是程序分离原则在刑事诉讼程序中的具体表现。

然而,无论是在认罪认罚从宽制度试点之初,还是在进入立法实践至今,检察机关与法院之间均存在就认罪认罚案件"沟通过剩"的问题。有学者经实证调研发现:"在实施认罪认罚从宽制度的初期,检察官和法官基本上一案一沟通;随着检察官实践经验的增多,后期的沟通逐渐减少,但当遇到新情况时,检察官仍然会与法官进行深入沟通。就沟通的时间而言,一般是在被告人签署认罪认罚具结书之前,案件还没有移送法院时。"[④]更有研究者指出,为了避免控审冲突的加剧,一些地区的实务部门自发形成了"检法协同"的格局,检察机关通常在审前与法院就认罪认罚案件的量刑建议内容提前沟通,待后者认可后再提起诉讼。有时法官甚至也会提前介入审前的控辩合意程序,与检察官、被追诉方就案件的定罪量刑问题事先沟通,形成"三方合意",这几乎成为当前的"惯例"。[⑤]

个案办理过程中法官与检察官就案件事实和法律适用等问题进行沟通,尤其是认罪认罚语境下对于确定刑量刑建议进行沟通,并于审前达成检法共识,显然与

---

① 参见陈瑞华:《论量刑协商的性质和效力》,载《中外法学》2020年第5期。
② 参见季卫东:《法律程序的意义》(增订版),中国法制出版社2012年版,第24页。
③ 参见冯俊伟:《国家监察体制改革中的程序分离与衔接》,载《法律科学》2017年第6期。
④ 左卫民:《量刑建议的实践机制:实证研究与理论反思》,载《当代法学》2020年第4期。
⑤ 参见刘泊宁:《认罪认罚从宽制度中司法承诺之考察》,载《法学》2020年第12期。

控审分离原则相悖,也必然会对审判中立、庭审实质化等造成一定冲击。“无论是考虑到避免审判人员形成预断的需要,还是避免侦控机关对审判法律评价的不当影响的需要,我们认为这种惯常做法都应当予以有效限制。”①

2. 控审“沟通过剩”的原因

首先,与检察人员提出量刑建议的能力欠缺有关。客观而言,检察机关现阶段很难达到不分罪名、无论轻重均提出确定刑量刑建议的要求。一方面,检察机关有“重定罪、轻量刑”的传统,检察官在提出确定刑量刑建议能力上存在短板,缺乏足够的经验;另一方面,量刑时要考虑罪与刑、诉讼各方利益、刑罚的惩罚与教育功能、一般预防与特殊预防功能以及类案等诸多因素的平衡,也确实是项“技术活”。② 在这种情况下,若要求对绝大部分认罪认罚案件均提出确定刑量刑建议,检察人员就只有依赖“一案一沟通”等与法官的“过度沟通”了。

其次,与认罪认罚制度适用上的高标准有关。“之所以推崇确定刑量刑建议,是因为主要着眼于控辩量刑协商的角度,精准的量刑建议可以提高协商条件的明确性和协商结果的可预测性,有助于被告人协商地位的改善,整体上对被告人有利。”③在此背景下,一方面,随着检察机关对于量刑建议工作的日益重视、检察官实践经验的增多,检察官提出量刑建议的能力不断提升;另一方面,最高人民检察院也对此项工作提出了更高的要求。2020 年《关于人民检察院适用认罪认罚从宽制度情况的报告》指出:“2019 年 1 月至 2022 年 8 月,量刑建议采纳率为 87.7%。其中,提出确定刑量刑建议率从 27.3% 上升至 76%;庭审对确定刑量刑建议采纳率为 89.9%。”从 2018 年入法到 2019 年,认罪认罚从宽制度适用率的数据,足以反映出检察机关对该项制度的重视以及检察人员付出的努力。然而,在检察人员的相关能力提升可能还需要假以时日的情况下,取得这样的数据可能也会产生一些实践问题,如《贯彻审议意见通知》所指出的“存在一些地方片面追求适用率导致部分案件质效不高的问题”,因此该通知才要求“既不能为了追求高适用率,胁迫或者诱导犯罪嫌疑人、被告人认罪认罚,也不能无正当理由,对要求一再从轻的犯罪嫌疑人过度迁就,防止造成量刑失当、轻纵犯罪,影响司法权威”。

最后,与检法关系在理论认识上存在混乱有关。一是关于检法关系的认识模

---

① 王志远:《以审判为中心的诉讼模式核心要义:评价中心主义》,载《法律科学》2020 年第 4 期。

② 参见叶青、韩东成:《轻罪刑事政策下认罪认罚从宽制度的司法适用程序若干问题研究》,载《中国刑事法杂志》2020 年第 5 期。

③ 魏晓娜:《冲突与融合:认罪认罚从宽制度的本土化》,载《中外法学》2020 年第 5 期。

糊。检法之间的互相配合必须是在法律限度内的配合,且不能忽视两者之间的制约。如对于回避、出庭证人名单、非法证据排除等与审判相关的问题,控审可以在"控辩审"三方在场的情况下进行提前沟通,但这种关系在现实中多被理解为加强配合、忽视制约,特别是忽视辩护方,从而控辩失去平衡,控审逾越界限。例如,不少声音都提出"加强检察机关与法院在量刑建议问题上的沟通,听取法院的相关意见";"尤其是在提出确定刑量刑建议时,应充分与法官沟通,争取达成一致"。[①]二是认罪认罚从宽制度中检法职能定位有争议。我国的认罪认罚从宽制度是以检察机关为主导进行设计的,也受到质疑。"我国在推进认罪认罚从宽制度改革过程中的最大教训,就是没有给予法官在认罪认罚程序中的主导作用",我国的认罪认罚从宽制度应"在法官的主持下,在辩护人或值班律师的参与下,控辩双方就量刑问题展开协商,并形成一个为各方接受的量刑方案"。[②] 认罪认罚从宽制度中检法主导地位的争议,在实践中变成了两家协商一致办案。

三、程序正义指引下,认罪认罚从宽制度中检察机关沟通的完善

程序正义在认罪认罚从宽制度语境下蕴含着控辩平等、控审分离、审判中立、程序参与等不变的价值内涵。以这些价值标准检视,认罪认罚从宽制度运行中,检察机关存在前端与被追诉方"沟通不足"、后端与法院"沟通过剩"的问题,有的关乎制度设计,有的则与制度运行有关。对此,应当有针对性地加以完善。

(一)增强与被追诉方的沟通

1. 更新检察人员的理念

理念是行动的先导。很多制度执行的异化,问题的根源在理念上。首先,检察人员要提升对于认罪认罚从宽制度的认识,要从建设中国特色社会主义法治体系、实现国家治理体系和治理能力现代化的高度来看待该项制度,要与"重视犯罪嫌疑人、被告人主体性的程序形态"这个大的时代思潮相符,[③]而不能仅仅将合意程序理解为提高程序效利,在程序上应保障其知悉权、选择权、反悔权等,在实体上也应当考虑其从宽处理率。其次,要回归该项制度权利属性的定位。无论是从被追诉人的主体地位还是从控辩双方诉讼合意的角度,适用认罪认罚从宽制度均应被

---

① 白国华:《量刑建议精准化的障碍与路径:基于小店区人民检察院的分析》,载《刑事诉讼制度与理论的新发展——中国刑事诉讼法学研究会2020年年会论文集》,中国人民公安大学出版社2021年版,第22页。

② 陈瑞华:《论刑事诉讼中的过程证据》,载《法商研究》2015年第1期。

③ 参见[日]田口守一:《刑事诉讼的目的》,张凌、于秀峰译,中国政法大学出版社2010年版,第246、253页。

视为被追诉人的一项权利。[①] 只有这样，才能实现“一个理想的商谈式沟通”，才会是一种“在水平位置上”的“真诚性”的沟通，避免出现“虚假承诺”等现象。[②]

2. 保障被追诉人的阅卷权

被追诉人的阅卷权并非新话题，[③]但认罪认罚从宽制度中辩方阅卷权保障具有新的现实必要性和可能性。

首先，认罪认罚从宽的制度构造赋予被追诉人阅卷权新的现实必要性。认罪认罚从宽制度中值班律师的职能定位和作用发挥可谓备受质疑。从制度运行的现实样态来看，值班律师一般不主动了解被追诉人的具体犯罪事实，仅回答其法律咨询，解释认罪认罚从宽的性质、可能产生的实体和程序后果，在其签署认罪认罚具结书时仅起一个孤立的“见证”作用。[④] 在这样一种“相对合理主义”的制度安排下，在辩护律师之外赋予被追诉人以阅卷权具有了新的时代价值。阅卷权既是被追诉人诉讼主体地位的一种要求，也是维护被追诉人利益的一种手段，理应受到正当程序的善待。[⑤] 我国《刑事诉讼法》第 39 条第 4 款规定，辩护律师“自案件移送审查起诉之日起，可以向犯罪嫌疑人、被告人核实有关证据”，由此通过赋予辩护律师核实证据权，间接确立了在押犯罪嫌疑人、被告人查阅、获悉控方证据材料的机会。尽管在核实证据的范围和方式上存在争议，但仍不失为一种进步。未来，可以从有利于认罪认罚从宽制度施行的角度，明确赋予被追诉人阅卷权。

其次，信息科技发展与应用赋予被追诉人阅卷权新的现实可能性。一方面，信息科技的发展和应用为被追诉人在羁押场所查阅相关法律、法律文书、案卷材料等提供了条件。当前，公安司法机关普遍重视网络技术、人工智能等开发建设，卷宗电子化已成为常态，公检法之间通过“刑事案件智能辅助办案系统”已能够实现案卷材料流转，律师阅卷已能够通过互联网进行。如果能够赋予被追诉人阅卷权，则可以将原本存在于公检法之间的电子卷宗流转引入羁押场所，在羁押场所设置

---

① 参见闵春雷：《回归权利：认罪认罚从宽制度的适用困境及理论反思》，载《法学杂志》2019 年第 12 期。

② 参见[德]马蒂亚斯·雅恩：《回到未来——新共识刑事诉讼程序的范式：法的商谈理论》，宗玉琨译，载赵秉志等主编：《当代德国刑事法研究》（第 3 卷），法律出版社 2019 年版，第 223 页。

③ 参见杨波：《被追诉人阅卷权探究——以阅卷权权属为基点的展开》，载《当代法学》2012 年第 1 期；陈瑞华：《论被告人的阅卷权》，载《当代法学》2013 年第 3 期。

④ 参见北京市朝阳区司法局课题组：《开展刑事案件律师辩护全覆盖试点工作的实证分析——以北京市朝阳区为例》，载《中国司法》2018 年第 11 期。

⑤ 参见杨波：《被追诉人阅卷权探究——以阅卷权权属为基点的展开》，载《当代法学》2012 年第 1 期。

“阅卷一体机”等终端设备,这在技术上具有可行性。此外,还可以赋予前述终端设备除电子卷宗以外的功能,如法律查询乃至“智能量刑”辅助设备,此举有助于被追诉人客观评估自身情况,进而增强其认罪认罚的自愿性、明知性,不失为对值班律师的一种“补强”。另一方面,信息科技的发展与应用能够保证卷宗的不被篡改性和阅卷的完整性。此前,阅卷权不能由被追诉人自己行使的理由之一,即“难保被告人不会篡改或湮灭卷证”。① 在卷证电子化的今天,这种担忧将不复存在,②并且还可以解决此前律师核实证据中存在的证据信息不完整的问题。③

3.“激活”值班律师

囿于律师数量、司法经费保障等现实条件,当前的值班律师制度可谓是一种“相对合理主义”下保障“底线正义”的妥协之举。毕竟,“由于值班律师制度最显著的特点是不对案件类型和财产状况作任何要求,因此其能够实现对法律帮助对象范围的全覆盖”。④

针对有专家指出的问题,即“实践中值班律师对案件处理的参与度较低,会见权与阅卷权基本虚置,大多仅完成了配合检方在具结书上签字这一强制性的形式要件”,⑤学界提出了“辩护人化”和“全覆盖化”两种进路。⑥ 笔者认为,这两种思路都有一定问题,对于前者而言,会出现“角色混同”,使值班律师制度失去存在价值;对于后者而言,当前缺乏实现的现实可能。因此,完善当前制度的路径显然更为合适。

一方面,就被追诉人认罪认罚态度较好的案件而言,值班律师充当所谓“见证人”的角色,是否就应成为被批判的对象?笔者认为,可能并非如此。值班律师在场能起到规范讯问的作用,并提供一般的程式化法律服务,应当予以认可。“对于绝大多数认罪认罚从宽的轻罪案件,值班律师提供的多为咨询性和程式化的法律服务,并不需要通过阅卷、调查取证等方式去收集证据或者查清事实。”⑦另一方面,对于确实存有疑问和争议的认罪认罚案件,应当对值班律师的服务质量加以提

---

① 林钰雄:《刑事诉讼法》(上册),中国人民大学出版社2005年版,第171页。

② 参见韩旭:《自行辩护问题研究》,载《当代法学》2021年第1期。

③ 参见陈瑞华:《论被告人的阅卷权》,载《当代法学》2013年第3期。

④ 姚莉:《认罪认罚程序中值班律师的角色与功能》,载《法商研究》2017年第6期。

⑤ 张青:《认罪认罚案件二审实践的逻辑与反思——以4799份二审裁判文书为样本》,载《环球法律评论》2020年第6期。

⑥ 参见蔡元培:《法律帮助实质化视野下值班律师诉讼权利研究》,载《环球法律评论》2021年第2期。

⑦ 汪海燕:《重罪案件适用认罪认罚从宽程序问题研究》,载《中外法学》2020年第5期。

升，而改进方向并不是赋予其更多的如同辩护律师那样的权利，而是保障和激励现有权利得以切实行使。

一是时间保障。不少值班律师在签订认罪认罚具结书前没有及时阅卷、充分了解案件材料，且与被追诉人的沟通次数有限，难以进行有效沟通并提供有效的法律帮助，难以确保被追诉人充分了解案件证据情况和被指控情况等。[①] 笔者认为，司法实践中的认罪认罚案件，除较简单明了的，可以一次提审、在值班律师在场的情况下签署具结书以外，对于确有疑问和争议的案件，至少要经过两次提审。第一次提审时告知被追诉人在认罪认罚案件中所享有的权利，包括寻求值班律师的帮助，一方面，"要给予犯罪嫌疑人对量刑建议、程序适用等内容进行思考权衡并听取律师意见的时间，防止片面求快，催促、逼迫犯罪嫌疑人签字具结"[②]；另一方面，也为值班律师会见、阅卷留出时间。第二次提审时才能签署具结书。

二是经费保障。值班律师制度存在"名"与"实"、功能与权利、职责与收益及风险等"三重背离"。[③] 具体到"收益"上，值班律师的补助多由法律援助机构发放，有些地方每天大约 100 元至 200 元，发达城市可达 500 元，但相较于社会律师，这个补助标准明显过低，与值班律师付出的工作量及可能承担的诉讼风险显然不成比例。[④] 对此，首先，应根据案件难易程度、工作时间长短等因素，确定不同的值班律师补贴标准，并及时予以发放；其次，可以准许值班律师转为辩护律师，这在一定程度上也能起到激励作用。如有地区在认罪认罚从宽制度实施细则中规定："在非共同犯罪案件或者关联案件中，为犯罪嫌疑人、被告人提供法律帮助或者见证具结书签署的值班律师，可以接受委托或者受法律援助机构指派，担任该犯罪嫌疑人、被告人的辩护人。"[⑤]

三是制度保障。2020 年 8 月 20 日，"两院三部"共同制定印发的《法律援助值班律师工作办法》第 28、31 条对值班律师准入、退出机制，质量评估的办法作了部分规定；有地区在此基础上进一步规定："人民法院、人民检察院、公安机关（看守

---

① 参见何永福：《欧洲人权法院视角下的辩诉交易协议审查——以维纳斯利斯维利诉格鲁吉亚案为例》，载《中国检察官》2020 年第 20 期。

② 朱孝清：《刑事正当程序视野下的认罪认罚从宽制度》，载《法学》2020 年第 8 期。

③ 参见汪海燕：《三重悖离：认罪认罚从宽程序中值班律师制度的困境》，载《法学杂志》2019 年第 12 期。

④ 参见闵春雷：《认罪认罚案件中的有效辩护》，载《当代法学》2017 年第 4 期。

⑤ 参见上海市高级人民法院、上海市人民检察院、上海市公安局、上海市国家安全局、上海市司法局《关于适用认罪认罚从宽制度办理刑事案件的实施细则（试行）》（沪检会〔2020〕8 号）第 14 条。

所)应当定期将值班律师、法律援助辩护律师的履职情况向法律援助机构进行反馈。”①笔者认为,将值班律师的履职情况交由公权力机关评判有其合理性,但此中是否缺少了其真正的服务对象即被追诉人的“用户体验”反馈?且仅由公权力机关进行评判,如何保证值班律师不会出现所谓“站台效应”?此外,《贯彻审议意见通知》强调,对认罪认罚量刑协商、具结书签署等关键环节,探索实行同步录音录像制度,但重心是放在提高沟通协商的透明度和公信力的角度上,未来,可以考虑运用该项制度检视值班律师服务水平,推动服务质量提升。

(二)规范与法院的沟通

1. 检察人员提出量刑建议尤其是确定刑量刑建议的能力需提升

当前的司法实践中,检察机关对认罪认罚案件的量刑建议存在“同案不同提”的问题,②一定程度上说明检察人员提出量刑建议的能力还不够强。一线办案人员也直言,对于“吃得准”的案件,当然会毫不犹豫地提出确定刑量刑建议,只有在“吃不准”又面临确定刑量刑建议的提出率、采纳率的考核压力时,才会与法官进行提前沟通。对此,笔者建议,首先,检察人员应当加强学习,尽快熟悉量刑建议提取规律,而不是采用“一案一沟通”这种有违控审分离、审判中心原则的做法;其次,应建立由公、检、法、司(律师)共同研究制定量刑指引的机制,共同研究相关制度;最后,应依靠科技力量,利用司法大数据,形成科学化、规范化的量刑指引。

2. 进一步明确完善相关诉讼标准

检法在认罪认罚案件中的地位争议与有关诉讼标准不明确密切相关。例如,我国《刑事诉讼法》规定,人民法院经审理认为量刑建议明显不当的,人民检察院可以调整量刑建议,人民检察院不调整量刑建议或者调整后量刑建议仍然明显不当的,人民法院应当依法作出判决。《指导意见》也作出了基本相同的规定。然而,何为“明显不当”,目前尚无定论。在具体内涵尚未明确的情况下,用“明显不当”这一标准来划定认罪认罚从宽案件中检察机关量刑建议权与法院裁判权的边界,显然不具备足够的可操性。③《贯彻审议意见通知》也规定,要进一步明确“从宽”的具体标准和不同阶段认罪认罚从宽的差异,统一司法尺度,减少量刑分歧。

---

① 参见上海市高级人民法院、上海市人民检察院、上海市公安局、上海市国家安全局、上海市司法局《关于适用认罪认罚从宽制度办理刑事案件的实施细则(试行)》(沪检会〔2020〕8号)第9条。

② 华炫宁:《刑事诉讼制度与理论的新发展——中国刑事诉讼法学研究会2020年年会述要》,载《人民检察》2020年第21期。

③ 参见汪海燕:《重罪案件适用认罪认罚从宽程序问题研究》,载《中外法学》2020年第5期。

进一步明确前述问题，对减少检法之间在个案量刑问题上的过度沟通是有益的。

3. 从有利于法律实施的角度明晰认罪认罚从宽制度中检法的职能定位

有专家从比较法的视野得出，“目前《刑事诉讼法》第201条关于人民法院‘一般应当’采纳人民检察院量刑建议的规定，应当从立法上删除。这种表述，不仅不符合语言规范、逻辑上自相矛盾，而且不符合诉讼法理，在主要法治国家均没有先例。”①的确，在认识论层面，批判是认识问题的逻辑起点；但制度不仅需要解构而且需要建构，有“批判精神”也要有“建设心态”。② 对于当前认罪认罚从宽制度设计中检察机关的职能定位，应当从我国检察机关法律监督机关的宪法定位、检察官客观公正义务入法的实际、法官提前介入审前阶段的利弊出发，去客观分析和理性看待，澄清而非加剧认识偏差和争议，进而探寻制度完善之策，寻求制度效果彰显之法。

(三) 客观理性对待考核评价

通过前述分析可以看出，就认罪认罚从宽制度中的检察机关而言，无论是与前端被追诉方的“沟通不足”，还是与后端法院的“沟通过剩”，其间或多或少有考核评价的因素在内。如果从框架结构上进行分析，甚至可以说，认罪认罚从宽制度适用率同检察机关与被追诉方的“沟通不足”之间，确定刑量刑建议提出率和采纳率同检察机关与法院的“沟通过剩”之间存在一定程度上的一一对应关系。因此，正确认识考核评价关系就成为制度完善必须解开的“心结”。

一方面，要客观承认考核评价的积极作用。客观而言，认罪认罚从宽制度之所以能够取得目前的成效，离不开自上而下的推动，而考核评价就是有力抓手。的确，通过行政命令式的“定指标、算考核”来推行制度，在司法中以数字和固化的指标来应对治理难题，效果可能令人怀疑，③但在一种上命下从的行政体制下，考核评价还是能够在最大程度上发挥指挥棒作用，成为制度实施的强大驱动力。

另一方面，要理性认识考核评价的有限作用。“考核指标的设计是否科学合理，直接关系到考核的准确性和有效性。”④认罪认罚从宽制度在达到较高适用率

① 魏晓娜：《冲突与融合：认罪认罚从宽制度的本土化》，载《中外法学》2020年第5期。

② 参见《人民日报》评论部：《有“批判精神”，也要有“建设心态”——辩证看待社会发展与问题之四》，载《人民日报》2013年5月23日，第5版。

③ 参见郭烁：《认罪认罚背景下屈从型自愿的防范——以确立供述失权规则为例》，载《法商研究》2020年第6期。

④ 姜晓萍、马凯利：《我国公务员绩效考核的困境及其对策分析》，载《社会科学研究》2005年第1期。

的同时,“存在一些地方片面追求适用率导致部分案件质效不高的问题”,接下来,有必要如《贯彻审议意见通知》所说的那样,“应在稳定保持较高适用率的基础上,更加注重提升认罪认罚案件质效”,“不能片面追求适用率”,对认罪认罚案件的考核评价要更加注重司法行为是否规范、释法说理是否充分、沟通协商是否到位等。

总之,顶层设计者应该更全面考虑指标设定因素。考虑到司法实践中80%的刑事案件中,被追诉人最终被判处3年以下有期徒刑,且这一比例呈上升趋势,80%以上的案件被告人均认罪,设定70%左右的认罪认罚适用率是符合实际的。[①]然而,“即便决策者用意良善,但历史经验反复证明,一旦人为地划定某些‘定时定量’的任务,那么在司法实践中就会出现诸多扭曲与变形……效果可能适得其反”[②]。除上述依据外,在指标设定时,可能还要考虑其他因素,如认罪认罚从宽制度入法不久,各方对于该项制度的认识和接受程度乃至检察官自身素养提升可能还需要一定时间,等等。

就检察官而言,应始终不渝地坚持客观公正的立场。认罪认罚从宽制度是典型的以检察官履行主导责任为基础的诉讼制度设计,[③]其根基在于检察机关是国家法律监督机关的宪法定位,在于检察官追求实质真实、平衡控辩实力与追求法律公正实施的客观公正义务。[④] 检察官应始终将客观公正立场作为行使司法承诺权的基础,不能因案件适用率考核指标和快速结案的现实压力而枉法承诺,或不兑现承诺,继而影响协商过程的公正性。

第二节 轻罪刑事政策下认罪认罚从宽制度的司法适用程序研究*

认罪认罚从宽是2018年《刑事诉讼法》修改时正式确立的一项制度。作为一项贯穿整个刑事诉讼程序的制度和刑事诉讼法修改的重点内容之一,认罪认罚从

---

① 参见蒋安杰:《认罪认罚从宽制度若干争议问题解析(下)——专访最高人民检察院副检察长陈国庆》,载《法制日报》2020年5月14日,第3版。

② 郭烁:《认罪认罚背景下屈从型自愿的防范——以确立供述失权规则为例》,载《法商研究》2020年第6期。

③ 参见蒋安杰:《认罪认罚从宽制度若干争议问题解析(中)——专访最高人民检察院副检察长陈国庆》,载《法制日报》2020年5月6日,第3版。

④ 参见程雷:《检察官的客观义务比较研究》,载《国家检察官学院学报》2005年第4期。

* 作者:叶青、韩东成。本节原发表于《中国刑事法杂志》2020年第5期。

宽制度自试点以来即成为理论和实务界的研究热点。在各方已经对该项制度进行了持续而深入研究的当下,选择合适的标准对其进行检视尤为重要。如同对于一块宝石,选择不同的切面,折射出的光线是不同的,本节选取轻罪刑事政策作为检视标准。在笔者看来,该项政策与认罪认罚从宽制度有着密切的联系。以轻罪刑事政策检视认罪认罚从宽制度,能够发现有别于其他分析视角下认罪认罚从宽制度的价值及其存在的问题,进而为认罪认罚从宽制度的价值最大化和制度完善增添助益。

一、轻罪刑事政策与认罪认罚从宽制度的密切关系

刑事政策,是指立法者根据各个国家的具体情况而采取的预防犯罪、保护公民权利的措施①,以罪刑轻重为标准,可以将其分为轻罪刑事政策和重罪刑事政策。目前,我国法律对于轻罪与重罪并没有明确的规定。笔者认为,轻罪的范围可以参照速裁程序的案件适用范围,即可能判处3年有期徒刑以下刑罚的案件。轻罪刑事政策,是近代轻缓化刑事政策的一种类型,也是我国宽严相济刑事政策中"宽"的主要载体。② 认罪认罚从宽制度作为党的十八届四中全会提出的一项司法体制改革举措,其主要制度背景是宽严相济刑事政策的法治发展、刑事政策的宽缓精神、犯罪数量的持续增长以及司法资源紧张。事实上,认罪认罚从宽制度就是我国宽严相济刑事政策的制度化,是宽严相济刑事政策与刑事法律适用相结合的积极体现。③ 因此,轻罪刑事政策与认罪认罚从宽制度在宽严相济刑事政策层面,尤其是在"宽"上的高度一致性,决定了二者之间的密切关系。

(一)轻罪刑事政策为认罪认罚从宽制度提供了重要的理论支撑

1. 轻罪刑事政策与认罪认罚从宽制度在价值上具有高度契合性

从世界范围来看,对于轻罪的处理体现出一种"轻者更轻"的刑事政策趋向。轻罪刑事政策在刑事实体方面主要表现为非犯罪化处置、广泛使用罚金刑和缓刑等;在刑事程序方面主要表现为转向处分、处罚令、辩诉交易、刑事和解和恢复性司法等;在刑事执行方面主要表现为广泛适用假释、非监禁化等。轻罪刑事政策的运用对于减少司法成本、提高刑罚效益、化解矛盾纠纷、促进社会和谐具有重大意义。④ 2016年8月29日召开的第十二届全国人大常委会第二十二次会议上,最高

---

① 参见[法]米海依尔·戴尔玛斯·马蒂:《刑事政策的主要体系》,卢建平译,法律出版社2000年版,第1页。

② 参见田兴洪:《析轻罪刑事政策与构建和谐社会》,载《法制日报》2009年7月8日,第12版。

③ 参见孙谦主编:《认罪认罚从宽制度实务指南》,中国检察出版社2019年版,第3、47页。

④ 参见刘中发:《和谐社会视野中的轻罪刑事政策》,载《国家检察官学院学报》2006年第1期。

人民法院院长周强就《关于授权在部分地区开展刑事案件认罪认罚从宽制度试点工作的决定(草案)》所作的说明将认罪认罚从宽制度试点的必要性概括为四个方面:一是及时有效惩罚犯罪,维护社会稳定的需要;二是落实宽严相济刑事政策,加强人权保障的需要;三是优化司法资源配置,提升司法公正效率的需要;四是深化刑事诉讼制度改革,构建科学刑事诉讼体系的需要。从中不难发现,认罪认罚从宽制度与轻罪刑事政策在价值上的高度契合性。从一定意义上说,轻罪刑事政策为认罪认罚从宽制度提供了价值依据。

2. 轻罪刑事政策为认罪认罚从宽制度的发展完善提供方向指引

有论者将轻罪刑事政策概括为"立法更宽缓、程序更宽简、处罚更宽和、处遇更宽松",即在刑事立法上尽量非犯罪化、非刑罚化、轻刑化和非监禁化;在侦查、审查起诉、审判各个阶段尽量施以较快处置、较轻处罚;在监狱中尽量给予服刑人员以低惩戒度、开放式的处遇等,以体现国家宽宥、慎刑的轻缓刑事政策,即"轻者更轻"。① 认罪认罚从宽制度自试点探索到入法实践的现阶段,仍旧存在一些理论和实践问题需要解决,而轻罪刑事政策的丰富内涵以及"轻罪轻缓化"价值理念无疑提供了一种视角。新时期,检察机关强调要发挥在刑事诉讼中的主导作用,而这种主导作用的发挥集中表现在检察机关在办理认罪认罚案件中,具有实质影响力乃至决定案件结果的特定权力。② 但也有论者指出,这种主导作用发挥的前提是区分轻罪与重罪,且重心应置于轻罪领域,这也是平衡检察官与法官权力的关键设置。③

(二)认罪认罚从宽制度是轻罪刑事政策在新时期得以实现的重要制度载体

1. 认罪认罚从宽制度是对轻罪刑事政策的系统性规定

认罪认罚从宽制度,是对宽严相济刑事政策尤其是对于"宽"的落实,是对该项政策的完善与发展。④ 宽严相济刑事政策的基本精神是"以宽为主"。此中的"宽"虽然可以表现为法定条件下对于重罪的宽,但更主要的是针对轻罪的宽,这是制定和实施轻罪刑事政策的基本依据。⑤ 因此,如前所述,轻罪刑事政策与认罪认罚从宽制度在宽严相济刑事政策,尤其是"宽"上具有高度一致性。宽严相济刑

---

① 参见田兴洪:《析轻罪刑事政策与构建和谐社会》,载《法制日报》2009 年 7 月 8 日,第 12 版。
② 参见赵恒:《论检察机关的刑事诉讼主导地位》,载《政治与法律》2020 年第 1 期。
③ 参见万毅:《论检察官在刑事程序中的主导地位及其限度》,载《中国刑事法杂志》2019 年第 6 期。
④ 参见孙谦主编:《认罪认罚从宽制度实务指南》,中国检察出版社 2019 年版,第 48 页。
⑤ 参见田兴洪、刘师群:《轻罪刑事政策论纲》,载《法学杂志》2010 年第 4 期。

事政策在我国有着漫长的历史,也是司法实践中需要把握的原则。对于这项原则,此前的法律仅有一些片面性规定,且不同时期有着不同侧重。2018 年《刑事诉讼法》将认罪认罚从宽制度纳入其中,对于宽严相济刑事政策,尤其是轻罪刑事政策的精神内容第一次进行了系统性规定。修改后的《刑事诉讼法》涉及认罪认罚从宽制度的条款有 19 项,分布在总则的"任务和基本原则"、"辩护和代理"、"强制措施",以及"侦查"和"提起公诉"、"审判"等各章节。

2. 认罪认罚从宽制度体现了轻罪刑事政策的内在要求

首先,从司法理念上看,当今时代条件下,宽容已然成为现代司法的一项基本价值追求,越来越受到重视。在认罪认罚案件中,对被追诉人的从宽处理彰显了现代司法的宽容平和理念,折射在轻罪刑事政策上表现为刑法的谦抑性、经济性、人道性和教育性。① 其次,法律条文规定本身也体现了轻罪刑事政策的要求。如《刑事诉讼法》第 15 条规定:"犯罪嫌疑人、被告人自愿如实供述自己罪行,承认指控的犯罪事实,愿意接受处罚的,可以依法从宽处理。"这里的"可以",根据 2019 年 10 月 11 日"两高三部"《指导意见》理解,是"一般应当"的意思,即除了对于一些严重危害国家安全、公共安全犯罪,严重暴力犯罪,以及社会普遍关注的重大敏感案件,从宽处理可能导致明显违背人民群众的公平正义观念的以外,对于认罪认罚案件的处理均应该体现从宽。在《刑事诉讼法》中,有诸多类似条款。这些条款带有以往从宽制度所没有的刚性。② 最后,二者在作用的领域上具有高度的趋同性。2020 年 5 月 25 日张军检察长在第十三届全国人民代表大会第三次会议上所作的《最高人民检察院工作报告》中提到,1999 年至 2019 年,被判处 3 年有期徒刑以上刑罚的占比从 45.4% 降至 21.3%。换言之,当前轻罪案件约占八成。随着我国不断通过立法、司法扩大犯罪圈,辅之以轻缓化的刑罚,③轻罪案件的占比只会越来越高。在此背景下,一方面,轻罪刑事政策会发挥越来越大的作用;另一方面,虽然《刑事诉讼法》对于认罪认罚从宽制度适用并没有罪名限制,但客观上,认罪认罚从宽制度发挥功能作用的"主战场"必然在轻罪案件上。

二、轻罪刑事政策检视下认罪认罚从宽制度的司法程序适用问题

本节选择了与认罪认罚从宽制度有较为密切关系的轻罪刑事政策为视角,如此可使讨论更有针对性。以轻罪刑事政策观之,大体而言,在侦查阶段存在因"能

---

① 参见杜雪晶:《轻罪刑事政策的理论溯源》,载《甘肃社会科学》2012 年第 4 期。

② 参见孙谦主编:《认罪认罚从宽制度实务指南》,中国检察出版社 2019 年版,第 14 页。

③ 参见卢建平、刘传稿:《法治语境下犯罪化的未来趋势》,载《政治与法律》2017 年第 4 期。

否适用”的理论争议造成的“事不关己”的实践心理,和对于“如何适用”的不同理解导致的仅为“记录移送”的角色定位;在审查起诉阶段存在检察机关“是否当”以及“如何能”提出确定刑量刑建议;在审判阶段需要以轻罪刑事政策为指引厘清认罪认罚从宽制度的被追诉人的上诉权问题。

(一)侦查机关在认罪认罚从宽制度中角色定位有待进一步清晰

自试点至今,关于认罪认罚从宽制度在侦查阶段有两个问题的讨论比较集中:一是能否适用;二是如何适用。前一个问题伴随着《刑事诉讼法》修正以及“两高三部”《指导意见》的出台似乎尘埃落定,但也并非毫无争议;后一个问题在《刑事诉讼法》的相关条款中被规定为“程序性告知”“记录在案”“随案移送”等。这两个问题成为导致侦查阶段出现实践心理偏差和角色定位偏离问题的根源。

1.“能否适用”的理论争议造成的“事不关己”的实践心理

试点期间,有论者在承认认罪认罚从宽制度对侦查机关的侦查活动产生影响的前提下,认为侦查阶段不适用认罪认罚从宽制度,其理由是侦查阶段的主要任务是取证而不是认罪协商。如果允许侦查机关促成犯罪嫌疑人认罪协商,一则容易导致侦查人员怠于全面收集证据,过于依赖口供;二则侦查人员可能会出于减轻办案压力或其他目的而刑讯逼供,进而诱发错案。[①] 如果说试点期间理论争议是出于规定不明,那么在相关法律修正完成以后,仍有不少论者从不同视角分析,坚持认为应彻底取消或严格排除认罪认罚从宽制度在侦查阶段的适用,就足以说明理论争议之大、影响之深。有论者从侦查阶段犯罪嫌疑人与侦查机关之间存在严重的信息不对称,从而影响犯罪嫌疑人认罪自愿性的角度提出,应彻底取消侦查阶段的认罪认罚。[②] 也有论者从检察主导的视角指出,认罪认罚案件应由检察机关启动,排除侦查阶段适用,将主要理由立足于对《刑事诉讼法》相关法条的分析。修改后的《刑事诉讼法》第173条第2款规定了检察机关对于认罪认罚的犯罪嫌疑人告知权利、听取意见的义务,相关条款规定在《刑事诉讼法》“提起公诉”一章;《刑事诉讼法》第162条第2款仅仅规定了“犯罪嫌疑人自愿认罪的”,并不涉及认罚。[③] 理论上尚且不明,实践中更是出现适用困境。实证调研显示,试点期间,G市H区、Y区、S市A区公安机关选择适用认罪认罚从宽制度的刑事案件比例很

---

① 参见陈卫东:《认罪认罚从宽制度研究》,载《中国法学》2016年第2期。

② 参见郭烁:《在自愿与真实之间:美国阿尔弗德答辩的启示》,载《当代法学》2020年第4期。

③ 参见曹东:《论检察机关在认罪认罚从宽制度中的主导作用》,载《中国刑事法杂志》2019年第3期。

低，有的地区几乎束之高阁。[①] 究其原因，不排除"案多人少"、程序复杂、办案期限缩短等现实因素，但思想顾虑、事不关己的实践心理无疑也是很重要的原因。

2. 对于"如何适用"的不同理解导致的仅为"记录移送"的角色定位

《刑事诉讼法》规定了侦查机关权力告知、听取意见以及在起诉意见书中写明认罪认罚有关情况等义务，"两高三部"《指导意见》在前述规定的基础上进一步规定了侦查机关适用速裁程序的建议权，即如果认为案件符合速裁条件，可以在起诉意见书中向检察机关建议适用速裁程序。据此，一般认为，在侦查阶段，侦查机关对于认罪认罚案件只能积极鼓励、引导，在程序处理上只能"如实记录""随案移送"，充当"搬运工"的角色。[②] 侦查机关"记录移送"的角色定位，表面上看是因为前述《刑事诉讼法》第162条第2款的规定，即只涉及认罪、不涉及认罚，所以侦查机关在侦查阶段的作用十分有限，其深层次的原因或许在于对于一些案件，伴随诉讼进程的发展，其中的关键问题如涉嫌罪名、涉案金额等可能还会发生变化，难言在侦查阶段就已经查清了案情，遑论作出具体承诺和提出相关建议。对此，笔者认为，前述理由对于一些重大疑难复杂案件或颇为中肯，但对于大部分轻罪案件而言似乎很难成立。在侦查阶段，此类案件的各种量刑情节基本上已经充分显现、定型，如案件事实清楚、法律关系简单，以犯罪数额或数量作为量刑主要依据的；或者在侵害公民财产权利案件中，犯罪嫌疑人已全额退赔被害人经济损失的；或者在侵害公民人身权利案件中，犯罪嫌疑人与被害人达成和解协议已履行完毕的等情形，对于这类案件，侦查机关完全有条件适用认罪认罚从宽制度办理案件。

（二）检察机关在落实"少捕慎诉"上存在的阻碍以及在提出确定刑量刑建议上存在的不足

在审查起诉阶段讨论认罪认罚从宽制度涉及多个方面，如寄希望于将认罪认罚作为被追诉人是否具有社会危险性的重要考量因素进而提升不捕率；又如鼓励检察机关充分运用不起诉裁量权，逐步扩大相对不起诉在认罪认罚案件中的适用，从而提升不诉率。这些在相关文件规定中均有所体现，如2020年7月21日中央政法委在《关于依法保障和服务疫情防控常态化条件下经济社会发展的指导意见》中指出，落实"少捕慎诉"的司法政策，依法减少羁押性强制措施适用，减少社

---

① 参见周新：《公安机关办理认罪认罚案件的实证审思——以G市、S市为考察样本》，载《现代法学》2019年第5期。

② 参见闫召华：《检察主导：认罪认罚从宽程序模式的构建》，载《现代法学》2020年第4期；顾永忠、韩笑：《检察机关贯彻认罪认罚从宽具有"地缘优势"》，载《检察日报》2019年1月20日，第3版。

会对抗、促进社会和谐稳定;随后,最高人民检察院印发《关于充分发挥检察职能服务保障“六稳”“六保”的意见》也强调,落实“少捕”“少押”“慎诉”的司法理念,对认罪认罚、轻刑犯罪充分适用依法从宽的刑事政策,坚持依法能不捕的不捕、依法能不诉的不诉,促进社会综合治理。总之,检察机关希望通过认罪认罚从宽制度的适用以及主导作用的发挥,进一步提升不捕不诉率。

1. 检察机关在落实“少捕慎诉”上存在的不足

在笔者看来,一方面,我国的刑事诉讼在纵向上被称为“流水作业式”模式,[①]侦、诉、审之间存在一种司法惯性或者说程序惯性,一旦启动就很难停止。“因为如果终止程序,就可能意味着他们的讯问、关押、指控以及判决错了,他们有名誉之虑,有责任之忧,此时,案件究竟是怎么回事已经不那么重要了,重要的是能否按照他们的意愿继续推动程序。”[②]鉴于上述情况,寄希望于检察机关通过批捕职能来降低审前羁押率,效果或许有限。有论者通过实证调研发现,某区检察院刑事案件2016年、2017年的认罪率分别为73.81%和65.42%,而羁押率分别为88.99%和87.51%。也就是说,即便对于认罪认罚案件,适用羁押性强制措施的占比仍然很高。这也意味着,即便认罪认罚是试点文件以及《刑事诉讼法》中规定的采取非羁押性强制措施的推动因素,其却不是检察机关、人民法院批准或决定逮捕的重要考量。[③] 在“捕诉一体”的背景下,检察官卸下思想枷锁可能需要一定的时间和空间。[④]

另一方面,检察机关自身的限制性规定容易导致检察官倾向于选择“捕”与“诉”。如最高人民检察院2020年5月11日印发的《人民检察院办理认罪认罚案件监督管理办法》要求,对于犯罪嫌疑人罪行较轻,且认罪认罚,检察官作出不批准逮捕或者不起诉决定的案件,必须报请检察长决定。在此之前,可以提请部门负责人召开检察官联席会;意见有分歧的,还应在提交部门负责人审核后,报请检察长或分管副检察长决定;对于一些不批捕、不起诉的认罪认罚从宽案件,还需进行公开听证。客观而言,检察官也是一个理性社会人,在案件本身没有质量问题的前提下,在检察官权力清单已经明确授权“捕”与“诉”可以自行决定的情况下,如何

---

① 参见陈瑞华:《从“流水作业”走向“以裁判为中心”——对中国刑事司法改革的一种思考》,载《法学》2000年第3期。

② 龙宗智:《卡夫卡的〈诉讼〉与司法惯性》,载《法制资讯》2013年第2期。

③ 参见周新:《公安机关办理认罪认罚案件的实证审思——以G市、S市为考察样本》,载《现代法学》2019年第5期。

④ 叶青:《“捕诉一体”与刑事检察权运行机制改革再思考》,载《法学》2020年第7期。

选择显而易见。

2. 检察机关在提出确定刑量刑建议上存在的不足

当然,这并不意味着在审查起诉阶段检察机关适用认罪认罚从宽制度的效果无处彰显。调研发现,与“少捕慎诉”相比,检察官更愿意把认罪认罚从宽的制度效果体现在确定刑量刑建议上。故本部分拟重点讨论确定刑量刑建议的问题。在笔者看来,用轻罪刑事政策能够很好地解决目前对于确定刑量刑建议讨论比较集中的两个问题:一是“是否当”;二是“如何能”。

(1)检察机关是否应当提出确定刑量刑建议

《刑事诉讼法》规定,对于认罪认罚案件,犯罪嫌疑人签署认罪认罚具结书的前提是同意检察机关提出的量刑建议,检察机关应当就主刑、附加刑、是否适用缓刑等提出量刑建议;除特殊情形外,法院一般应当采纳检察机关的量刑建议。上述规定赋予检察机关量刑建议权以新的含义,实质上是将法院的量刑裁量权部分让渡给了检察机关。① “两高三部”《指导意见》进一步明确,对于认罪认罚案件检察机关一般应当提出确定刑量刑建议,只有对于新类型、不常见的案件以及量刑情节复杂的重罪案件等才可以提出幅度刑量刑建议。这也使检察机关在认罪认罚案件中提出确定刑量刑建议效果显现并逐渐成为主流做法。② 但对于检察机关是否应当提出确定刑量刑建议却有不同的认识。这一看似并不复杂的问题实质上却反映了检察机关量刑求刑权与法院量刑裁判权之间的关系。③ 虽然从检察机关的角度看,上述规定是为了避免检察人员基于自身能力不足等原因,敷衍塞责、规避法定职责,强化检察机关办案责任和职业担当。④ 但从法院的角度看,对此或许有不同的理解。有的法官就认为,在认罪认罚案件中,检察机关提出确定刑量刑建议,实际上是在代行法院的刑罚裁量权,突破检察机关的求刑权范围异化为量刑要求、量刑指令,这种做法应当予以反对。⑤ 有论者认为,在认罪认罚案件中,检察机关求刑权的任性扩张表现为过度追求精准量刑以及无谓的抗诉。⑥ 也有论者认为,当

---

① 参见孙谦主编:《认罪认罚从宽制度实务指南》,中国检察出版社2019年版,第165~168页。

② 参见左卫民:《量刑建议的实践机制:实证研究与理论反思》,载《当代法学》2020年第4期。

③ 参见卞建林、陶加培:《认罪认罚从宽制度中的量刑建议》,载《国家检察官学院学报》2020年第1期。

④ 参见孙谦主编:《认罪认罚从宽制度实务指南》,中国检察出版社2019年版,第170页。

⑤ 参见臧德胜:《科学适用刑事诉讼幅度型量刑建议》,载《人民法院报》2019年8月29日,第2版。

⑥ 参见张金科:《认罪认罚从宽视阈下的量刑困境与优化路径》,载《北京社会科学》2020年第7期。

前认罪认罚从宽制度采取的是一种单方面“听取意见式”的职权从宽模式[①]，当前值班律师无法积极有效地参与认罪认罚协商而是被异化为“见证者”“背书者”[②]，诉讼合意程度有限。上述观点表达了对于检察机关提出确定刑量刑建议的担忧。

（2）检察机关如何能够提出确定刑量刑建议

确定刑量刑建议有助于保障认罪认罚从宽制度的稳定性，在认罪认罚从宽制度中起着“压舱石”的作用。就现实情形而言，虽然“两高三部”《指导意见》仅排除了部分特殊案件，但就客观而言，检察机关现阶段很难能够做到不分罪名、无论轻重对于绝大部分案件均提出确定刑量刑建议的要求。某市2019年上半年J区检察院对适用认罪认罚从宽案件提出的量刑建议中，提出幅度型量刑建议的占95.2%，提出确定刑量刑建议的占4.8%（全市提出确定刑量刑建议占比14.2%）。究其原因，一方面，检察官有“重定罪、轻量刑”的传统，在提出确定刑量刑建议能力上存在短板，缺乏足够的经验。即便检察机关对量刑建议工作日益重视，但也更为倾向于提出幅度刑量刑建议，因为那样更容易被法官采纳。实践中，也有检察人员反映缺乏确定刑量刑经验，没有系统学习过最高人民法院发布的相关量刑指导意见，对于规范化量刑问题并不了解。[③] 另一方面，量刑是一项“技术活”，法官显然更具优势。量刑时，法官要考虑诸多因素的平衡，如罪与刑、诉讼各方利益、刑罚的惩罚与教育功能、一般预防与特殊预防功能以及类案间平衡等。[④] 量刑法律规范除了刑法、司法解释、高级法院的量刑指导意见外，还包括法院系统内部总结的审判指南等规范性文件，一些非正式量刑规范虽然不会作为法律依据写进判决书，但法官裁判时却必须遵守。而这些内部参考文件，作为检察官可能很难获取。[⑤] 此外，在司法实践中，当法院判决未采纳检察机关的量刑建议，检察官（尤其是刚入额的年轻检察官）在心理上极易对确定的刑期和明确的罚金数额产生顾虑，致使其从内心而言，对提出确定型量刑建议较为排斥甚至抵触。

（三）对于法院在审判阶段能否限制被告人的上诉权存在的争议

对于认罪认罚从宽制度在审判阶段的问题的讨论，也可谓涉及方方面面，如对

---

① 参见闫召华：《听取意见式司法的理性建构——以认罪认罚从宽制度为中心》，载《法制与社会发展》2019年第4期。

② 参见李奋飞：《论“交涉性辩护”——以认罪认罚从宽作为切入镜像》，载《法学论坛》2019年第4期。

③ 参见王飞：《论认罪认罚协商机制的构建——对认罪认罚从宽制度试点中问题的检讨与反思》，载《政治与法律》2018年第9期。

④ 参见臧德胜：《科学适用刑事诉讼幅度型量刑建议》，载《人民法院报》2019年8月29日，第2版。

⑤ 参见左卫民：《量刑建议的实践机制：实证研究与理论反思》，载《当代法学》2020年第4期。

于自愿性、合法性的审查与判断,量刑建议的采纳与调整,审理程序的适用与转换;又如围绕证明标准、上诉权的讨论等。有些问题经过讨论已基本得到合理的解决。如对于证明标准,笔者比较赞同在认罪认罚案件中,证明标准并没有降低,降低的是证明难度这样一种观点。① 而有些问题,或因未能选择合适的视角切入之故,即便在相关司法解释中已有相对明确规定的情况下,其中的机理仍未能得以明晰。如《指导意见》第45条规定:"被告人不服适用速裁程序作出的第一审判决提出上诉的案件,可以不开庭审理。第二审人民法院审查后,按照下列情形分别处理:(一)发现被告人以事实不清、证据不足为由上诉的,应当撤销原判,发回原审人民法院适用普通程序重新审理;(二)发现被告人以量刑不当为由提出上诉的,原判量刑适当的,应当裁定驳回上诉,维持原判;原判量刑不当的,经审理后依法改判。"这一规定也可以理解为,即便对于适用速裁程序的认罪认罚案件,被告人的上诉权未受任何限制。

对于能否限制被追诉人的上诉权,赞成者有之,反对者亦有之。反对的理由主要有二。其一,上诉权是被追诉人最基本的诉讼权利之一,不能被限制甚至剥夺。联合国《公民权利与政治权利国际公约》第14条规定:"凡被判定有罪者,应有权由一个较高级法庭对其定罪及刑罚依法进行复审。"②我国《刑事诉讼法》第227条也明确赋予了被追诉人上诉的权利:"被告人、自诉人和他们的法定代理人,不服地方各级人民法院第一审的判决、裁定,有权用书状或者口头向上一级人民法院上诉。被告人的辩护人和近亲属,经被告人同意,可以提出上诉。"并且该条第3款特别强调,对于被追诉人的上诉权,不得以任何借口加以剥夺。虽然民事诉讼有一审终审的情况,但刑事诉讼与民事诉讼有着质的区别,对于刑事案件实行两审终审制是法院必须遵循的基本原则。③ 其二,限制被追诉人的上诉权不符合我国"无条件上诉"或考说"无因上诉"的诉权保障模式。因此,在完全实现审前正当程序保障、一审庭审实质化之前,对于认罪认罚的被追诉人仍需发挥二审程序"职权主义自我修正"的功能。④

笔者认为,这种对于所有认罪认罚案件不加区分地全面肯定其上诉权的观点,

---

① 参见谢澍:《认罪认罚从宽制度中的证明标准——推动程序简化之关键所在》,载《东方法学》2017年第5期。

② 参见杨宇冠:《人权法——〈公民权利和政治权利国际公约〉研究》,中国人民公安大学出版社2003年版,第315页。

③ 参见周新:《论认罪认罚案件救济程序的改造模式》,载《法学评论》2019年第6期。

④ 参见郭烁:《二审上诉问题重述:以认罪认罚案件为例》,载《中国法学》2020年第3期。

与认罪认罚从宽制度的初衷有悖,这会导致诸多不利后果,既不公正,也无效率。司法实践中也的确出现了许多被追诉人在没有新的事实和证据的情况下,以“量刑过重”为由的上诉。当然,不排除其中一部分是单纯为了“留所服刑”拖延时间而采取的“技术性上诉”。[①] 有论者在中国裁判文书网以“认罪认罚从宽”为关键词进行检索,并对随机出现的前100份法律文书进行统计,发现二审裁判文书占比高达62%。[②] 这显然有悖于认罪认罚从宽制度的设计初衷,会造成有限司法资源的浪费,进而影响检察官适用该项制度的积极性,长久看来也会影响认罪认罚从宽制度的生命力。

三、轻罪刑事政策指引下认罪认罚从宽制度司法适用程序完善

在笔者看来,对于前述诸多问题,轻罪刑事政策均能提供一种解决问题的思路。如对于认罪认罚的轻罪案件,从侦查阶段就要强调非羁押性强制措施的适用,建构更为“轻缓化”的制度体系。在所有认罪认罚案件中,将提出确定刑量刑建议的重心置于轻罪案件,于检察机关而言具有可行性,也有利于化解各种矛盾与担忧。对于是否应当限制被追诉人的上诉权的讨论也应限定在轻罪案件中,并以轻罪刑事政策为指引,妥善解决个中问题。

(一)侦查阶段

关于侦查阶段能否适用以及如何适用认罪认罚从宽制度,笔者的观点是不仅应该适用,而且应该积极地适用。关于“为何能够适用”,已有很多论者从不同侧面加以论述,[③]并且“两高三部”《指导意见》也进一步明确了认罪认罚从宽制度贯穿刑事诉讼全过程,适用于侦查、起诉、审判各个阶段,此处不再赘述。本部分重点讨论在轻罪刑事政策指引下,为何从侦查阶段强调适用非羁押性强制措施,以及如何更加积极探索轻罪刑事案件“轻缓化”的制度体系。

1. 从“源头”上减少羁押性强制措施的适用

有论者通过对2013~2017年303万份判决书大数据进行深度挖掘发现,侦查机关通过羁押性强制措施推动案件侦破的方式依旧如故,羁押性强制措施在我国

① 参见韩旭:《认罪认罚从宽制度实施检察机关应当避免的的几种倾向》,载《法治研究》2020年第3期。

② 参见邱玉香、李贤春:《认罪认罚从宽制度的司法适用与完善》,载《哈尔滨师范大学社会科学学报》2019年第3期。

③ 参见朱孝清:《侦查阶段是否可以适用认罪认罚从宽制度》,载《中国刑事法杂志》2018年第1期。

刑事诉讼中的机制与功能已然高度固化。① 认罪认罚从宽制度实施以后,“认罪认罚”成为是否具备社会危险性的参考因素之一。随着认罪认罚从宽制度适用率的提升,理论上审前羁押率应该进一步降低。但有论者针对认罪认罚从宽制度试点地区的羁押率进行调研后发现,部分地区在实施该项制度以后,逮捕率不降反升,即便是对于采用速裁程序处理的轻微案件,侦查机关的逮捕率也相当高。②2020 年 5 月 25 日《最高人民检察院工作报告》中的数据也可以说明这一问题:2019 年,全国检察机关批准逮捕各类犯罪嫌疑人 1,088,490 人,对不构成犯罪或证据不足决定不批捕 191,290 人。虽然报告中指出,不捕率较 5 年前上升了 62.8%,但经笔者简单计算,当年度的不捕率也仅为 14.9%,相较于 78.7% 的被判处 3 年以下有期徒刑的轻罪案件占比相比,非羁押性强制措施的适用显然仍有很大空间。

对此,必须先要从理念上明确,侦查机关才是非羁押性强制措施适用的“源头”,侦查阶段非羁押性强制措施的适用对于审前羁押率的降低具有十分重大的意义。“两高三部”《指导意见》中也有类似表达:“犯罪嫌疑人认罪认罚,公安机关认为罪行较轻、没有社会危险性的,应当不再提请人民检察院审查逮捕”。前文也已论及,那种寄希望于检察机关,尤其是认罪认罚从宽制度中的检察机关通过落实“可不可不捕的,不捕”的政策要求,充分发挥主导作用进而降低审前羁押率的设想,需要接受实践的进一步检验。

对于如何进行“源头治理”,笔者认为:首先,侦查机关在理念上要跟上。要站在提升国家治理体系和治理能力、促进社会和谐的高度来对待认罪认罚从宽制度,尤其是对于轻罪案件的非羁押性强制措施适用。认罪认罚从宽制度蕴含着新的刑事执法理念,将引导侦查观念的转变甚至侦查模式的转变。③ 此前,曾有论者建议,在修订《公安机关办理刑事案件程序规定》(以下简称《程序规定》)时吸收认罪认罚试点方案成果,逐步确立“以非羁押为原则,羁押为例外”的原则。④ 遗憾的是,2020 年 7 月 20 日公布并于同年 9 月 1 日起实施的前述《程序规定》除了在 137 条增加了第 2 款“犯罪嫌疑人自愿认罪认罚的,应当记录在案,并在提请批准逮捕

---

① 参见王禄生:《论刑事诉讼的象征性立法及其后果——基于 303 万判决书大数据的自然语义挖掘》,载《清华法学》2018 年第 6 期。

② 参见周新:《认罪认罚从宽制度化立法的重点问题研究》,载《中国法学》2018 年第 6 期。

③ 参见揭萍、张凯:《价值与路径:认罪认罚从宽在侦查阶段的适用》,载《中国人民公安大学学报(社会科学版)》2019 年第 2 期。

④ 参见刘鲲:《侦查阶段认罪认罚从宽制度的适用与完善》,载《河南警察学院学报》2019 年第 3 期。

书中写明有关情况”规定外,并没有在“任务和基本原则”“强制措施”等相关章节中体现上述原则。

其次,在考核评价机制中加入非羁押性强制措施适用因素。“从某种意义上看,有什么样的考核评价机制,就有什么样的法官行为方式,特别是有什么的裁判方式,从而决定了有什么样的司法形态。”①其实,何止是法院,公安机关、检察机关又何尝不是如此。

最后,人力物力要跟上。司法实践中,办案人员不愿采取非羁押性强制措施的主要原因在于担心被追诉人脱管,而脱管后续的“尾巴”常常给办案人员带来很多额外的负担。② 对此,要进一步探索使用电子手铐、赔偿保证金等措施,积极推广适用电子监控措施执行监视居住,加大对于公安机关执行力量的投入,如同比例增强犯罪嫌疑人户籍所在地派出所警力等配备。③

2. 积极探索侦查阶段轻罪案件“轻缓化”制度体系建构

笔者在调研中发现,当前认罪认罚从宽制度在适用中或存在一种“冠名化”现象,即一些案件虽然也适用认罪认罚程序,但对于案件的最终量刑结果可能没有任何影响或影响甚微。实践中这种情况的出现不仅没有提升诉讼效率、节约司法资源,反倒给一线办案人员增加了不少诸如联系值班律师、制作法律文书等工作量。这也是导致实践中一些办案人员适用认罪认罚从宽制度积极性不高的原因之一。对此,需作两方面思考:一是司法实践中认罪认罚是否真正作为一个量刑情节予以考虑;二是是否存在认罪认罚作为从宽量刑情节激励程度有限的问题。

对于前一个问题,“两高三部”《指导意见》第33条规定,犯罪嫌疑人认罪认罚没有其他法定量刑情节的,检察机关可以根据犯罪的事实、性质等,在基准刑基础上适当减让提出确定型量刑建议;有其他法定量刑情节的,检察机关应当综合认罪认罚和其他法定量刑情节,参照相关量刑规范提出确定型量刑建议;如果犯罪嫌疑人在侦查阶段认罪认罚的,可再适当放宽;在审判阶段认罪认罚的,可适当缩减。但这种规定仍显模糊,在实践中也很难操作。就目前来看,被追诉人如果没有自首、立功等法定减轻处罚情节,从宽幅度则有限,甚至可以忽略不计。④ 即便是对

---

① 郑曦:《人工智能技术在司法裁判中的运用及规制》,载《中外法学》2020年第3期。

② 参见王飞:《论认罪认罚协商机制的构建——对认罪认罚从宽制度试点中问题的检讨与反思》,载《政治与法律》2018年第9期。

③ 参见叶青:《“捕诉一体”与刑事检察权运行机制改革再思考》,载《法学》2020年第7期。

④ 参见张金科:《认罪认罚从宽视阈下的量刑困境与优化路径》,载《北京社会科学》2020年第7期。

认罪认罚案件,从宽理由的表述也还是集中在如实供述、自首、退赃退赔、被害人谅解等方面,与传统的从轻减轻事由差别不大。[①] 对此,有论者建议应将认罪认罚从宽确定为刑法独立的法定从轻减轻量刑情节,[②]辅之以将《刑事诉讼法》第 15 条中的"可以依法从宽处理"修改为"可以从轻、减轻处罚"。[③] 前述建议十分中肯。此外,还应进一步明确前述"两高三部"《指导意见》中"适当"的量化指标,以便在实践中可以更好地遵照执行。

认罪认罚作为从宽量刑情节是否存在激励程度有限的问题与轻罪刑事政策密切相关,在轻罪案件中表现得可能也更为明显。"为了避免披着新制度外壳运行旧规范,改革者应单独构建多层次、动态发展的从宽体系。"[④]在协商空间有限的情况下,为维系并强化认罪认罚从宽制度的生命力,需建立更具层次性、更加系统化配套机制。

一是参照当事人和解的公诉案件诉讼程序,赋予侦查机关向检察机关提出从宽处理建议的权力。《刑事诉讼法》中仅规定了侦查机关权利告知、听取意见以及向检察机关提出起诉意见书的权力。"两高三部"《指导意见》在此基础上进一步明确侦查机关适用速裁程序建议权。但作为与当事人和解的公诉案件元素高度重合的诉讼程序,[⑤]并没有像与当事人和解的公诉案件那样,明确赋予侦查机关"可以向人民检察院提出从宽处理的建议"的权力,这显然是不合适的。未来应在法律及相关司法解释中明确赋予侦查机关该项职权。这也应该成为侦查机关参与认罪认罚从宽程序的基础权力配置。

二是赋予侦查机关不起诉建议权。我国《刑事诉讼法》对于侦查机关的立案、撤案等采取的是法定主义原则。根据规定,侦查机关在认为有犯罪事实的前提下立案后,即便是对于那些认罪认罚、犯罪情节轻微、依照刑法规定不需要判处刑罚或者免除刑罚的案件,也必须与其他案件一样,向检察机关移送起诉意见书。[⑥] 这显然不符合轻罪刑事政策的要求,也难以实现认罪认罚从宽制度初衷。建议修改侦查机关侦查终结的处理程序,对于符合酌定不起诉条件的认罪认罚案件,赋予侦查机关不起诉建议权。在司法责任制改革背景下的调研中有检察官也反映,如果

---

① 参见周新:《认罪认罚从宽制度立法化的重点问题研究》,载《中国法学》2018 年第 6 期。
② 参见周光权:《论刑法与认罪认罚从宽制度的衔接》,载《清华法学》2019 年第 3 期。
③ 参见周新:《认罪认罚从宽视阈下的量刑困境与优化路径》,载《北京社会科学》2020 年第 7 期。
④ 参见周新:《认罪认罚从宽制度立法化的重点问题研究》,载《中国法学》2018 年第 6 期。
⑤ 参见胡云腾:《完善认罪认罚从宽制度改革的几个问题》,载《中国法律评论》2020 年第 3 期。
⑥ 参见闫召华:《检察主导:认罪认罚从宽程序模式的构建》,载《现代法学》2020 年第 4 期。

侦查机关能够提出不起诉意见书,也能够分解掉一部分检察官的办案风险和压力。结合前述对于"不捕不诉"案件检察机关的自我规制,可以进一步考虑在侦查机关提出不起诉意见书的情况下,对于检察官进一步放宽授权、减少规制。

三是侦查机关的撤案权。2018 年《刑事诉讼法》规定了对于符合特殊条件的犯罪嫌疑人,经最高检核准,公安机关可以撤销案件。但现阶段公安机关撤案权的案件范围有限,加之相关规定的模糊性,基本难以充分发挥程序分流功能。此前,虽然司法实践中也有过对于犯罪嫌疑人认罪认罚、社会危害性不大的轻微刑事犯罪,在与被害人达成和解的情况下,公安机关也可撤销案件的情况①,但很显然这一各地探索运行多年的做法并没有为立法所认可。② 伴随认罪协商理念的逐步确立,认罪认罚从宽制度尤其是对于其中特定案件撤案权的正式入法,在轻罪刑事政策指引下,未来应继续扩大认罪认罚从宽制度侦查机关撤案权的适用范围,可扩展至情节显著轻微、危害不大,不需要或者免除刑事处分的案件。③

四是建立前科消灭制度。前科消灭是指犯罪记录的消灭,是域外司法实践的通例。④ 在认罪认罚从宽制度中,尤其是对于轻罪案件,通过建立前科消灭制度,可以更好地解决由于"犯罪圈"扩大带来的一系列社会治理问题,如可以赋予适用速裁程序的某些认罪认罚案件以前科消灭的特殊法律效果,以此增强该种审判程序的吸引力。⑤ 在笔者看来,前科消灭是可以在侦查阶段协商的内容,对于一些轻罪案件,只要符合一定的条件就可以赋予其前科消灭的效果。

(二)审查起诉阶段

对于前文论及的在"少捕慎诉"司法实践中的运行阻碍问题,笔者的基本观点是,司法终究要以对司法人员的信任为前提,以事后制约为遵循。否则,各种规制叠床架屋、不胜其烦,终究事与愿违,有碍制度初衷实现。笔者也深信,伴随司法人员综合素养的不断提高,在司法责任制改革背景下,司法人员内心自然能够形成一种心理约束,更宜通过事后诸如案件质量评查等机制加以制约,从而实现放权与监

① 参见刘鲲:《侦查阶段认罪认罚从宽制度的适用与完善》,载《河南警察学院学报》2019 年第 3 期。

② 公安机关可以根据双方达成和解协议的情况和案件情况向人民检察院提出从宽处理的建议,但是不得在侦查阶段因双方当事人达成和解协议而作出撤销案件的决定。参见王爱立、雷建斌主编:《刑事诉讼立法精解》,中国检察出版社 2019 年版,第 524 页。

③ 参见黄萱:《认罪认罚案件侦查机关撤案权研究》,中国人民公安大学 2020 年硕士学位论文,第 23 ~ 24 页。

④ 参见叶青主编:《未成年人刑事诉讼法学》,北京大学出版社 2019 年版,第 275 ~ 276 页。

⑤ 参见吴宏耀:《认罪认罚从宽制度的体系化解读》,载《当代法学》2020 年第 4 期。

督之间的平衡。再回到检察机关“是否当”与“如何能”提出确定刑量刑建议问题，笔者认为，在轻罪刑事政策的指引下，上述两个问题能够得到融合妥善解决。

1. 将重心置于对轻罪案件提出确定刑量刑建议有利于化解矛盾与担忧

首先，要明确检察机关应该提出确定刑量刑建议。这是由量刑建议在认罪认罚从宽制度中“压舱石”的地位所决定的。一般而言，量刑建议越具体，被追诉人及其律师与检察机关协商的动力越大，达成一致的可能性也就越大。① 这或许是“两高三部”《指导意见》中明确对于认罪认罚案件，检察机关一般应当提出确定刑量刑建议的动因所在。

其次，要认识到在认罪认罚不分罪名、无论轻重的适用背景下，检察机关通过量刑建议形式的主导地位也是有限度的，而这个限度就在于轻罪案件。有论者认为，检察权与审判权在认罪答辩案件中实现新平衡样态的领域集中在轻罪案件上。② 区分轻罪与重罪，既保证了检察机关在刑事诉讼中的主导地位，也不至于冲击传统正当程序理念和机制。③

最后，从我国的实际情况来看，一方面，如果检察机关能够在八成左右的轻罪案件中提出确定刑量刑建议并为法院所采纳，其主导作用不可谓没有得到发挥；另一方面，法院也要转变观念，尽快从不适应转变为制度受益者，如有的法官就认为“认罪认罚案件中，确定刑量刑建议看似侵犯了法官的自由裁量权，但事实并不是这样，因为二者的最终目标是一致的，都是为了维护司法公正，检法机关都规范了量刑标准和法律适用，自由裁量与精准量刑之间就不会出现偏差。”④将轻罪案件交由检察机关程序主导，可谓大家各得其所，有利于形成“轻罪快判、重罪慎断”的程序分流机制，而这正是以审判为中心的要义所在。

2. 将重心置于对轻罪案件提出确定刑量刑建议于检察机关而言具有可行性

试点期间，认罪认罚从宽一般适用于法定刑在 3 年以下、基层法院采用简易程序、速裁程序审理的轻刑案件⑤，但在为立法所确认时并没有适用罪名和可能判处刑罚的限制，其适用于所有刑事案件。这种在所有认罪认罚案件中推行确定刑量

---

① 参见陈国庆：《刑事诉讼法修改与刑事检察工作的新发展》，载《国家检察官学院学报》2019 年第 1 期。

② 参见赵恒：《论检察机关的刑事诉讼主导地位》，载《政治与法律》2020 年第 1 期。

③ 参见万毅：《论检察官在刑事程序中的主导地位及其限度》，载《中国刑事法杂志》2019 年第 6 期。

④ 参见刘福龙：《司法效率与公正的双赢》，载《检察日报》2020 年 8 月 2 日，第 3 版。

⑤ 参见张金科：《认罪认罚从宽视阈下的量刑困境与优化路径》，载《北京社会科学》2020 年第 7 期。

刑建议的做法,与正当程序的司法理念不符,也为检察机关增加了压力。[①] 张军检察长在 2019 年 3 月 12 日第十三届全国人民代表大会第二次会议所作的《最高人民检察院工作报告》提到,检察机关的量刑建议采纳率达到 96%。但需要注意的是,其案件类型绝大多数是轻罪案件,以交通肇事、危险驾驶为主。[②] 最高人民检察院副检察长陈国庆也认为,办理认罪认罚案件时,检察机关应当尽量提出确定刑量刑建议;但考虑到认罪认罚从宽制度的普遍适用,检察机关又需要不断积累量刑建议经验,与法院沟通磨合、统一量刑标准也要有个过程,因而建议判处 5 年以下有期徒刑刑罚的,应当提出具体刑种和刑期;5 年有期徒刑以上的,可以考虑提出一定幅度的量刑建议。[③] 当然,也有论者认为,就目前检察官队伍现状而言,即便是 3 年以下的刑事案件,可能也难以提出具体的刑种和刑期。[④]

笔者认为,理论分析和实践观察已经说明,检察机关提出确定刑量刑建议的重心应置于轻罪案件上。为了更好履行该项职能,检察机关未来还需要从以下四个方面作出努力。

首先,检察官可以通过专题研讨、同堂培训等加强学习。检察官要学习有形的相关法律、司法解释、指导性案件以及前述法院没有写入判决书的相关文件,还要尽快熟悉无形的法官的裁判思维和量刑思维,还可以通过加快法律职业共同体之间的人员流动加以促进。当然,笔者是不赞成在实施认罪认罚从宽制度初期,检察官就具体案件事实和情节事先向法官征询量刑意见,甚至是一案一沟通这种做法的[⑤],这显然违背了控审分离原则。

其次,在多方参与下共同制定量刑指引。在参与主体上,不应局限于检察机关和法院,还应包括侦查机关,作为法律职业共同体的律师也应有一定的参与度。“针对实务中经常发生的量刑意见仅存在于法院的现象,未来与认罪认罚有关的量刑指南应当适用于公、检、法等办案机关,必要时可以向被害人、社会公开。”[⑥]在笔者看来,如此可以形成共赢的局面:一是在一定程度上能够调节检察权与裁判权

① 参见赵恒:《量刑建议精准化的理论透视》,载《法治与社会发展》2020 年第 2 期。

② 参见刘方权:《刑事速裁程序试点效果实证研究》,载《国家检察官学院学报》2018 年第 2 期。

③ 参见陈国庆:《刑事诉讼法修改与刑事检察工作的新发展》,载《国家检察官学院学报》2019 年第 1 期。

④ 参见韩旭:《认罪认罚从宽制度实施检察机关应当避免的几种倾向》,载《法治研究》2020 年第 3 期。

⑤ 参见左卫民:《量刑建议的实践机制:实证研究与理论反思》,载《当代法学》2020 年第 4 期。

⑥ 周新:《认罪认罚案件中量刑从宽的实践性反思》,载《法学》2019 年第 6 期。

之间的关系，因为检察机关提出的量刑建议实质上也包含了法院的意见；二是侦查机关更加了解、掌握量刑情况，可以更好预判案件走向，从而提升开展认罪认罚的工作质效；三是可以在一定程度上减少当前律师对于法院裁判标准不透明的质疑，弥补当前值班律师制度存在的不足，更好地保障被追诉人的合法权利。

再次，检察办案要注重运用量刑协商和沟通机制。在具体程序和具结文书过程中，承办检察官应当向犯罪嫌疑人及其辩护律师或值班律师释明拟提出的量刑建议的主要依据和考虑因素，对于提出确定刑期和具体罚金数额的，应当将计算方法一并释明，确保犯罪嫌疑人及其辩护律师或值班律师了解量刑协商的每一个条款的内容和效力，包括量刑的具体刑期、罚金、执行方式及后果。同时，还要做好释法说理工作，真正让犯罪嫌疑人接受检察机关的量刑建议，把犯罪嫌疑人内心的顾虑解决在审查起诉阶段。

最后，检察办案要依靠科技力量。实践中有许多检察机关都在积极探索，努力在“智慧检务”“智慧诉讼”上做出自己的特色。对此，笔者认为，在进行相关研发工作时，检察系统内部、公安与司法机关之间，均要尽量避免各自为战，应整合各种资源。尤其是在数据来源上，要避免产生“孤岛效应”，实现司法资源的最佳配置状态。2019 年 3 月 15 日中共中央政法委、最高人民法院、最高人民检察院印发的《关于进一步优化司法资源配置　全面提升司法效能的意见》也提到了要加快推进政法机关“设施联通、网络畅通、平台贯通、数据融通”。但遗憾的是，其着眼点在于“推进电子卷宗共享”“讯(询)问录音录像、庭审、看守所、监狱监控等视频互联互通和共享应用”等浅层次的应用。在笔者看来，在认罪认罚从宽制度入法的时代背景下，政法机关亟须将定罪量刑等数据信息共享，形成“以合意形合力、以科技助科学、以公开促公正”的规范化量刑指引。

(三)审判阶段

前文所述对于所有认罪认罚案件不加区分全面肯定其上诉权，进而反对对被追诉人上诉权加以限制的观点，看似是对被追诉人权利的一种保护，实则可能会适得其反。其背后或有一种实质真实发现主义支撑。

首先，权利与程序是有机统一的，权利是程序的重要支撑，程序为了权利保障而存在，权利的减损必然带来程序的简化①，反之，程序的简化必然带来权利的减

① 参见闵春雷：《认罪认罚从宽制度中的程序简化》，载《苏州大学学报(哲学社会科学版)》2017 年第 2 期。

损。那种认为"简程序而不减权力"的观点[①],与事实不符,看似是对被追诉人权利的一种保障,实则反倒对被追诉人权利保障有害,最终会置被追诉人权利保障于不尴不尬之境地。在认罪认罚案件中,被追诉人通过放弃包括上诉权在内的部分公正审判权,实现了保障公正前提下的效率追求。正如有论者言,"公正为本,效率优先"应当是认罪认罚从宽制度改革的核心价值取向,一旦偏离了刑罚的及时性基础,整个制度也将变得毫无意义。[②]

其次,刑事诉讼法并不是无条件地发现实体真实,而是在处理各类刑事案件的过程中在必要的限度内努力发现真实。[③] 当前,快速解决纠纷成为追求的目标,合作型司法模式正受到越来越多的欢迎,在客观上形成一种诉讼重心前移的趋势,而这无疑会对刑事诉讼的"真实观"产生深刻影响。[④] 而认罪认罚从宽制度正是这样一种带有形式真实发现主义特征的诉讼制度。在此场域中,法院所获事实与证据在一定程度上会受到被追诉人的意思拘束也就不难理解了。这种拘束带来了节约司法资源与提升诉讼效率的双重增益功效。[⑤]

最后,现有权利保障为限制被追诉人的上诉权提供了一定条件。其一,程序选择权。值班律师为被追诉人提供程序选择建议的法律帮助,签署认罪认罚具结书的前提之一也是被追诉人同意程序适用,法院适用速裁程序的也必须征得被追诉人同意。"两高三部"《指导意见》中进一步明确,"犯罪嫌疑人、被告人享有程序选择权,不同意适用速裁程序、简易程序的,不影响'认罚'的认定"。其二,证明标准保障。如前所述,对于认罪认罚案件,证明标准并没有降低,降低的是证明难度。需要强调的是,在证明难度降低的情况下,后续取证工作也要跟上,达到法定证明标准。这一点在"两高三部"《指导意见》中也得到了进一步明确。办理认罪认罚案件,应"坚持法定证明标准,侦查终结、提起公诉、作出有罪裁判应当做到犯罪事实清楚,证据确实、充分,防止因犯罪嫌疑人、被告人认罪而降低证据要求和证明标准。对犯罪嫌疑人、被告人认罪认罚,但证据不足,不能认定其有罪的,依法作出撤

① 参见薛应军、战磊:《简程序不减权利——北京市东城区人民检察院"刑事案件速裁"程序实践》,载《民主与法制时报》2015年1月24日,第7版。

② 参见陈卫东:《认罪认罚从宽制度研究》,载《中国法学》2016年第2期。

③ 参见[日]田口守一:《刑事诉讼的目的》,张凌、于秀峰译,中国政法大学出版社2010年版,中文版序言。

④ 参见赵恒:《"认罪认罚从宽"内涵再辨析》,载《法学评论》2019年第4期。

⑤ 参见卞建林、陶加培:《认罪认罚从宽制度中的量刑建议》,载《国家检察官学院学报》2020年第1期。

销案件、不起诉决定或者宣告无罪”。

正如有论者言，对于认罪认罚案件，采用何种上诉权模式取决于案件裁判本身的正当性程度是否足以排除被追诉人救济权以达到诉讼经济之目的。① 立足前述讨论，笔者认为，应当对认罪认罚案件中的被追诉人的上诉权进行限制，而轻罪刑事政策中的轻罪案件正是合适的切入标准。

首先，讨论限制被追诉人的上诉权应限定在轻罪领域。无论是前述对于诉讼重心前移、检察机关主导作用发挥场域的讨论，抑或是对于检察机关提出确定刑量刑建议的合理性与可行性的讨论，其前提均系将范围限定在轻罪案件中。

其次，不应以罪行轻微、适用程序不同而限制甚至剥夺被追诉人的上诉权。在限制被追诉人上诉权的模式中，有论者认为，对于适用速裁程序审理的判处有期徒刑1年以下刑罚的轻微案件，实行一审终审；对于适用速裁程序审理的判处有期徒刑3年以下1年以上（不含1年）刑罚的案件，被追诉人只能针对程序问题提出上诉。② 还有论者认为，可以将案件适用程序的不同作为是否对被追诉人的上诉权进行限制的区分标准，即对于适用速裁程序和简易程序审理的案件限制被追诉人的上诉权，而对于适用普通程序审理的案件仍保留被追诉人的上诉权。③ 对此，笔者认为，在我国认罪认罚从宽制度的职权主义色彩趋于淡化、权力与权利之间实质交互④、值班律师的“权力背书者”“门面化”等问题得到解决之前⑤，即便对于罪行轻微的被追诉人也不应完全剥夺其上诉权。被追诉人的上诉权也不应以适用程序的不同而受到区别对待，而应回归到问题产生的根源，即在认罪认罚案件中，被追诉人系通过诉讼合意放弃了包括上诉权在内的部分公正审判权。原则上，只要是认罪认罚案件，被追诉人均可放弃上诉权。而当前将这种放弃限定在轻罪案件，既符合诉讼效益原则，与对被追诉人利益保护等理念也较契合。⑥

最后，应按照“是否违背自愿性”“是否超出诉讼合意”两个层面设置允许被追

---

① 参见郭烁：《二审上诉问题重述：以认罪认罚案件为例》，载《中国法学》2020年第3期。

② 参见臧德胜、杨妮：《论认罪认罚从宽制度中被告人上诉权的设置——以诉讼效益原则为依据》，载《人民司法》2018年第34期。

③ 参见周新：《论认罪认罚案件救济程序的改造模式》，载《法学评论》2019年第6期。

④ 参见吴思远：《我国重罪协商的障碍、困境及重构——以“权力—权利交互说”为理论线索》，载《法学》2019年第11期。

⑤ 参见李奋飞：《论“交涉性辩护”——以认罪认罚从宽作为切入镜像》，载《法学论坛》2019年第4期。

⑥ 参见臧德胜、杨妮：《论认罪认罚从宽制度中被告人上诉权的设置——以诉讼效益原则为依据》，载《人民司法》2018年第34期。

诉人上诉的特殊情形。此前,有观点认为,如果法院判决的刑罚未超出检察机关的量刑建议,且属于3年有期徒刑以下的被追诉人提起上诉的,需对上诉理由进行审查,以决定是否准予上诉。[①] 也有观点认为,在符合法定条件下进行的认罪认罚最终未获得法定从宽、从轻处理时,应允许被追诉人以此为理由提起上诉,等等。[②] 但通过对"两高三部"《指导意见》第45条关于"速裁案件的二审程序"的分析,可以发现当前我国对于认罪认罚案件不仅在上诉权上不加限制,而且在标准设定上仍旧沿袭了积极的实质真实发现主义。如规定发现被告人以事实不清、证据不足为由提出上诉的,应当撤销原判、发回重审等,这未能充分反映认罪认罚案件的特质。未来,在对于认罪认罚的轻罪案件的上诉权限设定上,应首先考察是否违背自愿性:如果违背了自愿性,则具备了正当的上诉理由;其次是裁判结果是否超出了诉讼合意,如果超出了诉讼合意,则具备了正当的上诉理由。相信在前述程序选择权、证明标准等前提保障下,通过自愿性、诉讼合意两个层面的审查,司法机关是能够促进认罪认罚从宽制度在公正前提下实现追求效率的制度价值。

第三节 认罪认罚从宽制度的逻辑展开*

党的十八届四中全会通过的《中共中央关于全面推进依法治国若干重大问题的决定》明确提出了"完善刑事诉讼中认罪认罚从宽制度"的改革要求。为了贯彻中央部署,最高人民法院及最高人民检察院分别在《人民法院第四个五年改革纲要(2014—2018)》及《关于深化检察改革的意见(2013—2017年工作规划)》中明确了健全这一制度的要求。2016年9月13日,第十二届全国人大常委会第二十二次会议审议通过了《关于授权最高人民法院、最高人民检察院在部分地区开展刑事案件认罪认罚从宽制度试点工作的决定》(以下简称《试点工作决定》)。2016年11月16日,"两高三部"又印发了《关于在部分地区开展刑事案件认罪认罚从宽制度试点工作的办法》,标志着我国认罪协商制度改革正式展开。深入推进此项改革之前,充分开展理论研究并提供支撑尤为重要。本节拟对中国语境下认罪认罚从宽制度的逻辑架构进行剖析,分别阐述此项制度改革的现实意义、价值内

---

① 参见王洋:《认罪认罚从宽案件上诉问题研究》,载《中国政法大学学报》2019年第2期。

② 参见樊崇义、李思远:《认罪认罚从宽程序中的三个问题》,载《人民检察》2016年第8期。

* 作者:叶青、吴思远。本节原发表于《国家检察官学院学报》2017年第1期。

涵,并讨论改革中的几个重要问题,以期促成理论界和实务界对此达成共识,推动制度改革探索进程。

一、认罪认罚从宽制度的意义阐释

(一)程序分流科学化的法定进路

一段时期以来,我国刑事案件数量较多,司法压力也将随之增大,如何缓解此种压力是实务界和理论界共同关注的课题。

2014年,全国人大常委会授权最高人民法院、最高人民检察院开展刑事案件速裁程序试点工作,就是针对上述问题所推出的一项重要改革举措。从最高人民法院和最高人民检察院关于刑事速裁程序试点情况的中期报告来看,刑事速裁程序取得了较显著的实践成效。据抽样统计,检察机关审查起诉周期由过去的平均20天缩短至5.7天;人民法院速裁案件10日内审结的占94.28%,比简易程序高58.40%,当庭宣判率达95.16%,比简易程序高19.97%。在诉讼效率提升的同时,刑事速裁案件被告人从宽处罚及权利保障也得以充分实现。其中,被告人适用非监禁刑的占36.88%,比简易程序高6.93%,上诉率为2.10%,比简易程序低2.08%,比全部刑事案件上诉抗诉率低9.44%。

刑事速裁程序两年的探索充分证明程序分流是优化司法资源配置、提升诉讼效率、破解法院案多人少矛盾的有效途径。如学者所言,刑事速裁程序的试点既为基层司法机关提供了一次探索提高效率的契机,也为“认罪认罚从宽”思路的贯彻提供了一次试验机会。但将刑事速裁程序的适用范围限定在可能判处一年有期徒刑以下刑罚的特定轻微刑事案件,在一定程度上限制了其制度功效。可见,仅以案件繁简程度为标准分流案件已经不能满足实践需求。因此,全国人大常委会再次授权最高人民法院和最高人民检察院在18个城市开展认罪认罚从宽制度的试点工作,以被告人是否认罪认罚为标准对诉讼程序进行划分:只要被告人认罪认罚,案件就不应适用普通程序来处理。这对于大幅提高诉讼效率、避免司法资源浪费无疑有着积极意义,表明程序分流理念在我国刑事诉讼中得到了更科学合理的运用,有助于更好地满足群众对审判质效的需求。

(二)诉讼程序多元化的积极追求

多元化是人类文明发展的趋势,各国诉讼程序的发展也呈现此特点。尤其是在刑事案件日益多样化、复杂化的今天,单一的刑事特别程序不可能成为案件审理的唯一程序,定分止争的方式和程序也不可能同一化。因此,各国纷纷建立起多层次的诉讼程序体系。例如,意大利1988年根据本国司法实践情况确立了5种不同类型的刑事特别程序,即相对普通程序而言的简便程序,包括简易程序、依当事人要求适用刑罚程序、快速审判程序、立即审判程序和处罚令程序。这种设计使意大利刑事诉讼程序从整体上呈现阶梯式、多元化的特点,实现了对不同案件、不同犯罪人的不同处理,也极大改善了以程序拖沓、积案沉重著称的意大利刑事诉讼程序。

认罪认罚从宽制度的确立体现了我国对多元诉讼程序的积极追求。一方面,我国刑事诉讼法确立的“简易程序/普通程序”二元审判程序模式略显单一,尤其是简易程序适用范围跨度大,简化程度缺乏明显区分,难以完全适应实践需要,甚至容易因程序烦琐而造成不必要的司法资源浪费;另一方面,我国实际上并不存在贯穿诉讼全过程的简易程序,诉讼分流与简化主要集中在审判阶段,导致审前阶段有效的分流机制不足,分流效果有限,难以有效缓解办案机关的办案压力。

认罪认罚从宽制度能弥补审前分流机制的缺失,打破简易程序的功能局限。笔者认为,认罪认罚从宽制度应广泛适用于刑事诉讼全过程,审前阶段被告人认罪认罚的案件应当分流至认罪程序中,不必再按照普通程序进行处理。当然,为了确保制度的正当性,对于是否对被告人认罪认罚给予法律上的积极评价,法院拥有最终审查决定权。但建立有关认罪认罚的程序处理机制,将形成崭新的刑事诉讼格局,即以认罪程序与不认罪程序作为第一层次划分,以认罪程序下简易程序、速裁程序、和解程序作为第二层次划分。由此,各个刑事诉讼程序之间将有序衔接,充分发挥诉讼程序多元化的优势,实现司法资源配置的最优化,形成符合我国司法实践需要和刑事诉讼发展规律的多层次诉讼程序体系。

(三)刑事政策人文化的具体表现

在刑事政策轻缓化的全球潮流之下,我国也确立了具有轻缓化色彩的“宽严相济”刑事政策。轻缓化刑事政策是对传统报应刑法观及重刑主义的扬弃,刑法谦抑、刑罚轻缓及人道主义观念开始日渐深入人心。应当说,宽严相济刑事政策体现了“现代社会对付犯罪的反应方式在趋向多样化的同时更趋向人道、文明、经济”的发展。

从本质上看,认罪认罚从宽制度与宽严相济刑事政策在价值取向上具有内在同一性,即区分不同的犯罪情况,实行区别对待,做到该宽则宽、当严则严、宽严相济、罚当其罪。更重要的是,认罪认罚从宽制度将宽严相济刑事政策真正地付诸实践,是自首、坦白等实体制度程序化的表现,能够保证刑事政策所体现的人文关怀落到实处。认罪认罚从宽制度将大大缩短认罪案件在各诉讼阶段的办案期限,在大幅提升诉讼效率的同时，避免被追诉人审前羁押期限超过实际被判处刑期的情况，有利于遏制押判倒挂的现象。同时，法院依法对认罪认罚的被告人进行从宽处理，确保罪刑相适应，有助于尽可能通过轻缓方式教育、感化及挽救被告人，最大限度地减少社会的对立与冲突，修复被犯罪行为破坏的社会关系。

从上述两个角度来看，认罪认罚从宽制度无疑体现了宽严相济刑事政策的人文关怀。一方面，给予认罪认罚的被告人以程序上的从简、实体上的从宽，尤其能够减轻不确定性给其带来的无益而残酷的折磨；另一方面，有助于被告人早日矫正犯罪、回归社会，防止其在羁押场所受到"交叉感染"，进一步突出了刑事政策宽缓精神的核心内涵。

(四)协商司法制度化的有益尝试

认罪认罚从宽制度最大的创新之处在于体现了协商性司法的特点，即被告人认罪后与检察机关达成协议，法院根据协议依法从轻量刑。由于被告人已经认罪认罚，激烈的控辩对抗已不复存在，因此，协商性司法便具有适用空间。从根本上看，协商性司法允许被追诉人与国家公权力机关展开协商与合作，体现的是一种基于契约精神的正义。它使控辩双方的关系从对抗转为合作，以达到诉讼利益的互惠，同时也有助于尽快修复被犯罪破坏的社会关系。

协商司法制度有助于提高诉讼效率、减少诉讼成本，更重要的是体现了对被告人主体地位的尊重。正如有学者所言，在认罪协商程序中，国家开始以相对平等的姿态与被告人协商，以某种特定的实体上或程序上的利益换取被告人的认罪，双方的关系趋于平等。这种全新的制度形式将给被告人的诉讼权利以更多关照，是对刑事诉讼控辩审关系的调整，也是刑事诉讼制度日益注重人权保障的体现。

二、认罪认罚从宽制度的价值论辩

(一)司法公正与诉讼效率

当今社会，公正是人们所追求的首要价值目标，但并非唯一的价值目标。各国刑事司法制度的实践也印证了上述观点。在司法资源有限的情况下，对司法公正的绝对追求已经不再是各国刑事司法制度的主流价值导向，如何达到司法公正与诉讼效率的平衡成为各国刑事司法制度现代化改革最重要的挑战。在案件负荷之下，提高诉讼效率，不但对国家司法资源的有效配置有着现实意义，同时也有助于实现司法公正。这是因为，诉讼效率的提高意味着犯罪与刑罚相隔时间的缩短，"两者概念的联系也就越突出、越持续"，从而增强了刑罚的威慑作用及预防作用；也意味着被犯罪行为所破坏的社会关系能够更快地得以修复，从而及时地补偿被害人、维护社会安定及秩序;还意味着刑事诉讼程序带给被告人、被害人及其他诉讼参与人的负担和痛苦越发短暂,从而降低全社会负担诉讼的物质成本及情感成本。从上述角度来看,诉讼效率与司法公正并非绝对对立,两者的冲突也并非不可调和,应当以辩证统一的目光来看待并处理两者关系。

从本质上来看,认罪认罚从宽制度兼顾了司法公正与诉讼效率,是在满足底线公正的前提下,对诉讼效率最大化的追求。一方面,认罪认罚从宽制度是在充分赋予被告人程序选择权、律师帮助权、程序防御权及救济权的基础上建立起来的制度,尤为强调法院对被告人认罪协议自愿性和合法性的审查,充分彰显了对被告人主体地位的尊重与保障,因而并没有动摇刑事诉讼制度的底线正义。另一方面,认罪认罚从宽制度在控辩双方形成合意的基础上克减了被告人部分诉讼权利,以达到程序简化、效率提高之效果,是一种体现控辩平等和契约精神的正义。有学者指出,大约80%以上的被告人认罪案件有望通过认罪认罚从宽制度实现审查起诉与法庭审理的简易化。从制度的预期效果来看,其也完全符合以审判为中心的诉讼制度改革的要求,通过认罪认罚从宽制度实现诉讼资源的合理配置,让有限的司法资源用以办理重大、疑难、复杂的案件,可以达到“好钢用在刀刃上”的效果。

(二)权力主张与权利诉求

“诉讼最终无法脱离司法成本与现实收益的平衡考量”。因此,国家在刑事诉讼程序中的权力主张即在于完成犯罪追诉任务的同时,实现权力运行成本的最小化、诉讼效益的最大化。据此,诉讼程序的设计也要最大限度地保障国家权力运行流畅,因而可能适当减少对公民权利保障的投入。被告人的权利诉求在于平等参与刑事诉讼程序,确保自身主体地位受到充分尊重,这就必然要求国家加大对诉讼制度的投入,并推进诉讼程序设计不断完善。

相较于权利主导下的诉讼程序,由权力主导的诉讼程序毋庸置疑更为高效,也更能节省司法成本。但如果诉讼程序欠缺权利主体的意愿与参与,效率就会覆盖和损害诉讼程序所承载的其他高位阶价值,如实现犯罪人矫正、修复社会关系、健全法治文明等,从而动摇程序本身的正当性。从另一个角度来看,绝对追求诉讼程序中的权利保障,将对诉讼程序乃至诉讼公正造成消极影响,导致程序设计趋于复杂甚至烦琐,加重整个社会的诉讼成本。

因此,任何诉讼程序的构建都应当保持国家权力主张与被告人权利诉求之间的平衡。认罪认罚从宽制度的进步之处正在于加强了对被追诉人主体地位的重视及保障,改变了办案主体掌握程序主导权的传统,加强了被追诉人对程序进程的影响。认罪认罚从宽制度允许被追诉人认罪后自愿选择是否签署具结书。协商是整个程序的关键，只有在充分协商的基础上，控辩双方才能最终对量刑从宽和程序从简达成合意。这表明在协商过程中，办案机关必须充分听取被告人、辩护人、被害人的意见，尤其是保障被告人参与协商的平等性与自愿性。否则极有可能导致协议不能，或即使最终达成协议，被告人也有可能在此后的诉讼阶段反悔或上诉。从这个角度来看，认罪认罚从宽制度显然已经超越了单纯追求诉讼效率的目标取向，还包含了控辩平等的价值意味。正如有学者所言，“如果仅仅是因为司法部门不堪重负，于是就创设一种新的诉讼程序，那么其合法性和正当性基础仍然是十分脆弱的”。认罪认罚从宽制度无疑试图调整诉讼中权力与权利的基本架构，加强对被追诉人的权利保障，以实现控辩双方的力量平等，为展开自愿公正的协商奠定基础。

(三)探究真实与定分止争

人们对客观事实的追求，导致司法程序设计过于理想，甚至产生诸如“只要竭尽司法资源之所能就可以找出客观事实的真相”的观点。事实上，司法程序在探究真实方面具有有限性，因为司法裁判的实质是裁判者根据现有的证据推导过去已经发生的事实并加以证明和认定的过程。这个过程有两种事实并存：一是客观事实，即过去已经发生的事实，不以人的主观意志为转移；二是法律事实，即刑事诉讼证明所能最终达到、并被法律所认可的案件事实。囿于人类认识的局限性，“刑事诉讼中裁判者所认定的法律事实与案件的客观事实将无限接近，但两者永远不可能完全重合”。因此，对于客观真实的过度追求，其实并不符合作为认识主体的人的主观意识对客观实在的感知规律，在一定程度上忽略了人类自身认识的局限。因此，即使耗费再多的司法资源，司法程序也永远难以探究与客观事实完全相符的真实。司法程序不应当教条地追求客观真实的还原，而应当适时对案件作出合理裁决，及时有效解决因犯罪行为引起的社会纷扰，恢复被犯罪行为所破坏的社会秩序。从这个角度来看，审判制度的首要任务就是纠纷的解决。换言之，司法程序应当积极解决已有争议与纠纷，“而不是在原有基础上平添一道程序、增加一番成本”。通过司法程序实现定分止争，应当是现代法治国家的积极追求。

在一定程度上，认罪认罚从宽制度调和了探究真实与定分止争之间的价值冲突。在底线正义的前提下，允许控辩双方在合意协商基础上解决纠纷，是对刑事诉讼综合效益最大化的追求。从这一点来看，允许控辩进行协商是认罪认罚从宽制度对追求绝对化的客观真实所作的妥协，但并非在探究真实目标上的彻底让步，也并不违背司法公正的价值理念。在一些案件中,恰因为控辩合意的引入而有效防止诉讼风险的产生,也因充分尊重被追诉人的自主意志而更能取得良好的执行效果。

三、认罪认罚从宽制度的重要问题

(一)厘清争议问题,划清制度底线

目前,理论界和实务界对于认罪认罚从宽制度中的几个重要问题仍未形成一致看法。笔者认为,厘清下述争议问题对于制度构建具有重要意义,也是划清制度底线正义之必需。

一是适用范围的问题。理论界和实务界对此问题存在较大争议。有学者指出,认罪认罚从宽制度不应当有案件适用范围的限制,包括可能被判处死刑在内的重罪都可以适用该制度。只有确保无论轻罪、重罪案件都有适用从宽制度的可能性,才能维护法律适用的公平性。也有学者认为,基于维护诉讼公正的目的,不应对犯罪嫌疑人、被告人认罪认罚的全部案件都适用特殊或特别的诉讼程序予以快速处理。笔者认为,建立认罪认罚从宽制度的初衷不仅是提高诉讼效率,更重要的是通过建立对认罪认罚的普遍认同机制来落实我国宽严相济刑事政策。从这个角度来说,无论犯罪行为的严重程度,只要被告人认罪认罚都应当给予从宽的机会。当然,考虑到我国认罪认罚从宽制度仍处于初期探索,为了更稳妥地推进这一探索,现阶段还不适宜对被告人认罪认罚的所有案件都打开协商的大门。但随着我国认罪认罚从宽制度的不断完善与成熟,对被告人认罪认罚的所有案件进行从宽处理应当成为可能。

二是被害人参与的问题。如果完全剥夺被害人对于认罪协商过程及结果的参与权、意思表达权,被害人很有可能因不满而走上上访、申诉之路。这无疑将引发新的社会矛盾,同时也有损司法权威。我国认罪认罚从宽制度应当顾及被害人及社会公众的情感接受程度,避免社会公众产生认罪认罚从宽等同于花钱买刑、权钱交易的误解。因此,笔者认为,应当允许被害人参与到认罪协商中来。但考虑到被害人在刑事诉讼程序中的相对地位,其参与程度应当是有限的,具体形式以享有知情权、发表意见权、建议权等为宜。同时,检察机关在制定量刑建议时应当将被告人对被害人及其家属的赔偿情况充分考虑在内。如此安排既能满足我国法律文化传统及诉讼制度的设计,也能防止因被害人的过度介入而增加协商的难度,导致认罪认罚从宽制度的效益减损。

三是证明标准的问题。随着认罪认罚从宽制度改革的开展与推进,建立差别化刑事证明标准的主张有所抬头。笔者认为，认罪认罚从宽制度不得降低证明标准。这意味着我们必须坚持“事实清楚，证据确实、充分”的证明标准，一旦案件证据不足以证明被告人有罪，检察机关就不应与其达成认罪协议，应当依法作出存疑不起诉的决定；同理，即使被告人已经认罪并自愿签署具结书，法院在审查后也应当依法作出无罪判决。有学者认为，在一些证据不充分的案件中允许控辩双方协商合作有助于防止轻纵犯罪。笔者认为，这一观点值得商榷。允许降低证明标准实际上损害了“疑罪从无”这一基本诉讼原则，无疑倾斜了惩罚犯罪与人权保障平衡关系的天平，也增加了发生冤假错案的风险。因此，认罪认罚从宽制度应当严格遵守证明标准，不宜降低或变相降低其适用标准。

（二）完善辩护机制，保证平等协商

协商是认罪认罚从宽制度的关键环节，确保律师有效介入以帮助被追诉人进行协商的重要性在于：一是帮助被追诉人尽早地了解认罪认罚的法律后果，减少其对适用程序的疑惑与争议，从而增强被追诉人在认罪和程序选择等决策上的信心，提升被追诉人对程序的接受度及认可度；二是被追诉人在深陷囹圄之际，实质上缺乏与办案机关平等对话协商的能力，尤其是在法律知识欠缺的情况下，被追诉人本身处于非常不利和被动的境地。若缺少辩护人的有效参与与专业帮助，将难以确保协商的平等性与自愿性，也动摇了认罪协商程序的正当性基础。

因此，为了确保控辩双方在协商环节的势均力敌，完善辩护机制是确保认罪认罚从宽制度正当性的关键一环。从短期来看，应当积极推进值班律师的做法。公安机关、检察院、法院应当加强与当地律师协会、司法局及法律援助机构的沟通协调，提高驻看守所、法院值班律师的覆盖率。尤其是基于看守所被羁押人员的数量及法律援助的实际需求，应当完善律师值班的模式，探索犯罪嫌疑人申请与值班律师面谈或控辩双方首次认罪协商值班律师参与的机制，以求法律援助效益的最大化。同时，为了提高辩护律师参与值班律师制度的积极性，应当适当加大对值班律师的补贴及补助。从长远来看，值班律师所能发挥的作用毕竟有限，应当考虑在认罪认罚从宽制度中推行强制辩护，即将所有认罪认罚案件纳入法律援助的范畴，除非被告人明确表示反对，以保证辩护律师在诉讼全过程的有效参与。在协商阶段充分发挥辩护律师的作用，有助于确保被追诉人参与协商的自愿性、平等性。当然，作为必要的制度支撑，除了国家不断增加对法律援助的财政投入以外，也应当积极发挥各地法律援助机构的作用，并不断发展壮大我国的公设辩护人制度。

（三）构建独立认罪程序，确保充分自愿

认罪认罚从宽制度以被告人自愿认罪为前提，强调了对被告人程序选择权的尊重。然而,从另一个角度来看,这一制度设计可能将进一步凸显口供的作用与比重,甚至加剧刑讯逼供的问题。因此,笔者建议构建独立的认罪程序,并强调法官对认罪程序的司法审查,以确保被告人认罪的充分自愿。

构建独立的认罪程序具有两方面的重要意义。一是从程序上划分认罪程序与不认罪程序。设计精密、周全的普通程序,其核心任务在于解决被告人是否有罪的问题。一旦被告人自愿认罪,意味着其自愿接受了国家追诉机关的犯罪指控,那么启动普通程序的必要性随之降低。因此,独立的认罪程序是明确被告人适用何种诉讼程序的重要阶段。二是充分保障被告人认罪的真实性、自愿性、明智性。根据《试点工作决定》,认罪认罚从宽制度在审判阶段的设计将更简洁。对于判处 3 年以下有期徒刑的案件,可以省略法庭调查与辩论,且应当当庭宣判。虽然上述决定规定法官在判决宣告前应当听取被告人的最后陈述,但法官以此审查被告人认罪是否具有真实性、自愿性、明智性较为有限。被告人在独立认罪程序中的认罪并不意味着定罪,而是强调法院对其认罪的严格审查。通过审查被告人认罪的实体及程序适当性,可以提升被告人认罪的严肃性,也将有效防止产生非自愿认罪、不平等协商等问题。

具体而言,被告人独立认罪程序应当设置在审查起诉阶段,是犯罪嫌疑人在明知认罪后果的前提下自愿承认检察机关所指控的犯罪事实。法院在审查认罪协议时,应当同时审查认罪程序是否合法,即检察机关有无履行诚实告知义务、犯罪嫌疑人是否有律师帮助等,确保认罪满足以下要素:一是认罪的真实性,意味着被告人不仅应当承认犯罪事实,更应当根据犯罪事实进行供述。换言之,我国认罪认罚从宽制度并不承认无事实根据的认罪,以确保被告人认罪具有起码的证据基础,防止"顶包"等问题的产生。二是认罪的自愿性,意味着被告人认罪没有受到胁迫、暴力或其他不当影响,这与国际社会普遍认可的"不得强迫自证其罪"原则精神是一脉相承的。三是认罪的明智性,意味着被告人认罪是出于理智,其应当认识到认罪的法律后果,防止其在信息不对称的情况下做出不理性的认罪。

(四)法定从宽处遇,实现公平对价

从法理上来看,对自愿认罪认罚的被追诉人而言,适用的程序与判处的刑罚应当体现出相对宽大的处遇,否则一旦诉讼利益落空,其就失去了选择程序的动力。因此,为了激励更多被追诉人积极选择适用认罪协商程序,应当通过法律明确相应的对价来作为制度推进的动力,使被追诉人可以直接感受到认罪认罚所带来的"优惠"。

从司法实践来看,我国目前尚未建立起对被告人认罪予以普遍认同的机制。换言之,被告人认罪认罚并不必然得到从宽处罚的结果。笔者建议,最高人民法院和最高人民检察院应当进一步明确被告人认罪认罚后的从宽处遇。一是将被告人认罪认罚设定为法定的量刑情节,以增强认罪认罚的可预测性。二是设定差别化的量刑激励,即根据被告人认罪认罚的具体情况分别设置科学合理的量刑幅度,以强化被告人对程序的心理预期。例如,主动认罪和被动认罪以及在不同诉讼阶段的认罪,由于其主观悔过程度、协商成本、人身危险性均有不同,因而应当在刑法语境下给出不同评价。三是进一步加大量刑优惠的幅度。从速裁程序的量刑优惠来看,法官一般在正常量刑的基础上减轻10% ~20% 的幅度,这一量刑优惠的激励尚不足够,在贯彻罪刑法定、罪刑相适应原则的前提下,可以考虑进一步加大量刑优惠至1/3 的幅度。四是明确程序获益。从宽不仅意味着实体量刑方面的从轻、减轻,也应当包含程序上的获益。从宽在程序上的体现应当是程序从简,除了简化处理诉讼各阶段外,还应当对认罪认罚的被追诉人尽量采取较轻的强制措施。

第四节 认罪认罚从宽的程序性推进*

认罪认罚从宽是当下司法体制改革积极推进的一项重要内容。各地在有关精神和意见的指导下都在探索具体的适用方式,以期为未来的改革和法律规范的调整提供经验、范本,其中当然也包括汲取教训和发现问题。2016 年 11 月 16 日,“两高三部”印发《关于在部分地区开展刑事案件认罪认罚从宽制度试点工作的办法》(以下简称《试点办法》),对试点中涉及的一些问题进行了进一步的规范,有些亦作了方向性的指引。然而,从顶层设计的指导精神到具体制度的落地操作还需要一定时间,在推进过程中一些适用、选择、突破以及可能产生的程序疏漏等问题还需要引起足够的重视和展开进一步的讨论。

一、认罪认罚从宽推进的程序价值

在一定意义上讲,我国虽未从整体上建立认罪认罚从宽制度,但从刑法和刑事

---

* 作者:王戬。本节原发表于《华东政法大学学报》2017 年第 4 期。本节系国家社科一般项目“刑事言词证据的危险性及其与刑事错案的关联研究”(项目号 16BFX093)、司法部课题“排除合理怀疑证明标准的实践适用研究”(项目号 13SFB3019)的阶段性研究成果。

诉讼法的一些相关规定来看，其中是有认罪认罚从宽相关内容的。无论是适用普通程序还是简易程序，我国都以坦白从宽为基本政策：如果犯罪嫌疑人、被告人认罪，其就有获得一定量刑减让的可能性。① 而随着2012年刑事诉讼法修改后简易程序范围的扩大，刑事和解特别程序的适用及2014年速裁程序的试点，可以说，对于认罪的案件，我国已有了一定的法律规范。繁简分流，是我国长期以来一直关注的内容，也是一直努力的方向。何为繁，何为简？繁应繁在哪？简应简哪些？应怎么分离？这些年一直在探索。但从过往繁简分离的各种尝试中可以看出，之所以没有取得预想中的效果，与改革的定位较模糊，特质内容不突出，缺少切实可行的路径等有着较直接的关联。因此，要推进和完善认罪认罚从宽制度，并取得预期的实施效果，在试点和探索之初，不同于以往的"特质"内容，对其需要进一步厘清并予以强化，并一以贯之地体现在各项制度规范中。只有这样才能保证这一"新"内容不在制度的模糊推进中陷入以前繁简没有有效分离的窠臼当中，避免成为一个正在试点或曾经试点的制度。

在笔者看来，任何改革的落地执行过程中，基础价值取向越清晰，相应制度的可操作性和实践适用效果就越好。认罪认罚从宽制度的推进，无论是从党的十八届四中全会通过的《中共中央关于全面推进依法治国若干重大问题的决定》中来看，还是从最高人民法院、最高人民检察院在具体落实中的要求上来看，要优化司法资源配置，实现真正意义上的繁简分流以解决案多人少的现实矛盾这一点都是比较清晰的。② 由此，笔者认为，认罪认罚从宽制度在现行法律框架下的推进，重点不在于被告人认罪认罚就获得了一个从宽的处理结果，因为这与以往被告人"自首"、"坦白"或在庭审中"认罪"后的案件处理并无实质差异；也不能简单地以认罪加认罚等于或者可能等于从宽，进行文字意义层面的制度解读，否则，认罪认

---

① 《最高人民法院、最高人民检察院关于常见犯罪的量刑指导意见（试行）》三、常见量刑情节的适用规定，对于自首情节，综合考虑自首的动机、时间、方式、罪行轻重、如实供述罪行的程度以及悔罪表现等情况，可以减少基准刑的40%以下；犯罪较轻的，可以减少基准刑的40%以上或者依法免除刑罚。对于坦白情节，综合考虑如实供述罪行的阶段、程度、罪行轻重以及悔罪表现等情况，确定从宽的幅度：(1)如实供述自己罪行的，可以减少基准刑的20%以下；(2)如实供述司法机关尚未掌握的同种较重罪行的，可以减少基准刑的10%～30%；(3)因如实供述自己罪行，避免特别严重后果发生的，可以减少基准刑的30%～50%。对于当庭自愿认罪的，根据犯罪的性质、罪行的轻重、认罪程度以及悔罪表现等情况，可以减少基准刑的10%以下。

② 2016年中央政法工作会议将认罪认罚从宽制度试点作为2016年司法改革七大看点予以强调，同时指出，认罪认罚从宽制度是我国宽严相济刑事政策的制度化，也是对形势诉讼程序的创新，既包括实体上从宽处理，也包括程序上从简处理，将有利于促使犯罪嫌疑人、被告人如实供述犯罪事实，配合司法机关依法处理好案件，有利于节约司法成本，提高司法效率。

罚从宽与现有法律框架内的一些原则和制度并无不同,没有必要作为一个新内容进行全国范围的"试点探索"。因此,相较于以往的政策、制度、程序,认罪认罚从宽的推进主线,应在于如何促成、获得、认可和保障被告人的认罪认罚。如果说,以往犯罪嫌疑人、被告人在面临办案人员对"坦白从宽"的法律释明时,很容易将其理解为是一种劝解,且其在适用上还存在不确定性,那么,认罪认罚从宽制度的推进,则是让这种结果具有更多的规范性、约束性、可预期性和程序保障性,从而具有更多的制度保障和程序意义。虽然认罪、坦白在实体和程序意义上都不具有必然从宽的法律效果,但相较于《刑法》第67条"自首"当中的"可以"从宽,认罪认罚从宽的"可以"暗含了从宽的导向性,即"不是可有可无,而是没有特殊理由的,都应当体现法律规定和政策精神,从宽处罚"。[①] 这使犯罪嫌疑人、被告人的"坦白",通过"程序"这一桥梁,与"结果"产生了较直接的关联。原则与例外的内容,通过程序进一步制度化,使犯罪嫌疑人、被告人愿意通过如实供述犯罪来获得刑罚减让的结果预期获得了程序运行上的保障,从而有效促成认罪认罚行为。这是认罪认罚推进运行的程序要求,也是对宽严相济政策新的实践发展,从而使这一政策具有了实体与程序的双重价值与多重保障。

二、认罪认罚从宽推进的程序理路

关于认罪认罚从宽的适用,《试点办法》规定了29条内容,其中对于"协商"行为采取了回避的态度。对此,笔者认为,协商属性应是认罪认罚从宽的制度支点。

从程序流程上,适用认罪认罚从宽应满足以下几个条件:犯罪嫌疑人、被告人自愿如实供述自己的罪行;没有不适用认罪认罚从宽的情形;对指控的犯罪事实没有异议;同意量刑建议;签署具结书;等等。认罪认罚从宽的前提是犯罪嫌疑人、被告人要认罪认罚,即要如实供述自己的罪行。通常,人的行为具有一定的趋利性,认罪本身这种不利于己的行为如果要获得鼓励,需要有明确的刑罚减让,即对犯罪嫌疑人、被告人来说,从宽预期的利益是要大于其抗拒的代价的,否则,这一制度的推行将不具有实践生命力。虽然从理论上来说,是否认罪并不影响司法机关对案件事实的查明,但以相对明确的从宽结果来鼓励认罪认罚行为,促使犯罪嫌疑人、被告人采取配合的态度,如实供述犯罪,便于司法机关及时查明犯罪事实,提高诉讼效率,同时又促进案件公正处理,这是推行认罪认罚从宽的基础价值取向。因

---

① 孙谦:《"刑事案件认罪认罚从宽制度"试点工作这九大问题要注意》,载陈国庆主编:《刑事司法指南》2017年第1集·总第69集,法律出版社2017年版。

此,控辩双方不可避免地要进行一定的协商行为,否则这一制度将失去发动和运行的“抓手”。从这个意义上来讲,在具体制度规范中,相较于从宽的结果,行为的方式可能就变得更重要。这就意味着,我国认罪认罚从宽的制度逻辑本身应当包含“协商”的内容。被告人通过认罪认罚,获得从宽的法律结果,程序的推进得到较大程度上的减省,从而提高诉讼效率。前提与结果的逻辑对应关系体现在程序运行中,必然伴随一定意义上的“协商”。只有承认和面对这种协商的要求,认罪认罚的推进才能通过具有可操作性的制度设计,实现与以往改革不同程度的繁简分流。同时,不规避这种协商特质,才能对可能产生的各种问题进行制度防范,避免可能带来的负面冲击。

三、认罪认罚从宽推进的程序内容

在具体适用上,我国目前没有对适用案件的罪名和可能判处的刑罚作出限定。但由于认罪认罚是可以从宽,并不是必然从宽,因此,在一定意义上,认罪认罚的适用也是有一定的边界区域的。而对于什么样的案件,认罪认罚从宽更能发挥其价值,目前还不能一概而论。例如,有观点指出:“如果这样的案件是重罪案件,坦白在实体法的层面所能得到的量刑从宽,有时,对被刑事追诉之人来说几无意义。例如,无期徒刑以上刑罚是无法按照百分比给予量刑折扣的。此时,实践中就会出现对刑事追诉之人自愿供述并提供其他重要证据线索没有足够的吸引力”。[①] 有论者提出,认罪认罚从宽的适用范围应作适度限制,不宜适用于所有类型的犯罪,可考虑将认罪认罚从宽制度引入量刑可能在5年以下有期徒刑的刑事案件,且减刑幅度最高不超过1/2。[②] 笔者认为,认罪认罚从宽的程序理路是沿循是否认罪认罚为主线展开,与案件可能判处的刑罚高低不应产生实质关联。对此,应加大对一审普通程序符合认罪认罚案件的适用探索,并就“轻罪”与“重罪”的适用进行整体分析。案件范围和推进口子不能因制度创设之初,各项法律规范不成熟,对可能的后果无法预知就取保守态度。我国认罪认罚从宽的推进理路应是沿循认罪不认罪的分流以及怎样促成和展开协商进行框架设置,而不应单纯地以轻罪、重罪,抑或简易程序、普通程序进行惯性思维限定。认罪认罚从宽应以一个独立的程序理路进行制度设计,而不能将其简单地糅合进既有的程序中。否则,认罪认罚的制度设计,一方面,受限于既有程序的框架内容,难有实质性的制度突破;另一方面,也很

① 王敏远:《完善刑事诉讼中的认罪认罚从宽制度疑难问题之研究》,载《中国法学》2017年第1期。

② 参见施鹏鹏:《认罪认罚从宽制度的限度》,载《中国社会科学报》2016年7月6日,第5版。

难与其他程序和制度进行有效区分。

就当下试点推进的认罪认罚从宽，笔者认为，目前面临的首要问题就是这一制度与既有相关制度的区分和协调。依据《试点办法》的相关规定，认罪认罚的案件只是简单地以“认罪认罚”“三年”等标识性概念进行了区分，如对可能判处三年有期徒刑以上刑罚的案件，被告人认罪认罚的，可以依法适用简易程序审判；对可能判处三年有期徒刑以下刑罚的案件，在满足了一些条件后，可适用速裁程序审判。这样的规定，从静态的法律条文理解上，似乎没有任何问题，看似条理清晰，但在动态的法律适用中，则会产生一些适用上的混乱。如对基层人民法院管辖的认罪案件，不符合适用认罪认罚从宽的有关规定，但符合简易程序条件的，适用什么程序审理？在一些试点地区，规定这样的案件仍可适用简易程序进行审理。但随之而来的一个问题就是同样是适用简易程序，认罪认罚与不符合认罪认罚的案件在“简易”程序的设计上是否有差异，以及应该具有怎样的差异。又如，在简易程序适用中，独任制审理的不适用速裁程序的案件，与速裁程序的简化相区别的问题，也不是审判组织的简化所能简单对应的。而综观目前法律及相关司法解释，对于不适用速裁、不适用简易程序和不适用认罪认罚的案件，并没有一个一以贯之和充分体现其差异性的标准。如“两高三部”在《试点办法》第 2 条中规定：“具有下列情形之一的，不适用认罪认罚从宽制度：（一）犯罪嫌疑人、被告人是尚未完全丧失辩认或者控制自己行为能力的精神病人的；（二）未成年犯罪嫌疑人、被告人的法定代理人、辩护人对未成年人认罪认罚有异议的；（三）犯罪嫌疑人、被告人行为不构成犯罪的；（四）其他不宜适用的情形。”在第 17 条中规定：“具有下列情形之一的，不适用速裁程序审理：（一）被告人是盲、聋、哑人的；（二）案件疑难、复杂，或者有重大社会影响的；（三）共同犯罪案件中部分被告人对指控事实、罪名、量刑建议有异议的；（四）被告人与被害人或者其代理人没有就附带民事赔偿等事项达成调解或者和解协议的；（五）其他不宜适用速裁程序的情形。”而刑诉法及最高人民法院的司法解释规定的不适用简易程序的案件范围是：（一）被告人是盲、聋、哑人；（二）被告人是尚未完全丧失辨认或者控制自己行为能力的精神病人；（三）有重大社会影响的；（四）共同犯罪案件中部分被告人不认罪或者对适用简易程序有异议的；（五）辩护人作无罪辩护的；（六）被告人认罪但经审查认为可能不构成犯罪的；（七）不宜适用简易程序审理的其他情形。之所以出现程序适用上的选择空白和选择交叉，究其原因，一方面，在于我国目前的程序设置并不能完全涵盖认罪认罚的全部内容，只是在既有程序上的一个简单区分，无法实现预设的繁简分离和认罪认罚从宽的全部内涵；另一方面，则由于我国目前承载认罪认罚从宽内容的程序设置缺少明晰的主线。由此，笔者赞同有学者提出的“根据被告人是否认罪认罚这一标准，未来的刑事诉讼程序将区分为两大类型：一是被告人不认罪案件的诉讼程序，二是被告人认罪案件的诉讼程序”。[①] 而在具体制度设计中，应以“协商”的程序特质来区分其与其他程序的适用界限，并进行价值优位的重新选择，同时始终遵循这一“特征”主线来进行相关制度的构建和具体程序的完善。具体而言，对于不认罪的案件，法院审理统一适用普通程序审理。对于认罪的案件适用简易程序审理，其中又分为认罪不认罚的简易和认罪认罚的简易，前者不进行审级差异的程序区分，即简易程序的内容在基层法院和中级法院的程序设置并无差异；后者则体现审级差异化。这样的程序设置，一方面，按照认罪与不认罪进行程序区分；另一方面，在整体设计上体现了逐渐简化的程序安排，从而使繁简分离体现在具体程序的选择和运行中。

此外，针对累犯、再犯适用认罪认罚从宽的争论，笔者认为，不应严格限制案件类型和具体情形。被告人认罪认罚，有些情节可作为减让的幅度进行伸缩，但不应关涉适用案件的范畴。而在量刑的减让幅度上，除考虑上述情节内容，以及根据认罪的时间早晚来分别施以阶梯型的量刑减让幅度，量刑的减让幅度也应该因案件本身的“质量”不同而呈现某种差异化。

最后，在程序的推动上，亦即各方主体的参与度上应注重发挥检察官的职能作用。程序设计无论是在行为意义还是在结果意义上，应以检察官为轴心进行制度安排。在启动上，控辩双方即检察官与被告方均应有权发出协商“要约”，但真正起主导作用的应是检察官。《试点办法》有关法院对协商结果的效力认定问题主要集中在第20条和第21条，对比这两条规定可以看出，无论是在内容还是精神上，两条法律规定是存在一定的冲突的。《试点办法》第20条将人民法院不采纳人民检察院指控的罪名和量刑建议的除外情形规定为：“（一）被告人不构成犯罪或者不应当追究刑事责任的；（二）被告人违背意愿认罪认罚的；（三）被告人否认指控的犯罪事实的；（四）起诉指控的罪名与审理认定的罪名不一致的；（五）其他可能影响公正审判的情形。”从这一条文可以看出，控辩双方协商结果不被支持的例外内容除第4项涉及罪名差异外，基本限定在不适用认罪认罚的情形。而对于

---

① 陈瑞华：《“认罪认罚从宽”改革的理论反思——基于刑事速裁程序运行经验的考察》，载《当代法学》2016年第4期。

符合条件的认罪认罚,法院并没有太大的空间去变更协商结果。但《试点办法》第21条却规定:“人民法院经审理认为,人民检察院的量刑建议明显不当,或者被告人、辩护人对量刑建议提出异议的,人民法院可以建议人民检察院调整量刑建议,人民检察院不同意调整量刑建议或者调整量刑建议后被告人、辩护人仍有异议的,人民法院应当依法作出判决”。后者无形中是扩大了法院对协商结果不予确认的范围。对此,笔者认为,第21条的适用应慎重,不能常态化地运行于个案中。否则,一是由于法院对认罪认罚介入得过深而导致程序根本简省不下来,二是对协商结果的改变从源头上会让认罪认罚失去源泉活水。只有既突出检察官的程序主导地位,同时以审慎、必须等为原则限定检察院、法院的权力边界才能够助推认罪认罚的具体适用。

四、认罪认罚从宽推进要防范的程序疏漏

认罪认罚无论进行怎样的构建,其提高效率的目的、可能产生的滥用风险以及可能对实体真实造成的影响都是明晰的。

对此,首先,要堵住引诱认罪和威慑认罪的制度疏漏。认罪认罚从宽最重要的是解决两个方面的内容:一是认罪认罚的自愿性和规范性,二是从宽的法定性。认罪认罚从宽要想获得实质性推进,制度或程序的构建要注意围绕“协商”这一关键词来展开并进行相应保障制度的跟进。例如,不仅要规定认罪认罚案件需要全程同步录音录像,还要解决全程同步录音录像的射程距离问题,这样才能真正保证认罪认罚的自愿性和“具结悔过”的真实性,堵住形成引诱认罪和威慑认罪的制度疏漏。否则认罪认罚的“承认”将具有协商风险,从而反向加大对口供的依赖程度。

其次,要防范证明标准被隐性降低的运行风险。认罪认罚从宽,必须坚持案件事实清楚,证据确实充分,不能通过降低证明标准的方式来加速程序运行。对此,诸多学者都进行了肯定性的论证。① 最高人民法院、最高人民检察院在认罪认罚的适用推进过程中,也基本明确了这一精神。② 但证明标准的实践把握,是一个极其技术化的司法适用。案件事实清楚,证据确实充分,已排除合理怀疑的案件中,怀疑的认知和合理的判断都可能因为认罪认罚的出现,而形成另一套符合逻辑体

① 参见陈瑞华:《认罪认罚从宽制度的若干争议问题》,载《中国法学》2017年第1期;陈光中、马康:《认罪认罚从宽制度若干重要问题探讨》,载《法学》2016年第8期;王敏远:《完善刑事诉讼中的认罪认罚从宽制度疑难问题之研究》,载《中国法学》2017年第1期。

② 孙谦:《“刑事案件认罪认罚从宽制度”试点工作这九大问题要注意》,载陈国庆主编:《刑事司法指南》2017年第1辑,法律出版社2017年版。

系的心证链条,并运行于侦查、起诉、审判程序中。这种看似事实清楚,实则在口供遮掩下的疑点很容易被选择性忽略,并失去相应的程序控制。这其实是对证明标准的一种隐性降低。这种运行风险要引起足够的重视,并进行程序上的预防与补救。

最后,要防范律师介入可能带来的程序疏漏。在认罪认罚从宽中,在一个并不是典型意义和完整意义上的三角形诉讼构造中,律师的作用发挥更要强调有效性和实质性,要防范被形式化和边缘化的危险。对适用认罪认罚从宽案件的值班律师及法律援助律师进行一定条件的限制,有助于防范可能带来的运行风险。此外,在保障犯罪嫌疑人、被告人认罪认罚的真实自愿性和有协商能力的同时,还要关注由于辩护律师对法律理解错误,向被告人提供错误律师意见,以致被告人错误接受协商提议或者错过协商机会而受到损害时,怎么进行补救的问题。前者解决的是有效辩护的保障,而后者则更加注重无效辩护的救济。认罪认罚如果要进行协商,双方协商的主动性、便捷性、合法性、规范性、有效性等问题都需要在制度设计和程序安排时予以体现。而无论怎样进行协商,其法律后果其实都是由被告人来承担,这就涉及如果因为律师的辩护失职,而错过了协商的时机,或者因为律师的原因,导致被告人错误地接受了协商的结果时应怎么办的问题。我国如果构建协商式的认罪认罚体系,应当对协商主体给被告人造成的权利伤害的补救措施予以规范,以防产生律师不当行为的责任由被告人承担的后果。

第五节 我国重罪协商相关问题研究*

一、问题的提出

自2016年9月全国人大常委会授权最高人民法院、最高人民检察院在部分城市开展认罪认罚从宽制度的试点工作以来,各试点城市对制度适用进行了积极探索。应当说,认罪认罚从宽制度所蕴含的协商性质业已得到理论界与实务界的充分肯定。2018年《刑事诉讼法》修改时正式引入了认罪认罚从宽制度,在试点改革的经验基础上,司法实践继续对我国认罪协商机制进行探索。认罪认罚从宽制度适用于犯罪嫌疑人、刑事被告人自愿如实供述自己罪行,承认指控的犯罪事实,愿

---

* 作者:吴思远。本节原发表于《法学》2019年第11期。

意接受处罚的案件。无论是从《关于在部分地区开展刑事案件认罪认罚从宽制度试点工作的办法》还是《刑事诉讼法》的规定来看，其均未限定认罪认罚从宽制度适用的罪名与刑罚，故包括死刑案件在内的所有刑事案件都应当在认罪认罚从宽制度的适用范围之中。正如自首、坦白一样，没有特别的范围限制。[①] 由此可见，控辩双方展开协商的空间与可能变大，认罪协商机制的重要性也得到了进一步凸显。正如张建伟教授指出，无论有意引入还是无意引入辩诉交易制度，认罪认罚从宽处理的做法都会迈向中国式的辩诉交易。[②]

从实践情况来看，当前认罪认罚从宽制度的适用率有所上升，也覆盖了判处死缓的重大刑事案件。[③] 然而，各地对于重罪案件[④]适用认罪认罚从宽制度仍采取保守的态度，重罪案件适用该制度的比例较低。从全国的数据来看，截至 2017 年年底，全国试点地区适用认罪认罚从宽制度审结刑事案件 91,121 件，牵涉 103,496 人，其中，适用速裁程序审结的占 68.5%，适用简易程序审结的占 24.9%，适用普通程序审结的占 6.6%。[⑤] 各试点地区的数据也反映了重罪案件适用认罪认罚从宽制度的状况。例如，截至 2018 年 2 月底，武汉市各基层人民法院共审结认罪认罚从宽案件 8723 件，其中，适用速裁程序审理 7357 件，适用简易程序审理 1048 件，适用普通程序审理仅 318 件；[⑥]再如，截至 2018 年 7 月底，上海市各基层人民法院共审结认罪认罚从宽案件 15,310 件，其中，适用速裁程序审理 8199 件，适用简

---

① 参见最高人民法院刑一庭课题组、沈亮：《刑事诉讼中认罪认罚从宽制度的适用》，载《人民司法（应用）》2018 年第 34 期。

② 参见张建伟：《认罪认罚从宽处理：中国式辩诉交易?》，载《探索与争鸣》2017 年第 1 期。

③ 例如，2017 年 1 月 18 日，上海市第二中级人民法院公开宣判一起故意杀人案，依法对被告人丁某以故意杀人罪判处死刑，缓期 2 年执行，剥夺政治权利终身。在案件办理过程中，丁某对指控的犯罪事实没有异议，同意人民检察院量刑建议并签署具结书。鉴于此，法官运用认罪认罚从宽处罚制度审判，简化审理流程，对丁某从宽处罚。这也是上海市第二中级法院首次运用认罪认罚从宽制度审判重大刑事案件。

④ 尽管我国立法并没有重罪与轻罪的明确界定，但司法实践一般将重罪案件界定为法定刑 3 年以上有期徒刑的案件，其他犯罪案件则为轻罪案件。这一划分标准于我国《刑法》与《刑事诉讼法》的相关立法中均有体现。例如，我国《刑法》分则在确定犯罪的刑罚幅度时，绝大多数情况均以 3 年以下有期徒刑作为最低一级的刑罚幅度的分界线；再如，我国《刑事诉讼法》对适用简易程序审理案件的审判组织，亦以 3 年有期徒刑作为独任制与合议庭审理的划分标准。

⑤ 参见《最高人民法院、最高人民检察院关于在部分地区开展刑事案件认罪认罚从宽制度试点工作情况的中期报告》。

⑥ 参见田豆豆、王田甜：《武汉中院试行重大刑事案件认罪认罚从宽》，载《人民日报》2018 年 4 月 18 日，第 18 版。

易程序审理6685件,适用普通程序审理仅426件。[①]

不难看出,轻罪案件占当前认罪认罚从宽案件的绝大多数,而重罪案件适用认罪认罚从宽制度的情况则并不理想,这也直接影响了我国重罪协商的进一步发展。笔者认为,当前制约我国重罪协商适用及其发展的原因,与认罪认罚从宽制度自身的偏差密不可分。而这一问题的根源则在于,认罪协商之正当性基础长期未能予以厘清,即为何协商达成后应给予被告人处遇优惠。因此,论证认罪协商的正当性为何,不仅是破解重罪协商适用状况的关键所在,也是完善认罪认罚从宽制度的必要前提。基于此,下文将对重罪协商的适用现状进行反思,并尝试以"权力—权利交互说"分析认罪协商的理论依据,以帮助我们重新审视重罪协商,并对重罪协商的本土化发展有所助益。

二、重罪协商的制度现状

2018年《刑事诉讼法》修改正式确立了认罪认罚从宽制度,标志着这一制度进入全面实施的新阶段。回顾试点改革伊始至今的进程,正是由于认罪认罚从宽制度在目标及构造等方面的偏差,其自身才未能充分凸显协商之本质特征,故重罪协商之展开存在制度性障碍。

(一)效率价值作为首要追求

党的十八届四中全会决定明确将"推进以审判为中心的诉讼制度"与"完善刑事诉讼中认罪认罚从宽制度"作为两项诉讼领域的重要改革部署。从党中央精神来看,认罪认罚从宽制度的提出始终被置于实现司法公正的语境之下;[②]但在试点改革的过程中,其被更多地寄予了实现效率价值的期望,与效率有关的制度资源供给受到格外关注。无论是党中央的规范性文件还是试点地方的实施细则,均重点明确了认罪认罚从宽制度在诉讼流程简化、办案效率提高等方面的目标追求。而是否化解人案矛盾、优化司法资源配置也成为衡量认罪认罚从宽制度改革成效的主要依据。认罪认罚从宽制度立法化后,效率价值的导向性在司法实践中仍然明显。[③]

可以说,认罪认罚从宽制度自试点改革之初即被认为是"实现程序效率化的核

---

① 上述数据为2017年1月1日至2018年7月31日上海市试点基层人民法院适用认罪认罚从宽制度的情况,为笔者于上海市高级人民法院调研时取得。

② 参见孟建柱:《完善司法管理体制和司法权力运行机制》,载《人民日报》2014年11月7日,第6版。

③ 参见蔡俊杰、岑瑾:《适用认罪认罚速裁程序办案省时高效》,载《检察日报》2018年12月21日,第2版;何赟、欧灵军、刘玉芹:《认罪认罚,7天完成审查起诉》,载《检察日报》2019年1月20日,第2版。

心机制”①。当然,办案负担加剧了司法实践对效率的追求,故寄望于认罪认罚从宽制度来推进刑事案件的繁简分流,对达成认罪认罚的案件予以快捷处理,确有重要的现实意义。然而,遗憾的是,认罪认罚从宽制度本质是一项蕴含着协商精神的改革举措,若将效率价值作为制度的首要追求,盲目夸大被告人认罪认罚后程序的快捷性,往往会冲淡与弱化其本应体现的协商色彩。这是因为,如果制度优先追求的是效率价值,那么协商性司法所承载的其他价值,如司法民主、司法宽容等,则可能难以受到应有的重视。

如果协商仅仅被当作是提高诉讼效率的手段,那么建构理性的协商程序也就并非制度改革的目标;如果协商仅仅被当作是实现繁简分流的手段,那么其结果往往是限缩协商在实践中的适用空间。② 正因如此,尽管认罪认罚从宽制度的适用范围并不仅限于轻罪案件,但如上文数据所示,司法实践中适用这一制度的重罪案件仅占少数。当前,协商往往仅限于事实相对清楚、争议相对较小或者犯罪本身较为轻微的刑事案件。究其原因,是由于轻罪案件在实践中占大多数。这些案件若能通过协商达成合意并签署具结书而得以快速处理,实际上已经基本满足了司法实践对于效率价值的追求。那么,探索协商在重罪案件中的适用也就并非必要。

(二)社会治理作为根本导向

认罪认罚从宽制度作为上一轮司法体制改革的重要举措之一,其意义并不单单是一项刑事司法领域的程序改革。习近平总书记曾于 2014 年 1 月 7 日中央政法工作会议上强调:“司法体制改革是政治体制改革的重要组成部分,对推进国家治理体系和治理能力现代化具有十分重要的意义。”故认罪认罚从宽制度作为司法体制改革的一项具体举措,亦属于政治体制改革的重要内容,其在目标和方向上服从于政治体制改革,在效果和影响上则服务于政治体制改革。

党的十八届三中全会通过的《中共中央关于全面深化改革若干重大问题的决定》指出,“全面深化改革的总目标是完善和发展中国特色社会主义制度,推进国家治理体系和治理能力现代化”。因此,认罪认罚从宽制度理应承载实现这一总目标的重要使命。而为了实现这一使命,其需要站在党和国家事业全局的高度,发挥对社会的治理功能,促进国家治理体系和治理能力现代化。随着中国社会进入转型时期,社会关系更为复杂,社会矛盾更为多发,社会治理的难度不断加大,社会

---

① 左卫民:《认罪认罚何以从宽:误区与正解——反思效率优先的改革主张》,载《法学研究》2017 年第 3 期。

② 参见吴思远:《论协商性司法的价值立场》,载《当代法学》2018 年第 2 期。

治理的手段也亟待转型完善。在此背景之下,刑事司法对于社会的治理功能获得了推崇,这在刑事实体法领域已有体现。例如,有学者即指出,刑法的实用效果(法益保护)已经不再是立法者首要考虑的因素;是否具有安抚性的政治目的开始成为立法者所要考虑的问题。① 由此可见,刑法在减少政治国家与公民社会的摩擦冲突方面所可能起到的作用,已经引起了治理者的相当重视。同理,认罪认罚从宽制度作为一项具体的刑事诉讼程序,其在满足社会治理需求方面亦有相当可行性。从理论上来看,认罪协商是通过民主的司法手段来寻求更能为刑事诉讼各方所接受的结果:其具备降低社会风险、修复社会关系、缓解社会矛盾的积极功能,不失为治理者实现社会治理目标的理想方案。

在被告人认罪协商的过程中,同时解决被害人的补偿与安置问题,在很大程度上能够从源头解决我国涉诉信访的特殊难题。这对于法院来说显得尤为重要,即在一定程度上能够化解法院身处"党政部门交办、访民上访、信访考核等压力机制和社会稳定的绩效要求之下"②的困境。然而,从当下我国的司法现状来看,广泛地推行重罪协商却可能反而与社会公众的安全感有所背离,继而与社会维稳的要求相抵牾。尤其是对于暴力型犯罪、涉众型经济犯罪等重罪案件,允许协商可能会引发较负面的社会舆论,对于司法机关而言无疑过于轻率与冒险。因此,基于认罪认罚从宽制度的根本导向,司法机关往往有选择地予以协商以发挥制度的优势,有意识地控制重罪协商的适用以避免风险之产生,因而也就限制了重罪协商的生存发展。

(三)加强司法工作者动力

2018 年《刑事诉讼法》修改后,签署认罪认罚具结书的程序与要求得以明确。然而,遗憾的是,独立的认罪协商机制却并未得到充分落实,使认罪认罚从宽制度与既有诉讼程序之间的区分仍然不甚明显,故在制度构造上不免显得"叠床架屋"。究其原因,认罪认罚从宽制度并未充分考察司法工作者的实际需求,并未真正调动其适用这一制度的积极性。诚如季卫东教授所言,"程序不致流于形式而能行之有效的关键在于调动程序利用者的积极性"。③ 这一制度倘若与我

---

① 参见魏昌东:《新刑法工具主义批判与矫正》,载《法学》2016 年第 2 期。

② 彭小龙:《涉诉信访治理的正当性与法治化——1978—2015 年实践探索的分析》,载《法学研究》2016 年第 5 期。

③ 季卫东:《法律程序的意义——对中国法制建设的另一种思考》,中国法制出版社 2004 年版,第 139 页。

国检察官、法官乃至律师的利益追求有所冲突，那么必然将抑制其良性发展。在重罪案件中，如果司法工作者动力不足，则会成为影响我国重罪协商发展的重要因素。

首先，对于检察官来说，在时间与资源已经花费在调查上且案件证据已经达到了确实充分的程度时，则并无与被告人进行协商的必要，否则反而增添了其工作负担；加之简易程序与速裁程序已经能够达到相同的效果，认罪协商机制则显得可有可无。在确有必要展开协商的案件中，可能花费在与辩方进行协商的时间与精力就更多一些，这导致其对适用制度产生犹豫。重罪案件即属于第二种情况。

其次，与检察官一样，法官推进认罪协商的动力也并不充足，其往往在面对重罪案件时更感压力与迟疑。不少法官在办案认罪认罚案件时，通常已经需要在庭外付出额外的时间与精力来确保案件的准确性，而制度本身也并未带来程序简化方面的突破。例如，目前认罪认罚案件在判决书制作上并未得以真正简化，法官在这方面的工作投入并未减轻，加之裁判文书上网的要求，使法官对待裁判文书的制作并不因程序适用之简化而简化；又如，如果法官需要判处被告人缓刑，可能需要在决定判处缓刑时重新制作社会调查评估报告，这反而增加了其工作的负担。在重罪案件中，合议庭还需要对量刑建议进行技术性分析，尤其是考量财产刑和退赔补偿义务如何有效履行的问题，继而使其在推进重罪协商方面也陷入了较消极被动的境地。

最后，从职业律师的视角来看，我国认罪认罚从宽制度改革似乎也并没有得到律师群体的全力支持，不少律师对此项改革保持观望的态度。有学者认为，辩护律师与检察官进行协商，反而将为辩护律师提供更多“表演”的机会，从而能让辩护律师获得更多来自客户的肯定。然而，由于我国当前认罪协商仅限于量刑协商，而不包括罪名与罪数，故协商空间较小。同时，即使被告人选择不适用认罪认罚从宽制度，但其坦白、自首等表现亦可成为法院从轻处罚的酌定情节。在这种情况下，辩护律师的首选自然并非建议被告人认罪，反而是通过庭审完成其工作。

三、重罪协商的正当性分析

认罪认罚从宽制度改革的创新与灵魂本应在于协商。正如学者所言，认罪认罚从宽制度就是通过控辩协商实现“利益兼得”和“互惠互赢”的被告人认罪案件诉讼程序。[1] 因此,认罪认罚从宽制度改革的核心就在于构建我国的认罪协商机制,即借助程序这个形式性操作杠杆把利益的讨价还价以及特殊的价值取向都转化为合乎正义的、以法律语言表达的权利诉求,进而通过程序的过滤装置取得关于公共选择的实质性共识。[2] 然而,当前协商作为制度的本质特征却被有意无意地淡化了。追根溯源,认罪协商之正当性基础长期未能予以厘清,即为何协商达成后应给予被告人处遇优惠。对于认罪协商之正当性基础,理论界未能有定论,实务界则多以回避。

目前已有的研究成果在论证被告人通过协商获得处遇优惠的依据时,大多以司法资源的节约、人身危险性的降低等为依据来证成其正当性。甚至还有不少研究者的论证存在本末倒置之嫌,即简单地将认罪协商的现实意义来作为论据,解释为何应当给予被告人从宽。笔者认为,这些主张并未从法理上对认罪协商与被告人处遇优惠之间的逻辑关系作出充分的解释,说服力不足,并不能构成被告人处遇优惠的正当性基础。归纳来看,当前主要的理论主张包括以下三种:

第一,司法资源节约说。目前,我国理论界和实务界倾向于认为,被告人通过认罪认罚有助于节约司法成本、提升刑事司法效率,进而能够实现司法资源的优化配置。正因被告人为国家节约了司法资源,国家就需要相应地给予量刑上的优惠。[3] 从表面上来看,这种主张似乎是合理的,因为其确实在一定程度上体现了被告人与国家权力机关达成认罪协商后的互惠互利。然而,这种主张并没有突出协商的本质。因为对于未经协商但却自愿认罪的被告人来说,国家同样需要给予政策上的优惠与关照,那么协商的特殊性又体现于何处呢?

第二,人身危险性降低说。有学者提出,被告人选择认罪认罚即意味着其人身危险性大幅降低,其再犯罪的可能性与改造的难度都随之降低,这为其回归社会提供了前提性条件,因而其获得减轻处罚的优惠也是应有之义。[4] 这一观点不再是基于协商的效果来简单倒推协商利益的正当性。但其不足之处在于,如果国家给

---

① 参见陈瑞华:《"认罪认罚从宽"改革的理论反思——基于刑事速裁程序运行经验的考察》,载《当代法学》2016 年第 4 期。

② 参见季卫东:《法律程序的意义》(增订版),中国法制出版社 2012 年版,第 218 页。

③ 参见陈卫东:《认罪认罚从宽制度研究》,载《中国法学》2016 年第 2 期;魏晓娜:《完善认罪认罚从宽制度:中国语境下的关键词展开》,载《法学研究》2016 年第 4 期;朱孝清:《认罪认罚从宽制度的几个问题》,载《法治研究》2016 年第 5 期。

④ 参见熊秋红:《认罪认罚从宽的理论审视与制度完善》,载《法学》2016 年第 10 期。

予被告人处遇优惠是根据其人身危险性来决定,那么就相当于将是否给予处遇优惠的权力与标准放在了国家权力机关的手中。在这种情况下,被告人在协商中将处于相对被动的境地:能否获得处遇优惠,能否获得多少处遇优惠完全取决于国家权力机关。这恰恰与认罪协商所倡导的"合意""合作"等核心要素是有所背离的。[①]

第三,权利放弃对价说。这种观点的提出者认为,在同被追诉人进行有效沟通,获得被追诉人合法、自愿地放弃部分诉讼权利的承诺之后,国家可以采取省略乃至简化诉讼环节的方式,从而少受或者免受复杂且高成本烦琐程序带来的部分压力,据此对被追诉人从宽处罚,被追诉人还可因此少遭诉累,取得彼此互赢的结果。[②] 这种观点实际借鉴了契约对价的原理,建立了国家刑罚权与被追诉人诉讼权利之间的逻辑关联。不过,其缺陷在于忽略了我国认罪协商的特殊性:从根本上来说,我国认罪协商并不是基于契约原理而构建起来的,故难以完全赖于当事人主义理论而展开探讨。[③] 因此,这一观点也并不能彻底厘清被告人通过协商获得处遇优惠的正当性。

四、以"权力—权利交互说"为理论依据

所谓"权力—权利交互说",是指在被告人主体地位获得国家尊重与认可的前提下,被告人与国家通过一系列交互行为达成合意,国家基于这一交互关系的理性而兑现被告人所应获得的利益。换言之,之所以协商达成后应当给予被告人处遇优惠,是国家对这一理性的交互行为负有结果利益上的兑现义务。

(一)"权力—权利交互说"的基本向度

"权力—权利交互说"首先离不开对认罪协商本质的反思。说协商是一种合作的活动,除了因其具有互动性外,更是从它是一种共同事业的意义上说的。[④] 刑事诉讼中的协商这一共同事业,意味着国家与被追诉人共同追求权力与权利之间进退互补关系的根本性调整。故"权力—权利交互说"的基本向度就在于,其围绕

---

① 正如有学者提出,协商式刑事司法应不同程度地给当事人之间的"协商"或"合意"留有一定的空间,其对立的是强加型刑事司法,即由国家专门机关单方面地施加追究犯罪的过程。参见胡铭:《认罪协商程序:模式、问题与底线》,载《法学》2017年第1期。

② 参见赵恒:《论从宽的正当性基础》,载《政治与法律》2017年第11期。

③ 有学者曾基于职权主义与当事人主义认罪协商模式之差异,对"权利放弃对价说"展开过批判,本文不再赘述。参见卞建林、谢澍:《职权主义诉讼模式中的认罪认罚从宽——以中德刑事司法理论与实践为线索》,载《比较法研究》2018年第3期。

④ 参见[美]詹姆斯·费什金、[英]彼得·拉斯莱特主编:《协商民主论争》,张晓敏译,中央编译出版社2009年版,第129页。

国家权力与公民权利于刑事诉讼场域中的关系调整，指引双方理性的交互行为及其结果利益的兑现。

公法领域的特征是命令与服从，继而国家权力与公民权利呈现单向性的关系。刑事诉讼作为典型的公法领域，权力与权利的单向性关系具体表现为：国家权力对于程序进程享有主导；被追诉人一度被视为刑事诉讼的客体。此外，由于权力与权利之间呈现单向性的关系，其天然地排斥选择、商谈等交互行为，故导致国家与被追诉人处于紧张状态。在协商被引入刑事诉讼场域后，最大的改变就在于权力与权利之间的关系由单向性向交互性转变。正如学者所言，认罪协商本身就是对传统诉讼模式的突破，即不再禁止讨论、让步或者妥协，赋予了个人讨论解决方案的权利。[①] 无论是商谈、合作抑或让步、妥协，这些交互行为都首先源于对被追诉人主体地位的承认。有论者即提出，权利既是一种“关联性的表达”，也是一种“社会的合作”，其源于社会成员的交往互动与相互承认。[②] 协商即合作的一种形式。在刑事诉讼领域，这种合作的前提是国家对被追诉人主体地位与角色的认可。因此，认罪协商重新定义了刑事诉讼中被追诉人的角色，改善了其在单向性关系中的被动状态。

国家对被告人主体地位的尊重与认可，也成就了对权力与权利之间交互性关系的认可。由此，国家与被追诉人之间不再是命令与服从的关系，国家权力在刑事诉讼的推进过程中不再享有垄断性地位，公民权利所指向的比重有所提高：即使作为被追诉人，其亦有权与国家进行商谈及合作，并根据自身利益作出影响诉讼进程的选择。与此同时，国家与公民之间的对抗通过理性的交互行为转化为合作，也在一定程度上缓解了国家权力与公民权利之间的关系，并从根本上改变了国家权力单一支配的局面。

基于国家权力与公民权利的理性交互，最终的权力决策必须考量权利主体的正当利益，并对这一理性的交互行为负有结果利益上的兑现义务，即国家不能把认罪协商仅仅作为实现自身利益的工具，而必须从结果上对理性的交互行加以肯定，并兑现理性的交互行为所产生的相应利益。因此，在认罪协商中被追诉人不仅拥有与国家进行协商的权利。更重要的是，这种权利所蕴含的本体性意义实质地获得国家的尊重与认可。

---

① 参见魏晓娜：《背叛程序正义：协商性刑事司法研究》，法律出版社2014年版，第14～15页。

② 参见[德]哈贝马斯：《在事实与规范之间——关于法律和民主法治国的商谈理论》，童世骏译，生活·读书·新知三联书店2003年版，第110～111页。

（二）“权力—权利交互说”的内涵阐释

“权力—权利交互说”揭示了认罪协商的本质，借以寻求国家权力与公民权利关系的根本性调整。当然，现代刑事诉讼已经并非单向度的权力本位。随着国家民主与法治的进步，刑事诉讼中权力与权利力求平衡，被告人权利保障也日益受到重视。人权保障作为一项宪法性原则也成为评判刑事诉讼制度是否科学合理的标准。① “权力—权利交互说”亦是围绕权力与权利的界分展开讨论的，但其不仅是对刑事诉讼人权保障基本立场的重申，更旨在围绕权力与权利的关系调整而指引双方趋于理性交互与利益共享。具体来看，“权力—权利交互说”包括了以下几个方面的内容：

第一，将协商界定为一种交互行为，对协商与非协商作出界分，最终建立认罪协商与处遇优惠之间的逻辑关联。协商是一种理性的交互行为，在刑事诉讼中体现为被追诉人与国家通过充分对话了解彼此的立场和态度，为了达成一致的合意而自愿作出让步或妥协，其区别于国家与被追诉人之间未产生实质性交互行为的情况。例如，被告人并未与办案机关展开对话，到案后即主动认罪认罚。这种情况在目前实践中较常见：在被告人自愿认罪认罚后，检察官即作出从轻处罚的量刑建议，最终法院在审判时给予法律上从宽的评价。在这种情况中，被告人获得的从宽实际上并非控辩双方通过一系列交互行为而产生的结果，只是国家简单地对“坦白从宽”的刑事政策加以兑现，国家与公民并未形成实质性的交互，故其并不属于协商的范畴。“权力—权利交互说”旨在引导认罪协商机制之构建，就是要对被追诉人与国家司法机关之间真正存在对话、合作与交涉等交互过程的这样一种做法加以约束，并以此构成被追诉人获得处遇优惠的正当性来源。

第二，强调协商作为一种理性的交互行为，必须符合特定的特征与要求。“权力—权利交互说”强调协商是一种理性的交互行为，并提出国家对这一理性的交互行为负有结果利益上的兑现义务。因此，什么样的协商是理性的协商具有关键意义。笔者认为，协商能否构成理性的交互行为需要满足以下几个方面的要求。一是参与的平等与均势。被追诉人不仅有参与协商的权利，②更应当在获得专业

① 参见卞建林、谢澍：《“以审判为中心”与刑事程序法治现代化》，载《法治现代化研究》2017 年第 1 期。

② 在德国刑事司法实践中，一些协商的开展完全将被告人排除在外，全交由辩护律师代为进行。笔者认为，这种情况并不满足有效参与的要求。被告人真正参与到协商中来，应当是指在辩护律师的帮助与建议下，亲自表明自己的意愿与立场、亲自作出对自己诉讼命运有影响的选择。See Regina Rauxloh, *Plea Bargaining in National and International Law: A Comparative Study*, Routledge Press, 2012, p. 90 – 91.

律师的帮助下实现自身的有效参与,否则往往会因缺乏经验与法律常识,加之人身自由被限制甚至被剥夺的情况下,好比是"赤手向兵甲,无不败者"①。二是选择的自愿与明智。理性的协商必须建立在主体选择的自愿之上。自愿的行为不是别的,而是从意志中产生的行为。② 故自愿的选择意味着主体根据自由意志而共同选择并达成合意。尽管各自的妥协与退让不可避免,但绝不是在任何一方别无选择之下的一种无奈屈就。同时,主体的选择还应当在完全的思维和认识能力之上:其至少应当掌握充分的信息,确保了其不是在一时冲动或一时糊涂之下作出的决定。三是利益的均衡与共享。协商之所以能够成为一种理性的交互行为,还因为其最终指向的是一种具有相互性意义的利益。申言之,协商的结果是权力主体与权利主体彼此的利益都得到一定程度的体现和主张,没有任何一方的利益是被绝对牺牲或减损的。也正是这一利益的相互性,对国家兑现被告人所应获得的协商利益提出了现实要求。

第三,通过解释协商何以构成一种理性的交互行为,勾勒认罪协商程序的基本要素,对指引司法实践产生现实意义。如上所述,协商要成为一种理性的交互行为,必须满足特定的要求,而这几个方面的内容也较清晰地勾勒了认罪协商程序的基本要素,其为司法实践提供了指引。故妥善的认罪协商程序应当包含辩护机制、证据交换机制、司法审查机制等作为程序最起码的保障。此外,对于认罪协商程序在实践中所面临的一些富有争议的问题,我们也得以根据"权力—权利交互说"作出解释。例如,被告人在认罪协商达成后是否有权反悔的问题。这一争议的关键就在于,应对被告人反悔的理由加以区分,如果被告人反悔的理由足以动摇协商的理性,如违背真实意愿而认罪协商,那么显然应当允许被告人提出反悔。

第四,明确被告人的处遇优惠并不是国家对被告人所施加的恩惠,而是国家基于理性的交互行为所应当向被告人兑现的利益。相较于国家司法机关通过协商获得的利益,被告人的协商利益向来受到非议。以从宽量刑的利益为例,有论者提出,接受刑罚原本就是实施犯罪的社会成员应当承担的责任,被告人在认罪的基础上进一步愿意接受刑罚是一种履行应有义务的行为,并不能构成进一步降低刑罚

---

① [日]冈田朝太郎:《刑事诉讼法》,熊元襄整理,吴宏耀点校,中国政法大学出版社2012年版,第55页。

② 参见[英]霍布斯:《利维坦》,黎思复、黎廷弼译,商务印书馆1985年版,第44页。

的理由。[①] 实际上,类似上述的主张或论断仍然将刑事诉讼中国家与公民之间的关系理解为一种具有上下等级之分的关系。"权力—权利交互说"即试图对这些理论争议与误解进行澄清。其始终把协商运用于刑事诉讼场域的本源,即国家对被追诉人主体地位的认可。因此,国家从实体与程序等方面兑现被追诉人通过协商所获得的收益,最初源于对程序本体的承认,最终也就必须落实到对程序本体的承认。通过明确国家应当对被告人处遇优惠负有兑现义务,其体现了如下两个方面的重要意义。一是明确协商是一种理性的交互行为,亦是能够产生相应收益与代价的行为,尤其是国家对这一理性的交互行为负有结果利益上的兑现义务。因此,认罪协商就不应简单地被认为是实现司法效率或社会治理的工具,更不应当被动地成为促使刑罚圈扩张的廉价手段。二是强调协商不流于形式的关键就在于国家兑现被告人所应获得的利益,即协商最终应当指向一种具有相互性意义的利益。实际上,合作本就是指共同从事互利活动的行为,故任何一种互惠都可以看作一种合作。[②] 因此,如果被追诉人与国家司法机关通过协商而达成的合意得不到承认和保护,协商的互利互惠就未能得以落实,那么权力与权利之间的交互关系并未最终落实为一种相互性意义的利益。

(三)"权力—权利交互说"对重罪协商的适用

以"权力—权利交互说"为理论基础,不仅阐释了认罪协商的正当性基础,而且对其与认罪协商的衍生效果作出了清晰的划分。因此,提高诉讼效率、实现社会治理等都只能作为认罪协商的部分收益来考量,而其真正的价值应当体现于借之以寻求国家权力与公民权利关系的根本性调整。基于此,协商理应适用于所有的刑事案件,若司法实践在适用上刻意地划分轻罪与重罪,则显然将折损制度的本质价值。通过"权力—权利交互说",我们也能够重新审视重罪协商,扬弃对重罪协商在认识上的局限与成见。重罪协商所面临的一大争议就在于,允许重罪案件的被告人与国家展开协商,并要求国家在协商达成后从结果上给予其从轻处罚的优惠,是否与罪刑均衡原则相违背。罪刑均衡原则的基本含义在于"罪当其罚,罚当其罪",其反映了人们对司法公正的朴实追求。重罪协商是否会有违罪刑均衡原则而破坏了司法公正,是社会公众与司法机关所共同担心的问题。"权力—权利

① 参见李政:《关于适用认罪认罚从宽制度的几点思考》,载《人民法院报》2017 年 4 月 19 日,第 6 版。

② 参见[美]塞缪尔·鲍尔斯、赫伯特·金迪斯:《合作的物种——人类互惠性及其演化》,张弘译,浙江大学出版社 2015 年版,第 3 页。

交互说”即对这一争议问题作出回答,厘清了重罪协商与罪刑均衡原则之间的关系。

第一,重罪协商并不破坏罪刑均衡原则。犯罪本质是社会危险性与人身危险性的统一。[①] 故被告人因犯罪所受到的惩罚,不仅应当与已然之罪的社会危害性程度相适应,而且应当与未然之罪的可能性相统一,从而确保犯罪、刑事责任和刑罚三者保持内在的均衡关系。重罪案件被告人获得从宽处罚的前提是,其必须签署检察机关提出的具结书,这其中已经包含了对于如何弥补犯罪行为所造成损害的方案,如退赃、赔偿、赔礼道歉等,这些都是社会危险性程度减弱的标准,即意味着未然之罪的可能性也得以降低。因此,如果仍然对这些被告人处于重判,显然与刑罚预防犯罪的导向有所违背,同时也将破坏犯罪、刑事责任和刑罚三者的均衡关系。

第二,重罪协商与罪刑均衡原则具有内在的契合之处。罪刑均衡原则是一个动态而非静态的原则。随着现代刑法价值观的转变,罪刑均衡原则的内涵也得以发展,主要表现为对主体行为人的尊重不断增强,尤为关注与凸显人的人格特征。正如陈兴良教授指出,为了实现罪刑均衡,刑罚的一般化与个别化具有同样的意义。[②] 重罪协商从某种程度上来说体现了刑罚的个别化,即承认犯罪人的主体人格,注重犯罪人的各种人格因素,并允许司法裁量的理性空间与合乎情理。从这一点来看,重罪协商与罪刑均衡原则的发展特征是不谋而合的。

第三,允许重罪协商在一定程度上还将有助于优化国家的刑罚体系。达成协商后给予被告人适当宽和的刑事待遇,不仅会减少被告人与公权力之间的对抗性,而且可以借此机会“纠正刑法过于刚性的弊端”[③]。尤其是在刑罚体系本身的设计比较严苛的情况下,通过程序实现对被告人在刑罚上的减让,反而将从整体上弥补刑罚体系的固有缺陷,重罪案件当然也不例外。周光权教授即认为,我国刑法的重刑主义倾向比较明显,法定刑配置偏重,要适当扩大速裁范围,充分发挥制度优势。[④] 故认罪协商在程序机理的这一优势,也将辅助地纠正国家的刑罚体系,使其趋于科学化与合理化。

---

① 参见陈兴良:《刑法的价值构造》(第3版),中国人民大学出版社2017年版,第521页。

② 同上书,第542页。

③ 熊亚文:《刑法私法化:现实图景与理论空间》,载《现代法学》2016年第4期。

④ 参见冉容、何东青:《推动刑事案件速裁程序试点健康深入开展——试点中期评估论证会专家意见摘编》,载《人民法院报》2015年9月9日,第6版。

五、重罪协商的本土化发展

笔者所主张的“权力—权利交互说”,立足国家权力与公民权利之间的理性交互,解释了认罪协商的正当性基础,为协商达成后国家给予被告人处遇优惠提供了理论上的支撑。“权力—权利交互说”将有助于我们重新审视重罪协商,为重罪协商的本土化探索与发展奠定基础。自此,我们应以“权力—权利交互说”为重罪协商的正当依据,并从改进思路、程序设计、保障机制、公众基础四方面着手,推动重罪协商的制度性发展,展望我国重罪协商的全新图景。

(一)改进思路:向权利保障转变

不难看出,当前认罪认罚从宽制度仍然更多地将制度所能发挥的诉讼效率、社会治理等功能放在首要考量位置。这一改进思路对制度实用性及有用性的强调以及对目的论与效果论的运用,体现了较鲜明的实用主义色彩,继而认罪认罚从宽制度在实现利益方面的价值被过度放大与凸显。然而,实用主义,就其某些形态说,就是一种权力哲学。①

从根本上来看,这一改进思路仍然偏重国家权力在认罪协商中的利益需求,却并未给予公民权利与获益充分的考量。跳出当前改进思路的局限,我们应当认识到,认罪认罚从宽制度不应当是简单的刑事政策兑现机制,而应当是真正体现协商本质的制度。这就意味着,提高诉讼效率、实现社会治理等目标都只能作为改进的部分收益来考量,而改进真正的价值应当体现在构建符合我国国情的刑事认罪协商程序,借以寻求权力与权利关系的根本性调整,并最终落实为对权利的切实保障。

因此,应当基于“权力—权利交互说”,从改进思路上实现由实用主义向权利保障的转变,努力扩大我国重罪协商的空间。协商作为一种理性的交互行为,应当适用于重罪案件在内的所有刑事案件,而不宜对其适用范围加以人为的限制,即所有案件的被告人都有权与国家司法机关进行合作与对话,且其认罪协商的利益应当获得兑现。如此才是对被追诉人在刑事诉讼中主体地位的真正认可,这也应当是我国认罪协商未来发展的重要方向。当然,考虑到我国当前的司法现状,如果贸然推进重罪协商则可能显得太过轻率与冒险。故司法机关应当有条件、有步骤地逐步扩大重罪协商的适用范围,目前来看,可以对一些疑难的命案、毒品案等开展审慎尝试,对于犯罪性质恶劣、犯罪手段残忍、社会危害严重的

① 参见[英]波特兰·罗素:《权力论》,吴友三译,商务印书馆2012年版,第208页。

案件则慎重适用。

(二)进一步凸显协商之程序设计

在改进思路的转变下,认罪认罚从宽制度的程序设计也应当随之予以完善,即进一步凸显协商之本质特征。具体而言,就是明确与突出认罪协商的法定性与程序性:是否协商、如何协商、如何兑现协商利益等与协商有关的事宜都应当纳入法律的规制之中,为控辩协商建立一套真正明晰的机制。

推进认罪认罚从宽制度的完善与发展,还应当从程序设计上回应控辩双方与司法工作者的积极性,充分激发制度的内生动力。尤其是作为协商主体的控辩双方,诚如卞建林学者指出,决定认罪认罚从宽制度之未来走向的关键之一即是能否充分调动控辩双方积极性。试想,如果认罪认罚从宽制度对被追诉人来说只是一项被动的刑事政策兑现机制,对司法机关来说只是追求繁简分流的一种手段,而非被追诉人与司法机关共同选择的主动结果,那么自然难以激发主体选择协商的动机。在这种情况下,控辩双方选择适用重罪协商的积极性也同样受到抑制。一方面,我们应当认识到,如果实践中对于司法工作人员吸引力较大的重罪案件,实际是证明难度较大或诉讼风险较大的案件,那么实际操作层面就应当进一步完善这些案件的证据规格、量刑指引等,让司法工作人员不仅敢用制度,而且确有制度可用;另一方面,还应当增加被告人可期待利益实现的可能性,使之明确化与具体化,这也是确保其在协商中处于自由、自愿与明智的关键所在,而这方面的完善则有待检察机关量刑建议工作的进一步推进与落实。

此外,我们还应当关注到重罪协商所面临的一些技术性难题。例如,对于可能判处 3 年以上有期徒刑的重罪案件,羁押性措施的适用较普遍,同时亦没有其他可供选择的简化程序,从而导致程序从宽难以真正落实;再如,在重罪案件中,被追诉人部分认罪、认罪态度不明确或前后反复等现象更突出,而当前制度设计并未对此进行细化与规范,导致对于被追诉人的从宽评价也面临着不确定性。因此,为了更好地推进重罪协商的本土化探索,协商程序的设计还应当进一步回应与化解其所面临的实践难题,确保程序运行与现有的刑事诉讼程序能够有效契合。

(三)共同推进程序与实体层面之保障机制

认罪协商机制的构建离不开程序法和实体法的共同发力。因此,如果制度的完善方案仅仅是停留在程序法层面,即可能在司法实践中难以付诸行动。我们不能忽视程序法与实体法对于认罪协商的关联性作用,以及后者可能对重罪协商所产生的影响。推进我国重罪协商的发展,即需要从程序层面与实体层面共同为被告人与国家司法机关达成理性协商而创造良好的条件。

一是重罪协商的完善应当特别关注到重罪辩护机制的完善。尽管重罪案件刑事辩护率相较于轻罪案件要高出不少,但是重罪案件刑事辩护仍未实现全面覆盖,因而在被追诉人权利保障方面实际仍存在不少盲点。考虑到重罪案件比轻罪案件的案情更复杂,那就更需要由职业律师辅之以专业知识来对协商之基础,即事实与证据进行全面的了解,并在此基础上提出最优化的法律建议。同时,由于重罪案件的被追诉人面临着更为严重的刑事处罚,在认罪认罚上往往容易出现反复与纠结,这就需要在职业律师充分的建议与提示之下,作出真正自愿与明智的意思表示。笔者建议,应当在重罪协商中率先试行律师在场的做法,避免被追诉人在诱导之下进行认罪协商,确保协商确为前文所述的符合特定要求的理性行为。此外,由于当前法律援助的律师由检法分别指派,可能导致重罪案件中辩护律师不稳定的问题,并最终在审判阶段发生程序回转的情况。因此,为了确保重罪案件辩护的稳定性,应从制度上确保同一律师的全程辩护。

二是重罪协商的完善还应当关注到刑事实体法的同步完善。如上所述,如果刑罚体系本身的设计比较严苛,那么通过程序实现对部分被追诉人在刑罚上的减让或奖励,反而将从整体上弥补刑罚体系的固有缺陷。不过,为了达到这一目标,就必须同时落实被追诉人从宽处罚的实体性依据,即应当明确被追诉人从宽处罚的具体规则、公开量刑规范,确保量刑减让幅度保持在一个平衡的状态;同时,还应当适时优化我国当前刑罚结构、创新刑罚执行方式的情况,确保能在实际操作上真正给予重罪案件足够的协商余地与宽大空间。

(四)逐步提升重罪协商之公众基础

任何法律制度背后都必然有一种共同的价值观念或情感意识作为支撑,刑事诉讼制度也同样如此,其不仅揭示了国家权力与公民权利的关系格局,更是“于程序规则背后蕴含了深刻的社会理念”①。

在尊重社会公众的司法观念和情感取向的基础之上,我们应当对社会公众进行适当的引导,不断提升整个社会对于重罪协商的接受度与认可度,减少其对于重罪协商的误解与担忧。其一,可以通过法定的程序吸收公众参与到重罪协商之中,加强社会公众对这项制度的认同与信赖,减少社会公众对这项制度的质疑与顾虑。

---

① Maximo Langer, *Legal Translations of American Plea Bargaining*, 45 Harvard International Law Journal 44 (2004).

例如,可考虑建立认罪协商程序的公众监督机制,使社会公众得以监督其公正性,从而看到其有效性、理解其重要性,防止社会公众对重罪协商产生"花钱买刑""权钱交易"的误解。其二,应当保障被害人有限度地参与程序,尊重被害人的表达权,理性看待其诉求。即充分赋予被告人发表意见的权利,允许被害人事先获悉公诉方的量刑建议,给予其对量刑建议发表意见的机会,允许被害人提出新的量刑情节,并及时与被害人进行释法沟通的工作。对于一些被害人已经死亡的重罪案件,则应当允许被害人的近亲属行使上述权利。毕竟被害人方面的个人利益与社会利益之间并不完全重合,在某些情况下甚至存在尖锐冲突。① 而以法治与理性的方式调和这一冲突,恰恰是让重罪协商获得公众支持的重要一步。其三,尽力清除陈旧刑罚观念的余障,为重罪协商创造适宜的社会环境。"权力—权利交互说"阐明了被追诉人与国家开展协商及获得协商利益的正当性,为刑事司法注入了适度的宽容特征,目的是改变过去公民权利与国家权力之间的紧张状态。因此,国家应当理性看待社会公众的定罪诉求,正面传递认罪协商程序所蕴含的司法宽容精神与人道主义,营造日益人性与宽容的刑事司法氛围。

六、余论:探索重罪协商的"权力—权利交互"模式

协商有助于改变利益,并揭示先前未曾意识到的一致领域。② 认罪协商的深层价值恰恰蕴含于此。在权力与权利相互充斥的刑事诉讼场域,借助协商让两者的关系转对立为合作,不仅意味着国家权力的行使到了现实的好处,更重要的是从本质上加强公民权利在刑事诉讼中的比重,使权力与权利能够趋于平衡与对等。基于这一本质初衷,认罪协商绝不仅仅是实现国家权力机关利益需求的手段,更不是由国家主导的便于治理抑或治罪的工具;而是改变公民在刑事诉讼中地位的媒介体制,使其人格尊严与正当权利能够获得真正的尊重与保障,继而改变国家权力单一支配的局面。

笔者所主张的"权力—权利交互说"是在充分理解认罪协商本质的基础上所提出的,其试图为我国认罪协商提供依据,并为我国重罪协商之探索提供支撑。当然,从理论学说到制度兑现,我们亦不能忽略蕴含于制度背后的多重因素,如传统观念、管理体制等;我们更不能孤立地看待我国认罪协商程序之发展前景:当前其包含于认罪认罚从宽制度的表述,不仅表明了与以审判为中心的诉讼制度的逻辑

① 参见秦宗文:《认罪认罚从宽制度实施疑难问题研究》,载《中国刑事法杂志》2017年第3期。

② 参见[美]塞拉·本哈比主编:《民主与差异:挑战政治的边界》,黄相怀、严海兵等译,中央编译出版社2009年版,第51页。

关系，同时暗示了改革在眼下的可能性与有限性。

未来除了于司法实践中不断探索重罪协商的"权力—权利交互"模式，更有赖于我国政治、法治与观念等多方面的不断完善。否则，即使我们找到了重罪协商的理论支撑，厘清了其正当性争议，而在真正落实到制度改革的过程中，仍然可能出现偏差，最终亦无法实现制度的本质初衷。

第六节　反思认罪认罚从宽的路径依赖*

一、问题的提出

2018 年《刑事诉讼法》修改后，认罪认罚从宽制度实现了由"试点"到"立法"的转变，并从适用范围、实施程序、权利保障等方面得以全面完善。2019 年 10 月 24 日，最高人民法院、最高人民检察院、公安部、国家安全部、司法部又联合发布了《指导意见》，为制度的实施与推进提供了重要指引。伴随认罪认罚从宽制度的试点与立法，制度的协商性内涵业已获得理论界与实务界的共识。① 正如学者所言，在认罪认罚从宽制度中引入控辩协商的机制，这是不容回避的制度选择。② 但遗憾的是，协商机制"空转"的情况在当前司法实践中较常见，即协商机制往往被架空，而真正经过控辩双方商谈后达成合意的量刑建议并不多。

立法的模糊是造成当前协商机制"空转"的重要原因。从立法规范来看，无论是此前试点改革抑或是《刑事诉讼法》修改，协商的概念或内容未予以规定，协商程序的法律地位未能得以明确，因而如何进行协商、协商有何效力等关键问题处于不明状态。尽管《指导意见》第 33 条出现了"协商"一词，③在认罪认罚从宽制度框架下如此规定实属首次，具有进步意义，但该条对协商的规定仍然较原则与笼统，难为控辩双方的协商提供充分的制度保证。

当然，立法本就不是一项单纯的技术性工作，更是受立法者意图、正义或合目

---

* 作者：吴思远。本节原发表于《华东政法大学学报》2021 年第 4 期。

① 最高人民法院所作的权威释义亦指出，"认罪认罚从宽制度创设了独具特色的量刑协商程序"。参见胡云腾主编：《认罪认罚从宽制度的理解与适用》，人民法院出版社 2018 年版，第 27 页。

② 参见陈瑞华：《司法体制改革导论》，法律出版社 2018 年版，第 439 页。

③ 《指导意见》第 33 条"量刑建议的提出"规定："犯罪嫌疑人认罪认罚的，人民检察院应当就主刑、附加刑、是否适用缓刑等提出量刑建议。人民检察院提出量刑建议前，应当充分听取犯罪嫌疑人、辩护人或者值班律师的意见，尽量协商一致。"

的性考量的指引而作出的评价。[①] 法律文本可能只是某种遗憾的措辞，立法意图远比它在法律中所实际表达的更重要。[②] 控辩协商在我国并非新鲜事物，体现协商色彩的做法或举措在我国司法实践中早已有迹可循，相关探索甚至可以追溯至21世纪初。当前，认罪认罚从宽制度与此前控辩协商探索有着时间与逻辑上的延续性。但直至认罪认罚从宽制度入法，协商程序的法律地位仍未能得到明确认可，制度框架下的协商实践与真正意义上的控辩协商仍然有一定距离。

根据路径依赖理论，一旦在观念上认同了既有的安排，路径依赖便会形成，制度便将根据一定的惯性在既有路径上前行。[③] 笔者认为，正是蕴含于控辩协商发展中的职权主义思维，才使认罪认罚从宽制度在控辩协商的既有路径上徘徊前行，继而影响当前制度实施的成效。因此，有必要对我国控辩协商的变迁历程进行总结回顾，确定并揭示贯穿其中的演变逻辑与发展路径。这不仅是化解当前协商机制"空转"等现实性问题的关键所在，更是推进与完善认罪认罚从宽制度的应有之义。本节写作的初衷与思路即在于此。

二、历时性回顾：我国控辩协商的变迁历程

控辩协商在我国并非新兴事物。在认罪认罚从宽制度出台之前，体现控辩协商色彩的做法或举措在我国司法实践中已有迹可循，相关探索甚至可以追溯至21世纪初。伴随《刑事诉讼法》以及刑事诉讼制度的不断完善，我国控辩协商经历了产生兴起、地方探索、试点改革、立法发展四个阶段。然而，直至认罪认罚从宽制度入法，协商程序的法律地位仍未能得到明确认可，制度框架下的协商实践与真正意义上的控辩协商仍然有一定距离。

（一）控辩协商的产生兴起

我国控辩协商实践产生的时间较晚，实际于刑事简易程序改革的进程中才逐步发展起来。1979年《刑事诉讼法》仅仅规定了一种审判程序，这意味着所有的刑事案件，无论简易还是复杂、无论被告人认罪还是不认罪，都是按照单一的诉讼程序进行流转。为了突破刑事审判程序单一化，1996年《刑事诉讼法》修改时增设了

---

① 参见［德］卡尔·拉伦茨：《法学方法论》，陈爱娥译，商务印书馆2003年版，第94页。

② 参见［瑞］亚历山大·佩策尼克：《论法律与理性》，陈曦译，中国政法大学出版社2015年版，第322～323页。

③ 参见［韩］河连燮：《制度分析：理论与争议》（第2版），李秀峰、柴宝勇译，中国人民出版社2014年版，第31页。

简易程序。尽管这一举措意义重大,但由于当时规定的简易程序适用范围较狭窄,[①]其难以满足司法实践的需求,并没有达到预期的立法期待。[②] 正因如此,刑事审判程序的简易化改革成为当时司法体制改革的重点,并由此催生了“普通程序简化审”制度。

“普通程序简化审”正是我国控辩协商最早的实践形态,其初衷是弥补1996年《刑事诉讼法》简易程序的不足。相关探索最早可追溯至1999年,由一些办案压力较重的地方法院与检察院自行探索试行。经过几年的实践,最高人民法院、最高人民检察院与司法部在总结经验的基础上于2003年联合出台了《关于适用普通程序审理“被告人认罪案件”的若干意见(试行)》,成为制度实施的规范性依据。“普通程序简化审”制度是在被告人对被指控的基本犯罪事实无异议并且自愿认罪的情况下,允许对原本并不符合简易程序适用条件的案件,以简化的庭审程序进行审理,如简化或者省略庭审讯问、发问等。法院可以对自愿认罪的被告人酌情予以从轻处罚。这一制度的显著特点就在于体现了协商性司法的合作性与互惠性,即只有控辩双方均对适用程序无异议时,法院才得以适用这一程序,这为控辩对话与合作提供了可能;并且从处理结果来看,法院对适用“普通程序简化审”程序的案件应当酌情予以从轻处罚。[③]

(二)控辩协商的地方探索

除了增设简易程序,1996年《刑事诉讼法》修改时还围绕审判方式改革推进了诸多举措,如取消全案移送、加强控辩对抗等,呈现向当事人主义模式靠拢的倾向。立法者的努力亦对理论界产生了积极影响:国内学者纷纷开始对相关制度进行引介与探讨,旨在为我国刑事审判程序的简易化改革提供参考。[④] 正是这一理论研究的热潮带动了实践的积极探索,而理论与实践的良性互动又为我国控辩协商创建了更为相容与和谐的生长环境。例如,在2002年牡丹江铁路运输法院对孟某虎

① 1996年《刑事诉讼法》第174条规定:“人民法院对于下列案件,可以适用简易程序,由审判员一人独任审判:(一)对依法可能判处三年以下有期徒刑、拘役、管制、单处罚金的公诉案件,事实清楚、证据充分,人民检察院建议或者同意适用简易程序的;(二)告诉才处理的案件;(三)被害人起诉的有证据证明的轻微刑事案件。”

② 根据学者的实证调研,当时简易程序的适用率甚至不到5%。参见樊崇义主编:《刑事诉讼实施问题与对策研究》,中国人民公安大学出版社2001年版,第512页。

③ 《关于适用普通程序审理“被告人认罪案件”的若干意见(试行)》第9条规定:“人民法院对自愿认罪的被告人,酌情予以从轻处罚。”

④ 参见陈光中主编:《辩诉交易在中国》,中国检察出版社2003年版;陈光中主编:《21世纪域外刑事诉讼立法最新发展》,中国政法大学出版社2004年版。

故意伤害案件作出判决后,该案引发了国内探讨控辩协商的热潮,并带动哈尔滨铁路运输中级法院进一步进行探索。[①] 此外,1996 年《刑事诉讼法》修改还确立了酌定不起诉制度,标志着起诉法定主义向起诉裁量主义的发展。酌定不起诉制度赋予了检察官一定的自由裁量权,不仅克服了起诉法定主义“无法发挥刑事政策来影响犯罪嫌疑人”[②]的不足,更使检察官实际拥有了与被追诉人展开协商的权力与空间。更多体现对话合作、互惠互利的控辩协商做法也开始陆续出现在我国司法实践之中:如 2004 年部分地方检察院兴起的缓起诉试点工作、2006 年检察机关先行探索的轻微刑事案件快速办理机制等。

地方自行探索的控辩协商举措虽然存在差异,所蕴含的协商性色彩也有强弱之分,但总体来看均不同程度地体现了对协商性司法的认可,即承认被追诉人的主体地位,继而使被追诉人与国家通过合意来决断案件成为可能。更重要的是,各地的探索逐步摆脱了审判方式改革的局限,使我国控辩协商的发展更进一步。例如,由检察机关率先主推的轻微刑事案件快速办理机制,以被追诉人认罪为前提要件,强调被追诉人的程序选择权。与“普通程序简化审”制度相比,这一制度更凸显审前交易的合理性与必要性,即刑事审判程序的简易化改革应从审判阶段向前延伸到起诉阶段,通过扩大检察机关的裁量权实现程序分流。显而易见,轻微刑事案件快速办理机制蕴含了更浓厚的协商性色彩,并于后期逐步发展为涵盖刑事诉讼全过程的三机关联动机制,证实了其与我国司法实践的内在契合,并成为 2014 年刑事速裁程序试点的基础。[③]

(三)控辩协商的试点改革

尽管前述“普通程序简化审”制度获得了实务工作者的支持,甚至不少法官表示,如果不适用“普通程序简化审”可能根本处理不过来那么多案件,[④]但这一制度的正当性却受到诸多学者的批判。[⑤] 因此,2012 年《刑事诉讼法》修改对刑事简易

---

① 哈尔滨铁路运输中级法院还曾拟定《关于刑事案件实施“辩诉交易”的若干规定(试行)》,对辩诉交易制度的适用条件与范围等作出规范。参见张景义、李文广、赵炳松、权伍琦:《聚焦国内“辩诉交易”第一案》,载《人民法院报》2002 年 8 月 8 日,第 3 版。

② [日]田口守一:《刑事诉讼法》,刘迪、张凌、穆津译,法律出版社 2000 年版,第 102 页。

③ 参见 2014 年开展的刑事速裁程序试点工作正是对此前轻微刑事案件快速办理机制“新的延伸”。参见陈小康、徐晓琴、陈义熙:《刑事速裁简化但正义不能“打折”》,载《人民法院报》2015 年 3 月 12 日,第 5 版。

④ 参见徐美君:《刑事诉讼普通程序简化审实证研究》,载《现代法学》2007 年第 2 期。

⑤ 参见樊崇义主编:《刑事诉讼法修改专题研究报告》,中国人民公安大学出版社 2004 年版,第 527 页。

程序作了进一步完善,回应了理论界对于“普通程序简化审”制度的批判。在吸收“普通程序简化审”实践经验的基础上,2012 年《刑事诉讼法》在简易程序的适用条件上采取了与之大致相同的标准,①即以被告人认罪且同意程序适用为前提,由此扩大了简易程序的适用范围。随着党的十八届四中全会通过的《中共中央关于全面推进依法治国若干重大问题的决定》明确提出以审判为中心的诉讼制度改革的要求,其庭审实质化的本质内涵促使我国刑事诉讼程序朝着越发精密与复杂的方向发展,因而构建多元化的刑事诉讼格局来分流案件、节约司法资源也就成为必然。在这一改革背景之下,2012 年《刑事诉讼法》所确立的简易程序不免略显单一与局限,司法实践需要一种比简易程序更简化的程序,对“简易程序/普通程序”格局形成一种必要的补充。② 与以往不同的是,顶层设计者明确将控辩协商作为对诉讼程序进行“再简化”的一种方案,③并相继于 2014 年与 2016 年开展刑事速裁程序与认罪认罚从宽制度的试点改革。

从效果上来看,两次试点改革极大强化了我国控辩协商的理念与实践。其一,两次试点改革延续了 2012 年《刑事诉讼法》对简易程序修改的思路,明确将被告人认罪作为刑事速裁程序与认罪认罚从宽制度的前提要件,并充分突出对被告人程序选择权的尊重。这说明,被告人的主体地位获得了比以往更多的关注。因而制度允许甚至说是鼓励被告人主体性地参与到定罪量刑的过程中去,控辩协商的比重也在客观上得以提升。其二,自刑事速裁程序试点开始,各地出现了越来越多控辩协商的实践探索。④ 这一持续至今的控辩协商实践由两次试点改革孕育而生,受到顶层设计者的指导与支持,逐步规范有序,从而具有强大的发展动力与前景。

---

① 2012 年《刑事诉讼法》第 208 条第 1 款规定:“基层人民法院管辖的案件,符合下列条件的,可以适用简易程序审判:(一)案件事实清楚、证据充分的;(二)被告人承认自己所犯罪行,对指控的犯罪事实没有异议的;(三)被告人对适用简易程序没有异议的。”

② 参见卞建林、吴思远:《刑事速裁程序的实践观察与立法展望》,载《中国政法大学学报》2019 年第 1 期。

③ 参见冉容、何东青:《积极探索科学论证推动刑事案件速裁程序试点健康深入开展——试点中期评估论证会专家意见摘编》,载《人民法院报》2015 年 9 月 9 日,第 6 版。

④ 参见马伟锋:《广东刑事审判试水认罪从宽协商制度——一起非法买卖弹药案获当庭宣判》,载《人民法院报》2016 年 8 月 12 日,第 3 版;闫晶晶:《提高司法效率:让公平正义不再迟到》,载《检察日报》2017 年 10 月 31 日,第 1 版;杨晓梅:《强化人权保障　规范量刑协商——广州越秀区法院推进认罪认罚从宽制度改革纪实》,载《检察日报》2017 年 12 月 8 日,第 4 版;党小学:《实现公平正义　提升办案质效——北京丰台:专业化机构办理认罪认罚从宽案件》,载《检察日报》2018 年 1 月 14 日,第 2 版;郭树合:《“两认一宽”制度见实效》,载《检察日报》2018 年 2 月 28 日,第 10 版。

(四)控辩协商的立法发展

经过几年的试点改革,刑事速裁程序与认罪认罚从宽制度已经累积了相当经验,并充分说明了与我国司法实践的内在契合。因此,2018 年《刑事诉讼法》修改的重点之一即是将试点经验上升为法律规范,完善刑事案件认罪认罚从宽制度与增加刑事速裁程序。更重要的是,由于两次试点改革存在较强的地方性因素体现了"因地制宜"的差异,[①]故通过立法对这些地方性经验予以巩固与规范,无疑也将促进我国控辩协商朝着更为科学与规范的方向发展。2018 年《刑事诉讼法》修改后,认罪认罚从宽制度实现了由"试点"到"立法"的转变,我国的控辩协商制度在法律上逐步得到建立。[②] 基于认罪认罚从宽制度的规范性框架,犯罪嫌疑人自愿认罪,同意量刑建议和程序适用的,应当在辩护人或者值班律师在场的情况下签署认罪认罚具结书;因而犯罪嫌疑人同意量刑建议和程序适用的过程,实际上也就是与检察官沟通的过程:其中蕴含了控辩协商的空间,从宽则是控辩协商的结果。

最高人民检察院工作报告显示,2020 年检察机关认罪认罚从宽制度适用率已经超过了 85%。[③] 这意味着,认罪认罚从制度对我国刑事诉讼制度、诉讼结构都带来了重要而深刻的影响。因此,有学者也将认罪认罚从宽制度的确立称为"我国刑事诉讼范式的重大变迁",并且"标志着刑事诉讼第四范式的形成"[④]。应当说,认罪认罚从宽制度无疑体现了协商性司法的典型特征——即传统刑事程序所不具备的沟通性、迅速性、终局性,符合现代刑事诉讼发展的方向与规律。但值得注意的是,尽管制度已经入法,协商程序的法律地位仍未能得到明确认可,如何进行协商、协商有何效力等关键问题仍然处于不明状态,协商机制"空转"的情况存在于当前司法实践中,真正经过控辩双方商谈后达成合意的量刑建议并不多。

三、渐进式变迁:我国控辩协商的演变逻辑

我国控辩协商的变迁历程从根本上揭示了刑事诉讼模式改革的复杂性,也反映出这一改革所不可避免的渐进性。控辩协商所经历的产生兴起、地方探索、试点

---

① 正如学者指出,地方司法机关并不是机械地适用全国人大常委会的《决定》,而是在改革模式与举措上形式多样。参见林喜芬:《认罪认罚从宽制度的地方样本阐释——L、S、H 三个区速裁试点规则的分析》,载《东方法学》2017 年第 4 期。

② 参见陈瑞华:《刑事诉讼的公力合作模式——量刑协商制度在中国的兴起》,载《法学论坛》2019 年第 4 期。

③ 参见《最高人民检察院工作报告——2021 年 3 月 8 日在第十三届全国人民代表大会第四次会议上》。

④ 熊秋红:《比较法视野下的认罪认罚从宽制度——兼论刑事诉讼"第四范式"》,载《比较法研究》2019 年第 5 期。

改革、立法发展四个阶段,实际演绎了探索、试错、纠错、完善的曲折过程,总体遵循的是一种渐进式变迁的演变逻辑。当然,从某种程度上来说,我国控辩协商的渐进式变迁也深刻印证了我国法治建设的渐进性,其符合我国政治、经济、社会等方面的现实情况,不仅依赖司法制度运行的宏观环境,并且是在多元主体的复合性参与之下所进行的渐进式变迁。

（一）依赖司法制度运行的宏观环境

我国控辩协商的兴起与发展,与我国司法制度的大环境有着紧密关系。在中华人民共和国成立后的很长一段时期,控辩协商在我国并没有找到与之相适应的生长条件。此外,我国一直实行“惩办与宽大相结合”的刑事司法政策,要求根据罪行、对社会的危害程度并考虑犯罪分子的个人情况而使刑罚特定化,并在刑事诉讼程序具体体现为“坦白从宽、抗拒从严”。然而,这一刑事司法政策主要是为了适应当时的社会环境与司法要求,并且特别强调犯罪嫌疑人、被告人负有如实供述犯罪事实的义务。这种将认罪视为一项法定义务的机制,导致被追诉人只能被动接受国家追诉。

改革开放以来,随着我国社会主义民主法治建设的加强,一系列符合国际标准的刑事司法准则逐步得到认可与确立,刑事诉讼制度日益完善。在《宪法》与《刑事诉讼法》相继确立“国家尊重与保障人权”条款后,刑事被追诉人的地位得到了显著提升,现代程序法治理念得到了更普遍的认同。我国适时地确立了“宽严相济”刑事司法政策,为刑事司法的运作注入了适度的宽容特征。这不仅缓和了过去国家与被追诉人之间的紧张状态,并且也为国家依法给予被追诉人宽和的刑事待遇提供了支撑,国家与被追诉人自此逐步走向合作。

总的来看,随着国家的政治、经济和社会形势发生的深刻变化,我国司法制度运行的宏观环境得以显著改善,使刑罚实施过程中被追诉人的目的性与主体性得到认可。正是在认可与尊重被追诉人主体地位的情况下,其在进入刑事诉讼后才享有了与国家进行对话甚至是合作的权利,继而为控辩协商的生长提供了适宜的土壤。

（二）得益于多元主体的复合性参与

在我国控辩协商的历史性变迁中,多元主体积极参与并各自发挥了不可替代的作用,继而合力塑造了当前我国控辩协商的制度面貌。在此期间,尽管多元主体之间因观念或立场的差异亦存在些许博弈,对于控辩协商建构的某些具体问题未能达成共识,甚至是存在一定程度的冲突,但正是这种复合性的力量共同推进了我国控辩协商的实践与发展。

第一,地方司法机关。通过上文的分析不难发现,地方司法机关是直接催生我国控辩协商实践的重要主体。无论是"普通程序简化审"制度、缓起诉制度还是轻微刑事案件快速办理机制,这些蕴含控辩协商色彩的做法均起源于地方司法机关的先行先试、自行探索。此后控辩协商的试点实践更是根植于地方司法机关的探索中,并相继孕育了刑事辩护全覆盖、精准化量刑等改革举措,使我国控辩协商朝着更规范的方向发展。从本质上来看,地方司法机关对于控辩协商实践的自发探索具有相当的现实利益基础。转型时期,我国刑事案件数量不断攀升,既有的程序机制难以充分满足实际的办案需求,故各地司法机关便自发寻求简化诉讼流程、提高诉讼效率的变通之道。因此,正如学者所言,地方司法机关的这些自发探索"与其说是在某种理念指引下所做的改革努力","倒不如说是建立在一种利益兼得基础上的制度调整"①。但无论如何,地方司法机关的自发探索丰富了控辩协商的形式与内涵,为我国控辩协商的发展提供了强大动力。更为重要的是,其中不少举措在多年的实践过程中得以试错并逐步确立入法,验证了这些自发性改革确实具有"极强的针对性"及"现实可行性"②。

第二,顶层设计者。从某种程度上来说,我国控辩协商的变迁与顶层设计者的重视和支持休戚相关。前述由顶层设计者所推进的历次司法体制改革,尽管并未明确提出控辩协商的构想,但围绕刑事简易程序改革所作的努力却成为我国控辩协商发展的间接性力量。党的十八届三中全会、四中全会以来,我国进入全面深化改革的新时代,并开启了新一轮司法体制改革。不同以往的是,新一轮司法体制改革由中央全面深化改革领导小组直接统筹设计、推进落实,体现了空前的高度、深度与广度,故被学者誉为"新中国成立以来规模最大、程度最深的一次司法改革"③。在此背景之下,我国控辩协商也获得了前所未有的发展机遇,顶层设计者作为行为主体所发挥的影响与作用也更为凸显。由于顶层设计者明确将"完善刑事诉讼中认罪认罚从宽制度"作为中央深化司法体制改革的重要举措,并相继推进了刑事速裁程序与认罪认罚从宽制度两项试点改革,因而在此框架之下所开展的控辩协商实践,较之先前的地方探索更为体现了顶层设计与全局部署。尽管地方司法机关的自发性改革为我国控辩协商的发展提供了强大动力,但由于相关举

---

① 陈瑞华:《刑事诉讼的中国模式》(第2版),法律出版社2010年版,第9页。
② 陈瑞华:《近年来刑事司法改革的回顾与反思》,载《国家检察官学院学报》2008年第1期。
③ 李拥军:《司法改革中的体制性冲突及其解决路径》,载《法商研究》2017年第2期。

措不免欠缺全局性的统筹规划,因而力度与影响都比较有限,甚至后被顶层设计者否定而宣告终结。[①] 然而,当前控辩协商的实践却包含于顶层设计者自上而下推动的改革之中,凝聚了前所未有的改革合力,有效克服了地方司法机关自行探索的片面性与阶段性,故改革成效显著区别于过往。

第三,理论研究者。理论研究者是推动我国控辩协商发展所不可或缺的主体。伴随我国社会经济的发展进步,“中国怎样才能屹立在世界民族之林,更需要广大知识分子出主意、想办法”[②]。正是自我意识与担当意识的觉醒,使越来越多理论研究者走出书斋走向台前,为我国法治建设作出了智识贡献。应当说,相关研究成果引导了实践的发展,为实践作了理论上的铺垫和准备。而其中最重要的理论贡献即是刑事诉讼主体论,这一理论充分肯定了被追诉人作为诉讼主体的地位,[③]促进了国家对被追诉人权利及人格尊严的重视与保障,并成为被追诉人与国家展开协商的正当性基础。除此之外,在我国控辩协商的变迁历程之中,理论研究者对于实践样本的关注和考察始终贯穿其中。相关研究成果不仅探讨了控辩协商与我国司法实践的兼容性与可能性,并且积极地提出相应的完善建议,极大地发挥了应用型学科研究的优势,在一定程度上与实务工作者协同共进,成为我国控辩协商发展所不可忽视的重要力量。当然,值得注意的是,在理论研究者与实务工作者,甚至研究者与研究者之间,各方并不总是处于协调并进的状态,对于构建我国控辩协商制度的某些具体问题仍是存在不少争议的。例如,我国研究者对于认罪认罚从宽制度的理论依据——为何应当给予被告人从宽处罚——至今未能达成一致,继而影响了制度实施的效果。[④]

四、“权力主导”:我国控辩协商的路径依赖

从制度变迁的角度来看,制度在产生初期所选择的路径将发挥相应的约束作

---

① 如曾经如火如荼进行的辩诉交易实践后即被最高检不正式的否决。不过,相关经验也在一定程度上化整为零地融入其他制度之中。参见马明亮:《正义的妥协——协商性司法在中国的兴起》,载《中外法学》2004 年第 1 期。

② 《费孝通文集》(第 15 卷),群言出版社 2001 年版,第 336 页。

③ 参见吴杰、宋英辉、洪道德:《刑事诉讼主体论》,载《中外法学》1991 年第 4 期;肖胜喜:《刑事诉讼主体研究》,载《法学研究》1991 年第 5 期;佟秀芝、冯振堂:《论刑事诉讼主体》,载《政法论坛》1992 年第 6 期;裴苍龄:《论刑事诉讼的主体》,载《政法论坛》1995 年第 2 期。

④ 在梳理与批判既有学说的基础上,有观点认为,应当以“权力—权利交互说”作为控辩协商的正当性基础。所谓“权力—权利交互说”,是指在被告人主体地位获得家尊重与认可的前提下,被告人与国家通过一系列交互行为达成合意,国家基于这一交互关系的理性而兑现被告人所应获得的利益。参见吴思远:《我国重罪协商的障碍、困境及重构——以“权力—权利交互说”为理论线索》,载《法学》2019 年第 11 期。

用,一旦依照相应的路径产生后就很难扭转,并将持续和决定性地影响制度的未来发展。据此,路径依赖理论实际揭示了一项制度所遵循的某种自我复制机制。对于我国控辩协商而言,职权主义的传统思维贯穿其渐进式的发展中并发挥重要作用。

(一)对改革成本的权衡

我国控辩协商所遵循的渐进式变迁方式,总体表现为先试验后推广、先局部后整体,强调对司法实践中具体问题的反馈,并在探索与试错的过程中逐步总结经验,直至归纳出可以普遍适用的规则并将其上升为立法。这种根植于司法实践的变迁方式使制度发展需要一定时间。但相对于激进式变迁而言,渐进式变迁在一定程度上能有效地遏制偏差或错判所引致的不良后果趋向,①因而并不会实质危及现有制度的相对稳定性,使改革者更易根据宏观环境的变化来调整或修正改革举措。

由此看来,渐进式变迁是改革者出于改革成本与风险的考量而作出的相对理性的选择,即以局部到整体的方式来实现制度的变迁,最大限度提高社会公众对于改革的认可度。更为重要的是,这一渐进式变迁与我国社会现实与司法实际有着较高的契合性。由于目前我国经济发展仍然不平衡,各地区的法治发展程度亦存在差异,因而贸然推进制度的整体性变革,不仅将耗费过高的成本,并且不一定能取得理想的效果。例如,目前正在推行的刑事辩护全覆盖试点改革,正是考虑到各地区辩护制度发展之不均衡的现实情况,因而最初采用的便是局部先行的试点改革方式。

然而,值得注意的是,渐进式变迁立足于回应司法实践需求的初衷,凸显了对司法实用主义的推崇,在一定程度上可能放大对改革成本的考量,尤其是对改革"试错"成本的考量。当然,在对改革效应的预见不确定时,选择风险较小的方案也就成为自然。否则,将如学者所言,在没有试验、没有充分设计而完全由主观决策来推进的情况下展开的改革,其风险和成本很可能会骤增,并形成变法与法治的悖论循环。② 但改革惰性在很大程度上亦来源于此。是故,权力主体是否有决心或动力进一步推进改革成为制度发展及其成效的关键。加之,随着时间的推移,改革成本在客观上也将变得越来越高,无疑又增添了制度变迁的难度。在某种程度

---

① 参见郭威:《中国渐进式改革的实践演进、逻辑机理与借鉴意义》,载《科学社会主义》2019年第5期。

② 参见马长山:《新一轮司法改革的可能与限度》,载《政法论坛》2015年第5期。

上来说，我国控辩协商实行的效果即与之有着密不可分的关系。

（二）制度运行所需知识的积累

由于渐进性变迁根植于司法实践，解决司法实践的具体问题成为推动制度变迁的主要动力。尽管这种问题导向型的改革思路有利于为司法实践提供针对性强的方案，但难免存在"头痛医头脚痛医脚"的倾向。制度变迁缺乏宏观的理论支撑与长远的规划设计，继而导致我国控辩协商的发展全局性不足，存在一定的地区差异，并与其他制度之间缺乏合理的衔接。

这一问题在当前认罪认罚从宽制度的实践中已有所体现。量刑建议的效力，不仅涉及被告人上诉权、检察院抗诉权以及法院审判权等问题，并且根本上反映的是控辩审三方的关系构造。这一基础性问题由于未能在制度入法前积累应有的理论知识，而在制度实施过程中引发了争议，并成为理论界争论的焦点。① 正如学者指出，立法对可能的协议破裂及后续的程序反转问题，缺乏必要的审查机制与正当的应对方案，故在司法实践中易产生风险。② 此前热议的"余某平交通肇事案"③即为典型例子。

应当指出的是，在量刑建议的效力未能得到理论与立法明确回应的情况下，相对于控审两方而言，辩方实际上将处于更不利的情况。从结果主义来看，这是由于改革所需的知识储备欠缺。并且，由于改革的容错性较低，权力主体对待改革难免小心谨慎，对其他各方力量的介入与参与持严格态度。

五、"权利关照"：认罪认罚从宽的实践路径

为了避免认罪认罚从宽制度陷入既有路径依赖的羁绊，笔者主张应以"权利关照"构建认罪认罚从宽制度的实践路径。具体来看，应以构建法定的协商程序为目标，推动控辩协商制度化，实现认罪认罚从宽的合宪性控制；完善实践方案，加强顶层设计者主导变迁的决心；以先验性到经验性的认知转变为改革养分，增强本土化自觉，促成理论与实践有效的二元互动。

（一）推动协商制度化，实现认罪认罚从宽的合宪性控制

制度的存在是为了降低人们相互作用时的不确定性。④ 主张控辩协商制度

---

① 参见陈瑞华：《论量刑协商的性质和效力》，载《中外法学》2020 年第 5 期；熊秋红：《认罪认罚从宽制度中的量刑建议》，载《中外法学》2020 年第 5 期。

② 参见马明亮：《认罪认罚从宽制度中的协议破裂与程序反转研究》，载《法学家》2020 年第 2 期。

③ 北京市门头沟区人民法院刑事判决书，(2019)京 0109 刑初 138 号；北京市第一中级人民法院刑事判决书，(2019)京 01 刑终 628 号。

④ 参见[美]道格拉斯·C. 诺斯：《制度、制度变迁与经济绩效》，刘守英译，上海三联书店 1994 年版，第 34 页。

化,根本目的就在于为控辩双方的协商提供充分的制度保证,降低协商过程中的不确定性风险,避免协商对被追诉人的基本权利产生侵害。由于当前立法未能对控辩协商作出有效的规范,如何进行协商、协商有何效力等关键问题并不明确,继而产生了协商机制"空转"的问题。因此,急需在既有的制度框架下完善法定的协商程序,将如何协商、协商效力等问题都纳入程序法的规制,并厘清当前立法规定中的模糊与歧义。

有学者主张,基于认罪认罚从宽制度的框架应当构建听取意见式的职权从宽模式,没有必要也不应该以协商模式替代之。① 这一观点意欲将协商的主导权与决定权交由司法机关,并没有把权利主体的利益放在首位考量,实际上否认了认罪认罚从宽制度的协商性本质,体现的恰是一种典型的权力本位思维。认罪认罚从宽制度的定位绝不应仅仅是"听取意见"而已,而应当是旨在实现"权力—权利"的理性交互,通过构建平等与自愿的商谈语境,来实质性地改善辩方在刑事诉讼中的地位与处境。

这种路径的转变,其核心意义在于尊重与保障被追诉人的权利,实现认罪认罚从宽的合宪性控制。尊重与保障被追诉人在协商中的权利具有宪法意蕴,即如学者指出,权利对于公权力主体而言是一种消极权限规范:公权力主体负有尊重的义务,法检公的权力主张与被告人的权利诉求之间的平衡成为认罪认罚从宽制度合宪性调控的核心范畴之一。② 据此,所有关乎协商的规则都必须符合宪法的基本要求,不能突破宪法的框架与秩序。一是落实宪法中"被告人有权获得辩护"的规定。考虑到被追诉人当前处于弱势的现状,应当完善值班律师制度,发挥其在达成控辩合意方面的实质作用。因此,应当细化值班律师在阅卷、会见、考核等方面的规定,厘清值班律师与辩护律师之间的关系,明确在已经委托辩护人的情况下检察机关不得再通知值班律师签署具结书。二是厘清协商中国家与个人之间权利与义务的界限。"权利"意味着合理的期望。③ 当前,量刑建议的拘束力相对弱化,认罪认罚后又提起上诉的情况较常见,其原因就在于立法未能对量刑建议的效力予以明确规定,故被追诉人无法对协商结果作出合理预期。因此,应当严格贯彻程序法

---

① 参见闫召华:《听取意见式司法的理性建构——以认罪认罚从宽制度为中心》,载《法制与社会发展》2019 年第 4 期。

② 参见韩大元、许瑞超:《认罪认罚从宽制度的宪法界限》,载《国家检察官学院学报》2019 年第 3 期。

③ [美]罗斯科·庞德:《通过法律的社会控制》,沈宗灵译,商务印书馆 2019 年版,第 48 页。

定原则,事先明确被追诉人所能获得的协商利益,并构建具体的协商规则来引导其自愿、理性地作出影响自己诉讼命运的决定。当然,与之相对应的,还应该对协商义务的内容予以明确,即严格限制控辩双方在事后随意推翻协议的情况,从而保障协商效力的拘束力。

(二)完善实践方案,加强顶层设计者主导变迁的决心

基于上文的分析可以发现,顶层设计者对于控辩协商的实践并不加反对,但对控辩协商的立法似乎仍持观望或犹豫的态度。正是这种态度,使认罪认罚从宽制度的协商性与理论界的预期存在差距。笔者认为,其中关键就在于完善实践方案。

我国《刑事诉讼法》先后经历的 3 次修改已经充分证明了温和的渐进式修法与我国社会现实与司法实践的契合,①而先后推行的刑事速裁程序与认罪认罚从宽制度的试点工作更是展现了"先试验后推广、先局部后整体"改革方式的积极效应。之所以两项试点改革能够对我国控辩协商的发展起到重要的推进作用,是因为地方试点改革的方式建立在我国实际需求与实践的基础上,充分考量了改革可能遭遇的现实阻力,相对温和地展现了改革的面貌与内涵,并以渐进的方式逐步将经验上升为立法,从而提升了社会对于制度变革的认同感和接受度。诚如季卫东教授所言,如此改革方式是"在一定的时间范围或空间范围内强化位于合法与不合法之间的法律规范发展的契机,通过立法与司法的有条件的逆转、认知注意力的集中、反馈机制的利用等方法,来实现法律的动态妥当性"②。因此,理应在把握两次试点改革有益经验的基础上,继续遵循渐进式的演进逻辑,最终实现我国控辩协商的制度化。一些此次未能修改入法的内容,如律师在场权等,亦可通过地方试点改革的方式加以实践与验证,待条件成熟之际再吸纳入法。

当然,应当注意的是,这种改革方式亦有其不完善之处。正如上文指出,出于对改革成本的考量,尤其是对改革"试错"成本的考量,可能将导致改革惰性的产生。而在顶层设计者缺乏推动改革动力的情况下,地方试点改革的试错功能也将遭到削弱。然而,地方试点改革本就是一项具有风险的工作,故应当形成允许试错、鼓励创新的容错机制,经历"构建与反构建"的必要过程。作为重要行为主体之一的地方司法机关,应当在尊重司法规律的情况下积极推进个性化的改革举措,

① 参见卞建林、谢澍:《职权主义诉讼模式中的认罪认罚从宽——以中德刑事司法理论与实践为线索》,载《比较法研究》2018 年第 3 期。

② 季卫东:《法律程序的意义——对中国法制建设的另一种思考》,中国法制出版社 2004 年版,第 54 页。

敢于为控辩协商立法提供样本与经验,真正发挥司法实践对于改革方案的证伪作用;作为另一重要行为主体的顶层设计者,则应当在充分立足与及时回应司法实践的基础上,对制度变革的方向进行必要把控,适时反馈实践并加以调整改革方案。值得一提的是,笔者所主张的“权利关照”的改革路径,并不否认权力资源的介入。通过对我国控辩协商变迁历程的回顾,不难发现,想要改变“权力—权利”在当前认罪认罚从宽制度框架下的支配性关系,在很大程度上仍然取决于权力机关如何运用其权力与资源推行改革与主导制度改革。因此,还应当对试点改革的评估、论证、激励等关键问题予以反思与规制,积极吸收社会各方力量参与改革,充分利用专家学者、高端智库等专业资源,合理吸纳公众信息的反馈,推进改革方案论证与评估的实质化,提升试点改革的科学性与实效性,真正发挥实践方案之价值功能。

(三)增强本土化自觉,促成理论与实践有效的二元互动

法律发展的重心不在于立法与司法,而在与社会本身。① 正因如此,构建法定的协商程序还将面临来自社会环境、传统观念等方面的影响。例如,由于受到法律与道德一体化传统的影响,我国对于公正的评价体系仍然带有道德评价色彩,其背后蕴含对“有罪必罚、勿枉勿纵”的崇尚,所指向的则是刑事治理的高效性与严苛性,这无疑也会影响我国控辩协商的进一步发展。这些或许正是顶层设计者仍然对控辩协商制度化踌躇不前的原因所在。但是不应忽视的是,我国控辩协商跨越20余年的变迁已经基本实现了由先验性到经验性的认知转变,为控辩协商的本土化提供了养分。因此,认罪认罚从宽制度的未来发展应当充分把握这一有利因素,努力促进理论与实践的积极对话,不断提升理性对于经验的正面引导,为我国控辩协商发展贡献智识。

始于20世纪末的刑事简易程序改革,激发了我国理论界对于协商性司法这一全新的合作型司法模式的关注。显然,这与协商性司法受到越来越多国家的推崇是分不开的。随着我国刑事诉讼制度的发展、刑事诉讼法学研究品质的提升,刑事诉讼立法抑或理论研究都越来越关注其与我国社会现实及司法实践的适应性。40多年来刑事诉讼法学理论研究所取得的重大成就,也为我国控辩协商改革提供了理论支撑。多元化的研究方法为研究控辩协商提供了有力武器,尤其是近年来盛行的实证研究方法,更是成为观察与反思控辩协商本土实践的有效方式。应当说,构建真正能为我国所用、体现我国特色的控辩协商制度,已经成为当前理论界与实务界的基本共识。

---

①　参见[美]H. W. 埃尔曼:《比较法律文化》,高鸿钧等译,清华大学出版社2002年版,第3页。

对于控辩协商由先验性到经验性的认知转变，无疑深刻影响了制度发展的轨迹。因此，应当以此为基础进一步增强本土化自觉，努力促成理论与实践有效的二元互动，实现地方性知识的“增量”与“增质”。尤其是考量到我国控辩协商发展遵循的渐进式变迁方式，存在碎片化的倾向，亟须吸纳宏观的理论建构来作为必要支撑。加之，认罪认罚从宽制度入法后已于实践中陆续暴露一定的问题，更是不断对学术研究提出新的需求。值得反思的是，当前理论界对于认罪认罚从宽制度这一热点话题的扎堆研究，不免在一定程度上削弱了理论研究的深度和广度，甚至可以说不少重要的基础性问题并没有受到研究者应有的重视，继而造成了对控辩协商的简单化处理。因此，除了对控辩协商进行前瞻性展望之外，更为必要的是，反思其与传统刑事诉讼基本原则及理论教义如何兼容的方向性问题。否则，如陈瑞华教授所言，缺少高屋建瓴的理论加以指引的研究，触及的往往只是中国司法制度中的表层问题，所提出的改革方案也只是基于利害得失之权衡的应对之策。① 故为了提升对控辩协商制度论证的品质，增强认罪认罚从宽制度研究的系统性与持续性，研究者理应以更为客观的态度看待及分析司法实践，更为严谨地运用社会科学研究方法作出准确的理论阐释，继而为控辩协商改革提供真正有价值的智识。

六、结语

理解与把握认罪认罚从宽制度中的“协商”是制度推进的关键。② 中国语境下的控辩协商，不仅离不开对司法实践的深入观察，并且有必要基于历史视角进行反思。这是因为，当前认罪认罚从宽制度与此前控辩协商探索有着时间与逻辑上的延续性。对过去20余年来控辩协商的本土实践进行历时性回顾，根本目的便在于避免认罪认罚从宽制度陷入既有路径依赖的羁绊。顶层设计者应当强化主导变迁的决心，主动关注到被追诉人处于弱势状态的现实。

本节的部分论证尝试运用了制度变迁理论（Institution Change Theory），当然，这仅仅只是研究认罪认罚从宽制度的其中一种新思路、新方法。目前，有关认罪认罚从宽制度的研究成果似乎大多仍然只是停留在刑事程序法层面，③却忽略了对这一问题的研究存在吸收其他学科知识的可能性与必要性。因此，借助本节的研

---

① 参见陈瑞华：《司法体制改革导论》，法律出版社2018年版，第4页。

② 参见陈国庆：《量刑建议的若干问题》，载《中国刑事法杂志》2019年第5期。

③ 目前，刑法学者对认罪认罚从宽制度的关注较少，从刑事实体法层面对制度展开探讨的成果，参见周光权：《论刑法与认罪认罚从宽制度的衔接》，载《清华法学》2019年第3期；黄京平：《幅度刑量刑建议的相对合理性——〈刑事诉讼法〉第201条的刑法意涵》，载《法学杂志》2020年第6期。

究,也希望更多研究者尝试将其他社会科学方法及经验知识运用到认罪认罚从宽制度的研究中来,打破学科壁垒,作出更多有价值的理论阐释,提升研究视野的全局性,增强研究结论的客观性与科学性,为制度的推进与发展提供智识力量。

第四章 监察体制改革研究

第一节 监察机关调查犯罪程序的流转与衔接*

2016年12月,全国人大常委会决定在北京市、山西省、浙江省开展国家监察体制改革试点。三地监察委员会组建后,开始积极投入办案工作,先后查办了一批职务犯罪案件。由于当时国家层面的监察办案细则还未出台,三地监察委员会在试点探索过程中,初步建立起服务于办案的调查工作程序,同时也与当地公安机关、检察机关和审判机关积极进行沟通,建立起密切的业务协作机制。监察机关调查犯罪活动比较特殊,其融合了纪检监察机关违纪调查和检察机关职务犯罪侦查的部分内容,在程序碰撞和融合中逐步自我完善。但在程序流转过程中不可避免地会出现一些新情况。因此,对当前监察办案程序的运行难点进行分析,及时发现、解决监察案件办理中程序问题,既可为国家监察立法的实施提供理论支撑,又有助于为办案细则的制定积累素材。

一、监察立案前初查程序的并行运作

(一)监察案件立案前的初查程序

根据《中华人民共和国监察法》(以下简称《监察法》)第39条的规定,监察机关在正式作出立案调查决定前需经过初

---

* 作者:叶青。本节原发表于《华东政法大学学报》2018年第3期。

步核实程序,这在实践中通称为“初查”,类似于检察机关过去在自侦案件立案前的初查程序,其主要任务是通过一系列调查性活动,对线索进行核实,以确定监察对象是否涉嫌职务违法犯罪、是否需要立案并转入正式调查程序。这个程序在实践中成为绝大多数案件的立案“前置程序”。至于该程序属于何种性质,有学者提出,依据调查“时间”,该程序可划分为“侦查”程序(调查活动之后)和增设“初查”程序(调查活动之前)。前者实际上将调查活动定位于行政性质;后者旨在“先行分流”,通过预判违法犯罪程度以确定是否进入调查活动。但“初查”期间可否采取这12项措施意味着截然不同的性质。该观点主张将立案前的调查性活动定性为行政性质,将立案之后的调查活动定性为司法性质,在学术探讨上有一定的创新意义。但是结合各地试点探索的情况,监察调查活动的性质并未明确,而只是简单地将其称作监察案件初查程序。

第一,种类和强度上看,初查虽然是立案前的调查性活动,但可以使用大多数与正式调查相差不大的手段,且手段强度较大,对个人隐私干涉较多。目前,监察委员会在初查中审批严格,可以使用的调查性手段包括谈话、询问、查询、勘验检查、鉴定、技术调查、限制出境,这些初查措施与纪委调查措施、监察机关正式调查措施较类似(见表4－1),甚至可以说,这两类措施的同质性较强,对被调查对象的人身、隐私有许多限制。

表4－1　纪委、监察机关的调查性措施种类比较

措施种类	措施内容
纪委初核措施	核实性谈话,要求相关组织说明,调取个人有关事项报告,查阅复制文件、账目、档案等资料,查核资产情况和有关信息,鉴定,勘验等
纪委调查措施	调查谈话,查阅、复制有关文件资料,查询有关信息,暂扣、封存、冻结涉案款物,提请有关机关采取技术调查,限制出境
监察机关初查措施	谈话、询问、查询、勘验检查、鉴定、技术调查、限制出境
监察机关调查措施	谈话、询问、讯问、查询、冻结、调取、查封、扣押、搜查、勘验检查、鉴定、留置、技术调查、通缉等

资料来源:《中国共产党纪律检查机关监督执纪工作规则(试行)》。

第二,从初查后的案件流向来看,监察案件初查结束后,由监察委员会办案部门及分管领导对初查结果进行审查判断,审查内容包括案件性质、管辖部门及处理方式等,此后案件可能有多种流向。一般来说,程序上要由承办部门根据案件初查情况，制作案件的初步调查报告，提出相应的处置建议，层报监察机关主要负责人审批，由监察委员会领导决定案件是否立案进入犯罪调查程序或是转入其他程序。一般来说，监察机关初查后的案件主要转入分别是党纪处分程序、政务处分程序、违法犯罪调查程序。在上述三个主要的程序流向中，承办部门初步调查后，根据案件具体情况得出多种不同的结论，具体包括立案调查、谈话提醒、批评教育、责令检查或者诫勉谈话、暂存待查、予以结案等。

（二）立案前调查程序的运行及其监督

一方面，监察委员会的职责是对监察对象行使公权力的情况和涉嫌违纪违法、职务犯罪的行为进行监察，监察内容包括公职人员的依法履职、秉公用权、廉洁从政以及道德操守情况。也就是说，监察委员会除了调查职务犯罪，还要对违纪违法、廉洁从政等行为进行监察。对违纪、道德操守等内容的监察与纪委的违纪调查在管辖范围上存在重合。过去纪委和行政监察部门合署办公，分别依据党纪党规和行政监察法律法规开展工作，这两项职能的关系基本可以厘清。不过，目前监察机关和纪委在名义上是两个性质不同的独立机关，但同样试点合署办公模式，两者的关系模式仍在探索中，有些程序衔接问题需要予以特别注意。比如，在具体初查过程中，很难清晰地把纪委的初核和监察机关的初查区分开来，也不容易把监察机关的监督性调查和犯罪初查程序清晰地区分开，容易出现交错或并行运作的现象。

另一方面，监察机关的初查措施种类和内容广泛，与正式调查措施相差并不大，而且有多项强制性的初查措施，有可能导致监察机关在查办职务犯罪过程中，过于侧重和依赖初查活动，使初查成为调查职务犯罪的重要环节。出于严格规范办案和预防错案的需要，调查机关有可能通过案件初查掌握非常翔实的证据材料。但是，只有在需要采取留置等强制性调查措施的时候，才通过正式立案转入调查犯罪程序。但是初查活动中被调查对象的相关人身权利保护等相对较弱，不如在正式调查程序中保护得全面，这对被调查对象的权利保护有一定影响。另外，初查程序的流转有多个方向，且党纪、政纪、犯罪等案件的流转程序各不相同，对被调查对象的处理结果差异较大。为了避免出现放纵犯罪的问题，如何对初查活动及初查决定进行监督是一个重点课题。

二、正式调查中的“法、纪”界限与分工

（一）监察机关调查活动的性质界定

正式调查程序是监察委员会立案之后所采取的一系列调查活动的运行程序，是监察委员会调查犯罪的主要程序。监察委员会的调查活动属于何种性质，国家

立法层面未予以明确,学术界也尚无定论。上文提到,有学者认为立案前后的程序性质分属行政和司法,等于将监察委员会正式调查活动归类为司法活动,与改革文件的精神不相符。另外,有学者认为,依调查措施“类别”划分,监察委员会的部分调查措施是刑事侦查,其他措施是行政调查。也有学者认为,依调查“对象”划分,按照违法犯罪程度分为一般调查和特殊调查。以上这些观点大多是从刑事法理论出发进行的解构,也有的是学者个人的创新性构建。但是,目前监察改革文件明确否定了监察机关调查活动的刑事侦查属性,这对监察程序和刑事诉讼程序的对接产生了重大影响,使传统的刑事诉讼理论也受到一定冲击。鉴于此,针对监察调查活动的性质,未来可以参照过去检察权一元化的观点,以监察权一元化的形式吸纳监察调查权。为准确把握调查活动的性质,笔者认为,还需要考虑以下四点。

第一,调查主体的特殊性。监察体制改革文件明确规定监察委员会是国家政治机关,对行使公权力的人员独立行使监察权,是与行政机关、司法机关并列的独立的国家机关,与检察机关等司法机关完全不同。除了明确监察委员会的较高定位外,监察委员会和纪委合署办公,两机关在人员、组织、领导层面高度融合,监察委员会自身同时行使违纪、违法和犯罪调查职权,很难对调查活动进行单一性质的界定。

第二,办案模式的实际运行。要理解监察委员会调查活动的性质必须对当前逐步成型的办案模式有深入了解,尤其要对过去纪检办案模式有全面把握,否则容易与实践脱节,造成学术、实务互相对立的恶性循环。现有的监察办案模式与过去的检察院自侦模式不同,尤其是在程序审批、调查手段、程序流转等方面。因此,不能简单地通过检察院对职务犯罪案件的自侦模式来分析监察机关的办案模式。

第三,改革文件的定性。界定监察调查活动性质,必须考虑国家层面对监察调查权的定性。反腐败针对的职务犯罪区别于一般刑事犯罪,国家监察法也区别于刑事诉讼法;监察机关行使的调查权不同于刑事侦查权,不能简单套用司法机关的强制措施。监察机关调查职务违法和职务犯罪适用国家监察法,案件移送检察机关后适用刑事诉讼法。① 从中可见,此次改革将监察制度排除在刑事法范畴之外,并为其划出一块独立的立法空间,由国家监察法专门规范。在可预期的范围内,监察机关调查犯罪不会回归刑事司法性质。

---

① 参见杨伟东:《通过法定程序使党的主张成为国家意志》,载《中国纪检监察报》2018 年 3 月 14 日,第 2 版。

第四，监察理论的创新发展。监察体制改革正处于探索初期，其构建的复杂性超乎想象，单个部门法理论很难对其进行完整、科学地界定。对监察调查活动的定性除了在法学理论层面分析解读，还需要对纪检监察法规和理论进行深入研讨，这是现有研究所缺失的。

（二）监察调查"法、纪"同时运行的控制

《监察法》完全吸纳了之前全国人大试点方案的规定，明确规定监察委员会拥有监督权、调查权和处置权3项职权。其中，监督对象主要是违纪行为，类似于纪委所进行的执纪监督活动，调查对象是国家工作人员的职务违法和职务犯罪行为，其中职务犯罪调查由检察机关的职务犯罪侦查过渡而来。目前，调查违纪、违法犯罪的权力主要由监察委员会负责行使。在实践中，以下三点内容需要我们关注。

第一，违纪、违法行为调查的同步性。某些被调查对象在涉嫌违法犯罪的同时，也涉及大量违纪行为，监察委员会有职责把违纪和违法行为都调查清楚，但是违纪行为的调查难度和工作量不亚于犯罪行为，因此，可能在同一个监察案件中，承办人同时负责调查违纪、违法和犯罪行为，这在过去是不曾有的现象。第二，违纪、违法调查程序的边界。监察委员会在调查违纪行为的过程中，如果发现被调查对象涉嫌职务犯罪，可以进行程序转换，那么案件就有可能转入犯罪调查程序。违纪调查和犯罪调查分别属于不同的处理程序，监察机关在这两类程序中可以使用的手段措施等都有所差异，如果被调查对象同时涉及违纪和违法犯罪事实，该对象可能被同时纳入不同的调查程序中，导致一个被调查对象在两个以上的调查程序中接受调查，而调查主体却仍是相同的一组人员的现象。在这种情况下，有必要对两类程序的边界进行划分，这也是国家监察法需要明确的重要问题之一。第三，调查程序走向存在一定的不确定性。根据过去纪检监察机关调查违纪案件的程序运行模式，结合《监察法》等予以明确的调查程序内容，一般典型的监察案件流转程序主要包括五个环节：初查、立案、调查、审理、移送。根据案件调查的进展情况，案件程序可能移转的方向包括党纪处理程序、政务处理程序和刑事立案程序。就具体的办案流程来说，一般是案件受理之后，由办案科室领导指派具体的承办人开展一系列初查工作，承办人在初查结束后撰写初查报告，由部门负责人审核后报监察机关委员讨论决定案件是否应进行犯罪立案，或是进入其他处理程序。监察机关领导批准立案后，由办案科室开展相应的调查工作，调查结束后报案件审理部门[①]进行审查，以决定案件是否移送检察院或者直接作出违纪、政务处分决定。案件审理部门应将处理意见报监察机关委员讨论决定是否批准案审部门的意见：如果决定案件移送检察机关，则由案件管理部门负责对接检察院进行案卷材料的移送；如果由同一组人员同时负责两类案件调查，"法、纪"两套程序同时运行。在立案和调查终结环节都存在多种程序流向的可能，对这种程序流向不确定性应当予以明确。

三、监察留置的操作实践和程序衔接

（一）监察留置的实践运行情况

留置是法律赋予监察机关调查的有力手段之一，其期限可达数月之久，其人身强制程度不亚于刑事强制措施中的逮捕。逮捕等强制措施的功能在于保证刑事诉讼顺利进行[②]，留置与逮捕等强制措施的定位有较大差异，留置是改革文件所明确的一种调查手段，而非程序性保障措施，留置过程往往伴随着讯问等调查取证活动，与讯问、询问、勘验检查等同属监察调查手段，这是留置性质的特殊之处。有学者解读，设立留置这一措施是为了取代"双规""双指"，认为监察机关"职务犯罪侦查的司法衔接应当适用《刑事诉讼法》的规定；行政性留置应当准用《行政诉讼法》予以法律救济"。[③] 有学者认为"留置与逮捕有着相同的实质"[④]，也有学者认为留置是一种带有强制力效果的措施，是一种新型的国家权力。[⑤] 这些观点从学理上对留置性质进行了十分有价值的探讨。

党的十九大报告指出："制定国家监察法，依法赋予监察委员会职责权限和调查手段，用留置取代'两规'措施。"随着国家监察法的制定出台，"双规"已经退出历史舞台，故随着办案程序、手段措施等发生重大变化，传统的职务犯罪查办模式也将逐步过渡到新模式。目前，各地留置实践探索的重心主要在制度构建方面，尚未对其性质形成较一致的看法，但实践中基本上将其作为调查措施，并将其通称为"监察留置"。值得注意的是，留置属于强度较大的剥夺、限制人身自由的强制措

---

① 案件审理部门是纪委和监察机关的一个重要内部科室，其主要职责是审查给予政务处分或移送司法机关的案件，审查内容包括案件的事实、证据、定性、处理、程序、手续等，审核以集体审议的方式进行，并依法作出处理决定，报请监察机关领导审批。

② 在刑事侦查实务部门，侦查机关一般将逮捕等强制措施当作侦查手段使用，这与《刑事诉讼法》将侦查措施和刑事强制措施区分的立法精神冲突，也不符合刑事强制措施作为保障刑事诉讼顺利进行的功能定位。

③ 参见陈越峰：《监察措施的合法性研究》，载《环球法律评论》2017 年第 2 期。

④ 张建伟：《法律正当程序视野下的新监察制度》，载《环球法律评论》2017 年第 2 期。

⑤ 参见乔新生：《监察委的留置权是一项新的权力》，载《廉政瞭望(上半月)》2017 年第 1 期。

施,其性质类似于刑事强制措施。由于将其直接定位为调查手段存在一些争议,可以考虑把留置从调查手段体系中剥离,另外建立一套专门的层次化监察强制措施体系并将留置纳入其中,以实现监察调查手段和强制措施的分离。

在《监察法》正式出台前,试点地区监察机关在办理案件中已经多次采取留置措施,《监察法》第22条也对留置进行了一定的规范,基本上明确了留置的执行地点,并形成了初步的操作程序。留置的对象主要是涉嫌贪污贿赂、失职渎职等严重职务违法或职务犯罪的人,以及涉嫌行贿犯罪或者共同职务犯罪的涉案人员;留置期间一次不超过3个月,最多可延长1次,也不超过3个月;留置程序需要经过严格的审批、备案和通报才能执行;留置场所选择在公安管理的场所,包括看守所及其他公安管理的场所;留置期间的讯问要经过严格的审批、监督和管理,以确保留置对象的安全。

(二)监察留置运行中的程序流转难点

可以预见,对于那些案情较复杂的案件,如果符合适用留置的条件,监察机关可能倾向于选择适用该措施。当然,这也是试点改革积累经验的需要。监察机关为了防止留置措施的过分滥用,也会制定非常严格的审批机制,这对于防止该措施的不当适用具有十分积极的意义。但是,根据当前公开的留置案例和监察法,留置运行中也存在一些程序性障碍。

第一,缺乏强制执行手段。根据目前公开的监察改革文件和留置案例,留置措施的执行缺乏相应的强制执行手段,监察委员会并未配置法警队伍。由于调查程序与刑事侦查程序的严格区分,不能直接使用刑事司法程序中的一些强制手段,也不能直接配置手铐等警具,导致监察委员会缺乏执行留置的强制手段和措施。假如遇到被留置对象不配合等意外情况,监察机关只能求助于公安机关。所以,《监察法》第43条第3款也规定了监察机关采取留置措施,可以根据工作需要提请公安机关配合,公安机关应当依法予以协助。但是,笔者认为,还应当通过办案细则在实践中进一步明确协助的条件、方式、手续、责任以及押送方式和程序等内容,保障留置强制执行有法可依。

第二,替代措施较少。按照监察体制改革方案所确定的调查措施体系,在监察机关现有的调查措施中,留置是唯一可以长时间剥夺人身自由的调查措施,因而也成为监察办案中最重要的调查措施之一。监察机关决定采取留置措施后,可能存在留置期限届满、重大疾病等不适宜继续留置的情形,但是解除留置后却没有替代措施可用,无法保证被留置对象及时到案、配合调查和接受监督。而公安机关等刑事侦查机构可以采取逮捕、监视居住、取保候审等多种强制措施,这些刑事强制措施体系分明,强制等级层次性强,彼此可以互相补充,能够确保刑事诉讼活动顺利进行。当前,监察机关缺乏类似留置或能够替代留置的强制措施,影响了留置措施的合理适用。后续的改革与办案细则有必要进一步明确调查措施种类,建立强度层次分明的调查措施体系,增加留置适用的灵活性。

第三,与刑事强制措施的关系不明。按照监察体制改革文件公布的内容,监察调查活动不是刑事侦查或行政调查,监察案件没有经过刑事立案,仍处于刑事立案前程序。从刑事诉讼程序角度来看,这就是在普通刑事案件的侦查程序之外,创设了一个独特的职务犯罪调查程序。如果被监察对象因涉嫌职务犯罪被监察立案,同时又因涉嫌普通刑事犯罪被公安机关刑事立案,会出现同一人因涉嫌两个罪名而分别处于监察程序和刑事程序:一个人触犯了《刑法》所规定的罪名,却因为一个罪名进入了刑事程序,因为另一个罪名进入了非刑事程序,这会对传统的刑事诉讼理论和实践带来较大冲击。对此,监察法规定一般应以监察机关为主进行调查。不过,犯罪调查实践中的情况可能更为复杂,比如,公安机关先于监察机关进行刑事立案,并采取了刑拘等强制措施。如果此时以监察机关调查为主,是否需要将嫌疑人移送给监察机关?监察机关决定留置后如何结束刑拘等强制措施?涉嫌两罪的犯罪嫌疑人在监察机关调查期间是否享有刑事诉讼法规定的各项权利?公安机关的侦查活动如何继续进行?两个机关如何协调侦查、调查的节奏?案件如何移送检察院?这些问题在办案实践中都有可能遇到,需要在立法上通过办案细则的方式尽快予以明确。①

第四,提前介入可能挤占留置执行的时间。按照纪委传统的办案模式,调查部门在调查终结后,应将案件移送纪委审理部门进行审查,确定案件的处理程序和结果。如果遇到重大复杂的案件,审理部门可能会提前介入到调查程序中,对调查收集的资料等进行审查判断,并指导调查部门收集相应的证据材料。这与检察机关侦监、公诉部门提前介入自侦案件侦查的情况相类似。目前,在纪委和监察机关合署办公体制之下,监察机关调查案件的程序受到纪委传统模式的影响可能比较大。在被调查对象留置期间,审理部门也有可能提前介入,并对案件证据材料进行审

---

① 《刑事诉讼法》对检察院和公安的管辖交叉的情况有专门法律规定,并对侦查主次、强制措施采取等进行了规范。监察机关和公安在案件管辖上的冲突也有可能出现,考虑到监察程序的特殊定位,需要一定的立法技术来协调监察机关和公安管辖冲突的情形,这类管辖冲突问题则留待未来的立法加以解决。

查,检察机关甚至有可能在这个阶段提前介入。这些部门如果选择提前介入,他们进行审查的时间如果占用留置期限,可能会间接挤占留置过程中进行调查取证的时间。

四、监察程序向刑事程序过渡的流转环节

经过调查阶段,调查部门收集到与监察案件相关的证据材料,认为案件事实清楚、证据确实充分,需要追究党纪或刑事责任的,应移送案件审理部门审查。审查部门经过集体审议作出决定,并报监察机关主要负责人审批,由监察机关领导集体决定是否移送检察机关起诉。目前,监察案件移送司法程序的程序如何操作,尚在不断探索之中,有许多制度和做法仍在发展完善。对现已公布的一些监察改革文件和案例的研讨发现,监察程序向刑事程序的过渡有一些难点需要关注和研讨。

(一)案件移送标准

在调查终结后,监察案件面临两次内部审查:一次是调查部门对收集到的证据材料进行审查,如果认为案件事实清楚、证据确实充分,需要追究刑事责任的,则由部门负责人决定移送案件审理部门审核;另一次是案件审理部门审核结束,认为案件事实清楚、证据确实充分的,提交监察机关领导集体讨论决定是否移送司法程序。这两次审查的标准相同,这类似于刑事案件侦查终结、移送起诉和定罪的标准,这样的高标准可以防止把不应追究刑事责任的人移送至司法程序,保护被调查对象的名誉等合法权利,具有一定的合理性。

但是在犯罪调查阶段适用如此高的标准,也存在一定的争议。既然监察机关调查与刑事侦查性质不同,那么在案件移送标准上,使用刑事诉讼的证据标准是否合理?而且监察机关使用类似刑事诉讼的证据标准对案件进行审查,并最终有权决定是否将案件移送刑事司法程序,这从某种层次上赋予了监察机关一定司法性质的判断权,与监察机关政治机关的定性也不相符。另外,监察机关在犯罪案件调查终结后,根据对案件审查讨论的结果,可以作出移送司法、党纪处理和政务处理等不同的决定。如果对移送司法的标准设置过高,有可能造成一些证据收集不到位的犯罪案件流入党纪或政务处分程序,不利于对违法犯罪的追究。

鉴于此,监察案件移送刑事司法的标准不宜直接照搬刑事诉讼的定罪标准,应结合监察机关调查犯罪的性质及程序的特殊性,制定更合适的移送司法标准。监察机关调查犯罪是刑事立案前的程序,需要充分考虑刑事诉讼法所规定的刑事立案标准,避免出现监察机关移送标准与刑事立案标准差异过大的问题。所以,可以考虑参照刑事立案的标准,将监察案件移送司法的标准设置为高于刑事立案标准、

低于定罪标准。

（二）不移送司法程序的监督

一般情况下,监察机关调查部门在调查终结后,应当根据审理情况制作《起诉意见书》,经案件审理部门审核,报监察机关主要负责人审批后,将《起诉意见书》及时送案件监督管理部门,由案件监督管理部门协调检察机关,并将案卷材料移送检察机关办理交接手续。如果案件符合法定可以不移送的条件,监察机关有权决定不移送司法程序而转入其他程序进行处理。但是,对于不移送决定的内部控制需要进一步强化,避免自由裁量空间过大,出现应当移送而不移送的情形。具体来说,对监察机关调查犯罪终结后不移送司法机关的监督,应注意以下三个问题。

第一,明确不移送的条件。《刑事诉讼法》规定了检察机关起诉的三种类型:第一类是法定不起诉,即《刑事诉讼法》第 15 条（现为第 16 条）规定的犯罪已过追诉时效、犯罪嫌疑人或被告人死亡等 6 种情形;第二类是酌定不起诉,即《刑事诉讼法》第 142 条（现为第 177 条）所规定的犯罪情节轻微,依照刑法规定不需要判处刑罚或者免除刑罚的情形;第三类是证据不足不起诉,即证据不足属于不具备起诉条件的情形,并与补充侦查结合起来考虑。检察机关不起诉的标准对确定监察机关不移送条件有一定借鉴意义。例如,《刑事诉讼法》所规定的法定不起诉的条件的案件,在此类情况下已缺乏起诉的必要,若符合这些条件,监察案件也没有必要将监察案件移送至检察机关。但是对于酌定不起诉的法定条件,监察机关没有选择适用的权力,即使监察机关调查终结的案件符合酌定不起诉的条件,也应将案件移送检察机关,由检察机关作出最终的判断。因此,监察机关调查终结不移送司法机关的条件,可以设置为两类:一类是犯罪已过追诉时效、犯罪嫌疑人或被告人死亡等 6 种情形,此时监察案件可不移送检察机关;另一类是监察机关调查终结后仍未达到移送司法标准的,此时也不用移送检察机关,应继续进行调查工作,直到查清案件事实。①

第二,加强对不移送的监督。监察程序从程序流向来说,处于刑事立案程序之前,监察机关的移送决定直接影响犯罪能否得到依法处理,涉嫌犯罪对象能否得到法定制裁。在监察案件的立案到移送之间有一套非常复杂的运转程序,其中在多个环节可能发生程序之间的相互流转,例如,由调查犯罪程序转入违纪处理程序,

---

① 监察机关调查犯罪是否应设置一定的期限仍存在一定争议,如果监察机关调查犯罪不受任何期限限制,可能出现案件调查拖沓、效率低下、被调查对象权利保障不力的后果,因此有必要对监察机关调查犯罪进行一定的期限设置,或者是通过考核的方式对其进行制约。

监察机关作出的不移送司法决定也存在放纵犯罪的风险，需要从内外两个层面加强监督。一方面，在监察机关内部，监察机关作出不移送决定必须经领导集体讨论决定，防止个别领导滥用权力，同时应将不移送决定报上级监察机关，接受上级监察机关的监督和审查。上级监察机关审查后认为符合移送条件，通知下级监察机关移送的，下级监察机关应当将案件移送至检察机关。另一方面，监察机关的不移送决定应告知检察机关，检察机关认为需要介入审查的，有权调取案卷材料，向相关人员了解情况。检察机关认为符合移送条件的，可以建议监察机关移送司法处理，监察机关需对检察机关的建议进行明确的答复。

第三，保护被调查对象的权利。被调查对象是监察机关不移送决定的直接利益方，监察机关作出的不移送司法决定或转入违纪、政务处分程序的决定，直接影响被调查对象后续的处理结果。为了保障被调查对象的合法权利，监察机关调查终结后作出的不移送司法机关等决定，应当及时告知被调查对象，并向其解释清楚程序转换的后果，听取被调查对象的意见。被调查对象如果认为该决定不符合法律规定，可以向监察机关提出申诉，要求监察机关重新审查，由监察机关领导集体讨论，并作出维持、变更或撤销的决定。

（三）补充调查程序

监察案件移送检察机关依法起诉时，也可能出现检察机关认为证据材料等存在不足，需要补充调查或自行补充侦查的情况。因此，如何科学地设计补充调查程序是一个重要的立法议题。

一方面，须明确界定补充调查与补充侦查。监察改革文件规定监察机关调查犯罪不同于刑事侦查，因此，补充调查的形式不同于补充侦查。根据《监察法》，监察案件移送检察机关审查后，检察机关认为需要补充调查的，则退回监察机关进行补充调查，或自行补充侦查。该条规定保留了检察机关的补充侦查权，并赋予监察机关补充调查的权力。然而，监察机关只享有调查权而无侦查权，案件立案进入刑事程序后，能否简单地通过补充调查的方式退回监察机关？这等于将案件从刑事程序又退回到调查程序，两类不同性质的程序之间能否进行这种转换值得思考。另外，案件已经进入刑事司法程序，仅仅是因为实施主体不同，就使用两类性质和名称不同的程序，还需要进行学理上的深入论证。

另一方面，须细化补充调查程序的规定。《监察法》规定检察机关认为需要补充证据材料的，可以对监察机关移送的案件自行补充侦查。这等于在该阶段设计了两套程序：监察机关补充调查程序和检察机关补充侦查程序。对监察机关来说，案件退回之后,调查部门开展相应的调查取证工作可以采取调查阶段所有的法定调查措施进行调查,补充调查结束后再次移送检察机关。为了防止反复退回补充调查,应对退回补充调查的次数进行限制。《监察法》第 47 条第 3 款参照《刑事诉讼法》的规定,将退回补充调查次数上限设置为两次是适当的。另外,因为监察案件此时已经进入刑事司法程序,即使退回监察机关进行补充调查,也应当参照《刑事诉讼法》对犯罪嫌疑人权利保护的标准,对被调查对象获得律师帮助等权利进行有效保障。

自行补充侦查不仅是实现侦查活动监督的方式,也是对刑事诉讼活动进行法律监督的手段。[①] 由于历史上长期存在争议,检察机关自行补充侦查在实施中也面临着缺乏专业侦查人才、侦查能力有限、侦查经验不足等现实困难。我们探讨检察机关自行补充侦查的适用条件时,必须正确认识到检察机关的定位和办案能力:检察机关进行补充侦查也是有所为,有所不为,不能不顾现实状况限制,盲目地启动自行补充侦查。当前,检察机关缺乏办理普通刑事案件的经验,在职务犯罪侦查力量转隶后,会面临缺乏侦查人才,又缺少侦查技术支持等现况。若承担高强度的补充侦查任务有现实困难,必须对自行补充侦查的范围予以明确和限制。建议将检察机关补充侦查范围限定在监察机关对退回补充调查提出异议、监察机关退而不调、监察机关先前调查活动存在违法取证以及只需对个别证据进行调取的情况。另外,检察机关需要对现有的侦查资源进行整合,组建灵活的补充侦查组织,充分保障犯罪嫌疑人在补充侦查中获得律师帮助的合法权利。

(四)强制措施的过渡衔接

监察体制改革将监察调查程序与刑事侦查程序定义为性质不同的两类程序。这两类程序在运行过程中,应特别注意强制措施之间的过渡衔接问题。《监察法》对程序衔接进行了较宏观的规定,这与各地试点改革的具体做法较类似,但是规范仍不够精密。在留置的适用上,还需进一步完善和规范。

第一,留置时间延长的风险和控制。根据《监察法》和先前地方改革试点的情况,对于监察机关决定采取留置措施的案件,在决定移送司法程序后,检察机关正式立案前,留置措施可能处于继续执行的状态。也就是说,直到检察机关决定立案,并采取新的刑事强制措施时,留置才自动解除。在检察机关审查期间保持留置措施的存在,可以降低办案风险,却可能导致留置措施继续执行,间接延长留置期

---

① 参见刘卫刚:《必要的自行侦查有积极意义》,载《检察日报》2014 年 2 月 14 日,第 3 版。

限的后果。因此,有必要对检察机关采取刑事强制措施的时间节点进行一定的限制。检察机关需要在决定立案后,同时对是否采取强制措施作出决定,以尽快使犯罪嫌疑人在刑事程序中的合法权利得到充分保护。

第二,两类程序中强制措施的衔接。监察机关在调查犯罪过程中,可以针对被调查对象采取留置、限制出境等措施,这些措施都附属于监察程序而存在。一旦监察机关调查犯罪程序终结,并将案件移送检察机关进行审查起诉,就存在监察程序和刑事司法程序的衔接问题,此时监察机关所采取的留置等措施如何解除是一个重要的程序问题。根据《监察法》的规定,检察机关在审查后决定立案,并采取新的强制措施后,留置自动解除。那么对于监察机关在监察程序中采取的冻结、扣押等措施,是否要经过检察机关的转换,并没有明确的规定。考虑到监察程序和刑事程序的差异,检察机关审查立案后,应当对上述程序进行一定的转换,使案件利益相关方受到刑事诉讼法的充分保护。另外,对于试点地区监察机关采取留置的案件,留置时间可以折抵刑期①,这种探索具有进步意义。但是,这种做法是否对检察机关后续采取逮捕等强制措施,以及对法院适用缓刑等有所影响,仍然需要在办案实践中进一步观察。

第二节 《监察法》中的独立监察程序问题研究*

一、问题的提出

监察体制改革改变了我国基本政治架构,②创设了第四种权力——监察权,根本目标在于高效反腐、维护政府廉洁性。为进一步保障权力运行、推进反腐工作,立法者通过《监察法》将监察权细化为3项职能——监督、调查和处置。但是"徒权不足以自行",明确、详细的程序性规则是权力有效运转的关键。如果高位阶的权力、丰富的权能缺乏程序的指引和约束,既在正向上难以发挥效果,也在反向上容易发生问题。因此,关于监察程序的研究迫在眉睫,而这也正是实践中的欠缺点

---

① 山西省夏县人民法院在(2017)晋0828刑初字45号刑事判决书中明确判决执行以前先行留置或羁押的,留置或羁押1日折抵刑期1日。这是3个试点地区首次在司法上明确了留置可以折抵刑期,对于保障犯罪嫌疑人的合法权利具有非常积极的意义,也对以后的全国试点具有指导作用。

* 作者:叶青、程衍。本节原发表于《法学论坛》2019年第1期。

② 由"一府两院"到"一府一委两院"。参见沈岿:《论宪制改革实现的授权主体——以监察体制改革试点为分析样本》,载《当代法学》2017年第4期。

和理论上的争议点。关于监察程序的定位与选择即是理论争点之一,目前主要表现在调查权属性的二分以及程序规则的区别适用上。

转隶之后,原由不同机关分别负责的政务违法违纪调查和职务犯罪侦查,现统归监察委。其优点在于整合了反腐败资源,解决了同体监督困境,同时避免了相关调查的重复与拖延。但在实践中,这种做法却可能导致程序混同的问题。程序性规则具有指引和规范权力的功能,不同性质之权力应由不同程序区别性调整。违法违纪调查与职务犯罪调查实为不同性质之权力:前者带有行政属性,是对组织机构内部违规不当行为的调查,所引发之后果最严厉不过开除党籍或开除公职;后者则带有刑事属性,是对公职人员职务犯罪行为的侦查,被调查者往往面临剥夺财产甚至自由的刑罚。行政调查与刑事侦查在对象和后果方面的显著差异,决定了二者在调查手段、审批程序、证据采纳以及证明标准等方面的不同,因此应当分别由"行政性程序规则"和刑事诉讼法调整。但监察体制改革将二者合并于监察调查权,使违法违纪调查程序和职务犯罪侦查程序统归于《监察法》调整。不同性质之权力由单一规则调整,混淆了二者的性质差异。程序的混同会降低职务犯罪侦查的程序性标准,同时不当提高对违法违纪调查的程序性要求。就这一问题学者们提出,针对监察调查权的二元属性应实现程序分离,推动调查权的双轨制运行。具体说来,应当在监察机关内部设立不同的部门分别负责违法违纪调查和职务犯罪调查。在程序方面,违法违纪调查主要依据《监察法》及其他党纪、政纪相关规定,而职务犯罪调查应当受《刑事诉讼法》的约束。①

对于上述问题,笔者认为:在监察体制改革的大背景下,监察调查应整体统一于监察属性,不宜作性质区分并分归于不同程序调整;否则便割裂了监察权,违背了制度设计初衷,对于改革目标的实现以及监察制度的进一步发展都将起到负面作用。构建独立监察程序更加符合改革的需求,也更有利于改革目标的实现。事实上,《监察法》既承载着独立监察程序之改革理念,又包含着独立监察程序之基本框架。本节将对《监察法》进行法教义学分析,描述独立监察程序之内容并论证其正当性基础与完善路径。

---

① 参见陈瑞华:《论监察委员会的调查权》,载《中国人民大学学报》2018年第4期;龙宗智:《监察体制改革中的职务犯罪调查程序完善》,载《政治与法律》2018年第1期;谭世贵:《监察体制改革中的留置措施:由来、性质及完善》,载《甘肃社会科学》2018年第2期;汪海燕:《监察制度与〈刑事诉讼法〉的衔接》,载《政法论坛》2017年第6期;郑曦:《监察委员会的权力二元属性及其协调》,载《暨南学报(哲学社会科学版)》2017年第11期;冯俊伟:《国家监察体制改革中的程序分离与衔接》,载《法律科学(西北政法大学学报)》2017年第6期。

二、《监察法》中的监察程序

《监察法》依照监察进程设计了阶段式监察程序，在充分考量改革背景和目标的前提下，给予监察权详细指引和规范。《监察法》第36条规定："监察机关应当严格按照程序开展工作，建立问题线索处置、调查、审理各部门相互协调、相互制约的工作机制。"因此依据立法者设计，监察机关内部应由不同部门分别负责线索处置、调查和审理职能。相应地，监察程序亦包括线索处置、调查和审理阶段。

（一）线索处置阶段

线索处置类似于过去检察机关自侦案件立案前的初查程序，其主要任务是通过一系列调查性活动，对线索进行核实，以确定监察对象是否涉嫌职务违法犯罪、是否需要立案并转入正式调查程序。这个程序在实践中成为绝大多数案件的立案"前置程序"。①经法条分析可知，线索处置阶段包括三项具体内容：线索获取、线索审查判断以及线索处置。

第一，关于线索获取。《监察法》第35条规定："监察机关对于报案或者举报，应当接受并按照有关规定处理。"《〈中华人民共和国监察法〉释义》（以下简称《监察法释义》就该内容进行细化，②规定由信访部门归口受理公职人员涉嫌违法犯罪的信访举报，统一接收下一级监察机关和派驻机构报送的信访举报。除此之外，《监察法》"监察程序"一章未再涉及线索获取相关内容。仅就该条文而言，监察机关获取线索的途径是被动接受报案或举报，似有"不告不理"之属性。但如对全法进行系统性分析，监察机构应当具有主动搜集线索之权力，而主动获取之线索同样可成为启动调查程序的正当理由。《监察法》第11条规定，监察委员会拥有监督职责，具体表现为对公职人员开展廉政教育，对其依法履职、秉公用权、廉洁从政从业以及道德操守情况进行监督检查。此检查手段作为事前监督，是发现问题之前的提前介入，可作为监察机构主动搜集线索的合法性依据。《监察法》第12、13条规定，各级监察委员会可向相关部门派驻或派出监察机构、监察专员，负责监督、调查和处置。派驻人员能够在相关机构日常运转中及时、有效地发现违法、违纪线索，是搜集相关信息的最主要力量。因此在线索获取方面，监察机构拥有双向渠道：自行搜集和接受举报。但这种以监督为名义的线索搜集行为，其性质确定和规制方法都需要进一步研究，否则可能导致权力的滥用。

---

① 叶青：《监察机构调查犯罪程序的流转与衔接》，载《华东政法大学学报》2018年第3期。

② 参见中共中央纪律检查委员会、中华人民共和国监察委员会法规室编写：《〈中华人民共和国监察法〉释义》，中国方正出版社2018年版，第五章"监察程序"。

第二,关于线索审查判断。依据《监察法释义》的规定,信访部门接受相关线索并分类摘要后移送案件监督管理部门,并由其实施线索管理职能。管理职能包括多项内容,①其中最重要的即将问题线索移送承办部门,由承办部门完成线索的审查判断。线索审查判断采取两阶段递进模式。前阶段——初步筛选。承办部门审查判断以下两项内容。首先,线索的真实性。排除诬告、陷害或由于客观原因而传递错误信息的可能。其次,线索的现实可查性。相关线索虽然具有真实的可能性,但是由于时机、现有条件、涉案人一时难以找到等种种原因,可能并不具备展开调查的现实基础。经过初步筛选,真实且现实可查的线索则进入后一阶段——初步核实程序。

初步核实程序的主要任务在于进一步核实线索所反映的问题是否存在、是否需要立案调查或者直接给予监察对象以结果性处置。初步核实程序直接关涉相关人员的权利。首先,在结果方面,初步核实是决定立案并启动调查程序的前提。核查组在初步核实程序中搜集的证据作为调查程序的工作基础,将直接影最终的实体性结果。除此之外,承办部门可不经调查程序而仅根据初步核实报告,对相关人员作出谈话提醒这一类似实体性处置的结果。其次,在手段方面,核查组可采用调取个人有关事项报告,查阅复制文件、账目,进行鉴定勘验等手段,甚至经过审批可以实施技术调查。这都将对相关人员权利造成极大影响。基于权利关涉性,《监察法释义》为初步核实程序的启动设置了严格的标准:程序启动需经相关负责人审批并成立核查组,核查组不得少于两人;承办部门应就核实事项制定初步核实方案并经部门负责人和监察机关分管负责人审批后予以实施。

第三,关于线索的处置。经过初步核实,核查组应向承办部门提交初步核实情况报告,列明被核查人基本情况、反映的主要问题、办理依据及初步核实结果、存在的疑点、处理建议等内容。承办部门则根据核实报告或者经过初步筛选分析(针对没有启动初步核实的线索),分类提出处置意见。线索处置结果包括立案审查、予以了结、谈话提醒、暂存待查或者移送有关机关处理等。需要说明的是,只有经过初步核实程序,监察机关才能作出立案审查和移送有关机关处理的决定。如果监察机关认为线索不真实或者不具备现实可查性,可不经过初步核实程序直接作出予以了结或暂存待查的决定。

---

① 管理职能主要包括信息动态更新、定期汇总核对、全程监控,按程序移送承办部门并进行综合协调和监督管理。

（二）调查阶段

经过初步核实，线索反映对象涉嫌职务违法犯罪，需要追究法律责任的，监察机关应对其进行调查以收集证据、查明案件事实。依据《监察法》的规定，调查阶段包括三项内容：立案、调查方案设计和调查方案实施。

第一，立案。立案是调查程序的开端，需具备相应条件并经过严格审批程序。在条件方面，应有职务违法犯罪的事实并且需要追究相关人员的法律责任。在程序方面，调查立案与刑事立案有着显著差异。首先，多层级审批制度。依据《监察法》与《监察法释义》的规定，监察机关从线索获取到决定立案总共要经历 7 次审批程序。[①] 这一方面体现了立法者对于监察立案的审慎态度，也从另一方面反映了监察机关内部的领导体制。但是，值得反思的是，如此烦琐的审批程序是否有利于案件的及时查明，抑或立法者另有价值偏重。其次，外部审批制度。《监察法》第 39 条规定，监察机关应当按照规定的权限和程序办理立案手续。《监察法释义》就该条进行了解释，"规定的权限和程序"是指由承办部门起草立案审查呈批报告，经纪检监察机关主要负责人审批后，报同级党委（党组）主要负责人批准。如此便确立了监察立案的外部审批制度。综观《刑事诉讼法》及相关司法解释，未有在司法系统外部进行审批的规定，刑事诉讼程序也保持了其司法属性。而监察立案的党委（党组）审批，实为系统外审批，标志着监察程序的特殊属性。

第二，调查方案设计。《监察法》第 39 条第 2 款规定："监察机关主要负责人依法批准立案后，应当主持召开专题会议，研究确定调查方案，决定需要采取的调查措施。"调查方案的内容主要包括应当查明的问题和线索，调查步骤、方法，调查过程中需要采取的措施，预计完成任务的时间，应当注意的事项，等等。调查方案设计实为调查阶段最重要之环节，其为随后开展的调查行为设定了框架。依据《监察法》第 42 条的规定，调查人员应严格遵照执行而不得逾越方案框架。调查方案决定了调查行为内容与方向，是决定调查效果的关键。

第三，调查方案实施。《监察法》第四章、第五章就调查行为的具体实施作出了明确规定，包括调查措施的种类、调查人员采取调查措施的程序性规则、调查行

---

① 分别是：第一，信访部门收集报案、举报线索后分类摘要移送案件监督部门的审批；第二，案件监督部门将线索分配具体承办部门后，承办部门经过初步筛选而作出的处理意见审批程序；第三，启动初步核实程序的审批程序；第四，核查组提出初步核实情况报告的审批程序；第五，承办部门依据初步核实情况报告作出分类处理建议的审批程序；第六，承办部门起草立案审查呈批报告，纪检监察机关主要负责人审批；第七，承办部门起草立案审查呈批报告，再报同级党委（党组）负责审批。

为目标与禁止性规定等。该部分内容实为对《刑事诉讼法》的吸收和转化,但在具体程序设计方面则趋于严格。例如,录音录像制度在刑事诉讼中仅适用于讯问过程,并且具有可选择性,仅在无期徒刑、死刑案件中才是必须适用。相比之下,《监察法》第41条规定,全程录音录像不仅适用于讯问,而且扩大适用于搜查、查封、扣押等重要取证工作,且为调查人员应当履行之职责。①

就具体内容分析,《监察法》的调查程序设计体现了权利克减理念。所谓权利克减是指为了实现更重要或更紧急之目标,而不得以限制或约束相对人之应有权利。《监察法》的监察程序设计中贯彻了权力克减原则。首先,体现在监察程序的律师禁入规定。为了实现职务违法犯罪行为的高效查处,提升腐败治理能力,被调查人的律师帮助权遭受克减。这也是监察程序区别于司法程序的最主要特征之一。其次,留置措施作为类似于逮捕的人身强制手段,其监察机关内部审批程序,也是对被调查对象自由权保障的克减。最后,留置的通知。逮捕和留置后通知家属,是知情权的具体要求。《刑事诉讼法》规定,除无法通知外,应于逮捕后24小时内通知家属。《监察法》为留置后的通知增加了限制条件:如有毁灭、伪造证据等有碍调查的情形则不需通知。此为家属知情权之克减。② 当然,这里必须指出的是,权力克减原则的贯彻需要符合比例原则,否则会有侵权不公正之虞。③

(三)审理阶段

审理程序旨在指引和规范监察机关处置职能,是监察程序不可或缺之一环。但《监察法》"监察程序"一章并未就此作出详细规定,仅对处置结果予以分类明确。《监察法释义》在一定程度上完善了审理程序,规定由案件审理部门成立2人以上的审理组,全面审理审查调查部门移送的案卷材料,在集体审议的基础上,提出审理意见,确保案件事实清楚、证据确凿、定性准确、处理恰当、程序合法、手续完备。但上述规定仍显单薄,关键性内容的缺失使其难以起到有效的指引和约束作用。例如,审理的形式是书面或是言词,被调查对象能否参与审理过程;不同的审理结果有程序性和实体性之分,是否应当采用不同的证明标准;是否适用公开原则;等等。因此,可以说,《监察法》中的审理程序并不完整,仍需进一步完善。

---

① 参见魏晓娜:《职务犯罪调查与刑事诉讼法的适用》,载《中国人民大学学报》2018年第4期。

② 权力克减原则的贯彻需符合比例原则,而《监察法》对于权力克减原则的贯彻是否符合比例原则,并不属于本文讨论的范围。

③ 参见程衍、魏昌东:《权利克减原则在〈监察法〉中的体现》,载《社会科学报》2018年9月13日,第3版。

三、监察程序之独立性

监察体制改革实现了国家监督权的重新配置,将政府的监察厅(局)、预防腐败局及人民检察院查处贪污贿赂、失职渎职以及预防职务犯罪等部门的相关职能整合至监察委员会。如以局部视角单独看待监察委各项职能,不免受改革前思维定势之影响而将其分别划归不同属性。但笔者认为,既然监察体制改革创建了并列于行政、司法的监察权,那么对于监察程序的认知也应当以整体性视角看待。事实上,《监察法》为监察权之运行设计的专门监察程序,区别于行政、刑事司法程序,有着独立程序的属性。监察程序的独立性具有内、外两个方面。外部独立性体现为组织体制的独立性和运行机制的封闭性。内部独立性表现为程序设计的特殊性。

(一)监察程序的外部独立性

监察委员会作为监察程序的执行者,在组织体制方面具有独立性。首先,在外部层面,监察委员会是人民代表大会之下,与政府、法院、检察院并列的国家机关,不受行政、司法机关领导。其次,在内部层面,监察机关内部亦有着完整的机构设置,能够独立、有效地行使各监察职能。监察机关组织体制的独立性,保证其在履行职权时的独立地位,是监察程序独立性的前提。

在运行机制方面,监察程序具有封闭性。依据《监察法》的规定,监察程序的启动、中止或终结,无论是采取负责人审批模式还是集体讨论决定模式,均在监察机关内部完成,其他国家机关无权介入。《监察法》创设了完整的调查措施体系和详细的内部运作程序,排除了外部司法审查,由监察机关独立实施。运行机制的封闭性设计,使监察程序不受外部程序影响,是程序独立性的重要保障。

(二)监察程序的内部独立性

《监察法》设计了完整的监察程序框架,在价值和内容方面都独具特色。其区别于行政、刑事程序的特点,是监察程序独立性的最直接表现。

1. 监察程序的政治性

程序作为权力运行之规则,具有双向价值:一是约束权力避免滥用,二是引导权力促进功能发挥。因此,程序之性质,很大程度上取决于其所规范权力之属性。监察权实为监督性权力,对所有行使公权力人员进行监督、调查和处理。[①] 权力间的监督、制约可由法律规制,但也始终不能摆脱政治因素的考量。改革决策者明确

---

① 参见李洪雷:《论我国监察机关的名与实》,载《当代法学》2018 年第 1 期。

指出,监察委员会是政治机关。

首先,线索处置的政治性因素。线索处置是监察程序的开端,是决定启动调查程序和处置结果的关键。然而,《监察法》并没有就线索处置的标准予以明确,仅在第 37 条规定按照有关规定处理。《监察法释义》对第 37 条予以解释,明确了线索审查判断的内容,包括线索反应问题的真实性以及追责的必要性。除此之外,第 37 条特别规定:“在处置具体问题线索时,要提高政治站位,把握‘树木’与‘森林’的关系,不能只分析具体的线索和案件,只见‘树木’、不见‘森林’。”这为线索处置的考量内容增加了政治性因素。在线索处置结果方面,《监察法释义》规定了谈话函询、初步核实、暂存待查、予以了结 4 种。暂存待查实为案件承办部门在对时机、条件等因素考量过后,作出的搁置线索的处置方式,而对其时机和条件的把握,可从政治角度予以解读。综合上述内容,对于真实、可查的线索,可能因为政治性因素而被搁置,此与刑事诉讼程序有着明显差异。刑事诉讼中,只有予以立案、不予立案两种结果。而且,侦查机关的考量因素是犯罪事实与刑事责任,此两项内容可由法律予以明确描述。因此刑事诉讼的发生、侦查程序的启动在法律控制范围之内,具有法定性。相较之下,调查程序的启动却不能完全由法律规制。

其次,多层级审批程序与领导意志。如前文所述,监察机关从获取线索到最终决定立案调查,共需经过 7 道审批程序,每次审批均由监察机关相关负责人作出。如此制度设计表明了立法者对于调查程序启动的审慎态度。依据《监察法释义》,监察正确性包括法律上的正确性(包括事实认定与法律适用)和政治上的正确性。法律上的正确性最有效的实现途径即是司法审查,但监察程序的相对封闭性排除了司法机关的介入。①《监察法释义》明确表示:“监察机关调查的对象大都是公职人员,特别是一些重大案件,涉及一定层级的领导干部,社会影响大,如果稍有不慎出现偏差,不仅会给调查工作带来困难,还会产生不良的政治影响。”但如此的制度设计却极大增加了调查程序的不确定性。审慎的制度设计是必要的,但同时如何贯彻好效率原则并消除领导个人意志对办案的过度影响,也是不可忽略的问题。

最后,外部审批程序。刑事诉讼中存在外部审批的程序设置,即检察机关对侦

① 在法律正确性方面监察程序缺失了司法审查的外部保障模式。为弥补这一缺陷,《监察法》设计了集体决策原则,以保障监察事项的法律正确性。后文将有论述。

查机关提请逮捕和起诉的审查。但此处所谓的“外部审批”仍然停留在司法系统内部,并没有脱离法律属性。而相比之下,监察程序的立案审查具有真正的外部性。《监察法释义》就立案程序予以明确,其中要求立案审查报告应报同级党委(党组)主要负责人批准。调查立案是承上启下之环节,是监察权行使的核心内容。立案与否,决定了在前之监察监督职责能否具体转化为处置结果,决定了在后之处置审理程序是否能够开启。地方党委审批立案申请,实则把握了监察程序的最关键环节。同级党委(党组)与监察机关分属不同系统,具有根本的差异性。

2. 监察程序的集体决策原则

不同于检察院的检察长负责制,也不同于法院的主审法官责任制,监察机关在具体业务办理中遵循集体决策原则。集体决策具体表现为监察事项的集体领导、讨论和负责。《监察法》第 38 条规定:“需要采取初步核实方式处置问题线索的,监察机关应当依法履行审批程序,成立核查组。初步核实工作结束后,核查组应当撰写初步核实情况报告,提出处理建议。”《监察法》第 39 条第 2 款规定:“监察机关主要负责人依法批准立案后,应当主持召开专题会议,研究确定调查方案,决定需要采取的调查措施。”《监察法》第 42 条规定,对调查过程中的重要事项,应当集体研究;第 43 条规定,监察机关采取留置措施,应当由监察机关领导人员集体研究决定;第 31 条和第 32 条规定了从宽处罚建议的集体研究。集体决策原则体现了立法者对于监察程序运行的谨慎态度,有利于防止个人决策的主观片面性,提高办案质量,提高监督能力。

前文论及监察程序的多层级领导审批设计看似与本部分集体决策原则有所冲突,但事实上,这两种制度并存于《监察法》,分别适用于不同事项,发挥不同功能。领导审批特别是党委负责人审批,主要就案件的政治属性予以考量,判断监察事务的政治正确性。而集体决策则由相关办案组织就案件的事实和法律问题进行研究、讨论,作出初步核实报告、制定调查方案、提出从宽处理建议等,判断监察事务的法律正确性。因此,监察程序具有双轨模式:在政治方面采用领导审批,而在事实与法律层面适用集体决策原则。

3. 内部监督的独立性设计

监察机关具有地位高和权力厚重的特点,对公职人员的监督实现了全覆盖。愈是位高权重者愈须以监督制约,对监察权的监督必不可少。监察程序的封闭性设计否定了外部司法监督,但《监察法》创建了双重内部监督程序。第一,分工负责式的业务监督。《监察法》第 36 条第 1 款规定:“监察机关应当严格按照程序开展工作,建立问题线索处置、调查、审理各部门相互协调、相互制约的工作机制。”实践中,由案件监督管理部门、调查部门和审理部门分别负责线索处置、立案调查和案件审理。三部门在业务上前后链接,形成了相互审查的监督模式。第二,专门监督。《监察法》第36条第2款规定,应设立相应工作部门负责监督管理工作。实践中,由案件监督管理部门专门负责对各部门监察职能履行情况的监督,监督手段包括监督检查、跟踪研判等。此外,各业务部门还需将工作进展情况主动报送案件监督管理部门,便于其监督和汇总分析。程序的封闭性以及机关内部的双重监督,亦是监察程序的主要特点。

四、独立监察程序之价值蕴含与完善构想

(一)独立监察程序之价值蕴含

1.程序划分的另类标准

政府就不法行为的查处包括行政和刑事两种属性,对其依据被查处行为的法律定性予以划分。《警察法》就警察职责的分类即遵循了上述标准:对违反治安管理或者其他公安行政管理法律、法规的个人或者组织,依法可以实施行政强制措施;而对犯罪行为则应依照《刑事诉讼法》进行侦查。[①] 政府查处行为属性不同,遵循的程序性规则应当有所差异。究其原因,普通违法与犯罪将招致不同程度之惩罚,而刑罚的严厉程度必然要求更加严格的程序和更广泛的权利保障。有学者提出将监察调查权二分为刑事和行政属性,并以《刑事诉讼法》和相关行政性法律予以分别规制,即是遵循了上述标准,其目的是防止程序混同,以限制监察权,充分保障被调查人权利。

以不法行为的法律性质(普通违法或犯罪)划分程序规则(行政查处程序或刑事侦查程序),是现下政府查处行为程序划分的唯一标准,其在以下方面存在缺陷。首先,针对性不足。犯罪本就是及其宽泛的概念,《刑法》规定了469项(现为483项)罪名,10大种类犯罪,每种类型犯罪都各具特点,在具体侦办过程中的难点和侧重点也都有所差异。例如,对于毒品类犯罪,犯罪嫌疑人“明知”要件的证明存在困难,因此办案人员需要重点关注口供的获取,甚至可采用推定。[②] 而《刑事诉讼法》将所有罪名的侦查限定在统一的程序性规则之下,忽略了犯罪行为的差异性和侦查手段的特殊性。其次,在违法和犯罪的临界范围查处程序区别适用的

---

① 参见《警察法》第二章。

② 参见褚福民:《证明困难的解决模式——以毒品犯罪明知为例的分析》,载《当代法学》2010年第2期。

合理性不足。例如，对于盗窃行为，因为数额的差异，法律定性可能完全不同。但就事实属性而言，盗窃数额3000元与2900元并没有截然差异。① 因此，将政府查处行为分属行政和刑事程序，其实践合理性值得商榷。

依据不法行为的法律定性区分查处程序仅是程序划分标准之一。换角度思考，以被调查行为的事实属性（行为主体、侵犯客体、行为样态等）为标准进行程序划分，则更有利于发现事实和查处不法行为。《监察法》独立监察程序打破了政府查处程序的刑事、行政二分的现状，针对职务违法这一事实行为属性，构建了监察调查程序，建立了政府查处行为的事实划分模式。在独立的监察程序框架下，立法者可依据职务违法行为的特点和调查行为的需要设计程序，将更有利于事实发现和改革目标的实现。

需要注意的是，在调查程序的事实划分模式下，会产生法律划分论者所批判的程序混同问题，即行政调查与刑事调查程序混同。这可能导致刑事调查的标准降低或行政调查的标准提升，有碍权力的有效指引与约束。② 但笔者认为，上述问题可以通过监察调查程序的梯度化构建予以解决。在刑事领域，轻微犯罪与重罪的差异同样明显，刑事诉讼程序并没有等而视之，而是依据犯罪行为的严重程度设计了梯度性的侦查手段。例如，逮捕措施仅适用于最危险的罪犯，对于轻微犯罪可以采用取保候审。因此，就监察程序而言，应进一步推动调查程序的梯度化发展，实现职务违法行为的差异性调查。

2. 监察权能的融合

监察体制改革将行政监察、预防腐败和检察机关查处贪污贿赂、失职渎职以及预防职务犯罪等工作力量一并整合至监察委员会，在形式上解决了监督力量分散的问题。但是，机构合并仅是手段，创设统一、独立的监察权，真正发挥高效监督职能才是目标。独立监察程序之构建有利于各监察权能之融合，将之前分属于不同部门的监督职能统一于监察属性，并以统一的监察程序予以规制。而在监察权内部划分不同属性并以不同程序规制，与改革目标背道而驰。党纪调查、政纪调查与刑事侦查的内部划分，将在内部割裂监察权。各监督机关虽然形式上被整合于监察委，但仍需要实质上的权能融合，以统一监察权实现高效反腐的改革目标。如果仍以不同的属性区别看待，将导致监察机关名不副实。内部机构依不同程序各行

---

① 一些地区将盗窃罪的起刑点设为3000元。

② 陈瑞华：《论监察委员会的调查权》，载《中国人民大学学报》2018年第4期。

其是，独立的监察权难以形成，反腐力量无法在实质上实现整合。因此，构建独立、统一的调查程序，实现调查程序一体化，是监察制度长久发展的必由之路。

3. 权力与程序的属性衔接

监察体制改革背景下，监察权是在人民代表大会之下与立法、行政、司法并列的第四种权利。虽然在具体职能设计上，监察权具有行政和司法的某些特征，但从本质上监察权并不能归入行政或司法权，而是拥有独立的权力属性。[①]《监察法》第1条开宗明义地表明了立法目的，其中最主要的两项是深入开展反腐败工作以及对公职人员的监督。本质上讲，监督是手段而反腐败是目标。因此，从权力内容上分析，监察权实为监督权，以加强对公职人员的监督，最终实现公权力的“廉能和善治”。[②] 为实现对权力的有效指引与规范，监察程序的设计应当符合监察权的监督属性。独立监察程序意味着程序内容的开放性，可针对监察权的监督属性实现专门化设计。而在内部分解监察权，将调查行为划归到行政或刑事程序，实则忽略了监察权的监督属性，限制了监察程序的发展，必将导致权力与程序在属性上的分离。

（二）监察程序之完善路径

《监察法》创建了独立监察程序，排除了《刑事诉讼法》等程序性规则的适用。但法律仅为监察程序构建了框架，细节性内容的缺失使其难以发挥指引和规范权力的功能。在监察体制改革背景下，政府监督性权力完成了由“内”到“外”的转变。改革之前，党内纪律监督或政府行政监察，是组织或系统内部的自我纠察，具有内部性特点。对于内部性权力，其运行规则可由组织或系统内部酌情制定。改革之后，国家监察权形成，监察委员会对公职人员实现全覆盖式监督，是监督权的外部行使模式。监察权的国家性和外部性要求权力运行规则的完整性、公开性以及程序性。此外，监察权作为国家“第四种权利”，其有效运转关乎公权力廉洁性的维护和惩治腐败正确性的保障，对国家、社会的发展至关重要。因此，制定专门的“监察程序法”，详细规定监察权运行规则，是独立监察程序背景下急需完成之立法任务。依据《监察法》，监察机关拥有监督、调查和处置三项职能，“监察程序法”也应当涵盖这三部分内容。

---

① 参见秦前红、李雷：《监察体制改革的宪法学思考》，载《江苏行政学院学报》2017年第3期。

② 参见魏昌东：《国家监察委员会改革方案之辨正：属性、职能与职责定位》，载《法学》2017年第3期。

1. 监督程序

监督是监察委员会的首要职责。《监察法》是国家监督领域的基本法,[1]但现下《监察法》监察程序框架缺失了监督程序这一重要内容。《监察法释义》虽明确了监督方法包括列席或者召集会议、听取工作汇报、实施检查或者调阅、审查文件和资料等,但具体如何进行,并未有明确的程序规则。而这也将导致监察监督权的不履行或滥履行。

监督包括事前监督、事中监督和事后监督。监察体制下,事后监督体现为职务违法犯罪行为的调查和处置。《监察法》所明确的监察委员会监督职责实为事前监督。事前监督是通过一定的监督手段,避免违法、违纪行为的发生,具有防患未然的价值。在《监察法》框架下,事前监督包括两种模式,即威慑性监督和制度性监督。威慑性监督是通过监察机关震慑实现公职人员不敢腐的目标。《监察法》中,监察机构、监察人员的派驻或派出,即发挥了威慑性监督的功能。此外,《监察法释义》中列举的监督方法多属于威慑性监督。威慑性监督具有一定的权利干涉性。例如,监察谈话在程序性规则缺失的情况下很可能演变为羁押性讯问。再如,资料、文件的审查可能成为不当获取政治或商业秘密的手段。因此,相关程序的完善至关重要。随着改革的深化,立法者应当明确列举监督手段,并就各监督手段制定实施细则,实现监察监督权的程序性规制。

制度性监督是通过完善制度设计,实现公职人员不能腐的目标。监察建议即发挥着制度性监督的价值。监察委就廉政建设和履行职责问题提出整改意见,实则是要求相关单位改革和完善内部制度设计,形成预防腐败的长效机制。制度性监督具有人权无涉的特点,因此在程序设计方面可相对宽松。但应明确监察建议的回应机制,即对象机关的申诉程序、整改措施、整改不力的后果等,以保障制度性监督的刚性。

2. 调查程序

监察调查直接关涉被调查人权利,与刑事侦查具有同质属性。《监察法》"监察程序"一章主要规定了调查程序。但与《刑事诉讼法》相比,调查程序之设计内容泛化,难以有效规制调查权。有学者建议恢复《刑事诉讼法》在监察调查中的适用。也多因于此,"监察程序法"的制定应参照《刑事诉讼法》,细化和完善调查程序,并在以下方面重点关注。

---

① 参见姜明安:《国家监察法立法的若干问题探讨》,载《法学杂志》2017 年第 3 期。

首先,证据获取手段的统一规制。依据《监察法》,监察机关获取证据有 3 种途径:主动搜集线索;被动获取线索后的初步核实;监察调查。前两项发生于监察立案之前的线索处置阶段,如此便导致了取证规则的混乱。《监察法》中的“监察程序”主要就调查程序进行了规制,包括调查手段、审批程序、运行程序以及禁止性规定等。但是,对于立案前线索处置阶段的证据搜集行为,《监察法》并未明确程序性规则。这将导致“程序借用”的后果,即监察机关为规避程序约束而将重点取证行为放到线索处置阶段,待主要证据获取完毕再予以立案。如此,调查程序规则即形同虚设。完善调查程序应首先完成对取证行为的统一规制。具体说来,可限制监察机关在立案前的证据搜集行为,为其设置明确的程序性规则。或者,在监察程序内统一证据标准,并设置证据审查环节,由专门部门负责所有证据的审核,不合标准之证据将不得移送检察机关,也不得作为内部处置的依据。

其次,梯度性强制措施体系的构建。独立监察程度将违法、违纪和职务犯罪调查统一纳入调整范围。而针对不同性质、不同程度的被调查行为,《监察法》应具备差异性的程序设置,以实现区别对待。《监察法》仅规定留置这一比逮捕更为严厉的强制性措施。无法实现区别性调查,这本身即是程序不公。因此,监察程序的完善应参照《刑事诉讼法》,构建梯度性的监察强制措施体系,在完善调查手段的同时实现保障人权的目标。

最后,调查程序法律性之维护。尽管依据《监察法》的规定,监察权具有政治性权力的属性,但“监察程序法”应当保有程序性规则的基本属性。程序的本质在于控权,程序性规则应是详细和明确的。但在《监察法》框架下,监察程序的运转在多个结点由负责人进行政治性审批,这极大地增加了程序的不可预知性。如果程序的启动和运转不能依据客观明确的标准予以规范,那么程序的价值即损失殆尽。《刑法》明确了罪刑法定原则,《刑事诉讼法》在程序上确保有罪之人得到应有的惩罚,而监察程序的政治属性打破了这一规则,政治性考量使惩罚犯罪的标准变的模糊,在职务违法、犯罪领域法律失去了统治,这使监察程序不再单纯为了查明和惩罚犯罪。随着改革的不断深入,应逐步削减调查程序的政治属性,还原其法律性本质。具体来说,应减少程序中负责人审批的环节,并且明确程序启动、中止和终止的客观标准,恢复法律对调查程序的控制。

3. 审理程序

立法者并没有构建完整的审理程序:《监察法释义》仅规定了审判组织构成——2 人以上的审理组。但案件审理是监察程序的最后防线,将决定处置结果。

因此,程序性规则必不可少。《监察法》明确了处置结果可划分为实体性和程序性。对违法、违纪的公职人员所作出的批评教育、责令检查、撤职、开除等处分,即属于实体性处置结果。而程序性处置结果则是移送人民检察院。

实体性结果直接关乎监察对象的实体性权力。因此,审理程序应当符合现代审判原理。调查人员、被调查对象和审理组构成控辩审的三角形结构,并以直接言词的形式完成审理。相比之下,程序性结果并不涉及实体性权力的处置,且有后续刑事诉讼程序予以确认,可由审理组以书面审的方式完成。

五、结语

学者们提出适用《刑事诉讼法》的呼吁,多是为在承认独立监察程序的前提下推动立法,实现监察程序的改造与完善,更有利于目标的实现。

第三节　职务犯罪双轨调查体系构造及改革展望*

监察委员会(以下简称监委)创立之后,职务犯罪调查体制被分割为两部分:一部分是监委主导的职务犯罪监察调查程序,另一部分是检察院主导的职务犯罪检察侦查程序。这两类程序具有双轨并行的特征。双轨体系有利于集中反腐资源,兼顾检察机关的法律监督优势,具有一定的合理性。

双轨调查体系运行已有两年,程序磨合期伴生的问题引起关注。一是双轨程序运行体系内部差异引发的质疑。双轨体系针对的都是刑法规制的职务犯罪,但被调查对象在不同程序中的地位和待遇存在差别。比如,监察调查程序在聘请律师提供法律帮助、认罪认罚程序适用、案件退回补充调查、不起诉及国家赔偿等方面均与职务犯罪侦查程序有差异,引发"同罪不同命"的质疑。二是职务犯罪调查分割为双轨体系后,其内部建构未臻完善,如检察机关的侦查体制如何重组的问题尚未解决。进一步整合双轨的反腐资源仍是当前反腐败建设的重点任务之一。在后续的改革中,应统筹协调监察立法与其他相关立法或修法的进程,减少双轨调查体系内部的矛盾冲突,消除双轨程序运行的阻碍,发挥双轨调查的反腐合力。

一、职务犯罪双轨调查体系的形成

(一)现行体系的来源:党纪调查和刑事侦查单轨衔接体系

中共中央纪律检查委员会(以下简称纪委)为调查党员干部违纪违法的主要

---

* 作者:叶青、王小光。本节原发表于《探索与争鸣》2019 年第 11 期。

机关,扮演反腐败重要角色。改革开放之后,为了应对日益严重的官员腐败问题,检察院组建了自成体系的职务犯罪侦查部门,并得到立法授权成为专门的职务犯罪侦查机关,“纪委和检察机关实际成了我国反腐败体系的两大支柱”。①

这两大支柱在国家反腐败体系中的有着不同的任务分工。党纪调查的对象是共产党员,调查性质属于党内纪律调查活动,调查结束只能对党员干部做出党内警告等党纪处分。在党管干部原则指导之下,纪委对党员干部的党纪调查成为政务处分、移送司法的先行阶段。比较典型的例子是省管厅局级干部涉嫌违纪、职务违法或职务犯罪,多数情况下由省纪委对厅局级干部先行党纪立案,之后再将涉嫌犯罪案件移送检察院立案侦查。党纪调查和检察侦查存在单轨先后承接的关系。

这种单轨衔接体系是一种工作体系或惯例,并未上升到立法规范层面,在实践中暴露出许多问题。首先,纪委和检察院在反腐败实践中建立起联合办案机制。联合办案突破程序边界,实质上打破了两机关业务管辖分工,模糊了两类调查程序的界限。其次,程序分割影响调查效率。党员违纪和职务违法、职务犯罪具有一定的并发性,若一个对象同时涉嫌职务方面的违纪、违法和犯罪,要先后经历党纪调查和刑事侦查两个阶段,既延长了调查工作进度,又存在调查资源分散和重复调查的问题。最后,纪委调查犯罪的合法性受质疑。纪委调查的案件范围在理论上应限于党员违纪行为,但纪委实际上却承担起调查职务犯罪的核心工作。纪委“双规”措施可以长时间限制人身自由,不符合《立法法》规定的限制人身自由的措施由国家基本法律规范的要求,引起外界对党纪调查合法性以及纪委“党内公检法”身份的批评。②单轨衔接运行中存在的问题是推动监察改革的原因之一。

(二)现行体系的结构:监察调查和刑事侦查双轨并行

监察改革充分吸收了纪委和检察院的反腐工作经验,监察调查在程序设计、组织架构、领导指挥体制等层面基本参照党纪调查程序,同时吸收了职务犯罪侦查的技术、方法、措施、法律文书制作等内容。相对而言,检察院职务犯罪侦查与传统自侦模式相比变化不大,仍包括刑事立案、侦查、移送审查起诉等基本阶段。

其一,监察调查内部多类程序一体运行。监察改革建立起监委和纪委合署办公模式。准确解读监委和监察调查程序,必须立足于纪委和监委名为两个机关,实为一个主体的“二位一体”基本制度设计。单从制度规范层面看,纪委和监委分属

---

① 杨秋波:《纪委和检察机关反腐败协作制度研究》,载《中国政法大学学报》2014年第3期。

② 参见李红勃:《迈向监察委员会:权力监督中国模式的法治化转型》,载《法学评论》2017年第3期。

不同权力体系，纪委是中共党内调查机关，监委是国家监察机关，两者主导的“党纪”和“监察”两类调查在调查对象、调查措施、调查性质等方面均有差异。从实际运行情况看，党纪调查和监察调查两类程序同步运行，纪法程序一体运行是普遍情况。

纪法程序一体运行以党纪、监察“双立案、一并查”的形式出现。单独立案是指具有党员身份的公职人员仅涉嫌违反党纪，或者非党员身份的公职人员涉嫌职务违法或职务犯罪，分别由纪委或监委单独立案。双立案是指具有党员身份的公职人员涉嫌违反党纪、职务违法或职务犯罪，分别以纪委、监委名义同时立案，一次立案制作两类立案文书，调查人员理论上可同时使用党纪调查措施和监察调查措施，调查人员在实践中一般直接借用监察措施来来完成党纪调查取证工作，监察案件的证据材料可直接用于党纪处分程序。由于《中国共产党纪律处分条例》将党员违法和犯罪作为纪律处分依据之一，所以对那些具有党员身份的公职人员来说，有党纪立案未必一定要监察立案，但有监察立案必然要进行党纪立案。至于两类立案的先后顺序，原则上要求两类立案同步进行。

其二，职务犯罪检察侦查体系重组。2018 年修改的《刑事诉讼法》明确检察院可以立案侦查在诉讼监督中发现的司法人员利用职权实施的非法拘禁等犯罪；最高人民检察院出台了《关于人民检察院立案侦查司法工作人员相关职务犯罪案件若干问题的规定》，进一步明确检察院可以管辖的具体犯罪类型。检察院保留的侦查权被称形象地称作“新自侦权”。[①] 从权力性质看，检察院的新自侦权仍属于刑事侦查权范畴，受到《刑事诉讼法》的规制。从侦查部门设置的情况来看，全国各地检察院并未新设或重建专门的侦查部门，而是指定原来的监所检察部门承担职务犯罪侦查职责。职务犯罪侦查权交由监所检察部门行使符合其传统职能定位。最高人民检察院在 2008 年通过的《人民检察院看守所检察办法》《人民检察院监狱检察办法》明确规定监所部门有权对刑罚执行和监管活动中发生的职务犯罪案件进行侦查。监所部门其实是检察院内部拥有侦查权的一个内设部门，只是监所部门多年以来很少办案，监所侦查权一直未得到外界广泛关注。因此，最高人民检察院此次将检察院的新自侦权交由监所部门行使，符合监所部门诉讼监督和侦查职务犯罪的传统定位。

(三)现行双轨体系的发展成因

首先，集中反腐败资源的现实需求。在监察改革启动之前，反腐败体制长期存

---

① 李奋飞：《检察机关的“新”自侦权研究》，载《中国刑事法杂志》2019 年第 1 期。

在主体多元、力量分散,职能重叠、工作重复、地方领导为主等问题。针对这些问题,研究者也提出过多种应对方案,如建立独立的反腐败机关统一行使犯罪调查权,或者强化检察院的职务犯罪侦查力量等。① 最终,中央改革领导层选择了一个折中方案,即一方面组建监委作为独立反腐败机关,在人、财、物等方面给予重点支持,将监委打造为权威高效的反腐败机关;另一方面又适当保留了检察机关的职务犯罪侦查权,给予检察机关查处司法人员职务犯罪的权力。这既满足了集中反腐败资源的改革需求,又能发挥检察机关法律监督的传统优势,有利于提升整个反腐败体系的实施效果。

其次,保持职务犯罪调查体系的完整性。立法为检察院保留了针对司法人员职务犯罪的侦查权,主要考虑到检察院在诉讼监督和侦查领域的专业优势。一方面,检察院的监所检察等部门在诉讼监督领域具有靠前监督的优势,这些部门的业务工作就是监督诉讼活动。在法律职业专业化水平不断提高的背景之下,诉讼活动的专业性、精细化分工不断加深,检察院在诉讼监督领域发现线索和调查取证相对监委来说更具优势。另一方面,检察院作为长期承担职务犯罪侦查职能的专门机关,在多年的侦查实践中形成了自己的传统优势:检察干警的法律素养较高,对案件定性和证据分析的把关较准,检察信息化建设积累了一定的技术资源,检察院在某种程度上仍然具备调查职务犯罪的能力。所以,立法为检察院保留部分侦查权可以充分发挥检察专业优势,补充监察调查的短板,保证整个职务犯罪调查体系结构完整和高效运行。

最后,效率导向的客观制约。双轨体系的一个典型特征是监察调查中存在多类程序混合运行的现象,表现为党纪调查程序和监察调查程序一体运行。此种设置引发了学术界的争论,多数研究者认为,应将监察调查中的职务违法调查和职务犯罪调查进行区分。例如,有学者认为,应将针对违反党纪和行政法规的一般调查和针对刑事犯罪的特殊调查进行区分;②有学者进一步指出,应当在程序主体、程序事项、调查措施方面实现违纪违法调查和职务犯罪调查的分离。③ 其他持相似观点的学者也主张要区分一般违法和职务犯罪的调查处置程序。④ 可见,当前学

---

① 参见何家弘:《论反腐败机构之整合》,载《中国高校社会科学》2017 年第 1 期。

② 参见陈光中:《关于我国监察体制改革的几点看法》,载《环球法律评论》2017 年第 2 期。

③ 参见冯俊伟:《国家监察体制改革中的程序分离与衔接》,载《法律科学(西北政法大学学报)》2017 年第 6 期。

④ 参见龙宗智:《监察与司法协调衔接的法规范分析》,载《政治与法律》2018 年第 1 期。

术界主流观点所认可的是监察调查二分论，论证逻辑是我国传统刑事法中的一般违法与刑事犯罪的二元区分。

在这种一般违法和刑事犯罪的二分思维基础上，有学者借鉴公安机关在内部分设治安和刑事部门，建议在监委内部进行类似的设置，设立两种类型的部门分别负责调查违纪违法和职务犯罪案件。[①] 这些观点契合了我国传统的刑事法理论。但是，受到纪委和监委合署办公和提高办案效率方面的影响，二分法在监察办案实践中很难操作。在我国特殊的党员干部处分体系之中，公职人员的一个职务犯罪行为同时面临党纪、政务或移送司法处理等不同处分程序。如果一定要对监委的调查程序进行严格区分，在内部分设违纪、违法和犯罪调查部门，会造成针对一个行为的党纪调查、违法调查和犯罪调查重复进行。这种分工需要庞大的人力资源支持，既在办案实践中难以实现，也不符合纪委、监委合署一体的基本结构设定。考虑到上述这些客观制约因素，监察调查内部多类程序一体运行是较为可行的现实选择。

二、双轨调查体系的内部结构性问题

现行双轨调查体系形成时间尚短，在结构内容中有欠缺、矛盾和差异等问题。这些问题可能会伴随改革深入而逐步化解，但仍有进行前期研究的必要。

（一）程序内容的欠缺

由于检察院侦查职务犯罪时可能侵犯公民合法权益，甚至出现错案，检察侦查的错案追究和国家赔偿已建立起完整法律体系。同理，监察权运行也存在侵犯被调查对象人权的风险。监委有权使用12类调查措施，这些调查措施行使不当可能侵害公民个人的人身自由、生命健康和财产权益。《监察法》第67条明确监委侵权应承担国家赔偿责任，却未制定可参照执行的实施细则，《国家赔偿法》也未修订以作回应。由于现行的国家赔偿体系只包括行政赔偿和刑事赔偿两个部分，而监察调查具有特殊的性质定位，无法直接纳入现行的国家赔偿体系之中。有权利必有救济，监察对象的合法权益受损却无可操作的“赔偿方案”进行修补，监察侵权实质游离于国家赔偿体系之外，监察对象的人权保障存在重大缺失。不仅监察赔偿尚无可执行的实施规则，监委办案的错案责任追究也无健全制度。虽然《监察法》规定监委工作人员违法办案应承担法律责任，相应的办案领导也应承担领导责任，但是错案责任如何落地、如何建立可行的追责机制，仍未有成型的制度

① 参见陈瑞华：《论监察委员会的调查权》，载《中国人民大学学报》2018年第4期。

规定。

（二）程序设计的内容差异

监委和检察院管辖的犯罪本质上都是职务犯罪，这些犯罪在刑法中并无地位等级之分。监察调查与刑事侦查在强度、手段措施、方法上相似，在办案运行模式上并无明显差异。然而，现行监察程序设计与侦查程序有显著不同，对这种差异存在不同意见。

其一，调查人员涉嫌违法的处置不同。刑法专门规定司法人员在调查犯罪时实施刑讯逼供、暴力取证等行为构成犯罪，亦即司法实践中常见的刑讯逼供罪、暴力取证罪。按照《刑法》相关解释，检察侦查人员属于司法人员。但是，根据中央纪委对监察人员地位的界定，监察人员身兼纪检人员身份，监察调查不是刑事侦查，监察人员无法直接划入司法人员范围。

其二，被调查对象的人权保障差异。在检察侦查程序中，律师能够有限介入并为犯罪嫌疑人提供法律帮助。但在监察调查程序中，《监察法》通篇未出现“律师”2 字，未给律师介入留下法律空间。关于律师能否介入监察调查程序，实务机关多持反对意见。理由有四：一是律师的法律价值、意义不具有普适性，监察程序不是刑事程序，律师不必然引入监察程序；二是监察案件调查涉及官员隐私、线索性信息，律师介入损及犯罪调查秘行原则；三是职务犯罪调查高度依赖口供，律师介入会妨碍正常调查工作，造成被调查对象翻供等不利后果；四是监察调查包括党纪、政务和犯罪 3 项内容，刑事法理论倡导犯罪嫌疑人可以获得律师法律帮助，但从未主张给违反党纪、政务规定的人提供帮助，而监察调查无法分清党纪、政务和犯罪的具体调查阶段，律师介入存在制度障碍。

相较之下，刑事程序改革在近 10 年有较大突破，律师在刑事诉讼中发挥作用的空间得以扩展，已经延伸至侦查阶段，律师可以在侦查阶段为犯罪嫌疑人提供法律咨询、申请变更强制措施等帮助。涉嫌职务犯罪的对象分别进入监察调查或检察侦查程序，监察对象无法得到律师帮助，侦查对象却可以得到律师帮助，对监察对象而言有所不公。

其三，相同的程序事项，不同的程序设置。在双轨并行体系之中，监察调查程序和检察侦查程序均直接对接审查起诉程序，在对接过程中存在程序设计差异。这种差异主要体现在认罪认罚程序、补充侦查和补充核实程序、不起诉决定的复议规定之中。这 3 个程序事项的设置意义基本相同，但在监察调查和刑事侦查中却有不同的程序内容。例如，监察案件适用认罪认罚的条件不同于刑事侦查案件，造成监察案件移送刑事司法程序之后，司法机关和监察机关在认罪认罚适用标准上的冲突。又如，监察案件退回补充核实程序存在两类分流：检察院自行补充侦查或退回监委补充核实。犯罪嫌疑人在补充侦查程序可享有刑事诉讼法规定的权利，而在监委的补充核实程序中却无法享有这些权利。再如，监察案件移送检察院审查起诉，检察院作出不起诉决定，监察可向上级检察院提起复议，而检察院侦查的职务犯罪案件不起诉并无此规定，这变相制约了检察院对监察案件作出不起诉决定。

（三）重要程序事项只有单方规定

监委调查涉及监委与检察、公安、金融、国安等系统协作，这也需要监委与其他机关共同协商、联合发布规范性文件来解决合作中的问题。当前，在一些涉及监察程序衔接的重要程序事项上，多是由其他机关单方出台规范文件。例如，针对监察调查和检察侦查的管辖竞合问题，最高人民检察院在《关于人民检察院立案侦查司法工作人员相关职务犯罪案件若干问题的规定》对两机关共同管辖犯罪的案件线索的移送和互涉案件的处理进行了规范，要求检察院和监委共同协商解决案件管辖竞合问题。然而，监委至今未对该问题作出回应，也未出台相应文件对管辖竞合案件如何处置进行规范。此外，监委内部自行制定了大量内部规范性文件，这些规范性文件涉及其他机关的配合等义务。单方制定文件将法律义务施加于其他国家机关，并不符合惯行的制定出台规范性文件的做法。随着监察改革持续深入，监委在获得相应的立法权限之后，加快与其他国家机关建立联合制定规范性文件和释法机制，成为深化监察体制改革的重要任务之一。

（四）双轨调查体系内部分工有待均衡

监委在改革中实现了反腐资源的集聚，且获得《监察法》赋予的强大调查权，又有纪委、监委合署办公模式的支持，监察办案的效果和力度均有很大突破。中央纪委统计的全国办案数据显示，监察体制改革后反腐案件数量有大幅增加。相比之下，检察院面临的情况较复杂。一方面，检察院管辖的范围缩小。相对监委管辖职务犯罪的罪名超过 100 个，检察院只能管辖法律规定的 14 类犯罪，且监委也有权管辖这 14 类犯罪，检察院的职务犯罪管辖具有一定的补充性质。另一方面，检察院的组织、职权和人才储备在此次改革中受影响较大，职权和人员的剥离对检察工作确实产生了一定的影响。虽然改革为检察院保留了部分侦查权，但是检察院普遍缺乏独立办案的能力。主要原因包括：侦查人才转隶到监委，新培养专业人才耗时较长，也缺乏培养的条件；实践中绝大多数检察管辖的案件中存在受贿问题，这类案件可由监委进行全案管辖,检察院即使发现了案件线索也很难进行管辖,除非监委主动把线索交给检察院查办;检察院的侦查手段不能适应办案需求。

三、双轨调查体系的改革思考

当前的双轨调查体系内部存在分工不平衡、程序设置差异较大等问题。解决这些问题不是简单地设定一个比例或标准,将双轨改造为符合这个比例或标准就能实现。在双轨调查不平衡的常态之下,既需要在制度层面缩小双轨程序在设置方面的差异矛盾,也需要在技术性层面挖掘双轨调查的资源潜力。

(一)监察法律体系的完整建构

监察法律体系的内容十分广泛,不仅限于冠以"监察"二字的法律文件,其他涉及监察工作的法律规定也属于监察法律体系的一部分。目前来看,监察法律体系仍显粗疏,公布于众的《监察法》内容十分概括,各地监委办案主要依据自行制定的地方性规定进行办案,全国性监察办案细则正在制定中,监委内部的规范性建设逐步走向正轨。在此大背景之下,尚需进一步加强立法的协同性和公开性。

首先,加强《监察法》与其他法律规定修订的协同性。双轨调查体系内部程序的巨大差异,很大程度源自立法层面的不完善,尤其是监察法律体系尚未完全成型,监察相关立法仍滞后于办案实践,监察立法和刑事立法的步调也未完全做到协调一致。这也需要加强监察立法与刑事法等法律修订的协同性,重点完成以下几项内容的立法进程。其一,监察赔偿法律规范。我国实行国家赔偿统一立法模式,即在《国家赔偿法》中统一规定行政赔偿、刑事赔偿等赔偿内容。为确保国家赔偿法律体系的完整性,不宜由监委自行制定赔偿程序。将监察赔偿纳入国家赔偿法律体系之中,通过修订《国家赔偿法》对监察赔偿进行规范,具有较强的可行性。其二,监察调查违法入刑。监察调查人员违法暴力取证,侵害公民合法权益,不能豁免于刑事法处罚。由于《刑法》中对刑讯逼供、暴力取证等违法取证主体范围界定滞后于监察改革,可通过修订《刑法》明确将刑讯逼供罪、暴力取证罪的主体扩展至司法人员之外的人群,将监察人员纳入其中,如此也可加强对监察调查的法律监督。其三,法律术语的统一解释。《监察法》及相关管辖文件规定监委调查职务犯罪的对象是公职人员,而《刑法》等刑事法常用"国家工作人员""国家机关工作人员"等称谓。法律术语差异会带来法律适用的争议和障碍,有必要对这类术语进行统一的说明解释,便于一线办案人员掌握使用。

其次,监委与其他机关联合发布规范性文件。前文提及监察改革中一直存在单行立法,并在单行立法中对其他机关的职责予以设定的问题。如此做法,等同于一个国家机关强行对其他国家机关设定法律义务。两机关缺乏沟通协调,可能造成相关规定难以得到其他机关的认可,法律规定的执行力大打折扣。鉴于此,在后续的监察体制改革之中,有必要继续强化监委、检察、法院、公安等机关之间的沟通机制,通过监委与其他机关联合发布规范性文件的形式,对监察法律适用问题进行统一解释。如此,既可扩大单方规定的效力范围,又可更好解决各机关在适用法律中的认识冲突和矛盾。

最后,监察法律文件的适度公开。2019 年 10 月 26 日第十三届全国人民代表大会常务委员会第十四次会议通过《全国人民代表大会常务委员会关于国家监察委员会制定监察法规的决定》,正式赋予国家监委制定监察法规的权限,监委正式获得制定国家法规的“立法权”。因此,国家监委此后制定的监察工作法律文件,应升格为监察法规,按照法律法规公开的相关规定,有必要以合适的方式向社会公开。

（二）双轨程序差异的处理

双轨调查程序的内容差异客观存在,主要源自先前立法的不同设计。换一个角度而言,并非程序设计完全一致就能解决犯罪调查中存在的问题。但是,程序差异造成被调查对象权利保障和法律待遇差异是否妥当就值得深思。不管程序内容如何设计,程序背后那些符合法治原则的价值观应得到充分尊重。

对于监察调查和检察侦查的程序差异,不能以两类程序各自的优劣否定对方,两类程序其实各有其优劣之处。例如,被调查对象在侦查程序中可获得律师帮助,但侦查机关往往以各种方法阻碍被调查对象获得律师帮助,职务犯罪嫌疑人实际上很难获得律师实质帮助。律师在侦查阶段能发挥的作用有限,律师介入侦查程序仍是未完成的改革。

监察调查、检察侦查都应吸收符合法治进步原则的制度体系。同样以律师为例,关于律师在法治社会的价值及作用毋庸赘言。从逻辑上来看,律师作为具体法律制度不是必然适用于监察程序,但律师制度背后所体现的保护人权和监督公权力的价值却适用于监察程序。争论的焦点不是律师这个具体角色或制度,而是其背后得到普遍认可的价值是否具有普适性,监察改革也未否认保护人权和监督公权力的价值追求。在没有可替代律师角色及功能的制度前提之下,律师的参与价值仍应得到认可。监察调查体系广泛借鉴吸收了党纪调查、刑事侦查等制度体系的内容,其本身是一个开放的体系,在后续改革中仍需兼容并蓄其他部门法中有价值的理念和制度,如此才能保持其制度生命力和活力。

从保障被调查对象获得平等法律待遇的角度出发,适当缩小双轨程序之间的差异,具有一定的现实必要性。双轨程序中某些差异过大的设计造成了被调查对象的差别待遇。例如,监察案件认罪认罚的条件不同于检察侦查案件。两类案件同属于职务犯罪范畴,只是因为进入不同的调查程序,就存在差别处理的待遇,这明显不符合法律原理和社会常识。此外,检察院对监察案件作出的不起诉决定,监委可以提起复议程序,这等于赋予监委以制约检察权的特殊权力,给予监察案件以特殊待遇。此类程序设计差异并无合理的理由支撑,有必要在后续修法中缩小差异内容。

(三)整合双轨调查体系合力

监察调查在两年多来的运行实效有目共睹,监察办案的人员配备和权力保障十分有力。未来如何发挥检察侦查的作用,是整合双轨调查合力的重中之重。

首先,准确定位检察院的自侦权。以当前检察院的人力现状、自侦权定位和管辖设置,检察院没有必要同监委竞争案件资源,检察自侦工作不可能恢复至转隶前的状态,强化自侦权并非首要目标。重新定位检察侦查权,应再次回归检察机关作为法律监督机关的根本定位,建立"监督为主业、侦查为辅助"的检察工作格局,将自侦作为检察监督的有力后盾,处理好监督和侦查之间的关系,通过检察监督发现案件线索,在自侦办案中强化监督效果。

其次,建立侦查一体化办案机制。检察机关一直在探索侦查一体化工作模式,包括上下级和同级检察院之间的一体化合作。这种工作模式可以有效调动检察系统的侦查资源,形成针对个案的侦查办案合力。当前检察院普遍缺乏侦查专业人才,办案部门的人员配备数量少,以一体化办案方式聚合各院分散的办案力量,可以有效弥补现有侦查力量的不足。

最后,建立检察和监察的办案协作机制。由于监委和检察院的案件管辖范围存在重合,监委的管辖范围覆盖检察院的管辖范围,检察侦查必然无法绕开检察、监察的对接协调。两机关在确定个案管辖权、线索移交、办案协助等方面存在密切合作的空间。许多地方的监委和检察院建立了联席会议制度,并联合制定了关于线索移交、案件移送、调查合作的内部文件,未来两机关在办案中的信息互通、人员抽调和资源支持等领域仍有深入合作的空间。但是,两机关的合作不能混淆各自分工职责。某些地方检察院遇到独立办案能力不足的问题就倾向于借助监察留置措施来协助调查案件,甚至先由监委立案留置,等案件突破后交由检察院进行刑事立案侦查。这实际上是对过去检察院和纪委互相借用调查措施经验的继承,并不符合立法对两机关分工的规定。

四、结语

监察体制改革创立了新型职务犯罪监察调查程序，该程序在性质、内容等方面与传统职务犯罪侦查程序存在较大差异。这种差异既源于改革设计者的制度理念，又与纪委、监委合署办公的特殊模式有一定关系。监察调查程序与党纪调查程序保持基本一致，自然与传统刑事侦查程序存在较大差别。在监察调查程序和检察侦查程序并立的基本前提下，职务犯罪调查被分割为监察、检察两个体系，其中，监察体系负责绝大多数职务犯罪调查职责，在资源配置、权力保障等方面相较检察体系而具有较大优势，双轨体系实则为不平衡的双轨。

两类体系分立也存在内部结构性问题。比如，程序设计差异过大造成调查对象进入两类程序后的法律待遇有较大区别。刑事法学者一直关注侦查阶段犯罪嫌疑人权利保障问题，此关注点也转移至监察程序中的人权保障问题。监察调查虽有特殊定位，但不能违背基本的法治原则。反腐的需要并不能成为过度限制人权的理由，刑事法中符合法治进步原则的人权保障、监督公权力等基本原则同样适用于监察程序。当前，研究者高度关注监察调查中的人权保障问题，以及如何制约扩张中的监察权。但在监察调查获得官方特殊定位的背景下，如何进一步阐述刑事法中的价值理念可适用于监察调查，以及结合刑事法、监察法等学科理论对监察调查进行综合解读，仍是未完成的任务。此外，检察侦查权虽得以保留，但仍面临如何在新型反腐体制内进行合理定位、如何有效行使检察侦查权的问题，这也需要在检察实践探索中进一步予以明确。

第四节　监察委员会案件管辖模式研究*

一、引言

2016年11月，中共中央部署在北京、山西、浙江三地试点监察体制改革，三地最先组建了省、市、县（区）三级监察委，并先后查办了一系列引起全国关注的职务违法及犯罪案件。早在试点之初，三地监察委在如何设计办案程序和调查模式层面进行了积极探索，其中一项成果就是开创监察委案件管辖模式。彼时的监察管

* 作者：叶青、王小光。本节原发表于《北方法学》2019年第4期。

辖模式可谓多样而复杂,例如浙江部分地区监察委广泛参照纪委传统上的党纪管辖模式,又引入部分刑事诉讼管辖模式的内容,创立以干部管理权限为标准的分级管辖模式,该模式也被后续监察立法所吸收和借鉴。试点之初的监察案件管辖有诸多便宜主义的做法。例如,某些地方性大学的领导干部职级为正处级,人事管理权限在省教育厅,按照分级管辖模式应由省教育厅和大学所在地区监察委协商,并以地区监察委管辖为主。但是,考虑到办案效率和留置措施审批方便,地区监察委可能会将该类案件指定给下一级监察委管辖。这种做法在《监察法》出台之后逐步减少。[①] 2018 年 3 月 26 日《监察法》正式颁布之后,监察案件管辖的雏形在国家立法层面得以确立,《监察法》所确立的案件管辖模式重申了以干部管理权限为标准这个基本原则,由于党和国家对干部管理实行分级管理方式,即不同层级的党委组织人事部门管理不同职级的干部,至此,可以明确监察管辖实行的分级管辖模式。除此之外,《监察法》对各地监察委在案件调查中的地域分工、变更管辖层级、派驻纪检组管辖等进行了规定。以《监察法》第 11 ~ 17 条和《国家监察委员会管辖规定(试行)》关于监察管辖的相关规定为分析基础,结合纪委内部关于干部管理权限、分级管辖、派驻纪检组设置等文件内容,笔者将监察管辖概括为以干部管理权限为标准,兼顾地域和行业分工的分级管辖模式。需明确的是,本节的监察管辖模式所针对的是监察案件应由哪一级、哪一区域的监察委予以立案调查,即立案层面的分工和权限组合模式。该管辖模式虽已构建起基本框架,唯因监察委系统之外的研究者对其运作知之甚少,也未有研究对该模式形成的来龙去脉予以梳理,对该模式中存在的关联案件管辖、交叉管辖等难题尚需进一步探讨解决之道,这对未来进一步完善监察管辖制度,乃至整个监察调查程序来说较有研究价值。

二、监察管辖模式的基本内容

管辖是启动案件处理程序的基础,监察权、侦查权和审判权等公权力均需通过管辖来获得运行的合法性。监察管辖模式是划定监察权运行范围、在监察委内部配置监察权的一种方案,所要解决的问题是监察委对哪些案件可以启动调查程序,具体由何级、何地的监察机关来负责案件调查工作。

---

① 根据中央纪委国家监委关于监察委派出机构管辖权的相关规定,派驻纪检监察组有权管辖职务违法和职务犯罪案件,相比改革试点之初派驻纪检监察组只能管辖职务违法来说,派驻纪检监察组的管辖权亦在扩张。此后,中央直属机关系统内部公职人员的职务违法和犯罪的管辖将由本单位纪检组和地方监察委协商确定。

(一)监察委案件管辖范围

《监察法》第16条第1款规定各级监察机关按照管理权限管辖本辖区内本法第15条规定的人员所涉监察事项。该规定明确以属人来确定监察委的管辖范围，监察委监督和调查的对象是特定的国家工作人员，通过监督和调查国家工作人员所涉监察事项实现对国家机关的监督，立法采取以“特定人员+特定事项”的方式来确定监察管辖的范围。

关于监察管辖对象的身份如何确定，《监察法》第15条规定了六类监察对象，《国家监察委员会管辖规定(试行)》对这六类监察对象进行了补充性规定。其是确定监察委案件管辖范围的落脚点，监察委管辖的只能是这六类对象所实施的违反法律法规的行为。《监察法》中使用了“公职人员”这个称谓来概括上述六类监察对象，具体包括：公务员及参公管理人员，包括中国共产党的各级机关①、人大及其常委会、政府、检察院、法院、民主党派机关及工商业联合会机关中的公务员；法律、法规授权或者受国家机关依法委托管理公共事务的组织中从事公务的人员(这些组织是享有管理公共事务职权的事业单位，包括银行、证券、会计等行业协会组织)；国有企业管理人员，包括国有独资企业、国有控股企业及其分支机构中的领导班子成员，以及负有管理国有资产职责的企业中层和基层领导，以及在特殊岗位上从事监管国有资产职责的普通职工；公办的教育、科研、文化、医疗卫生、体育等单位中从事管理的人员，包括这些单位的领导班子成员和管理岗六级以上的中层、基层领导，以及在监管国有资产的重要岗位上工作的国家工作人员；基层群众性自治组织中从事管理的人员，包括基层居委会、村委会的主任、副主任、委员，以及其他受委托从事管理的人员；其他在特定场合中获得了行使公权力的机会，依法履行公务的人员，如人大代表、政协委员、党代会代表、人民陪审员、人民监督员、仲裁员等等，以及其他在国有机关、企事业单位及组织中从事领导、组织、管理、监督工作的人员。

确定了监察管辖对象的人员身份类型之后，还需结合这些对象的具体行为来界定管辖范围。监察管辖的特殊之处在于，其所指向的案件既有职务违法案件，又

---

① 根据中共中央2017年印发的《中国共产党工作机关条例(试行)》，党的工作机关是党实施政治、思想和组织领导的政治机关，具体包括党内工作部门和直属事业单位。以中共中央的机关设置为例，党中央内设机构包括纪律检查委员会、办公厅、组织部、宣传部、中共中央统战部、政法委、政策研究室、台湾工作办公室、机构编制委员会办公室等机构，直属事业单位包括中央党校、中央编译局、人民日报社等机构，此外中央还可以设立某些承担专门职能的工作委员会。

包括职务犯罪案件。这两类案件适用《监察法》所设计的同一套调查程序,也适用同样的案件管辖制度。监察体制改革推进两年多以来,职务违法及犯罪案件的范围呈现出一些新的内容和形式。

一是职务违法案件范围。传统意义上,监察机关针对职务违法的调查称作政纪调查。政纪概念是特定历史条件下的产物,通常被理解为政府纪律或者行政纪律,主要是对国家工作人员或者政府工作人员的纪律要求。"政纪"一词最早出现在1943年《陕甘宁边区政纪总则草案》,在新中国成立之后得到广泛应用。随着党的十五大以来依法治国战略加快推进,政纪的内容逐步以法律、法规的形式固定下来,比如针对公务员、检察官、法官等都有专门的立法规范。目前,脱离于党纪、国法之外的政纪已经不复存在,已经没有政纪这个"中间地带","政纪"一词不宜继续使用。[①] 2018年4月,中共中央纪委、国家监察委员会印发《公职人员政务处分暂行规定》,该规定第3条明确了职务违法处分依据是《监察法》以及针对公务员、法官、检察官、事业编制人员、农村干部等制定的单行管理法规。至此,可以明确职务违法是公职人员所实施的违反各项人事管理、惩戒处分相关法规的行为。

二是职务犯罪案件范围。监察改革重置了职务犯罪调查体系,一方面,缩减了检察院管辖案件范围;另一方面,在检察院传统的职务犯罪管辖范围基础上,进一步扩充了监察委所管辖的职务犯罪案件范围。《国家监察委员会暂行规定(试行)》对监察委管辖职务犯罪案件进行了列举式规定,具体包括七类:贪污贿赂犯罪案件,具体包括贪污罪、受贿罪、挪用公款罪等罪名;滥用职权犯罪案件,包括滥用职权罪、国有公司、企业、事业单位人员滥用职权罪等罪名;玩忽职守犯罪,包括玩忽职守罪,国有公司、企业、事业单位人员玩忽职守罪;徇私舞弊犯罪,包括徇私舞弊低价折股、出售国有资产罪等;公务人员在行使公权力过程中发生的重大责任事故犯罪,包括重大责任事故罪、消防责任事故罪等;公务人员在行使公权力过程中发生的其他犯罪,包括破坏选举罪、背信损害上市公司利益罪等;公务人员在行使公权力过程中违反职务廉洁规定进行的权力寻租,为谋取政治经济等方面利益进行的利益输送,或者违反科学决策、民主决策、依法决策程序,违反财经制度,浪费国家资财构成犯罪的,参照相应罪名等处理。该管辖规定公布之后,有研究者按

---

① 参见《党章修正案为什么把国法政纪修改为国家法律法规?》,载中央纪委监察部网,http://www.ccdi.gov.cn/special/zmsjd/zm19da_zm19da/201803/t20180309_165849.html。

照上述标准统计,认为这些规定涉及 88 个罪名。①

(二)监察委内部的管辖权配置

监察委案件管辖范围的划定将监察委、检察院、纪委等机关的职能管辖界限予以区分。监察委内部管辖权配置是在此基础上进行的管辖二次确权,所要解决的问题是不同层级、不同地域的监察委在个案管辖中的分工。

首先,确定管辖主体的主线是干部管理权限。《监察法》第 16 条规定监察委按照干部管理权限对监察案件实行分级管辖。此设定类似于纪委执纪监督中的分级负责制。所谓分级负责制,是指中央及各级纪委的管辖级别根据干部管理权限来确定,即各级纪委只负责监督调查本级党委管理的干部,②并以干部管理层级分工的方式来分清上下级之间的管辖权限。《监察法》第 16 条中使用的“管理权限”主要是指党和国家的干部管理权限。根据我国实行的“党管干部”的原则,③各级国家公务人员的管理权限由各级党委(党组)及其组织(人事)部门掌握,不同级别的党委及组织部门管理不同级别的公务人员。中共中央办公厅在 2019 年 3 月印发了《公务员职务与职级并行规定》,该规定从领导职务和职级序列两个层面来规范公务员管理体制。领导职务可以分为国家级、省部级、厅局级、县处级、乡镇科级等五级,每一级又可分为正副职。上述五级通常简称为“国、部(省)、司(局)、处、科”,这五级公务人员分别由不同级别的党委及组织部门管理。职级序列则包括巡视员、调研员、主任科员、科员四个序列,每个序列内部又设置了不同等级。监察管辖的分级负责是以领导职务的五级为标准来确立的,具体而言,各级监察委按以下标准来确定管辖权限:

一是国家监察委员会管理中央管理的公务人员职务违法及犯罪行为,以及具有全国影响的其他重大职务违法和犯罪案件。中央管理的公务人员,即所谓的中管干部,这类干部是在中央组织部门备案,其职务任免权在中共中央,中央组织部门在其任命上具有建议权。一般中管干部均为副部级领导以上。

---

① 《国家监察委员会暂行规定(试行)》公布之后,许多微信公众号以及研究者直接将该规定中的罪名进行统计,得出监察委管辖罪名为 88 个的结论,但由于该规定使用的罪名概述可以对应《刑法》中非常多的罪名,且监察委还可以行使并案管辖权,实际上监察委所能实际管辖的罪名超过 88 个。

② 所谓本级党委管理的干部,主要是一个对特定干部统称,党员干部管理主要由中国共产党组织部门负责,并没有国家立法对这些干部级别管理方式进行明确。

③ 党管干部是指党直接负责各级各类领导干部的培养、选拔、任用、监督以及考核测评等项工作。党管的干部既涵盖党政领导干部,也包括国家权力机关、司法机关、国有企事业单位的党员领导干部。参见李景治:《坚持党管干部原则与人大制度的改革创新》,载《学习论坛》2016 年第 3 期。

二是省监察委员会管理省级组织部门管理的公务人员职务违法及犯罪行为。省级组织部门管理公务人员又称省管干部,是指人事关系由省委组织部备案管理,并由省组织部门推荐、任命的干部。这类干部一般为司(局)级,如地市级的书记、市长,省直机关正副职领导,高校院校书记、校长等。

三是地市监察委管辖地市级组织部门管理的公务人员职务违法及犯罪行为。地市级组织部门管理的公务人员一般称作市管干部,其组织关系在地市级组织部备案,由地市级组织部推荐和任命,一般为县处级领导干部。常见的县处级干部有县(区)委、县(区)人大、政协、司法机关主要领导。

四是县(区)监察委管辖县(区)组织部门管理的公务人员职务违法及犯罪行为。县(区)组织部门管理的干部又称县管干部,是指组织关系在县(区)组织部备案,由县(区)组织部门任命和管理的干部。这些干部一般为科级领导,比如乡镇党委主要领导,县(区)主要部门的负责人等。

其次,确定管辖主体的支线是行政区域界线。分级负责解决的是上下级监察委之间的管辖分工。确定管辖主体的另一条线是行政区域界线,这个标准从地理边界上划分不同地区监察委之间的管辖边界。具体来说,各级监察委地域管辖的范围是本级行政区划的地理边界:国家监察委可以管辖全国范围内发生的职务违法和犯罪案件;省级监察委可以管辖全省范围内发生的职务违法和职务犯罪案件;地市级监察委可以管辖地市级范围内发生的职务违法和职务犯罪案件;县(区)监察委可以管辖县区范围内发生的职务违法和犯职务罪案件。① 从监察管辖级别分工的内容来看,级别分工和地域分工呈现相互交叉的特征,各级党委及其组织部门和人民政府是一一对应的,人民政府行使职权有特定的行政区划范围,同级政府的行政区划范围也是党委及党内组织部门的人事管理地理范围,所以各级党委和组织部门所管理的公务人员主要局限于本行政辖区内。由此可见,分级负责的内容实际上也包含了部分地域分工的要素,两者有一定的重合性,如地市级组织部门管理的市管干部主要是地市行政辖区内干部。

最后,监察管辖权的移转。根据监察管辖分级负责和地域分工的要求可以确定大多数案件管辖权。但原则必有例外,监察委调查活动不可避免地会遇到复杂、

---

① 由于上下级监察委之间是领导关系,上级监察委可以管辖下级监察委管辖的案件,使各级监察委在地域上出现一种现象,那就是管辖范围自下而上呈现地域覆盖式扩大,如地市级监察委地域管辖范围覆盖了县级监察委管辖范围,省级监察委地域管辖范围覆盖了辖区内地市级监察委管辖范围,国家监察委的地域管辖范围可以覆盖全国地域范围。

紧急或特殊情况，此时需要改变原有管辖权的机关，涉及监察管辖权如何在不同层级、地域的监察委之间移转。这种移转包括三种类型：

其一，上级监察委可以办理所辖各级监察委管辖的案件。《监察法》第16条对此有明确的规定，体现了上级监察委对下级监察委的指令权或命令权。上级监察委可以通过对下级行使这种指令权，加强对调查工作的指挥和协调能力。中央纪委研究室编写的《监察法释义》把这种类型的管辖权移转适用条件概况为三类：一是上级监察机关认为在其辖区内有重大影响的监察事项；二是上级监察机关认为下级监察机关不便办理的重要复杂的监察事项，以及下级监察机关办理可能会影响公正处理的监察事项；三是领导机关指定由上级监察机关直接办理的监察事项。①

其二，上级监察委对个案的指定管辖。《监察法》第17条第1款规定上级监察机关可以将其所管辖的监察事项指定下级监察机关管辖，也可以将下级监察机关有管辖权的监察事项指定给其他监察机关管辖。指定管辖体现了上级监察机关对下级的领导权，是上级监察机关为了工作需要对监察管辖一般原则的突破。做出指定管辖的原因主要有两点：一是下级监察机关之间对案件管辖存在争议，比如某些案件的案情比较复杂，可能同时存在多个有管辖权的机关，那些有管辖权的机关可能都认为自己有管辖权或没有管辖权，此时可以由共同的上级监察机关指定某个下级机关负责调查；二是下级监察机关管辖不适当的情况，比如某些案件比较敏感、复杂，涉及地方错综复杂的利益关系，由原辖区的监察机关管辖可能无法进行公正调查，不适宜由具有管辖权的下级监察机关管辖。

其三，下级监察委提请上级改变管辖。一般情况下，各级监察机关应当在自己管辖的案件范围内，积极履行调查职责，并高效、及时地完成各项调查任务。在某些特殊情况下，下级监察机关在办理其管辖的案件时，可能会遇到各种困难和障碍，这类案件如果交由上级或其他监察机关管辖更为适宜。此时，下级监察机关可以向上级监察机关申请改变管辖。《监察法》第17条第2款对此进行了规定，即监察机关认为所管辖的监察事项重大、复杂，需要由上级监察机关管辖的，可以报请上级监察机关管辖。

（三）监察管辖中的特殊形式

除了上文所述监察管辖的一般确权方式，还有一类特殊的监察管辖方式，即纪

① 参见中共中央纪律检查委员会、中华人民共和国监察委员会法规室编写：《〈中华人民共和国监察法〉释义》，中国方正出版社2018年版，第117页。

委和监察委派驻纪检监察组的案件管辖权。

派驻纪检监察组是各级纪委、监察委向本级国家机关派出的专责履行纪检监察职责的机构,派驻纪检组常驻所在单位开展监督工作,其监督职权来自派出单位的授权。派出纪委、监察委和派驻纪检组是领导和被领导的关系,派驻纪检组既接受派出机关的领导,又是所驻单位的重要内部机构,纪检组长一般是所驻单位的党组成员。[①] 按照派出机关和派驻纪检监察组之间的组织关系,派驻纪检监察组受派出纪委、监察委直接领导,向派出纪委、监察委负责并请示报告工作,派驻纪检监察组协助和配合派出纪委、监察委各职能部门履行相关监督职责。[②] 对此,党和国家的文件有明确体现。此次监察体制改革的一个重要方案就是逐步实现将各级国家机关的内设纪检机构改为派驻纪检组,统一接受各级纪委、监察委的领导,进一步强化纪委、监察委对各级国家机关的监督作用。

派驻纪检监察组作为纪委、监察委的派出机构,是否享有对职务犯罪的管辖权[③],其管辖权的层级及范围如何,是监察调查实践中需要理清的一个问题。从立法层面来看,《监察法》第 13 条对派出纪检组的案件管辖进行了规定,派驻或者派出的监察机构、监察专员根据授权,按照管理权限依法对公务人员进行监督,提出监察建议,依法对公务人员进行调查、处置。该条规定实际上赋予了派驻纪检监察组一定的职务犯罪调查权,但是该犯罪调查权在实施中受到一些限制:第一,派驻纪检监察组接受派出监察委的领导,其职务犯罪调查权来自派出监察委的授权,意味着其能否行使职务犯罪调查权需要派出机关事前予以明确,或者进行一次性临时授权;第二,调查范围只能限于派驻机构的公务人员,也就是说派驻纪检监察组只能调查所派驻单位的公务人员,不可以超越派驻单位公务人员这个基本范围;第三,派驻纪检监察组的调查权不能与派出监察委的直接管辖权冲突。各级监察委都有自己明确的管辖权限和范围,其派驻各单位的纪检监察组在行使调查权时不能侵犯派出机关的管辖权。比如,国家监察委派驻各单位的纪检监察组可以调查所在单位司局级以下的公务人员,对于所驻单位的中管干部则无管辖权,中管干部只能交由国家监察委负责调查。

---

① 虽然按照派驻纪检监察组改革的方案要求,纪委和监察委将逐步实现对派驻纪检监察组的直接管理,并向这些直接管理的纪检监察组委派纪检组长,但是派驻纪检监察组内部的其他工作人员一般仍由派驻机构自行任命,工资编制尚在派驻机构之中。

② 参见史嘉扣:《派驻纪检组要处理好几个关系》,载《中国纪检监察报》2017 年 8 月 30 日,第 8 版。

③ 按照中央纪委发布的《监察法释义》等文件规定,派驻纪检监察组一般不拥有职务犯罪调查权,但是并不排除其获得派出机关授权后获得此类权力。

三、监察管辖模式的影响因素

现行监察委案件管辖模式是在监察改革中受到多重因素影响而最终形成的。这一模式既要适应纪委、监察委合署办公的组织体制，又要顾及监察办案效率和国家资源有效配置的要求。同时，设计者也从传统纪委管辖模式和刑事诉讼管辖模式做了大量有益借鉴，呈现自成体系、独具特色的监察管辖模式。

（一）党纪调查和监察调查程序一体化

此次监察改革建立了纪委、监察委两个性质不同的机关合署办公的特殊形式。该模式直接源于1993年开始实行的纪委和政府监察部门之间的合署办公模式①，“一套人马，两块牌子”是对其组织结构的精准概括②，这种合署模式与中央军委的设置模式较类似。③ 合署不仅是办公场所的合一，更主要的是人员编制、组织体制和机构职能的高度融合，其中一个主要特征是一个机构拥有党政双重身份，同时行使党政两类性质的职权，并以内设部门分工取代外设机关分工，最终形成一个集双重调查权于一身的调查机关。在纪委、监察这个特殊的合署办公模式之下，纪委的党纪调查程序和监察委调查程序最终都成为同一个机关中的内部程序，两类程序分别以《执纪监督规则》和《监察法》为主要依据④，在调查措施、调查流程、审批程序等方面基本类似，在实践运行中出现很强的亲和性。首先，《监督执纪规则》和《监察法》中都明确了党的统一领导、双重领导体制、属人管辖等相似的基本工作原则。其次，党纪调查程序和监察调查程序都可以划分成线索处置、初核、立案调查、审理这几个基础阶段，两类程序在线索处置时限、退回调查方式、审理标准和使

---

① 党中央、国务院在1993年发布的《关于中央纪委、监察部机关合署办公和机构设置有关问题的请示》中明确指出：“中央纪委、监察部合署办公，实行一套工作机构、两个机关名称的体制。合署后的中央纪委履行党的纪律检查和政府行政监察两项职能，对党中央全面负责。”参见中共中央纪律检查委员会办公厅编著：《中国共产党党风廉政建设文献选编》（第8卷），中国方正出版社2001年版，第182页。

② 2017年1月9日，时任国务院监察部副部长的肖培在新闻发布会上答记者问，指出国家监察委是中国的反腐败机构，国家监察委和中纪委合署办公，就是“一套人马两块牌子”，这是对纪委和监察委关系的官方表述。参见李源、高雷：《肖培诠释国家监察委与中纪委关系：“一套人马两块牌子”》，载中国共产党新闻网，http://fanfu.people.com.cn/n1/2017/0109/c64371-29009575.html。

③ 根据现行《宪法》的规定，中央军事委员会是一个重要的国家机关，负责领导全国武装力量。同时《国防法》《中国共产党章程》等规定，中国共产党是人民解放军和其他人民武装力量的领导者，中央军事委员会也是中国共产党领到军队的机构。由此可见，中央军事委员会也是一个比较典型的党政高度合一的机关。参见秦前红、石泽华：《目的、原则与规则：监察委员会调查活动法律规制体系初构》，载《求是学刊》2017年第5期。

④ 目前最高立法机关颁布实施《监察法》的内容较概括，对监察程序的具体运行细节规定不够明确，各地在调查办案中更多地还是依赖内部制定的程序细则，这些程序细则很大程度上参照了《执纪监督规则》的内容。

用的立法语言几乎一致,主要的区别就是两类程序性质不同,且两类程序使用的法律文书和程序最后流向也有差异。再次,两类程序中的调查措施类似,纪委在党纪调查程序中使用的查询、技术调查、复制资料、限制出境等措施与监察委基本类似。最后,党纪调查程序和监察调查程序的主体具有同一性,即纪委和监察委内部的同一个部门,甚至是同一个调查人员同时负责两类性质的调查工作,两类程序运行交织且极难区分。

除了党纪调查和监察调查两类程序一体化运行,《监察法》并未针对职务违法和职务犯罪分别设计独立程序,而是设计了统一的监察调查程序,职务违法和职务犯罪案件均同样适用。纪委和监察委内部多类程序一体运行的样态影响了管辖模式的内容:一方面,监察管辖制度内容必须兼容职务违法和职务犯罪案件,充分考虑监察体制改革以来职务违法和职务犯罪案件范围的调整,确保监察管辖范围具有充分涵盖性;另一方面,监察管辖模式应与纪委管辖模式有充分协调空间,两类管辖制度的内容不宜存在较大差异,避免出现管辖主体不一致而导致党纪调查程序和监察调查程序错位运行,给调查实践带来难以克服的障碍。

(二)监察改革的导向

自法律经济学将成本和效益这对概念引入法律分析中之后,经济分析方法对法学研究产生了重大影响,许多法学领域开始使用成本—效益理论来分析特定的法律现象。法律成本是法律运作行为的全部费用,包括"立法、司法、执法、守法各法治环节中当事人实现权利,行使权利,履行义务和承担责任所消耗的人力、物力、财力和时间资源"。[①] 该理论中最具代表性的科斯定理认为"法律规则(或制度)的基本价值取向在于效益"。[②] 这在犯罪调查过程中表现为调查机关可以依法采取必要措施对调查对象的权利进行限制,甚至"合法伤害"调查对象的某些权利。这种必要的"恶"是打击犯罪所必需的代价[③],也是保持犯罪调查快节奏运作的需求——所谓刑事侦查"黄金时间原理"正是这个特征的准确写照。

监察体制改革启动之初,中央改革领导机关多次强调改革的初衷是加强党对反腐败工作领导,整合反腐败资源和力量,解决反腐败力量分散等问题。[④] 这些要

---

① 参见周林彬:《法律经济学论纲》,北京大学出版社 1998 年版,第 318~319 页。

② 参见[美]罗伯特·考特等:《法和经济学》,史晋川等译,上海人民出版社 1994 年版,第 5 页。

③ 参见万毅:《程序正义的重心:刑事侦查程序论——兼论我国侦查程序改革》,载《金陵法律评论》2002 年第 2 期。

④ 参见马怀德:《事关全局的重大政治改革》,载《中国纪检监察报》2017 年 6 月 7 日,第 5 版。

求在监察调查程序和管辖制度设计中有明确体现。监察管辖是监察调查程序启动的基础。管辖边界可以明确监察委与其他国家机关在调查职能方面的分工，管辖权配置可以在监察委内部合理地分配国家资源，管辖主体的选择需充分考量不同层级和地域的发案数、技术水平、调查人员数量等因素。总之，科学合理的管辖制度应当确保监察调查工作能够高效运行。监察管辖模式中以干部管理权限为标准的分级管辖充分考虑到党员干部分级管理的中国模式，又与纪委分级管辖模式保持基本一致，从纵向角度明确了大部分监察案件的管辖权归属。此外，监察管辖模式也兼顾了党政地域边界的因素，从横向角度进一步明确了监察管辖主体。同时，《监察法》在原则性和灵活性相统一的指导思想之下设计了几类因地制宜、因时制宜改变管辖权的情况，保障管辖制度能够高效地应用于监察个案办理之中。

（三）程序设计者对其他管辖模式的借鉴

此次监察体制改革有一个明显特点，那就是各项改革举措急速推进，全国各地在极短时间内组建了各级监察委员会，监察办案的管辖模式、调查程序、组织建设等快速成型，国家层面的立法、修法等配套工作基本完成，在如此短的时间内完成如此多的改革工作。改革设计者设计出诸多独创性制度，广泛借鉴了现有制度模式的有益内容，其中最主要的借鉴对象是刑事诉讼程序和党纪调查程序。

根据我国现行《刑事诉讼法》的规定，刑事诉讼中的管辖是一个“体系”，既包括法院、检察院和公安机关各自直接受理刑事案件的职权范围，即立案管辖；也包括法院审判第一审刑事案件的职权范围，即审判管辖。审判管辖又可进一步细分为级别管辖、地区管辖、指定管辖和专门管辖。① 监察管辖内部也存在着级别、地域分工、指定管辖等内容和用语，这些内容和用语与刑事诉讼管辖制度有所类似，但是与刑事诉讼中的称谓不同，比如监察委内部的指定管辖仍属于立案管辖的一部分，而刑事诉讼中的指定管辖主要是针对人民法院而言。监察管辖的出现对传统的刑事案件立案管辖模式有所冲击。监察委作为新设立的职务犯罪调查机关，成为刑事诉讼立案管辖的一个新生主体，这个改变重构了我国刑事案件职能管辖的格局。结合修正后的《刑事诉讼法》的相关内容，当前刑事案件职能管辖的基本内容如下：(1)除法律另有规定之外，刑事案件由公安机关管辖。(2)人民检察院可以管辖在对诉讼活动实行法律监督过程中发现的司法工作人员利用职权实施的非法拘禁、刑讯逼供、非法搜查等侵犯公民权利、损害司法公正的犯罪案件。对于

① 参见陈光中：《刑事诉讼法》，北京大学出版社2016年版，第117页。

公安机关管辖的国家机关工作人员利用职权实施的重大犯罪案件,需要由人民检察院直接受理时,经省级以上人民检察院决定,也可以由人民检察院管辖。(3)人民法院管辖自诉案件。(4)监察委员会管辖公职人员实施的职务犯罪案件。[①] 但是,目前中央纪委官方明确将监察调查定性为“非刑事程序”,监察管辖不仅适用于职务犯罪案件,还适用于职务违法案件,这就使监察管辖与刑事诉讼管辖有所区别:监察管辖虽带有一定的刑事性质,但是不能完全纳入刑事诉讼管辖之中,其更像一个过渡、中间地带,同时联系着政务处分程序和刑事司法程序。

党纪调查程序历来受到法学学者关注较少,对党纪调查程序运行模式的研究成果并不多。但是,此次监察改革的许多程序方案均大量借鉴了党纪程序的内容,故对监察调查制度的研究必须对传统的党纪调查程序有深入认知。比较监察管辖和纪委管辖的内容,可以发现两者有诸多类似之处。首先,两者都实行分级管辖的工作模式。前文对监察委内部的分级负责制进行了探讨,结合《监督执纪规则》对纪委的分级管辖规定,可以发现两者较相似。《监督执纪规则》确立的分级负责制包括:(1)中央纪律检查委员会受理和审查中央委员、候补中央委员,中央纪委委员,中央管理的党员领导干部,以及党中央工作部门、党中央批准设立的党组(党委),各省、自治区、直辖市党委、纪委等党组织的违纪问题。(2)地方各级纪律检查委员会受理和审查同级党委委员、候补委员,同级纪委委员,同级党委管理的党员干部,以及同级党委工作部门、党委批准设立的党组(党委),下一级党委、纪委等党组织的违纪问题。(3)基层纪律检查委员会受理和审查同级党委管理的党员,以及同级党委下属的各级党组织的违纪问题;未设立纪律检查委员会的党的基层委员会,由该委员会负责监督执纪工作。可见,两类管辖都是以党员干部管理权限为标准来确立分级管辖的内容。其次,《监督执纪规则》对纪委地域分工、改变管辖权的规定也与监察管辖十分相似,都赋予了上级机关对下级机关的管辖指令和领导权。最后,监察委成立之后尚未单独设立一套派驻机构,而是采取纪委和监察委派驻机构合一的模式,即纪委的派驻纪检组同样履行监察委派驻机构的职责,所以监察管辖制度特别保留了派驻纪检监察组的管辖权,赋予派驻纪检监察组调查职务违法的权力。

四、监察管辖中的难点及解决

自全国范围内的监察组织体系组建以来,各地监察委先后查办了一系列有重

---

① 参见卞建林:《配合与制约:监察调查与刑事诉讼的衔接》,载《法商研究》2019年第1期。

要影响的职务违法及犯罪案件，其中对较高级别党员领导干部职务违法犯罪问题的查处力度大为增强。在办案实践中有许多管辖方面的难点问题出现，急需在后续改革中予以解决。

(一)监察委和检察院管辖交叉问题

《监察法》规定监察委管辖所有国家公职人员的职务违法和职务犯罪行为。因此，监察委对职务犯罪的管辖范围是全覆盖型的，自然包括司法人员的职务犯罪。2018 年《刑事诉讼法》第 19 条规定："人民检察院在对诉讼活动实行法律监督中发现的司法工作人员利用职权实施的非法拘禁、刑讯逼供、非法搜查等侵犯公民权利、损害司法公正的犯罪，可以由人民检察院立案侦查。"此规定保留了检察院针对司法工作人员有限的职务犯罪侦查权。但是，上述规定使用了"可以"由检察院管辖这样的表述，意味着检察院的管辖并不具有排他性，监察委依然拥有调查这类犯罪的权力，只是从便宜角度将这类犯罪交给检察院管辖。这也体现了检察院管辖权的被动性和补充性。为了厘清监察委和检察院在案件管辖方面的权限，最高人民检察院印发了《关于人民检察院立案侦查司法工作人员相关职务犯罪案件若干问题的规定》，明确了检察院可以管辖 14 类罪名，并规定检察院发现职务犯罪线索后应与监察委进行沟通，遵循"监察委为主管辖、检察院协助"的工作原则。这些法律规定实际上建立了一种监察委优先且为主管辖的模式，由监察委主导管辖确权过程。监察委的决定权空间较大，检察院的立案管辖成为补充性存在。

在监察委和检察院分割职务犯罪管辖权，且存在管辖交叉地带的背景之下，两机关在对司法人员这个特殊群体的管辖可能存在不同意见：一是《刑事诉讼法》第 19 条规定人民检察院"对诉讼活动实现法律监督"这个条件决定检察院能否启动对司法人员的立案侦查。有观点认为"若不是在诉讼监督活动中发现上述案件，则检察机关不得立案侦查"。[①] 这个观点对检察院刑事侦查程序启动条件的认识过于狭窄。该条规定实际上是将检察院在开展诉讼监督业务活动中发现线索、进行立案侦查进行了一体规定，关键点在于检察院侦查的是司法工作人员实施的 14 类犯罪。假如监察委在开展监督中发现了检察院管辖的 14 类犯罪线索，然后将线索移交检察院，检察院就因为这类线索并非自行发现而无法行使管辖权？恐怕并不符合立法本意以及监察实践中的具体做法。二是监察委和检察院对个案管辖权归属的争议：某些案件中的司法工作人员同时涉嫌检察院管辖的 14 个罪名和监察

---

① 孟穗、冯靖：《监察调查与刑事诉讼的衔接问题研究》，载《河北法学》2019 年第 4 期。

委管辖罪名,此时应由哪个机关管辖。《关于人民检察院立案侦查司法工作人员相关职务犯罪案件若干问题的规定》给出的方案是检察院认为由监察委管辖更适宜的,应撤销案件,并将案件线索移送监察委进行调查;而检察院认为由监察委和检察院分别管辖更适宜的,应将监察委管辖的犯罪线索移交监察委。最高人民检察院以单行规定的形式对监察委和检察院的管辖分工予以明确,对于指导检察院如何处理管辖交叉问题有积极指导意义,但对监察委并无强制适用效力。如果检察院将司法人员涉嫌犯罪的线索移送监察委后,监察委认为由检察院管辖更合适,或监察委和检察院都认为由自己管辖更适宜,抑或监察委和检察院都认为对方管辖更为合适,那么需要两机关协商解决,两机关的协商机制类似一种沟通、协调和谈判机制,协商机制对两机关均无强制约束力,协商的可能结果是达不成一致意见,这类案件的管辖将处于摇摆不定的状态。所以,将管辖争议笼统地交由两机关协商解决并非最佳之策。未来比较可行的做法还是由监察委和检察院联合发布具体的管辖协作规定,通过平等研讨的方式,对这类案件的管辖交叉和冲突问题进行深入探讨,共同制定适用于两机关的管辖工作规程。如此,可更好指导两机关的业务衔接。

（二）监察委对关联案件的管辖权问题

“所谓关联案件,是指一人犯数罪、共同犯罪、共同犯罪嫌疑人、被告人实施了其他犯罪,以及多个犯罪嫌疑人、被告人实施的犯罪存在关联关系,因此两个以上的办案机关都有权管辖的案件。”①监察委机在查办职务犯罪案件过程中可能会遇到一种情况,那就是犯罪嫌疑人既涉嫌职务犯罪,同时又涉嫌其他类型的犯罪,这些罪名分别属于不同的犯罪调查机关管辖范围内,这就产生了案件管辖分工中的协作问题。《监察法》等相关规定对这种关联案件的管辖问题做了初步的规定,主要有 3 种解决方案:(1)监察机关为主调查,其他机关协助。《监察法》第 34 条规定:“被调查人既涉嫌严重职务违法或者职务犯罪,又涉嫌其他违法犯罪的,一般应当由监察机关为主调查,其他机关予以协助。”(2)监察机关优先调查,其他犯罪移送有管辖权机关处理。中央纪委研究室在编写的法律答疑中也指出此类案件应当由监察机关先调查清楚职务犯罪问题,其他违法或犯罪问题移交其他机关调查或侦查。监察立法在此采取的是一种“监察优先”的管辖模式,赋予监察机关管辖的职务犯罪案件优先调查的地位,并且确认了这类关联案件应当由监察机关为主

① 龙宗智:《监察体制改革中的职务犯罪调查制度完善》,载《政治与法律》2018 年第 1 期。

调查,其他机关的犯罪调查要在某种程度上让步于监察调查工作,并向监察调查工作提供必要的协助。(3)监察委并案调查。《国家监察委员管辖规定(试行)》对关联案件设计了一种并案调查的处理模式,主要是指被调查对象一人犯数罪或共同犯罪,共同犯罪的公务人员还涉嫌其他犯罪,多人实施的犯罪存在关联,并案处理有利于查明案情的,由监察委对调查对象涉嫌的犯罪并案调查。

立法采取这样的规定体现了国家对于打击腐败犯罪的决心和重视程度,有利于确保职务犯罪调查工作顺利开展。不过,也应注意到这种立法模式与传统的刑事法上"主罪"为标准的管辖原则不同①,《监察法》直接以明文形式确认了"监察优先"的管辖方案,且并案调查模式实际上赋予了监察委员会调查其他类型犯罪的权力,意味着监察委可以调查任何与其所管辖的职务违法和犯罪有关联的案件。② 这实际上进一步扩展了监察委的案件管辖范围,在实践中甚至出现了监察委同时调查公职人员的受贿、赌博、嫖娼等违法犯罪行为的情况。这种设置,一方面,极大地增加了监察委的调查工作量,尤其是基层一线调查人员的工作负荷和复杂性远超以往,与监察委有限的人员编制和技术、装备资源很不相称;另一方面,监察委和其他侦查机关在查办关联案件过程中,容易出现互相借用调查手段和强制措施的问题。例如,公安机关可能会与监察委进行沟通后,将某些涉嫌职务违法的犯罪嫌疑人交由监察委予以留置,然后由公安机关在留置场所以"协助办案"的形式进行侦查讯问。这类做法实际上混淆了监察调查程序和刑事侦查程序的边界,也将恶化被调查对象在监察调查或刑事侦查阶段的处境,造成被调查对象同时面对两个强大的犯罪调查机关的局面。且被调查人在监察调查阶段获得律师帮助等权利受到一定限制。如果调查机关同时主导职务犯罪和非职务犯罪的调查工作,将变相限制被调查对象在刑事侦查程序中获得律师帮助等权利。监察委管辖的案件范围并非越广越好,仍需与其机关力量配置相协调,大规模扩招人员也非长久之计。比较可行的做法还是合理划定监察委和其他机关在调查违法犯罪中的职责分

---

① 刑事侦查领域对于关联案件采取的是以主罪为标准的原则。根据最高人民法院、最高人民检察院、公安部、国家安全部、司法部、全国人大常委会法制工作委员会2012年发布的《关于实施刑事诉讼若干问题的规定》规定公安机关侦查案件涉嫌职务犯罪的,应将职务犯罪案件移交检察院侦查;检察院侦查职务犯罪案件涉嫌公安机关管辖的犯罪案件的,应将其他犯罪案件其移交给公安机关。上述情况中,公安机关侦查的犯罪是主罪的,由公安机关为主侦查;检察机关侦查的犯罪是主罪的,由检察机关为主侦查。

② 这种情况主要是指被调查对象既涉嫌监察委管辖的违法犯罪,又涉嫌侦查机关管辖的违法犯罪,在实践中是由监察委对调查对象采取留置等调查措施,其他侦查机关派员参与整个案件的调查工作。

工，监察委不宜直接调查非职务犯罪。后续监察改革立法也应对监察调查措施的适用制定严格的适用条件，避免出现监察委和其他机关在关联案件调查过程中互相借用调查措施的情况。

（三）干部管理权限和工作地点分离的案件管辖问题

我国按照党政一体的基本组织模式，党的机关和政府机关高度整合在一起，同级党务机关一般对应同级政府机关。但是在党政公务人员管理体制中，也存在干部管理权限与工作地点不一致的情况。这种公务人员管理权限和工作地点不一致的情况主要包括两类。一是在上级垂直管理机关中工作的公务人员。在我国党政管理体制中存在大量的上级垂直管理机关，比较典型的有海关、金融、国税等机关，这些机关的办公地点可能在地方，但是组织关系上接受上级机关的垂直领导，干部管理权限一般在上级机关组织部门。二是上级机关中职级较低的公务人员。按照监察管辖的分级管理原则，各级监察委负责管辖本级党委及其组织部门管理的公务人员，但是有些公务人员在本级党政机关中工作，却因为职级太低而不属于本级党委及其组织部门管理。例如，在省级机关中工作的处级和科级以下公务人员，就不属于省管干部的范围，也就不宜由省监察委直接立案调查。

对于这种工作地点在地方、干部管理权限在上级的特殊情况，如何来确定案件的管辖机关。中央纪委研究室给出的解释是实行分级负责为原则，指定管辖为辅的分工模式，即对大多数监察案件仍然使用分级管辖的基本原则，对那些工作地点和管理权限分离的案件通过指定管辖解决冲突。具体来说，上级派驻地方的单位中的公职人员涉嫌犯罪，上级单位的纪检组拥有法定管辖权，但是出于调查便捷的考虑，上级单位纪检组可以和派驻地方的监察委协商，由派驻地方监察委进行管辖。此外，某些单位内部同时存在省管干部、市管干部等不同级别的公职人员，中央驻地单位如果是厅局级以下干部涉嫌职务犯罪，由省监察委与中央主管机关沟通或通报后，指定省级以下监察委立案调查；省级单位中科处级及以下干部涉嫌职务犯罪，由地市级监察委向省监察委汇报后，由地市级监察委及其下级监察委立案调查；地市级单位中的科级以下干部涉嫌职务犯罪，由地市级监察委指定下级监察委立案调查。

上述规则对解决工作地点和管理权限分离的案件管辖问题有一定指导意义。但是，从目前监察办案中反映出来的问题来看，干部的管理权限、党组织关系、主管机关这三个要素的组合有多种模式，在具体的垂直管理行业领域表现出复杂多变的形式[①]，导致这四个规则仍然不能完全解决工作地点、管理权限分离案件的管辖难题。目前实践中比较通行的解决方法是以“分级管理为原则、辅助以协商解决”的方式，即干部管理权限的主管机关纪检组拥有法定管辖权。如果地方监察委发现那些在本地工作，管理权限在上级机关的干部涉嫌违法犯罪，则主动和该干部主管机关进行办商解决管辖问题。一般上级主管机关倾向于将案件交给地方监察委负责调查。但是，如果上级主管机关纪检组要求由其调查处理，则上级主管机关纪检监察部门拥有优先管辖权。[②]此外，中华人民共和国成立以来的党内组织部门制定了大量的党员干部管理文件和规定，这些文件基本没有向社会公开，主要存档于党内组织部门内部，外界对这些文件的内容缺乏了解，也不能集思广益对这些文件规定的内容提出改进意见。2019 年启动的国家机构改革将对公务人员管理制度进行较大调整，党的组织部门将直接管理所有的国家公务员，有必要对党内过去制定的各种人事管理规定进行整理，尤其是针对那些前后存在矛盾的人事管理文件，应及时制定新的规范文件予以替代。

（四）管辖权变更缺少监督问题

《监察法》及中央纪委的官方对监察管辖权变更条件的解读使用的是“上级监察委员会认为”“下级监察委员会认为”这样主观性强的用词，以上级监察委管辖下级监察委有权管辖的案件条件为例，中央纪委编写的《监察法释义》归纳了三个条件，分别是：（1）上级监察机关认为在其辖区内有重大影响的监察事项。（2）上级监察机关认为下级监察机关不便办理的重要复杂的监察事项，以及下级监察机关办理可能会影响公正处理的监察事项。（3）领导机关指定由上级监察机关直接办理的监察事项。这 3 类情况是提级管辖的主要适用条件。但是从这 3 类情况的内容细节来看，仍然存在许多地方需要进一步解释。首先，第一类情况是上级监察机关认为本辖区内有重大影响的事项。至于什么样的事项属于重大影响，这种影响后果的“重大”应按照什么标准来界定，影响是否要体现在媒体、网络或者特定系统之内，都缺乏比较明确的规定。此外，该处解释使用的是上级监察机关“认

---

① 在实行垂直管理的单位中，有些干部的管理权限在主管机关，但是党组织关系和工作地点在地方，地方纪委监察委向其单位派驻纪检组；有些干部的工作地点在地方，党组织关系和管理权限都在主管机关，本单位纪检监察工作由上级主管机关的纪检组负责。有些单位不属于垂直管理机关，但是干部管理权限和党组织关系都在主管机关，工作地点在地方，由上级纪委监察委派驻到其上级机关的纪检组负责其纪检工作。

② 因为干部工作地点在地方，地方监察委调查取证比较方便，而且地方监察委的调查力量配备较为充足，上级主管机关纪检组调查能力有限，也很难承担过多的案件调查工作。

为",暗含了"是否重大"要以上级监察机关的判断为准。假如出现某些案件造成的舆论影响较大且恶劣,但是上级监察机关认为不属于重大影响案件,在这种情况下缺乏有效机制能够对上级监察机关的自由裁量权进行制约,上级监察机关拥有对是否重大的最终解释权和决定权。其次,第二类情况同样使用了上级监察机关"认为"这样的主观标准,且何为"不便",何为"可能影响公正处理",都是依赖上级监察机关的主观裁量,也缺乏比较明确的适用标准。最后,第三类情况使用了领导机关指定上级办理这样的表述。此处的领导机关并没有一个确切的范围,上级监察委是下级监察委的领导机关,由上级监察委指令改变管辖权并无不妥。然而,监察委作为与纪委合署办公的政治机关,要接受各级党委的直接领导,党委也是监察委的领导机关,此处使用领导机关一词是否赋予了党委改变监察委管辖权的权力,尚需立法对此进行进一步说明。

监察管辖权变更和移转的法定条件过于原则,导致上级监察委对改变管辖拥有较大自主权和决策空间,缺少有力的监督和约束,在监察办案实践中可能衍生出滥用监察指令权的问题。在部分地方监察委办案实践中,地市级监察委往往将案件线索指定给县区级监察委立案调查,某些案件甚至是形式上由县区监察委立案,实质上由地市监察委负责具体的调查取证工作,造成监察案件立案调查在形式上和实质上的分离。造成这种现象的主要原因是方便地方监察委采取调查措施,像留置等调查措施需要经过上级监察委审批,如果地市级立案并决定采取留置措施,必须向省级监察委报批。我国大多数省份的地市与省会之间的交通距离较大,地市监察委往返省会报批留置等调查措施面临交通和时间成本压力,而由县区监察委立案则可以避免这些问题,也便于地方监察委灵活采取各类调查措施。实践中的做法符合管辖效率的要求,却对违反了规范办案的要求,是对法定监察调查程序的突破。可行的解决方案是在综合各地办案经验基础之上,进一步完善相关监察立法,对改变管辖权的条件进行更为明确的界定,限制上级监察委在管辖领域中过于强大的指令权。

五、结语

《监察法》以干部管理权限为标准确立的各级监察委分级管辖模式,兼顾地域和行业分工,存在多种变更管辖权的方式。其吸收了纪委传统的派驻纪检监察组管辖内容,成为中国法律体系中自成一系的管辖模式。对监察管辖模式的解读,需结合纪委和监察委合署办公的组织框架,对党纪调查程序和监察调查程序一体化趋势有深刻认知,发掘制度设计者对纪委管辖模式和刑事诉讼管辖模式部分内容的借鉴。时至今日,该模式仍在进一步探索之中。国家层面的监察机关有必要进一步整理各项关于干部管理权限的党内法规文件,进一步细化监察管辖的相关法律条文,明确监察管辖的适用条件,从源头上遏制监察办案中出现的不规范和滥用权力现象。此外,监察机关也需协调检察机关、审判机关,通过联合发文的形式处理好监察法与其他法律之间的衔接,解决监察委与检察院等机关之间的管辖冲突等问题。

第五节　检察机关审查起诉与监察委调查案件的程序对接问题*

就 2018 年《刑事诉讼法》修改而言,在案件办理中,监察委与司法机关之间的协调衔接涉及诸多方面的内容,“包括与刑事诉讼法侦查取证规范的协调,以及与检察审查和法院审判制度规范的衔接等,其中涉及一系列十分重要且有利益冲突的司法问题,如案件管辖及其冲突、强制侦查的发动条件和程序、强制措施的转接及羁押必要性审查、非法证据的审定和排除、证人出庭作证以保障庭审实质化、辩护权的保障和律师的介入等”。① 由此,如何规范刑诉法与监察法在具体对接中的程序性内容,尤其是监察委调查案件到检察院审查起诉阶段这一程序流转第一端口,就显得尤为迫切和重要。2018 年是《刑事诉讼法》等几部重要法律相继修改和落地的关键一年,也是检察机关包括内设机构改革的重大变革时期。本节将主要以此次刑诉法修正所涉及的补充修改内容为基点,并结合当下进行的一些改革展开。

一、法律制度中的程序对接:以强制措施的适用为视角

“监察程序与司法程序之间将存在一个显著程序作为衔接转换标志,该标志一旦发生,案件立即转入司法程序。”②从案件流转的程序视角而言,监察委办案,尤其是办理留置案件,面临的第一个衔接问题就是留置措施与刑事强制措施的对接。

---

* 作者:王戬。本节原发表于《国家检察官学院学报》2018 年第 6 期。本文系国家社科 2016 年一般项目“刑事言词证据的危险性及其与刑事错案的关联研究”(16BFX093)、中国法学会 2012 年课题“检察院侦查监督权改革研究”[CLS(2012)C66]的阶段性研究成果。

① 龙宗智:《监察与司法协调衔接的法规范分析》,载《政治与法律》2018 年第 1 期。

② 秦前红、石泽华:《监察委员会留置措施研究》,载《苏州大学学报》2017 年第 4 期。

此次刑事诉讼法修正对此进行了进一步规范。例如,“对于监察机关采取留置措施的案件,人民检察院应当对犯罪嫌疑人先行拘留,留置措施自动解除。人民检察院应当在10日以内作出是否逮捕、取保候审或者监视居住的决定。在特殊情况下,决定的时间可以延长1日至4日。人民检察院决定采取强制措施的期间不计入审查起诉期限”,“人民检察院对于监察机关、公安机关移送起诉的案件,应当在1个月以内作出决定,重大、复杂的案件,可以延长半个月;犯罪嫌疑人认罪认罚,符合速裁程序适用条件的,应当在10日以内作出决定,对可能判处的有期徒刑超过1年的,可以延长至15日”。监察机关办理案件移送检察机关审查起诉的审查期限得以进一步明确。上述修改落实到具体层面应注意以下三点内容。

首先,关于先行拘留的无缝对接。监察委留置办案与检察机关审查起诉进行程序对接的第一端口,就是要解决具有不同性质和目的的两种手段之间的无缝衔接问题,既要实现彼此配合,又要体现相互制约。刑诉法修正案构建的格局是对于监察机关采取留置措施的案件,检察机关通过先行拘留解锁留置措施,然后在一定期限内决定是否应当逮捕和后续程序运转问题。从被调查人到嫌疑人的程序转换上,拘留承担了对接的时间过渡。但由于监察委适用留置措施的案件与刑事诉讼强制措施中的拘留是一种无缝对接,就使得此处的拘留只需程序流转就自动适用。这里潜在的问题在于,如果留置办案程序只流转到先行拘留阶段,后因补充调查发现案件证据不足或其他原因而将案件作其他处理,犯罪嫌疑人在这个阶段的不当拘留就缺失了相应的法律保障和法律救济途径。按照《国家赔偿法》第17条规定,只有违反刑事诉讼法对公民采取拘留措施的,或者依照刑事诉讼法规定的条件和程序对公民采取拘留措施,但是拘留时间超过刑事诉讼法规定的时限,其后决定撤销案件、不起诉或者判决宣告无罪终止追究刑事责任的,才纳入国家赔偿范围。而留置对接的拘留是依法自动衔接的,由此,可能存在侵权行为被“合法化”遮掩的制度漏洞。

其次,关于决定逮捕的程序衔接。按照修正后的程序衔接安排,监察委留置案件移转给检察机关后,即进入审查起诉阶段。相较于以往公安侦查终结移送审查起诉的程序安排,监察机关依据监察法对相关人员的调查行为结束移交检察机关,在程序衔接视角上对应为立案—调查—起诉—审判—执行五大阶段,其中程序的衔接点在起诉阶段。刑诉法修正案将这部分内容增加至第三章“提起公诉”并进行相应的制度安排就体现了这一对接内容。由此,监察机关移送审查起诉案件,在具体操作中直接对接的应该是体现审查起诉职能的公诉部门。这里的“决定逮捕”具有不同于以往侦查阶段批准逮捕的特殊性。无论是由单独的职务犯罪检察部进行程序对接，还是由原有的公诉部门进行对接，从现有的规定中可以看出，相关程序实际上已经确认了监察委移送案件捕诉合一的诉讼状态。但是，这种捕诉合一与既有公诉部门依然存在而直接对接侦查监督部门的捕诉合一还有一定程度的差异。尤其是在侦查监督部门与公诉部门的职能依然分立的状态下，①后者会因机构设置和职能交叉而造成相应职权运行混乱。因此，对接部门应尽快统一。就监察委调查案件而言，捕诉合一的诉讼格局已经形成，相应职能的开展也应以此为基点做具体工作的调整和对接。

最后，应注意逮捕适用与留置适用的差异性，防范审查决定逮捕的形式化和倾向性。监察委留置案件移送检察机关直接转为拘留后，按照刑诉法修正案的规定，检察机关将在一定时间内审查决定是否逮捕和适用其他刑事强制措施，该决定时间不计入检察机关审查起诉期限。虽然留置措施与逮捕适用在性质及目的上存有的差异为大家所关注，例如，认为“赋予监察委留置措施，并非为了限制公民人身自由，而是让当事人在规定时间说明事实情况，是为了查清情况，取得相应证据，为司法机关提起公诉打下坚实的法律基础，这是行使监察权力的具体体现。”②“适用留置的直接目的并非程序保障，而是与讯问、询问、查询、冻结、调取、查封、扣押、搜查、勘验检查、鉴定、技术侦查等侦查措施一样，为获取犯罪证据、积极推进刑事诉讼进程，以及侦破案件而服务。因此，留置措施与强制措施应当分属于两类不同的强制性措施，不存在后者取代前者的可能性。”③但是，由于留置条件和逮捕条件具有某些共性，加上决定逮捕和审查起诉具有时间上的连续性，因此，在具体操作中如何理解二者的关系，避免完全同质化而使检察机关审查决定逮捕形式化，或者出现一边倒的倾向性，依然是一个需要注意的问题。

有关留置的争议，最早为理论界所关注的就是其作为双规的替代措施，由于对人身自由的限制程度较强、限制时间较长，而应如何加以严格规范和严格适用的问题；特别是与刑事强制措施中逮捕的对比，更加严格了其适用条件。《监察法》第22条将其适用条件规定为：“被调查人涉嫌贪污贿赂、失职渎职等严重职务违法或者职务犯罪，监察机关已经掌握其部分违法犯罪事实及证据，仍有重要问题需要进一步调查，并有下列情形之一的，经监察机关依法审批，可以将其留置在特定场所：

① 如果捕诉合一在全国全面铺开，则不存在这个对接问题。

② 参见乔新生：《监察委的留置权是一项新的权力》，载《廉政瞭望》2017年第1期。

③ 刘玫：《论监察委员会的调查措施》，载《学习与探索》2018年第1期。

(一)涉及案情重大、复杂的;(二)可能逃跑、自杀的;(三)可能串供或者伪造、隐匿、毁灭证据的;(四)可能有其他妨碍调查行为的。"具体适用可以概括为3要件。一是涉案要件,即被调查人涉嫌贪污贿赂、失职渎职等严重职务违法或者职务犯罪。这里的违法犯罪行为主要是贪污贿赂、失职渎职等行为,而且是严重的;其他的职务犯罪行为或者违法犯罪行为、轻微的一般不采取留置措施。二是证据要件,即监察机关已经掌握部分违法犯罪事实及证据,且仍有重要问题需要进一步调查。三是具备相应的法定情形。我国《刑事诉讼法》第81条规定逮捕的条件为:"对有证据证明有犯罪事实,可能判处徒刑以上刑罚的犯罪嫌疑人、被告人,采取取保候审尚不足以防止发生下列社会危险性的,应当予以逮捕:(一)可能实施新的犯罪的;(二)有危害国家安全、公共安全或者社会秩序的现实危险的;(三)可能毁灭、伪造证据,干扰证人作证或者串供的;(四)可能对被害人、举报人、控告人实施打击报复的;(五)企图自杀或者逃跑的。"对比逮捕三要素,即刑罚要素、证据要素、社会危险性要素,抛开二者适用的性质及目的差异,单纯从内容上看,留置要件和逮捕要件在必要性条件和证据性条件上,很难得出逮捕条件高于留置条件或者逮捕适用严于留置适用的结论。而从监察法的一些规定,诸如留置一日折抵刑期一日,可见其时限与严厉性均不低于逮捕。正是这些同质性,加上检察机关在审查起诉中对于无缝对接的拘留到逮捕的"决定"适用,很容易因为案件的留置状态,而忽略逮捕的特质内容,从而将应审查决定的逮捕被有倾向性或形式化简单适用。

由于监察委办理职务违法和犯罪案件实行二元追诉机制,"此处所称的'违法犯罪'并非平常使用该词所特指的违反刑法构成犯罪,而是指职务违法和职务犯罪这两种情况。此处的'追究法律责任',也非平常人所理解的刑事责任,而是包括职务违法在内的法律责任。"①这种将危害行为区分为违法行为和犯罪行为,采取违法—犯罪二元追诉机制的做法,决定了留置的适用对象更宽泛,违法与犯罪之间的区别缺乏标志和程序节点,相应的程序启动标准更低。有论者提出,对于留置措施也可以适用"合理怀疑"的标准。也就是说,监察委员会一旦认为某公职人员可能涉嫌职务违法和职务犯罪,即可对其采取留置措施。② 留置的适用对象除涉嫌职务犯罪的被调查人外,还包括涉嫌严重职务违法的被调查人,这不仅使具体案件操作中需要区分严重职务违法和一般职务违法,还有严重职务违法与一般职务

① 龙宗智:《监察与司法协调衔接的法规范分析》,载《政治与法律》2018年第1期。
② 刘玫:《论监察委员会的调查措施》,载《学习与探索》2018年第1期。

犯罪、严重职务犯罪的递进和交叉适用问题。因此，虽然监察委留置的案件有较为严格的适用条件，规定如领导人员集体研究决定、上一级监察机关批准、国家监察委备案、延长留置及不当留置的补救等程序性防护机制，[①]加之"严格掌握，慎重使用"的一线办案原则，[②]但在设置条件上的二元制就为逮捕的审查决定预留了案件根本性问题的审查空间，而不是只局限于羁押必要性的额外考量：逮捕的审查应该更为严格。一线办案中，留置和逮捕虽然都是较为严格的限制人身自由的措施，但在具体审查适用上还有诸多差异，不能将二者完全同质化。要防范在程序对接中决定逮捕被形式化误读，并有决定适用的倾向性，进而影响案件证据审查和后续程序对接等一系列问题。

二、法律盲点中的程序对接：以辨认的证据审查为视角

证据裁判是刑事诉讼的基石。监察委调查案件移转检察机关后，检察机关对案件的审查与处理将以证据为基础展开，这就涉及二者在证据适用方面的有效对接。《监察法》第 33 条规定："监察机关依照本法规定收集的物证、书证、证人证言、被调查人供述和辩解、视听资料、电子数据等证据材料，在刑事诉讼中可以作为证据使用。监察机关在收集、固定、审查、运用证据时，应当与刑事审判关于证据的要求和标准相一致。以非法方法收集的证据应当依法予以排除，不得作为案件处置的依据。"我国《刑事诉讼法》及相关司法解释对证据的固定收集和审查判断亦有明确规定。就此次刑诉法修正案的内容来看，除了新增加的内容，如认罪认罚和缺席审判，对证据作了一些原则性的规范以外，基本没有再做其他证据方面的修改和补充。而其中存在的一些问题，随着监察委办案的程序移转进一步显现出来。以辨认的适用为例，很多问题如果不进一步明确，将会对一线办案和程序流转造成适用障碍。

从证据内容上看，监察法规定的证据种类与刑事诉讼法规定的内容在立法模式上不同。刑事诉讼法是通过明文列举的方式逐一规定的。例如，第 50 条规定："可以用于证明案件事实的材料，都是证据。证据包括：（一）物证；（二）书证；

---

① 《国家监察法》第 43 条规定："监察机关采取留置措施，应当由监察机关领导人员集体研究决定。设区的市级以下监察机关采取留置措施，应当报上一级监察机关批准。省级监察机关采取留置措施，应当报国家监察委员会备案。留置时间不得超过 3 个月。在特殊情况下，可以延长一次，延长时间不得超过 3 个月。省级以下监察机关采取留置措施的，延长留置时间应当报上一级监察机关批准。监察机关发现采取留置措施不当的，应当及时解除。"

② 中共中央纪律检查委员会、中华人民共和国国家监察委员会法规室编写：《〈中华人民共和国监察法〉释义》，中国方正出版社 2018 年版，第 136 页。

(三)证人证言;(四)被害人陈述;(五)犯罪嫌疑人、被告人供述和辩解;(六)鉴定意见;(七)勘验、检查、辨认、侦查实验笔录;(八)视听资料、电子数据。证据必须经过查证属实,才能作为定案的根据。"在案件处理中,证明案件情况的事实材料必须是法定证据种类之一,并经过查证属实才具有相应的证据能力和证明力。"法律规定证据种类的目的在于规范取证、质证、认证以及证明活动,并通过证据规则的辐射效力规范侦查行为"。① 从一定意义上讲,证据种类是证据审查判断和证明活动的基础。在证据种类的确定上,无论是刑事诉讼法还是监察法都与将其相应的侦查行为和调查行为紧密联系。例如,监察法采取了只列举部分证据种类,以列举未尽的等外表述方式确立了证据种类,其他尚未列举的证据种类通过规范相应的调查行为加以体现。比较监察法与刑事诉讼法规定的证据内容和相应的调查、侦查行为,辨认的法律规定具有较为特殊的对接内容。

我国2012年《刑事诉讼法》规定辨认笔录属于法定证据种类之一。但是,在我国的侦查实践中,辨认仍然处于一个较为尴尬的地位,主要原因在于辨认并没有在刑事诉讼法层面被明确列为八大侦查行为之中。根据刑事诉讼法的规定,我国法定的侦查措施主要包括讯问、询问、勘验、检查、搜查、查封、扣押物证、书证、鉴定、技术侦查措施、通缉。按照上述规定,辨认并非属于法定的侦查措施。由此,辨认虽然没有明确的法律确认层面的行为出处,却具有了法定的证据种类身份。勘验、检查、侦查实验笔录均为法定侦查措施获取的证据,而辨认笔录却没有明确的来源可以归类。从侦查行为与法定证据种类的关系上看,刑事诉讼法确定的法定证据种类与侦查行为之间,并没有形成一一对应或者完全对应的格局。目前,我国在司法解释和部门规章层面对辨认进行规定。例如,最高人民检察院发布的《人民检察院刑事诉讼规则(试行)》将辨认作为侦查措施专节规定,以解决辨认行为的合法性问题。但是,这样的处理方式与辨认行为的重要性,对规制辨认的迫切性和证据审查判断的专门性依然存在一定差距。辨认是我国侦查实践中重要的常用措施。一项统计表明,公安机关有75%的调查对象、检察机关有61%的调查对象、人民法院有54%的调查对象认为辨认是一种法定的证据调查措施。②

对于2012年《刑事诉讼法》关于辨认存在的问题,2018年修正案没有正面回应并解决。而这些问题同样遗留在监察法,并在具体对接中遇到了新的瓶颈和障

① 高原:《论刑事证据种类的完善——基于对〈刑事诉讼法修正案(草案)〉第十二条的评析》,载《烟台大学学报》2012年第2期。

② 参见王佳:《刑事辨认的原理与规制》,北京大学出版社2011年版,第72页。

碍。监察法在规定具体调查行为时,考虑到职务犯罪案件的特殊性,进行了一定程度的特殊规范。但具体的调查行为并没有包括辨认。综观监察机关调查行为的内容,很多以较为成熟的刑事诉讼法相关内容为蓝本。也正是因为调查和侦查具有可以类同的行为特质,调查与侦查的关系,以及如何规范调查行为并形成相应的证据内容和程序控制才引起了最初监察法立法时的广泛讨论。例如,有学者认为,监察委员会的"调查权"就是"刑事侦查权",调查权的称谓规避了刑事诉讼法的程序控制。① 有学者认为,监察委员会调查权与检察院侦查权有所差异,两者不能等同,监察委员会的调查权不应包括检察院侦查权所具有的技术侦查等特殊侦查措施。② 还有学者认为,调查权仅仅是监察委员会职能体系的一部分,其不宜作为监察委员会的核心职能。③ 也有学者认为,调查权与侦查权的关系不明确,到底是包含关系还是交叉关系,需要进行研究。④ 正是出于这些交叉互涉的关系,监察法根据案件特点对刑事诉讼侦查行为的内容进行了相当程度的吸收和确认。这一逻辑发展的结果就是,没有在侦查行为中被明确规定的辨认,依然没有在调查权限中被监察法明确规范。由于监察法对证据的种类没有采用明文列举的方式,而是采用列举未尽的等外表述方式进行规范,这就使辨认在监察委调查案件中,既没有明确的法律行为内容,也没有明确的证据种类身份,辨认的行为规制及随后的审查判断等内容都面临新的适用困惑。在法律无明文规定又无具体证据身份的立法状态下,监察委办案是否可以适用辨认这一措施,怎么进行辨认以及是否可以与审查起诉阶段的"辨认笔录"进行天然转换并遵循其程序要求等等内容,都亟须解决。正如有学者所言:监察法草案采取避开刑事诉讼法另作规定的做法,虽然可以兼顾职务违法和职务犯罪两方面的调查需要,但由于对这些调查措施,监察机关适用基本没有特别要求,抛开刑事诉讼法单独作出规定,将重复相当一部分刑事诉讼法规范,造成立法不经济;同时,也难以避免规范过于简略及制度不完善。在刑事调查程序中,撇开刑事诉讼法,仅以监察法作为执行依据,在实践中某些问题将会因规范过于简略而无所遵循。⑤

规制辨认程序,不仅要从心理学层面对整个辨认程序进行合理性规范,更要从

---

① 张建伟:《法律正当程序视野下的新监察制度》,载《环球法律评论》2017 年第 2 期。

② 参见马怀德:《〈国家监察法〉的立法思路与重点》,载《环球法律评论》2017 年第 2 期。

③ 参见韩大元:《论国家监察体制改革中的若干宪法问题》,载《法学评论》2017 年第 3 期。

④ 参见姜明安:《国家监察法立法的几个重要问题》,载《中国法律评论》2017 年第 2 期。

⑤ 参见龙宗智:《监察与司法协调衔接的法规范分析》,载《政治与法律》2018 年第 1 期。

法律层面予以制衡性规范。在心理学层面,要求辨认程序必须遵守及时辨认、预先询问、禁止暗示、分别辨认、混杂辨认等技术规定;在法律层面,要从辨认程序的启动、被辨认人的权益保障及辨认监督程序等多方面予以制衡,以保障辨认结论的客观性。辨认笔录作为单独的证据种类有独立的审查判断内容和证据排除内容。《死刑案件证据规定》第30条规定:“侦查机关组织的辨认,存在下列情形之一的,应当严格审查,不能确定其真实性的,辨认结果不能作为定案的根据:(一)辨认不是在侦查人员主持下进行的;(二)辨认前使辨认人见到辨认对象的;(三)辨认人的辨认活动没有个别进行的;(四)辨认对象没有混杂在具有类似特征的其他对象中,或者供辨认的对象数量不符合规定的;尸体、场所等特定辨认对象除外。(五)辨认中给辨认人明显暗示或者明显有指认嫌疑的。有下列情形之一的,通过有关办案人员的补正或者作出合理解释的,辨认结果可以作为证据使用:(一)主持辨认的侦查人员少于二人的;(二)没有向辨认人详细询问辨认对象的具体特征的;(三)对辨认经过和结果没有制作专门的规范的辨认笔录,或者辨认笔录没有侦查人员、辨认人、见证人的签名或者盖章的;(四)辨认记录过于简单,只有结果没有过程的;(五)案卷中只有辨认笔录,没有被辨认对象的照片、录像等资料,无法获悉辨认的真实情况的。”从具体适用上看,辨认行为具有一定程度的附属性,但辨认制度的巨大价值决定了其在案件事实发现过程中的重要地位。辨认活动本身所具有的独立性特征,决定了其不能被同类化而必须单独规制并进行程序保障的必要性。由此,刑事诉讼法和监察法都应将辨认确定为侦查和调查行为的一种,并将其明确为独立的证据类型,这也是保障程序顺利对接,解决证据适用现实障碍的基本要求。

三、法律冲突中的程序对接:以认罪认罚从宽的适用为视角

2018年刑事诉讼法修改时将正在试点中的认罪认罚从宽内容全面规范入法,建立了制度意义上的认罪认罚从宽。有关认罪认罚从宽在具体适用中的问题及改革内容,近两年来学界及司法实务部门做了大量有针对性的研究。此次修正吸收了其中已经明确的部分内容,并对一些争议的问题作出了实质性的回应与规范。认罪认罚从宽适用于审判和审前程序的全流程,即侦查、起诉、审判均可适用。此次修正,有关认罪认罚从宽主要涉及以下四个方面。(1)在《刑事诉讼法》第一编第一章中明确刑事案件认罪认罚可以依法从宽处理的原则。(2)完善刑事案件认罪认罚从宽的程序规定,包括侦查机关告知诉讼权利和将认罪情况记录在案;人民检察院在审查起诉阶段就案件处理听取意见,犯罪嫌疑人认罪认罚的,签署认罪认罚具结书；人民检察院提出量刑建议和人民法院如何采纳量刑建议；人民法院审查认罪认罚自愿性和具结书真实性合法性等。并增加规定，犯罪嫌疑人认罪认罚，有重大立功或者案件涉及国家重大利益的，经最高人民检察院核准，可以不起诉或者撤销案件。(3)增加速裁程序，适用于基层人民法院管辖的可能判处三年有期徒刑以下刑罚、被告人认罪认罚、民事赔偿问题已经解决的案件。规定速裁程序不受刑事诉讼法规定的送达期限的限制，不进行法庭调查、法庭辩论，但应当听取被告人的最后陈述意见，应当当庭宣判。同时，对办案期限和不宜适用速裁的程序转化作出规定。(4)加强对当事人的权利保障。对诉讼权利告知、建立值班律师制度、明确将认罪认罚作为采取强制措施时判断社会危险性的考虑因素等作出规定。从这些修改补充的内容可以看出，认罪认罚从宽虽然具有实体法层面的法规范争议，但就试点推进和此次刑诉法修正的内容而言，认罪认罚从宽具有较大的制度适用空间。从程序流程上，适用认罪认罚从宽应满足几个必备条件：犯罪嫌疑人、被告人自愿如实供述自己的罪行；对指控的犯罪事实没有异议；同意量刑建议；签署具结书，等等。认罪认罚从宽的程序理路是沿循是否认罪认罚展开，与案件可能判处的刑罚高低不产生实质关联，修正案没有对适用案件的罪名和可能判处的刑罚作出限定。从试点情况来看，在适用范围上，两高在试点之初给出的口径是“对犯罪性质恶劣、犯罪手段残忍、社会危害严重的犯罪分子，其坦白认罪不足以从轻处罚的，也必须依法严惩”。[①]“两高三部”在《关于在部分地区开展刑事案件认罪认罚从宽制度试点工作的办法》中以排除适用情形的列举方式，明确了不适用认罪认罚从宽制度的几种情形：规定犯罪嫌疑人、被告人是尚未完全丧失辩认或者控制自己行为能力的精神病人的；未成年犯罪嫌疑人、被告人的法定代理人、辩护人对未成年人认罪认罚有异议的；犯罪嫌疑人、被告人行为不构成犯罪的；以及其他不宜适用的情形。

与刑事诉讼法规定的认罪认罚的适用及程序推进不同，《监察法》虽然也规定了认罪认罚的内容，但其侧重从认罪认罚的正向适用性视角加以规制。《监察法》第31条规定：“涉嫌职务犯罪的被调查人主动认罪认罚，有下列情形之一的，监察机关经领导人员集体研究，并报上一级监察机关批准，可以在移送人民检察院时提出从宽处罚的建议：(一)自动投案，真诚悔罪悔过的；(二)积极配合调查工作，如

① 罗争光、王茜：《两高回应认罪认罚从宽试点：从宽幅度如何把握》，载新华网，https://news.china.com/domesticgd/10000159/20160904/23465194.html。

实供述监察机关还未掌握的违法犯罪行为的;(三)积极退赃,减少损失的;(四)具有重大立功表现或者案件涉及国家重大利益等情形的。"比较两法的相关规定,可以看出二者存有一定差异,而法律制度规范层面的差异具体到程序推进衔接中又会产生新的适用冲突问题。从适用精神上看,刑诉法对于认罪认罚侧重于不适用情形的规范,注重对认罪认罚行为可获得从宽处理的各种程序性保障规范。因此,修正案,从认罪认罚从宽到强制措施社会危险性的考量比重,再到更加简化的速裁程序,等等,都进行了相对体系化的内容完善。但监察法以可以适用的方式进行"条件式"规范,并加构了上一级机关批准的严格程序,体现的是限制适用和严格适用的立法思路和指导精神。从适用的案件范围上看,监察法中的认罪认罚有明确的适用情形,并未采用刑事诉讼法的排除性禁止方式。这样的立法模式和规范内容就使得监察委办案中认罪认罚的适用情形小于刑事诉讼法的适用范围,这种法律规范之间的冲突很容易带来衔接中的现实障碍。在监察委调查阶段,不符合认罪认罚从宽的案件在进入检察机关审查起诉及审判阶段的程序适用问题,以及可能产生的隐性障碍等问题都需要引起足够的重视。

对于认罪认罚从宽可能产生的适用冲突,从根本上讲,是监察法与刑事诉讼法两部不同性质的法律在对接内容上缺少统一规范造成的。检察机关不应因为进入审查起诉阶段就只强调对刑事诉讼法的遵循,而忽略监察法的相关规定。同理,监察机关办案也不能只遵循监察法,而忽略刑事诉讼法的适用要求。有论者指出,在性质上,《监察法》作为组织法和行为法而存在,《刑事诉讼法》则是程序法,二者之间的交集或重合仅在于除了《监察法》对调查取证措施作出独立于《刑事诉讼法》的特别规范,在进入刑事诉讼后的其他方面仍应适用同位阶的《刑事诉讼法》规范,包括非法证据排除规则。① 对此,笔者认为,具体适用中的问题,尤其是冲突内容,还要从法律规范的出发点和适用精神等方面进行综合考量。我国刑事诉讼法及相关司法解释并没有明确规定什么是认罪认罚从宽制度。"认罪认罚从宽制度作为一项具有实体与程序双重属性的法律制度,有其特定的含义。所谓认罪,是指犯罪嫌疑人、被告人自愿地向公安司法人员供述自己的犯罪行为及其过程和情节,并真诚悔罪;所谓认罚,是指犯罪嫌疑人、被告人在认罪的基础上,表示愿意接受法律的惩罚。而所谓认罪认罚从宽,则是指在犯罪嫌疑人、被告人认罪认罚的前提下,公安司法机关依法对其在实体上予以从轻、减轻或者免除处罚,在程序上作出

① 参见纵博:《监察体制改革中的证据制度问题探讨》,载《法学》2018年第2期。

相应的判决或者予以不起诉。这其中，认罪是前提，认罚是关键，从宽是结果，三者密切联系、互为条件、互相促进，共同构成完整意义上的认罪认罚从宽制度。”①在具体案件办理中，无论是职务犯罪案件还是其他刑事案件，认罪和认罚在行为意义上都具有发展性和可变性。法律规范和程序流转要尊重这些特性并给予充分的制度空间，这样才能保证这一制度得以真正贯彻执行。在认罪认罚从宽制度试点工作情况报告中，由于其适用的案件类型较为集中，基本不涉及职务犯罪案件的情况也需要引起足够重视，防止因法律规定不明或法律适用冲突而给认罪认罚带来隐性适用障碍。

四、法律交叉中的程序对接：以有效控诉为视角

对于检察机关而言，监察法的出台和刑事诉讼法的再修改带来的最大变化，就是对其侦查权的调整。此次刑事诉讼法修改，保留了人民检察院在诉讼活动法律监督中发现司法工作人员利用职权实施的非法拘禁、刑讯逼供、非法搜查等侵犯公民权利、损害司法公正的犯罪的侦查权。但是，即使是针对部分案件享有的侦查权，与之前也不完全等同。2012 年《刑事诉讼法》第 18 条第 2 款规定检察机关的管辖范围是‘……贪污贿赂犯罪，国家工作人员的渎职犯罪，国家机关工作人员利用职权实施的非法拘禁、刑讯逼供、报复陷害、非法搜查的侵犯公民人身权利的犯罪以及侵犯公民民主权利的犯罪”。可以看出，检察机关对于此类犯罪是法定的唯一侦查主体。而此次刑事诉讼法修正将其调整为“人民检察院在对诉讼活动实行法律监督中发现司法工作人员利用职权实施的非法拘禁、刑讯逼供、非法搜查等侵犯公民权利、损害司法公正的犯罪，可以由人民检察院立案侦查”。由此可以看出，虽然检察机关保留了部分案件的侦查权，但对于这部分案件，检察机关并非唯一管辖主体，从而形成了监察委的调查权与检察机关的侦查权在特定案件中都有管辖权的并行格局，这与之前检察机关对相关案件的独有侦查权不同。相应地，两家权力主体如果没有相对清晰的职权界分，就容易产生新的模糊地带和新的协调性问题。

相较于侦查概念和侦查职权的调整，检察机关在此轮法律和诉讼格局调整中，要适应这种变化，充分发挥职权，尤其是在审判中心背景下，需要进行以有效控诉为核心的法律跟进和程序对接。其中，检察机关补充侦查权的内容需要引起足够的重视。此次刑事诉讼法修正在补充侦查与补充调查的关系上与监察法的规定一

---

① 谭世贵：《完善认罪认罚从宽制度的思考》，载《中国社会科学报》2016 年 7 月 6 日，第 5 版。

致,检察机关的补充侦查是以“必要时”后置于监察机关的补充调查的。对于何为“必要”,《监察法》释义将其阐释为:“一般而言,检察机关认为监察机关移送的案件定罪量刑的基本犯罪事实已经查清,但具有下列情形之一的,可以自行补充侦查:一是证人证言、犯罪嫌疑人供述和辩解、被害人陈述的内容中主要情节一致,个别情节不一致,且不影响定罪量刑的。二是书证、物证等证据材料需要补充鉴定的。三是其他由检察机关查证更为便利、更有效率、更有利于查清案件事实的情形。”①对此,笔者认为对于自行补充侦查的范围还有进一步研究的空间,相关的司法解释也需要对这一问题进行一定程度的对接,以充分发挥两大机关的优势互补,提升有效控诉的质量。就现行检察官办案而言,对案件的处理不外乎两个方面的内容:一个是事实认定,另一个是法律适用。经过多年的发展和努力,检察官团体的法律适用能力已经得到了很大程度的提升。但是,反观事实认定方面,也就是对证据的认定上还在沿循老路,即关注的重点依然集中在证据显现的结论上,是运用结论在证明结论,而对于支撑结论的证据的产生和流转环节,如现场的勘验、检材的提取、检验、转移、交接、保管等,存有相当程度的脱节。要提高控诉质量,就需要弥合这种断裂,打通检察官同“证据”之间的关联,其中补充侦查权是变被动为主动的关键抓手。从保证起诉质量的视角而言,退回还是自行补充侦查,应该由检察机关视案件情况而定,从审查起诉视角准备证据。这一点无论是对公安机关侦查的案件还是监察委调查案件来说都是同样的。

对于此轮法律修改,检察机关需要面临的问题尤其多:不仅要适应部分职权重新调整带来的新格局、新变化,更有作为程序对接第一道关口所承担的制度转接重任。在两种不同性质的法律规范中对接和前行,检察机关需要站在充分发挥职能和改革既有阻碍因素的视角重新审视现行刑事诉讼法,并助推相关法律的修改和完善。

第六节　推进监察体制改革应当坚持以审判为中心*

一、问题的提出

为整合反腐资源力量,建立集中统一、权威高效的反腐主体,第十三届全国人

---

① 中共中央纪律检查委员会、中华人民共和国国家监察委员会法规室编写:《〈中华人民共和国监察法〉释义》,中国方正出版社2018年版,第215页。

* 作者:陈邦达。本节原发表于《法律科学》2018年第6期。

大于2018年3月11日通过《中华人民共和国宪法修正案》，并于3月20日通过《监察法》，在总结前期监察试点改革的基础上，通过修宪、立法为国家监察体制改革奠定法律基础。监察委员会由同级人大选举产生，形成“一府两院一委”的新格局。因此，《监察法》的全面实施将对我国司法体制产生重大影响。这次改革是继十八届四中全会提出“以审判为中心”的诉讼制度改革以来，党和国家发起的又一次重大的政治体制和司法制度改革，如何对待这两项重大改革触及的司法体制问题尤其重要。例如，有学者认为，监察体制改革与其他司法改革并行不悖。① 也有观点认为，监察委行使的调查权不同于刑事侦查权，监察委调查职务违法和职务犯罪适用监察法，案件移送检察机关后适用刑事诉讼法。② 可见，捋顺监察体制改革与审判中心改革的关系对推进监察体制改革具有重要的理论先导意义。笔者认为，监察体制改革与审判中心改革的内在逻辑并不矛盾。尽管二者的初衷目的、改革策略、实施进路略有不同，但必须坚持二者内在逻辑的自洽性，在贯彻《监察法》过程中，仍应遵循审判中心的基本规律，实现二者并驾齐驱。今后修改《刑事诉讼法》和《人民检察院组织法》更应当处理好监察程序与刑事诉讼程序的衔接关系③，这是深化改革必然涉及的理论问题。

二、监察体制改革与审判中心改革的契合点

根据“以审判为中心”诉讼制度改革的本意，所谓“审判中心”是相对于“侦查中心”而言，特指刑事诉讼中特定的诉讼构造。只有在刑事诉讼程序中才存在侦查、起诉和审判阶段的流程划分，派生侦查、起诉和审判这三种诉讼职能，所以有必要遵循刑事诉讼规律，凸显审判中心的地位。因此，个别观点认为在民事诉讼、行政诉讼中也应采取“以审判为中心”，其实是对审判中心主义的误解。也只有在刑事司法层面上，监察体制改革才可能与当前致力推行的“以审判为中心”的诉讼制度变革发生联系。监察委行使的调查权是否在哪个层面与刑事司法产生联系——对该问题的认识对妥当协调监察体制改革与审判中心改革的关系具有重要的现实意义。若监察委的调查介入刑事诉讼的前置程序，则监察调查程序就必须尊重审判中心改革的基本规律。因此，这也是本节研究监察体制改革与审判中心改革关

① 参见马怀德：《国家监察体制改革的重要意义和主要任务》，载《国家行政学院学报》2016年第6期。

② 参见《使党的主张成为国家意志》，载《中国纪检监察报》2017年7月17日，第1版。

③ 参见《〈刑事诉讼法修正草案〉目前在中国人大网公布征求社会公众意见》，载全国人民代表大会网，http://www.npc.gov.cn/npc/c30834/201805/f99474e57cfe4db39a4e26ccc0c72565.shtml。

系的理论前提。

《宪法》第127条规定,“监察委员会依照法律规定独立行使监察权,不受行政机关、社会团体和个人的干涉”。但如何界定监察委行使之“监察权”的本质属性和权能范围,仍值得深入考究。由于监察权由纪委、行政监察、检察院反贪渎职部门整合而成,型塑成更高级形态的国家监督权能结构体系,监察委员会从原来行政监察机关转变成相对独立的国家机关。① 因此,其权力属性不能通过局部权能的累加得出整体功能的定位。同时,虽然监察权具有不同于立法、司法、行政的“第四权”独立地位,这并不意味它在处理具体问题上便摆脱了司法、行政一体两面的特征。对其权能的判断,应以《宪法》和《监察法》赋予的监督、调查、处置职责为前提。由《监察法》第45条规定可知,监察程序与刑事诉讼程序的衔接发生在调查之后对案件特定情形的处理,即对涉嫌职务犯罪的,移送检察机关依法审查、提起公诉。因此,监察调查程序可谓特定案件刑事诉讼程序的前置阶段。② 如果对法律文本进行体系解释,并对监察职能进行逻辑推导,可发现调查与侦查在功能上存在近似的关系。笔者以为,监察委员会调查职能使其实质性地介入刑事司法前置程序,必须遵循审判中心改革的基本要求,其理由大致如下。

首先,从《宪法》与《监察法》等权威文件对于监察委“调查”的语义分析,监察委员会调查的内容既包括职务违法违纪的行为,也包括涉嫌构成职务犯罪的行为,后者必须遵循以审判为中心的刑事司法规律。这里必须遵循文义解释方法。文义解释是法律解释的最基本方法,按照法治对法律人的基本要求,文义解释方法具有优先使用性。③ 从字面解释看,“调查”是指“为了解情况进行考察(多指到现场)”。从体系解释看,《监察法》文本赋予监察委员会“调查”职能的表述,与《行政监察法》和《刑事诉讼法》的有关条款存在内在联系。这一判断从全国人大常委

---

① 参见徐汉明:《国家监察权的属性探究》,载《法学评论》2018年第1期。

② 有关监察委调查权的属性,有观点认为监察权是行政监察权、反贪局职务侦查权的总和。原来的刑事侦查权会随着其行使主体从检察院移送至监察委,原来由检察院行使的职务犯罪侦查权会随之转至监察委。也有观点认为调查权就是侦查权,只不过不冠以“侦查”之名,规避了《刑事诉讼法》的约束。参见张建伟:《法律正当程序视野下的新监察制度》,载《环球法律评论》2017年第2期。

③ 参见陈金钊:《文义解释:法律方法的优位选择》,载《文史哲》2005年第6期。

会将《行政监察法》修改为《监察法》纳入2017年立法工作要务之一①,以及《监察法》复制部分刑事诉讼法的条款可得到印证。可据此推断:全国人大常委会在起草《关于在北京市、山西省、浙江省开展国家监察体制改革试点工作的决定》(以下简称《决定》)时主要参照《行政监察法》有关监察机关职能和《刑事诉讼法》有关检察机关反腐职能的规定。《行政监察法》第18、20、21条等条款均使用“调查”一词。例如,“监察机关对监察对象执法、廉政、效能情况进行监察,履行下列职责:调查处理国家行政机关及其公务员和国家行政机关任命的其他人员违反行政纪律的行为”。可见,行政监察中的调查指为了解案件事实所展开的职能活动。《刑事诉讼法》也多处使用“调查”一词,但对主要诉讼程序之一的“侦查”赋予了特定的内涵,侦查实质上包括进行专门调查工作和有关的强制性措施。②《决定》文本在起草时必定是考究缜密,“调查”一词绝非信手拈来,而是在现有法律语言基础上斟酌取舍得到的术语。“调查”之内涵与外延也同参照的法律存在联系,其性质不仅取决于实施主体,还取决于作用场域、适用对象及具体权限。《监察法》第11条第2款规定:“对涉嫌贪污贿赂、滥用职权、玩忽职守、权力寻租、利益输送、徇私舞弊以及浪费国家资财等职务违法和职务犯罪行为进行调查。”可见,调查的实施主体是监察委,其具体权限包括使用搜查、扣押、留置等办案手段,而其作用场域既包括调查职务违法行为,也包括调查职务犯罪行为:前者具有原行政监察的特征,后者则明显针对刑事司法而言。因此,必须以遵循审判为中心的刑事司法规律。

其次,根据刑事诉讼规律的基本原理,与审查起诉对接的前一道程序通常是侦查程序。尽管《监察法》创设监察委与检察机关、审判机关的新型工作衔接机制,但调查程序实质上已构成刑事诉讼的前置程序。根据《监察法》第11条的规定,监察委员会在调查之后,对涉嫌职务犯罪的,将调查结果移送检察机关依法审查、提起公诉。可见,当监察委员会行使调查职能时实际上包括不同的情形。第一种情形:当违法行为不构成犯罪行为的时候,监察委员会应当作出政务处分决定。具

① 2017年全国人大常委会工作报告“将行政监察法修改为国家监察法,为构建集中统一、权威高效的国家监察体系提供法治保障”作为当年的立法工作任务之一。参见《张德江:今年将行政监察法修改为国家监察法》,载新浪网,http://news. sina. com. cn/o/2017－03－08/doc－ifychavf2064538. shtml;《人大法工委:今年将行政监察法修改为国家监察法》,载中国青年网,http://news. youth. cn/sz/201703/t20170309_9255470. htm。

② 主流的刑事诉讼法学教科书均将侦查定位为进行专门调查工作和有关的强制性措施。参见陈光中主编:《刑事诉讼法》(第5版),北京大学出版社2013年版,第280页。

体的处置结果是移送给行政执法部门处罚或移送党内组织予以党纪处分。第二种情形:当违法行为构成刑法规定的职务犯罪、渎职类犯罪时,则移送检察机关审查起诉。按照传统刑事诉讼分段模式的基本原理①,负责对接移送检察机关审查起诉的程序应当是侦查程序,这才符合侦诉对接的刑事诉讼运行机制规律。因此,按照传统的刑事诉讼法理,监察委员会对于办案中涉及的刑事诉讼程序,由于其行使的职能本质上是侦查权,其权力运行就必须遵循刑事司法规律,符合审判中心改革的基本要求。但我们看到,由于《监察法》采取在刑事诉讼法规定的职务犯罪侦查程序之外进行一种制度创新,将监察委实施的职务违法、职务犯罪调查程序作为不同于刑事诉讼的程序,这样就"有犯罪侦查之实,而无犯罪侦查之名,避开了刑事诉讼法的侦查程序规范"。② 直到监察委调查完毕,将案件移送给检察机关依法审查、提起公诉,案件才回归到刑事诉讼法的规制状态。因此,监察法是对传统刑事诉讼分段模式基本原理的突破,需要创设新机制和新原理来设置监察委调查与检察机关、审判机关的工作衔接机制。在这种情况下,监察法的调查程序实质上构成了刑事诉讼的前置程序。③ 监察委调查完毕移送检察机关时,案件直接从监察委调查,进入检察环节,激活了审查起诉的功能,而其中的侦查程序已被调查程序取而代之。

最后,从审判中心改革功能价值定位的角度看,在监察体制改革过程中坚持遵循审判中心的规律能防止打击职务犯罪发生冤假错案的危险,做到打击犯罪的同时兼顾保障公民合法权益。审判中心的价值突出地体现为:它是解决当前制约刑事司法公正突出问题的必要举措,是遵循诉讼规律、司法规律、法治规律的必然要求,也加强人权司法保障的必由之路。推进以审判中心改革,目的就是形成一种倒逼机制,严格规范侦查、起诉活动,既防范冤假错案,又防止放纵犯罪。我国的刑事司法经验也证实,如果没有将审判置于刑事诉讼流程的中心位置,将造成一些负面后果。例如,长期以来对宪法确立的公、检、法三机关分工负责、相互配合、相互制约原则的贯彻在执行中异化为"侦查中心主义",很多冤假错案的发生很大程度上

① 参见孙远:《"分工负责、互相配合、互相制约"原则之教义学原理——以审判中心主义为视角》,载《中外法学》2017年第1期。

② 龙宗智:《监察体制改革中的职务犯罪调查制度完善》,载《政治与法律》2018年第4期。

③ 马怀德教授也认为,从监察制度改革的精神看,对特殊的职务违法犯罪的调查程序并不受《刑事诉讼法》的直接规制,而属于刑事诉讼的前置程序。参见马怀德:《再论国家监察立法的主要问题》,载《行政法学研究》2018年第1期。

是由于审判对侦查的制约不力所造成。[①] 因此，坚持审判中心的规律是兼顾打击犯罪与保障人权的需要。监察委员会由检察院查处贪污贿赂、失职渎职以及预防职务犯罪等部门的相关职能整合而成。职务犯罪侦查原是检察机关反贪部门的一项重要权能。监察体制改革后，检察院将不再行使这项权能，但打击职务犯罪的任务却不容阙如、刻不容缓。因此，从保证刑事立案管辖覆盖的周延性、职务犯罪侦查权的延续性角度看，从检察机关"剥离"的职务犯罪侦查权必然被"继承"该项权能的监察委员会的调查权取而代之。监察委员会调查后的证据直接进入审查起诉阶段，并以调查的名义规避刑事诉讼法的适用，将可能会造成在非法证据排除规则监察委调查阶段的被架空。[②] 因此监察委办案确有必要遵循审判中心的要求。实际上，监察体制改革本身也认识到审判中心的重要性。例如，《监察法》第33条规定："监察机关在收集、固定、审查、运用证据时，应当与刑事审判关于证据的要求和标准相一致。以非法方法收集的证据应当依法予以排除，不得作为案件处置的依据。"第40条规定："严禁以威胁、引诱、欺骗及其他非法方式收集证据"，这些规定都与审判中心改革对统一证明标准、贯彻非法证据排除等证据制度的要求一致，印证了推进监察体制改革遵循审判中心规律符合改革本身的需要。

三、监察体制改革与审判中心改革的侧重点不同

监察体制改革与审判中心改革都是党的十八大以来我国重大的政治体制改革与司法体制改革，是对以习近平同志为核心的党中央全面推进依法治国战略的发展。尽管这两项改革的提出均源于当前中国司法体制存在的突出问题，但具体问题背景的不同，决定二者之初衷目的、改革策略和实施进路略有不同。

（一）监察体制改革提出的背景、初衷与进路

从改革的背景分析，监察体制改革是为应对当前党风廉政建设和反腐败斗争形势依然严峻复杂、全面从严治党任务依然艰巨繁重的现实需求，以及坚持法治反腐，建设廉洁政治的客观需要。一方面，建立国家监察委员会是对党的十八大以来，中央反腐倡廉工作取得的成果进行巩固，并通过法治化的方式使反腐倡廉迈上新台阶的重大举措，将近年来反腐工作经验以建章立制的方式进行巩固。另一方面，也是针对目前国内反腐制度存在诸如反腐力量分散、监督对象不周延等问题进行统筹治理，实现国家治理体系与治理能力的内源式发展的司法体制改革。

---

① 参见魏晓娜：《以审判为中心的刑事诉讼制度改革》，载《法学研究》2015年第4期。

② 参见刘艳红、夏伟：《法治反腐视域下国家监察体制改革的新路径》，载《武汉大学学报（哲学社会科学版）》2018年第1期。

从监察体制改革预期的价值目标分析,监察改革伊始,之所以通过《决定》和《方案》两个文件赋予监察委员会位高权重的地位,并且经过试点之后又通过《监察法》赋予其监督、调查、处置的具体权能,主要是基于提高反腐败主体独立性、高效性的考虑。开展监察体制改革的初衷,归纳起来主要有以下四个方面。一是破解当前反腐工作主体职能的重叠性障碍。长期以来,我国反腐败职能分散于各级纪检监察机关、政府的预防腐败机构以及各级检察机关查办和预防职务犯罪机构之中。这些职能部门存在职能重叠、边界不清等问题[①],依据的党规国法不同,尺度不一。同时,反腐机制衔接不畅,配合不力[②],难以形成稳定、规范而高效的反腐合力。反腐机构职能的非统筹化、制度建构的非契合化制约反腐成效。[③] 二是提高反腐败机构在国家权力结构中的政治法律地位,扩大监察范围,建立集中统一、权威高效的监察体系,履行反腐败职能。[④] 长期以来,作为职务犯罪侦查主力的检察机关,其独立性并没有得到切实彰显,在查办贪污、贿赂犯罪案件中,许多案件在立案、批捕、审查起诉等重要阶段都要向同级党委汇报,反腐效率和权威性受到削弱。因此,《监察法》不将监察委员会定性为侦查主体,其出发点大致如同有些学者所担忧:一旦监察委定性为侦查主体,其赋予的监督、处置等权力将被弱化,这将与反腐败机关的定位相悖。三是为了强化反腐侦查证据的收集、转化与运用。由于纪检人员并非《刑事诉讼法》规定的侦查主体,所以其办案过程收集的证据不能直接作为刑事诉讼中的证据使用,而必须通过检察机关在受理纪检机关移送的案件之后,重新调查取证并固定证据,因而影响反腐败侦查的效率。虽然 2012 年《刑事诉讼法》肯定了行政执法与刑事司法衔接中的证据转化问题,但由于两法衔接中各自的取证规则不同,办案程序不一,证据转化常常出现瓶颈。庭审中被辩护方申请作为非法证据排除的,有相当数量与"双规"密切相关。通过整合反腐职能主体,《监察法》确立监察委调查的证据与刑事诉讼证据无缝对接。四是为了扫清既往反腐监督对象存在的盲区。这些盲区主要表现为既往的行政监察仅限于行政机关内部,未能有效及于其他国家机关工作人员。《监察法》赋予了监察委员会"对人监督"的职权,实现监督对象的全面覆盖。

---

① 参见吴健雄、李春阳:《健全国家监察组织架构研究》,载《湘潭大学学报(哲学社会科学版)》2017 年第 1 期。

② 马怀德:《再论国家监察立法的主要问题》,载《行政法学研究》2018 年第 1 期。

③ 参见刘艳红:《中国反腐败立法的战略转型及其体系化构建》,载《中国法学》2016 年第 4 期。

④ 参见何家弘:《论反腐败机构之整合》,载《中国高校社会科学》2017 年第 1 期。

（二）审判中心改革提出的背景、初衷与进路

党的十八届四中全会通过的《决定》指出："健全公安机关、检察机关、审判机关、司法行政机关各司其职，侦查权、检察权、审判权、执行权相互配合、相互制约的体制机制。"从审判中心改革的价值目标看，它所强调的是审判为刑事诉讼制度程序的重心，确保侦查、审查起诉的案件在事实证据认定及法律适用方面能够经得住法律的检验。党中央提出"以审判为中心"的重大改革部署，主要是基于以下三个因素的考虑。

一是为了消除侦查中心主义的弊端。由于《宪法》和《刑事诉讼法》确立的"分工负责、互相配合、互相制约"原则在实践贯彻中效果不理想，公、检、法之间或多或少存在"配合有余，制约不足"的问题①，特别是审判程序难以发挥对其他程序的制约作用，往往成为对侦查案卷的书面确认。二是为了遵循诉讼规律，防止冤假错案发生，提高司法公信力。建立"以审判为中心"的诉讼制度构造，是由司法审判的最终裁判性质所决定的。因为侦查、审查起诉工作的成效，最终要通过审判来检验，确保案件得到公正处理。"以审判为中心"是为了遵循诉讼规律，即发挥审判环节对证据的审查判断作用，防止冤假错案的发生。它的提出正是出于近年来我国刑事司法实践中曝出的冤假错案导致司法公信力削弱。这些冤假错案背后告诫人们：许多案件在侦查阶段取证环节就存在瑕疵，结果一步错、步步错、错到底，最终到了庭审阶段，法官根据侦查阶段的案卷笔录作出判决以至酿成错案。所以，党的十八届四中全会《决定》提出推进审判中心诉讼制度改革，也是为了防止冤假错案的发生，更好地贯彻公安机关、检察机关、审判机关三机关分工负责、互相配合、互相制约的原则，提升司法公信力。三是为了强化刑事诉讼程序在人权司法保障方面的价值功能。刑事诉讼程序的设置，不仅要实现惩罚犯罪的功能，还要实现人权保障的价值目标。只有实现以审判为中心，完善对限制人身自由、处置公民重大财产的司法措施和侦查手段的司法监督，实现审判程序影响前移，才能及时制止和纠正违法行为，从源头上防范刑讯逼供和非法取证。因此，党的十八届四中全会《决定》提出推进"以审判为中心"的诉讼制度改革，确保侦查、审查起诉的案件事实证据经得起法律检验。以审判为中心应当进一步理顺侦查权、检察权和审判权

---

① 陈光中教授指出："'分工负责、互相配合、互相制约'原则在实践中的运用存在着缺陷和问题，影响到三机关正常运作和司法公正的实现，冤假错案的产生与此也不无关联。"司法实践中法检公三机关将"互相配合"异化为无原则配合的现象屡见不鲜。参见陈光中：《如何理顺刑事司法中的法检公关系》，载《环球法律评论》2014 年第 1 期。

之间分工负责、配合制约的关系，强化审判权在司法权力配置和运行中的核心地位，侦查和起诉必须围绕着审判的任务进行，是审判的准备阶段。

由此可见，监察体制改革与审判中心改革对解决现实问题的出发点、初衷和目的不同。深化监察体制改革的目标是建立党统一领导下的国家反腐败工作机构，实现组织和制度创新，整合反腐败的资源力量，建立集中统一、权威高效的监察体系。而审判中心诉讼制度变革的目标是确保侦查、审查起诉阶段的案件事实证据经得起法律的检验和历史检验。这两项改革在实现刑事诉讼“打击犯罪”与“保障人权”两大价值取向上强调的侧重点不同：前者重在打击职务犯罪，保护廉政体制；后者重在防止冤假错案，提高司法公信力。这两项改革的实现路径不同：前者强调通过加强反腐主体的独立性、高效性提升反腐败的力量，通过对国家权力的优化配置实现反腐能力的加倍升级；后者强调发挥审判对侦查、审查起诉环节的制约，它通过强化制约、权力制衡保持刑事司法职权之间的适当张力，实现公、检、法三机关分工负责、互相配合、互相制约的理想状态。虽然二者侧重点不同，但它们都是我国法治建设的重要改革内容，体现了党的十八大以来以法治思维和法治方式深化改革的思路。

四、监察体制改革对审判中心改革的影响

（一）监察体制改革对司法权力配置格局的影响

监察体制改革会造成国家司法权力配置格局的重新调整，打破原来的平衡，对既有的侦查体系带来影响。监察委员会以位高权重的政治和法律地位介入刑事诉讼程序，可能对“以审判为中心”的诉讼制度改革带来一定影响。这些影响要求协调改革关系，以并行不悖实现改革目标。

根据《宪法》和《监察法》所确立的各级监察委员会的法律地位、权力构造等内容判断，监察委员会具有以下四个突出的特点：

第一个特点是地位居高。在《监察法》制定之前，已有学者从政治、法律综合因素的角度分析并认为，监察委员会的实际地位高于同级人民法院和人民检察院。监察委员会与纪检委的合署办公提高了它的政治地位，造成它在法律上的地位明显高于同级人民法院和人民检察院。从试点地区看，监察委员会主任均由省委常委、省纪委书记兼任，其在政治、法律生活中的实际地位高于同级法院院长和检察院检察长。第二个特点是权力厚重。监察委员会与纪检委合署办公，检察院反贪渎职、预防职务犯罪部门将转隶至监察委员会，其权力至少是目前纪检委权、行政监察权、检察院职务犯罪侦查权的总和。在改革试点阶段，监察委员会有权采取讯问、留置、冻结、查封、扣押、搜查等对人对物的强制性措施。有的地方在适用留置的同时还保留着“双规”的办案手段。《监察法》颁布之后，监察委实际上享有党纪检查、行政监察和犯罪调查三项职权。第三个特点是行政与司法“一体两面”的属性。根据《宪法》确立的“一府两院一委”格局，监察委员会既不属于行政机关，也不属于司法机关，但其实际上的权能兼具行政、司法特质。例如，上级监察委领导下级监察委的工作、上级监察机关可以办理下级监察机关管辖的监察事项，这些都具有行政权“上命下从”的特征。而对留置采取领导人员集体研究决定的方式，又有别于首长负责制。《宪法》和《监察法》赋予监察委员会调查、监督、处置的权能，并对涉嫌职务犯罪的案件移送检察机关依法提起公诉，形成监察委员会负责调查—检察院负责审查起诉—法院负责审判的分段式办案流程。对于不构成职务犯罪的，监察委员会依法作出处置决定，这意味着移送行政执法部门作出处罚或者纪律检查委员会作出党纪处分。可见，监察委员会具有司法和行政的双重属性；同时，又兼具党权和国权合署的“一套班子、两块牌子”的属性。第四个特点是监督范围的“全面覆盖”。根据《监察法》第15条的规定，监察委员会对所有行使公权力的公职人员依法实施监察。其范围之广，监督的对象包括了党政机关、人大及其常委会、人民政府、人民法院、人民检察院等机关的公务员以及其他从事公务的人员。

所以，监察委员会具有位高权重、一体两面、全面监督等特征。当由其展开调查的反腐败案件进入移送检察院审查起诉阶段，将类似于公、检、法三机关在刑事诉讼中的关系，形成“监察调查—审查起诉—法庭审判”分段式办案流程，而实际上，监察委员会在这一过程中承担职务犯罪的调查取证职能。在案件移送检察院审查起诉之后，位高权重的监察委员会是否在审判阶段切实遵守“审判中心”的要求，需要协调监察环节与检察环节、审判环节的衔接。处理好诸如非法证据排除规则的贯彻，仅仅靠监察委员会内部的监督恐怕难以奏效。今后，是否有必要将检察机关人民监督员制度引入监察体制改革，这方面仍须实践检验。对此，笔者对我国侦查中心主义的成因进行参照，以为监察体制改革提供前车之鉴，防止新的“侦查中心”形成。

从遵循诉讼规律的应然角度分析，三机关之间的职能关系“不应当是平行的，而应当是起伏的——侦查实施者对检察监督者呈伏势。而检察相对于决定起诉命运的审判者呈伏势。”[①]但是，在我国长期的刑事诉讼实践中，三机关相互配合、互

---

① 龙宗智：《评“检警一体化”兼论我国的检警关系》，载《法学研究》2000年第2期。

相制约形成一种侦查制约起诉、起诉制约审判的单向制约。这种现象造成庭审流于形式,侦查案卷笔录对审判结果具有某种决定力①,存在酿成冤假错案的风险。正在推进的“以审判为中心”诉讼制度改革旨在消除侦查中心主义的弊端,发挥审判倒逼侦查取证程序完善的功能。我国长期以来形成“侦查中心主义”的成因可谓根深蒂固,其中一个重要因素便是公安机关在诉讼中的权力偏大。尽管在刑事诉讼中,公安机关只负责侦查,对案件的实体裁判没有最终的决定权,但是,公安机关处理大量与百姓生活息息相关的行政事务,在政治法律生活中的地位居高。过去在很多地方,公安局局长兼任政法委书记或兼任党委常委,公安机关在政治上高位无形之中也造成它在刑事诉讼中处于强势地位。有学者归纳出侦查中心主义的基本特征:侦查机关对犯罪嫌疑人的未决羁押、侦查机关对涉案财物的强制性处分、作为法院裁判根据的案卷笔录。② 笔者赞同这一观点,并认为目前应当积极稳妥地处理监察体制改革与审判中心改革的关系,避免监察调查职务犯罪案件出现新的“侦查中心”倾向。其理由主要如下。其一,监察委员会行使的调查权具有高度的自主性、封闭性,检察机关对监察委员会没有侦查上的指挥权或领导权,在被转隶了职务犯罪侦查权以后,更难对监察委员会形成一种刚性监督。其二,以往实践中公、检、法三机关之间的制约整体上是一种单向式、正向式的制约,呈现为前一道诉讼程序制约后一道诉讼程序,即侦查制约起诉、起诉制约审判,而不是起诉制约侦查、审判制约起诉。③ 监察委员会的政治法律地位高于公安机关,甚至高于同级的检、法两家,能否自觉接受检、法的制约值得期待。其三,在侦查中心主义之下,实践中对检察院审查起诉阶段退回补充侦查的案件,公安机关将案卷原封不动地退回。监察委员会移送检察院审查起诉之后,一旦检察院退回补充核实,是否也可能存在消极懈怠的问题,对此必须未雨绸缪。其四,在既往司法实践中,对于法庭通知侦查人员出庭、侦查机关内设鉴定机构的鉴定人出庭的,公安机关配合的积极性较低。监察委员会位高权重,并享有调查、鉴定等权力,此次监察体制改革只是将检察院反贪渎职、预防职务犯罪部门转隶至监察委员会,但并没有将检察院内

---

① 在刑事庭审中,法院通过“调查讯问式”进行法庭调查,侦查案卷成为法官进行事实复审的直接依据。单方面的阅卷成为法院事实裁判的基础,案卷在使用上贯通于侦查、起诉、审判阶段,并对裁判结果具有“决定力”。参见左卫民:《中国刑事诉讼运行机制实证研究(二)——以审前程序为重心》,法律出版社2009年版,第191~195页。

② 参见陈瑞华:《论侦查中心主义》,载《政法论坛》2017年第2期。

③ 参见左卫民:《健全分工负责、互相配合、互相制约原则的思考》,载《法制与社会发展》2016年第2期。

设鉴定机构也一并转隶①。今后,监察委员会是否会内设一套司法鉴定机构以满足办案需要,如何保证监察调查过程中办案人员、鉴定人出庭作证制度落实到位,实现证人、调查人员出庭作证等问题尤其重要,加强证人出庭是实现庭审实质化而推动审判中心改革的关键举措。在以往实践中,由于证人出庭可能改变证言的内容,办案机关往往对证人出庭不抱积极性。今后,监察机关调查案件能否做到服从法庭的出庭传唤,须拭目以待。此外,监察案卷笔录进入审查起诉、审判阶段,是否也会产生类似于侦查案卷笔录在诉讼中的贯通性,造成法庭审判仅仅是对监察案卷笔录的书面审查和确认过程,这也将是个必须面对的问题。

(二)监督范围全覆盖对依法独立行使审判权的影响

根据《监察法》规定的监察范围,监察委对所有行使公权力的公职人员依法实施监察,其监督范围可谓"全面覆盖"。按照《联合国反腐败公约》的规定,公职人员的范围涵盖了"立法、行政、行政管理或者司法职务的任何人员",因此,早些年有学者认为我国应当取消国家工作人员的概念,而代之以"国家公职人员"。② 当监察委员会对法官进行监督时,是否造成正在审理案件的法官头悬"达摩克利斯之剑",成为影响其依法裁判的外界因素?今后,监察委员会是否可以对正在审理案件的法官采取监察措施?有必要全面分析监察委员会对法官的监督是否构成对法院依法独立行使审判权的干涉。对此问题应当辩证看待。如果监察委员会能够坚持"对人监督"的原则,例如,对于法官存在贪赃枉法的行为,监察委员会在接到此类举报线索之后展开监察,这种做法无可厚非。只要法官身正不怕影子斜,根本无须对监察委员会的调查感到畏惧。但是,如果监察委员会对法官的监督超越了"对人监督"的合理限度,则容易造成对法官依法行使职权的法外干预。如果在法官审理监察委员会查办的案件过程中,监察委员会又对审理案件的法官展开调查,将会对法官正在审理的案件造成干预,则存在干涉法院独立行使审判权之嫌。

因此,立法应当进一步明确监察委员会对法官的监督范围,确立监察委员会对法官采取"对人监督"而非"职权监督"的原则。所谓"对人监督",是指监察委员会对法官的监督只能限于法官涉嫌构成职务犯罪行为的情形,而对于法官在行使审判职权的过程中是否违反法定程序,在案件事实认定和法律适用过程是否存在

---

① 根据2005年全国人大常委会《关于司法鉴定管理问题的决定》,人民法院和司法行政部门不得设立鉴定机构,侦查机关根据侦查工作的需要设立鉴定机构。目前,公安机关、检察机关仍然保留着内设鉴定机构,这些鉴定机构隶属于各自的侦查机关。

② 参见管建强:《〈联合国反腐败公约〉与我国国内法的腐败犯罪主体》,载《法学》2006年第1期。

差错,只要这些违法、错误的行为没有达到《刑法》有关职务犯罪的构成要件,就不应当纳入监察委员会监督的范围。这样限定的理由如下。其一,一旦监察委员会对法官的监督越权,将容易造成法院依法独立行使审判权受到干涉。因此,从保障审判权独立行使的宪法性旨意出发,必须严格限制监察委员会对法官的监督范围。我国《宪法》规定:"人民法院依照法律规定独立行使审判权,不受行政机关、社会团体和个人的干涉。"案件事实认定和法律适用问题本身均属于司法活动的内容,必须赋予法官必要的自由裁量权。因此,这部分行为不应当纳入监察委员会的监督范围。其二,对于法官在审判活动中存在违反法定程序的行为,或者在事实认定和法律适用存在错误的情形,检察机关诉讼监督即可,无须叠床架屋。目前,检察机关对法院的监督方式主要包括提起抗诉、发放纠正违法通知书等方式。其中,抗诉包括二审抗诉、审判监督程序的抗诉。二审抗诉的法理基础在于检察机关享有诉权。而对于审判监督程序的抗诉,如果仅仅将其理解为诉权,则过于牵强。从法理上分析,当判决已经生效时,对同一案件的起诉权已经"耗尽",抗诉已缺乏法理资源。[①] 所以,对于生效判决抗诉的理论支撑应当理解为检察机关行使法律监督权的职责。正因如此,这种抗诉一经提出,法院就必须启动审判监督程序。在监察体制改革之后,宪法赋予检察机关的法律监督权依然如故,足以对审判程序依法监督。

当然,监察委员会对司法人员的监督是"对人监督",而非"职权监督"。虽然这在学理上是能够分清的事实,但是,在实践中也许难以区分对人还是对事,尤其是在法官职业保障体制不健全、司法生态不理想的情境下[②],容易造成监察委员会对法官正在审理的案件造成法外干预。因此,从保障审判权依法独立行使的角度观之,今后监察委员会对法官进行监察时,应立足于对法官是否构成职务犯罪行为的调查,而淡化对其审判职能,甚至禁止对审判过程的监督。

(三)监察体制改革对贯彻分工负责、配合制约原则的影响

"以审判为中心"的诉讼制度改革要求坚持贯彻公、检、法三机关分工负责、互相配合、互相制约的原则。我国目前刑事诉讼采取分段的模式,即侦查、审查起诉

---

① 参见龙宗智:《相对合理主义视角下的检察机关审判监督问题》,载《四川大学学报(哲学社会科学版)》2004 年第 2 期。

② 司法生态,是指司法生存与运作所处的外部环境,主要由政治生态、社会生态、法律职业生态三个要素构成。基于多种原因,我国司法生态在这三个方面都存在不同程度的缺失,由此造成现实中司法的诸多困窘。参见顾培东:《当代中国司法生态及其改善》,载《法学研究》2016 年第 2 期。

和审判各守一段、各司其职,使司法权力保持动态平衡。尽管有学者呼吁将监察程序纳入刑事诉讼法规制①,但从《监察法》和《刑事诉讼法修正案(草案)》的文本分析,此次监察体制改革并未将监察机关纳入《刑事诉讼法》所规定的侦查主体之列。尤值一提的是,《监察法》第4条第2款规定,"监察机关办理职务违法和职务犯罪案件,应当与审判机关、检察机关、执法部门互相配合,互相制约"。可见,立法已明确监察机关与司法机关的关系。确立这项原则意义重大,必须切实遵守。今后,仍需探索如何通过该原则构建具体制度,对监察权形成外部约束,使监察权与检察权、审判权形成分工负责、配合制约的关系。在推进监察体制改革的过程中,应当慎重处理以下两个问题。

其一,慎重对待留置措施的审批。《监察法》赋予监察委员会采取"留置"的权力。从留置的基本含义分析,它特指人身停留于某处、人身自由受到一定限制之意思。我国《人民警察法》第9条规定对被盘问人的留置时间最长不超过48小时。但毕竟此"留置"非彼"留置"。《监察法》规定,留置时间最长可延至不超过6个月,留置措施应当由监察机关领导人员集体研究决定。因此,留置无须经过检察院批准或者法院决定,就可以限制被调查人的人身自由,因此在适用时须格外谨慎。毕竟,监察委员会监督的对象不仅是党员干部,而且还广泛地包括所有行使公职的人员。

其二,协调双规、两指与留置的适用情形。用留置措施替代存有合宪性争议的"双规""两指",是国家治理体系和治理能力现代化的进步。部分试点地区存在"双规"、"两指"与"留置"并存共用的现象。从现有公开资料的情况来看,"双规"与"留置"在实施主体、依据、期限等方面不同,而"双规"是否被"留置"取而代之尚无定论。"双规"的直接依据是1994年实施的《中国共产党纪律检查机关案件检查工作条例》,基本上没有明确其适用期限。而参照《监察法》的规定,留置的期限不得超过3个月,并且可以延长1次。因此,监察机关在调查过程中应当依法决定是否采取留置手段。在条件成熟时,立法应当进一步明确留置替代双规的适用依据。

从规范权力运作的角度来看,推进监察体制改革必须坚持贯彻"分工负责、配合制约"原则,其理由主要有以下三点。第一,分工负责、配合制约原则是我国《宪法》确立的规范国家司法机关关系的基本原则,是对新中国成立以来刑事司法经

① 参见陈光中:《关于我国监察体制改革的几点看法》,载《环球法律评论》2017年第2期。

验教训的总结,是实现分权制衡,规范权力运作的重要保障。我国《宪法》第135条之所以把“分工负责、互相配合、互相制约”原则确立为人民法院、人民检察院、公安机关办理刑事案件的指导原则,是因为这项原则是对刑事司法实践正反两方面经验教训的总结。“分工负责”体现司法机关地位的独立性和权力的有限性、互补性和不可替代性。① 并通过配合、制约达到权力的有效运行。第二,分工负责、配合制约原则也是我国刑事诉讼的一项基本原则,是确保程序正当的底限。由这一原则派生出许多刑事诉讼制度,这一原则是权衡打击犯罪、保障人权双重价值取向的顶层设计,凝聚着实现实体正义和程序正义的核心理念,能够最大限度地规范刑事司法行为。所以,刑事诉讼活动要遵循这些核心价值理念,就必须贯彻分工负责、配合制约的原则。第三,监察委员会贯彻分工负责、配合制约原则能够确保反腐败案件的查办经得起历史的考验,严格遵循诉讼规律和证据规则依法办案,防止冤假错案的发生。对于这一点,党中央深化国家监察体制改革的试点工作领导小组组长王岐山同志在这方面已有论述,认为“监察委员会履行监督、调查、处置职责,与执法、司法机关有机衔接、相互制衡,实现依规治党和依法治国有机统一”,须“强化对监察委员会自身的监督制约”,应“把握好动态平衡,防止过犹不及”。王岐山同志的上述讲话表明,监察体制改革应当防止集权模式造成的过犹不及,实现动态平衡也就是强调权力在运作之间形成掣制。当前,反腐败行动在发现实体正义和程序正义两大价值取向方面,更侧重于发现实体正义。新监察制度的设置,不仅要做到监察权来自人民,更应当做到人民对监察权力的监督,避免出现监察权自身缺乏监督的局面。办理职务违法和职务犯罪案件,一些诸如办案手段缺乏程序正当性、没有贯彻非法证据排除规则、案件事实认定出现偏差、办案措施不当给公民的人身、财产造成侵害,一旦出现这些失误,就容易损害监察委员会的形象,甚至损害党的形象。② 所以,贯彻“分工负责、配合制约”原则也是从程序上保证监察委员会办案过程中实现权力制衡,防止冤假错案的发生。

---

① 韩大元、于文豪:《法院、检察院和公安机关的宪法关系》,载《法学研究》2011年第3期。

② 张建伟:《法律正当程序视野下的新监察制度》,载《环球法律评论》2017年第2期。

第七节　监察赔偿义务机关的认定问题研究*

一、问题与路径：在国家赔偿体系中确定监察赔偿义务机关

(一)现有研究对监察赔偿义务机关的诠释仍需深化

现代国家的公共管理职能呈现扩张趋势，新型国家机关和权力类型不断出现，公民权益受到公权力侵害的风险增大。在国家侵害公民权益的救济方式中，国家赔偿是一种解决公权力侵害公民权益的风险分配及补救方案。随着监察体制改革推广至全国范围，监察机关侵害公民权益的风险引起研究者关注。

2018年出台的《监察法》对监察侵权问题予以初步回应。该法第67条规定："监察机关及其工作人员侵犯公民、法人及其他组织合法权益造成损害的，依法给予国家赔偿。"2021年施行的《监察法实施条例》对监察赔偿的具体情形予以界定，明确侵权机关为赔偿义务机关。监察法律法规对监察赔偿的规范逐步细化，但相关规定仍略显不足。监察权的运行机制十分复杂，涉及多个不同类型的机关，增加了监察赔偿主体认定的复杂性。《国家赔偿法》也未通过对监察侵权赔偿进行规制的修订。现行国家赔偿体系仅对行政赔偿和刑事赔偿进行规范，而监察机关独立于行政机关和刑事司法机关，监察赔偿直接套用行政赔偿或刑事赔偿模式存在适用冲突。在监察权运行步入常态且侵权风险日增的背景下，监察对象权益受损后寻求国家赔偿的救济方案实质上游离于法律框架之外。

现有研究已对监察赔偿的基本问题和构建路径进行了分析。王青斌教授认为监察赔偿是一个独立的体系，可在《国家赔偿法》中增设监察赔偿章节，监察赔偿归责原则应当采取过错责任和无过错责任原则，并结合现行国家赔偿制度的内容设计监察赔偿范围和赔偿程序。① 张红教授对监察赔偿的独立定位、归责原则、赔偿范围和赔偿程序进行细致分析，提出监察赔偿案件可以实行集中管辖模式。② 研究者普遍认可应在国家赔偿框架中对监察赔偿进行独立化设置，监察赔偿设计

---

* 作者：王小光。本节原发表于《行政法学研究》2022年第3期。2020年教育部人文社科青年基金项目"监察赔偿构造的制度逻辑与实践进路研究"(项目批准号:20YJC820047)。2021年上海市哲学社会科学课题一般项目"政党反腐视角下'四种形态'的生成逻辑和规范适用研究"(项目批准号:2021BDS002)。

① 参见王青斌：《论监察赔偿制度的构建》，载《政法论坛》2019年第3期。

② 参见张红：《监察赔偿论要》，载《行政法学研究》2018年第6期。

方案较多参照行政赔偿和刑事赔偿内容。但是,对监察赔偿进行区别于行政赔偿和刑事赔偿的制度设定,以及结合监察措施运行细节的微观分析仍有探讨空间。在纪检机关和监察机关合署体制下,如何对监察赔偿义务机关进行相对独立的界定,如何结合监察权的特殊运行机制分配赔偿责任等问题,均有进一步解释的必要。

(二)监察赔偿义务机关的认定路径

1. 以国家赔偿义务机关的设置规则为参考

"监察赔偿义务机关"概念来自传统的国家赔偿义务机关理论,是监察机关侵权和国家赔偿体系对接的重要节点之一。这一概念主要为我国使用。我国在设计国家赔偿制度时引入"赔偿义务机关"概念,有时亦将其称作"赔偿义务主体"。[①] 将国家赔偿视作"国家责任",采取"国家责任机关化"的基本设计,是一种"国家机关及其工作人员侵权—国家责任—侵权机关赔偿"的逻辑进路。

有学者认为,我国的赔偿义务机关概念具有一定的不确定性,存在赔偿义务机关是索赔对象,赔偿义务机关是代表国家履行赔偿义务的机关,赔偿义务机关是履行赔偿请求、支付赔偿费用和参加赔偿诉讼的机关等观点。[②] 概念分歧源自研究者从不同角度对赔偿义务机关作出的解读。但是,这些观点均从某一侧面诠释了赔偿义务机关的内涵。尽管概念诠释存在解读视角的差异,对于赔偿义务机关的基本设置及功能定位并无太大分歧。一般而言,赔偿义务机关的设置主要涉及四个方面的内容。

一是赔偿义务机关是具有独立地位的国家机关。赔偿义务机关必须依法设立,具有独立的预算、编制、组织和印章等代表机关身份的内容,有权对外作出独立的意思表示。因此,机关内设机构或派出机构等不具有对外独立身份的机构不能成为赔偿义务机关。

二是以实施侵权行为的工作人员所属机关为赔偿义务机关。《国家赔偿法》将实施侵权行为工作人员的所属机关确定为赔偿义务机关。如此设定有利于促进国家机关依法行使职权,增强机关内部自我约束,便于受害人选择赔偿义务机关请

① 沈岿教授认为国家赔偿体系中存在侵权主体、责任主体、赔偿义务主体这三个不同概念。侵权主体是指实施侵权行为的公务组织和个人;责任主体按我国通说解释为国家;赔偿义务主体是国家赔偿法中的赔偿义务机关,是代表国家履行赔偿义务的机关,侵权主体的范围大于赔偿义务主体。参见沈岿:《国家赔偿法:原理和案例》,北京大学出版社2011年版,第118页。

② 参见杨临萍主编:《行政损害赔偿》,人民法院出版社1999年版,第223页。

求赔偿。

三是侵权机关和赔偿义务机关实行一体化设置。侵权机关和赔偿义务机关的责任分配方式主要有两类模式。一类是侵权机关和赔偿义务机关分离模式。此类模式下的赔偿义务机关是立法确立的专门机关，由专门机关向受害人承担国家赔偿义务。另一类是侵权机关和赔偿义务机关合一模式，即由实施侵权行为的国家机关承担赔偿义务。我国以侵权机关为赔偿义务机关。①

四是赔偿义务机关的认定涉及侵权责任的分配。我国将赔偿义务机关理论用于界定国家机关之间的侵权实体责任，具有分配各自侵权责任的意义。② 国家赔偿义务机关的认定即是在明确侵权机关的前提下，确认侵权机关是否承担赔偿义务，以及赔偿责任如何在侵权机关之间进行分配。

上述国家赔偿义务机关的基本设置规则在行政赔偿和刑事赔偿中均有体现。我国国家赔偿的基础框架历经多次调整后业已成型，国家赔偿义务机关的设置方式对认定监察赔偿义务机关具有指导意义，是界定监察赔偿义务机关的基本参考。因此，监察赔偿义务机关应当是具有独立机关法人资格的国家机关。该国家机关及其工作人员行使职权侵害公民、法人及其他组织的合法权益的，由侵权机关根据具体的责任分配方式承担国家赔偿义务。监察赔偿义务机关并不仅限于监察机关，也包括其他参与监察权运行过程的国家机关。例如，公安机关在协助监察机关行使职权过程中，两机关共同实施侵权行为的，公安机关应根据具体侵权情形承担赔偿责任。

2. 结合监察体制的特殊构造进行针对性诠释

从国家赔偿原理和各国的法律实践来看，确定赔偿义务机关应充分考虑国家机关架构及权力运行方式等基本国情。③ 在监察体制逐步成型并产生监察侵权风险之时，监察赔偿之所以能够成为独立的国家赔偿类型，其依据正是监察体制不同于其他类型权力体制的特殊构造，这是认定监察赔偿义务机关应着重考虑的因素。

首先，党内机关深度参与监察机关的业务活动。根据《中国共产党纪律检查机关监督执纪工作规则》等党内规范文件，监察立案、留置、处置等工作均由同级党委负责人审批。一般认为，国家赔偿义务机关不包括党内机关。但是，仍有必要对

---

① 参见高友军、麻锦亮：《国家赔偿法教程》，中国人民大学出版社 2008 年版，第 114 页。

② 参见马怀德主编：《完善国家赔偿立法基本问题研究》，北京大学出版社 2008 年版，第 157 页。

③ 参见江必新、梁凤云、梁清：《国家赔偿法理论与实务》（下卷），中国社会科学出版社 2010 年版，第 635 ~ 636 页。

党内机关在监察体制运行中的作用及其侵权赔偿责任承担方式予以释明。

其次，在组织设置层面，纪检机关和监察机关实行合署办公，两机关的内部工作人员具有纪检人员和监察人员的双重身份，职务犯罪监察调查存在纪律审查和监察调查一体运行的特征。此时，需要对监察机关进行相对独立评价，通过一定界定标准明确监察侵权的赔偿义务机关。

最后，国家赔偿义务机关的认定存在许多特殊情形。例如，行政赔偿义务机关包括单一行政机关、两个以上负连带责任的行政机关、法律法规授权的组织、行政机关委托的组织或个人实施侵权的赔偿义务机关、赔偿义务机关被撤销后的赔偿义务机关、经过复议的赔偿义务机关等类型。刑事赔偿义务机关包括作出拘留决定的机关、作出逮捕决定的机关、作出原生效判决的人民法院、作出一审有罪判决的人民法院等类型。监察赔偿义务机关的认定可以参照上述两种国家赔偿义务机关的设置规则，然后结合监察措施的实际运行情况进行具体分析。比如，在监察措施运行过程中存在监察机关和其他机关的联合办案、抽调办案、职务协助等复杂关系，应在明确各机关侵权责任基础之上确定监察赔偿义务机关。

二、同级党委负责人审批案件及侵权赔偿责任承担方式

（一）党委负责人以审批个案方式参与监察办案过程

新中国成立后，一直沿用“请示报告制度”以及“批示制度”。《监察法》并未规定党委负责人可以审批监察个案，但地方监察工作细则对此有明确规定。例如，浙江省监委制定的《监察业务运行工作规程》要求下级监委在对同级党委管理的干部进行初核、立案、留置、技术调查、处置之前，必须报请同级党委负责人批准。在纪检监察一体化框架中，纪检工作规范性文件实际成为监察办案的参考。党委负责人审批案件的做法可在纪检机关办案模式中找到参照样本。例如，《中国共产党纪律检查机关监督执纪工作规则》第3条规定纪律检查工作实行双重领导体制，线索处置、立案审查等应向同级党委报告。

监察程序与纪检程序的审批流程较为类似，可以保证合署办公体制下纪律审查和监察调查的协同和兼容。从审批依据来看，以干部管理权限为标准确定有审批权的党委层级，即根据党员干部的职务和职级确定有人事管理权的党委，监察机关向该级党委报批后方可启动初核、立案、留置和调查等工作；从审批事项来看，各地监委普遍将线索处置、初核、立案、留置、处置五个重要事项纳入应报党委审批范围，审批事项涵盖监察调查的事前（线索处置）、事中（立案调查）和事后（处置）阶段；从审批方式来看，监察实践中并无明确统一的审批方式，比较常见的流程是

“承办人拟稿—部门负责人审核—分管领导审核—纪委常委会讨论—纪委书记签批—党委书记审批”,审批一般使用会签单并附案情简介。党委书记审批无固定样式,可以是批示、签字、圈阅,甚至画圈并签日期代替本人签名。

中国共产党对各个国家机关进行政治领导、思想领导和组织领导。党委负责人以审批个案的方式全程介入监察办案,实现对监察工作的过程领导和结果领导①,有权对监察个案的具体事项作出终局决定,对被调查对象的权益产生实质影响。在纪检、监察合署办公的框架体系中,是否可以适用由“党的领导、政府负责”向“党政同责”转变的责任分配体制,②还需根据具体情况进一步探讨。

(二)党委负责人审批个案是党管干部的衍生事项

党委负责人审批监察个案在本质上属于党的干部管理权的一项内容,这项权力与监察机关内部的业务领导权有所区别。明确党委审批个案的性质有助于厘清其在监察赔偿中的角色。

首先,个案审批制度的设计初衷是贯彻党管干部的基本原则。党管干部原则要求党掌握对干部工作的领导权和对重要干部的管理权。③ 1951 年 3 月,刘少奇在党的第一次全国组织工作会议上作报告时专门谈到“关于党的干部管理问题”,首次提到党管理重要干部的工作原则。④ 此后,党管干部的原则历经多次调整和充实,管理模式从最初的分部分级、分级分类发展到现在的职务和职级并行,其核心内容由中央组织部在 1980 年作出阐述:“一切干部都是党的干部,都应根据他们担任的职务,分别由中央和各部门的党委、党组或所在单位的党组织负责管理。对干部的任免、提拔、调动、审查和干部问题的处理,都必须由党委集体讨论决定,并按照干部管理权限由主管的党组织批准,不能由任何个人专断。”⑤中央组织部关于党管干部的内容表述主要包括 4 项要求:一是干部范围包括党员干部和非党员干部;二是各级党委根据干部的职务和职级管理权限归属进行分级管理;三是干部审查等必须由具有管理权的党委决定;四是重要干部的人事、审查等问题由党委集

---

① 参见钟纪言:《以宪法为根本遵循肩负起国家监察神圣职责》,载《人民日报》2018 年 3 月 14 日,第 15 版。

② 林鸿潮教授认为党的十八大以来,“党委领导、政府负责”的责任分配机制在诸多重要的行政领域被“党政同责”所替代,党的负责人或党政两方负责人都应成为问责对象。参见林鸿潮:《党政机构融合与行政法的回应》,载《当代法学》2019 年第 4 期。

③ 参见林学启:《建国后党管干部原则的演变、成就、趋势》,载中共中央文献研究室科研管理部编:《新中国 60 年研究文集》,中央文献出版社 2009 年版。

④ 参见陈志发:《党管干部:新中国 70 年的实践历程与经验启示》,载《闽江学刊》2019 年第 5 期。

⑤ 钱再见等:《公务员制度创新与实施》,广东人民出版社 2002 年版,第 9 页。

体决定,不允许个别机关或个人自行决定。党管干部原则在纪检机关、检察机关、公安机关的办案工作中均有体现。比如,纪检机关调查同级党委管理的干部必须报请同级党委负责人审批,公安机关一般在立案后及时向党委负责人汇报。如此设计是为了实现党对重要干部的领导和管理。

其次,党委行使干部管理权与监察机关内部的业务指导权不同。在纪检机关和监察机关合署办公体制下,由纪检机关党组统一行使党的领导职能,因此同级党委实质上成为监察机关的上级领导机关。同级党委负责人审批监察个案是为了掌握干部违纪违法问题及调查处置动态,及时做出人事任免、调动或重新任命等安排,并非通过审批个案对监察调查进行直接指挥。对比同级党委对监察工作的领导方式,下级监察机关负责人由上级监察机关统一选任,上级监察机关通过行使内部指令权,实现直接指挥下级监察机关的业务工作。

最后,党委负责人审批个案模式类似于拘留和逮捕人大代表的审批模式,但二者又有根本差异。省级以下监察机关决定留置同级党委管理的被调查对象,必须报请同级党委负责人审批,此种设计与人大代表逮捕前的报批有所类似。我国《宪法》第74条规定事先经全国人大主席团或全国人大常委会许可,方可对全国人大代表执行逮捕和刑事审判。法律对人大代表的特别保护是出于人大代表人身特别保护的代表履职本位原则,①是为了防止其他机关滥用权力限制人大代表人身自由,妨碍人大机关正常运行。由党委负责人审批留置是因为调查对象属于同级党委管理的重要干部,对这些干部的处置涉及党委的人事管理权,而并非出于这类对象具有特殊身份而享有任职保护。

(三)党委审批个案的侵权赔偿责任承担方式

关于党委能否成为国家赔偿的义务主体,何峻教授认为应将党内侵权引入国家赔偿,党内侵权的主体是党组织,党委引发的侵权赔偿责任是国家赔偿责任,由政府财政支付赔偿金。② 沈岿教授认为,虽然《公务员法》将党派人员纳入公务员范畴,但将党委纳入国家赔偿体系缺少充分依据。③ 江必新认为,党政两套机关体系分别具有独立法律地位,两者的职能和组织方式不同;党委对具体事项作出决定所涉及的侵权问题,应由负责执行的国家机关承担国家赔偿责任,这也符合国际通

① 张晋邦:《从"代表机关尊位原则"到"代表履职本位原则"——我国人大代表人身特别保护制度的宪法变迁》,载《人大研究》2019年第10期。

② 何峻:《党内监督侵权引入国家赔偿制度可行性研究》,载《唯实》2007年第8期。

③ 沈岿:《国家赔偿法的原理和案例》,北京大学出版社2010年版,第128~129页。

行做法。① 笔者赞同大多数学者的观点，党委审批个案不能直接得出由党委承担国家赔偿责任的结论。除此之外，还应考虑以下三个因素：

其一，《国家赔偿法》规定的赔偿义务机关是国家机关，党委作为党的机关不符合现行立法设定的国家机关标准。现行《国家赔偿法》并未预留党委承担国家赔偿义务的空间，党委承担侵权责任在法律上无直接依据。

其二，党委负责人审批个案属于形式审查，审查的材料主要是案情概要。党委负责人既不审查主要案卷材料，也不听取办案人员的详细汇报，审核结果是签字同意，或者仅是画圈而不署名，属于形式化的审查方式。如果确立党委审批个案的侵权赔偿义务，党委负责人为避免产生误判，可能会积极主动介入监察办案过程，对监察案件进行实质的内容审查和业务指导。党委可能演化成监察办案指挥机关，混淆党的领导职能和执法职能，甚至对监察专业化建设造成负面影响。

其三，从便于受害人追偿的角度，将党委纳入赔偿义务机关体系可能增加追责追偿的现实难度。假如党委成为赔偿义务机关，那么党委在国家赔偿制度中的弹性空间消失，将直面受害人的追责追偿诉求，可能出现党委消极抵制监察赔偿的后果。

综合以上因素，党委负责人审批监察个案不宜直接导向党委的国家赔偿义务。至于党委负责人在个案审批中存在过错而损害公民、法人或其他组织的合法权益的，一方面，可以追究党委相关负责人员的违纪违法责任，对党委负责人等个人进行追责；另一方面，可以参照江必新等人所提出的针对党委决定的追责方式，即实行“党委决定、国家机关责任”的处置模式。党委负责人的错误决定给监察对象等造成损害的，由负责报批和执行的监察机关承担具体的国家赔偿责任，以最大限度保护监察侵权受害人的合法权益。

三、监察机关作为适格赔偿义务机关的相对独立评价

（一）监察机关是合署体制中形式上的赔偿义务机关

传统赔偿义务机关理论采取“谁侵权，谁是赔偿义务机关”的基本设定，谁的工作人员侵权，谁就是赔偿义务机关。此处的赔偿义务机关是指具有独立机关法人资格或行政主体资格的国家机关。② 该原则所确定的赔偿义务机关是实施侵权

---

① 江必新、梁凤云、梁清：《国家赔偿法理论与实务》（上卷），中国社会科学出版社 2010 年版，第 216～217 页。

② 参见江必新、梁凤云、梁清：《国家赔偿法理论与实务》（下卷），中国社会科学出版社 2010 年版，第 654 页。

的公务人员所隶属的国家机关。

我国的行政主体理论以解决法律救济问题为主要功能。[①] 行政主体一般被界定为“依法享有行政权力，能以自己的名义行使行政权，并能独立承担由此产生的法律责任的组织。”[②]此种关于行政主体的界定可以概括为“权”“名”“责”三个要素，符合“权”“名”“责”解释框架的行政主体才能成为法律权利和法律义务的最终承担者。[③]《国家赔偿法》所设置的国家赔偿义务机关均为具有独立机关法人资格的国家机关，“权”“名”“责”三个核心特征也是判断一个机关能否成为国家赔偿义务机关的一般标准，不符合这三个核心特征的机关或单位无法自行承担国家赔偿责任。监察机关作为依法设立的国家机关，具备独立机关法人所要求的三个基本特征，符合国家赔偿义务机关的资格条件。由于合署机关的另一重身份是党的纪律检查机关，纪检机关审查党员违纪问题尚未纳入国家赔偿体系。因此，合署体制中的适格赔偿义务机关只能是监察机关。

（二）对监察机关进行相对独立评价的标准

监察改革建立了纪检机关和监察机关合署办公体制，党的部门以合署办公的方式变相成为国家机构，党的领导法权结构化并与人民主权的法权结构相衔接。[④]在合署办公体制下，纪检机关和监察机关实行“一套人马，两块牌子”，合署机关对外有纪检机关和监察机关两个名义，其内部工作人员具有纪检人员和监察人员的双重身份。但是，两机关实质上是一个组织架构基础上的整体。在一个机关拥有两个身份的特殊组织框架中，认定监察赔偿义务机关应对合署机关中监察机关这重身份进行相对独立评价。

首先，以审查调查对象为标准。区分纪检机关和监察机关的基本标准是审查调查对象的不同，纪检机关纪律审查的对象是中共党员，监察机关监察调查的对象是公职人员。党内规范和《监察法》针对不同的调查对象，分别规定差异化的审查调查手段、权利保障和救济途径。监察侵权赔偿只能发生在监察机关及监察工作人员行使职权的过程中，合署机关以纪检机关的名义对党员进行纪律审查侵权不属于监察赔偿的范畴。

---

① 参见葛云松：《法人与行政主体理论的再探讨——以公法人概念为重点》，载《中国法学》2007年第3期。

② 应松年：《行政法与行政诉讼法》，中国政法大学出版社2011年版，第55页。

③ 参见喻少如、刘文凯：《党政机构合署合设与行政主体理论的发展》，载《南京社会科学》2019年第4期。

④ 参见翟志勇：《监察委员会与“八二宪法”体制的重塑》，载《环球法律评论》2017年第2期。

其次,结合案件的具体办理阶段。当前纪检机关和监察机关的合署体制内部专设审查调查部门,该部门负责统一调查党员违纪和公职人员违法犯罪问题。以审查调查对象的身份为依据,主要存在三种调查情形:一是审查调查部门仅以涉嫌违纪的案由对党员进行纪律审查,此时并不涉及国家赔偿问题。二是审查调查部门对非中共党员的公职人员进行监察调查,此时一旦发生监察侵权行为,可直接由监察机关承担赔偿义务。三是审查调查人员对具有中共党员身份监察对象进行纪律审查和监察调查。根据党内纪律处分的相关规定,党员干部的违法犯罪行为必然违反党纪。因此,监察案件存在违纪和违法犯罪高度关联的现象,一般由审查调查部门对该类对象进行党纪立案和监察立案,双立案后由审查调查部门承办人员一并开展纪律审查和监察调查。

上述第三种情形中的监察对象具有党员和公职人员的双重身份,党纪调查和监察调查处于一体运行的状态。此时,需要结合案件具体所处阶段判断监察赔偿责任归属。例如,审查调查人员如果以监察机关名义对该类对象采取监察调查措施,在此过程中发生的侵权赔偿责任归于监察机关;如果以纪检机关名义使用纪律审查措施调查该类对象的违纪问题,在此过程中出现的侵权行为不应纳入监察赔偿范围。此外,实践中常见审查调查部门对这类监察对象采取留置措施后,使用监察措施调查违纪和违法犯罪问题。虽然审查调查人员借用监察程序和手段对违纪问题进行一并审查,但案件整体上处于监察调查阶段,应由监察机关统一承担审查调查人员的侵权赔偿责任。如此既便于监察对象向监察机关进行追责追偿,也可督促审查调查人员严格按照权力边界行使职权。

(三)监察系统内部两类特殊形式的侵权赔偿责任界定

1. 纪委监委派驻机构的侵权赔偿责任

1962 年 9 月召开的党的八届十中全会通过《关于加强党的监察机关的决定》,规定中央监察委员会可以向国务院各部门派出常驻监察组,这是纪检机关派驻纪检组制度的最初原型设计。此后纪检监察派驻方式历经多次调整,中央纪委在 1991 年的派驻改革中将派驻纪检组的领导权交给驻在单位党委,而 2014 年通过的《党的纪律检查体制改革实施方案》则要求派出机关逐步实现对派驻纪检组的直接管理。2016 年监察体制改革启动之后,监察派驻改革亦在 2017 年全面推开,原纪检机关派驻机构统一称作纪委监委派驻纪检监察组。新的监察派驻改革在原有纪检机关单独派驻和综合派驻基础上实现全面派驻[①],一并将国企、高校、金融企业等纳入派驻改革范围。其中,典型做法是派出机关向国企派出监察专员,监察专员兼任国企纪委书记,设立监察专员办公室和国企纪委合署办公。[②]

改革后的纪委监委派驻机构既履行监督执纪问责职责,又根据授权范围行使监察权,依法履行监督调查处置职责。《监察法》第13条规定:"派驻或者派出的监察机构、监察专员根据授权,按照管理权限依法对公职人员进行监督,提出监察建议,依法对公职人员进行调查、处置。"从各级纪委监委对派驻机构的授权范围来看,中央纪委派驻纪检监察组有权调查违纪案件、职务违法案件和职务犯罪案件,有权使用包括留置在内的各类监察调查措施;省级以下纪委监委派驻机构只被赋予调查违纪案件和职务违法案件的职责,无权行使留置、冻结等限制人身权利和财产权利的调查措施。在授权方式上,党中央及各地纪委监委分别以出台改革意见的形式,对派驻机构的监察权限及领导管理体制进行规范。

由于监察派驻改革仍在试点探索阶段,国企、高校、金融企业等领域的派驻改革仍未完成,纪委监委派驻机构的法律地位仍有争议。秦前红教授认为,派驻机构与派出机关之间的关系是基于授权而非委托,是资格获得而非名义代表。派驻机构行使的监察权属于监察机关的对内授权和具体临时授权,两者属于"产生于内、独立于外、接受监管"的关系,且派驻机构在授权范围内的活动是"名""责"独立,派出机关不得直接干涉,由派驻机构自行承担职权范围内的法律责任,必要时由派出机关以责任兜底方式代为承担责任。[③] 从纪委监委派驻机构的职权运行情况看,派驻机构似乎符合行政授权的一些特征:派出机关以内部规定方式赋予派驻机构一定的监察权;派驻机构能以独立名义调查监察对象的职务违法犯罪问题;派驻机构可使用派驻抬头的监察文书,在授权范围内对监察对象使用具体的监察调查措施;派驻机构调查监察案件结束后,与驻在单位党委沟通并取得一致意见,移交

① 2017年监察派驻改革之前存在两种派驻模式:一是单独派驻,即纪检机关在某个机关中派驻纪检组,如派驻检察院纪检组;二是综合(归口)派驻,即纪检机关向某个机关派驻的一个纪检组,该纪检组同时负责监督其他数个职能相近的机关单位。参见中共成都市委党校课题组等:《成都市纪检监察派驻机构改革的实践与思考》,载《中共成都市委党校学报》2016年第2期。

② 地方纪委监委在监察改革中开始探索在地方管理的国有企业中设立监察专员办公室,如贵州省监察委员会驻茅台集团监察专员办公室、广西壮族自治区监察委员会驻广西交通投资集团有限公司监察专员办公室等。监察专员根据省监委授权履行部分监察职能,可以使用谈话、询问、查询、调取等不限制被调查人人身、财产权利的调查措施。参见赵耘甲:《赋予监察职权　释放监督效能》,载《中国纪检监察报》2019年10月12日,第1版。

③ 参见秦前红、石泽华:《〈监察法〉派驻条款之合理解释》,载《法学》2018年第12期。

案件给党的工作委员会纪检监察工委审理，[1]之后将党纪政务处分意见通报给驻在部门党委讨论决定。

虽然纪委监委派驻机构行使职权的“权”“名”相对独立于派出机关，但纪委监委与其派驻机构的分离具有相对性，两者之间在业务、组织、管理上存在实质联系。比如，纪委监委统一管理派驻机构的人员编制和组织调配，有权直接领导派驻机构的各项工作，派驻机构开展业务应当接受纪委监委对口联络科室的指导。此外，纪委监委派驻机构并无自己独立的财政预算。在国家法律法规未对派驻机构进行明确授权的情况之下，派驻机构还不能成为《国家赔偿法》中可独立承担赔偿义务的法律法规授权的组织。因此，派驻机构行使职权的侵权赔偿责任应由其派出机关承担较为适宜。

2. 监察系统内借调人员的侵权赔偿责任

纪检监察系统内部存在频繁的人员借调现象，常见有两种情况。一是建立专案组。纪委监委为解决办案人力不足问题，经常抽调系统内外人员组成专案组，专案组成员可能来自不同区域、不同层级和不同系统，进入专案组后接受抽调机关的直接指挥和管理，以抽调机关的名义开展监察调查工作。二是挂职锻炼。挂职锻炼又称上挂下派，监察机关可向下级机关派遣工作人员，也可接受上级机关派遣的工作人员。派遣人员承担挂职单位分配的工作任务，以挂职单位名义对外开展工作，挂职结束仍回派遣单位。

假如监察机关抽调人员属于本机关内部人员，那么这类人员实施侵权行为自然由本机关承担赔偿义务。若抽调或挂职成员来自其他区域和层级的监察机关，或者来自其他业务系统，这类人员实施侵权行为也面临如何确定赔偿义务机关的问题。行政法理论对受委托从事公务人员实施侵权行为的责任界定有所阐释，受委托者以委托机关的名义实施管理行为和行使职权，应由委托机关承担法律责任。[2]《国家赔偿法》第7条以行政法中受委托行使职权的法律责任认定规则为依据，规定受委托人行使职权侵害公民、法人或其他组织的合法权益，应以委托机关为赔偿义务机关。监察人员或其他系统工作人员在一定时间内脱离原单位的工

---

① 纪检监察工委是纪委监委在同级党的工作委员会中的派出机构，中央层面为中央和国家机关纪检监察工委，地方为省(市)直机关纪检监察工委，纪工委负责审理派驻纪检监察组办理的违纪案件和监察案件。

② 参见胡锦光、莫于川：《行政法与行政诉讼法概论》，中国人民大学出版社2009年版，第60～61页。

作,接受抽调或挂职纪委监委的领导和指挥,以抽调或挂职监察机关的名义对外开展活动,所行使职权为抽调或挂职监察机关临时授予,属于受委托从事公务的个人,这类人员侵权的赔偿义务归于进行委托的监察机关。

四、两个以上机关共同行使职权的赔偿责任分配

现行《国家赔偿法》对特殊情形下的赔偿义务机关认定有初步规定。例如,法律、法规授权的组织独立承担侵权赔偿义务;委托机关对受委托的组织或个人的侵权行为承担赔偿义务;赔偿义务机关被撤销后由继续行使其职权的机关承担赔偿义务;复议机关未加重损害由最初侵权机关承担赔偿义务;复议机关加重损害则由复议机关承担赔偿义务;共同行使职权的国家机关为共同赔偿义务机关。在以上情形中,较为常见的是监察机关与其他机关共同行使职权的情况,在此类情形中赔偿义务机关的认定较为复杂。

(一)上下级监察机关之间的侵权赔偿责任分配

监察工作实行同级党委和上级监察机关双重领导,业务以上级监察机关领导为主的模式。上级监察机关对下级监察机关的业务领导主要体现在重要事项审批中,实践中有三类情形。

一是下级监察机关作出决定后报上级监察机关批准。下级监察机关先以自己名义作出决定,再向上级监察机关报请批准,上级监察机关批准后由下级监察机关对外公布执行。比较典型的是留置措施的审批。《监察法》第 43 条规定地市级及县级监察机关作出留置决定,应报上级监察机关批准。上级监察机关批准后由下级监察机关予以执行。

二是下级监察机关报请上级监察机关作出决定。由于下级监察机关无权对某些事项作出决定,只能报请有决定权的上级监察机关作出决定,比如监察措施中的限制出境和通缉措施。《监察法》第 30 条规定监察机关对监察对象采取限制出境措施,应报省级以上监察机关批准。《监察法》第 29 条规定通缉范围超出本行政区域,应报请有决定权的监察机关作出决定。监察机关决定采取通缉措施或超出本行政区域通缉,只能报请有决定权的其他监察机关决定。有决定权的监察机关作出决定并交公安机关执行。

三是下级监察机关报请上级监察机关批准某些不具有终局效力的事项。《监察法》第 31 条规定监察机关集体研究决定提出认罪认罚建议,应报上级监察机关批准。此外,按照监察办案的实践惯例,监察机关如果决定认定监察对象的自首、立功等情节,应向上级监察机关进行报告。

第三种情形的监察机关有权决定提出认罪认罚、自首和立功的处理建议。由于其决定及上级监察机关的审批并不具有终局效力，后续由司法机关作出是否存在自首等情节的认定，所以监察机关的决定未对被调查对象的权益产生实质影响，也不存在国家赔偿的问题。第二种情形的监察机关实际上无权决定超出本行政区域的通缉，省级以下监察机关无权直接决定实施限制出境，这两类措施只能报请有决定权的监察机关做出决定。有决定权的监察机关制作法律文书后交同级公安机关执行。错误通缉和错误限制出境造成的侵权赔偿责任由具有决定权的监察机关承担。

在第一种情形中，上下级监察机关之间的责任分配方式较复杂。比较有借鉴价值的是行政法中关于经批准行政行为的责任认定方式。2007 年国务院发布的《行政复议法实施条例》第 13 条规定下级行政机关经上级行政机关批准后作出具体行政行为，以上级行政机关为被申请人。《最高人民法院关于适用〈中华人民共和国行政诉讼法〉若干问题的解释》第 19 条规定当事人不服经上级行政机关批准的行政行为，以对外发生法律效力的文书上署名的机关为被告。行政复议的做法是为了避免行政机关成为自己案件的法官，行政诉讼则采取"显明主义"立场，由法律文书上的署名机关承担法律责任。①

有学者认为，上下级联合署名，由上下级作为共同赔偿义务机关；上级或下级分别署名，则由具体署名机关作为赔偿义务机关。② 有学者认为，经上级批准后下级作出决定的行政行为中的下级是"主角"，上级是"配角"，下级以自己名义作出决定，该决定中同样体现上级意思表示，诉讼中应以上级行政机关和下级行政机关作为共同被告。③ 有学者将上级机关的批准分为实质意义上的批准行为和形式意义上的批准行为，实质意义上的批准行为以上级机关在文书上署名为标志，形式意义上的批准行为仍由下级机关署名。④

上述观点都是对需批准行政行为这类内部行政行为责任主体的解读。上级机关的批准行为属于内部行为，内部行为外部化后对外发生直接法律效果，才能符合外部行政行为的基本要素，此时由上级机关承担相应的法律责任。有学者在行政

① 参见刘飞、谭达宗：《内部行为的外部化及其判断标准》，载《行政法学研究》2017 年第 2 期。

② 参见杨临宏：《国家赔偿法：原理与制度》，云南大学出版社 2010 年版，第 142 页。

③ 参见王青斌：《论需批准行政行为的主体认定》，载《华东政法大学学报》2011 年第 4 期。

④ 参见张树义主编：《寻求行政诉讼制度发展的良性循环》，中国政法大学出版社 2000 年版，第 125 页。

行为要素基础上提出内部行政行为外部化的标准:涉权性要素,具体、确定与直接要素,相对人知悉要素。[①] 笔者认为,这种认定方式比较符合现行立法和监察措施的运行实践。在留置等监察措施的报批过程中,下级监察机关基于办案需要对被调查人采取具体的监察措施,依法定程序作出决定后向上级监察机关报请批准,上级监察机关批准后由下级监察机关制作监察文书,并由下级监察机关向被调查人宣告执行。在此过程中,上级监察机关的审批行为只对下级监察机关发生效力,上级监察机关的名义不会出现在留置文书中,被调查人并不知悉上级监察机关的审批行为。由于上级监察机关的内部审批行为并未实现外部化,应由下级监察机关承担错误留置的法律责任。

(二)职务协助中的侵权赔偿责任分配

《监察法》第4条规定:“监察机关在工作中需要协助的,有关机关和单位应当根据监察机关的要求依法予以协助。”监察机关行使职权受到法律、技术、设施、人员等方面的制约,在许多情况下需要其他机关的协助才能完成调查任务。职务协助存在行政协助、公务协助、职务协作等多种不同的称谓,其中以行政协助概念的使用较多。行政协助可能是基于法律规定、经济效益等多种原因。有研究者归纳国内外关于行政协助的立法规定,将职务协助的情形归纳为由于法律原因、事实原因、执行公务材料由其他机关掌握、经济效果显著四种情形。[②] 结合监察工作实践和《监察法》相关规定,监察工作中的职务协助也可大致分成基于法律原因的协助,缺乏必要的设施、设备和人员而请求协助,执法需要的事实材料由其他机关保管而请求协助,监察调查效率需要而请求协助等四种类型。

1.基于法律原因的协助

法律赋予各个国家机关的权能及依法可使用的手段措施不同,由此产生各个国家机关之间互相协助的需求。监察机关在某些情况下作出监察决定后缺少执行手段,只能根据法定程序请求其他机关协助执行。例如,监察机关决定对监察对象采取通缉、限制出境、冻结和技术调查措施,作出决定后无法自行执行,只能交给公安机关等有执行权限和手段的机关负责执行。

以通缉等监察措施的实际运行过程为例,监察机关因为办案需要决定采取通缉、限制出境和技术调查等措施,作出具体决定后交由公安机关执行。公安机关接

① 刘飞、谭达宗:《内部行为的外部化及其判断标准》,载《行政法学研究》2017年第2期。

② 参见周春华:《行政协助制度的学理评析》,载《公法研究》2008年第1期。

收监察机关的监察法律文书之后,仅审查监察文书和移交程序是否合法,不会对监察措施进行实质审查,而且有法定义务执行具备形式合法要件的监察措施。如果通缉对象潜逃在外,限制出境和技术调查多以秘密状态执行,监察机关和公安机关一般不会将相关法律文书直接送达被执行对象。关于这类职务协助行为的法律责任分配,马怀德教授主持起草的《中华人民共和国行政程序法(试拟稿)》第 17 条提出一种责任分配方案:被请求机关根据协助请求作出的行政决定,由请求机关承担责任;被请求机关对实施行政协助中的其他行为,自行承担责任。[①] 借鉴行政协助中请求方和协助方的责任分配方式,监察机关将依法作出的监察决定文书交给公安机关等机关单位执行,公安机关等在监察决定范围内依法协助执行,错误决定的侵权赔偿责任归于监察机关。如果公安机关等超出监察决定的范围或采用违法方式协助执行,[②]给相关人员造成人身或财产权益损害,其协助行为演变成协助机关具有独立意志的职权行为,应由公安机关等对其侵害后果自行承担相应的侵权赔偿责任。

2. 因缺乏必要的设施、设备和人员而请求职务协助

监察机关因缺少设施、设备和人员而请求其他国家机关予以协助的情形,以监察留置的实施最具代表性。《监察法》第 22 条规定监察机关可以将涉嫌严重职务违法或职务犯罪的人员留置在特定场所。《监察法》并未明确何为特定场所,各地监察机关一般选择在看守所或纪委“两规点”执行留置,随之形成两种留置模式:一类是公安机关管理的看守所、拘留所等场所执行模式;另一类是改造纪委“两规点”为留置执行场所,在这类专门改建的留置场所中执行留置。

在公安看守所执行模式中,由监察机关和公安机关协商在看守所中划出专门区域,将该区域改造为留置执行设施。场所设施包括讯问室、监控室等办公区域,场所日常管理由公安机关负责。监察机关将留置对象移送到公安看守所的留置设施,由公安机关负责留置对象的日常监管工作,监察人员凭看守所提审手续入所审讯,监察机关不参与留置场所的管理。此类留置模式中,监察机关和公安机关有着明确业务分工,职权界限分明,双方各自独立行使职权,侵权赔偿责任分担应区别

① 参见周春华:《行政协助基本问题研略》,载《法治研究》2007 年第 7 期。

② 如果协助执行行为为“扩大执行范围”或“采取违法方式”,侵害了行政相对人或利害关系人的合法权益,就演变成具有行政机关独立意志的行政行为,由协助义务机关对其违法行为独立承担责任。扩大执行范围包括扩大执行内容、扩大执行种类、扩大执行期限。采取违法方式主要包括滥用职权、超越职权、程序违法等行为方式。参见郑琳:《论行政机关协助执行行为的可诉性》,载《行政与法》2020 年第 4 期。

对待。如果公安看守所根据监察机关的合法手续执行留置,错误留置的责任由监察机关承担。如果看守所在监管留置对象过程中管理不当或违法造成留置对象人身伤害,由于监察机关无法参与看守所的监管工作,此时由公安机关自行承担侵权赔偿责任。

看守所留置在监察实践中适用率较低,目前使用最普遍的是监察机关自建留置场所模式。例如,浙江省 11 个地市级监察机关中仅 1 个地市设立看守所留置点,其余地市监察机关均自建留置场所。主要做法是将原纪委“两规点”改造成符合监察办案的场所,由监察机关和公安机关协商派遣民警协助执行留置,联合出台文件明确各自在留置执行中的分工:监察机关负责留置场所设施的管理维护、后勤保障以及留置讯问;公安派遣民警和协警组成“留置所”(类似公安派出所)负责管理留置场所的监控、监督审讯过程、看管留置对象等工作。此类模式下的侵权赔偿责任可结合具体的业务分工情况分配。一方面,监察机关作出留置决定,自行负责留置场所的管理维护和后勤保障,公安机关并不参与该项工作。如果出现留置决定错误,因留置场所设施损坏或食品药品质量问题损害留置对象的合法权益,应由监察机关承担侵权赔偿责任。另一方面,监察机关和公安机关在留置执行中深度合作,监察机关的留置讯问和公安机关的监控、监管等协助行为同步进行,两机关共同行使职权的行为难以明确分割,因在执行过程出现违法取证、监管不当等行为侵害留置对象的合法权益,应由监察机关和公安机关共同承担赔偿义务。

3. 监察调查中调取信息、材料的职务协助

监察机关调查职务犯罪需要各类基础信息的支持,而这些信息、资料大多由其他机关单位保管。例如,被调查人的公安基础信息、银行记录、工商登记、通话记录、房产记录等均保存于其他机关单位,监察机关只能依法向其他机关调取这类资料。一般流程是,监察机关经内部审批后作出查询、调取决定,开具相关监察法律文书,由监察人员持法律文书前往其他机关调取,其他机关无正当理由不得拒绝。参照行政协助法律关系中的法律责任分配方式,协助调查取证、协助收集、审查或者认定证据的行为并未对请求主体原来的行政行为产生决定性影响,也不直接影响相对人的权利义务,未直接对外发生法律效力。因此,提供协助的行政主体只对其所提供材料的真实性和准确性负责,而被协助的行政主体则需要对发生法律效力的行政决定负责。[①] 对于监察机关这类程序性调查行为,被请求主体仅审查监

① 参见孙群:《论行政协助行为的可诉性》,载《河北法学》2014 年第 9 期。

察法律文书的形式合法性，且有法定义务协助监察机关的调取行为。因此，调取行为给相关人员的合法权益造成损害的，应由监察机关承担侵权赔偿法律责任。

4. 监察调查效率需要的职务协助

许多监察案件的调查取证跨越数个行政区域，例如，证人等散布在其他省市，出于交通、成本和效率的综合考虑，监察机关可能会请求其他地区的国家机关协助调查取证。比较常见的是监察系统内部的业务协作，监察机关在前往外地调查取证过程中，一般会请求当地监察机关予以协助配合。被请求方的监察机关多会派员协助请求方在当地开展调查取证。在这种情况下，两地监察机关均以公开身份对外调查取证，属于共同行使职权的行为。因此，调查取证违法侵害相关人员的合法权益的，应由请求方和被请求方共同承担赔偿责任。

五、结语

监察赔偿义务机关的认定既要参考现行国家赔偿义务机关的基本设置，又要考虑纪检机关和监察机关的合署体制、监察人员双重身份、纪检调查和监察调查两类权力一体运行等特殊因素，在复杂的监察权运行过程中确定监察侵权的赔偿义务机关。党委负责人审批监察个案是监察工作常态，此类审批是贯彻党管干部原则的基本要求。由于党的机关成为国家赔偿义务机关存在制度、法律和实践的障碍，党内机关不宜直接纳入监察赔偿体系之中，侵权赔偿责任可以根据“党委决定、国家机关负责”的处置方式，由负责报批和执行的监察机关承担国家赔偿义务。

在纪检机关和监察机关合署办公的基本框架中，监察机关是对外名义上的适格赔偿义务机关，应在监察赔偿体系中对其相对独立的评价。相对独立评价监察机关的标准主要是审查调查对象和案件办理阶段。审查调查对象是区分纪检机关和监察机关的基本标准，结合审查调查案件的具体办理阶段可进一步确定监察赔偿责任的承担方式。虽然纪委监委派驻机构可以自己名义查办监察案件，具有“权”“名”的独立性，但这种内部授权尚未由法律、法规予以明确。且派驻机构的人事、组织和财政均由纪委监委统管，不属于《国家赔偿法》可以独立承担赔偿责任的法律法规授权组织。监察机关内部常见的人员抽调、挂职锻炼属于受委托行使职权，这类人员实施侵权行为的赔偿义务归于进行委托的监察机关。

在多个机关共同行使职权的情形中，下级监察机关报请上级监察机关作出决定的侵权赔偿义务机关是上级监察机关；下级监察机关决定后报请上级监察机关批准的行为侵害监察对象合法权益的，应由下级监察机关承担国家赔偿义务。监察工作中的职务协助存在基于法律原因的协助,缺乏必要的设施、设备和人员而请求协助,执法需要的事实材料由其他机关保管而请求协助,调查效率需要的协助四类情形,具体赔偿责任分配可结合请求方和被请求方之间的职权分工关系和执行方式进行判断。

第五章　以审判为中心的诉讼制度改革研究

第一节　以审判为中心的证人、鉴定人出庭作证制度的实践思考

2012年《刑事诉讼法》实施,尤其是党的十八届四中全会提出"推进以审判为中心的诉讼制度改革"以来,证人、鉴定人出庭作证制度作为实现审判中心地位的重要环节,备受各界关注。2016年6月,"两高三部"联合发布了经原中央全面深化改革领导小组审议通过的《关于推进以审判为中心的刑事诉讼制度改革的意见》(以下简称《改革意见》)。为贯彻落实《改革意见》,最高人民法院于2017年2月21日发布了《最高人民法院关于全面推进以审判为中心的刑事诉讼制度改革的实施意见》(以下简称《实施意见》)。作为全国首批司法体制改革试点省份,S市高级人民法院在2015年12月发布了《关于"推进以审判为中心的诉讼制度改革"的试行意见》(以下简称《试行意见》),并于次年制定相关试点工作实施方案,选择了该市8家法院作为改革试点单位,将完善证人、鉴定人出庭作证制度作为改革试点的主要任务。笔者拟以试点法院之一的C区人民法院为样本,对证人、鉴定人出庭作证制度的诉讼价值、证据裁判操作规程、相关配套保障机制等作一探讨。

一、证人、鉴定人出庭作证的诉讼价值

"以审判为中心"，就是要保证"庭审"在查明事实、认定证据、保护诉权、公正裁判中发挥决定性作用，确保侦查、审查起诉的案件事实证据经得起法律的检验。[①] 证人、鉴定人出庭作证制度既是以审判为中心诉讼制度改革的题中之义，也是实现审判中心、庭审中心改革目的的关键环节。具体而言，主要有利于实现如下诉讼价值。

（一）实现庭审实质化

长期以来，"卷宗中心主义"是我国刑事诉讼模式备受诟病的问题，主要表现为司法审判活动中，由于实行书面裁判主义和相应的卷宗移送制度，法官庭前活动明显强化，审判的依据基本来自侦查机关提供的口供和其他书面证据材料[②]，无须证人出庭作证。公、检、法三机关之间或多或少存在"配合有余、制约不足"的问题，这个问题甚至影响三机关正常运作和司法公正的实现。[③] 法院的审判活动，尤其是庭审活动，往往难以发挥制约前道工序的作用。

从审判与侦查、起诉三机关的外部关系来看，建立以审判为中心的刑事诉讼制度，就是要确立审判活动在刑事诉讼活动中的中心地位。C区人民法院2016年推动该区公安、检察机关联合会签了《关于推进侦查人员出庭作证的实施意见》，就侦查人员出庭的案件范围、办理程序、证人保护、质证规则、作证内容等作了详尽规定。2013年至2016年，该院侦查人员出庭作证达15人次。应该说，这较好地体现了审判在刑事诉讼活动中的中心地位。从审判流程的内部分工来看，以审判为中心要求庭审居于审判活动的中心地位，庭前准备、庭后评议活动都要围绕庭审活动进行，也就是要诉讼证据质证在法庭、案件事实查明在法庭、诉辩意见发表在法庭、裁判理由形成在法庭。[④] 控辩双方举证越充分、质证辩论越深入，法官对关键证据的审核认定和案件事实的查明就越准确，对各种证据证据资格、证明力大小的综合把握就更全面。可以说，证人、鉴定人出庭作证是法官"验菜"的重要抓手，是实现控辩双方质证辩论实质化的重要手段，也是实现庭审实质化的主要路径，有利于防止法官庭前预断、庭审虚化和庭后阅卷定案。

---

① 参见党的十八届四中全会通过的《中共中央关于全面推进依法治国若干重大问题的决定》。

② 参见左卫民、马静华：《刑事证人出庭率——一种基于实证研究的理论阐述》，载《中国法学》2005年第6期。

③ 参见陈光中：《如何理顺刑事司法中的法检公关系》，载《环球法律评论》2014年第1期。

④ 参见《最高人民法院关于全面推进以审判为中心的刑事诉讼制度改革的实施意见》（2017年2月21日发布）。

（二）实现证据裁判

证据裁判是法治国家的基本司法原则，是人类社会从神明裁判、口供裁判发展到现代司法制度的一大跨越。它要求认定案件事实，必须以证据为依据，而且证据必须经过查证属实，才能作为定案的根据。从形式意义上看，证据裁判要求法官作出的裁判必须有证可依。从实质意义上看，它还要求裁判所依据的证据具有足够的证明力，形成闭环的证据链且证明力足以达到定罪量刑的证明标准。就证人证言而言，其客观、全面、准确性容易受到证人本身的认知能力、品行、记忆力，乃至证人发现案件事实的客观环境、作证环境等多种因素影响。此外，虽然鉴定活动本身是根据科学原理或者特殊技能探究案件客观真实的活动，但鉴定中的观察、解释、评断却均是人的主观活动。[①] 2012 年《刑事诉讼法》将 1996 年《刑事诉讼法》中的鉴定“结论”改为“意见”，就凸显了鉴定本身是构建在客观材料基础上的主观判断属性。为避免控辩双方因专业知识限制无法就鉴定意见质证辩论的局面，2012 年《刑事诉讼法》第 192 条还专门规定了专家证人制度，同时第 187 条规定经法院通知出庭而拒不出庭的鉴定人，鉴定意见不得作为定案根据。

综上，从查明案件事实的角度来看，证人、鉴定人如不出庭作证，围绕书面的证人证言和鉴定意见，控辩双方尤其是辩护方无法针对控方指控的事实进行质证，不利于法官居中裁判、兼听则明，更不符合证据裁判原则的实质要求，也不利于发挥质证辩论在探明案件事实方面的积极作用。例如，C 区人民法院在办理一起贩毒案件中，被告人当庭拒不承认其车中被查获的毒品系其所有，尽管当庭宣读了侦查人员所作的笔录，被告人坚持矢口否认这一事实。后该院通知最初查获该案的 2 名民警出庭，当庭详细地陈述了查获被告人车中毒品时的情况等细节，被告人无法反驳，并当庭表示认罪。

（三）实现人权保障

以审判为中心的诉讼制度改革的重要任务之一就是加强人权司法保障，这也是我国刑事诉讼惩罚犯罪和保障人权并重司法理念的体现。为此，《改革意见》第 17 条专门规定健全当事人、辩护人和其他诉讼参与人的权利保障制度。《实施意见》指出“推进以审判为中心的刑事诉讼制度改革，是完善人权司法保障的必然要求”。在刑事诉讼中，对质权是保护公民基本人权的核心权利。对质权在降低证

---

① 参见汪建成：《司法鉴定基础理论研究》，载《法学家》2009 年第 4 期。

人作伪证的可能性以及提高法官心证的准确性上①,都有利于帮助法官更好地进行证据采信和发现真实,进而从程序和实体上保障被告人的合法权益。证人、鉴定人出庭作证是被告人对质权实现的前提条件,正如联合国《公民权利和政治权利国际公约》所规定的,人人"得亲自或间接诘问他造证人,并得声请法院传唤其证人在与他造证人同等条件下出庭作证"。对质权就是要让被告人能够与不利于己的证人、鉴定人在庭上进行对质,质疑控方证人的可信度和合理性,对对方证言的真实性进行证据审查,避免己方因不真实或不准确的不利证据获罪量刑。

二、证人、鉴定人出庭作证的证据裁判操作规程

"以审判为中心"就是要以庭审为中心,而庭审要解决的一个主要问题就是案件事实的认定问题。2012年《刑事诉讼法》虽然对证人、鉴定人出庭作证制度较1996年《刑事诉讼法》作出了大幅修改,形成了涵盖"证人、鉴定人出庭范围、强制证人出庭与例外、证人、鉴定人保护及经济补偿、拒绝作证的法律后果和救济"等内容的证人、鉴定人出庭作证机制,但证人、鉴定人出庭的证据裁判操作规程还不够具体,操作性不够强,也不利于司法机关适法统一,导致原本实施情况就不理想的证人、鉴定人出庭作证制度再度面临虚化的风险。

(一)证人、鉴定人出庭范围

2012年《刑事诉讼法》第187条规定,应当出庭的证人需符合三项条件:(1)公诉人、当事人或者辩护人、诉讼代理人对证人证言有异议;(2)证人证言对案件定罪量刑有重大影响;(3)法院认为证人有必要出庭作证的。应当出庭的鉴定人需符合两项条件:①公诉人、当事人或者辩护人、诉讼代理人对鉴定意见有异议;②法院认为鉴定人有必要出庭的。人民警察就其执行职务时目击的犯罪情况作为证人出庭作证,适用证人出庭的规定。因此,我国刑诉法确立起了证人、鉴定人的有限出庭原则。② 这种有限出庭原则以保障诉权和查明事实为前提,赋予了法官较大的自由裁量权。有学者为此担忧,"法院认为有必要"会导致法院自由裁量权过大,削弱辩方对证人质证的权利。然而,正如笔者在《构建刑事诉讼证人、鉴定人出庭作证保障机制的思考》一文中所指出的,证人、鉴定人出庭的范围要综合考量刑事案件的构成、控辩审三方的实际需求、司法实践运作情况、当前司法资源的承

---

① 参见易延友:《"眼球对眼球的权利"——对质权制度比较研究》,载《比较法研究》2010年第1期。

② 参见叶青:《构建刑事诉讼证人、鉴定人出庭作证保障机制的思考》,载《中国司法鉴定》2015年第2期。

载力等方面因素。

一是从证人、鉴定人、侦查人员出庭的实际需求。C 区人民法院 2013 ~ 2016 年,共审结一审刑事案件(含自诉案件)4610 件,其中,适用简易程序结案 3630 件,占比达 78.74%(见图 5 - 1)。简易程序案件均为事实清楚、证据充分,且被告人承认自己所犯罪行,对指控的犯罪事实没有异议的案件。即使在适用普通程序审理的案件中,也有很多案件并非是对证据事实有争议,对于证人证言或鉴定意见有异议并且需要证人、鉴定人出庭质证的案件数量占比更低。①

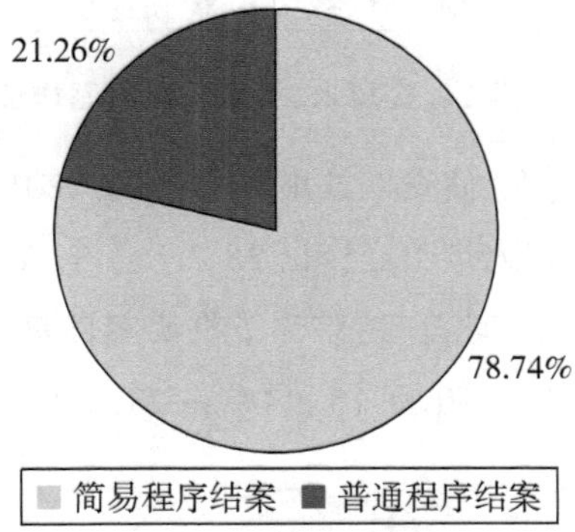

图 5 - 1　刑事案件结案方式比例

二是从证人、鉴定人、侦查人员出庭人次。2013 ~ 2016 年,该院有证人、鉴定人员、侦查人员出庭 56 人次,其中,证人出庭 29 人次,占比约 51.79%;鉴定人出庭 12 人次,占比约 21.43%;侦查人员出庭 15 人次,占比约 26.79%(见图 5 - 2)。该院 2016 年共有证人、鉴定人员、侦查人员出庭 27 人次,占比约 48.21%。

① 经与 C 区人民法院刑事审判法官访谈调研,该院适用普通程序审理的案件中,有相当部分案件争议集中于对指控罪名有异议等法律适用问题,或为涉外案件,或因审限等问题而适用普通程序或由简易程序转为普通程序审理。司法实践中,控辩双方对证人证言、鉴定人意见提出异议的案件在 3% 左右,而上述证据异议对案件定罪量刑有重大影响的比例更低。

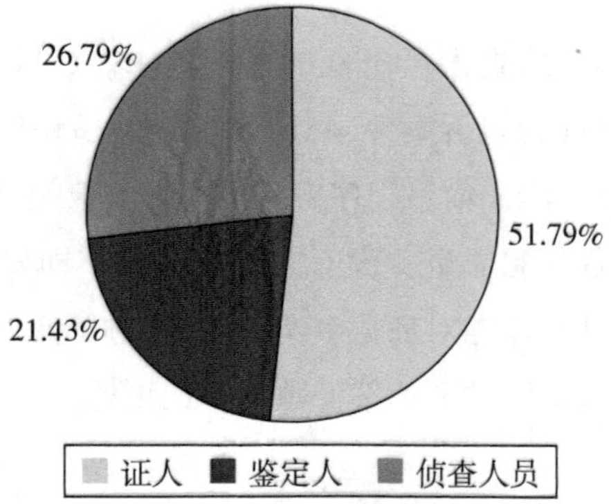

图 5－2 证人、鉴定人、侦查人员出庭作证比例

三是从提请证人、鉴定人、侦查人员出庭的情况。2013～2016 年，该院依辩方申请通知证人、鉴定人、侦查人员出庭作证 28 人次，占 50%；依控方申请通知出庭作证达 12 人次，占 21.43%。此外，法院为了查明案件事实，在控辩双方均未提出申请的情况下，主动依职权通知出庭 16 人次，占 28.57%（见图 5－3）。

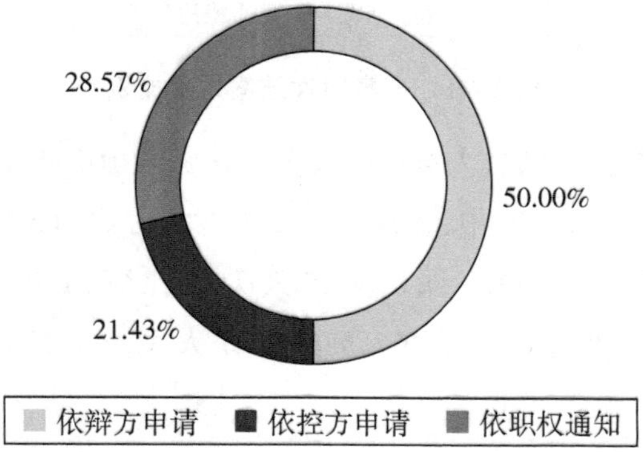

图 5－3 提请证人、鉴定人、侦查人员出庭比例

综上可见，第一，基层法院适用简易程序案件比例高，被告人认罪案件较多，控辩双方针对证人证言、鉴定意见存在异议的案件数量较少，司法审判中证人、鉴定人出庭的需求量并没有想象中的大；第二，随着以审判为中心的诉讼制度改革不断深化，2016 年证人、鉴定人、侦查人员出庭人次明显上升，改革成效初显；第三，证人出庭的需求远高于鉴定人和侦查人员出庭的需求，这与证人本身的不可替代性有关；第四，法院依辩方申请通知证人、鉴定人、侦查人员出庭作证比例较高，一方面说明辩方在推动诉讼证据质证在法庭方面发挥了积极作用；另一方面也说明法院较重视保护辩方的对质权，庭审中心地位初显；第五，即使控辩双方均无异议，法官出于查明案件事实真相的需要,往往也会主动依职权通知证人、鉴定人到庭接受询问,并非简单机械地审核书面证据。

因此,证人、鉴定人有限出庭原则总体符合我国刑事诉讼的实际情况,法官的必要性审查也是基于庭审驾驭和认定事实的需求,与"对案件定罪量刑有重大影响"实体性审查需求是一致的,出发点都是关键证人应当出庭作证。需要注意的是,法律关于应出庭作证实体性条件和依法可不出庭作证的规定仍较笼统,不利于制约法官滥用自由裁量权。笔者认为,一方面,要对实体性条件和依法可不出庭作证的情形进一步予以细化;另一方面,法官应逐渐淡化实体性条件的影响,更多从有利于对质权实质履行的角度来审查必要性。

(二)当庭证言与庭外证言的采信规则

证人当庭证言和庭外证言相比,何者可采?当庭证言与庭外证言矛盾时,何者具有优先效力?

针对第一个问题,我国刑诉法采取了较务实的做法,对未到庭的证人证言笔录、鉴定人的鉴定意见,可以当庭宣读,只要在法庭上经过公诉人、被害人和被告人、辩护人双方质证并且查实,就可以作为定案的根据。2012 年《最高法解释》进一步规定对于应出庭而未出庭的证人或者出庭后拒绝作证的,法庭只有对其证言的真实性无法确认时,该证言才不得作为定案的根据。由此可见,证人当庭证言和庭前证言均有证据资格,能否被采信并不取决于其形成的阶段和场合,而是取决于证言本身的真实性。但是,对于应出庭而拒不出庭的鉴定人,2012 年《刑事诉讼法》明确规定该鉴定意见不得作为定案根据。这主要是因为证人证言具有不可替代性,绝对地排除庭外形成的证言,不仅不利于案件事实的查明,也不符合当前大量被告人认罪案件的实际情况。我国法律将证人出庭条件审核和证言证据资格认定等权限交由法官裁量,主要还是基于我国追求实体真实的职权主义刑事诉讼模式。然而,在以审判为中心的诉讼制度尚未成形前,尤其在公、检、法三机关配合有余、制约不足的现实背景下,要平衡好依职权探明真实和保障辩方诉权的关系,保障应出庭作证的关键证人到庭接受询问,注重强化裁判文书中对证据采信和事实认定等方面的说理,以司法公开倒逼法官强化证据裁判意识。

针对第二个问题,2012 年《刑事诉讼法》并没有明确规定当庭证言与庭前证言矛盾时,何者效力更优。仅《最高法解释》第 78 条第 2 款规定了证人当庭作出的证言与其庭前证言矛盾,证人能够作出合理解释,并有相关证据印证的,应当采信其庭审证言;不能作出合理解释,而其庭前证言有相关证据印证的,可以采信其庭前证言,最高人民法院2月印发的《实施意见》第29条再次肯定了这种以真实性为导向的证据认证规则。可见,立法者在两者证明力的考量上,并没有坚持绝对的庭审证言优先原则,而且选择了将证明力裁量权赋予法官的办法。就我国当前的司法现状而言,一方面,要考虑提高关键证人出庭作证率,保护控辩双方的质证权;另一方面,关键证人出庭接受控辩双方质询,一般来说更有利于还原案件事实。控辩双方通过对证人的充分诘问、盘问等,有利于案件事实还原过程更加公开,也利于法官心证形成过程更加透明,事实认定结论更加易为辩护方所接受。为此,笔者认为,庭审证言证明力原则上应高于庭外证言,法官在裁判文书中应着重就证言矛盾部分进行说理,公开认证理由。

(三)证人证言、鉴定人意见质证环节的交叉询问规则

《最高法解释》第212条规定,庭审质证中先由提请传唤证人、鉴定人的一方进行发问。发问完毕后,经审判长许可,对方也可以发问。提请传唤证人、鉴定人一方先行发问是主询问,主要作用是通过询问来证明自己的诉讼主张。对方再针对主询问内容和证人诚信等方面问题,经审判长允许进行反询问,目的是指出证人、鉴定人陈述中的纰漏和疑点,进而质疑该证言、鉴定意见的真实性、证明力。双方可围绕询问内容进行再主询问和再反询问,进而实现反复论证,质证证言和鉴定意见的真实性、可信度。我国刑事诉讼有两种特殊情形:一是由于我国并不排斥侦控机关庭外获取的证人证言,如果辩方对庭外证人证言提出疑问并提请证人出庭,则会导致辩方成为提请方,并要进行主询问。但是,该证人应为控方证人,理应由控方先行主询问,再由辩方反询问核查证言的真实性或质疑证人或其证言的可信性。因此,应以证言内容为划分依据,如果证人为控方证人,则由控方进行主询问,辩方进行反询问。二是在法官依职权通知证人到庭接受询问的情形中,控辩双方的发问顺序应由法官确定,并依次对证人进行交叉询问。无论是法官依职权还是依申请传唤证人、鉴定人到庭,法官仅是依职权查明案件事实,并非主询问。控辩双方应在法官询问后,依次对证人进行交叉询问。

三、保障证人、鉴定人出庭作证的相关保障机制

"徒法不足以自行"。证人、鉴定人出庭作证制度要从立法文本转化为司法实践,还需要不断摸索完善相应的配套保障机制,确保该制度具有可行性和可操作性。下文,笔者结合C区人民法院所开展的系列探索举措,探讨完善相关保障机制。

（一）庭前沟通机制

证人、鉴定人不愿意出庭作证有着深厚的社会根源，“厌讼”观念、看客心理、畏证心态以及法律意识不强，都是影响证人、鉴定人出庭作证的重要心理因素。新刑诉法仅规定了法院确定开庭日期后，应当将开庭的时间、地点通知证人、鉴定人，通知书上也仅载明出庭的时间、地点、案由、审判组织等基本信息。为了进一步增强证人、鉴定人对出庭作证的理解和认识，建议在通知上载明证人、鉴定人的权利义务和拒不出庭可能产生的法律后果，并附上相关法律条文，强化证人、鉴定人依法履行作证义务的法律意识。同时，法院不能仅靠发一纸通知了之，还应在书面通知的同时，通过电话等形式事先与出庭作证人员进行沟通。一方面，了解通知出庭作证人员的意愿，包括是否愿意出庭、是否需要隐蔽作证，以及是否存在其他方面的顾虑；另一方面，要依法告知其出庭作证的义务，并结合其思想顾虑，开展一定的法律释明工作，帮助打消其思想顾虑，缓解证人、鉴定人的紧张情绪，让其愿意配合到庭接受询问。

（二）证人保护机制

目前，我国的证人、鉴定人出庭保护制度还有待健全，仅 2012 年《刑事诉讼法》第 61、62 条，《最高法解释》第 209、210 条作了框架式规定，可操作性不强。（1）公、检、法三机关保护责任分工不明确。三机关都有保护义务，但是具体到不同的诉讼阶段向谁申请、由谁认定、由谁保护不够明确。当前，法院和检察院资源配备不具备庭外保护证人的条件，也无法实现证人的全程保护，而分段式保护容易造成保护脱节和职责推诿。因此，建议在公安机关单独设立专门的证人保护机构，实现对符合法定条件的证人、鉴定人的全程保护，实现证人、鉴定人保护“权”“责”“利”统一。（2）证人保护范围过窄。我国法律保护的对象仅为证人及其近亲属，将与证人有其他亲密关系的人排除在外，这种规定并不符合现实情况。建议将与证人有其他亲密关系的人纳入保护范围，由证人保护部门根据案件的实际情况，决定采取保护措施的对象范围。（3）证人、鉴定人保护措施还不够丰富。目前，我国法律规定的保护措施主要集中于信息保密、隐蔽作证等方面，而且规定较粗疏，缺乏细致的操作规定。笔者认为，针对有保护需求的证人、鉴定人，可以采取以下五种保护措施。①在卷宗中技术化处理证人、鉴定人的相关身份信息：在侦查阶段发现有保密需求的，在卷宗中应隐匿证人、鉴定人的真实信息，案卷移送检察院和法院时也应控制相关信息的知晓范围，避免证人、鉴定人身份信息外泄。②采取庭前核对证人、鉴定人身份的方法：庭审中只需要告知控辩双方，已于庭前核对证人、鉴定人身份,无须再当庭核对。③为需要隐蔽作证的证人提供独立于当事人的专门通道,避免与案件相关人员发生接触:C区人民法院建造的隐蔽作证室与法庭分别位于该院两个不同的区域,证人到隐蔽作证室无须经过法庭,有专门的通道到达。④建造专门的隐蔽作证室和安装隐蔽作证系统:C区人民法院安装的隐蔽作证系统,系通过单向视频传输和双向音频传输实现"当庭作证"和"隐相变声"的效果。同时,证人通过隐蔽作证系统作证的视频和音频可以在分别打上马赛克和变声后同步录入庭审录音录像系统,从而同步完整记录和保存案件庭审过程。⑤对于保密需求较高的证人、鉴定人,可视情况安排警车专门护送证人出入法院。

(三)物质补助机制

2012年《刑事诉讼法》对于证人出庭的经济补助范围规定得比较狭窄,仅补助因履行作证义务而支出的交通、住宿、就餐等费用,甚至没有规定对鉴定人应进行经济补助。此外,经济补助的范围仅限于交通、住宿和就餐,不能涵盖证人、鉴定人因出庭作证而产生的实际损失。尽管法律规定所在单位不得克扣或者变相克扣其工资、奖金及其他福利待遇,但证人、鉴定人出庭作证往往会影响其正常工作,出庭作证人员难免担心因为出庭而直接或间接影响工作单位对其的评价。因此,笔者建议,对于误工损失也应纳入补助范围。对于有工作单位的证人、鉴定人,可以由单位开具相关出庭人员的收入证明,并由法院根据必要、合理的标准对相关单位予以补助。例如,C区人民法院系根据鉴定机构开具鉴定人出庭作证费用的发票,将补助费用转账给相应鉴定机构,从而打消鉴定人对出庭影响工作评价的后顾之忧。对于从事自由职业的证人,建议由法院根据证人收入的实际情况对其本人予以适当补助。在补助标准方面,不同地区可以根据经济发展水平、消费水平,参考各法院干警公务差旅费用的规定,制定不同的细化操作标准,但应以出庭证人、鉴定人出庭作证的实际开销、作证次数等实际情况为基础,同时允许存在一定比例的浮动空间。

四、结语

证人、鉴定人出庭作证是构建以审判为中心刑事诉讼制度的题中之义,在制度推进过程中要把握好证人、鉴定人"应出尽出"与简案简审之间的关系,兼顾好诉权保障和查明事实的关系,才能更为理性、客观、科学地形成符合中国刑事诉讼实际的"审判中心""庭审中心"诉讼格局,实现刑事诉讼惩罚犯罪和保障人权的双重价值追求。

第二节　刑事诉讼中“以审判为中心”的基本理念*

当前，我国诉讼制度的改革定位于以审判为中心，贯彻证据裁判规则，提高证据质量，确保案件事实认定的可靠性①，这反映了我国司法实践的迫切要求。

以审判为中心，“意味着整个诉讼制度和活动围绕审判而建构和展开，审判阶段对案件的调查具有实质化的特征，侦查是为审判进行准备的活动，起诉是开启审判程序的活动，执行是落实审判结果的活动，审判中控诉、辩护、审判三方结构成为诉讼的中心结构。”②这包括两层含义：“一是在整个刑事程序中，审判程序是中心，只有在审判阶段才能最终决定特定被告人的刑事责任问题，侦查、起诉、预审等程序中主管机关对于犯罪嫌疑人罪责的认定仅具有程序内的意义，对外不产生有罪的法律效果。二是在全部审判程序当中，第一审法庭审判是中心，其他审判程序都是以第一审程序为基础和前提的，既不能代替第一审程序，也不能完全重复第一审的工作。”③审判中心主义是法治国家普遍遵循的刑事司法基本原则，是社会公平公正解决刑事冲突的客观需要。而要真正理解以审判为中心，以下五个问题应当予以厘清：

一、以审判为中心不能理解为以“审判阶段”为中心

以审判为中心并不是以“审判阶段”为中心，而是指审判的逻辑和架构应贯彻刑事诉讼的全过程，审前程序也应体现司法控制。所谓以“审判阶段”为中心，实质上就是“重心论”，认为刑事诉讼应当是有重心的，在当前我国刑事诉讼

---

* 作者：张栋。本节原发表于《法律科学》2016 年第 2 期。

① 《中共中央关于全面推进依法治国若干重大问题的决定》指出：“推进以审判为中心的诉讼制度改革，确保侦查、审查起诉的案件事实证据经得起法律的检验。全面贯彻证据裁判规则，严格依法收集、固定、保存、审查、运用证据，完善证人、鉴定人出庭制度，保证庭审在查明事实、认定证据、保护诉权、公正裁判中发挥决定性作用。”

② 张建伟：《审判中心主义的实质与表象》，载《人民法院报》2014 年 6 月 20 日，第 5 版。

③ 孙长永：《审判中心主义及其对刑事程序的影响》，载《现代法学》1999 年第 4 期。

重心偏侦查的情况下,以审判为中心就是应当把这一重心放在审判阶段。① 笔者认为,这种理解可能存在一定的偏差。事实上,以审判为中心的立足点是反对“诉讼阶段论”。“重心论”以反对“诉讼阶段论”为立论基础,但实质上还是建立在“刑事诉讼是分阶段的”这一前提之上:之所以有“重心”,其实心里想的还是“诉讼阶段”,并没有跳脱出“诉讼阶段论”的窠臼。以审判为中心最有力量的部分就在于强调刑事诉讼的整个过程都要体现权力制衡,体现司法权对刑事程序的充分控制,这是绝对地、无远弗届地,与“阶段”无关,与侦查和审判孰轻孰重无关。

由此,强化对侦查阶段程序的探究和正当程序的建构,并不能理解为与以审判为中心的方向相悖,而是以审判为中心的题中应有之义。从证据法角度来讲,刑事诉讼的规律是决定性的诉讼动作越早发生,越有利于真实发现,越有利于证据的搜集和固定。绝不能将以审判为中心理解为所有的证据问题都应当留待庭审解决,侦查只是为庭审尽可能地提供“弹药”和作好准备,这实际上是望文生义。曲解以审判为中心的含义。在侦查中解决不了的问题,在以后的庭审中要扭转乾坤几乎是不可能的。以传闻证据规则为例,国内很多学者都强调了传闻证据规则在审判中心主义中的重要地位,认为以审判为中心(甚至直接称其为以庭审为中心)首当推进法庭上的直接和言辞。从证据的可靠性而言,在侦查阶段不影响取证的前提下,对控方已有证据尽早进行“对抗”更有利于揭示真相。一旦辩方在侦查阶段落后,在审判程序中设置再多的程序保障或许也是为时已晚、无济于事了。首先,从时间上考虑,案件刚发生之时,证人的记忆最为清晰,此时对其询问并制成的书面证言相对于间隔较长时间、证人记忆模糊以后出庭提供的口头证言更能反映案件事实真相。其次,从提供证言的空间上来考虑,当前我国刑事诉讼之所以不断强调证人出庭作证,是由于我们认为,在一般情况下证人在法庭这一空间内更容易吐露实情,但这并非表面上看起来那么简单。从司法实践来看,如果“法庭本身的权威

---

① 实务界相关文献可参见陕西省高级人民法院:《推进以审判为中心的诉讼制度改革》,载《西部法制报》2014 年 12 月 16 日,第 8 版;鲁桂华等:《筑牢庭审中心地位提升公正审判水平——北京市二中院关于构建以庭审为中心的公正审判机制的调研报告》,载《人民法院报》2014 年 11 月 27 日,第 8 版。

理论界相关文献参见陈卫东等:《以审判为中心推动诉讼制度改革》,载《中国社会科学报》2014 年 10 月 31 日,A05 版;陈瑞华:《案件笔录中心主义——对中国刑事审判方式的重新考察》,载《法学研究》2006 年第 4 期,第 78 ~ 79 页;何家弘:《从“庭审虚化”走向“审判中心”》,载《法制日报》2014 年 11 月 5 日,第 10 版;顾永忠:《试论庭审中心主义》,载《法律适用》2014 年第 12 期;袁登明:《刑事冤错案的形成与以“审判为中心”》,载《人民法院报》2014 年 12 月 24 日,第 2 版。

不够强大,难以追究不作证或者不真实作证证人的责任,加上证人缺乏宗教以及道德约束,缺乏对诚实承诺的不渝信守,那么,法庭空间及法庭宣誓、具结就难以有效发挥证言提供及其可靠性的保障功能。"[①]以前"案重初供"的实务法则固然存在不可忽视的弊端,但一味否定其实务价值也是罔顾现实的,这其实涉及一系列相关问题。例如,律师最为质疑的滥用侦查不公开原则,以及在这个大帽子底下剥夺侦查中辩方最起码权利(如对会见权和阅卷权的不必要限制)等种种做法,都与以审判为中心原则相违背。

二、以审判为中心不能理解为仅对"定罪"证据必须经过审判确定

以审判为中心意味着实体结果必须有赖于司法运行来输出,不仅仅是定罪,不受司法控制的出罪也根本违反以审判为中心的基本原则。有观点谈及以审判为中心的相关问题时,强调以审判为中心意味着凡是据以定罪的证据一定要经过法庭的认证[②],这与我们传统证据法规则相关:任何证据未经法庭质证不得作为定罪的根据。这一点固然重要,但仅强调定罪问题在实际上对以审判为中心的理解并不全面。笔者认为,以审判为中心一定是控制"出罪"和"入罪"两端,而不仅仅是控制"入罪"。

三、以审判为中心,法官的角色定位应适应我国的现实需要

真正实现以审判为中心,一个无可回避的问题就是法官在刑事诉讼制度中的角色究竟如何定位。与此相关,刑事诉讼模式也就成为首先需要明确的基础理论问题,也就是公、检、法专门机关以及各方诉讼参与人在刑事诉讼中的地位及其相互关系的问题。刑事诉讼模式是刑事诉讼活动的支架,是刑事诉讼目的的实现手段,所有诉讼制度和证据制度都依附于诉讼模式之上。关于诉讼模式之争在我国由来已久。远在光绪三十二年(1906年),当事人进行主义与职权主义之战即已开启。沈家本及伍廷芳等当时所拟之"刑事诉讼法"草案为中国第一个单行诉讼法,所采用的审判方式即为英美的当事人进行主义和交叉询问。但由于以张之洞为首的礼教派人士反对,该草案未予公布即宣告作废。四年后(宣统二年,1910年)之"大清刑事诉讼律"草案为中国第一部刑事诉讼法草案,转而改采大陆法系的职权主义,法官就有罪与否,应调查一切必要事证,奠定了之后我国法律与大陆法系密不可分的关系,影响后世百年。此后,有关模式的争

---

① 龙宗智:《证据法的理念、制度与方法》,法律出版社2008年版,第122页。

② 参见顾永忠:《试论庭审中心主义》,载《法律适用》2014年第12期。

论经久不息。

由于当事人主义模式又被称为对抗制模式,在我国刑事诉讼制度改革的实践中,增加程序的“对抗性”是一个长盛不衰的话题。司法改革的大方向容易被解读为增加对抗性,而增加对抗性又常常有意无意地与“当事人主义”或者“对抗制模式”等同起来,像有学者指出的那样,“暗含着‘重视当事人主义、否定职权主义’的偏见立场”。①

分类是对制度进行学术分析的一种研究方法本身并不具有先验的立场选择性。一方面,法律制度的建立不是预设立场的表决。如果对目前的制度不够满意,“转向”另一种已被证明行之有效的制度就能够毕其功于一役,这是一种过于简单化的理想主义思维方式。真正富有生命力的制度往往表现为日积月累的“建构”过程,而不是天翻地覆的“抉择”。另一方面,过于强调差异性,将“讨论标签化”②,容易助长无视法律制度共性的倾向——人们不是对诉讼法改进的可能性进行思考,而是通过强调“其他制度”的缺陷而将现实合法化。这两种倾向对于法律实践都是有害的。

笔者认为,这两种诉讼模式并非截然对立。过分夸大两大法系诉讼制度之间的差异,将两者间的技术性差异夸大为本质性差异,将具体制度安排上的差异夸大为价值导向上的差异,这显然是不符合经验事实的。二者之间不存在孰优孰劣的比较关系,只是在推动诉讼进行的方式上,有各自不同的考量。不论哪一种进行模式都有其具体限制,在欲达成的目标上并无二致,即保障人权与程序公正。

笔者认为,就法官的角色定位而言,当事人主义诉讼模式并不适合中国的现实状况。当事人主义有两大基本特征:一是法官绝对中立,二是平等武装。我国1996年《刑事诉讼法》修改,以达成“吸收当事人主义模式的经验”为目标,学习

① 万毅:《超越当事人/职权主义——底线正义视野下的审判程序》,中国检察出版社2008年版,第4页。

② [瑞士]萨拉·J.萨默斯:《公正审判:欧洲刑事诉讼传统与欧洲人权法院》,朱奎彬、谢进杰译,中国政法大学出版社2012年版,第12页。

“起诉状一本主义”①的“复印件主义”②，改变之前全卷移送的做法，目的是“防止法官预断”。这种从概念到概念的思维理路与司法实践圆凿方枘，必然会引发很大的问题，这在1996年《刑事诉讼法》修改之后的具体实践中已经表现得很充分。

我国刑事诉讼总体而言是职权主义架构，法官依职权调查是职权主义诉讼模式的一个根本特征。我国1996年《刑事诉讼法》对法官依职权调查取证进行了一定的限缩③，2012年法律修正时保留了限缩的做法。加之，实践中法官依职权调查的案件量过少④，有学者认为，我国法官依职权调查义务与我国刑事诉讼制度与体系不相符合，应予以废除或者改造。⑤ 也有学者将依职权调查义务归入了法官的

---

① 当事人主义的英美法系能够施行“起诉状一本主义”是有其深刻的制度与体系根源的。首先，英美法系国家普遍实行陪审制；其次，英美法系国家刑事诉讼的主导权由当事人掌握；最后，英美法系国家法官庭前活动是极其有限的。

② 检察院起诉时，不得移送案卷，只能移送起诉书、证据目录、主要证据复印件和照片。在1996年修法时的理由是：既能防止法官审前预断，又能使法官驾驭庭审过程。然而，实践中移送主要证据复印件的做法积弊重重，由于制度上的缺失又滋生了意料之外的弊端……《刑事诉讼法》第150条在后来的实际运作中已名存实亡。例如，烟台市检察系统由于缺乏足够的人力和经费，在决定提起公诉时就象征性地复印几份主要证据，然后连同全部案卷材料一并移送法院，法院合议庭的全体成员依然是对整个案卷材料进行实体性的审查。参见陈卫东：《刑事诉讼法实施问题调研报告》，中国方正出版社2001年版，第130页。有些地方的法院为了保证判案的准确率，他们往往事先私下和检察院协商采取“借卷看”的变通方法，而检察机关考虑到两家的关系一般乐意于为之。参见陈永革：《论主要证据》，载《中国刑事法杂志》1998年第6期。‘由于上述问题的存在，六部委作出了补充规定，赋予了检察院在移送起诉时根据案件具体情况决定主要证据范围的权力。这样，为了保证控诉犯罪的准确率，代表国家追诉犯罪的检察机关就可以名正言顺地进行法律规避，只向法院移送有利于己方的控诉证据。”陈卫东：《刑事诉讼法实施问题调研报告》，中国方正出版社2001年版，第131页。“以至于司法实践中，控方就可以随心所欲地选择，往往只提供被告人口供、部分证人的证言，而且掐头去尾，让辩护律师无法全面地了解案情。”孙国祥：《步履维艰的当代中国刑事辩护制度》，载中国人民大学书报资料中心《报刊复印资料》“诉讼法学 · 司法制度”1999年第10期。对此，有学者就一针见血地指出：较之原有方式，目前这种阅览主要证据的做法似乎更容易造成法官预断的扭曲。参见龙宗智：《刑事诉讼庭前审查程序研究》，载《法学研究》1999年第3期。

③ 我国1979年《刑事诉讼法》第108、109条规定，人民法院对于公诉案件审查后，对主要事实不清、证据不足的案件，既可以退回检察院补充侦查，也可以自己进行勘验、检查、搜查、扣押和鉴定；根据第123条第2款的规定，在庭审过程中，合议庭认为证据不充分，或者发现新的事实，可以退回检察院补充侦查或者自行调查；根据第126条的规定，对于缺乏罪证的自诉案件，人民法院也可以进行调查。而1996年《刑事诉讼法》则仅在第158条规定法庭审理过程中，合议庭对证据有疑问的，可以宣布休庭，对证据进行调查核实。人民法院调查核实证据，可以进行勘验、检查、扣押、鉴定和查询、冻结。

④ 福州市某区人民法院2007～2011年刑事庭审法官庭外调查，5年仅1起案件。参见熊裴彦、林忠明：《论刑事诉讼中的法官庭外调查权：基于实证研究的讨论》，载万鄂湘主编：《建设公平正义社会与刑事法律适用问题研究——全国法院第24届学术讨论会获奖论文集》（上册），人民法院出版社2012年版，第686页。

⑤ 有学者认为，1996年《刑事诉讼法》的改革不彻底，应当彻底废除法官依职权调查取证的权力，以与审判模式的当事人主义方向改革相协调。参见林劲松、朱珏：《对法官庭外调查权的反思——从刑事诉讼价值角度的分析》，载《中国刑事法杂志》2002年第3期。

自由裁量权之中。① 在职权主义诉讼模式下,依职权调查取证属于法官的责任与义务,也就是说,法官虽然不承担证明责任,但具有查明案件真相,正确适用法律的义务。因此,法官除了进行消极判定之外,必要时还需在运用职权直接调查证据,查明案件情况。② 职权主义诉讼模式强调法官在发现案件事实中的能动作用,不受当事人意思表示的约束。基于当事人主义诉讼模式下的形式真实发现主义强调,法官对于事实及证据,受当事人意思所约束,而仅需发现形式上的真实。由于人的认识能力有限,面对少数无法发现真实的情况,不得不在"宁枉勿纵"与"宁纵勿枉"二者之间选择后者,将对实质真实的追求修正为消极的实质真实主义。③ 但是,这毕竟只是无可奈何的次优选择,且其前提是已穷尽合法的调查手段但仍无法发现案件真实,或者发现真实成本过高。然而,这并不是不尽或者异化调查义务的理由。在职权主义诉讼模式下,裁判取决于"什么事被澄清了",而非"什么人澄清了这件事"。④ 这对于体系化的证据制度意义重大。只有强力的平衡作用,才能解决控辩双方在证据收集和核实能力上的差距。法官依职权调查是法官"澄清义务"的重要体现,是刑事诉讼发现真实的重要途径。在职权主义诉讼模式下,"基于'法和平性'的考量,即通过澄清义务的履行,达到毋枉毋纵,开释无辜并处罚犯罪之人,因此法官不能只袖手旁观,而必须查明真相,始能达到法和平性"⑤。

体系化的证据制度的逻辑是:穷尽可能的调查手段和途径之后方可作出证据不足的无罪判决,因为这是法官的法定义务。审判中心主义对职权主义证据制度的直接影响就体现在对法官调查义务的坚持上,强调法官对证据收集和审查的无可推卸的责任。

以法官庭前阅卷为例。我国1996年《刑事诉讼法》规定,检察机关起诉时只向法院移送"证人名单"、"证据目录"和"主要证据的复印件、照片",其他证据材料不予移送。该做法尽管没有完全引进"起诉状一本主义"的起诉方式,却对检察机关移送法庭的案卷范围作出了较严格的限制。然而,这样移送起诉的方式,不仅没有防止法官的预断,反而在实践中形成了"上有政策、下有对策"的各类变通做法,

---

① 有学者认为,我国关于法官依职权调查取证的法律规定是一种抽象规定模式,这种模式具有灵活性的优势,但没有太多的操作性,它往往需要委诸法官的自由裁量权。参见陈如超:《论法官的查证责任与控辩双方证明责任的边界》,载《中国刑事法杂志》2011年第3期。

② 参见龙宗智:《证明责任制度的改革完善》,载《环球法律评论》2007年第3期。

③ 参见张建伟:《从积极到消极的真实实质发现主义》,载《中国法学》2006年第4期。

④ 参见[德]克劳思·罗科信:《刑事诉讼法》,吴丽琪译,法律出版社2003年版,第215页。

⑤ 林钰雄:《刑事诉讼法》(上册 总论编),中国人民大学出版社2005年版,第52页。

更是造成了对法官预断的扭曲。① 最后在2012年修改《刑事诉讼法》时退出历史舞台。

诉讼模式的构建与选择,并不是将各国实行良好的制度简单拿来就得以完成,任何制度与做法都必须符合本国的国情与诉讼文化。如果法官不在庭前对案件全面把握,指望其单单通过庭审就对案件作出精准的判断几乎是不可能的。

法官在庭前接触案卷,甚至主动收集证据的确容易形成预断,但从预断到主观确信仍有距离。随着审判进行,通过法庭活动和证据攻防,心证在事实上是起伏的;到法庭结束后,才有法官确信与否的问题。这关系到卷证并送、空白心证的问题。因此,真正的空白心证是很难实现的。

笔者认为,改变预断,需要强调法官的依职权调查义务,强调法院在判决中履行说理义务和上级审的有效控制。法官庭前阅卷并不一定就不利于被告。在我国的具体刑事案件办理中,常有法官阅卷发现控方证据存在的问题,盯住公诉人不放,而这些问题经常连被告的辩护律师都没有意识到。在无辩护律师的案件中,强调法官的庭前阅卷就更加重要。②

一般认为,当事人主义具有发现真相之功能的原因是案件与当事人有切身关系,对于任何一项证据的优势和弱点,当事人都会极尽攻击防御的能事推敲出来。法院站在中立的立场观察整个过程:任何一项证据提出时,每一个有利的、不利的面向都完全呈现,这时候做出的判断,会是最中肯、最周延的判断。但是,一方面,它的前提必须建立在双方都有充分的攻击防御的能力之上。另一方面,当事人采用的诉讼拖延战术往往导致证据散失,以致不仅不能迅速发现真相。并且,由于诉

---

① "根据修改后的刑事诉讼法,检察官在开庭前只向法院移送'主要证据的复印件或者照片'。这就有可能导致多份相互矛盾的被告人供述笔录只被移送其中的一份,多份不一致的证言笔录也被移送其中的一部分,甚至任何证据都有可能被有选择地移送,而不是'全案移送'。按照多年的刑事司法惯例,法官对案件事实的认定又必须有足够的证据支持,尤其不能与案卷笔录发生明显的矛盾。而这一点单凭法庭上那种有选择的、摘要式的宣读案卷笔录的调查方式,是根本不可能得到实现的,甚至还不如直接阅卷来得更加可靠。在这种情况下,法官对这种限制庭前移送案卷范围的改革,就可能产生普遍的抵触情绪。"参见陈瑞华:《案卷移送制度的演变与反思》,载《政法论坛》2012年第5期。亦可详见本文注42。

② 虽然关于我国刑事诉讼辩护率的数据有所不同,但是总体上全国律师辩护的刑事案件约占全部案件的20%左右,这其中还包括了一定程度的指定辩护的情形。参见左卫民:《中国应当构建什么样的刑事法律援助制度》,载《中国法学》2013年第1期。西部某中心城市郊县D县2007年、2008年一审刑事案件的调研显示,在统计的442件审结刑事案件中,涉及被告659人,147名被告人有律师辩护,包括指定辩护54人、委托辩护93人,比例分别为8.19%、14.12%,自行辩护512人,律师的总辩护率为22.31%。参见马静华:《刑事辩护率及其形成机制研究——以刑事一审为中心》,载《四川大学学报(哲学社会科学版)》2011年第6期。

讼延迟而使法院的事务负担过重,导致制度的运作弊端丛生。由此,这个理论模型必须要有一些配套的条件,譬如严格的律师伦理要求与足够的律师数量和健全的公设辩护人制度,才能够有效的运作。

另外,我国的案件数量之庞大也使适用需要耗费更多诉讼资源的当事人主义模式成为不可能。我国每年审理的刑事诉讼案件数量巨大且呈逐年递增之势。仅2014年一年,全国法院在刑事诉讼领域就“审结一审刑事案件102.3万件,判处罪犯118.4万人,同比分别上升7.2%和2.2%。”[①]在如此现实状况之下,当事人主义由法官空白心证为起点的旷日持久的审判模式基本上不具有可行性。因此,与证据相关的很多方面都必须充分考虑其现实基础。

综上,我国法官的基本定位应是在职权主义的框架之下,强调其在庭审中的事实查明义务,围绕这一基本定位,法官必须在庭前充分阅卷,整理庭审争点,对于证据中的疑点具有不可推卸的调查责任。以审判为中心的改革应充分体现法官的角色定位,在证据制度和相关程序上体现出职权主义的特点,满足我国司法实践的现实需要。审判中心主义对职权主义证据制度的直接影响就表现在对法官调查义务的坚持上,强调法官对证据收集和审查的无可推卸的责任。相关程序必须方便和保障法官职权的落实。

四、以审判为中心,必须按照审判的逻辑实现证明的目的

以审判为中心,要求证据制度的运作必须能够在审判中实现证明的目的,或者说证明必须按照有利审判进行的逻辑来组织和展开,必须符合审判的规律。

扬汤止沸不如釜底抽薪,以审判为中心要求一国的证据制度在构成上应给予前置式的证据规则以优位,这也更为契合审判中心主义与证据裁判主义的价值内核。这已经成为证据制度发展的一个大的趋势。

在传闻证据规则的设计上,不必过分纠结于法庭上的直接言辞,而应以保障犯罪嫌疑人、被告人的对质权为中心,优先制定对质规则,实现对传闻证据的实质排除。证据裁判主义是前置式证据制度最坚实的基础,它把证据问题优先于实体评价,体现了以审判为中心的核心要求,是体系化的证据制度不可或缺的组成部分。

五、对实务部门的考绩也应服务于以审判为中心,以厘清三机关关系

中央政法委在2015年1月20日中央政法工作会议上要求,中央政法各单位

---

① 参见2015年3月12日在第十二届全国人民代表大会第三次会议上,最高人民法院院长周强所作的《最高人民法院工作报告》。

和各地政法机关对各类执法司法考核指标进行全面清理,坚决取消刑事拘留数、批捕率、起诉率、有罪判决率、结案率等不合理的考核项目。但取消"不合理"的指标,并不是取消一切指标。那么,什么样的考核才是有利于以审判为中心的三机关关系的建立呢?

根据我国《国家赔偿法》的相关规定,一旦批准逮捕,检察机关就是第一责任机关。在批准逮捕后整个漫长的侦查羁押期限当中,侦查机关取证动力不足,此时对其侦查行为缺乏评价,负责起诉的检察官让侦查机关补充证据反而需要商请他们"帮忙"。笔者认为,应当通过修改《国家赔偿法》,转以不诉率来评价侦查。如果起诉失败,那么就是前面侦查机关搜集证据出现了问题。此时,以不诉率来评价侦查行为是最合理的,这样同时也解决了我国无罪和不诉案件比例过低的问题:批捕在前,起诉部门考虑到本院的责任,往往对从严审查证据多有顾忌。以"不诉率"为考核标准,打通了侦查与起诉的联系,既可使侦查真正为审判服务,取消检察机关批捕对于侦查行为的背书责任,也解除了起诉部门的本位负担,对提高证据质量大有裨益,在三机关的关系上,也体现了诉讼制度以审判为中心的价值导向。

第三节　刑事拘留和批捕的定位与完善*

一、问题的提出

拘留和逮捕是我国刑事司法适用实践中最为普遍的2种强制措施,在我国的审前程序中具有举足轻重的地位,也是以审判为中心的司法改革的重点领域。然而,对于这两种强制措施的理论定位存在不容忽视的误区,导致改革举措不能对焦司法实践,审前羁押率居高不下,以侦查为中心的惯性做法难以根本扭转。理论是实务的先导,基本定位不准,就会与现实圆凿方枘,难以达到预期的效果。

我国刑事诉讼中的逮捕被认为可以产生强制到案和候审羁押的双重效果。从强制措施体系的字面含义看,拘留应是强制到案的主要方式,再通过逮捕程序作出羁押与否的决定,这也是我们在理论和实务中的通常理解,相关的学术讨论和改革举措几乎都是基于这一共识展开。这就产生了一系列的实践问题。

逮捕的抓捕到案功能在我国刑事司法实践中仅在极其有限的情况下(如法院

---

* 作者:张栋。本节原发表于《政法论坛》2020年第6期。

决定逮捕)适用。2012 年修改的《中华人民共和国刑事诉讼法》(以下简称 2012 年《刑事诉讼法》)新增了口头传唤措施。在实践中,侦查机关使用本文广泛的到案方式是留置盘问和口头传唤。[①] 从法律规定来看,我国的侦查到案方式包括:对于一般犯罪嫌疑人,可以采用传唤、口头传唤以及拘传;对于现行犯或重大嫌疑人,可以采取刑事拘留;而对于有证据证明有犯罪事实的嫌疑人可以采取逮捕。其中,刑事拘留是法律所明确规定的对于现行犯或者重大嫌疑人所采取的临时处置措施。逮捕在我国通常被视为保释程序。为解决实践中长期居高不下的羁押率,改革的视角往往聚集在对人身危险性的评估,因而引入保释制度的理念来完善程序。然而,多年来,这些改革效果不彰的重要原因就在于我国逮捕程序的定位不准,导致无论制度设计上如何要求,都无法改变办案检察官的实践理性,即在批捕阶段主要关注罪与非罪的问题。所谓"构罪既捕"在当前的制度框架下,其实是有现实合理性的。由此,准确定位我国的拘留和逮捕强制措施具有重大的现实意义和理论价值。

二、拘留权的实质定位是羁押决定程序,而非到案措施

事实上,我国刑事司法实践中的抓捕到案与决定羁押权均掌握在侦查机关手中。追溯拘留这种强制措施在我国刑事立法中的演变过程可以清楚地看到这一点。

(一)1954 年《逮捕拘留条例》

"1954 年 9 月我国第一部宪法和人民法院组织法、人民检察院组织法制定颁布,同年 12 月又颁布了逮捕拘留条例。这些法律的颁布实施,标志着社会主义法制建设的开始。"[②]《中华人民共和国逮捕拘留条例》(以下简称《逮捕拘留条例》)第 7 条规定:"公安机关拘留人犯,应当在拘留后的 24 小时以内,把拘留的事实和理由通知本级人民检察院;人民检察院应当在接到通知后的 48 小时以内,批准逮捕或者不批准逮捕。"该条例体现了拘留与逮捕之间抓捕和羁押原有的法律关系。"拘留的定位是一种紧急性临时性的强制到案措施……是作为临时性、紧急性的强制到案措施来规定的,拘留所带来的 24 小时的人身自由的剥夺尚不具有羁押属

---

① 参见马静华:《新〈刑事诉讼法〉背景下侦查到案制度实施问题研究》,载《当代法学》2015 年第 2 期。

② 崔敏:《刑事诉讼法学百年回眸》,载《浙江警察学院学报》1999 年第 6 期。

性。”[①]在《逮捕拘留条例》中还明确实施拘留不需要拘留证，这进一步表明了拘留的主要功能是紧急到案，否则，作为常规性到案或者羁押手段而不需要书面文件显然是不合逻辑的。

（二）1979 年《刑事诉讼法》

1979 年 2 月，全国人民代表大会常务委员会修改了《逮捕拘留条例》，其第 6 条仍然规定，“公安机关对于罪该逮捕的现行犯或者重大犯罪嫌疑分子”，如果出现法定情形，“由于情况紧急，可以先行拘留”。第 8 条则延长了拘留的时限：拘留的时间一般是 3 天，特殊情况下可延长 4 天，检察院要在 3 天内做出是否逮捕的决定。至此，侦查机关控制犯罪嫌疑人的时间可延长至 7 天，加上逮捕的 3 天审查期限，最长可达 10 天。从立法演进的角度来看，此时的《逮捕拘留条例》系法律制度遭受严重冲击后的过渡性立法。在实施仅数月之后，刑诉法典就审议通过，拘留和逮捕不再为单行条例所规定，而是纳入《刑事诉讼法》强制措施之中。同时，拘留和逮捕功能就此开始发生变化。1979 年《刑事诉讼法》第 40 条规定，“对主要犯罪事实已经查清，可能判处徒刑以上刑罚的人犯，采取取保候审、监视居住等方法，尚不足以防止发生社会危险性，而有逮捕必要的，应即依法逮捕”。这实际上赋予了公安机关在拘留后是否提请批捕的自由裁量权，而该自由裁量权的决定时限可以长达 10 天。同时，拘留由公安机关自行决定，无须通过检察机关或者人民法院的做法，转变了之前的制度架构，检察机关只能事后监督或者通过批捕权来制约拘留权。对比 1954 年《逮捕拘留条例》，刑诉法典设计了拘留证也限缩了拘留本应承担的紧急到案功能，显然在紧急情况下侦查人员根本没有时间获取书面令状。为了填补到案功能的空白，后续《中华人民共和国人民警察法》将留置盘问作为到案的重要补充予以规定。[②] 以上种种，都为拘留和逮捕功能的进一步变化埋下了伏笔。

（三）1996 年《刑事诉讼法》

1996 年修改后的《刑事诉讼法》第 61 条规定，公安机关对于现行犯或者重大嫌疑分子，如果有下列情形之一的，可以先行拘留：正在预备犯罪、实行犯罪或者在犯罪后即时被发觉的；被害人或者在场亲眼看见的人指认他犯罪的；在身边或者住处发现有犯罪证据的；犯罪后企图自杀、逃跑或者在逃的；有毁灭、伪造证据或者串

---

① 薛向楠：《中国刑事拘留制度的发展轨迹与完善路径（1954—2018）》，载《中国政法大学学报》2019 年第 3 期。

② 参见易延友：《刑事强制措施体系及其完善》，载《法学研究》2012 年第 3 期。

供可能的;不讲真实姓名、住址,身份不明的;有流窜作案、多次作案、结伙作案重大嫌疑的等。尽管先行拘留的法定情形除了增加"流窜作案、多次作案、结伙作案重大嫌疑"外,没有重大变化,但是,条文中不再有紧急状态的限制,而重大嫌疑分子只是定罪的可能性,和紧迫性已经无关。例如,公安机关可以认为犯罪嫌疑人在"犯罪后企图自杀、逃跑""有毁灭、伪造证据或者串供可能",而不以"立即"逃跑、"马上"毁证为前提,"有流窜作案、多次作案、结伙作案重大嫌疑的",也可以不具有任何的紧迫性。[①] 事实上,第6、7项是将收容审查的对象纳入拘留的范围。1996年修改《刑事诉讼法》时,为了弥补取消收容审查制度后取证的需要,第69条规定对于流窜作案、多次作案、结伙作案的重大嫌疑分子,提请审查批准的时间可以延长至30日。[②] 1996年《刑事诉讼法》的修改,使拘留的到案功能更加弱化,与之对应的羁押功能明显增强,侦查机关借助拘留所带来的1个多月时间收集、补充证据以获取逮捕决定的趋势越发明显,拘留已经变成了某种程度上的羁押乃至侦查程序。

(四)2012年《刑事诉讼法》

2012年修改后的《刑事诉讼法》基本延续了对刑事拘留的相关规定。[③] 虽然拘留的执行程序等内容有所规范,但是拘留的时间可长达37天而且不再需要满足紧急条件限制的制度框架没有变化。"……在针对人身权利的强制措施体系内部,仍然没有采用最为关键的逮捕与羁押相分离的制度,只是在规范各自适用的具体条件环节上进行了小修小补。"[④]需要注意的是,2012年《刑事诉讼法》增设了先行拘留制度,第69条规定,"对违反取保候审、监视居住的规定,需要逮捕的,可以先行拘留。"这一规定使得拘留的性质又有了新的变化。对于这一规定的立法原意,全国人大常委会法工委的解释是,"逮捕要履行严格的审批手续,需要一定的时间,由于原刑事诉讼法对在批准逮捕之前是否可以采取先行拘留措施规定不明确,为防止犯罪嫌疑人、被告人继续实施危害社会安全、逃避刑事责任追究、阻碍刑事

---

① 实践中,公安机关适用"有流窜作案、多次作案、结伙作案重大嫌疑的"的条款,从而延长拘留期限的做法具有一定的普遍性,以至于提起拘留期限,无论是理论界还是实务界第一反应往往就是37天。一些存在正当跨省事由的人员也适用该条款(参与诉讼、就学、家庭事务等),实际上是存在疑问的。

② 参见顾昂然:《关于〈中华人民共和国刑事诉讼法修正案(草案)〉的说明》,载吴宏耀、种松志主编:《中国刑事诉讼法典百年》(中册),中国政法大学出版社2012年版,第869页。

③ 参见谢小剑:《论我国刑事拘留的紧急性要件》,载《现代法学》2016年第4期。

④ 郭烁:《论中国刑事强制措施体系的理想模式》,载《苏州大学学报(哲学社会科学版)》2015年第5期。

诉讼顺利进行的行为，增加了对违反取保候审规定需要予以逮捕的犯罪嫌疑人、被告人可以先行拘留的规定。”①可以看出，拘留已经逐步成为逮捕前的先决条件，成为审批手续复杂的逮捕的保全措施。

(五)2018年《刑事诉讼法》

伴随监察体制改革，2018年《刑事诉讼法》的修改在强制措施方面更多着墨于留置和先行拘留。《刑事诉讼法》第170条第2款规定：“对于监察机关移送起诉的已采取留置措施的案件，人民检察院应当对犯罪嫌疑人先行拘留，留置措施自动解除。人民检察院应当在拘留后的十日以内作出是否逮捕、取保候审或者监视居住的决定。在特殊情况下，决定的时间可以延长一日至四日。”这里的先行拘留和2012年的先行拘留有所区别，前者是仅针对监察委所办理的案件，后者仍然是逮捕的保全措施。对于先行拘留的定位，理论界意见不一。单就对强制措施体系的影响而言，先行拘留使得原本拘留的定位更为模糊。也就是说，只要监察委采取留置措施的，检察机关在审查起诉时就应当先行拘留，先行拘留演变成了留置的必然延续。毕竟，拘留的紧急到案功能和对现行犯的控制功能都不能理解为留置措施的延续——被采取留置措施的职务犯罪人显然早已到案、控制、接受调查。究其本质，只能将其理解为针对监察委办理案件的特别规定，是监检衔接的特殊举措。先行拘留看似由检察机关决定，实际上是留置的必然结果，这就意味着其实际决定权掌握在监察机关手中，是监检衔接过程中，为保障检察机关有必要的时间就是否逮捕作出决定而适用的一个和人身控制手段。拘留作为一种羁押措施的特征重加凸显。同时，先行拘留也有万变不离其宗之处——其羁押期限仍然较长。无论是先行拘留的10天还是拘留的37天，都不符合临时性人身约束措施的内涵。“《刑事诉讼法》修改过程中不断扩大拘留的权限，最终使拘留制度获得了羁押属性，这种做法实际上违背了制宪者将拘留作为临时到案措施的原意。”②拘留已经不容否认地成为羁押措施。

(六)实践做法

从我国目前实践的情况来看，在案件发生之后、尚未刑事立案期间的公安机关初查阶段，公安人员往往使用留置盘问和口头传唤的方式实现犯罪嫌疑人顺利到

① 郎胜主编：《中华人民共和国刑事诉讼法释义》，法律出版社2012年版，第154～155页。

② 薛向楠：《中国刑事拘留制度的发展轨迹与完善路径(1954—2018)》，载《中国政法大学学报》2019年第3期。

案的目的。[①] 在此基础上,公安人员通过初查认为应当刑事立案的,才会立案进而采取拘留措施。

我国实践中,将拘留的期限压缩在数天之内的做法基本只存在于较简单、可以适用速裁程序的案件或者可能刑拘直诉的案件,且在该类案件中适用率也不高。而在其他案件中,拘留期限往往都用足30天。“由于‘案情复杂、警力有限、经费紧张’等各种因素的存在,事实上几乎所有的案件都可以按‘特殊情况’操作,真正在三日以内提请逮捕的案件极为少见,七日以内提请逮捕的比例也很低;除造成较大社会影响、引起舆论关注或受到上级领导批示的重大案件外,一般案件的刑事拘留措施基本上都可走30日的最高上限。”[②]从程序设计上讲,“为保护公民的正当自由权利,公权机关不得随意、不受监督地运用刑事强制措施。”[③]但由于延长拘留时间的权力和决定拘留的权力一样,都掌握在侦查机关自己手中,延长决定缺乏外部监督,具有一定的任意性。无论犯罪嫌疑人是否具有逃跑等可能性,拘留期限都会被批准加以延长,这也是“以拘代侦”的需要。实践中,侦查机关往往借助拘留形成的长时间羁押期限开展侦查工作,拘留原本作为一项强制措施,却承担了侦查机关在获得检察机关的逮捕批准前对犯罪嫌疑人进行羁押、侦查的任务。也就是说,我国刑事拘留的性质在实践中已经发生了根本性的变化。抓捕到案的功能因让位于留置盘问和口头传唤而基本萎缩。[④] 甚至传唤和拘传也因需要事先审批而很少为侦查人员采用。“刑事拘留措施的羁押化立法设计和行政式审批制度,已使整个侦查程序成为侦查权与羁押权合一,甚至是先羁押后侦查的超级职权主义模式。”[⑤]可见,拘留不再是一个具备实际功能的到案方式,而真正变成了一个羁押决定程序。这也是为何拘留几乎成为我国刑事诉讼的必经强制措施,更成为逮捕和起诉的必经阶段的原因所在。有实证研究指出,2012年《刑事诉讼法》实施之

---

① 参见周长军:《语境与困境:侦查程序完善的未竟课题》,载《政法论坛》2012年第5期。

② 周睦棋:《中国刑事强制措施体系的价值转型与程序改革》,载《中国人民公安大学学报(社会科学版)》2015年第6期。

③ 李佑标:《羁押性强制措施中的人权保障研究》,载《公安研究》2005年第1期。

④ 这样的实践操作其实存在理论上的疑问。留置盘问和口头传唤使用率过高的原因在于,侦查人员在办案时出示工作证即可,事前无须报批,操作上更为便利,因而其成为侦查人员的首要选择。然而,留置盘问是一种行政强制措施,口头传唤在实践中被大量滥用和扩张使用,二者本不具有抓捕到案的功能。该功能上的异化也是导致拘留和逮捕实质定位发生变化的诱因之一。

⑤ 周睦棋:《中国刑事强制措施体系的价值转型与程序改革》,载《中国人民公安大学学报(社会科学版)》2015年第6期。

后,实践中的拘留使用率已经高达93%[1],这绝不是以往所理解的到案措施所能够达到的。

三、批捕权的实质定位是预审程序,而非羁押决定程序

长期以来,无论是从实践理解还是理论研究的角度,批捕都被认为具有强制到案和候审羁押的双重效果,这极大地影响了我们对批捕实质定位的认识和实然功能的把握。

(一)我国批捕权的定位

我国批捕既意味着抓捕的行为,也意味着羁押的状态;一旦批捕决定作出,既实施抓捕之行为亦应随之将犯罪嫌疑人予以一段时间的持续羁押。[2] 批捕作为拘留的后一道程序关口,其所发挥的作用不可能仍旧是决定羁押,否则强制措施之间就产生了功能重叠。进言之,羁押的决定是由刑事拘留程序作出的,批准逮捕充其量只是在是否继续羁押问题上发挥作用。我国刑事诉讼法典在"刑事强制措施"一章中,将拘传、取保、监视居住、拘留、逮捕等根据强制力度的轻重予以了排列,否定了批捕权的羁押决定权属性,却并不意味着贬低了这一权力的重要性。恰恰相反,笔者认为批捕权是我国检察机关目前拥有的最强职权,其对整个刑事程序的影响力远超相对较弱的公诉权,具有举足轻重的地位,批捕程序实质上是我国刑事诉讼中的一个预审程序。

(二)预审程序的考察

预审程序,也叫交付审判程序,是指部分案件在正式交付法院审判之前,应先由具有司法审查资格的官员对其进行审查,以判断案件事实是否查清、证据是否充足,从而避免被追诉人遭受无理由的指控和审判。也就是说,预审程序是决定国家追诉真正启动的一个程序设计,是审前程序中至关重要的一环。

仔细分析我国批捕权的实际运行和程序后果就会发现,这一程序事实上负责重罪案件公诉闸门的开启,并相应地作出是否继续羁押的决定,而羁押是批捕后的必然状态。"在我国,羁押不是一个严格意义上的法律概念,而是剥夺或完全限制人身自由的强制措施与其自动带来的结果和状态的综合体。"[3]批捕程序实际扮演的是预审程序的角色,而不是一个保释程序。原因如下:

---

① 参见孙长永、武小琳:《新〈刑事诉讼法〉实施前后刑事拘留适用的基本情况、变化及完善——基于东、中、西部三个基层法院判决样本的实证研究》,载《甘肃社会科学》2015年第1期。

② 卞建林:《论我国审前羁押制度的完善》,载《法学家》2012年第3期。

③ 石经海:《论羁押制度的内核》,载《中国刑事法杂志》2009年第2期。

第一,审查批捕坚持的是交付审判标准,而不是羁押必要性标准。根据我国2018年《刑事诉讼法》第81条,对有证据证明有犯罪事实,可能判处徒刑以上刑罚的犯罪嫌疑人、被告人,采取取保候审尚不足以防止发生下列社会危险性的,应当予以逮捕。逮捕需要满足证据、刑罚和社会危险性3个条件。实践中,检察官考量案件的关注点集中在前两个条件上,这也就是所谓"构罪即捕"现象。这一现象长期以来被认为是造成我国审前羁押率较高的重要原因。保释程序只考虑犯罪嫌疑人是否会妨碍诉讼,对其能否定罪在所不问。这是由保释程序的审查范围和标准决定的,其关注点主要不在未来的定罪可能性。对此,学者们建言,应当实现"逮捕与羁押相分离"的制度改革①,这说明已经意识到了逮捕功能的错位和与理论的不适应性。

第二,批捕与否对案件处理结果产生直接影响,具有案件过滤功能。保释程序只是诉讼保障手段,通常与最终定罪量刑没有相关性,而我国审查批捕的结论却直接与最后的定罪量刑相关。实践中,通常犯罪嫌疑人及其亲属在涉案之后,都极其关注"能否取保",这甚至成为评价辩护律师工作成效的重要指标。可以说,逮捕权已经不仅仅是一种刑事强制措施,而是足以影响刑事诉讼的"下游"程序的关键阶段,甚至与定罪量刑有密不可分的联系。② 审查逮捕环节的重要性在于:通过这一程序,国家经过慎重的考虑,真正对犯罪嫌疑人开启了追诉的大门。这一决定是如此重大,以至于万一最后发现追诉错误,按照我国《国家赔偿法》的规定,第一责任机关不是遗漏证据、混淆了嫌疑人、制造了重大侦查过失的公安机关,而是作出批捕决定的人民检察院。这实际上就意味着逮捕权具有犯罪评价"实体化"的效果。1994年《国家赔偿法》第15条规定,对没有犯罪事实或者没有事实证明有犯罪重大嫌疑的人错误拘留的,应当给予国家赔偿。采用的是客观归责原则。而2010年《国家赔偿法》对此作了修改。第17条规定,违反刑事诉讼法的规定对公民采取拘留措施的,或者依照刑事诉讼法规定的条件和程序对公民采取拘留措施,但是拘留时间超过刑事诉讼法规定的时限,其后决定撤销案件、不起诉或者判决宣告无罪终止追究刑事责任的,才给予国家赔偿。采用的是违法归责原则。这意味着,只要侦查机关在拘留程序上没有违法,即使实体上错误的羁押了犯罪嫌疑人

---

① 卞建林:《论我国审前羁押制度的完善》,载《法学家》2012年第3期;陈瑞华:《未决羁押制度的理论反思》,载《法学研究》2002年第5期;陈卫东:《我国检察权的反思与重构——以公诉权为核心的分析》,载《法学研究》2002年第2期。

② 参见杨依:《逮捕制度的中国进路:基于制度史的理论考察》,载《政法论坛》2019年第1期。

37 天，依然不需要承担赔偿责任。这对于国家赔偿的整体性冲击是巨大的。就拘留和逮捕的定位而言，明显具有将程序性羁押功能交予拘留、将实体化评价功能交予逮捕的立法倾向。在实践中，公安机关的“以拘代侦”和人民法院的“实报实销”判决都是逮捕权“实体化”功效的具体体现。我国刑事诉讼法规定的侦查羁押期限是从批准逮捕之日开始计算的，但在实践中公安机关真正发力侦查是在拘留阶段，其主要目标是检察机关批准逮捕，而在批捕后的“侦查羁押期限”一般只做一些补充性工作，起诉与否往往不是公安机关重点关心的内容。不批准逮捕的后果是案件有很大的可能性不起诉或撤销案件，最起码也会变更强制措施为取保候审，而取保的直接法律后果就是法院在最后的量刑环节一般会判处缓刑。对于事实不清或证据不足的案件，检察机关作出不批准逮捕决定后，没有新的事实、证据，公安机关不得直接移送审查起诉，这明显是对侦查权的制约，也是对起诉案件的筛查过滤。批捕权对案件最终结果有如此大的实质影响力，绝不是保释程序所能解释的。

第三，批捕程序具有证据审查和明显的追诉职能。检察机关一方面对于批捕的案件，可以要求公安机关继续提供法庭审判需要的证据。最高人民检察院 2019 年 12 月修订的《高检规则》第 284 条规定：“对公安机关提请批准逮捕的犯罪嫌疑人，人民检察院经审查认为符合……规定情形，应当作出批准逮捕的决定，连同案卷材料送达公安机关执行，并可以制作继续侦查提纲，送交公安机关。”另一方面，对于存疑不捕的案件，也可以要求公安根据调查提纲予以继续侦查。① 另外，检察机关在审查逮捕阶段发现有应当提请逮捕而没有提请的情况，可以要求公安追捕。《高检规则》第 288 条规定：“人民检察院办理公安机关提请批准逮捕的案件，发现遗漏应当逮捕的犯罪嫌疑人的，应当经检察长批准，要求公安机关提请批准逮捕。公安机关不提请批准逮捕或者说明的不提请批准逮捕的理由不成立的，人民检察院可以直接作出逮捕决定，送达公安机关执行。”由此可以看出，审查逮捕具有明显的追诉犯罪的职能，与审查起诉权在本质上有内在共通之处。

第四，批捕的实然功能与羁押必要性审查运行的效果具有相通性。2012 年修改的《刑事诉讼法》第 93 条规定公布后，理论界和实务界普遍认为我国已建立羁押必要性审查制度，寄希望于改变我国批捕程序中存在的“构罪即捕”“一关了之”的现象，从而将羁押的期间限制在较短范围内，进而降低逮捕率和审前羁押率。然

① 《最高人民检察院刑事诉讼规则》第 285 条规定：“对公安机关提请批准逮捕的犯罪嫌疑人，具有本规则第一百三十九条至第一百四十一条规定情形，人民检察院作出不批准逮捕决定的，应当说明理由，连同案卷材料送达公安机关执行。需要补充侦查的，应当制作补充侦查提纲，送交公安机关。”

而，羁押必要性审查制度实施多年以来，并没有起到预想中的效果，检察机关的批捕率仍然居高不下。随着新一轮司法改革，检察机关将羁押必要性审查职能从刑事执行部门剥离交由负责捕诉的部门行使，这一职能移转也存在理论上的争议。负责捕诉的部门是原本对犯罪嫌疑人批捕的部门，现在又让其对自己的决定进行复查，这显然难以消除“自捕自审”的问题。造成上述问题的原因就在于逮捕的定位出现了问题。当然，目前《高检规则》确立的羁押必要性审查由负责捕诉的部门来实施的模式，事实上已经改变了这一制度的性质。使其由法律监督权转变为建立在情势变更基础上的检察裁量权。而认罪认罚作为最有可能的一个情势变更的事由，其重要性得到了凸显。这一制度变化的长期影响有待进一步观察。

第五，逮捕全面化审查制度实际上就是预审制度。近年来，逮捕全面化审查、逮捕公开审查、逮捕听证等制度探索方兴未艾，制度设计的初衷是建立一个由检察机关居中决定、侦查机关和辩方互相攻防的批捕程序。这一设计与法院庭审具有一定的相似性，除了预审法官的角色替换成了检察官之外，其他内容和预审程序没有实质性差别。《高检规则》第 287 条规定：“对于没有犯罪事实或者犯罪嫌疑人具有刑事诉讼法第十六条规定情形之一，人民检察院作出不批准逮捕决定的，应当同时告知公安机关撤销案件。对于有犯罪事实需要追究刑事责任，但不是被立案侦查的犯罪嫌疑人实施，或者共同犯罪案件中部分犯罪嫌疑人不负刑事责任，人民检察院作出不批准逮捕决定的，应当同时告知公安机关对有关犯罪嫌疑人终止侦查。”这里的“撤销案件”“终止侦查”表明审查逮捕程序作为追诉闸门的实际功效，其发挥着预审程序的关键作用。

综上，审查逮捕程序实际上是一个以交付审判为判断标准，通过实质的证据审查，对案件发挥着过滤作用，又负有强烈追诉职能的程序。这绝不是一个以羁押与否为己任的保释程序，而是一个预审程序。

四、改革进路与完善措施

“庭前程序在诉讼程序研究中是一个容易被忽视的程序。”①一个完整意义上的审前程序，应当包括拘留、羁押、预审、起诉等多个环节，每个环节都至关重要，应当准确定位并发挥其应有的程序功能。

（一）拘留权到案功能的回归

当前，在我国庭前羁押程序问题中，首先应当考虑解决的是理顺各强制措施之

---

① 龙宗智：《刑事诉讼庭前审查程序研究》，载《法学研究》1999 年第 3 期。

间的关系。在拘留权和批捕权出现定位失衡的情况下，如何还原其本来意义是当务之急。

对于拘留权而言，应当考虑将拘留决定权移交给法院或者检察机关，恢复1954年《逮捕拘留条例》第7条对拘留权的原有定位。即，拘留权的应然定位是临时性约束措施，实现的是紧急到案功能，另将其羁押功能交予后续的强制措施、保释程序乃至预审程序来予以解决，改变通过传唤和留置盘问等等以行政化手段为主的到案方式的现状。

基于我国的刑事法制所处的阶段和现状，考虑到整体的刑事司法的平衡和稳步推进，当前由检察机关行使拘留决定权也应当是立法者考虑的选项之一。我国检察机关的定位是法律监督机关，2019年修改的《高检规则》第3条对于人民检察院办理刑事案件新增了应当"秉持客观公正的立场，尊重和保障人权，既要追诉犯罪，也要保障无罪的人不受刑事追究"的内容，对检察官客观义务予以了明确和强调。从这一角度来看，拘留决定权参考1954年《逮捕拘留条例》的规定交由检察机关行使似乎更为合适。

无论是法院还是检察机关，在决定是否拘留的问题上，鉴于此时刑事案件的侦查才刚刚开始，决定机关在判断是否羁押时，应当更偏重于从"羁押与妨害诉讼之间的关系"这一角度来考虑。如此，"构罪即捕"的现象才能够得到有效遏制。也就是说，妨害诉讼是决定是否拘留的第一考量，至于实体上是否构成犯罪、审批上是否方便快捷等问题，不应当成为关注的重点。同时，在拘留问题上，法院或检察机关的介入能够对侦查机关"押人取供"的倾向产生实质性的制约，这样才能在源头上解决羁押率过高的问题，否则降低逮捕率就难以真正落实。这对于提高我国刑事诉讼中的人权保障水平，理顺刑事诉讼中侦查、检察、审判三者的关系，都具有重大现实意义。

（二）设立羁押审查程序

《刑事诉讼法》第91条第2款规定："对于流窜作案、多次作案、结伙作案的重大嫌疑分子，提请审查批准的时间可以延长至三十日。"对此，应当从原本的拘留程序中剥离出来，设立一个由检察机关负责审查的是否决定羁押的特别程序。这应当是一个快捷、简便的，在司法机关主导下的保释程序，将羁押的决定权真正从侦查机关手中拿走，防止侦查机关的滥用，实现司法权的介入和监督，切实保障犯罪嫌疑人的人身权利和诉讼权利，解决长期以来拘留成为"押人取证"的侦查手段，而不是诉讼保障措施的痼疾。保释程序的核心，是对于未来到案可能性的判断,在程序上了除了基本的权利义务告知、辩护权的保障、自白任意性的保证外,不应当设置其他附加性、行政性、障碍性的内容。要注重体现程序的快捷性,减少对犯罪嫌疑人的不当羁押和超期羁押。

这一权力移转也可以弥补立法迟延导致的漏洞。"流窜作案"等条件的提出其实是建立在20世纪社会流动性的基础之上。当时这部分案件的占比较低,影响不大。但是当前社会人口流动大大增加,大量案件都可以被认为是"流窜作案",仍然将拘留的决定权保留在侦查机关自己手中无疑已不符合权利保障的要求。当然,这样的制度设计并非一蹴而就,需要对羁押审查程序进行了一定的诉讼化改造,同时参考批捕程序中的复议复核制度,给予侦查机关一定的救济手段。

(三)进一步设计预审程序

上文述及,我国司法实践中的批捕程序实为预审程序。但是,批捕权能否真正发挥预审程序的功能还要进一步推敲。

有观点认为:"预审程序在我国现行刑事诉讼法中处于'结构性缺失'状态,我国目前尚无真正意义的预审制度。"①之所以存在这一认识,其根源在于我国批捕程序的预审功能未能充分发挥其应有的作用。我们应当建立和完善一个真正意义上的预审程序。为此,应当将检察权乃至审判权引入审前程序,实现对侦查机关权力的制衡。"预审程序对于过滤不当起诉,保障诉讼公正,提高诉讼效率具有重要意义。"②实践中的刑讯逼供、超期羁押、久押不决等问题难以杜绝的关键原因,就在于没有中立的司法机关对侦查行为进行制约的实质性程序。③ 基于我国的现实情况,预审程序的设计应当特别强调其追诉职能,司法机关应当具有在特定情况下的案件接管权。

也就是说,预审程序一方面要控制国家对公民任意兴讼,侵犯民权;另一方面也应当防止侦查机关的不作为,对应当追究的犯罪不予追究或选择性追究。在我国,当前,检察机关对侦查机关不作为、应当立案而不立案的情况监督力度不足,立案监督工作由于缺少线索、缺乏证据等原因难以有效规制,整体监督工作难以发力。检察机关只能在特定案件或者重大案件立案前"提前介入",而这些案件侦查机关不可能不立案。对于非重大案件,检察机关的监督手段和方式明显不够。在

---

① 李欣:《我国刑事诉讼法学研究中"预审"术语应用现状考察及反思》,载《福建警察学院学报》2010年第1期。

② 潘金贵:《英国刑事预审程序及其借鉴意义》,载《学术交流》2008年第5期。

③ 参见洪浩、罗晖:《法国刑事预审制度的改革及其启示》,载《法商研究》2014年第6期。

预审程序的定位上,价值和意义既包括约束检察机关或者侦查机关任意兴讼,也要借助预审程序解决选择性执法、遗漏罪犯和罪行等突出问题。

预审程序的设立还需要一系列配套措施。例如,贯彻证据开示制度,防止审判阶段的诉讼突袭;深化认罪认罚从宽制度,提高诉讼效率节省司法资源;保障复议复核等救济制度,防止权力的任意专断等。

从我国现实情况来看,由法院行使预审职能存在制度性障碍。我国在审前阶段既不实行令状主义,采取法官约束警察权的模式,在审判阶段又不限制上诉和再审,导致多级法院都可以不受约束地介入案件的实体审理之中。因此,预审程序再由法院行使有其不尽合理之处。当前我国检察机关对侦查机关不是领导关系,检察指挥或者检警一体模式在我国并未建立起来。但是,通过并行的侦查权乃至接管侦查权,得以实现我国审前程序的权力平衡。同时,将预审程序作为检察机关法律监督的一项重要关口,在侦查和起诉职能之间设立一道诉讼阀门,防止任意兴讼也防止选择性执法,从而真正约束侦查机关,改变以侦查为中心的倾向。这一制度进路是具有可操作性的。

(四)建立起真正意义上的公诉权

理论和实务界一直有声音主张将批捕权划归人民法院,设立自由与羁押法官,实行令状主义。这一观点有脱离我国现实情况之嫌,值得商榷。我国目前的诉讼模式中,公诉权并没有对侦查的领导权。检警关系并立,没有确立真正意义上侦查为起诉服务的制度框架,检警并非一体。批捕权从检察机关划出的前提是确立起真正意义上的公诉权。当前认罪认罚从宽制度正在如火如荼地开展,检察官诉前主导责任等新提法也有不少新的亮点,这些对于建立起真正意义上的公诉权都是有益的尝试,值得进一步深化和推广。

第四节　未成年人案件羁押率问题的反思*

一、问题的提出

我国2012年《刑事诉讼法》专门设置了未成年人刑事案件诉讼特别程序,第269条规定:“对未成年犯罪嫌疑人、被告人应当严格限制适用逮捕措施。人民检

---

* 作者:张栋。本节原发表于《中外法学》2015年第3期。

察院审查批准逮捕和人民法院决定逮捕,应当讯问未成年犯罪嫌疑人、被告人,听取辩护律师的意见。”其中,“严格限制适用”意味着较之法典中的成年人案件,未成年人应当更少地被羁押,这一共识在实践中已得到一定的体现。以上海市检察机关为例,2014 年静安区人民检察院未成年案件非羁押率为 71.4%,长宁、浦东、金山、闸北、崇明的非羁押率均在 50% 以上。上海市嘉定区人民检察院 2013 年以来贯彻“少捕、慎捕”方针,将提高涉罪未成年人的非羁押率前移至拘留阶段,未成年人刑事案件审前非羁押率达 47%。[①] 北京市朝阳区人民检察院未成年人刑事案件检察处成立以来,该院的未成年人犯罪羁押率已经下降到 32.1%,并呈逐年下降的趋势。[②] 安徽省宿州市萧县检察院,2011 年未成年人犯罪案件受案人数为 10 人,批捕人数为 10 人,批捕率为 100%;2012 年受理未成年人犯罪案件 18 人,逮捕率仍为 100%;2013 年以后,为贯彻《刑事诉讼法》的相关规定,对未成年人犯罪案件提请逮捕的慎用羁押强制措施,受理的未成年人案件 33 人,逮捕 16 人,逮捕率为 48.5%。[③] 很多学者大力呼吁对于未成年人应当以非羁押为原则,严格限制适用羁押措施[④],实务工作人员也乐于探讨在现有的未成年人羁押状况下如何严把审查批捕关,降低羁押率。羁押率的降低事实上已经成为未成年刑事案件诉讼程序走向法治化、文明化的一个重要标志,尤其是“未成年人起码应当比成年人的羁押率要低”几乎已成为不言自明的了。但是,笔者认为这种观点是值得商榷的。

综观当今未成年案件司法实践,普遍现象是未成年人所面临的人身拘束要比成年人更甚。由于未成年司法程序的浮动、多元以及时间点的多变,具体数据很难搜集。事实上,未成年人“羁押率”高的原因就在于较之成年人案件,国家往往表现得更加积极主动,其介入的范围除了校园暴力之外更加宽泛。其中,人身拘束措施作为非常有效的一种干预手段,不仅要承担未成年案件中的保障诉讼的功能,同时还有教育、辅导、考察等目标。下文拟从未成年案件羁押的对象、目的、社会调查等几个方面加以探讨。

---

① 《嘉定区检察院将提高未成年人非羁押率前移至拘留阶段》,载上海市人民政府网 2014 年 10 月 3 日,http://www.shanghai.gov.cn/shanghai/node2314/node2315/node15343/u21ai830870.html。

② 《朝阳检察院:未成年人羁押率呈逐年下降趋势》,载北京政法网,http://www.bj148.org/zhengfa/zffgmm/201303/t20130320_291281.html。

③ 参见马群、张丹、孙静:《论基层检察院对未成年人逮捕后羁押的必要性审查》,载《淮北师范大学学报(哲学社会科学版)》2014 年第 2 期。

④ 参见宋英辉、上官春光、王贞会:《涉罪未成年人审前非羁押支持体系实证研究》,载《政法论坛》2014 年第 1 期;邵烟雨:《三方面严把未成年人刑事案件审前羁押关》,载《人民检察》2013 年第 10 期;姚建龙:《未成年人审前羁押制度检讨与改进建议》,载《中国刑事法杂志》2011 年第 4 期。

二、羁押的对象

从犯罪学的观点来看,未成年人罪错是一种特殊的社会现象,不同于成年人犯罪。

在我国司法实践中,对于未成年人的羁押使用的是与成年案件完全相同的拘留、逮捕。目前我国对于未成年人刑事案件的羁押对象,遵守和沿袭成年人刑事司法原则,在范围上较谦抑。以是否构成犯罪为限,羁押仅适用于14周岁以上的人的犯罪行为。同时,已满14周岁不满16周岁的人只对特定的8种犯罪负刑事责任。相关的司法解释也进一步缩小司法管辖的范围。例如,《最高人民法院关于审理未成年人刑事案件具体应用法律若干问题的解释》第6条规定,"已满十四周岁不满十六周岁的人偶尔与幼女发生性行为,情节轻微、未造成严重后果的,不认为是犯罪";第7条第1款规定,"已满十四周岁不满十六周岁的人使用轻微暴力或者威胁,强行索要其他未成年人随身携带的生活、学习用品或者钱财数量不大,且未造成被害人轻微伤以上或者不敢正常到校学习、生活等危害后果的,不认为是犯罪";第9条第2、3款规定,"已满十六周岁不满十八周岁的人盗窃未遂或者中止的,可不认为是犯罪""已满十六周岁不满十八周岁的人盗窃自己家庭或者近亲属财物,或者盗窃其他亲属财物但其他亲属要求不予追究的,可不按犯罪处理";等等。可见,我国未成年案件羁押对象的范围较有限。

如果人身拘束的适用范围过窄,会存在以下问题。

第一,司法干预措施介入的滞后,导致社会上出现一批屡次违法或轻微犯罪,但是不够刑事处罚条件的青少年。公安机关往往只能等到他们达到刑事责任年龄或者行为性质严重到一定程度时,再以追究刑事责任的形式干预。

第二,未成年人犯罪之所以与成年人犯罪在刑法制度上有所区别,唯一的原因就是行为主体未成年,他们的心理成熟度和环境辨别度不及成年人。但是,未成年人实施危害行为所造成的危害后果者反社会程度与成年人犯罪并没有什么区别,有的甚至情节更加恶劣、后果更加严重。法律不能对严重危害社会的行为置之不理,不能让少数主观恶性很大或屡教不改的未成年人觉得司法对他们很无奈,以至其失去了对危害社会与接受惩罚的关联性的焦虑。对于低龄少年犯罪予以一定限度的严厉惩罚,其作用是和颜悦色的说服教育所无法取代的。青少年从小就应知晓,人人都应为其行为所产生的后果负责,并且必须由其亲自承担此责任,从而迫使其学会对自己负责,对自己进行有效的自我约束。就特殊预防而言,对严重危害社会的未成年人的"保护"有时会被误解为社会的软弱,导致未成年犯中的惯犯、累犯成为一大社会问题。就一般预防而言，未成年人心智不成熟，容易在影视作品、暴力游戏的不良引导下，做出错误行为。

第三，对罪错未成年人人身拘束的不足也不利于维护少年罪错受害者的权利。数据显示，5 岁以下的儿童更易于受到家庭成员的伤害；但是当他们成长到青春期时，则更可能受同龄人的伤害。[①] 少年欺凌行为以往被视为成长过程中的现象，现在已经成为各国共同的社会及教育问题。[②] 欺凌行为与单纯的攻击（mere aggression）不同，欺凌往往具有反复实施性（reptitive），并且涉及强者与弱者间权力不对等（power imbalance）。[③]

一些受害儿童由于长期精神焦虑而发生人格扭曲，这时往往求告无门。如果负有保证社会安全责任的司法机关在特别严重的后果出现之前，一概采取不干预的态度置身事外，则不利于未成年人保护。按照法律规定，几个成年人对另外一个成年人经常殴打并抢走他身上的钱财是严重的暴力犯罪。但是，同样的事情发生的未成年人之间，那就另当别论，对未成年人的保护明显不足。

从世界来看，若将未成年人的羁押理解为人身拘束的话，未成年人的羁押率应当是高于成年人的，而且并不是越低越好。这主要有以下两个方面的原因：

首先，未成年人在案件中是一个身份犯。所谓身份犯，是指很多类型的案件只有未成年人实施了该行为时，法律才会对他进行约束。若行为人是成人，则不构成犯罪行为，但若行为人是少年，就成为少年法院介入的对象。

其次，对罪错少年只规定管辖案件类型，不设下限年龄。适度放开年龄界限，让司法既能干预犯罪行为，又能处置不良行为，能更好地预防未成年罪错发生。同时，我们也注意到设置了刑事责任年龄的在一些国家红线在往下移，趋向于严打模式。

笔者认为，应适当扩大未成年人案件人身拘束的范围，将更多的情况纳入司法干预的轨道。公权力介入未成年案件的目的，系教育保护，使之改过从善。

基于循序渐进的原则，为避免在实践中给司法机关增加过大的案件压力，笔者认为，首先，可以将达到一定严重程度的校园暴力纳入少年司法管辖范围。此管辖不以年龄为限，校园暴力的受害者、家长、老师等均可要求司法机关实施及时进行

---

① 张鸿巍、韦林欣：《美国少年司法的新近发展》，载《法学论坛》2005 年第 2 期。

② Dan Olweus, *Bullying at School: What We Know and What Can We Do*, Blackwell, 1993, p. 8.

③ Kiek R. Williams & Nancy G. Guerra, *Prevalence and Predictors of Internet Bullying*, 41 Journal of Adolesent Health 14(2007).

司法干预,视情采取警告、训诫、责令悔过等措施。对屡教不改和情节严重的,经司法机关决定,可以采取人身拘束等隔离措施。通过短期拘束,对其进行教育、考察,未成年人在被拘束期间的表现,对案件的最后处理结果有直接影响。对于极少数性质特别严重、难以教化的,可裁定其到工读学校等特殊教育学校接受更加长时间的隔离和教育。

三、羁押的目的

未成年人羁押率高于成年人的根本原因在于其目标设定与成年人有所不同,除保障诉讼顺利进行之外,尚有教育、辅导、考察、隔离等多种功能。要实现这些目的需要扩大未成年人人身拘束范围。

《刑事诉讼法》第280条第2款规定:"对被拘留、逮捕和执行刑罚的未成年人与成年人应当分别关押、分别管理、分别教育。"我国已加入的《联合国少年司法最低限度标准规则》规定:"应做出努力在诉讼的各个阶段为少年提供诸如住宿、教育或职业培训,就业或其他任何有帮助的实际援助,以便有利推动改造的过程。"《联合国保护被剥夺自由少年规则》规定:"应向这些少年提供机会从事有酬工作或继续接受教育或培训;应可得到和保留一些消遣和娱乐用具。"笔者认为,我国的未成年人羁押也包含教育的目的。未成年人羁押期间的教育不仅指文化教育,也包括技能培训以及法治教育。因此在实践中,应加强对这一目的的重视。

我国未成年人案件的拘留和逮捕期限完全与成年人相同,导致未成年人羁押期限与办案期限重合,拘留的羁押期限可长达37日。逮捕后的羁押期限包括侦查、审查起诉和审判阶段,并可基于法定的各种事由加以延长和重新计算。

对未成年采取的人身拘束的目的,一般具有以下内容:

首先,对未成年人的羁押是为了及时地对其进行教育和辅导。未成年刑事诉讼程序从根本上是为了帮助未成年人进行改造,为了避免在过程中未成年人出现逃匿、失踪等无法联系的情况,很多国家为此规定了专门的人身拘束措施,从而保证少年调查官或法官能够及时地介入未成年人的矫正过程,及时对其进行教育和辅导。

其次,对未成年人的羁押和管束,也是对其自身考察的一部分。法院必要时对未成年人予以收容处置,一定意义上也是为了调查法官行使职权的便利,更好地去了解未成年人,对其作出全面、准确的评价,从而为此后法官的审理提供充足的依据,法官会依据调查报告分情况作出移送检察官、进行审理、不付审理等决定。

最后,基于教育、辅导和考察目的的人身拘束时间一般较短。《联合国少年司法最低限度标准规则》(北京规则)第13.1条规定:“审前拘留应仅作为万不得已的手段使用,而且时间尽可能短。”第17条规定:“在不得已采取预防性拘留的情况下,少年法院和调查机构最优先给予最快捷方式处理此种案件,以保证尽可能缩短拘留时间。”《联合国保护被剥夺自由少年规则》第17条约定:“在不得已采取预防性拘留的情况下,少年法院和调查机构应给予最优先处理,以最快捷方式处理此种案件,以保证尽可能缩短拘留时间。”就羁押持续时间而言,各国及地区对规定未成年人审前拘留的期限亦有所差异。对于极个别恶性案件,某些未成年人在等待庭审时可被拘留长达3~4周甚至更长的时间。①

综上,我国的羁押目的应当明确教育、辅导、考察功能,并切实缩短期限,通过“短促而尖锐的震撼”达到教化效果,改变目前以保障诉讼为目的而导致羁押期限等于办案期限的不合理做法。过长的羁押会使“震撼”的效力减弱,同时增加不良少年在一起交叉感染的风险。

四、羁押的社会调查

基于教育、考察以及保障诉讼等目的的未成年人羁押率的提高,存在很大对未成年人过度处罚的风险。张弛有度的未成年司法制度应当是因材施教、对症下药的,这就要求对未成年人的人身拘束措施必须辅以发达的社会调查制度,以增加处遇的针对性。

由于未成年人心理、生理尚未成熟,其犯罪的动机、犯罪手段、犯罪心理等情况都不同于成人,具有特殊性。因此,未成年人刑事诉讼程序应当区别于成年人,对其采取羁押措施最重要的前提是要基于一种全面而综合的考量,即审前社会调查制度。未成年人刑事诉讼程序不像成年人刑事诉讼程序那样具有激烈的对抗性。通过未成年人刑事诉讼程序来探知案件事实真相的可能性相对较弱,因而,迫切需要有社会调查作为补足。在某种意义上,未成年人刑事诉讼程序更是一个信息搜集程序和问题解决程序。②

2012年《刑事诉讼法》通过之前,虽然我国刑诉法没有规定社会调查制度,但是相关办案规定早已出台。2001年《最高人民法院关于审理未成年人刑事案件的

---

① R. P. Lawrence and M. Hesse, *Juvenile Justice: The Essentials*, Sage Publications, 2009, p. 146. 转引自张鸿巍:《未成年人审前拘留刍议》,载《比较法研究》2012年第6期。

② See Janet Gilbert, Richard Grimm, John Parnham, *Applying Therapeutic Principlestoa Family—Focused Juvenile Justice Model (Delinquency)*, 52 Alabama Law Review 1161 (2001).

若干规定》（已失效）第21条规定："开庭审理前，控辩双方可以分别就未成年被告人性格特点、家庭情况、社会交往、成长经历以及实施被指控的犯罪前后的表现等情况进行调查，并制作书面材料提交合议庭。必要时，人民法院也可以委托有关社会团体组织就上述情况进行调查或者自行进行调查。"借此契机，很多基层法院都对此尝试进行司法改革，做了有益探索。① 2006年《人民检察院办理未成年人刑事案件的规定》（已被废止）第16条规定："审查起诉未成年犯罪嫌疑人，应当听取其父母或者其他法定代理人、辩护人、未成年被害人及其法定代理人的意见。可以结合社会调查，通过学校、社区、家庭等有关组织和人员，了解未成年犯罪嫌疑人的成长经历、家庭环境、个性特点、社会活动等情况，为办案提供参考。"2012年《刑事诉讼法》将未成年人刑事诉讼程序单列为特别程序，并且明确规定了社会调查制度。第268条规定："公安机关、人民检察院、人民法院办理未成年人刑事案件，根据情况可以对未成年犯罪嫌疑人、被告人的成长经历、犯罪原因、监护教育等情况进行调查。"与之前相比，2012年《刑事诉讼法》最大的特点在于扩大了社会调查的时间范围。在此之前，社会调查一般是在检察院审查起诉阶段和法院审判阶段进行，为检察院作出起诉、不起诉等决定和法院量刑提供指导意见。2012年《刑事诉讼法》修改后，社会调查则可以扩展到刑事诉讼程序的各个环节，为侦查机关采取拘留、逮捕等手段提供了参考依据，在一定程度上体现了全面调查的羁押原则。但也存在不足，主要表现在：

第一，在调查主体上，社会调查主体不统一，且资质有待加强。根据2012年《刑事诉讼法》以及《最高人民法院关于执行〈中华人民共和国刑事诉讼法〉若干问题的解释（征求意见稿）》（以下简称最高法司法解释稿）的规定，有权参与社会调查的主体有公安机关、检察机关、审判机关，以及未成年被告人户籍所在地的县级司法行政机关、共青团组织以及其他社会团体组织，还有辩护律师。在司法实务中，很多地方针对社会调查进行的改革，调查主体不尽统一，包括社区矫正机构、团

---

① 2003年，北京市丰台区人民法院在全市率先制定有关未成年人社会调查工作的区域性规范文件——《关于丰台区未成年刑事案件社会调查工作的若干规定》。此后，特别是2006年全国法院第五次少年法庭工作会议将"改革和完善社会调查报告制度"作为今后少年法庭的工作重点后，北京市未成年人刑事案件社会调查报告工作开始以更快的速度发展，崇文、门头沟、昌平、石景山、朝阳、海淀、一中院、密云等8个法院相继推出一系列规范文件，社会调查报告制度工作的规范性、系统性及时效性日益显现。参见谭京生、赵德云、宋莹：《北京市法院未成年人刑事案件社会调查报告工作的调研及建议》，载《青少年犯罪问题》2010年第6期。

委、青少年保护委员会、专职社会调查员等。[①] 在调查报告的采用上,办案机关究竟应当采用谁制作的调查报告,法律没有明确;甚至,在报告内容发生冲突的情况下,谁的效力更高,法律也无规定。同时,调查报告的内容涉及面非常广,需要调查人员运用心理学、社会学、犯罪学等多方面的知识,而实践中一些调查主体不具备这样的条件。

第二,在调查内容上。社会调查内容较原则化。根据最高法司法解释稿第490条第1款规定,控辩双方可以根据未成年人被告人的性格特点、家庭情况、社会交往、成长经历、犯罪原因、犯罪前后的表现、监护教育等情况进行调查。但是,具体报告内容涉及哪些方面,法律没有明确,实践中也各有不同,这导致有些调查报告的制作不够科学:在一些案件中本来应当着重调查的东西,在报告中却没有体现。

第三,在调查功能上,当前我国社会调查的功能还停留在为法院审判提供参考依据。山东省东营市河口区人民法院规定"社会调查员必须出庭宣读反映未成年被告人基本情况的社会调查报告,并向合议庭提出对被告人如何适用刑罚的建议。要接受公诉人、被告人及其辩护人和其他诉讼参与人对调查报告的相关问题的质询。报告内容将作为裁判文书的一部分明确记录在内"。[②] 在审前阶段,社会调查功能缺失,并没有真正体现出为侦查阶段采取强制措施以及审查起诉阶段所作决定提供依据的立法精神。我国的社会调查更多是审判依据,而非羁押依据。

第四,在调查方法上,我国社会调查方法较单一。调查人员一般采取到未成年人所在学校、社区等,通过发放问卷,采取座谈、询问、电话联络等方式搜集信息,不能满足社会发展和未成年人犯罪新变化的需求。最高法司法解释稿,虽然规定了必要时可以对未成年被告人进行心理测试,但是,对于具体实施的条件、人员、程序都没有明确,导致这一规定难以发挥作用。

完善我国的社会调查制度,需要明确其地位:一是社会调查制度的初衷是保护未成年人,而不是简单地服务于审判活动,其调查应当综合考量未成年人犯罪的各种主客观因素,进而全面客观地为办案人员采取处置措施提供科学的指导意见;二

---

① 江苏省社会调查的主体是社区矫正工作机构,法院直接委托社区矫正工作机构进行未成年人社会调查,在调查过程中社区矫正工作机构还可以接受检察院的监督和公安部门的协助;2004年山东省东营市河口区法院规定,在未成年人犯罪案件诉讼过程中应当聘请社会调查员,对未成年被告人犯罪前背景等情况进行调查。参见陈立毅:《我国未成年刑事案件社会调查制度研究》,载《中国刑事法杂志》2012年第6期。

② 陈立毅:《我国未成年人刑事案件社会调查制度研究》,载《中国刑事法杂志》2012年第6期。

是除了服务于诉讼,社会调查还应当具有研究的价值,通过个案调查进行详细具体的研究,从而更好地预防未成年人犯罪,完善未成年人司法制度。

在此基础上,完善和改革我国的社会调查制度,首先,明确调查主体。对此,学术界意见并不统一,大多数学者倾向于认为由控辩双方以及公安进行社会调查是不合适的。公安机关与控辩双方由于职能不同,在调查中可能会不客观。也有观点认为,应当将调查权交由除此以外的第三方行使,如负责社区矫正的基层司法行政机构。① 在一些地方实践中,比如上海市长宁区人民法院 1997 年 5 月就已经开始在区社会治安综合治理委员会和区青少年保护委员会共同聘任社会调查员。② 笔者认为,将调查权赋予社会团体或者司法行政机构也是有问题的:其工作人员的素质往往不能胜任社会调查的要求,后果只能是调查报告的不专业性和不准确性,不能发挥应有的功能。应当在法院中设立的专门的未成年社会调查法官,同时对于社会调查法官的遴选设置较严格的规则。在通过选拔之后,社会调查法官还要经过定期的专业培训和指导。

其次,细化社会调查内容。社会调查报告的内容应当包括个人基本情况,包含性格、道德、心理观价值观等;家庭情况,包含父母情况、成长环境、有无家庭暴力及恶习、与父母感情等;社会情况,包含学校表现、与同学或同事关系、邻里评价、参加社会活动情况等;司法情况,包含有无前科、犯罪原因、动机、犯罪后的认识态度、被害人的态度等。同时,调查法官可以根据个案需要灵活变通调查手段和调查内容,必要时还可以依据法律规定进行心理测验。但是,应当明确其辅助人员必须是具有心理测验资格的专业人员。

再次,规范社会调查时间。笔者建议,应当明确我国社会调查的时间从接受案件开始。如果仅规定从审判阶段开始调查,社会调查对羁押的适用不能发挥作用,也很难跟上诉讼的节奏。越早进行调查,越有利于保护未成年人的合法权益,为各个诉讼阶段采取的措施提供依据。同时,鉴于专门赋予了调查法官调查权,公安机关在立案后应当向法院发出通知,由调查法官着手进行调查,并在诉讼中对羁押措施提出参考意见。

最后,明确调查法官的诉讼地位。调查法官应当具有独立于审判的地位,是独

---

① 参见杨飞雪:《刑事案件社会调查制度研究——以未成年人刑事案件为例》,载《人民司法》2009 年第 3 期。

② 参见刘建华、李敏:《论我国社会调查主体制度的建立》,载《预防青少年犯罪研究》2012 年第 3 期。

立的诉讼参与人，不依附于侦查、审判任何一方，不偏不倚地独立进行调查。同时，在审判过程中，如果控辩双方对社会调查持有异议，调查官可以出庭进行补充说明，接受双方的询问和质证。法官在裁判书中应当说明采用或者不采用调查报告的理由。

五、结语

从绝对数值上来讲，在2012年《刑事诉讼法》实施后，我国羁押率已明显降低。相对于成年人案件而言，未成年案件羁押率当然应低于成年人案件的结论并不足取。为避免在实践中遽然增加过大的压力，笔者认为，对于社会危害性极大的校园欺凌现象，应当主张更加具有进取心的司法干预，这一干预是强调未成年人羁押的教育、辅导、考察功能的必然结果。

当然，司法干预的范围也不能无限制地延伸，否则这一干预不仅起不到预防犯罪的效果，反而由于过早地给未成年人贴上标签而增加了对未成年人健康成长的不利因素。关键是要对不同年龄、不同情况的未成年人采取不同的处遇措施。法律应规定明确的实施细则，针对未成年人身心特点区别对待，充分利用司法权威引导罪错少年改恶向善。司法干预既要积极介入、防微杜渐，又要设定必要的"门槛"，防止事无巨细过于琐碎，对此，高效而成熟的社会调查制度应当在其中发挥不可替代的作用。

第五节　法律援助值班律师制度再探究*

从2014年8月最高人民法院、最高人民检察院、公安部、司法部联合出台《关于在部分地区开展刑事案件速裁程序试点工作的办法》首次提出建立法律援助值班律师制度，到2018年10月值班律师正式写入刑事诉讼法典，[①]法律援助值班律

---

* 作者：许建丽。本节原发表于《江西社会科学》2019年第9期。

① 法规包括：2014年8月，最高人民法院、最高人民检察院、公安部、司法部联合出台了《关于在部分地区开展刑事案件速裁程序试点工作的办法》；2014年10月，司法部出台《关于切实发挥职能作用做好刑事案件速裁程序试点相关工作的通知》；2016年11月，最高人民法院、最高人民检察院、公安部、国家安全部和司法部联合出台了《关于在部分地区开展刑事案件认罪认罚从宽制度试点工作的办法》；2017年8月，最高人民法院、最高人民检察院、公安部、国家安全部和司法部出台了《关于开展法律援助值班律师工作的意见》；2017年10月，最高人民法院、司法部出台了《关于开展刑事案件律师辩护全覆盖试点工作的办法》；2018年10月，第十三届全国人民代表大会常务委员会第六次会议通过《全国人民代表大会常务委员会关于修改〈中华人民共和国刑事诉讼法〉的决定》。

师制度作为我国司法改革的配套措施,从试点探索逐步进入全国范围的普遍推广。建立和完善法律援助值班律师制度是推进以审判为中心的刑事诉讼制度改革和实施认罪认罚从宽制度的重要保障,影响司法改革的实际成效。实践中,原试点地区结合当地社会需求分别开展不同程度的实践探索,已积累了诸多有益经验。目前,法律法规对于值班律师制度的规范主要包含 4 个方面:一是界定了值班律师的性质,即值班律师制度具有法律援助的属性;二是确定了值班律师参与诉讼活动的广度,即设置在人民法院和看守所的值班律师工作站是其主要活动场所,刑事案件自侦查阶段到审判阶段值班律师都有权参与其中;三是规定了值班律师的工作内容是为被追诉人提供法律帮助,具体包括提供法律咨询、程序选择建议、申请变更强制措施、对案件处理提出意见、在被追诉人签署认罪认罚具结书时在场;[①]四是提出值班律师的价值目标,即保障认罪认罚从宽制度的正当性和实现刑事案件律师辩护全覆盖。

2018 年《刑事诉讼法》的修改对于法律援助值班律师制度建设具有一锤定音的效果。但是,无论是理论研究还是司法实务,对于值班律师制度所具有的独立价值、值班律师作为普惠制的法律服务方式应包含的实质化内涵、如何对值班律师奖惩分明以提高其责任意识等问题,都值得持续深入思考和研究。

一、再议值班律师的法律定位

早在刑事速裁程序试点初期,值班律师角色定位不明确的问题已有所端倪。在认罪认罚从宽制度改革施行后,有关值班律师的角色定位问题更是引起理论和实务部门的竞相讨论。由于不同角色之间缺乏有效的身份转换机制,值班律师、法律援助律师、辩护律师之间身份差异等问题在实践中不断被放大。当前,对于值班律师法律地位的界定及未来发展方向主要呈现三种观点:

学界大多数观点主张值班律师的定位应当是"辩护人",或至少是"准辩护人"。对于值班律师的角色,应当根据其职责权限作实质性判断,核心标准在于是否与办案机关之间形成相应的诉讼权利义务关系。值班律师与检察机关就定罪量刑建议提出意见正是其履行具体辩护职责的表现,因而其应当具有"辩护人"身份。但是,由于值班律师与被追诉人之间并没有签订委托合同,值班律师与传统意义上的辩护律师在权利来源上不同,进而提出可以赋予其"准辩护人"身份。有观点主张将现行的值班律师制度转化成真正的指定辩护制度,所有被追诉人均有获

---

① 参见《刑事诉讼法》第 36、174 条。

得律师辩护权,值班律师可行使会见、阅卷和调查的权利,并与公诉方进行平等的协商和对话。司法实务部门则倾向性认为值班律师应是“见证人”。认罪认罚案件事实情节简单,值班律师介入的意义不大,反而会影响办案效率。因此,值班律师无深入参与的必要,只需起到见证、监督协商程序的作用即可。还有一种观点认为,值班律师的权利来源不同于当事人委托或法律援助机构指派的辩护律师,因此主张值班律师应是“法律帮助者”。

笔者认为,明确值班律师的定位是保障被追诉人合法权利、促进法律援助制度有效实施的关键。学者们普遍主张将值班律师“辩护人化”的观点,一方面,有使值班律师与法律援助辩护律师“角色混同”的倾向,使值班律师制度丧失其独立存在的价值;另一方面,在当前法律援助资源相对有限的情况下,如果要求对于认罪认罚案件的被追诉人都提供与普通刑事案件相同的辩护服务,不仅难以实现对于律师辩护质量的有效保障,而且对于司法效率的有效提升作用微弱。司法实务部门主张值班律师应是“见证人”的观点,虽然肯定了值班律师有监督司法机关的意义和作用,但是,仅强调值班律师“规范执法行为”的价值,则未免有偏向功利实用主义立场的倾向,增加值班律师在刑事诉讼活动中的可替代性:即使是退休的法官、检察官,或者是人大代表、在校学生,只要赋予其“在场权”,同样可以起到监督作用。我国的值班律师是伴随刑事速裁程序和认罪认罚从宽制度改革而逐步建立起来的新型律师力量,主要是为那些没有委托辩护人或者不符合指派辩护条件的被追诉人提供包括法律咨询等在内的初步法律服务,从而确保被追诉人了解认罪认罚的法律后果,保障认罪认罚的自愿性和明智性。值班律师制度旨在弥补我国委托辩护和法律援助辩护覆盖范围不足和律师帮助缺失的情况。通过值班律师为被追诉人提供比刑事辩护标准略低的法律帮助,在一定程度上实现“所有人的公正”。《刑事诉讼法》第36条在用语上亦对值班律师与辩护人、指派律师进行了区分,将其职责表述为提供法律咨询、程序选择建议、申请变更强制措施、对案件处理提出意见等法律帮助。可见,值班律师“法律帮助者”的定位在当前具有一定的合理性,更能彰显其独立价值。因此,建议将值班律师作为刑事诉讼中的诉讼参与人,在刑事诉讼法修改过程中逐渐予以立法完善。

但在理解值班律师“法律帮助者”的角色定位时,需明确以下两点:

第一,值班律师的“法律帮助”不同于1996年《刑事诉讼法》中“法律帮助”的内涵。1996年《刑事诉讼法》将律师介入刑事诉讼的时间由审查起诉阶段提前到侦查阶段,但并未赋予侦查阶段律师以辩护人身份。有学者提出应当将其作为

“法律顾问”或“法律帮助人”。[①] 同为“法律帮助”,2018年与1996年《刑事诉讼法》在时代背景、实践基础和价值理念等诸多方面都存在不同之处。1996年《刑事诉讼法》第96条规定,侦查阶段律师的职责是为犯罪嫌疑人“提供法律咨询、代理申诉、控告”,它是我国传统刑事诉讼将“辩护”理解为实体辩护而不包括程序辩护的认识结果,具有一定的时代局限性。如果确立律师可以参与侦查阶段,则会打破侦查机关的办案模式,给侦查活动造成压力。立法者权衡各方利弊,选择律师侦查阶段介入刑事诉讼,但又限制其在侦查阶段的权利内容,由此出现了律师“法律帮助”的地位。而值班律师的“法律帮助”则是在司法改革背景下,基于完善法律援助制度、实现刑事辩护全覆盖、提高诉讼效率和保障司法公正等诉讼价值和改革需求而创设的新概念,具有新内涵。当前,我国轻罪入刑造成案件数量急剧增加,其中大部分案件事实情节清楚,往往不需要律师深入介入。加之委托辩护难以在短时间内迅速增加、法律援助辩护范围有限,为保障被追诉人的合法权利,同时促进简案快审,司法实务中急需简捷、有效的辩护力量介入,以保障“简程序不减权利”目标的实现。正是在此背景下,值班律师以其及时性和广覆盖性的特点备受立法者青睐,“法律帮助”得以提出。

第二,值班律师的“法律帮助”应当具有辩护属性。无论是从刑事诉讼的构造而言,还是从“法律帮助”的内容来看,基于协助被追诉人辩护权行使的角度,值班律师都应当是保障被追诉人辩护权充分行使的力量。首先,从诉讼构造来看,在现代刑事诉讼控、辩、审三方格局中,为被追诉人提供法律帮助的值班律师只能作为辩护方并代表被追诉人行使辩护权利。合理的诉讼构造必须体现平等对抗的理念和原则。如果控、辩双方在形式上明显一方的地位高于另一方,就有使诉讼在实质上演变成行政模式的危险,诉讼的程序公正就无法实现。因此,无论是法律援助的辩护律师还是值班律师,其职责都是为了充分有效地保障被追诉人合法权益,其只能是作为辩护一方在行使辩护权利。其次,值班律师提供法律帮助的内容属于程序辩护范畴。目前,律师辩护包含实体辩护和程序辩护的理念已经深入人心。所谓程序辩护,是指在刑事诉讼中,为维护被追诉人的合法权益不受侵犯,在程序层面上提出的诉讼请求或辩护活动,如申请回避权、申请变更强制措施权、申请证人出庭权、律师在场权、申请非法证据排除权等。《刑事诉讼法》第36条规定的法律

① 顾永忠、李逍遥:《论我国值班律师的应然定位》,载《湖南科技大学学报(社会科学版)》2017年第4期。

帮助内容均具有程序辩护的特征。而且,对比《刑事诉讼法》第38条规定,辩护律师在侦查期间所享有的权利与值班律师的职责内容基本一致。如果辩护律师从事相关行为是辩护行为,那么值班律师进行同类活动也应当属于辩护内容,不应有差别对待。

二、值班律师法律帮助的实质化

值班律师通过为被追诉人提供有效的法律帮助,确保被追诉人认罪认罚的自愿性和明智性,从而为认罪认罚从宽制度的适用提供正当性保障。但是,在司法实践中,存在值班律师法律帮助效果虚化的问题,其主要原因在于值班律师的权利内容不明确。《关于在部分地区开展刑事案件认罪认罚从宽制度试点工作的办法》等文件赋予值班律师提供法律咨询、协助程序选择和对案件处理提出意见等职责,但却没有给予值班律师履行前述职责所必要的权利保障。理论界与实务界围绕是否有必要丰富值班律师的权利内容所持观点不一。司法实务部门认为认罪认罚案件事实清楚、证据充分,值班律师阅卷的必要性不大,且不利于诉讼效率的提高;理论界则从促进值班律师实现有效、实质的法律帮助目标出发认为,保障值班律师会见权、阅卷权等权利有助于值班律师充分了解和判断案情及法律责任,提升值班律师提供法律咨询意见的准确性和提供法律帮助的针对性。但是,也有观点提出,一旦值班律师拥有了阅卷、调查取证、出庭辩护等各项诉讼权利,是否还能继续"值班"?

笔者认为,值班律师不是辩护人,因而不享有辩护律师所具有的全部权利内容。但是,作为独立的诉讼参与主体,应当赋予其享有履行相关职责所必要的诉讼权利。这种"必要性"的判断不应当只站在便利司法机关加快案件办理、提升诉讼效率的程序利益的角度上,更应当从维护被追诉人的实体利益、促进值班律师妥善履行相关职责的角度予以考虑。因此,从实质上重视被追诉人获得法律帮助的重点则在于完善值班律师的实质化权利,主要包括以下两个方面。

(一)"约见权"的及时行使

《刑事诉讼法》第36条要求司法机关告知被追诉人有约见值班律师的权利,并为其约见提供便利。立法机关已经意识到值班律师与被追诉人沟通的重要性并将保障会见权利作为司法机关的义务。但是,将案件是否有沟通之必要的判断交由被追诉人,而忽视司法机关如何提供便利义务的程序规范,会将被追诉人重新置于"危险"境地,不利于其权利保障。因此,这有赖于作出进一步的司法解释加以明确。笔者认为,在司法机关对被追诉人权利告知环节,应当同时告知其有约见值班律师的权利。被追诉人提出“约见”值班律师的请求后，看守所或人民法院应当在24小时内联系值班律师工作站，值班律师工作站应当在24小时内根据各地条件，安排值班律师通过电话、网络远程视频会见、面对面会谈等多种形式和被追诉人进行沟通。由此，既能及时保障被诉人的合法权益，也能体现值班律师制度是针对迫切需要法律服务但没有辩护律师的刑事案件当事人提供的针对性法律帮助，服务内容相对简单，服务成本低廉的特点。

（二）尝试赋予值班律师讯问在场权

值班律师在场权是认罪认罚从宽制度试点过程中各试点地区普遍探索的内容。例如，上海市曾试点对于适用认罪认罚从宽制度的案件，值班律师可以根据办案机关的要求旁听讯问犯罪嫌疑人、被告人。[12]学术界也建议增加律师在第一次讯问时的形式性在场权，在场律师只回答当事人问题，然后提示当事人所拥有的一些诉讼权利，但不得打断讯问过程。赋予值班律师在场权，能确保被追诉人认罪的自愿性以及作出明智的程序选择，也能够为值班律师与检察机关开展量刑协商提供必要的便利。值班律师在场介入的时间节点具有实质意义。具体包括应当允许值班律师在侦查机关讯问、检察机关提审时在场。首先，在侦查机关第一次讯问时，在侦查人员履行相应权利告知义务后，应当允许值班律师在侦查人员不在场的情况下为被追诉人提供法律咨询，消解被追诉人的不安和反抗情绪，帮助其了解认罪的法律后果；其次，在审查起诉阶段检察机关提审时，同样需要给予值班律师与被追诉人及时沟通交流的机会，以深化被追诉人对认罪认罚从宽的认识，理解检察机关的定罪量刑方案并为被追诉人撤回侦查阶段有罪供述提供选择的机会。实行值班律师的讯问在场权对于提高诉讼效率、引导认罪认罚从宽诉讼程序等、维护被追诉人合法权益等都具有积极的效果。当然，在实践中还有赖于司法部门转变理念，以及政府部门对法律援助值班律师资源的进一步投入。

三、兼顾值班律师的法律责任与补偿机制

多元化刑事法律援助体系的构建，能够更好地适应社会需求，帮助政府根据各地特点综合利用法律援助形式，充分发挥各种司法资源的特点，保障法律援助质量。我国基于认罪认罚从宽和刑事案件律师辩护全覆盖两项改革契机设立的值班律师制度，是法律援助制度的重要组成部分，体现了法律援助体系层次化的现实需求。

笔者认为，根据《律师法》和《法律援助条例》的有关规定，承担法律援助服务是律师的一项义务。[①] 因此，从某种意义上来说，值班律师是政府履行法律援助责任的载体，值班律师因而具有身份行政化的特点。当前，值班律师主要由社会律师和公职律师组成。因公职律师还不能建立一支类似公设辩护人的专职队伍参与值班律师工作，且构建公职律师队伍涉及人员编制、财政经费预算、专业人员的培养等问题，在短期内难以解决，故值班律师的现时发展更多依赖于社会律师的参与。纵观近几年各地值班律师制度试点，社会律师作为值班律师提供法律帮助的积极性并不高，“老律师报名，实习律师顶包”的现象时有发生。此种现象背后的原因是法律援助经费有限、经济补偿标准过低、与社会律师业务创收存在较大差距等。在大力呼吁丰富值班律师权利内容的情况下，我们不愿看到值班律师因经费激励过少而出现不愿积极参与的尴尬局面出现。

现阶段，我国法律援助经费来源为政府财政拨款。虽然法律援助投入经费逐年增长，但拨款在全国财政收入中仍然占比很低，分摊到每位值班律师办理法律援助案件上的经济补偿数额更低。值班律师作为政府责任实现的一种方式，是代表国家为贫困者在诉讼中提供帮助，具有公益性质。因此，社会律师作为值班律师办理法律援助案件所能获取的经济效益并非完全遵循市场价格机制，由此便导致社会律师作为市场化律师与作为值班律师在经济效益上存在较大差距，影响了值班律师提供法律帮助的积极性，不利于法律援助质量的提升。因此，有必要完善值班律师的工作评价及监督机制，以弥补值班律师与市场化律师在经济效益上的差距。

（一）明确值班律师的法律责任

向受援人提供符合标准的法律服务是每位律师都应当遵守的义务。对于拒绝履行法律援助义务的律师，《律师法》第 47 条规定由司法行政部门给予警告、罚款或停止执业的处罚。对于何为“拒绝履行法律援助义务”，《律师和律师事务所违法行为处罚办法》第 9 条明确规定了两类情形：一是无正当理由拒绝接受指派；二是接受指派后，懈怠履行或者擅自停止履行法律援助职责。例如，犯罪嫌疑人自愿认罪并同意量刑建议和程序适用的，应当在有辩护人或者值班律师在场时签署认罪认罚具结书。这里的“在场”对于辩护人或者值班律师而言，即是其享有的诉讼权利，也是其应当履行的诉讼义务。值班律师怠于在场见证的，属于《律师法》第 47 条规定的“拒绝履行法律援助义务”的情形，应当承担相应的行政责任。就值班律师在认罪认罚具结书上签字的法律后果，有学者通过调研发现值班律师对于

① 参见《律师法》第 42 条、《法律援助条例》第 6 条。

"如果在认罪认罚具结书上签字后,犯罪嫌疑人、被告人翻供,不知律师是否要承担责任、要承担何种责任?"的问题普遍表示担忧。笔者认为,我国目前尚未就律师提供法律援助服务质量建立较完整的法律责任评价及处理机制,依照现有规定,即使被追诉人撤回认罪或者翻供的,值班律师不就其履行的法律帮助行为承担任何行政责任。对此,亟待司法机关就值班律师的此种担忧予以明确回应。另外,如果值班律师不是"辩护人",其是否可以成为《刑法》第306条"辩护人、诉讼代理人毁灭证据、伪造证据、妨害作证罪"的犯罪主体?值班律师作为新的诉讼参与人,应当在明确其诉讼角色的同时,对其法律责任的内容同样加以补充完善。

（二）增加值班律师的办案补偿

律师作为自由职业者,在从事刑事法律援助时需要付出大量时间和精力,甚至影响正常的办案创收。因此,如果没有基本对价作为回报,仅仅靠道德和责任的支撑,刑事法律援助制度不可能持久发展,法律援助的质量也难以保证。我国法律援助发展的现状要求法律援助律师承担一定的社会责任,而市场化的律师职业需要政府给予相应的补贴,这是目前平衡法律援助办案和律师职业市场化的基本选择。尽管国家对法律援助事业的经费保障投入力度不减,由于各地经济发展不平衡,法律援助律师就个案所获得的经济补偿远低于社会律师单个刑事案件的基础收费,建议提高值班律师的办案补偿标准一直呼声不断。对此,笔者有以下建议。

第一,提高对值班律师专项经费的投入。中央财政应当结合各地区经济发展水平的实际情况,加大对经济发展水平落后地区法律援助经费的中央财政转移支付力度;同时,各地区要加快落实将值班律师经费纳入同级财政预算体系,保障值班律师经费来源和使用渠道畅通;有条件的地区还可以探索设立专项发展基金等,以拓宽资金来源渠道。第二,将构建值班律师办案补偿动态调整机制作为提高补贴标准、促进服务积极性的重要措施。法律援助机构应当综合案件难易程度、值班律师提供法律帮助工作量、法律帮助效果等多重因素合理确定值班律师补贴的发放标准、发放方式和金额,真正做到多劳多得、奖励勤勉。不应统一采用固定的发放标准,避免在持续增加财政资金投入的同时,却未能实现尊重和肯定值班律师劳动成果的目标。

（三）注重对值班律师的精神激励

法律援助的公益性不仅体现在国家为受援助对象提供法律服务的无偿性方面,还着重体现在,律师即使明知其参与法律援助案件所获得经济补偿低于其投入同类普通案件所获得的单位经济收益情况下仍自愿提供该等法律服务的奉献精神方面。司法部、财政部在2017年2月联合出台的《关于律师开展法律援助工作的意见》中要求推动律师提供公益法律服务,并倡导每名律师每年提供不少于24小时的公益服务。为此,笔者建议司法部门尽快出台相关实施细则,鼓励值班律师积极践行。

法律援助机构和律师协会也要加强对值班律师精神层面的奖励,将参与值班律师提供法律帮助作为司法行政机关和律师协会评选优秀律师的重要标准,加大对典型形象的宣传报道,扩大值班律师的影响力。要让律师感受到参与法律公益服务对律师个人业务发展带来的正面效应,实现法律援助义务与市场化律师业务的双赢。

综上所论,值班律师制度的完善关乎我国司法改革的深入和法律援助制度的发展。对值班律师的合理定位能解决其权利的分配和在诉讼中发挥其实质化的作用。值班律师作为法律援助义务的实施主体,应该有承担社会责任的职业自觉。相关部门应当考虑奖惩并用,以更好地发挥值班律师的积极性,提高法律援助质量。

第六节　贯彻庭审中心主义之困境与解决路径研究*

党的十八届四中全会通过的《中共中央关于全面推进依法治国若干重大问题的决定》(以下简称《决定》),确定了建设社会主义法治国家的总框架和路线图,是全面推进依法治国的纲领性文件。《决定》明确提出要"推进以审判为中心的诉讼制度改革"。2014年10月28日,习近平总书记在关于《决定》的说明会上,又再一次专门强调了如何推进以审判为中心的诉讼制度改革。他指出:"充分发挥审判特别是庭审的作用,是确保案件处理质量和司法公正的重要环节。"可见我们党和国家已将"庭审中心主义"的贯彻和落实,作为实现依法治国战略目标的重要步骤。

一、庭审中心主义概述

(一)庭审中心主义的内涵

"庭审中心主义"顾名思义,就是要求刑事审判活动以法庭审理为中心,刑事

---

* 作者:程衍。本节原发表于《河南警察学院学报》2015年第1期。

判决应当形成于法庭,庭前和庭后程序①只能是为庭审程序服务的辅助程序,合议庭之外的其他任何组织不能过分干预合议庭的决议。其调整的是法庭的审判行为,解决的是合议庭如何作出判决依据的问题。事实上,庭审中心主义承袭了大陆法系直接言词原则的价值内核,②要求法官作出最终判决的依据应当来源于法庭,法官的心证应当形成于在法庭上对于事实证据的调查和控辩双方的法庭辩论,而在法庭审判之外形成的书面案卷或者其他材料,以及合议庭以外的组织的意见则不应当成为法官判决的依据。

(二)庭审中心主义的价值

庭审中心主义的贯彻和实施对于我国刑事诉讼具有重要的意义:首先,在一定程度上保障法官的独立性,避免法庭审判沦为对于侦查案卷的确认程序,防止合议庭成为审判委员会和上级法院的附庸,保障庭审的实际意义;其次,保证法官的中立性和庭审的实质对抗性,使控辩双方都能够富有意义地参加法庭审判,并通过己方的诉讼行为有效影响判决走向,进而提高诉讼各方的法庭诉讼积极性;最后,使最终的判决更接近案件真实。庭审中心主义杜绝了法官片面地依照案件侦查材料裁判案件,避免了法官偏听偏信。诉讼各方积极并且富有意义地参加庭审,必然能够将更加全面的事实呈现于法庭。

(三)庭审中心主义对刑事审判的要求

根据党的十八届三中全会和全国第六次刑事审判工作会议的文件,庭审中心主义,从总体上来说,是要求法庭审判是刑事审判的中心环节。

庭审中心主义具体包括以下几点,第一,合议庭的独立性。只有在法庭审判过程中才存在合议庭。庭审中心主义要求合议庭能够在法庭上独立地查明案件事实,并为其作出的判决负责。无论是法院领导,或者是审委会,甚至是上级法院都不能干涉合议庭的决议。第二,"事实证据调查在法庭"。案件事实的认定应当依据法庭调查过程中所确认的事实和调查核实的证据,未经法庭调查而在其他阶段形成的证据材料不能作为定案的根据。第三,"定罪量刑辩论在法庭"。法庭既要有效保障辩方的庭审参与权利,又要确保法庭审判的实质性。庭审中心主义肯定并且要求保障辩方关于定罪量刑事实的言词辩论权利,要求控辩双方对于案件事

① 庭前程序主要指侦查和起诉程序,庭后程序则以审委会集体讨论为代表。

② 直接言词原则是大陆法系国家诉讼制度的基本原则,在刑事诉讼和民事诉讼中均被视为圭臬。其最早起源于德国刑事诉讼,经历了上百年的发展,现已成为德国刑事诉讼的基石。在德国的学术习惯中直接言辞原则是直接审理和言词审理这两项原则的合并称谓。

实的意见应当在法庭上以言词辩论的形式作出,在法庭审判之外各诉讼主体之间的言词交流或者辩论都不能与当庭辩论具有同等的诉讼价值。这使当庭质证更具有分量,从而保证庭审的实质性。第四,“裁判结果形成于法庭”。这可以说是最具有实际意义的一项,它要求法庭的最终判决应当基于法官在参加法庭审判过程中由控辩双方通过积极的诉讼行为而给予其鲜活的案件印象而作出,这样就能防止刑事判决受庭前或者庭后程序的左右,保证法庭审判最终价值和法官的中立性。第五,贯彻直接言词原则。直接言词原则是大陆法系国家审批活动的基本要求,包括直接原则与言词原则。法官必须亲自参与刑事审判活动,对于案件事实的查明应当由控辩双方在法庭上以言词交锋的形式进行。庭审中心主义具体的要求还有很多,但由于不是本文的重点,在此不再赘言。

二、我国贯彻庭审中心主义所存在的困境

任何制度都不是孤立存在的。整个社会体系就像一部机器,具体的制度就如同一个个齿轮,社会的前进靠的是各个齿轮的相互咬合共同运转。因此,如果仅仅试图改变某一项制度,而不顾其运转环境,那必然会事与愿违。庭审中心主义的实现也不例外,是不能一蹴而就的。现阶段贯彻庭审中心主义面临如下问题。

(一)有关诉讼资源的问题

1. 庭审中心主义会消耗大量的诉讼资源

庭审中心主义的价值在于对法庭审理方式和法官审判行为的规范上。它要求整个审判过程应以法庭审判为中心,控辩双方和各诉讼参与人能够在法庭上通过直接和言词的方式在法庭上激烈对抗,以揭示证据价值、还原案件真相。法官的裁判主要以其在此种庭审中所形成的鲜活印象为依据。因此,为了庭审中心主义的需要,法庭就不得不为各方提供一个充分行使权利和表达意见的平台,这样的审判模式比普通诉讼模式消耗更多诉讼资源。比较书面审理程序与口头审理程序,前者可以省略传唤、询问等环节,大大节约时间成本、经济成本。① 相对于纠问式诉讼对于侦查程序的简单确认,彻底贯彻庭审中心主义会造成庭审时间延长、诉讼资源消耗增加,因此,如果没有充足的诉讼资源作为保障,那么庭审中心主义的贯彻必将无法推行,优化诉讼资源配置成为能否全面贯彻庭审中心主义的关键。

---

① 参见左卫民、马静华:《刑事证人出庭率:一种基于实证研究的理论阐述》,载《中国法学》2005年第6期。

2. 我国诉讼制度难以做到诉讼资源的优化配置

第一,据统计,每年我国法院所要审理的刑事案件在80万件至100万件。在这种情况下,再充足的司法资源也显得杯水车薪。

第二,简易程序不能有效发挥作用。我国刑事诉讼法规定了简易程序,能够在一定程度上简化案件的审理。但是,其中存在的问题使其不能更有效地优化司法资源配置。最主要的问题是简易程序不够简化。2012年《最高人民法院关于适用〈中华人民共和国刑事诉讼法〉的解释》第295条规定:"适用简易程序审理案件,可以对庭审作如下简化:(一)公诉人可以摘要宣读起诉书;(二)公诉人、辩护人、审判人员对被告人的询问、发问可以简化或者省略;(三)对控辩双方无异议的证据,可以仅就证据的名称及所证明的事项做出说明;对控辩双方有异议,或者法庭认为有必要调查核实的证据,应当出示,并进行质证;(四)控辩双方对于定罪量刑有关的事实、证据没有异议的,法庭审理可以直接围绕罪名确定和量刑问题进行。适用简易程序审理案件,判决宣告前应当听取被告人的最后陈述。"事实上,前两项有关宣读起诉书和对于被告人发问的规定,对于刑事审判并不能起到实质性的简化效果。第3、4项有关简化质证过程的规定本可以有效简化庭审过程,节约诉讼资源,但是这种关于法庭质证活动的简化对于我国刑事司法实践来说并没有太大意义,因为在普通刑事审判程序中质证基本不存在。我国证人出庭率只有不到5%,许多地方法院刑事案件根本没有证人出庭,简易程序与普通程序在质证方面并没有本质的区别。①

(二)有关法官综合能力的问题

1. 庭审中心主义对法官的综合素质有较高要求

首先,职权主义诉讼模式下的庭审中心主义审理方式要求法官具有一定的法庭驾驭能力。由于庭审中心主义下的刑事判决不能依据书面案卷材料作出,所以,法庭当庭质证与辩论就成为发现案件真实的唯一途径。因此,法官作为法庭审判的主导者,必须对于案件事实的查明拥有敏锐的直觉。也就是说,法官需要明确了解案件的争点并且判断每一项证据是否具有证明力,从而决定法庭质证的范围。质证范围过大不仅会造成诉讼拖沓,而且会扰乱法官心证的形成,影响裁判的真实性,同样,质证范围过于狭窄则会造成案件信息披露不够充足,从而影响法官对于案件的全面审视,导致判决的片面性,因此,法官作为审判程序的控制者,其实际能

① 杨宇冠、刘晓彤:《刑事诉讼简易程序改革研究》,载《比较法研究》2011年第6期。

力对于直接言词原则的实质贯彻至关重要。

其次,法官在参加庭审过程中的信息提取能力必不可少。法官对于各诉讼主体在法庭上所作出的言词表达应有高度的敏感性和现场反应能力。庭审中心主义要求法官将法庭作为发现真实的唯一阵地,阵地上各诉讼主体的言词交锋应是法官发现案件真实的主要途径。然而,控辩双方呈现于法庭上的言词往往是经过修饰的,既有符合实际的陈述又有歪曲事实的狡辩,如何从中去伪存真依靠的就是法官的素质和能力。另外,呈现于法庭的信息往往庞大而杂乱,如何从中厘清实质争议,提取有益的信息,从而作出正确的判决相当困难。如果缺失信息萃取能力,法官自然无法自如应对庭审中可能出现的证言反复性、事实信息重叠性和案情复杂性等各种干扰,导致形成混乱模糊的法庭印象,最终还是不得不在庭审后依靠翻阅诉讼材料等其他手段作出最终判决。如此,庭审中心主义就只能成为空洞的口号了。

2. 应加强对于法官实际能力的考核

我国对于法官的任职条件规定得较宽松。《中华人民共和国法官法》(以下简称《法官法》)第9、11、12条规定:"担任法官必须具备下列条件:(一)具有中华人民共和国国籍……(六)高等院校法律专业本科毕业或者高等院校非法律专业本科毕业具有法律专业知识,从事法律工作满二年,其中担任高级人民法院、最高人民法院法官,应当从事法律工作满三年;获得法律专业硕士学位、博士学位或者非法律专业硕士学位、博士学位具有法律专业知识,从事法律工作满一年,其中担任高级人民法院、最高人民法院法官,应当从事法律工作满二年。"实践中,我国法官的遴选机制是"司法考试+公务员考试"模式,这种模式并没有体现对于法官实际审判能力的考察——在法庭上所能表现出的综合素质是纸面考试所无法衡量的。虽然法律规定初任法官必须从事1年至3年不等的法律工作才有资格从事实际的案件审理,但是,这个条件并没有实质要求。也就是说,只要经过了1年至3年不等的法律工作后,无论初任法官是否具备了实际驾驭审判的能力,其都将成为实际案件的裁判者,我国法官队伍的素质和能力无法得到保证。

三、清除障碍,保障庭审中心主义的贯彻和实施

(一)提高诉讼效率

首先,增加坦白制度对于犯罪嫌疑人的吸引力,鼓励其主动认罪。如果犯罪嫌疑人能够主动认罪坦白,无论侦查程序还是审判程序都能双受其益,节省大量的诉讼资源。但是,现阶段坦白制度在我国司法实践中并没有得到很好的贯彻实施。

我国《刑法》第67条第3款规定，犯罪嫌疑人如实供述自己罪行的，可以从轻处罚；因其如实供述自己罪行，避免特别严重后果发生的，可以减轻处罚。虽然“坦白从宽”得到了成文法的确认，但是其对于犯罪嫌疑人的吸引力仍然有待提高。有关犯罪嫌疑人对于“坦白从宽”认知态度的调查研究中显示，选择相信调查“坦白从宽”的占67.2%，可也就是说有近1/3的被访犯罪嫌疑人不信任坦白制度。① 可以说，如此高的不信任率对于坦白制度的推行、诉讼效率的提高是致命的。究其原因，受调查者中大多数认为，如果真的坦白了自己的罪行其所实际被判处的刑罚并不会减轻，反而可能因为坦白了额外的罪行而遭受更加严厉的刑罚。② 因此，笔者认为，为了提高坦白制度在犯罪嫌疑人心目中的威信，除了办案人员要在犯罪嫌疑人面前树立起值得信赖的形象外，对于成文法的修改也是必要的。具体来说，如果将《刑法》第67条第3款中的两个“可以”修改成“应当”，那么坦白制度则会对犯罪嫌疑人更加有吸引力。而且，有了成文法关于“应当从轻或减轻”的规定，犯罪嫌疑人也不会对“坦白从宽”的实际执行力产生质疑。如此，更多的犯罪嫌疑人会选择坦白，这就能有效提高诉讼效率，节省诉讼资源。

其次，扩大可以适用附条件不起诉制度的案件范围。我国《刑事诉讼法》在第五编“特别程序”中的“未成年人刑事案件诉讼程序”赋予了检察院附条件不起诉的权力。这符合诉讼经济的要求，减少了审判的负担，使人民法院可集中更多力量在重大复杂刑事案件的处理上。③ 但是，现实情况是附条件不起诉制度的适用范围过于狭窄。2012年《刑事诉讼法》第271条现为第282条规定：“对于未成年人涉嫌刑法分则第四章、第五章、第六章规定的犯罪，可能判处一年有期徒刑一下刑罚，符合起诉条件，但有悔罪表现的，人民检察院可以做出附条件不起诉的决定。”因此，为了能够更好地发挥附条件不起诉制度的作用，节约诉讼资源，提高诉讼效率，扩大附条件不起诉制度的适用范围势在必行。具体来说，笔者建议如下：对于符合下列条件的案件，检察院可以酌定附条件不起诉——犯罪嫌疑人涉嫌刑法第4、5、6章所规定的犯罪，可能判处1年以下有期徒刑及以下刑罚，犯罪情节轻微的案件；对于未成年人、75岁以上老年人以及聋、哑、盲人和限制行为能力人，可放宽至可能判处3年以下有期徒刑的案件；另外，对于除渎职罪以外的过失性犯罪，由

---

① 参见刘启刚：《犯罪嫌疑人对“坦白从宽”认知态度的实证研究》，载《中国刑事法杂志》2014年第4期。

② 同上。

③ 参见陈光中、彭新林：《我国公诉制度改革若干问题探讨》，载《法学研究》2011年第4期。

于其主观恶意小所以很多情况下并不需要刑罚就能实现矫治的效果，因此对其也可放宽至可能判处3年以下有期徒刑的案件范围。如此一来，更多的案件可以不经过法庭程序即告终结，为庭审中心主义的实现添砖加瓦。

（二）提高法官队伍整体素质

鉴于在法官任职条件方面，我国对于法官的实际职业经验要求过低，为提高法官队伍职业素养，应当将法官的实际审判经验作为法官执业的先决条件。为此，笔者提出如下建议。

1. 应当提高法官职业条件中对于从事法律工作年限的要求。

《法官法》规定，对于基层法院法官必须满足：(1)高等院校法律专业本科毕业或者高等院校非法律专业本科毕业具有法律专业知识，从事法律工作满2年；(2)获得法律专业硕士学位、博士学位或者非法律专业硕士学位、博士学位具有法律专业知识，从事法律工作满1年。笔者认为，应将其统一提高至3年。初任法官，无论是本科或者是研究生，之前的学习都仅仅涉及法学理论，对于法律审判实务都是一张白纸。

2. 法官任职前应当有专门的法官能力测试考核

仅仅时间的延长并不能确保法官的审判能力。为此，应该在每个初任法官正式有资格独立审判案件前，接受专门的审判实践能力测试。测试应该是对于法官综合素质的考核，并不限于笔试，还应该包括审判实际模拟等项目，并由其他有经验的法官进行评价。只有经过测试并且合格的初任法官才能有资格审判案件。如此一来，法官就有能力驾驭庭审，应对各种突发于法庭之上的情况，直接言词原则在法庭上的贯彻就成为可能。

总之，贯彻庭审中心主义，有效的配置司法资源和提高法官素质是当务之急。虽然现在司法改革面临一些困境，但是，在党和国家的大力推动下，我国司法状况必有翻天覆地的变化。

第六章　刑事诉讼法学新发展研究

第一节　轻罪刑事政策背景下速裁程序构建问题研究*

刑事速裁程序从2014年启动试点到2018年被刑诉法确认。从程序维度看，这是我国推动刑事诉讼程序轻重分离、快慢分道的成功实践，初步构建起了认罪认罚从宽制度下普通、简易、速裁程序逐级递减、相互衔接的繁简分流程序体系。结合国家治理体系改革和全球轻缓化刑事政策趋势来看，这是对我国近年来刑法立法迈向轻罪构建之路的积极呼应，尤其是对晚近劳动教养制度废除和几个刑法修正案①不断扩大轻罪犯罪圈产生的刚性需求的必然回应。可以说，随着我国刑法结构从"厉而不严"走向"严而不厉"的现代化进程，②刑事诉讼程序同样面临从"简单分流"走向"繁简细分"的结构优化进程。然而，

---

* 作者：叶青。本节原发表于《江淮论坛》2020年第6期。

① 如周光权教授指出，晚近刑法立法具有拓宽处罚领域，扩大处罚范围，增设大量法定刑较低和涉及社会面管控的轻罪，确立相对较低的轻罪入刑标准等特点。为此，应建立与大量轻罪相契合的刑事程序。参见周光权：《积极刑法立法观在中国的确立》，载《法学研究》2016年第4期。何荣功教授指出，犯罪门槛下降和轻罪数量增加成为刑法立法的重要特色，且预测未来这种立法趋势还将进一步强化。参见何荣功：《我国轻罪立法的体系思考》，载《中外法学》2018年第5期。

② 参见储槐植：《刑法现代化本质是刑法结构现代化》，载《检察日报》2018年4月2日，第3版。

作为轻罪案件落实认罪认罚从宽制度的重要程序载体,[①]刑事速裁程序在从局部试点走向全面推行的过程中,逐渐暴露出一些与原有刑事诉讼理念、体系、制度、配套设施和实践惯性抵牾矛盾之处,亟待系统性的梳理和论证,以期构建符合现代社会治理、繁简分流、恢复和协商性司法等理念的轻罪程序体系。

一、刑事速裁程序演进的三个价值取向

认罪认罚从宽制度的若干程序特征都显然区别于对抗制诉讼。其中,尤以刑事速裁程序最能彰显独特的轻罪程序品格。从我国刑事诉讼发展演变的历史进程来看,可以将速裁程序的独特价值概括为以下三个方面的取向。

(一)合意型司法

纵观我国现行刑事诉讼制度,从1979年立法到2018年修法完善,是在职权主义诉讼模式基础上不断借鉴,吸收当事人主义诉讼因素的过程。[②] 随着人权保障、程序正义、恢复性司法等理念在我国落地生根,传统上由国家公权力单方面主导诉讼的强职权主义诉讼结构逐渐走向强调控辩对抗的混合式诉讼模式。然而,在矛盾多发的社会转型时期,对抗性司法的高额成本和司法资源的有限性之间具有难以调和的矛盾,寻求控辩对话和合作的现实需求越发强烈。我国刑事法律的渐进调整过程也反映这一取向。从实体法层面看,从1979年《刑法》规定自首、立功制度,到1997年《刑法》细化其认定情形和条件,再到2011年《刑法修正案(八)》增加“坦白”从宽的规定,体现了鼓励被追诉人积极配合、参与司法运行的导向。从程序法层面看更是如此。例如,2003年《关于适用普遍程序审理“被告人认罪案件”的若干意见(试行)》《关于适用简易程序审理公诉案件的若干意见》的两个规定首次把被告人认罪作为程序适用前提,并明确了征求辩方意见作为简易程序适用条件之一,2012年《刑事诉讼法》进一步增设更注重当事人之间合意的刑事和解程序,2018年《刑事诉讼法》正式确立以控辩合意为核心的认罪认罚从宽制度,包括对定罪的单向合意以及对量刑、程序适用的双向合意,构建以合意程度匹配诉讼程序的程序适用模式。“两院三部”2019年发布的《指导意见》规定,认罪认罚的“认罪”仅要求被追诉人承认主要犯罪事实,其仍可对个别事实情节保留异议,或者对行为性质提出辩解但表示接受司法机关的认定。也就是说,认罪认罚案件允许被追诉人对于指控事实、定性的认可程度有所区别。相对应的是,不同程度的控

---

① 参见樊崇义、何东青:《刑事诉讼模式转型下的速裁程序》,载《国家检察官学院学报》2020年第3期。

② 参见樊崇义:《我国当代刑事诉讼模式的转型图景》,载《检察日报》2019年12月25日,第3版。

辩合意应适用简化程度不同的诉讼程序。如果控辩双方对个别事实情节或者法律适用有异议,则应当适用简易程序,仍然需要就该异议部分进行法庭调查、质证、辩论。速裁程序作为最简化、效率最高的轻罪程序载体,其证据确实、充分的适用前提,以及一般不进行法庭调查、法庭辩论的程序设计,要求控辩双方形成全面合意,而简易程序明显合意程度较速裁程序低。因此,全面合意是速裁程序承载的重要价值特征,否则程序梯度不显。

(二)确认型司法

如前所述,近年来我国刑事诉讼模式吸收了不少当事人主义的因素,例如,1996年《刑事诉讼法》对庭审方式进行了改革,即法官由“坐堂问案”改变为“坐堂听案”,强化了控辩双方的对抗。又如,我国律师辩护在介入阶段、权利配套、执业队伍等方面取得长足的发展,正逐步走向全流程辩护、专业辩护、有效辩护。[①] 此外,近年来着力构建并完善的非法证据排除规则、证人出庭作证、庭前会议等诉讼制度,都在朝着构筑对抗式庭审和完善“以审判为中心的诉讼制度”方向努力。诚然,对抗式庭审具有奉行程序法治原则、尊重当事人利益、易于发现真相等比较优势。[②] 然而,大量简单、轻微的刑事案件并没有适用这一庭审模式的必要性。鉴于此,2018年《刑事诉讼法》确立了新的司法审判范式,即以速裁程序为典型的确认型审判模式。何谓确认型审判模式,从诉讼证明的角度来看,速裁程序的适用前提是“证据确实、充分”,即要求在适用该程序前已经能够确认证据并足以证实指控事实,而非通过传统的法庭调查、质证辩论来发现真实,证据事实系通过庭外确认;从诉讼程序来看,速裁程序设计极其简化,辩护准备、法庭质证等均可省略,庭审主要系法官依职权确认相关程序性事宜,例如,确认被追诉人对于认罪认罚、程序适用等系自愿、真实、明智,几乎不存在对抗色彩;从裁判结果来看,2018年《刑事诉讼法》规定,对于认罪认罚案件,法院一般应当采纳检察院指控的罪名和量刑建议,尤其对于体现控辩协商结论的量刑具结,法官更多地是确认其有无明显不当,如无则直接采纳。

(三)从宽型司法

对于认罪认罚的犯罪分子从宽处罚的司法政策早在新民主主义革命阶段就已经出现[③],相关规定主要体现在实体法层面的“惩办与宽大相结合”“坦白从宽”

---

① 参见陈瑞华:《刑事辩护制度四十年来的回顾和展望》,载《政法论坛》2019年第6期。

② 参见陈卫东、张月满:《对抗式诉讼模式研究》,载《中国法学》2009年第5期。

③ 参见胡云腾:《完善认罪认罚从宽制度改革的几个问题》,载《中国法律评论》2020年第3期。

“宽严相济”等刑事政策,从宽的具体依据和法律效果也主要散见在自首、坦白、立功、缓刑等实体法规定之中。虽然程序法渐次出现以被告人认罪和同意适用为前提的简易程序、普通程序简化审、刑事和解程序,以及未成年人附条件不起诉、犯罪记录封存等制度,但是,对于涉轻罪被追诉人认罪认罚获得宽缓处理的程序供给明显不足,如审前羁押率高、以押定判,甚至出现押判倒挂问题。[①] 从宽应兼具实体从宽和程序从宽[②]。尤其对于认罪认罚的轻罪被追诉人,适用宽缓的诉讼程序在一定程度上并不仅仅是手段,更是目的。2016 年“两高三部”《关于在部分地区开展刑事案件认罪认罚从宽制度试点工作的办法》明确将认罪认罚作为被追诉人是否具有社会危害性的重要考虑因素,体现了慎用羁押性强制措施的精神,后来在 2018 年《刑事诉讼法》修改时吸收采纳。此外,立法还从特殊案件撤销或不起诉、附条件不起诉、压缩审查起诉和审判期限等方面,体现对被追诉人认罪认罚全面从宽的价值取向。作为适用轻罪案件的主要诉讼程序,速裁程序更应彰显程序从宽的独特价值,以最轻的司法干预帮助认罪悔罪的被追诉人更好地复归社会,实现社会矛盾的妥善解决,以期构建轻轻重重的诉讼程序体系。

二、刑事速裁程序预期价值的实践检视

刑事速裁程序所承载的上述价值取向,与传统的刑事诉讼模式存在较大反差,与刑事诉讼法律的整体衔接匹配不足,在司法实践中产生诸多新问题。

(一)合意型司法推进的障碍

形成全面合意的前提是双方平等、充分、有效协商,并在自愿、明智基础上达成具有约束力的一致意思表示。认罪认罚从宽制度最显著的特点就是合意,而协商是形成合意的关键环节。只有在协商的基础上,控辩双方才能达成合意[③];只有在平等、充分、有效协商的基础上,控辩双方才可能最终达成全面合意,该合意结果才具有通过后续极其简化的速裁程序被审判采纳的正当性。当前,合意全面性不足的原因主要有以下两个方面。

1. 值班律师介入不够

在公权力面前,被追诉人囿于自身能力、所处环境等因素,一般不具备就量刑进行协商的能力和条件。为了确保控辩双方在协商环节势均力敌,完善辩护机制

---

① 参见卞建林、吴思远:《刑事速裁程序的实践观察与立法展望》,载《中国政法大学学报》2019 年第 1 期。

② 参见陈光中、马康:《认罪认罚从宽制度若干重要问题探讨》,载《法学》2016 年第 8 期。

③ 参见叶青、吴思远:《认罪认罚从宽制度的逻辑展开》,载《国家检察官学院学报》2017 年第 1 期。

是确保认罪认罚从宽制度正当性的关键一环。① 实践中，值班律师介入具结非常有限，该制度甚至有异化为见证检察机关与被追诉人具结过程和结果的发展倾向②，尤其是对案件处理提出有效意见的职责设置形同虚设。比如，有些个别事实情节明显证据不足的案件仍在值班律师参与具结下进入速裁程序，最终导致审判阶段建议控方补足证据或变更认定事实的情况。更有甚者，个别公诉人绕过被追诉人自行委托的律师，径行安排值班律师参与具结，导致委托律师在审判阶段对具结结论提出异议。这种案件事实认定、法律适用不够精准，具结流于形式等现状，不仅不利于控辩双方在具结时充分发现问题、交流意见并达成合意，还制约速裁程序效率的提升，最终掣肘速裁程序确认型司法价值的发挥。针对备受质疑的值班律师法律帮助权限不够的问题，《指导意见》明确赋予值班律师会见和阅卷权。然而，理想中值班律师先阅卷，会见后再参与具结协商的情况并不多见，从检察机关《听取律师意见书》上鲜见律师提出不同意见就可见一斑。“两高三部”2020 年发布的《法律援助值班律师工作办法》（以下简称《值班律师工作办法》）进一步将“办案机关同意”设定为值班律师主动约见的前提条件，值班律师主动、深入介入案件的积极性会受到影响。笔者调研发现，值班律师参与审前程序效果不彰，究其原因，一方面，检察、监所人员不愿意配合值班律师行使诉讼权利，把值班律师视为协助其履行职能辅助者。例如，公诉人确认被追诉人同意具结后才通知值班律师到场参与具结，甚至直接拒绝值班律师阅卷要求。另一方面，值班律师自身存在问题。例如，值班律师在轮班制背景下责任意识不强，在“流水作业”模式下无力同时深入参与多件案件具结，对自身定位和与控方关系把握不准确，值班补贴经费有限，③以及不少地区指派刚刚取得执业律师证的人员充当值班律师，专业能力素养不高，等等。为此，江苏省明确规定值班律师必须满足执业满 3 年以上，近 3 年考核合格及以上等条件，建立法院、检察院、看守所联系人制度实时通报值班律师工作情况，通过不定期向来访群众发放值班律师服务评价表，开展服务满意度评价。北京 17 家法律援助中心均成立值班律师团队，建立值班律师选任报名条件初步审查、履职能力调查、执业和违纪情况核查“三查”制度，制定值班律师服务标准和行

---

① 参见叶青、吴思远：《认罪认罚从宽制度的逻辑展开》，载《国家检察官学院学报》2017 年第 1 期。

② 参见叶青：《认罪认罚从宽制度的若干程序展开》，载《法治研究》2018 年第 1 期。

③ 参见徐明敏：《认罪认罚从宽制度诉讼效率全流程提升的困境与出路》，载胡云腾主编：《司法体制综合配套改革与刑事审判问题研究》（下），人民法院出版社 2019 年版。

为规范，优化工作流程。[①] 可以说，值班律师充分高效地参与是帮助被追诉人与控方达成全面有效合意必不可少的人力资源保障。

2. 量刑依据规范化不够

量刑协商的前提是存在可供控辩双方协商参考的规范，否则就没有控辩理性对话和公平交流的平台。一方面，我国《刑法》分则大部分罪名以3年，甚至5年有期徒刑作为法定刑的分界线，诸多罪名量刑幅度自由裁量的空间较大。另一方面，最高人民法院自2013年发布《关于常见犯罪的量刑指导意见》以来，仅在2017年予以修订，后又增加并细化8个罪名的量刑意见。截至目前仅就23种犯罪行为的量刑起点、情节等作了具体规定，最高人民法院、最高人民检察、公安部、国家安全部、司法部2020年11月联合印发《关于规范量刑程序若干问题的意见》（以下简称《量刑意见》），涉及的罪名范围并未有所拓展。目前，诸多罪名量刑依据的参考规范不足，导致司法实践中量刑辩护效果不彰，表现为控辩双方就犯罪事实、情节的严重性、社会危害性、被告人认罪悔罪表现等往往各表一词。由于控方往往独占量刑话语权，辩方难以开展实质性协商。即使控方量刑偏重，辩方往往也会为了争取被认定为认罪认罚而同意签署具结书。[②] 此外，公诉人就量刑建议进行说理，不仅有利于提高量刑建议的精准度，而且有利于提高辩方和被害人方对量刑建议的接受度，提高法院对量刑建议的采纳率，有利于提升检察机关在认罪认罚从宽制度中的公信力。[③] 当前，控方量刑说理力度明显不足，往往只是笼统地告知结论，而并不公开结论得出的过程和各情节的量刑折算比例。这种模糊协商方式也影响了辩方的程序参与度，不利于具结的稳定性，不符合实质意义上协商性司法的要求。尤其在速裁程序中，如果控辩双方未就量刑具结形成充分合意，比如辩方当庭反悔，势必导致无法适用速裁程序而必须进行程序转换，最终反而影响司法效率。

（二）确认型司法推进的障碍

在速裁程序中，庭审基本上不承担传统的举证质证和法庭辩论功能，严格证明的证据调查方法得以突破，形成了一种区别于简易和普通程序的新型司法审判范式。然而，这种新兴的确认型司法范式存在边界模糊、效率不彰等问题。

---

① 参见董凡超：《值班律师参与认罪认罚程序状况调查》，载《法治日报》2020年9月21日，第7版。

② 例如，对于控方量刑建议明显偏重的案件中，辩方在审查起诉阶段先与控方达成认罪认罚具结，待审判阶段再向法官提出从轻处罚的意见。辩护人及被追诉人提出的理由是，争取认罪认罚的认定，以免被控方认定不认罪认罚而提出更重的量刑建议。

③ 参见朱孝清：《坚持客观公正原则　保障制度正确落实——以认罪认罚从宽制度适用为视角》，载《检察日报》2020年8月10日，第3版。

1. 程序适用的边界模糊

速裁程序的增加旨在构建普通程序、简易程序、速裁程序有序衔接的多层次诉讼体系，推动司法资源合理配置。① 然而，现行法律关于适用简易和速裁程序条件的区分度不足，影响了速裁程序从简从快功能的发挥。速裁和简易程序有如下三个区分条件：第一，刑罚条件。2014 年至 2019 年，人民法院判处 3 年有期徒刑以下刑罚的案件占 81.6%②，可见大部分案件刑期上同时符合速裁和简易程序条件，具有深入区分的必要性。第二，认罪认罚条件。一方面，所有程序均可适用认罪认罚；另一方面，当前司法机关大力推进认罪认罚从宽制度的适用。③ 2019 年 12 月，全国检察机关认罪认罚从宽制度适用率均超过 80%④。因此，以被告人认罪认罚作为区分程序条件的适用空间不大。第三，证据条件。速裁程序要求"证据确实、充分"，而简易程序仅要求"证据充分"。按照严格证明的要求，"确实"与否需要经过法定调查程序查证，即证据调查应当在法庭上依照法定程序的要求展开，并受到审判公开、直接言词、疑罪从无等原则的规制。⑤ 适用速裁程序的前置条件是证据"确实"，一方面，与传统严格证明理论存在内在矛盾；另一方面，对于无异议事实无须当庭质证的规定与简易程序类似，在适用上难以把握和区分。

2. 事实情节固定的精准性欠缺

《指导意见》《高检规则》等均规定检察院一般应当提出确定刑量刑建议，对于新类型、不常见犯罪案件，量刑情节复杂的重罪案件等可以提出幅度型量刑建议。速裁程序作为适用证据标准最高（案件事实清楚、证据确实、充分）、合意程度最高（事实、法律、量刑、程序均无争议）、法定刑最轻（简易程序还可能适用 3 年以上）的司法程序，最符合提出确定刑量刑建议所需的条件。在司法实践中，检察机关也把精准量刑及量刑建议采纳率等作为重要考核指标。然而，精准量刑的前提是事实精准固定，如果事实情节在审判阶段发生变化，那么基于变化前的事实情节提出

---

① 参见孙航《"两高三部"发布指导意见　准确适用认罪认罚从宽制度》，载《人民法院报》2019 年 10 月 25 日，第 1 版。

② 参见周强：《最高人民法院关于加强刑事审判工作情况的报告》，载《全国人民代表大会常务委员会公报》2019 年第六号。

③ 参见于潇：《最高检：认罪认罚从宽制度适用率达 70% 左右是合理目标》，载正义网，https://www.spp.gov.cn/zdgz/201910/t20191024_435914.shtml。

④ 参见徐日丹：《2019 年 12 月份认罪认罚从宽制度适用率超过 80%》，载《检察日报》2020 年 1 月 20 日，第 2 版。

⑤ 参见闵春雷：《证据裁判原则的新展开》，载《法学论坛》2010 年第 4 期。

的量刑建议和具结就具有予以调整变更的必要性。实践中,固定不精准主要有两种表现形式。一是犯罪事实固定不精准,主要是证据不足以证实指控的全部犯罪事实。例如,在盗窃案件中,在不影响定罪的前提下,指控的部分盗窃金额或者物品证据不够充分。以一起基层法院审理的盗窃案为例:被告人A被指控趁被害人B(其舍友)睡着之际,擅自使用B手机支付宝分多笔给自己账户转账共计13,000元。认定的证据有:B的报案笔录证实被盗金额1万元并提供了1万元的转账记录。A的供述证实其当晚未经B同意共转账13,000元,并删除了B手机中一笔3000元的转账记录。本案的问题在于盗窃3000元的犯罪事实仅有被告人供述,这种证据事实精准性问题最终又阻碍确认型司法的推进效率。二是量刑情节固定不精准,主要表现为审查起诉阶段达成具结后,待审判阶段又出现新的量刑情节,导致需要调整量刑建议。例如,公诉人未在审查起诉阶段考量被追诉人是否愿意及有能力退赔、退赃,是否有条件取得被害方谅解,辩方在审判阶段又提出退赔、退赃,影响了诉讼效率和量刑建议精准性。

(三)从宽型司法推进的障碍

如何理解认罪认罚"从宽"的程序法意义,《指导意见》将从宽界定为"程序上从简处理",同时将认罪认罚作为对被追诉人适用强制措施、酌定不起诉制度的重要考虑因素。有观点认为,从宽包括程序上适用较轻的强制措施和从简的诉讼程序。① 也有观点提出,适用速裁程序、简易程序等简化诉讼程序以及刑事和解程序进行处理,不具有任何"程序从宽"处理的意味,②即不能把克减被追诉人诉讼权利视为对其从宽。这种观点不无道理,在被追诉人程序选择的自愿性、真实性、明智性得不到切实保障的前提下,一味追求简办、快办会影响被追诉人合法权益。但是,程序从简对被追诉人并非绝对不利益,被追诉人具有尽快解决诉累和纠纷,早日复归社会,恢复社会关系的现实诉求,轻罪案件被追诉人也具有实现上述诉求的可能性。在保障最低限度程序正义的前提下,给予被追诉人是否放弃诉讼权利及放弃程序的选择权,对被追诉人亦应视为一种程序利益。因此,程序从宽应包括程序适用上的从简和程序处理上的从轻。程序适用从简,即根据案件的不同情况,对认罪认罚的犯罪嫌疑人、被告人分别适用不同的诉讼程序,③帮助被追诉人尽快解决刑事纠纷,落实迅速审判原则。程序处理从轻,即将被追诉人认罪认罚情况作为

---

① 参见朱孝清:《认罪认罚从宽制度的几个问题》,载《法治研究》2016年第5期。
② 参见孙长永:《认罪认罚从宽制度的基本内涵》,载《中国法学》2019年第3期。
③ 参见陈卫东:《认罪认罚从宽制度试点中的几个问题》,载《国家检察官学院学报》2017年第1期。

采取相关程序处分措施的重要参考因素，使被追诉人有可能获得更为宽缓的刑事程序处理。笔者主要围绕影响速裁程序效率和强制措施适用两个方面的问题进行探讨。

1. 程序全流程从简不足

一是审前程序从简不足。现行速裁程序的简化聚焦于庭审程序的简化，而缺乏对审前程序轻罪案件的科学分流，办案程序同质化严重。例如，除经济犯罪侦查外，其余案件均先由派出所侦查，再送至预审部门进一步侦查。① 又如，有的检察机关要求审查批捕阶段必须讯问犯罪嫌疑人，即使对证据充分、没有羁押必要性的流窜盗窃犯罪嫌疑人也需提审。此外，内部审批程序烦琐，侦查阶段，立案、采取或变更强制措施、查封、扣押等强制性措施、移送审查起诉等都需要经过从派出所到公安局的层报审批，审批部门内部还需经刑事侦查、预审和法制等部门层层审核。有的地方甚至要求承办民警提出建议适用速裁程序后由派出所负责人审核，再报公安局法制部门同意。② 修法后，办案工作量可能不减反增，③审前程序从简特征并不明显，与“推动繁简分流，优化司法资源配置，解决案多人少矛盾”④的预设目标存在差距。

二是速裁庭审程序形式化严重。首先，速裁庭审几乎丧失了传统的庭审功能，即根据直接审理、言词辩论等原则查明事实和法律，辩方也没有对上述功能的诉求。其一，速裁程序适用的法定前提是“案件事实清楚，证据确实、充分”，即法官要在庭前通过阅卷查明确认事实和证据。在证据调查方法上，立法实质上突破了传统意义上严格证明的要求。⑤ 实践中，速裁案件大部分审理工作是通过法官庭

---

① 派出所民警受案后，侦查取证并抓捕犯罪嫌疑人，至对其刑事拘留后，案件再送至预审部门(审理队、治安支队、交警支队)等进行审核把关，其间预审部门至少需要提审犯罪嫌疑人。即使简单的危险驾驶案件，也要经过派出所民警和交警支队民警双重把关。

② 参见李勇:《认罪认罚案件“程序从简”的路径》，载《国家检察官学院学报》2019 年第 6 期。

③ 根据《人民检察院刑事诉讼规则》《公安机关办理刑事案件程序规定》，公安机关新增认罪认罚告知、记录在案、建议适用速裁程序等职责，检察机关新增逮捕后认罪认罚羁押必要性审查、侦查阶段认罪认罚审查、听取律师意见、提出量刑建议和完成具结、受 10 日或 15 日审查起诉期限约束等职责。

④ 参见周强:《对〈关于授权在部分地区开展刑事案件速裁程序试点工作的决定(草案)〉的说明——2016 年 8 月 29 日在第十二届全国人民代表大会常务委员会第二十二次会议上》，载全国人大网，http://www.npc.gov.cn/wxzl/gongbao/2014 - 08/22/content_1879705.htm。

⑤ 严格证明包括法定证据方法、证据能力和法定调查程序，根据《刑事诉讼法》第 50 条第 3 款，证据必须经过查证属实，才能作为定案的根据。第 55 条进一步明确“证据确实、充分”指据以定案的证据均经法定程序查证属实。《最高人民法院关于适用〈中华人民共和国刑事诉讼法〉的解释》第 63 条规定，未经当庭出示、辨认、质证等法庭调查程序查证属实，不得作为定案的根据。据此，速裁程序实际上突破了证据法定调查方法的要求，法官庭下通过阅卷调查证据和形成心证。

前阅卷完成。① 其二,法律适用主要依赖于法官庭下查明,辩方观点亦可以通过书面提交,轻罪速裁案件大部分系多发、常见的酒驾、盗窃等案件,法律适用争议较少。其三,庭审并非审查认罪认罚自愿性、真实性和明智性的唯一手段。公开的庭审固然有利于充分保障被追诉人免受司法独断,然而并非唯一手段。在危险驾驶、盗窃成为我国占比较大的两类案件的背景下②,对于简单、轻微刑事速裁案件是否有穷尽程序的必要性,审查手段是否应考虑目的和手段的比例原则。其次,速裁庭审效率外观下的不经济性。当前,讨论速裁效率价值主要以"5 分钟"庭审为例。然而,这 5 分钟背后的成本与其他程序差异有限。如对于法院而言,庭审意味着法警、书记员等人力资源的配备,法庭资源的占用。对于公诉人、辩护人而言,参加庭审意味着专门时间的协调和安排。最后,精准化求刑背景下庭审辩护功能的意义有限。由于速裁案件均是控辩无异议的认罪认罚案件,控辩意见理应在具结阶段得到充分交换并达成全面合意,而审判阶段主要系对上述具结结论的确认。但是,现行法律规定庭审仍保留听取辩护意见的程序,导致大部分案件庭审中辩护人系重复庭前已确认内容,庭审辩护功能形式化。

2. 非羁押性强制措施适用率低

2018 年《刑事诉讼法》明确将认罪认罚作为评估社会危险性的考虑因素,从社会危险性角度为被追诉人不被审前羁押提供了一条进路,既解决审前羁押率高的问题,也符合联合国《公民权利和政治权利公约》中"等候审判的人受监禁不应作为一般规则"的人权保障精神。对于轻罪速裁案件,一方面,从检察院量刑建议和法院宣告刑角度来看,大量被追诉人并不符合逮捕关于"可能判处有期徒刑以上刑罚"的条件。例如,S 市 C 区法院 2019 年以来速裁案件中 84.47% 被告人被判处拘役(实刑)、管制、单处罚金、免于刑事处罚或适用缓刑等。另一方面,速裁案件系 3 年有期徒刑以下案件,这些案件被追诉人自愿认罪认罚,同意适用速裁程序,社会危险性较低,且案件事实清楚、证据充分,被追诉人影响案件查办的可能性较小,采取羁押性强制措施的必要性就大大降低。然而,即使在速裁程序仅适用于可

---

① 参见最高人民法院刑一庭课题组、沈亮:《关于刑事案件速裁程序试点若干问题的思考》,载《法律适用》2016 年第 4 期。

② 根据《2017 年全国法院审判执行工作情况通报》,全国法院审结的刑事案件中,数量最多、占比最大的 5 类罪名分别是:盗窃罪,危险驾驶罪,"走私、贩卖、运输、制造"毒品罪,故意伤害罪,扰乱公共秩序罪等。另根据最高法发布 2019 年上半年审判执行工作数据,刑事案件中,数量最多、占比最大的 5 类罪名分别为危险驾驶罪,盗窃罪,走私、贩卖、运输、制造毒品罪,故意伤害罪,诈骗罪。参见孙航:《新收案件数持续增长　结案数同比大幅增加　整体运行态势稳中向好》,载《人民法院报》2019 年 8 月 1 日,第 1 版。

能判处一年有期徒刑以下刑罚案件的试点期间,被告人被拘留、逮捕的仍占52.08%。[①] 究其原因,一是罪从判定精神贯彻不力。未经审判对任何人都不得确定有罪。因此,在刑事诉讼中应以不羁押为原则,以羁押为例外,这也是国际司法关于保障被追诉人基本人权的共识。然而,司法机关在强制措施适用上倾向于方便案件办理,以羁押保障侦查、便于审讯、促使认罪。例如,侦查阶段普遍存在滥用《刑事诉讼法》第91条延长刑事拘留期限规定的现象,即使不符合"流窜作案、多次作案、结伙作案"条件,也会以此换取侦查时间,使被追诉人诉讼地位客体化。二是惩罚和打击犯罪思维主导强制措施适用。一方面,把羁押性强制措施异化为对被追诉人的惩戒手段。例如,对危险驾驶案件被追诉人一律刑事拘留满3日再变更为取保候审;又如,把羁押措施等同于刑罚,导致"关多久判多久"现象。另一方面,检察官有权独自作出批准逮捕的决定。如果要作出不批捕的决定,则必须要遵守司法机关所作出的严格适用程序规定,即层报审核:先上检察官联席会议讨论,然后报部门领导和分管检察长审核。不批捕程序的烦琐也影响了检察官对不批捕决定权的运用。三是非羁押性强制措施适用难。以取保候审为例。首先,取保交接手续不健全。司法机关往往通过邮寄送达法律文书,但是,在实践中往往收不到执行情况的反馈,甚至出现退回法律文书的现象。被取保对象如有需要离开居住区域等需报批事项,也存在找不到具体执行人员处理的情况,为脱保埋下隐患,提高了强制措施决定人员适用取保候审的门槛。其次,取保执行手段缺乏。一方面,当前轻罪案件多发而警力资源有限。"人盯人"成本过高,导致公安派出所落实指定专人负责监督考察取保对象的法律要求存在困难。另一方面,缺乏监督考察被取保人员的措施。例如,仅在形式上责令被取保候审人定期报告情况,对于被取保对象是否离开居住的市、县等实际情况根本无法掌握。

三、轻罪刑事政策背景下速裁程序的完善

如前所述,速裁程序是在认罪认罚从宽制度框架下构建的最简易的审判程序,蕴含的3种价值与对抗制诉讼具有天壤之别。为了更好地契合轻罪宽缓化司法的发展趋势,有必要从速裁程序与诉讼制度匹配、衔接的整体视角,进一步构思完善现有速裁程序。

---

① 参见《最高人民法院、最高人民检察院关于刑事案件速裁程序试点情况的中期报告》,载中国人大网,http://www.npc.gov.cn/wxzl/gongbao/2016-01/05/content_1958836.htm。

(一)以实质性协商为切入,增强控辩合意

认罪认罚从宽制度最大的创新之处在于体现了协商性司法的特点,[①]最显著的优势就是通过协商提升事实认定(单向合意)、法律适用(单向合意)、量刑结论、程序选择等方面的控辩合意,进而更高效、人道、文明、经济地解决刑事案件。然而,形成全面合意的前提是有效、充分的协商,这也是程序参与原则在该制度中的体现。

1. 完善值班律师介入保障机制

被追诉人在获得有效法律帮助的前提下,自愿、明智、真实地参与具结协商并达成全面合意,是速裁程序简化诉讼流程、放弃部分诉讼权利的正当性前提。因此,完善这一制度的关键在于国家权力与公民权利的相对平衡,即控辩平衡。[②] 对此,应当从以下五个方面完善值班律师介入保障机制。

一是值班律师的全流程介入。当前,值班律师介入始于被追诉人送看守所羁押,被追诉人有权获得法律帮助的告知义务主要由看守所、检察院、法院履行。一方面,侦查机关作为最主要的审前办案机关在权利保障上缺位;另一方面,取保候审的犯罪嫌疑人在侦查阶段被排除在获得值班律师帮助范围之外。考虑到被追诉人主动约见律师帮助的权利意识不强[③],建议对于没有辩护律师的被追诉人,侦查机关在第一次讯问时应当立即告知其有权获得免费的值班律师帮助。同时,强化看守所的告知义务和具体办理程序,如《值班律师工作办法》所规定的将约见值班律师权纳入"在押人员权利义务告知书"。此外,考虑到有些地区律师资源有限,未必能满足24小时现场值班的需求,可以拓宽值班律师提供帮助的形式,如通过电话、视频对话等信息化手段提供帮助。

二是保障值班律师的主动介入。目前,值班律师介入大多为被动型介入,即应被追诉人和司法机关要求而参与诉讼活动。然而,如果参与认罪认罚具结的值班律师不阅卷、会见,将难以发现证据、事实、法律适用等方面问题,更无从实质性地参与具结协商。甚至,由于当前值班律师的工作非常简单,反而出现了抢当值班律师的现象。[④] 因此,检察机关对于拟适用速裁处理的案件,应当至少提前1天通知

---

① 参见叶青、吴思远:《认罪认罚从宽制度的逻辑展开》,载《国家检察官学院学报》2017年第1期。

② 参见龙宗智:《完善认罪认罚从宽制度的关键是控辩平衡》,载《环球法律评论》2020年第2期。

③ 据笔者了解,2018年《刑事诉讼法》修改以来,值班律师主要在认罪认罚具结时根据检察机关要求其参与具结工作。在侦查阶段很少有被追诉人主动约见值班律师并要求提供法律帮助。

④ 参见国家检察官学院刑事检察教研部课题组、孙锐:《检察机关认罪认罚从宽制度改革试点实施情况观察》,载《国家检察官学院学报》2018年第6期。

安排值班律师,通过在线办案平台赋权律师线上阅卷以提高效率。值班律师认为有必要会见的,应允许其在正式具结前单独与被追诉人会见。同时,要科学考核值班律师的工作。例如,法律援助机构可将值班律师阅卷、会见情况,向司法机关提出意见、申请等情况作为履职考核的内容,强化鼓励值班律师在事实、法律、程序等方面维护被追诉人合法权利的导向。《值班律师工作办法》第28条第3款规定,公安机关(看守所)、人民检察院、人民法院应当与法律援助机构确定工作台账格式,将值班律师履行职责情况记录在案,并定期移送法律援助机构。该规定将侦控机关作为值班律师履职情况记录和移送机关并不妥当,与律师执业的定位存在冲突,不利于调动律师维护被追诉人合法权益的积极性。

三是推行值班律师跟案制。值班律师参与具结深度不够,除了外在客观原因,值班律师仅在一个诉讼阶段为被追诉人提供法律帮助,而非全程负责案件,缺乏对案件结果一跟到底的责任感,其也容易产生退赔、谅解等工作可以由后续介入律师开展的想法。为此,《指导意见》提出,前一阶段的值班律师可以在后续诉讼阶段继续为被追诉人提供法律帮助。但是,实践中落实情况并不理想,建议增强该规则的刚性,提高值班律师的案件黏性,一案一人负责到底。就速裁程序而言,由于审查起诉、审判阶段周期短,案件流转快,更便于推行安排值班律师集中具结、全程跟案制度。

四是明确值班律师补位性质。在被追诉人已自行委托律师作为辩护人的情况下,辩护律师才是被追诉人自主意志的选择,是其合法权利的第一顺位保障人员。因此,除非被追诉人及其辩护人明确表示无异议,原则上不应安排值班律师代替辩护律师参与具结,避免辩方意见得不到充分听取,法律援助资源被不必要地浪费。

五是制定科学合理的值班律师工作补贴标准,拓宽值班律师经费来源。一方面,值班律师的补贴与经费来源是值班律师制度得以良好运转的必要前提与保障,为被追诉人提供法律帮助的责任理应由国家承担,而不是转嫁给社会律师个人。笔者认为,考虑到我国地域广阔,不同地区的社会经济发展水平不平衡,对于值班律师工作补贴标准不宜作出"一刀切"的规定,应当结合各地区社会经济发展水平和提供法律帮助的成本,由各省、自治区、直辖市联合制定适当的值班律师工作补贴标准。同时,应当一并就及时支付值班律师工作补贴经费的程序作出明确规定,以免发生拖欠或者过分延迟发放值班律师工作补贴的情况,最大限度地保护值班律师的合法经济利益不受损害,提高值班律师的工作积极性。另一方面,在经济发达且法律帮助需求较大的地区,可以设立公职律师或者聘请高校教师、退休法官参与法律援助工作。同时,除由政府承担主要法律援助经费之外,可以拓宽法律援助工作经费来源，如鼓励个人、企业、律协等向法律援助机构捐赠，支持值班律师工作开展。

2. 强化和公开量刑具结的说理

有效协商需要两个前提：一是基于共同的对话平台；二是基于具体的协商内容。共同的对话平台，就是要有控辩双方进行理性对话的参考依据。实体法关于法定刑的量刑幅度较大，不利于限制司法人员自由裁量权的滥用，有必要就具体情节的量刑幅度予以统一规范，避免类案裁判结论差距过大。当前，如前文所述，根据司法机关发布的相关量刑指导意见，各地高级法院、省级检察院可能也相应制定了各地区的量刑参考意见。一方面，在最高司法机关层面，可以统一量刑程序、步骤和方法，并逐步拓展量刑指导意见覆盖罪名的范围，将更多最低法定刑在5年以下、3年以下的罪名纳入量刑规范范围；另一方面，各地区高级人民法院、省级人民检察院应在该指导意见的基础上，根据各地经济社会发展情况，制定并公开统一、细化、规范的量刑适用意见，避免检察机关量刑与审判机关出现较大冲突。针对具结过程，需要检察机关改变笼统提出量刑结论的做法，加强结论形成过程，尤其是对于适用各量刑情节、认罪认罚情节的量刑加减幅度的说理。一方面，辩方可以根据规范文件评判公诉人量刑情节的适用是否准确、适用幅度是否恰当，并在此基础上进行协商；另一方面，被追诉人可以明确其认罪认罚获得从宽的从宽预期，在此基础上签署具结不仅具有明智性，也有利于增强其对具结的信赖感，避免后续具结的撤回。同时，公诉人注重量刑建议的说理，如基准刑、从重和从轻情节，以及量刑建议形成过程，也能够节省法官审查和重新评判量刑建议的时间，①提高精准量刑的采纳率。

（二）以精准适用为方法，提高确认效率

2018年《刑事诉讼法》，一方面构建了极简的速裁庭审程序；另一方面树立了审判对检察具结结论一般应当采纳的原则，从程序和结论两个方面明确了确认型司法的构造。然而，立法并没有就速裁案件证明标准、法律适用标准、量刑标准作特殊降格安排。因此，检察机关精准认定事实、适用法律，审判机关精准区分程序是推进确认型司法效率的必备前提。

1. 精准区分速裁和简易程序

从理论上说，被追诉人是否认罪认罚可以作为速裁和简易程序分流的标准。在司法实践中，一方面，公诉机关受考核指标等影响，有适用认罪认罚从宽制度的

---

① 参见胡云腾：《完善认罪认罚从宽制度改革的几个问题》，载《中国法律评论》2020年第3期。

内在动力。另一方面,辩方往往会不敢轻易放弃控方认罪认罚的认定,以免被控方建议更重的刑罚。因此,认罪案件基本与认罪认罚案件重合。区分速裁和简易程序的目的是在认罪案件框架内,对不同案件作出不同的程序处理,以便于更高效地完成刑事诉讼。速裁作为最简易的审判程序,只有在证据事实认定和法律适用最精确、控辩关于认罪认罚合意最稳定的前提下,才能真正实现程序效率目标。但是,现行《刑事诉讼法》仅从事实认定上对速裁和简易程序作了区分,速裁程序对证据的标准要达到"确实"程度,即法官通过庭外阅卷就能确信证据足以证实指控的犯罪事实,无须通过庭审法庭调查予以核实,而简易程序只要证据充分,是否确实仍然要进行法庭调查。但是在控辩关于认罪认罚合意方面,现行法律规定语焉不详,导致两种程序在适用上存在模糊性。根据《指导意见》,认罪系指"自愿如实供述自己的罪行,对指控的事实没有异议,承认指控的主要犯罪事实,仅对个别事实情节提出异议,不影响认罪的认定"。该规定与《刑事诉讼法》第 214 条关于简易程序"被告人承认自己所犯罪行,对指控的犯罪事实没有异议"几乎如出一辙,都是从实体法"坦白"的认定角度出发的,只要被追诉人承认主要犯罪事实则均可适用。这种规定与适用速裁程序要求证据"确实",即无须再庭审质证的要求不相匹配,与速裁程序原则上不进行法庭调查的程序设计初衷不相吻合,与实现速裁程序相较于简易程序更为高效的分流初衷矛盾。笔者认为,从保障被追诉人权利的角度考虑,不宜对认罪认罚从宽制度中"认罪"作严格解释,即符合"坦白"的认定则视为认罪。但是,在速裁程序中,可以进一步增加被追诉人对指控的犯罪事实全部没有异议的条件,以便于切实将速裁和简易程序区别开来。

2. 精准固定事实情节

如前所述,精准量刑的前提是精准固定证据、事实、情节,否则可能导致量刑建议不被采纳,出现速裁程序不快速的局面。一是精准固定证据。所有刑事案件现行法定的证明标准均是案件事实清楚、证据确实充分,证明应达到排除合理怀疑的程度。在认罪认罚从宽制度试点期间,部分地区曾探索"主要事实清楚、主要证据充分"的证明标准,但是最终并未被立法采纳。坚持司法认知中的最高证明标准,避免证明标准下降导致案件质量下降这符合我国司法现状。首先,这符合证据规则的基本要求。《刑事诉讼法》明确规定"只有犯罪嫌疑人、被告人口供不能定案"的证据规则,就是为了避免司法机关依赖于口供定罪而刑讯逼供,或者把口供作为侦查中心而怠于收集其他证据,符合证据法通行的自白补强规则要求。其次,这符合实质真实的基本要求。我国职权主义的传统要求强大的司法机关要依职权发现实体真实,与当事人主义诉讼中如被追诉人作认罪处分则直接进入量刑程序有所区别,也是认罪认罚从宽制度区别于辩诉交易的关键所在。最后,这符合我国司法现状。目前,我国以审判为中心的诉讼制度尚未完全确立。从全国来看,侦查取证规范化、证据规格标准化等还有待加强。在这种背景下,仍然应当强调审判对侦控事实的审查和制约功能,而非简单地降低证明标准。

二是精准固定量刑情节。《刑事诉讼法》第223条规定了不适用速裁程序的情形,其中第5项规定"被告人与被害人或者其他法定代理人没有就附带民事诉讼赔偿等事项达成调解或者和解协议的"。附带民事诉讼仅限于被害人因人身权利受到犯罪侵犯或者财物被犯罪分子毁坏而遭受物质损失的情形,如故意伤害、交通肇事罪等。司法实践中常见的盗窃等有具体被害人的刑事案件,以及贩毒等无具体被害人的刑事案件并未排除在适用速裁程序范围之外。以盗窃罪为例,《指导意见》规定公安机关、检察机关应当积极促进犯罪嫌疑人、被告人通过向被害方赔偿损失、赔礼道歉等方式获得谅解。但是,在实践中侦控机关对于上述情节重视程度不够,能否争取到上述从宽情节往往依赖于被追诉人是否有能力自行委托律师。此外,对于贩毒、开设赌场等案件,检察机关在具结前往往不处理被追诉人是否以及能否退缴违法所得的问题。因此,很多被告人到了法庭上再提出希望联系家属退赔、退赃,导致速裁庭审不速,仍然需要重新考虑量刑。《量刑意见》指出,提出量刑建议的前提是法定、酌定量刑情节已查清。因此,建议公安、检察机关对于拟适用速裁程序的案件,在审前程序中即调查被追诉人是否有意愿和能力去争取从宽量刑情节,积极联系推进退赔、退赃、与被害人达成谅解等工作,把认罪认罚的悔罪态度和行为落到实处,确保精准量刑的前提情节得到精准固定。

(三)以程序从宽为导向,提高诉讼效率

作为针对认罪认罚轻罪案件设计的诉讼程序①,速裁程序无疑承载着以最少的司法成本快速而妥善地处理案件,并修复社会关系的价值目标。

1. 全流程提升诉讼效率

(1)构建与速裁案件匹配的诉前程序

上文所述侦查和审查起诉程序的问题,既有横向上公安机关和检察机关在案

---

① 参见最高人民法院刑一庭课题组、沈亮:《刑事诉讼中认罪认罚从宽制度的适用》,载《人民司法》2018年第34期。

件审查职责上的重叠和制衡,也有纵向上公安机关和检察机关内部不同部门的科层式管理,进而导致诉前程序尚未体现认罪认罚制度"快速办理"①的诉讼价值,与速裁程序"简案快办"的诉讼效率价值不匹配。对此,应着重把握以下三点。一是把握赋权和把关的关系。对于一些常见、多发、简单的轻微刑事案件,侦查机关从受案开始即可以由一名承办警官全程负责侦查,不必采用派出所办理后又移送预审部门办理的分段式模式,仅由预审部门指派一名审核人员在立案、拘留、移送审查起诉等节点指导侦查取证并赋权即可。二是把握配合和制约的关系。传统"流水线"式的诉讼程序,突出了后道程序对前道程序的把关和制约。但是,对于一些案情简单、证据确实充分的案件,相关程序可以合并。笔者注意到,山东、浙江等地推行的刑拘直诉制度省略了提请和审查批捕程序,将整体办案期限控制在法定拘留期限内。虽然这种做法在法理上仍有值得商榷之处,但程序减省的思路值得肯定。此外,流水线结构还需要解决后道程序对前道职能的指导问题,改变侦控各管一段,逮捕后侦查补侦不力的局面。当前,公诉人补充证据需要联系案件预审人员,再由预审人员联系安排专门人员补证,涉及环节和人员较多,不利于工作快速交接和责任落实。如上文所述,侦查承办人员全程负责跟案,在侦查阶段受预审人员指挥,在审查起诉阶段受公诉人指挥,进而提高侦控效率。三是把握证明标准和证据规格之间的关系。建议梳理和分析主要速裁案件类型所需的证据规格,如所有案件都需要的到案经过,即注明被追诉人何时、何地、如何到案等要素。对于数额犯的盗窃案件,需要出具赃物价值的认定依据,利用大数据和信息化手段制定不同罪名的证据标准指引,帮助侦查人员利用电脑平台对案件所需证据和手续实现自主核对、自动提示和对照纠正。同时,办案人员可以根据个案情况,适当增加补强证据,确保案件符合证明标准的要求。

(2)构建与速裁案件匹配的审判程序

当前,通过简化庭审程序来进一步推进审判程序改革的探索实践。我国速裁程序可以进一步作程序分流。例如,对于可能判处1年以下有期徒刑并宣告缓刑、拘役、管制、单处罚金或免于刑事处罚之案件适用书面审,同时赋予被追诉人选择

---

① 最高人民法院周强院长指出,开展认罪认罚从宽制度试点工作的必要性之一是优化司法资源,提升司法公正效率的需求,实现认罪认罚案件的快速办理。参见周强:《关于〈关于授权在部分地区开展刑事案件认罪认罚从宽制度试点工作的决定(草案)〉的说明——2016年8月29日在第十二届全国人民代表大会常务委员会第二十二次会议上》,载全国人大网,http://www.npc.gov.cn/zgrdw/npc/xinwen/2016-10/12/content_1998977.htm。

是否适用书面审的权利。一方面，上述刑罚的被追诉人主观恶性、社会危害性相对较轻，复归社会、免受诉累的主观意愿更加强烈。有些被追诉人根本没有获得公开的法庭审判的诉求，甚至不希望参与审判活动。另一方面，上述刑罚对应最为轻微的刑事案件，大多案情较简单，从我国当前案件结构来看，主要是危险驾驶案，法官通过阅卷足以形成内心确信，书面审不会牺牲实质正义。此外，书面审不仅减轻了检察院和法院的诉讼压力，而且减轻了被指控人精神上的负担，节约了被指控人经济上的支出，缩短了被指控人时间上的负累。① 当然，获得公开法庭审判系被追诉人十分重要的诉讼权利，应当赋予其在判决后的反悔权。目前，被追诉人的反悔权及相应的救济主要是通过判决前的程序转化实现。例如，推行书面审，应告知其享有在判后提出异议权。如被追诉人在异议期内提出异议，则应择期安排庭审。在赋予被追诉人权利的同时，还应当强化法官最终把关的司法审查权，即只要法官对书面审存有疑虑，如认为具结量刑不当、证据不足等，可以不接受书面审的申请，择期安排开庭，确保司法正义的防线得以维护。

2. 构建非羁押型诉讼

对于认罪认罚的速裁案件，非羁押型诉讼模式是对被追诉人程序从宽的重要体现。具体而言，可以从以下四个方面考虑。一是要彻底转变诉讼理念。要切实改变司法工作中把强制措施等同于刑罚，把强制措施和可能判处的刑罚挂钩等观念，即使羁押刑期可予以折抵，这种实体正义结论也并不符合程序正义的基本原理。当前，恰恰是这种认为被追诉人只要有罪则可羁押的错误理念，导致羁押后则一定定罪的司法乱象。强制措施只是保障诉讼活动顺利进行的手段，在与强制措施有关的活动中应当适用比例原则，②在速裁案件中要遵循最低比例原则。二是转变羁押审核和考核导向。一方面，对于认罪认罚的速裁案件，不批捕不应经过检察机关内部层层把关，批捕则需要层报审核。虽然从廉政风险监督的角度来看，不捕可能存在办案人员司法廉洁的问题，但长此以往，“原则逮捕、例外不捕”的司法导向则无法扭转。这种司法机关内部风控的成本不应由被追诉人承担。另一方面，各地公安司法机关普遍将刑事拘留数、批捕率等规定为加分指标，而将对被追诉人有利的指标，如撤案率、不批捕率等，规定为扣分指标。③ 虽然党中央三令五申

① 参见李倩：《诉讼分流背景下刑事速裁程序评判——以德国刑事处罚令为参照》，载《中外法学》2020 年第 1 期。

② 参见陈卫东：《刑事诉讼法治四十年：回顾与展望》，载《政法论坛》2019 年第 6 期。

③ 参见陈永生：《冤案为何难以获得救济》，载《政法论坛》2017 年第 1 期。

取消类似考核,①但是,在有的地方实践中这些做法却屡禁不止。其根源在于办案机关对人权保障和罪从判定精神的重视不够,只考虑办案方便:只要被追诉人在押,无论是提审讯问还是监管防脱逃,都方便易行。三是羁押必要性审查机制缺乏诉讼化构造。当前,无论是审查批捕阶段的羁押必要性审查,还是其他阶段依职权、依申请开展的审查工作,虽然增加了可以听取相关人员意见的规定,但是,这种审查更多依赖于办案人员封闭式的决定过程,申请人参与程度较低。对此,应逐步探索对羁押必要性审查的诉讼化改造。被追诉人及其辩护人、值班律师提起羁押必要性审查申请后,应由决定羁押的承办人员进行复议,如不同意复议意见,可向上级机关提起复核。四是非羁押性强制措施的完善。非羁押性强制措施的适用对公安机关规范执法行为和强化执法能力提出了挑战。一方面,要从规范层面进一步细化决定机关与执行机关关于取保候审、监视居住等措施的衔接和配合机制,细化取保候审、监视居住的具体执行方式。另一方面,要充分利用现代信息科学技术的力量,如构建全国或地区通用的公检法办案平台,实现法律文书在线送达和签收,利用电脑监督人脑,避免出现文书送达无下文、文书一送了之的现象。同时,可以在保障被追诉人诉讼权利的前提下,采取必要的信息技术措施,如采用对其离开所居住市、县报警自动定位的系统,等等。

仅用4年从试点走向立法的速裁程序,蕴含了完全不同于对抗制司法的三种典型价值取向,是我国刑事司法走向完全认罪悔罪与不认罪案件分野的新兴产物,也是认罪认罚案件内部程序多元分流的重要载体。在轻罪刑事政策背景下,速裁更应当承载轻罪轻缓化处理的程序从宽、效率从速价值,以期实现人权司法保障、节省司法资源、恢复社会关系等司法价值。

第二节 “捕诉合一”办案模式的理论反思与实践价值*

新一轮司法改革启动以来,以检察官员额制、司法责任制改革为关键,以国家监察体制改革为契机,我国检察机关推出了一系列具有全局意义的综合配套改革

① 如在2015年10月20日中央政法工作会议上,时任中央政法委书记孟建柱要求坚决取消刑事拘留数、批捕率等不合理的考核项目。参见关庆丰等:《中央政法委:取消有罪判决率结案率等考核指标》,载央广网,http://news. cnr. cn/native/gd/20150122/t20150122_517494370. shtml。

* 作者:叶青。本节原发表于《中国刑事法杂志》2018年第4期。

措施,检察权运行机制因之发生了诸多深刻变化,“捕诉合一”办案模式改革即属其中的重要一项。所谓“捕诉合一”办案模式,是指检察机关对于本院管辖的同一刑事案件的适时介入、审查逮捕、延长羁押期限审查、审查起诉、诉讼监督等办案工作,原则上由同一办案部门的同一承办检察官办理的工作模式。笔者从刑事诉讼、司法制度的基本理论入手,立足检察实践,分析当前相关争议问题,提出推动“捕诉合一”办案模式、完善检察权运行机制的若干意见,供改革决策者和司法实务工作者参考。

一、重提“捕诉合一”的时代背景

我国检察机关实施“捕诉分离”的内设机构设置以及相应司法办案模式近20年来,刑事司法的体制机制、生态环境、功能设定发生了显著变化,为新一轮改革提供了契机。作为新一轮改革的突破口,内设机构改革的一项重要内容即由“捕诉分离”到“捕诉合一”。各地检察机关陆续自主试行了不同形式、不同内容的“捕诉合一”办案模式,引发司法实务界和法学界人士的热烈讨论。综观检察工作全局和各地“捕诉合一”试点经验,笔者认为,以下三方面具有鲜明时代特征的现实因素应当成为社会各界研究、评判“捕诉合一”改革的共识及逻辑起点:

(一)人案矛盾客观存在且日渐突出

近年来,随着社会经济发展和治安形势变化,检察机关受理刑事案件的数量逐年上升。与此同时,根据司法责任制改革的要求,只有员额检察官才有办案资格。我国检察机关不仅面临案多人少的现实困难,而且人案矛盾较为突出,在基层检察院。关于检察权运行机制和诉讼制度改革的各种讨论,都应当正视这一问题。近年来,中央深化改革领导小组、中央政法委等陆续推行的刑事速裁程序、认罪认罚从宽制度等改革试点举措,便是基于人案矛盾突出现状的必然之选,其以诉讼效率为首要价值目标,兼顾诉讼公正的考量,力求以最低的司法成本实现法治产品的最大化产出。“捕诉合一”改革的首要动因也在于此。

(二)检察办案诉讼化程度不断上升

根据宪法法律规定,检察机关在刑事诉讼中履行审查逮捕、审查起诉、诉讼监督等重要职能,检察官负有客观公正司法的义务。为了确保办案质量,提升检察公信力,各地检察机关在不突破现有法律框架的前提下,深入推进检务公开建设,借鉴刑事审判(尤其是庭审)程序设计,推动检察办案摆脱传统的书面审查方式束缚,向着诉讼化的方向迈进。检察官被定位为在审前程序居中主持、兼顾各方的倾听者、审查者、决定者,基于事实和法律作出独立、公正的判断并予以公开说理,力戒有罪推定、唯打击论等陈旧思想的负面影响。通过上述努力,检察权(尤其是公诉权)在审前程序的作用愈加凸显,检察官在审前程序的地位愈加超然,诉讼各方对于检察公信力的认知从传统的实体公正迈进了实体、程序并重的新阶段。上述新变化,为"捕诉合一"之后同一检察官行使审查逮捕、审查起诉、诉讼监督等多项职能安上了平衡器、压力阀,使检察权始终运行在法治、公正的轨道上。

(三)以审判为中心的刑事诉讼制度改革渐入深水区

党的十八届四中全会明确提出推进以审判为中心的诉讼制度改革的重大任务以来,我国刑事司法理论与实务界进行了大量理论研究与实践探索。以"两院三部"2016年10月发布的《关于推进以审判为中心的刑事诉讼制度改革的意见》(以下简称《改革意见》)、2017年6月发布的《严格排非规定》为标志,此项改革的顶层设计已阶段性完成,目前正处于抓落实、"精装修"阶段。对标《改革意见》《严格排非规定》对于案件质量、证据收集与审查、办案程序提出的严格要求以及检察机关在杜绝冤错案件、确保司法公正方面的职能作用,反观"捕诉分离"模式下检察机关在引导侦查、诉讼监督等工作上不时显现的脱节、弱化、不均衡发展等现象,从根本上变革现有办案模式,推进"捕诉合一"改革无疑具有强大的逻辑自洽性和制度正当性。

二、既有分歧意见的理论审视

一段时间以来,关于"捕诉合一"的讨论日趋热烈,赞成、不赞成也不反对、不赞成但表示可以先试点、坚决反对等观点莫衷一是。综合各方关于"捕诉合一"的利弊之辩,在笔者看来,质疑者主要担心在"捕诉合一"模式下,承办检察官会自觉不自觉地以追诉立场对待逮捕羁押与否的问题,将逮捕矮化、异化为确保取证、起诉的手段,抹杀审查逮捕阶段司法审查应有的人权保障功能,导致批捕率居高不下甚至进一步上升。也有质疑者认为,承办检察官可能会在"捕诉合一"以后按照某一标准(批捕、起诉,或者介于二者之间)贯穿案件诉讼全过程,导致批捕率不当下降(该捕不捕)、起诉案件质量下降(不该诉却诉),发生冤错案件的风险上升。笔者认为,上述从理论层面提出的担忧不无道理。如果检察实务不能很好地克服这些风险,确实影响让"捕诉合一"改革的成效。但是,我们或许可以从如下三个角度来回应前述争议:

(一)价值目标层面

在惩罚犯罪、保障人权的刑事诉讼法立法目的统率之下,审查逮捕、审查起诉在诉讼程序上前后相继,共同服务于司法公正这一诉讼活动的根本价值追求。那种将“捕诉合一”理解为功能合一、程序合一的观点想当然地从字面理解，片面强调“合一”，不当抹杀了捕、诉这两种诉讼职能、两类诉讼程序的法定界限因而是错误的。“捕诉合一”指承办检察官同一，并不包括功能合一、程序合一等内容，就像法官可以在一起诉讼案件中既充当调解员，又担当裁判员，并不会因为他所扮演的双重角色而导致调解程序与庭审程序的混淆或相互替代。在我国刑事司法制度的立法目的、价值追求不变的前提下，论者所担心的由于承办检察官系同一人而可能发生的办案质量变异风险，主要存在于实务操作层面，是对于证明标准、捕诉功能等方面的认识和实践问题。

（二）证明标准层面

证明标准是证据制度的核心问题。根据刑事诉讼法、监察法和改革意见等相关规定，侦查（公安等）、调查（监察委）、起诉（检察）、审判（法院）均适用“犯罪事实清楚，证据确实、充分”的定案（定罪）证明标准，这一标准在以审判为中心的刑事诉讼制度改革开展以来日益完善，法学界也已形成通说，便于司法实务把握。而逮捕的证据（证明）标准有别于此，只需满足有证据证明有犯罪事实的条件即可。至于法定的另两个逮捕必要条件——可能判处徒刑以上刑罚、采取取保候审尚不足以防止发生社会危险性，前者与证明标准无关，在此不论；后者主要由检察官基于案件事实、人身危险性、社会危害性等相关情况作出法律评判，证明标准更低。因此，合一以后捕、诉的证明标准是否会改变（无论是拔高还是降低）并不是一个真问题，在实务中如何牢牢把握二者的区别，正确行使批捕权、公诉权才是论者需要关心的问题。对此，笔者认为，应当在坚持捕、诉具有不同证明标准、不同法定条件的基础上，以面向司法审判要求为考量，尽力确保捕、诉阶段满足相同证据规格，确保案件质量基础——证据的客观真实性。

（三）实践功能层面

来自理论界的批评观点认为，逮捕本质上属于司法审查权范畴，能够对刑事被追诉人提供司法人权保障，防止错误羁押、追诉，而公诉具有行政性的行使逻辑和鲜明的治罪倾向，二者不能兼容，由同一名检察官行使这两项职权难免存在偏颇。但是，在检察实务界（尤其是基层）人士看来，“捕诉合一”通过重构符合我国基层社会治安状况的逮捕价值观，可以大力贯彻宽严相济刑事政策，充分发挥逮捕的惩罚威慑和教育感化等多重价值功能，具有良好的法律效果和社会效果。显然，一方观点立足于诉讼法学经典理论，对“捕诉合一”后检察官行使职权的中立性、客观公正性表示担忧；另一方观点则着眼于我国治理体系和治理能力的法治化、现代化,在杜绝权力行使随意性的前提下,凸显检察权对社会生活的正面影响。对此,笔者认为,司法是维护社会公平正义的最后一道防线,如果"捕诉合一"办案模式对社会公正能够产生更为积极的促进作用,则不妨在强化检察权内外监督机制的同时,给予其相应的发展空间。这一改革在目前我国宪法和刑事诉讼法层面也不存在障碍。

三、试点探索经验的规范分析

改革的种子往往在基层实践中萌芽。早在本轮关于"捕诉合一"是否可行的全国性讨论开始之前,江苏、山西、吉林、黑龙江、湖南、湖北等省的市、县级检察机关已通过内设机构整合、司法职能合并、案件繁简分流等途径不同程度地试行"捕诉合一"办案模式。作为 2014 年全国首批开展司法改革试点的 7 个省份之一、2017 年开展司法体制综合配套改革的唯一试点地区——上海在新一轮司法改革中推出了一批可复制、可推广的经验。根据笔者的调研,2018 年以来,根据党中央部署和本地实际,上海市检察机关全力推进内设机构改革("大部制"改革)、检察官办公室规范化建设等司法改革新任务,并适时在基层院进行了"捕诉合一"办案模式探索。实践证明,"捕诉合一"模式对于司法办案的正向效用十分明显,检察机关法律监督能力整体上升,理论界所担心的种种风险并未成真。以上海市浦东新区张江地区人民检察院为例。该院自 2018 年 4 月起试行"捕诉合一"办案新机制两个月以来,检察官办案的月均审结率大幅提高,诉讼监督成效明显提升。尤其是监督撤案、监督立案、书面纠正违法等各项诉讼监督工作考核指标,均在 2018 年整个上半年中占据绝对优势。

在前期试点经验的基础上,上海市人民检察院经广泛征求下属两级检察机关意见,于 2018 年 7 月印发了《上海市检察机关"捕诉合一"办案规程(试行)》(以下简称《上海规程》)。《上海规程》共 6 章 49 条,对实行"捕诉合一"办案模式下出现的新情况、新问题作出了详尽规定。根据本文论域,以下择其要点并参酌全国其他地区的试点经验予以评析。

(一)秉承法治化的制度设计理念

在有些学者看来,"捕诉合一"有风险的一个重要理由是其可能使得逮捕程序完全附庸于起诉指控的需要,使审查逮捕丧失应有的中立性,人权保障的价值目标让位于打击犯罪的需要,近年逐渐兴起的批捕办案诉讼化改造进程也将戛然而止。《上海规程》秉承现代法治理念,很好地回应了上述疑虑。其第 15 条明确规定,审查批准逮捕应当按照诉讼化的办案要求,听取包括犯罪嫌疑人、侦查机关、被害人、律师等各方意见，复核关键性定案证据。据此，广受好评、期待的批捕办案诉讼化模式在“捕诉合一”之后非但不会消亡，反而获得了新的发展契机。此外，第14条要求检察官对侦查机关提请批准逮捕意见进行全面审查、逐一评判，意在扭转实践中出现的“只及一点，不及其余”“一捕了之，说理不足”等不良现象，提升批捕办案质量。第16条规定了审查逮捕阶段指定辩护机制，为犯罪嫌疑人行使辩护权提供司法保障。第30条规定了以承办检察官出庭支持公诉为原则的简案集中出庭机制，确认并进一步强化了司法亲历性在刑事司法中的基础性地位，打通了“捕诉合一”模式在基层院层面落地时可能存在的“最后一公里”障碍。

（二）突出检察官办案主体地位

《上海规程》在检察机关内设机构改革、专业化办案的基础上，以“捕诉合一”新模式的需求为引导，在分案规则、检察官职责、案件质量评查标准、司法责任追究及其豁免等重要方面作出了创新规定，且各相关条文均以“检察官”而非以往常见的“人民检察院（检察机关）”“办案部门”“部门负责人”“检察人员”等作为相应的权力、权利、义务主体，鲜明地反映出检察官员额制、司法责任制改革以来，检察机关新型办案组织和办案机制建设成果已经落地生根，具有实践经验支撑，符合司法改革精神。无独有偶，江苏省苏州市检察机关将“捕诉合一”、专业化办案、命名检察官办公室建设3项改革同步推行，在1年来的试点中取得了明显效果，审查起诉阶段办案期限缩短5～10个工作日。吉林省敦化市检察机关在“捕诉合一”试点中也通过压实主任检察官办案责任制取得了类似的成效。

（三）建立强有力诉讼监督机制

“捕诉合一”改革不应弃舍诉讼监督这块宪法赋予检察机关的“主阵地”，否则将在很大程度上背离改革初衷。《上海规程》就诉讼监督机制作出了诸多具有新意的规定。例如，该规程第17条第4项、第22条规定，对事实清楚、证据确实充分、案情简单且自愿认罪认罚的案件，在作出批准逮捕决定或者相对不批准逮捕决定的同时，可以建议侦查机关在指定期限内移送审查起诉。对于侦查机关未按照建议期限移送审查起诉的，检察官应当了解情况，并视情督促及时移送。又如，该规程第21条第2款规定，对存疑不批准逮捕案件，侦查机关拟重新提请批准逮捕或者（不经逮捕程序）直接移送审查起诉的，应当要求侦查机关在特定的期限内提交补充侦查取得的证据并听取检察官的意见。再如，该规程第32条至第35条细致规定了在“捕诉合一”办案过程中，由承办检察官随案开展监督与移送刑事诉讼监督部门进行专业化监督的分工、衔接机制，破除了外界关于“捕诉合一”只重起诉、弱化监督的担忧。凡此种种,无一不体现出改革者们对于刑事诉讼监督本质属性、实现途径、实践短板的深刻认识,又兼顾了诉讼效率,值得在今后的检察实务中深入探索。

(四)建立立体化监督制约机制

《上海规程》在将诸项刑事检察职能赋予同一检察官的同时,建立了一套精密、周到的监督制约机制,遏制随意不捕、不诉的倾向,防控司法腐败风险点。例如,第28条规定,检察官认为需要对犯罪嫌疑人变更逮捕措施或者对重大案件的犯罪嫌疑人采取逮捕措施的,应当报请检察长或者检察委员会决定。第36条规定,拟作绝对不批准逮捕、存疑不批准逮捕、绝对不起诉或者存疑不起诉的,一般应当经检察官联席会议讨论,且应当报请检察长或者检察委员会决定。第38条第2款规定,对"捕诉合一"案件的全流程要进行全面检查、综合分析,同章其他条文对于评查标准、结果反馈、责任追究及豁免情形等问题根据"捕诉合一"办案新要求作出了规定。新型监督制约机制的建立,能够促使检察官审慎、公正用权,认真、细致办案,积极、有为监督。

四、完善"捕诉合一"的若干建议

"捕诉合一"从近年来的零星试点到2018年下半年在全国推行,经历了跨越式发展。笔者从以下三方面为整合制度优势、智力优势、经验优势,实现"捕诉合一"后"1+1>2"的整体效用提供一些个人思考。

(一)逮捕程序的诉讼化改造

逮捕作为最严厉的限制人身自由的刑事强制措施,其适用应当极为慎重。这包括两方面:一是设定较严格、明晰的批准逮捕条件并在个案中予以全面适用,杜绝"错捕""漏捕""构罪即捕"等现象;二是秉持兼听则明的传统司法智慧,赋予刑事被追诉人有效的自主辩护权和辩护律师的充分介入权。在"捕诉合一"模式下,逮捕、审查起诉仍为两道相互独立的程序,前几年逮捕诉讼化改造的成果理应在新形势下得到继承、发展。依笔者管见,为了兼顾诉讼公正和诉讼效率这对价值目标,推进逮捕程序的法治化进程,可以从以下两方面作出探索:

1. 扩大逮捕必要性公开审查案件范围。与一些地方以常见罪名、轻微类案为适用对象的试点初期方案不同,上海及即将在全国范围内推动的"捕诉合一"办案模式几乎以检察机关依法受理的所有刑事公诉案件为适用对象,其中包括贩毒、职务犯罪等重大、敏感案件。因应这一改革趋势,检察机关应紧扣逮捕必要性这一核心问题,扩大公开审查机制的适用范围,基本事实清楚、基本证据扎实,侦查机关、当事人、辩护人等各方对逮捕必要性有争议的案件,原则上均可纳入公开审查的范围。以往在检察实务中顾虑较多的犯罪性质、可能判处的刑罚等与逮捕必要性没有直接关联的问题不宜再列入能否适用公开审查机制的决定性因素。当然,为保障司法公正和诉讼顺利,可以依据法律、司法解释、刑事政策设置若干排除适用公开审查的例外情形,如侦查保密需要、拟适用认罪认罚从宽制度等。其中,第一种例外情形是为了防止因公开审查而导致在查的事实、涉案人员提前泄露,妨碍司法公正;第二种例外情形是为了给犯罪嫌疑人及其辩护人选择认罪认罚创造一个缓和而非多方对抗的诉讼环境。

2. 改造审查逮捕工作流程。审查逮捕作为司法审查活动,发生于案件侦查初期,此时案件事实脉络尚未清晰、关键证据尚不到位,案件事实认定、法律定性、侦查走向等方面均存在较大的不确定性。"捕诉合一"视角下的审查逮捕工作应当更多地关注后续侦查取证的可能性,并以诉讼化的程序安排保障检察官所作决定符合程序公正的要求。笔者建议,对于完全满足逮捕法定条件的案件,检察官可以依法决定逮捕,并迅速将工作重心放到引导侦查上来,以庭审指控的需求为导向,提出取证方案、意见,督促侦查机关尽快依法精准地收集、固定证据,避免因工作延误导致证据灭失。在此情况下,一名员额检察官足以胜任。而对于经审查认为可能存在发生冤错案件等办案风险,或者虽已符合逮捕条件但和起诉标准距离较大的案件,应当重点研判后续侦查方案,必要时启动检察官联席会议机制并报检察长或者检察委员会决定是否逮捕。但是,出于做实压紧司法责任制的考虑,笔者对于仿照法院合议庭审案模式提出的审查逮捕合议小组模式持保留意见,认为在较紧张的审查逮捕办案时限内,由3名员额检察官(其中仅1人为承办检察官)合议判定是否逮捕,既需要多人交互阅卷、讨论、公开审查而花费时间成本太高,又有可能最终仍然流于形式,由承办检察官主导作出审查意见,无助于从根本上保证办案质量。因此,笔者建议以检察官办案责任为基础,辅之以联席会议制度等决策辅助机制为宜。

(二)办案流程的信息化监控

在大数据时代,智慧检务、检务公开等一系列新生事物冲击着传统的检察办案模式、司法管理机制,也为新生的检察机关案件管理工作插上了信息化翅膀。笔者认为,以着眼于把统一适用的证据标准嵌入数据化程序的"206工程"(全称为"上海刑事案件智能辅助办案系统")为范式,"捕诉合一"办案模式呼唤更加精密化、动态化的案件质量与流程监控体系。上海市人民检察院曾组织研发的"检察官办案全程监督考核系统",其对每个案件设置36项程序性风险、8项权力运行风险、4

项实体性质量风险等数据点，全面客观反映每个案件程序、实体情况。在此基础上，还应注意如下问题：其一，流程信息化监控应以“全程留痕，以备评查”为首要目标，不应越俎代庖，干扰、代替检察官办案。如果在监控过程中发现检察官所作的司法决定确有错误的，只能视其情节轻重，发出预警信息提醒检察官自查自纠，或者报请检察长、检察委员会予以纠正。其二，信息化监控系统的数据填录工作应纳入司法责任制的范畴，由检察官指导司法辅助人员具体负责，并由检察官承担线下、线上均发生错误的司法责任，由司法辅助人员承担线下正确、录入错误的工作责任。

（三）办案队伍的专业化建设

进入新时代，社会主要矛盾发生变化，人民在民主、法治、公平、正义、安全、环境六个方面都有了更高需求，现行执法办案模式、人员知识积累和在职业务培训均越发不能满足日益精细化发展的社会分工体系。“捕诉合一”办案模式打破了实施近 20 年的捕诉分离模式下检察机关内部的分工格局，但这并不意味着又要回到“一通百通”的老路，而应走各擅胜场、专业发展的道路。鉴于此，笔者建议，一是根据案件涉及领域及刑事诉讼监督工作需要，建立对口的检察官办公室、独任检察官等办案组织形式。二是打破“大锅饭”式的在职培训模式，由承办检察官或者办案团队自行申报个性化的培训需求并灵活安排培训时间，真正做到教育培训工作的个性化。三是加大食品药品、互联网、证券、金融、自贸区建设等方面的专业化办案团队建设力度，为经济社会发展提供坚实司法保障。

第三节　控辩协商模式的问题及转型模式研究*

一、问题的提出：当前控辩协商模式的双重问题

自《中共中央关于全面推进依法治国若干重大问题的决定》明确提出“完善刑事诉讼中认罪认罚从宽制度”的改革要求后，认罪认罚从宽制度成为学界关注的热点问题。这一制度所蕴含的协商性色彩得到了学界的广泛认可，多数学者倾向于认为，认罪认罚从宽制度本身即预留或包含了控辩协商的空间。① 从司法实践

---

* 作者：吴思远。本节原发表于《中国刑事法杂志》2020 年第 1 期。

① 参见陈卫东：《认罪认罚从宽制度研究》，载《中国法学》2016 年第 2 期；朱孝清：《认罪认罚从宽制度的几个问题》，载《法治研究》2016 年第 5 期；陈瑞华：《认罪认罚从宽制度的若干争议问题》，载《中国法学》2017 年第 1 期；王敏远：《认罪认罚从宽制度疑难问题研究》，载《中国法学》2017 年第 1 期。

来看,自全国人大常委会授权最高人民法院、最高人民检察院在部分城市开展认罪认罚从宽制度的试点工作,各地司法机关对控辩协商进行了积极探索,取得了相当不错的效果。

《刑事诉讼法》修改后,认罪认罚从宽制度实现了从“试点”到“立法”的转变,为控辩协商提供了法律依据。根据修改后《刑事诉讼法》第174条的规定,犯罪嫌疑人自愿认罪,同意量刑建议和程序适用的,应当在辩护人或者值班律师在场的情况下签署认罪认罚具结书。据此,犯罪嫌疑人同意量刑建议和程序适用的过程,实际也就是与检察官沟通的过程,其中蕴含了控辩协商的空间,从宽则是控辩协商的结果。基于当前认罪认罚从宽制度的规范性框架,我国控辩协商制度在法律上得到建立,①司法实践中逐步形成了“确认核准模式”。所谓“确认核准模式”,是指检察官主导的量刑建议在获辩方确认的基础上,经由法官核准并作出裁决的诉讼模式。这一协商模式的确立,有利于激励被告人自愿认罪、自愿接受处罚、积极退赃退赔,对于节约司法资源、提高司法效率有着重要意义,符合以审判为中心诉讼制度改革的初衷。

当前“确认核准模式”却面临两方面的问题:其一,“确认核准模式”留给控辩双方的协商余地较小,并且权力运作相对主动,权利行使相对被动,两者之间的不平等关系弱化了认罪认罚从宽制度的协商性色彩,难以充分展现控辩协商的本质内涵;其二,随着新型犯罪案件的不断增加以及人工智能在司法实践中的推行与运用,当前“确认核准模式”可能会进一步加剧控辩双方于协商中的不平等关系。如此,将动摇控辩协商“真实性”与“自愿性”的底线,并最终有损认罪认罚从宽制度的正当性。鉴于此,本文基于对当前控辩协商模式双重困境的省视,试图证成控辩协商的内在逻辑,构想我国控辩协商的转型路径,并主张由“确认核准模式”转向“商谈审查模式”,指引我国控辩协商法治化,促成认罪认罚从宽制度的良性发展。

二、“确认核准模式”的基本特征

结合当前实践探索的情况,“确认核准模式”包含了两方面的内容:一是控辩双方对量刑建议确认一致,这是犯罪嫌疑人签署具结书的前提;二是法官查明核准量刑建议,并使之成为最终的判决依据。具体来看,这一协商模式体现了如下三个特征。

---

① 参见陈瑞华:《刑事诉讼的公力合作模式——量刑协商制度在中国的兴起》,载《法学论坛》2019年第4期。

（一）协商的内容仅限量刑

当前“确认核准模式”将控辩协商的内容严格限定为量刑，即控辩双方仅能对适用的刑罚达成一致。由于罪数和罪名均不属于协商的内容，故检察官不得与犯罪嫌疑人及其律师通过协商来改变指控的罪数，也不得通过协商改变罪名，如将重罪降为轻罪。如此在客观上限制检察官在协商过程中的权力，对于降低控辩协商的风险有着相当积极的意义。但是，对于协商内容的限制也在一定程度上制约了我国控辩协商的效果。我国量刑受制于法律所明确规定的量刑种类和量刑幅度，留给检察官与法官在从轻、减刑或免除刑罚方面的自由裁量权十分有限，故量刑协商留给控辩双方的空间也自然不大。甚至可以说，目前认罪认罚从宽在量刑上也并未体现出多少可以协商的内容。[①] 从司法实践来看，被告人最终获得的从宽幅度一般为基准刑的10%～30%，有时轻罪案件核算下来只能在刑期上减轻1个月左右。如此低的量刑减轻幅度对于犯罪嫌疑人、被告人参与协商的吸引力显然不大。

（二）协商的主导者是检察官

认罪认罚从宽制度是一个典型的以检察官主导责任为基础的诉讼制度设计。这在当前“确认核准模式”中体现为如下三个方面。其一，在量刑建议的确定环节，检察官是量刑建议的主导者。初步的量刑建议先由检察官提出，然后听取犯罪嫌疑人及其律师的意见，犯罪嫌疑人及其律师可以就适用罪名是否正确、量刑是否恰当以及认罪表现等问题向检察官表达看法，控辩双方围绕初步的量刑建议交换意见。若辩方不接受量刑建议，检察官有权不再与其进行协商。故在很多情况下，辩方往往被动地接受检察官提出的量刑建议，控辩双方实质性展开对话与磋商的情况较少见。[②] 其二，在量刑建议的查明与核准环节，法官对于量刑建议的采纳率比较高。[③] 其三，检察官有权对量刑建议重新进行调整。即使是在审判阶段，也曾

---

① 参见左卫民：《认罪认罚何以从宽：误区与正解——反思效率优先的改革主张》，载《法学研究》2017年第3期。

② 参见吴思远：《论协商性司法的价值立场》，载《当代法学》2018年第2期。

③ 例如，山东省济南市检察机关2017年适用认罪认罚从宽制度办理案件1427起1515人，法院对检察机关的量刑建议采纳率达99.7%。参见郭树合：《“两认一宽”制度见实效》，载《检察日报》2018年2月28日，第10版。山东省淄博市人民法院对检察机关量刑建议的采纳率更是达到了100%。参见匡雪、王文斌：《量刑建议采纳率100%——山东淄博：找准突破口落实认罪认罚从宽制度》，载《检察日报》2019年5月22日，第1版。

出现过检察官主动推翻控辩双方已经确认的量刑建议的情况。① 与检察官相比，律师和法官所发挥的作用似乎与应有的角色定位有所偏离，律师参与协商的实质作用比较有限。尽管《刑事诉讼法》强调犯罪嫌疑人必须在律师的见证下进行协商，继而签署具结书，但是，如此规定却有让律师出现“见证人化”的倾向。对于法官来说，尽管保留了其在审判阶段的审查义务，但是，由于法官对于量刑建议及被告人认罪自愿性的审查主要依靠的是对案卷材料的审查，缺乏其他实质有效的方式与手段，这导致整个庭审略显形式化。可以说，法官充其量只是履行一种形式上的核准，与严格意义上的司法审查有着不小的距离。

（三）协商的利益受严格限制

“确认核准模式”对于协商利益作出严格限制，检察官所能“承诺”给予犯罪嫌疑人的利益以及法官所能最终“兑现”给被告人的利益均受制于立法规定。除了此前最高人民法院出台的《关于常见犯罪的量刑指导意见》（现已失效）和《关于常见犯罪的量刑指导意见（二）》，以及最高人民检察院出台的《人民检察院开展量刑建议工作的指导意见（试行）》之外，“两高三部”于近期联合发布的《指导意见》均对被追诉人认罪认罚后的从宽幅度形成把控。除此之外，一些地方的公安司法机关还联合出台了有关认罪认罚案件的量刑指引，以督促控辩双方在协商过程中依法确定从宽结果。应当肯定的是，当前对于检察官量刑建议权与法官量刑裁量权的严格约束，有利于减少检察官与法官的主观判断与经验主义，继而防止量刑协商的违法与失衡。倘若协商的利益缺乏合理有效的控制，那么将引发罪刑失衡的风险，甚至产生强迫被追诉人认罪的强制性。② 但不可否认的是，在严格限制检察官与法官自由裁量权的同时，对检察官与法官的理性也产生了一定的压力。尤其是量刑建议精准化的要求将不自觉地限缩检察官在协商中的权力，而数值化与精细化的倾向更使其难有商议与让步的余地。然而，法律商谈本就旨在把法律规范尽可能适当地适用于具体案情，避免刻板与机械的适用。③ 如果检察官能对犯罪嫌疑人“承诺”的协商利益非常有限，那么控辩双方协商的空间自然也就不大，这在一定程度上折损了控辩双方开展协商的实效性。

---

① 例如，在张某贩卖毒品案中，公诉人便在一审开庭过程中对量刑建议进行了调整，法官根据调整后的量刑建议对案件进行了判决。参见北京市第一中级人民法院刑事裁定书，(2018)京01刑终163号。

② 参见赵恒：《论量刑从宽——围绕认罪认罚从宽制度的分析》，载《中国刑事法杂志》2018年第4期。

③ 参见姚莉：《刑事审前协商程序的司法控制》，载《中国法学》2010年第4期。

三、“确认核准模式”的正当性困境

从“确认核准模式”的基本特征来看，尽管控辩双方的对话、合作、合意等因素获得了一定程度的认可，但这一模式留给控辩双方的协商余地较小，被告人最终的从宽结果很难说是经过控辩双方理性协商而获得的。而且，在“确认核准模式”下，权力运作相对主动，权利行使相对被动，两者之间的不平等关系弱化了认罪认罚从宽制度的协商性色彩。

(一)控辩关系不平衡，难以充分体现协商的交互性

控辩协商应当建立在一种良性的控辩关系之上，否则在控辩双方地位不平等、力量不均衡的状况下，所谓的协商只会异化为变相的强权命令。例如，我国唐朝时期“狱结竟取服辩”的做法，即案件的了结需要以被告人认罪、服辩为条件。但是，这种所谓的“签字画押”只能说是一种形式上受压制的合意，被告人仅仅被当作彰显统治正当性的工具。在这种情况下，权力主体与权利主体之间的合意根本无从谈起。在当前“确认核准模式”中，检察官是实质的主导者，不仅有权提出量刑建议和调整量刑建议，并且在一定程度上掌握着实质的决断权。被告人则处于相对被动的状态，尤其是在没有律师参与或者欠缺律师实质参与的情况下，控辩双方获取诉讼信息的能力并不对称。对于强调“理性观点和理性说服的交流形式”①的协商而言，由于协商信息与协商能力的天然不对称，对于量刑建议所达成的合意，与其说是由控辩双方经过理性商谈所达成的，不如说在多数情况下都是在检察官主导下所确认的结果。因此，在控辩关系天然不平衡的情况下，真正蕴含协商本质的交互性要素并未能在“确认核准模式”中得以充分体现。

(二)权利保障不到位，难以充分确保协商的自愿性

在控辩关系已经处于不平衡的情况下，律师与法官两个关键角色的缺位使得被追诉人权利保障不足，甚至在一定程度上危及了协商的自愿性。一方面，当前律师的参与尚未改变控方处于较强势的状况。在实践中，对于被追诉人的权利保障存在诸多隐忧。另一方面，从法官实际履行审查义务的情况来看，其与应然的司法审查——发挥对这一交易的某些过程和结果的制约作用——相去甚远。② 由于法官欠缺实质有效的审查方法与手段，尽管开庭审理的形式被保留了下来，但是庭审时间被缩短至十几分钟甚至几分钟。法官对于被告人认罪认罚的主观性审查往往

---

① 刘彦昌、孙琼欢等：《治理现代化视角下的协商民主》，浙江大学出版社2017年版，第36页。

② 张建伟：《司法竞技主义——英美诉讼传统与中国庭审方式》，北京大学出版社2005年版，第37页。

混同于对案件事实的审查,加之程式化的讯问很难发现协商中存在的瑕疵,这也导致被告人认罪认罚的自愿性与真实性难以保障。

(三)量刑规则不完善,难以充分兑现协商的互惠性

"确认核准模式"以量刑协商为基本形态,凸显了量刑规则的重要性。可惜的是,现行量刑规则无论是从提高被追诉人选择协商的积极性,还是保障其权利的角度来看,都未能充分体现认罪认罚与从宽处罚之间的逻辑联系,导致司法实践难以真正兑现被追诉人的协商利益。具体表现为如下两个方面:其一,当前《刑事诉讼法》《刑法》及相关司法解释对于被告人自愿认罪认罚后的从宽处理均以"可以型"的条文出现。认罪认罚从宽制度的相关规范性文件也继续沿用"可以型"的立法规定。尽管"30%、20%、10%"的量刑从宽方案是当前实践中较主流的做法,但上位法所传递的立法导向无疑让被告人认罪认罚后的从宽处罚缺乏严格的约束力。换言之,即使控辩双方通过协商达成一致,检察官所承诺的协商利益也只是"可以"而非"应当"兑现。其二,我国认罪认罚从宽制度不仅强调认罪还强调认罚。据此,认罪与认罚理应是两个相互独立且又互相影响的量刑情节。遗憾的是,当前立法未对认罪与认罚的关系,以及其与自首、坦白的关系作出明确界定。由此产生的消极影响是,尽管已经较严格地预设了被告人认罪认罚后的从宽幅度,但司法实践仍以被告人的自首、坦白为考量情节,未能凸显认罪、认罚的独立性,被告人认罪认罚后的量刑评价在实际上尚不明确。尤其当存在多个从轻处罚的量刑情节时,对被告人认罪、认罚的评价往往显得似是而非。

四、"确认核准模式"的现实性困境

当前,新型犯罪案件的不断增加以及人工智能的推行与运用,为我国刑事司法带来了新的挑战。从司法实践来看,"确认核准模式"并不足以应对这一现实挑战,甚至可能会进一步拉大控辩双方在协商中的不平等关系。如此将动摇控辩协商"真实性"与"自愿性"的底线,并最终有损认罪认罚从宽制度的正当性。这也是"确认核准模式"所面临的第二重困境。

(一)"确认核准模式"难以化解新型犯罪案件带来的难题

近年来,我国新型犯罪案件不断增加,如新型金融犯罪、互联网犯罪、环境污染犯罪等,对传统刑事司法带来较大挑战。由于刑事实体法相对滞后,有时难以为分析这些新型犯罪的构成提供指引;通过传统刑事诉讼程序强行追诉,办案人员面临取证难、耗时长、追赃难度大等问题,往往无法达到理想的办案效果,严重影响了社会稳定。控辩协商恰好为化解上述难题带来了希望。控辩双方的对话与合意,不

仅为灵活高效地处理案件提供了可能，更是纾解了权力与权利在传统刑事司法中的张力关系。例如，在涉众型经济犯罪案件中，运用协商积极引导被告人退赃退赔，不仅可以有效破解追赃止损难的困局，同时还能降低群体性事件可能发生的社会风险。

当前"确认核准模式"，并不足以妥善化解新型犯罪案件所带来的难题。实践中，新型犯罪案件往往因犯罪手法的隐蔽性、因果关系的难以确定性，导致案件存在司法证明的难题，具体表现为部分证据尚不充分、法律定性较不明确等。由于我国明确禁止疑罪协商并强调实质真实，"确认核准模式"在协商内容、从宽幅度、证明标准等方面的严苛限制导致新型犯罪案件实际上无法适用认罪认罚从宽制度，由此造成的消极后果在于，司法实践存在"私下协商"的情形。①

（二）"确认核准模式"难以应对人工智能发展带来的挑战

人工智能技术的兴起与发展，对人类生活的各个领域带来变革性影响，将人类文明带入了一个崭新的人工智能时代。② 在刑事诉讼领域，包括辅助量刑、同案同判等在内的智能辅助裁判系统开始运用于司法实践之中，为司法决策提供了强大的"外脑"支持。认罪认罚从宽制度入法后，各地检察机关依托量刑建议辅助系统进行办案逐渐常态化。这一智能辅助裁判系统不仅能有效帮助检察官提出量刑建议，更是缩短了检察官办理认罪认罚从宽案件的时间，③成为深化"智慧检务"建设的关键一环。

可以预见到的是，随着量刑建议辅助系统的推行，量刑建议也将不断趋于规范化、精准化与均衡化，继而有助于确保被追诉人的合法权利，提升认罪认罚从宽制度的公正性。当然，这一结果的实现在很大程度上依赖于智能数据库的建设。倘若无法确保数据来源的全面性与精准性，最终产生的量刑建议便面临错误与偏见的风险。考虑到当前智能数据库的建设尚欠完善，数据的公开、共享机制也有待进

---

① 有学者也注意到了司法实践中"私下协商"的问题及其危害。参见向燕：《我国认罪认罚从宽制度的两难困境及其破解》，载《法制与社会发展》2018 年第 4 期。

② 参见齐延平：《论人工智能时代法律场景的变迁》，载《法律科学》2018 年第 4 期。

③ 例如，浙江省西湖区人民检察院就联合技术公司，利用大数据为量刑建议提供技术支持。公诉人只需将审查认定的事实粘贴到系统中，无须填写其他信息，系统就会自动进行罪名判断和量刑计算。这一系统尤其有利于认定如寻衅滋事、拒不执行判决裁定、生产销售有毒有害食品等犯罪情节和刑期较难量化的罪名及其量刑。再如，四川省成都市人民检察院针对常见、高发罪名创新制作量刑计算电子表格，公诉人输入起点刑和相关情节增减刑期的百分比，就可直接计算出刑期供办案参考。参见张伯晋等：《自觉扛起中国社会治理的"检察担当"——检察机关承担主导责任、推动认罪认罚从宽制度全面深入落实纪实》（下），载《检察日报》2019 年 7 月 13 日，第 1 版。

一步构建,而“确认核准模式”本身就建立在一种不平衡的控辩关系之上,辩方的权利防御与话语保障存在先天不足。一旦控方利用人工智能进行司法决策,辩方却鲜有进行抗衡的方式与能力,可能将进一步拉大控辩双方于协商中的不平等关系,后续协商的余地也将变得微乎其微,最终可能削减控辩协商的实质意义。

事实上,知识作为权力的一种来源,在介入权力决策的同时,本就可能对权利产生新的压制。人工智能所指向或塑造的是一种知识权力,真正投射的则是国家权力。人工智能所依赖的数据与算法过于昂贵,权利主体鲜有负担的成本与能力。因此,伴随人工智能发展而来的挑战,实际上就是权力主体与权利主体可能会陷入相互张力、极不平衡的新格局。在此背景之下,理应转而构建能够提升被追诉人话语保障与权利防御的控辩协商模式,以此抗衡权力主体所掌握的知识优势。

五、“商谈审查模式”的改革设想

当前“确认核准模式”所面临的双重困境凸显了我国控辩协商改革的必要性。本节主张遵循以被告人权利保障为核心,以控辩的实质交互为基础,以严格的司法审查为支撑的转型路径,由“确认核准模式”转向“商谈审查模式”,指引我国控辩协商法治化,促成认罪认罚从宽制度的良性发展。

(一)“商谈审查模式”的内在道德

本节所主张的“商谈审查模式”,指控辩双方通过理性商谈达成一定的合意,法官经司法审查后作出裁决的诉讼模式。“商谈审查模式”旨在弥补当前“确认核准模式”在协商交互性、自愿性、互惠性方面的缺憾,以充分彰显控辩协商的本质内涵——寻求国家权力与公民权利于刑事诉讼场域中的根本性调整。① 当然,唯有借助程序这一形式才能使抽象性的制度本质得以具体化。因此,应当通过构建法定的协商程序,确保控辩双方之间的协商行为合乎法律规范。协商,指通过主体之间的相互沟通获得协调,是现代社会的一种交往行为。② 这一交往行为进入刑事诉讼场域后,强调的是权力主体与权利主体交互行为的理性与正当性,并以此构成控辩协商的基本要素。理性交互包括以下三方面内容。

其一,有效的参与应是理性交互的前提。“参与原则适用于各种制度”。③ 刑

① 对控辩协商正当性的证成。参见吴思远:《我国重罪协商的障碍、困境及重构——以“权力—权利交互说”为理论线索》,载《法学》2019 年第 11 期。

② 参见[德]尤尔根·哈贝马斯:《交往行为理论》(第 1 卷),曹卫东译,上海人民出版社 2018 年版,第 361 页。

③ [美]约翰·罗尔斯:《正义论》,何怀宏等译,中国社会科学出版社 1988 年版,第 217 页。

事诉讼正当程序的理念即根植于参与，只有允许被追诉人有效参与的程序才是正当的程序。因此，被追诉人有效参与协商是协商行为合乎正当与理性的前提。只有赋予被追诉人有效参与协商的权利，其才拥有了与国家司法机关达成协商合意的机会。具体来说，被追诉人在协商中不当仅被动接受控方主导，听命于控方指挥，而是有权亲自作出影响协商进程的各项决定，如有权提起协商、提出协商方案、拒绝协商、选择协商后的适用程序等。当然，被追诉人是否能够有效参与协商，很大程度上依赖于律师这一重要角色，其应当在律师的有效帮助下作出对自己诉讼命运有影响的决定。

其二，选择的自由应是理性交互的核心。自由从某种意义来说就是选择。没有选择就意味着强迫，这是不自由的；只有有了选择，才会有自由。[①] 理性交互的核心在于选择的自由，即被追诉人最终自愿与国家司法机关达成的合意，应当体现的是一种"非强制性的一体化的力量和共识力量"[②]。尽管控辩双方可能经历辩论、说服甚至妥协的过程，但合意绝不是在任何一方别无选择之下的服从。被追诉人在协商过程中拥有选择的自由，即其有权决定是否进行协商、是否接受协商方案等，并可以以独立的意志发表主张来说服控方。

其三，合意的互惠应是理性交互的结果。协商的结果将最大限度地还原协商行为的正当与理性。因此，通过控辩协商达成的最终合意是否具备互惠性，是判断控辩交互行为是否正当与理性的标准。任何一种互惠都可以看作是一种合作。[③] 控辩双方通过协商由对抗走向合作，那么互惠性就意味着彼此的主张都获得了一定程度的实现，没有任何一方的利益是被牺牲或减损的。因此，应当确保控辩双方在协商利益上的分配处于相对均衡的状态。更为重要的是，合意的互惠性是权力与权利关系调整后的具体表现，其成就的是一种相互意义上的结果，即由集体通过的就应当互相给予正当性的确认。[④] 因此，控辩双方都应当尊重协商所达成的共识性内容，不得任意推翻。

---

① 参见黄维智：《"合意"在刑事诉讼中的应用及其限制》，载《四川大学学报（哲学社会科学版）》2007 年第 1 期。

② ［德］尤尔根·哈贝马斯：《现代性的哲学话语》，曹卫东译，译林出版社 2017 年版，第 367 页。

③ 参见［美］塞缪尔·鲍尔斯、［美］赫伯特·金迪斯：《合作的物种——人类互惠性及其演化》，张弘译，浙江大学出版社 2015 年版，第 3 页。

④ 参见［美］詹姆斯·菲什金、［英］彼得·拉斯莱特：《协商民主论争》，张晓敏译，中央编译出版社 2009 年版，第 36 页。

(二)“商谈审查模式”的具体内容

在认罪认罚从宽制度中,控辩协商是关键。[①] 然而,本应属于关键环节的协商程序多被法律规范所淡化。在认罪认罚从宽制度的试点过程中,试点文件对协商程序以笼统的表述方式一带而过。认罪认罚从宽制度入法后,控辩协商的法律地位仍然未得到充分体现,修改后的《刑事诉讼法》仅对犯罪嫌疑人认罪认罚后具结书签署的程序作出了规范,而协商程序的相关内容却少有涉及。近期发布的《指导意见》对控辩协商作出了相应规定,[②]不过仍有一些问题可进一步研究。本节主张的“商谈审查模式”即要明确协商程序的法律地位,指引我国控辩协商法治化。

其一,以量刑协商为基本形态,放宽特定案件中协商的内容。“商谈审查模式”仍以量刑协商为基本形态。量刑协商的前提是,辩方对控方拟指控涉嫌犯罪的事实、证据和涉嫌罪名不持异议,协商的内容不包括案件的事实与证据。然而,将控辩协商的内容始终限定为量刑,不仅阻碍了我国控辩协商的生存空间,并且忽略了司法实践的实际需求。实际上,正如学者指出,对某些特定类型案件进行疑罪交易并非绝无可能。[③] 尤其针对新型犯罪案件而言,控方通常已经掌握了被告人构成犯罪的基本事实与基本证据,但案件存在诉讼风险或部分争议,如部分证据不充分、法律定性较不明确等。在这种情况下,允许控辩双方围绕证据与罪名等事项展开协商,实际将充分发挥控辩协商的优势,从而更妥善地处理案件。因此,应当放宽特定案件中协商的内容,适当扩展“商谈审查模式”的形态。当然,考虑到权力滥用、冤假错案的风险,疑罪协商应当被严格限制在一定范围之内,并由法律对特定案件的适用范围作出明确规定。

其二,以控方主导责任为保障,凸显辩方商谈者的角色地位。在“商谈审查模式”之下,辩方以商谈者的角色与控方展开协商,这区别于“确认核准模式”下较为被动的状态。因此,辩方有权与控方进行理性的沟通。为了体现其商谈者的身份,控辩双方均有权提出协商,在达成初步协商意愿时即可依法启动协商程序。在协商过程中,辩方可以选择进行协商或者不进行协商。在协商启动之后,还应当预留一段合理的时间让控辩双方进行证据交换,以确保控辩双方信息的对称,继而保证

---

① 参见陈国庆:《量刑建议的若干问题》,载《中国刑事法杂志》2019 年第 5 期。

② 《关于适用认罪认罚从宽制度的指导意见》第 33 条明确规定,“犯罪嫌疑人认罪认罚的,人民检察院应当就主刑、附加刑、是否适用缓刑等提出量刑建议。人民检察院提出量刑建议前,应当充分听取犯罪嫌疑人、辩护人或者值班律师的意见,尽量协商一致”。

③ 参见陈卫东:《认罪认罚从宽制度研究》,载《中国法学》2016 年第 2 期。

协商的平等性与明智性。一旦协商达成即具有约束力，控辩双方均不得随意推翻合意的内容，以确保协商这一理性的交往行为能够最终确定为主体间理解与承认的约束力量。[①] 当然，正如学者指出，检察机关是国家追诉的执行者、刑事政策的调控者、程序分流的主导者、诉讼活动的监督者、案件质量的把关者，多重角色决定了检察机关在认罪认罚从宽中承担主导责任。[②] 强调辩方商谈者的角色地位并不消解检察官在协商中的主导责任。但是，检察官的主导责任应当建立在控辩平等的基础上，侧重对于协商自愿性与真实性的维护，以此成为被追诉人权利的保障。

其三，以认罪认罚的独立性为起点，完善协商利益的兑现机制。为了真正落实协商的互惠性，"商谈审查模式"应明确将认罪与认罚作为独立的法定量刑情节，并与坦白、自首作出区分。在此基础上，应当通过立法完善协商利益的兑现机制。一是建立规范化的量刑从宽体系。考虑到量刑协商仍将是我国控辩协商的主要形态，因而应当对控辩双方达成量刑协商后具体从宽处罚的规范作出完善。应以控辩双方达成协商的时间节点为主要依据，通过构建层级式的量刑体系强化被追诉人的心理预期，提高其参与及达成协商的积极性。二是适当丰富协商利益的兑现方式。除了量刑获益之外，还可以考虑将出罪作为被追诉人的协商利益。修改后的《刑事诉讼法》实际上也明确了这一形式的协商利益。[③] 当然，这一协商利益的基础在于适当扩大检察官的裁量权。因此，相比"确认核准模式"对于协商利益的严格预设，"商谈审查模式"主张适当扩大检察官在协商中的裁量空间，丰富协商利益的兑现方式。考虑到提升控辩协商的实际效果，也可以允许检察官在作出不起诉决定时，同时对被追诉人附加相应的条件，如支付罚金、弥补损失、履行义务、社区服务等。

（三）"商谈审查模式"的改革路径

实现"确认核准模式"向"商谈审查模式"的改革，应主动关注被追诉人的弱势地位，努力提升公安司法机关的诉讼关照、权利关照义务，确保认罪认罚从宽制度的良性发展。

---

① 参见[德]尤尔根·哈贝马斯：《现代性的哲学话语》，曹卫东译，译林出版社 2017 年版，第 376 页。

② 卞建林：《多重角色决定检察机关在认罪认罚从宽中承担主导责任》，载《检察日报》2019 年 4 月 22 日，第 3 版。

③ 《刑事诉讼法》第 182 条规定："犯罪嫌疑人自愿如实供述涉嫌犯罪的事实，有重大立功或者案件涉及国家重大利益的，经最高人民检察院核准，公安机关可以撤销案件，人民检察院可以作出不起诉决定，也可以对涉嫌数罪中的一项或者多项不起诉。"

首先,以被告人权利保障为核心。一个人会采取什么样的策略,在很大程度上取决于他在博弈中处于什么样的位置。[①] 对于被告人来说,控辩协商也是一种博弈,因为协商的达成往往以放弃一定范围内的权利为条件。如果被告人处于公权力的强势之下,那么协商可能沦为控方权威下的产物。为了改变当前权利行使相对被动的情况,应当强化被告人于协商中作为商谈者的主体地位。其一,完善辩护制度。考量到辩护状况在认罪认罚从宽制度改革进程中所呈现出的被动性,[②]应当强化辩护律师、值班律师的介入与帮助,确保被追诉人获得能够与控方相博弈的力量,使其更好地与权力主体展开对话。同时,应当纠正当前值班律师"见证人化"的倾向,确保其能够真正发挥法律帮助的作用,提升辩方与控方进行实质交互的能力。其二,确立检察官的关照义务。为了避免协商成为"检察官操控及施加于被告人的不当压力"[③],检察官应当客观地提出认罪协议,并且在协商过程中尽到告知义务与释明义务,内容包括协商的法律依据、适用程序、法律后果、协商激励等。基于人工智能的推行与运用,检察官还应当尽到信息共享的义务,即应通过证据交换等机制来保障辩方的知情权与信息防御权,从而确保控辩双方获得相对平等的协商信息。

其次,以控辩的实质交互为基础。协商应当是体现控辩双方理性的一系列交互行为,包含了主张、质疑、论辩、对话、履约等步骤。当前控辩双方对于量刑建议达成的一致意见,很难说是双方理性交互的结果。为了促成控辩双方进行实质性的协商,最理想的状态是辩护律师的在场权已经落实,被告人有机会在律师在场提供帮助的情况下与控方展开协商。除了完善辩护制度之外,还应当将协商的步骤与要求均纳入程序法的规制之中。其一,协商的要求。协商应当围绕控辩双方对于案件主要的分歧点展开,如量刑有争议、证据不确定、法律定性有疑问等内容。双方应当充分表达各自的主张,听取并回应对方提出的意见,以寻求达成合意的方案。其二,协商的次数。协商合意可能需要经过几轮才能达成,一轮协商不成的,应当允许多轮协商,而不宜限制协商的次数。但是,为了防止程序过分拖延,应当对协商的期限作出限定。

最后,以严格的司法审查为支撑。控辩协商在强调提升权利比重的同时,也应

---

① 参见陈常燊:《互惠的美德:博弈、演化与实践理性》,上海人民出版社2017年版,第149页。

② 参见谢澍:《直面认罪协商制度的"复杂性"——〈庭审之外的辩诉交易〉之方法论启示》,载《政法论坛》2019年第6期。

③ Richard L. Lipple, *The Ethics of Plea Bargaining*, Oxford University Press, 2011, p. 60－62.

当关注权利极端化可能带来的损害。事实上，离开公法规制，人权保障更是难以想象。① 因此，为了防止控辩协商缺乏必要的规制，应以严格的司法审查作为支撑，让当前“核准型”法官转变为“审查型”法官，强化法官对量刑建议与具结书的实质性审查。具体来说：一是法官通过审查控辩双方确认一致的量刑建议，确保控辩协商的内容合法与妥当，同时还应注意控辩双方达成协商的程序是否合法；二是通过审查确保定罪的证据确实、充分，同时“避免检察官以求刑之轻重使被告人认罪而受到不当影响之可能性降到最低”②；三是建立当庭告知及提示机制，通过这一机制审查被告人认罪认罚的自愿性与真实性，着重判断被告人的主观状态，包括是否充分理解了对相关诉讼权利的放弃、有罪答辩是否真诚真实等，在判决前最终确认被告人已经清楚自己被指控的罪名、事实、量刑建议与其选择认罪认罚的法律后果，以充分发挥法官维护被告人权利、监督协商公正性的积极作用。

六、结语

随着认罪认罚从宽制度入法，我国控辩协商进入了新的发展阶段。当前“确认核准模式”未能弥合控辩双方之间的差距。为了应对现有协商模式所遭遇的问题，笔者主张由“确认核准模式”转向“商谈审查模式”，以此彰显控辩协商的本质内涵，激发认罪认罚从宽制度的更大活力。需要强调的是，本文所构想的控辩协商模式转型并非消解检察机关的主导责任。相反，“商谈审查模式”之实现恰有赖于检察机关积极发挥其在认罪认罚从宽制度中的主导责任，通过检察机关提出公正合理的量刑建议、开展平等理性的对话协商、提升对辩方权利的关照义务，努力改善辩方相对被动的地位，以此形成对于法律商谈自愿性与真实性的保障。

第四节　智慧治理的时代面向与挑战*

当今信息革命把人类带进了网络化、数字化、智能化的全新时代。如何适应这场深刻的信息革命，通过创新来推进社会治理的升级转型，重建社会秩序，成为世界各国亟待解决的重大课题。党的十九大报告提出了建设“智慧社会”的全新理念，网格化治理也在基层如火如荼地推广开来，中国已经进入智慧治理新时代。然

---

① 参见罗豪才、宋功德：《人权法的失衡与平衡》，载《中国社会科学》2011 年第 3 期。

② 黄翰义：《程序正义之理念》(二)，台北，元照出版有限公司 2010 年版，第 205 页。

* 作者：苗梅华。本节原发表于《国家检察官学院学报》2020 年第 1 期。

而，智慧治理绝不仅仅是新兴技术的社会应用，而是一个应对信息革命、推动人类向智慧生活进行总体性转型升级的宏伟工程，其中一些突出的新型挑战，需要我们审慎对待并着力解决。

一、智慧治理的时代面向

信息革命开启了人类的智慧治理新时代，形成了全新的社会特征。首先，超越物理时空的要素整合。信息革命在两个方面实现了前所未有的实质性飞跃，一个是在现实物理空间之外，创造出无限延展的网络虚拟空间；另一个是在人类的先天智慧之外，创造出具有替代性甚至超越性的人工智能。这不仅会对生产关系和生活方式产生深刻的影响，也会重塑人们的价值观念、思维方式和行为方式，进而促动社会治理方式的变革。一方面，物理时空出现破碎化。在互联网出现以前，人类的行为都发生在现实(物理)空间的单一平面上。而如今，人们可以随时网络购物、移动支付等，无时无刻不生活在物理\现实—电子\虚拟的双重空间中。原来的物理时空限制被打破，近程与远程相交织，现实与虚拟要素相混杂，呈现各种时空要素扁平化、破碎化、流动化态势，这不仅给社会治理带来了鲜活的时代动力，也带来了前所未有的压力。另一方面，大量的超物理时空要素得以在智慧治理中处理和整合。“所有的信息资源都能够被智能的计算机软件实体所识别和处理，并且这些软件实体能够自治地、主动地在网络中漫游，具有很好的适应性和可靠性，能够代替用户完成各种工作，并为用户提供丰富的服务。”①正因如此，“智能互联网将彻底改造所有传统行业，AI是核心区动力”。② 可以清楚看到的是，随着人工智能的迅速发展及其在社会治理中的广泛应用，这些超越物理时空的扁平化、破碎化、流动化要素可以进行全场景联网、可视化监测、大数据分析和网格化处理，从而实现各种要素的汇集、整合和管控，成为智慧治理新方式、新途径、新机制的深层支撑。这两方面的巨大变革，使得社会生活逻辑突破了单一物理空间的人、财、物关系构架，而融入了电子空间的数据信息要素和虚拟关系，③社会治理的理念原则、运行机制、秩序构造也必然因此发生重大变革。

其次，平台经济时代的技术赋权。自近代以来，公权力一直是国家以公益为由进入社会并力图塑造社会的经常性制度化规制活动。尽管它需要反映社会发展需

---

① 史忠植等：《智能互联网》，载《计算机科学》2003 年第 9 期。

② 张彪：《智能互联网将颠覆所有传统行业》，载《计算机与网络》2016 年第 23 期。

③ 参见马长山：《智能互联网时代的法律变革》，载《法学研究》2018 年第 4 期；马长山：《面向智慧社会的法学转型》，载《中国大学教学》2018 年第 9 期。

要和公众诉求以促成“共有的国家认同的形成”,①也不乏民间力量的回应和参与,但国家构建毕竟是主导的。然而,随着信息革命的到来,传统的工商业经济模式逐渐被颠覆,进入了“要么加入平台、要么被平台消灭”的平台经济时代。淘宝、滴滴、百度、微信、抖音等新业态、新模式,凭借新技术平台开辟了前所未有的利益空间和运营“飞地”,并根据自身特定的商业要素、构造和运行方式的需要,在“飞地”中进行技术化的自我赋权,以酝酿、设计、生产“无中生有”的民间“非正式”规则,从而“使混沌中产生秩序”。② 技术赋权、多元构建的治理生态出现了。对此,国家连续出台“互联网+”“智慧政务”“智慧司法”等多项战略举措,平台经济中的技术赋权、规则生产和民间治理呈现加速发展之势,进而成为智慧治理的核心动力,形成官民互动、双向构建的共建共治共享格局。

最后,代码规制的秩序导向。随着网络化、数字化和智能化的进一步融合发展,智慧社会也将越来越发达、越来越成熟,对于传统秩序构造的颠覆与重建也必将越来越深刻。进言之,以往工商业时代的秩序构造主要依托法律、道德、习惯等规则来支撑,而在当今智能互联网时代,日常生活日渐自动化、智能化,使得很多人脑决策开始让位于机器决策。而机器决策主要是通过大数据和建模算法,最终经由编程代码的指令来完成的。“软件代码常常可以更高效地组织各方行动”③,而代码也就成为“立法者”,变成了一种可以规划秩序的权力,因此,有学者宣称“代码就是法律”。在智慧治理过程中,“他们决定互联网的缺省设置应当是什么;隐私是否被保护;所允许的匿名程度;所保证的连接范围。他们是设置互联网性质之人。他们对当前互联网代码的可变和空白之处所做出的选择,决定了互联网的面貌”。④ 代码必然会带有设计者的价值偏好,社会公众也容易受到权益侵犯。于是,人们才呼吁,“开源代码的斗争不亚于争取民主的斗争,不亚于反对国家权力可能被滥用的斗争”。⑤ 对代码的法律控制,也就成为在智慧治理中嵌入善治的一

① [美]德里克·W.布林克霍夫编著:《冲突后社会的治理:重建脆弱国家》,赵俊等译,民主与建设出版社2015年版,第41页。

② 参见[美]凯文·凯利:《失控——全人类的最终命运和结局》,张行舟等译,电子工业出版社2016年版,第727页。

③ [美]伊森·凯什、[以色列]奥娜·拉比诺维奇·艾尼:《数字正义——当纠纷解决遇见互联网科技》,赵蕾等译,法律出版社2019年版,第24页。

④ 参见[美]劳伦斯·莱斯格:《代码2.0:网络空间中的法律》,李旭等译,清华大学出版社2009年版,第89页。

⑤ 参见[英]詹姆斯·柯兰等:《互联网的误读》,何道宽译,中国人民大学出版社2014年版,第122页。

个必然选择。

上述要素整合、技术赋权和代码规制的深度变革,无疑反映了智慧治理的发展规律和时代面向,给全面深化改革和法治发展带来了重大机遇,但也蕴含一定的挑战和风险,需要审慎应对和化解。

二、智慧治理面临的新型挑战

在人类发展史上,社会治理一直是涉及多元利益、多种诉求的系统化复杂难题。而当下智慧治理不仅具有一般治理的问题,还因其嵌入了网络化、数字化、智能化的各种因素而面临全新的挑战。

(一)数据和算法的建模塑造

工业革命和现代化进程无疑曾给人类带来了丰裕生活和空前繁荣。然而,它毕竟仍是在物理空间里来从事物质文明和精神文明产品的生产的,因而只是提高了人类在物理空间中的活动能力和创造水平,其最基本的生产要素自然是劳动者和生产资料,具体表现为劳动、资本、土地和企业家才能等。进入互联网时代之后,双重空间深刻地改变了以往的生产方式和生活方式。"产品与服务、分销体系、定价方法以及广告与促销模式均从原本集群、聚合式的商业权力体系中剥离出来,放弃满足各类需求的经济结构,转而向小型、分化、具体及定制平台进行一对一式运营。"①从生产、交换到消费整个链条中的自动化生产、市场分析、营销策略和大众消费,都高度依赖信息流动、数据挖掘和智能算法,这就促进了数据流动与共享,编织出跨越企业边界的全新资源网络、生态网络和价值网络,打造了智能化、场景化的商业环境。"在其中,算法决定了信息增长的秩序,同时它贯穿了经济系统的所有组成部分和流程,支撑并控制系统中各种经济活动以及所形成的各种经济关系,决定了经济系统的秩序。"②于是人们看到,人类的很多重大决策正在"从人手中转移到算法手中"。③ 数据和算法已成为当今数字时代的重要资源和生产要素,在一定条件下甚至还成为一种全新的生产力和生产关系。

然而,自动驾驶、智能产品设计、智能医疗方案、智能合约、智能裁判等,其建模

① [澳]史蒂夫·萨马蒂诺:《碎片化时代:重新定义互联网+商业新常态》,念昕译,中国人民大学出版社2015年版,第4页。

② 徐恪等编著:《算法统治世界——智能经济的隐形秩序》,清华大学出版社2017年版,前言,第18页。

③ 参见[美]克里斯托弗·斯坦纳:《算法帝国》,李筱莹译,人民邮电出版社2014年版,第197页。

化无一不是以建构主义为主导的过程。人们日渐依赖各种算法，甚至可以用 AI 来开发 AI，那么，人们享受自动化的便捷舒适其实是“只能被动接受结果”。[①] 所有这些便捷化、个性化服务的背后，都是跨越物理时空的各种要素、技术赋权和代码规制方式的融合——“我们塑造了工具，而之后，这些工具又塑造了我们”。[②] 一方面，人们享受着智能互联网所带来的巨大福利，生活得越来越舒适、越来越个性、越来越自动化；另一方面，人们在潜移默化中日益流失传统人性的东西，思维和行动也越来数据化、虚拟化，并受到智能建模的深刻雕塑，人们“正在以机械装置的形式来表现自己”[③]，从而使传统的生产生活方式和社会价值面临深刻改变甚至颠覆。

（二）自由与控制的同步增长

在互联网兴起之初，人们觉得发现了一个奇异的乌托邦世界。当初的网络自由主义者曾经宣称：“我们正在建设的全球社会空间，将独立于你们想对我们进行的专制统治”，“你们的财产、表达、身份、活动和条件的法律概念不适合我们。这些概念建立在物质基础上，而我们这里没有什么物质”[④]，因此，“最终解放我们的是技术，而不是法律和制度”。[⑤] 这无疑带有天真的技术决定论倾向。而客观事实是，“自计算机产生起，技术改变的核心问题是权力的转移”。[⑥] 一方面，各种新业态、新模式纷纷涌现和自我赋权；另一方面，随着智能互联网的深度发展并日益走向赛博新经济，数字技术提供了强大的信息数据跟踪、抓取、挖掘、计算和监控能力，智能互联网是自由的技术、还是控制工具？抑或二者的某种状态？智能互联网发展态势表明的恰恰是自由与控制的同步增长，既带来了一个“无处不在的计算”的智能化、精准化、便利化时代，也在全球范围内形成着一张“无法逃脱

---

① 参见［美］皮埃罗·斯加鲁菲：《智能的本质——人工智能与机器人领域的 64 个大问题》，任莉等译，人民邮电出版社 2017 年版，第 169 页。

② 参见［美］约翰·马尔科夫：《人工智能简史》，郭雪译，浙江人民出版社 2017 年版，中文版序第Ⅶ页。

③ ［美］卢格尔（George F. Luger）：《人工智能——复杂问题求解的结构和策略》，郭茂祖等译，机械工业出版社 2017 年版，第 469 页。

④ ［英］安德鲁·查德威克：《互联网政治学：国家、公民与新传播技术》，任孟山译，华夏出版社 2010 年版，第 42 页。

⑤ 参见［美］弥尔顿·L. 穆勒：《网络与国家——互联网治理的全球政治学》，周程等译，上海交通大学出版社 2015 年版，第 3 页。

⑥ 参见［美］马克·格雷厄姆、威廉·H. 达顿：《另一个地球：互联网 + 社会》，胡泳等译，电子工业出版社 2015 年版，导论，第 XXVI 页、第 XXXIV 页。

的监视网”,①甚至还会有演变成“监控国家”和“黑箱社会”的某种风险,②这些都是智慧治理变革所要面对的重大问题。日渐清晰的是,“人们用失去隐私、丧失个人生活和失去批判精神的代价换取可预测性、安全性,以及人类寿命的延长。”③其间,自由与控制的同步增长将是智慧治理秩序演进的明确方向,自我赋权与国家规制、社会大众与精英群体、社会自主与政府监管等面临着深刻的博弈、变革与挑战。

(三)去中心化与再中心化的内在张力

在“互联网+”“智慧社会建设”“大众创新、万众创业”等国家发展战略的支撑下,一方面,形成了要么是高度面向数据的行业、要么是被大数据重塑的行业之势,④构造了网络化、扁平化、分享化的新型经济生态。此时,“碎片化还是一场运动,在这场运动中,我们的社会将变得更加平等,更加人性化,每个人都重新拥有了知情和参与的权利。无论从经济上还是从社会上来看,几乎所有的东西都被民主化,变得更好”。⑤ 这就导致了去中心化的发展趋势,形成了“以我为中心”的社会——“个人主义、新型的从属关系及社群”。⑥ 从未来发展看,大数据、人工智能会塑造出“微粒社会”和“微粒人”,并形成个别化、单体化、危及平等的“差异革命”。知识、技能和经济机会在人与机器之间重新分配的“智能革命”导致被重新分类、评价、比较甚至被看透的“控制革命”,平等、自由、公正和民主原则都将遭遇重大挑战,传统权利义务关系构架和制度体系将会在“解析——解体”的过程中被不断重构。⑦ 另一方面,“网络需要大量的关键参与者来产生利益,当行动者为了实现一个更大网络的利益而会聚到同一个网络时,他们倾向于证明‘赢者通吃’的竞争方式。这种会聚一旦开始,惯性或锁定效应就会介入,从而赋予现已创建的网

---

① [美]约翰·马尔科夫:《人工智能简史》,郭雪译,浙江人民出版社2017年版,前言第XIV页、第166页。

② 参见[美]弗兰克·帕斯奎尔:《黑箱社会——控制金钱和信息的数据法则》,赵亚男译,中信出版集团2015年版,第259页。

③ 参见[法]马尔克·杜甘、克里斯托夫·拉贝:《赤裸裸的人——大数据、隐私与窥视》,杜燕译,上海科学技术出版社2017年版,第144页。

④ 参见[美]托马斯·达文波特:《数据化转型》,盛杨灿译,浙江人民出版社2018年版,第9页。

⑤ 参见[澳]史蒂夫·萨马蒂诺:《碎片化时代:重新定义互联网+商业新常态》,念昕译,中国人民大学出版社2015年版,第296页。

⑥ 参见[德]克劳斯·施瓦布:《第四次工业革命——转型的力量》,李菁译,中信出版集团2016年版,第96页。

⑦ 参见[德]克里斯多夫·库克里克:《微粒社会——数字化时代的社会模式》,黄昆等译,中信出版集团2018年版,前言第VII~VIII页。

络相当大的权力”。[①] 因此，赢者通吃仍在不断推陈出新，触角延伸甚广，涉足的领域多到难以统计，塑造以为数众多的软硬件生态圈串联而成的复合式、庞大“多环状生态圈”[②]，形成“覆盖”式扩张发展。于是，平台商业模式就在去中心化的同时，实现了再中心化。这种去中心化（甚至微粒化）与再中心化的内在张力，无疑会给智慧治理带来诸如权利保护、权力控制、自由平等、风险责任等问题，需要积极应对。

（四）法律变革中的规制难题

智慧治理无疑离不开法律规制，也会面临很多危机和挑战。“在民事主体法、著作权法、侵权责任法、人格权法、交通法、劳动法等诸多方面与现有法律制度形成冲突，凸显法律制度产品供给的缺陷。”[③]同样，大众点评诉百度案按不正当竞争处理、《中华人民共和国刑法修正案（七）》将盗窃游戏装备案按非法获取计算机系统数据罪处理，《最高人民法院、最高人民检察院关于利用信息网络实施诽谤等刑事案件适用法律若干问题的解释》对于网络诽谤和寻衅滋事的“扩展性”处理等，这种因智能互联网导致既有法律难以应对的例子很多，给智慧治理带来一定的压力。[④]

另外，一些重大法律问题反映出全新的法律关系和利益诉求，涌动着法律变革的动力。新浪微博诉脉脉不正当竞争案昭示，对数据采取何种法律保护方式成为解决案件的关键，而以新型的数据财产（权利保护）进路取代以往的法益保护（商业秘密）、行为保护（不正当竞争）进路更为有效。[⑤] 同时，智能互联网带来的可预测性、可解释性、因果关系等等难题和困境，对新的法律规则的需求也将变得越来越迫切。[⑥] 这意味着，促进现有法律体系变革和转型升级成为智慧治理创新的内在要求。

---

① 参见［美］弥尔顿·L. 穆勒：《网络与国家——互联网治理的全球政治学》，周程等译，上海交通大学出版社2015年版，第58页。

② 陈威如、余卓轩：《平台战略——正在席卷全球的商业模式革命》，中信出版集团2013年版，第220页。

③ 吴汉东：《人工智能时代的制度安排与法律规制》，载《法律科学（西北政法大学学报）》2017年第5期。

④ 参见马长山：《智能互联网时代的法律变革》，载《法学研究》2018年第4期。

⑤ 参见许可：《数据保护的三重进路——评新浪微博诉脉脉不正当竞争案》，载《上海大学学报（社会科学版）》2017年第6期。

⑥ 参见司晓、曹建峰：《论人工智能的民事责任：以自动驾驶汽车和智能机器人为切入点》，载《法律科学（西北政法大学学报）》2017年第5期。

（五）智慧发展中的风险规制

在数字时代，智能化的建模和算法逐渐成为决策客观性、效率性、可靠性的象征。于是，人类便进入了一切皆可计算、皆可预测的时代，算法“定义和管控着整个经济运行过程，形成了当下的赛博新经济，并推动赛博新经济朝着赛博智能经济的方向发展”。① 这样，数字智慧化、高效便捷化、个性场景化将逐渐成为社会生产和生活的常态。然而，“数字化世界密集性和复杂性的背后，风险将如影随形”。而且，这些“集复杂性与紧密性于一体的系统更容易成为那些间谍、犯罪分子以及追求极大破坏性的极端分子的选择目标”。② 其实，还有更复杂的风险问题不可小觑：

一是基于数据、代码和算法而形成的价值观念和决策机制，彰显着客观性、准确性、效率性，“定义我们道德生活的无法量化的部分变得可以量化了，拥有了这样的技术，从我们的决策中获取最大的效用变得太有诱惑力以至无法拒绝”。③ 但同时，人类的主体价值和人文精神也面临着巨大冲击。一旦这些自动化系统由简单的行政管理工具变成了主要的“决策者”，特别是“用算法来处理人类特有的一些活动，有可能使这些活动丧失最根本的人性”。那么，“如何在算法时代保持人性？”④日常生活走向建模化，将对人们的生活方式产生颠覆性影响。因此，如何在数据、代码和算法中嵌入人文价值和道德判断，保持其正当性与和合理性就成为一项紧迫的时代任务。

二是数据鸿沟、算法黑箱等必然会加剧社会分化，导致一些商业平台存在较为普遍的“大数据杀熟”现象，⑤甚至还会造成“蝴蝶效应”般的灾难。⑥ 这样，“人类生命及人类体验神圣不可侵犯”等启蒙时期的自由、平等、人权、公平等信念，将会遭到严重的侵蚀，⑦这就呼唤确立智慧治理时代的新型正义观和价值观。⑧

---

① 参见徐恪等：《算法统治世界——智能经济的隐形秩序》，清华大学出版社 2017 年版，第 323 页。

② 参见［美］埃里克·布莱恩约弗森、安德鲁·麦卡菲：《第二次机器革命——数字化技术如何改变我们的经济与社会》，蒋永军译，中信出版集团 2016 年版，第 340～341 页。

③ 参见［英］乔治·扎卡达基斯：《人类的终极命运——从旧石器时代到人工智能的未来》，陈朝译，中信出版集团 2017 年版，第 298～299 页。

④ ［美］卢克·多梅尔：《算法时代：新经济的新引擎》，胡小锐等译，中信出版集团 2016 年版，第 223 页。

⑤ 参见翟冬冬：《大数据杀熟：最懂你的人伤你最深》，载《科技日报》2018 年 2 月 28 日，第 8 版。

⑥ 参见［德］罗纳德·巴赫曼、吉多·肯珀等：《大数据时代下半场——数据治理、驱动与变现》，刘志则等译，北京联合出版公司 2017 年版，第 203 页。

⑦ 参见［以色列］尤瓦尔·赫拉利：《未来简史》，林俊宏译，中信出版集团 2017 年版，第 294、315 页。

⑧ 参见王天一：《人工智能革命——历史、当下与未来》，北京时代华文书局 2017 年版，第 184 页。